Benedikt Ritzler

Freiheit in der Umarmung des ewig Liebenden

Die historische Entwicklung
des Personverständnisses
bei Jacques Maritain

PETER LANG
Bern · Berlin · Bruxelles · Frankfurt a. M. · New York · Oxford · Wien

Die Deutsche Bibliothek – CIP-Einheitsaufnahme

Ritzler, Benedikt:
Freiheit in der Umarmung des ewig Liebenden : Die historische Entwicklung des Personverständnisses bei Jacques Maritain / Benedikt Ritzler. – Bern ; Berlin ; Bruxelles ; Frankfurt a. M. ; New York ; Wien : Lang, 2000
(Europäische Hochschulschriften : Reihe 23, Theologie ; Bd. 684)
ISBN 3-906764-37-0

ISSN 0721-3409
ISBN 3-906764-37-0

© Peter Lang AG, Europäischer Verlag der Wissenschaften, Bern 2000

Alle Rechte vorbehalten.
Das Werk einschliesslich aller seiner Teile ist urheberrechtlich geschützt.
Jede Verwertung ausserhalb der engen Grenzen des Urheberrechtsgesetzes
ist ohne Zustimmung des Verlages unzulässig und strafbar. Das gilt
insbesondere für Vervielfältigungen, Übersetzungen, Mikroverfilmungen und
die Einspeicherung und Verarbeitung in elektronischen Systemen.

Printed in Germany

Meinen Eltern

Gertrud und Engelbert Ritzler

in Dankbarkeit und Liebe gewidmet

Du spürst die Zeit, – und spürtest nicht dieses Herz? Du fühlst den Strom von Gnade, der auf dich eindringt, warm und rot, – und fühltest nicht, wie du geliebt wirst? Du suchst nach einem Beweis, – und bist doch selbst der Beweis. Du suchst ihn zu fangen, den Unbekannten, in den Maschen deiner Erkenntnis, – und bist selbst gefangen im unentrinnbaren Netz seiner Liebe. Du möchtest begreifen, – aber du bist schon ergriffen. [...] Du tastest dich durch tausend Gewänder hindurch an einen lebendigen Leib, – und behauptest, daß du die Hand nicht spürst, die hüllenlos deine nackte Seele berührt? [...] Lege den Finger auf den lebenden Puls des Seins. Spüre das Pochen, das dich in einem einzigen Akt der Schöpfung zugleich anfordert und freiläßt. Das im ungeheuren Erguß des Daseins zugleich das genaue Maß des Abstands bestimmt: wie du ihn lieben sollst als den Allernächsten, und niedersinken vor ihm als dem Allerhöchsten. [...]

Nur Schicksal wäre dieses Leben, nur Trauer diese Zeit, und alle Liebe nur Vergänglichkeit, wenn nicht der Puls des Seins im ewigen, dreifaltigen Leben schlüge. [...] Schlage denn, Herz des Daseins, Puls der Zeit! Werkzeug der ewigen Liebe! Du machst uns reich, du machst uns wieder arm; du ziehst uns an und du entziehst dich wieder; wir aber sind, im Wogen auf und ab, dein Eigentum.

(H.U. v. BALTHASAR, *Das Herz der Welt*, Zürich 1945, 16*f.*21)

Vorwort

Die vorliegende Arbeit wurde im Sommersemester 1999 von der Fakultät für katholische Theologie an der Päpstlichen Universität Gregoriana, Rom, als theologische Dissertation angenommen.
    Der großen Schar all derer, die durch ihre geistliche, geistige und materielle Hilfe zu ihrem Gelingen beigetragen haben, möchte ich an dieser Stelle von ganzem Herzen danken. Mein aufrichtiger Dank gilt dabei meinem Doktorvater, P. John M. McDermott S.J., für seine geduldige und anspornende Begleitung, seine stets konstruktive Kritik und sein persönliches Vorbild als Priester und Wissenschaftler.
    Prof. Paul Haffner möchte ich meinen herzlichen Dank für die Erstellung des Zweitgutachtens und für seine weiterführenden Anregungen ausdrücken.
    Mein Bischof, Erzbischof Dr. Oskar Saier, ermöglichte mir durch die Freistellung zur Promotion die Möglichkeit, mich intensiv mit Leben und Werk von Jacques Maritain zu beschäftigen. Vor allem dafür, aber auch für die finanzielle Hilfe zur Drucklegung, danke ich ihm sehr herzlich.
    Ein besonderes Wort des Dankes gilt allen Instituten in Rom, die mir ihre Bibliotheken auf unkomplizierte Weise zugänglich gemacht und so meine Forschungen wesentlich erleichtert haben; dazu gehören das (von J. Maritain gegründete) *Institut Saint Louis de France*, das *Institut International Jacques Maritain*, die Bibliothek des *North American College* sowie das *Maritain-Archiv* in Kolbsheim.

Benedikt Ritzler

Rom – Heidelberg, zum 8. September 1999

Inhaltsverzeichnis

Hinführung 1

TEIL A – «Retour au réel et à l'absolu» – Die konzeptualistische Ausgangssituation Maritains

Kapitel I: Einleitung 5
1. Thematik und Ziel der Arbeit 5
   a) Hintergrund 5
   b) Überblick und Unterteilung 8
   c) Arbeitsmethode und wissenschaftlicher Beitrag 15
2. Jacques Maritain und Deutschland 19
3. Die Neuscholastik – Maritains philosophisch-theologischer Hintergrund 25
   a) Inhaltliche Bestimmungen 25
   b) Offene Probleme der Neuscholastik 31
4. Zur Gestalt von Jacques Maritain und den Phasen seines Denkens 34
   a) Die unruhige «vorthomistische» Zeit der Maritains 34
   b) Maritains konzeptualistische Phase unter dem Primat der Wahrheit - 37
   c) Maritains Befreiung zum Primat der Freiheit 41
   d) Der Primat der Person im Denken des späten Maritain 45

Kapitel II: Die Begegnung von Subjekt und Objekt im Intellekt 51
1. Einleitung 51
2. Bergsons Zugang zum Absoluten 55
3. Intuition und Begriffsbildung im Intellekt 59
   a) Die verschiedenen Bedeutungen von «Intuition» 59
   b) Die intuitive Abstraktion 64
4. Intuition und Urteil 69
5. Einheit und Verschiedenheit der Erkenntnisweisen 74
   a) Die ersten Prinzipien und der Seinsbegriff 74
   b) Die Problematik unterschiedlicher Erkenntnisformen ... 79
6. Die Erkenntnis als Qualität 87
7. Zusammenfassung 92

Kapitel III: Die Person als *suppositum* 95
1. Einleitung 95
2. Wille, Verstand und *liberum arbitrium* 96
   a) Die Natur des Willens und sein Zusammenspiel mit dem Intellekt 96
   b) Das liberum arbitrium *und sein Träger* 102

3. Das subsistierende Handlungssubjekt ----- 104
   a) Die Bedeutung der Substanz ----- 104
   b) Substanz und Subsistenz ----- 108
   c) Der Modus der Subsistenz und die Person ----- 112
4. Der Mensch zwischen Individualität und Personalität ----- 117
5. Die Teilhabe an Gottes Wesen in der mystischen Schau ----- 121
6. Die Ordnungen der Freiheit ----- 126
   a) Das Zusammenwirken von menschlicher und göttlicher Freiheit ----- 126
   b) Von der Anfangs- zur Endfreiheit ----- 131
7. Zusammenfassung ----- 136

TEIL B – «Et plus libre sera le jeu» –
Maritains Erneuerung des Existentialismus

Kapitel IV: Die existentielle Wende Maritains ----- 141

1. Einleitung ----- 141
2. Die Erfahrung der Seinsintuition ----- 142
3. Unmittelbare Implikationen ----- 145
4. Die Transzendentalien ----- 149
5. Das Strebevermögen der Seienden ----- 153
6. Die Seinsintuition – Metaphysik oder Mystik? ----- 157
7. Zusammenfassung ----- 164

Kapitel V: Die Erkenntnis durch Konnaturalität ----- 167

1. Einleitung ----- 167
2. Maritains erste Überlegungen zu nicht-rationalen Einsichten ----- 170
   a) Intuitionen im weitesten Sinn ----- 170
   b) Die Liebe als konnaturales Erkenntnismittel ----- 172
   c) Das intuitive Erfassen des Existenzaktes der eigenen Seele ----- 175
3. Subjektivität und poetische Erfahrung ----- 178
   a) Die Aktivierung des kreativen Zentrums im Poeten ----- 178
   b) Der Seelengrund des Poeten ----- 181
4. Formen natürlicher und übernatürlicher Konnaturalität ----- 185
   a) Die Arten der konnaturalen Erkenntnis ----- 185
   b) Die Voraussetzungen natürlicher kontemplativer Konnaturalität ----- 188
   c) Die natürliche Mystik als konnaturale Erkenntnis ----- 191
5. Die Tiefen der Seele nach Maritain und Freud ----- 196
6. Person und Unsterblichkeit ----- 198
   a) Das unvergängliche Selbst und seine transnaturalen Aspirationen - 198
   b) Die Person und ihre transzendentale Sehnsucht ----- 203
7. Zusammenfassung ----- 208

Kapitel VI: Die Person in der Verantwortung ihrer Freiheit ---------- 211

1. Einleitung --- 211
2. Geistige Freiwerdung und Liebe --------------------------------------- 212
    a) Der Wille im Dienst der Person ----------------------------------- 212
    b) Person und Personalität --- 218
    c) Die doppelte Freiheit als Potential der Personalität ---------- 221
    d) Die personale Überexistenz --------------------------------------- 227
    e) Die Person zwischen Natur, Freiheit und Liebe --------------- 230
3. Die ontologische Freiheit des Menschen zum Nichts ------------- 234
    a) Der Mensch zwischen Gut und Böse ----------------------------- 234
    b) Die Willensfreiheit und das moralische Übel ------------------ 237
    c) Die Freiheit der Engel --- 242
    d) Gottes Unschuld an der Schuld des Geschöpfs ---------------- 249
    e) Bleibende Ungereimtheiten --------------------------------------- 253
4. Der erste freie moralische Akt und seine Implikationen ---------- 257
    a) Die gelebte Entscheidung für das Gute ------------------------- 257
    b) Die moralische Erstentscheidung und ihre Gotteserkenntnis -------- 260
5. Die Existenzschau als Basis einer erneuerten Zivilisation -------- 263
    a) Die Intuition der Existenz --- 263
    b) Die (Neu-)Entdeckung der Liebe --------------------------------- 267
    c) Der theozentrische Humanismus --------------------------------- 270
6. Personale Existenz als Selbstbesitz und Selbsthingabe ----------- 273
7. Zusammenfassung --- 279

TEIL C – «La personne ne peut pas être seule» –
Maritains kohärenter Personalismus

Kapitel VII: Die Person und ihr Tun aus personalistischer Sicht ---- 283

1. Einleitung --- 283
2. Der *actus existentiae* als vorgängige Wirklichkeit ------------------ 285
    a) Das intuitive Erfassen der Existenz ------------------------------ 285
    b) Die Existenz in Intuition und Urteil ----------------------------- 289
3. Die Person – das Erhabenste der Natur -------------------------------- 295
    a) Suppositum und Persona --- 295
    b) Die Priorität des Existenzaktes und ihre Implikationen ------ 298
    c) Die Kommunikation subsistierender Subjekte ----------------- 301
4. Die Person und ihre moralische Freiheit ------------------------------ 308
    a) Die Erkennbarkeit moralischer Werte im Gewissen ---------- 308
    b) Die Person in der Freiheit zur Wert-setzung und Wertschätzung ---- 312
    c) Die vorbewußten Einflüsse auf das Werturteil ----------------- 317
5. Die «Existentialisierung» des Naturgesetzes ------------------------- 321
    a) Gewissensurteil und rechtes Wollen ----------------------------- 321
    b) Das Naturrecht als dynamischer Entwurf ----------------------- 326
    c) Vom Naturgesetz zum Gewissensimpuls ----------------------- 332
    d) Moralisches Handeln unter göttlichem Anspruch ------------- 338

6. Moralisches Handeln als schöpferische Antwort auf Gottes Liebe ------------ 341
   a) Die moralische Ordnung als potentieller Ausdruck personaler
      Beziehung -- 341
   b) Wachstum in Sein und Liebe -- 346
7. Zusammenfassung --- 352

Kapitel VIII: Die lebendige Struktur des Seelengrundes --------------- 357

1. Einleitung -- 357
2. Die Komponenten der poetischen Erfahrung ---------------------------------- 358
   a) Systematisierende Überlegungen zum Unterbewußten ---------------- 358
   b) Das Selbst des Poeten --- 363
   c) Die Poesie als lebendige Wirklichkeit --------------------------------- 366
3. Die Erfahrung der kreativen Intuition ------------------------------------- 370
   a) Der Auslöser der schöpferischen Intuition ---------------------------- 370
   b) Das Seelenmodell und sein Zentrum ------------------------------------ 372
   c) Die Wirkweise der Seelenfakultäten ----------------------------------- 375
4. Die lebendigen Tiefen der Person -- 378
   a) Die Eigendynamik der Seele --- 378
   b) Der apex animae als dynamischer Einheitsstifter ad intra ------------ 382
   c) Der apex animae als dynamischer Einheitsstifter ad extra ------------ 385
5. Das unvergängliche Selbst und der personale Ursprung allen Seins --------- 391
6. Die Subsistenz als aktiver und autonomer Status -------------------------- 396
7. Zusammenfassung --- 402

Kapitel IX: Die Person – offen und frei für Himmel und Erde ------- 409

1. Einleitung -- 409
2. Das Seelenleben des Menschen und seine Entfaltung ------------------------ 410
   a) Das Seelenparadies des Künstlers ------------------------------------- 410
   b) Der eine Seelengrund und die vielen Berufungen ---------------------- 416
   c) Die Übermoral als inspirierende interpersonale Beziehung ---------- 420
   d) Die personale Natur des Menschen ------------------------------------- 425
   e) Der Seelenhimmel -- 430
3. Der Menschensohn und sein Seelenleben ------------------------------------ 434
   a) Das ens personale Jesu -- 434
   b) Die wachsende Erkenntnis des Menschensohnes ---------------------- 437
   c) Die Verbundenheit der Bewußtseinsebenen des Gottmenschen ------- 441
   d) Die scientia infusa und das menschliche Bewußtsein Jesu ----------- 444
   e) Das Seelenleben des menschgewordenen Logos ----------------------- 449
4. Die Person und ihr geistiges Leben – Grundzüge einer existentiellen
   Epistemologie --- 452
   a) Der univoke Seinsbegriff als Voraussetzung der Seinsintuition ------ 452
   b) Der judikative Akt und die Systole ----------------------------------- 456
   c) Geistiger Fortschritt und flexibler Intellekt ------------------------ 461
   d) Das Zueinander von intuitiver und diskursiver Geistestätigkeit ------ 465

5. Das Herz als Mitte der Person --- 468
   a) *Das Herz – Zentrum des Menschen* ------------------------------------- 468
   b) *Das Herz des Menschen – für die Liebe geschaffen* --------------------- 474
   c) *Das göttliche Herz – Realsymbol der Liebe* ---------------------------- 478
6. Freiheit in der Umarmung des ewig Liebenden – Gott und das
   Geheimnis der Welt --- 483
7. Zusammenfassung --- 490

Kapitel X: Konklusion und Ausblick ---------------------------------- 495

1. Versuch einer Zusammenschau von Maritains Personverständnis ----------- 495
   a) *Epistemologie und Ontologie* -- 495
   b) *Anthropologie* --- 501
   c) *Das Personverständnis* --- 507
   d) *Geeinte Verschiedenheit – die Liebe als lebendige
       und allumfassende Wirklichkeit* --------------------------------------- 514
2. Würdigung und Ausblick --- 519

Bibliographie -- 529

1. Primärliteratur -- 529
   a) *Verwendete maritainsche Schriften in ihrer
       Erscheinungsreihenfolge* -- 529
   b) *Briefwechsel* -- 532
2. Sekundärliteratur --- 533

Personenregister --- 543

Hinführung

Gut fünfzig Jahre ist es mittlerweile her, daß die Vertreter der Vereinten Nationen in Mexiko einem Vertrag zustimmten, der für die Menschheitsgeschichte zumindest theoretisch von fundamentaler Bedeutung war. Denn mit der Unterzeichnung der Erklärung der Allgemeinen Menschenrechte am 10. Dezember 1948 wollten die beteiligten Völker ihren «Glauben an die menschlichen Grundrechte, an die Würde und den Wert der menschlichen Person und an die gleichen Rechte aller Männer und Frauen ausdrücken»[1] und diese als unverletzlich deklarieren. Diese heute so selbstverständlich erscheinende Aussage bildet allerdings gerade auch im Zeitalter der Globalisierung eine bleibende Herausforderung. Nicht nur die praktische Umsetzung wirft immer wieder Fragen nach der Gültigkeit des Völkervertrags auf[2], sondern auch die theoretischen Grundbegriffe sind längst nicht so klar, wie weithin angenommen wird. Zwar wird viel vom notwendigen Schutz der Menschenrechte und der unverlierbaren Würde der Person gesprochen, doch was ist darunter zu verstehen?

Kann nämlich die absolute Würde der menschlichen Person ausreichend geschützt werden, wenn der postmoderne Relativismus im Namen von Pluralismus und Toleranz auch einander widersprechende Wertesysteme bedenkenlos koexistieren läßt? Bedarf es nicht eines Minimums an gemeinsamen Wertevorstellungen, um ein gerechtes und friedliches Miteinander der Menschen zu gewährleisten?[3] Haben die «geistigen Väter» seinerzeit besagten Vertrag unter ähnlichen Voraussetzungen abgeschlossen? Welches Anliegen verband sie?

Wer dieser Frage nachgeht, stößt auf den bedeutsamen Einfluß eines in Deutschland fast in Vergessenheit geratenen Philosophen, nämlich auf den Franzosen Jacques Maritain.[4] Es erstaunt freilich nicht allzu sehr, daß in seinem Gesamtwerk, das immerhin 15 Bände umfaßt, der Personbegriff eine beachtliche Stellung einnimmt. Darin setzt er sich allerdings nicht nur

---

[1] UNITED NATIONS, *The International Bill of Human Rights*, Hrsg. United Nations – Department of Public Information, New York 1985, 2.

[2] Zur Wirkungsgeschichte der Allgemeinen Menschenrechtserklärung und der «skandalösen Aktualität von Menschenrechtsverletzungen», deren «Menge auch in der Gegenwart enorm, um nicht zu sagen, erdrückend ist», vgl. K. HILPERT, *Die Menschenrechte*, Düsseldorf 1991 (hier: 19*f.*).

[3] Zur Notwendigkeit eines Grundbestands an sittlichen Werten zum Schutz der Demokratie angesichts radikal relativistischer Positionen vgl. J. KARDINAL RATZINGER, *Wahrheit, Werte, Macht*, Frankfurt a.M. 1999, 65-92.

[4] S.u. 45*f.* bzw. L. KÜHNHARDT, *Die Universalität der Menschenrechte*, München 1987, 91*f.*

mit verschiedenen Strömungen der Moderne auseinander, sondern versucht die Grundwerte der Demokratie wie Person, Freiheit, Gemeinwohl etc. in ein gemeinsames Koordinatensystem einzubinden. Dieser Rahmen ist für ihn allerdings nur tragfähig, wenn er in einer transzendenten Verankerung ruht. Das bedeutet, daß Maritain als Metaphysiker die «Person» untersucht. Damit steht er zwar nicht allein[5], jedoch weckt diese Vorentscheidung nicht selten eine Reihe von Vorurteilen. Denn «wer der gesammelten Skepsis trotzen und sich auf eine Rehabilitierung der Metaphysik einlassen will, der trifft eine schwerwiegende Entscheidung»[6]. Müssen wir uns deshalb von der Metaphysik endgültig verabschieden, oder gilt es nicht vielmehr, sie um des Schutzes der menschlichen Person willen neu zu beleben?[7]

In Maritains Denken läßt sich noch ein weiteres Charakteristikum feststellen, denn die absolute Schutzwürdigkeit bestimmter Werte verweist nicht nur auf die Transzendenz des Menschen. Ebenso gilt es, nach den Prinzipien seines Handelns wie auch nach der ihm eigenen Vollendung, dem *bonum hominis*, zu fragen. An welchen Werten kann und muß sich also menschliches Tun orientieren, wenn es sich dem Anspruch stellt, zugleich frei *und* moralisch verantwortbar zu sein? Auch L. Honnefelder verweist auf diesen Zusammenhang. Denn «wonach fragen wir überhaupt, wenn wir in ethischen Zusammenhängen die Frage stellen: Wer ist der Mensch? Hängt die Wahl der Ethik davon ab, welcher Metaphysik der Person man folgt, oder ist der Personstatus umgekehrt eine Frage des ethischen Standpunkts? Wie hängen Ethik und Metaphysik zusammen, und was bedeutet dies angesichts der unaufhebbaren Pluralität der Metaphysiken und der unüberwindbaren Verschiedenheit ethischer Standpunkte?»[8]

Maritains Standpunkt ist von erfrischender Entschiedenheit. Für ihn ist der christliche Glaube, der auf der Selbstoffenbarung Gottes beruht, der bestmögliche Garant einer transzendenten Werteordnung. Vor diesem

---

[5] Nach der Auffassung von Th. KOBUSCH wurde mit dem UN-Vertrag der Begriff der Person «ein weltweit verstehbarer und in diesem Sinne universaler Begriff», weshalb jeder, der den Personbegriff benutzt, «wissen muß, daß er sich im Bereich der Metaphysik bewegt» (*Die Entdeckung der Person*, Freiburg – Basel – Wien 1993, 11).

[6] O. HÖFFE, «Rechtsethik als Metaphysik?», in *Der Begriff der Politik. Bedingungen und Gründe politischen Handelns*, Hrsg. V. Gerhardt, Stuttgart 1990, 124.

[7] Für immer wieder auftauchende Neuansätze und als Überblick über die aktuelle Diskussion vgl. E. CORETH (Hrsg.), *Metaphysik in un-metaphysischer Zeit*, Düsseldorf 1989. Auf die Komplementarität von metaphysischem Denken und christlicher Offenbarung verweist G. PROUVOST, *Catholicité de l'intelligence métaphysique. La philosophie dans la foi selon Jacques Maritain*, Paris 1991. Eine klassisch strukturierte Darlegung neueren Datums bietet E. CORETH, *Grundriß der Metaphysik*, Innsbruck – Wien 1994.

[8] L. HONNEFELDER, «Der Streit um die Person in der Ethik», *PhJ* 100 (1993) 247.

Hintergrund findet auch heute noch die Frage «Was ist der Mensch?» eine unvergleichlich umfassende Antwort. Wird nämlich der Mensch von Gott her betrachtet, scheinen seine absolute Unverfügbarkeit und unvergängliche Würde auf, gerade in den Worten, mit denen der Psalmist betet: «Du hast ihn nur wenig geringer gemacht als Gott, hast ihn mit Herrlichkeit und Ehre gekrönt.»[9] Darin sind bereits eine Fülle von Aspekten angedeutet, die den Menschen und seine Wirklichkeit prägen, nämlich seine Geschöpflichkeit und Gottesebenbildlichkeit, seine personale Beziehungsfähigkeit mit Gott und seine Leib-Seele-Natur, seine unverlierbare Würde und seine Erlösungsbedürftigkeit, die mit dem Christusereignis eine definitive göttliche Geschichtsantwort gefunden hat und zeigt, daß der Mensch immer schon im Anruf Gottes steht:

> Der Grund-Satz aller den Menschen betreffenden christlichen Glaubensaussagen lautet: Der Mensch versteht sich in seinem Sein und Wesen wie auch in allem, was ihn ausmacht, in seinem Tun und Sollen nicht von sich selbst, sondern ausdrücklich von Gott her. Was der Mensch an sich erfährt, wird folglich nicht *von ihm her* auf Gott interpretiert, vielmehr *erfährt* der Mensch seine *eine* und volle Wesenswirklichkeit wie auch deren einzelne Elemente aus und in seinem von Gott begründeten Gegenüber zu Gott. [...] Biblisch gesehen *ist* der Mensch als solcher und in allen seinen Wesenselementen Gottbezogenheit.[10]

Die Beziehungsfähigkeit zwischen Menschen und Gott ist jedoch wesentlich durch ihre vielschichtige Offenheit oder Potentialität charakterisiert. Menschsein meint neben Veränderung, Wachstum und Kreativität vor allem auch die Freiheit, über sich selbst bestimmen und seine eigenen Ziele wählen zu können. Dabei steht der Mensch vor der Entscheidung, entweder rein immanente (Un-)Werte zu privilegieren oder besagte geschöpfliche Grundausrichtung auf Gott anzunehmen, diese auf dem Niveau einer personalen Beziehung zu leben und durch angemessenes Handeln widerzuspiegeln. Damit wird erneut die Ebene des Glaubens wie auch der sittlichen Verantwortung betreten, der Mensch also zum vernünftigen Umgang mit seiner sogenannten moralischen Freiheit herausgefordert.

Diese hinführenden Gedanken lassen anklingen, worum es in der folgenden Untersuchung geht. Es soll der Genese von Maritains Personverständnis in all seinen Implikationen nachgegangen werden und dadurch der Beitrag eines christlichen Philosophen für eine dezidiert theologische Anthro-

---

[9] *Ps* 8,6. Die wörtliche Übersetzung macht die Herkunft und die Gottesebenbildlichkeit des Menschen noch deutlicher: «Du hast ihm ein Weniges mangeln lassen, daß er nicht Elohim sei.» (W. GESENIUS, *Hebräisches und Aramäisches Handwörterbuch über das Alte Testament*, Berlin – Göttingen – Heidelberg [17]1962, 248, Stichwort חסר).

[10] S.N. BOSSHARD – G. HÖVER – R. SCHULTE – H. WALDENFELS, *Beginn, Personalität und Würde des Menschen*, Hrsg. G. Rager, München [2]1998, 259.

pologie erhoben werden. Dadurch soll *ein* möglicher Weg aufzeigt werden, wie der Mensch auch im Denken einer pluralen Gesellschaft als *homo faber* **und** als *imago Dei* verstanden werden kann. Denn auch die Zeitrechnung des hightech-geprägten 21. Jahrhunderts wird ihren Ausgangspunkt im Heilsjahr der Menschwerdung Gottes haben.

TEIL A – «Retour au réel et à l'absolu»[1] – Die konzeptualistische Ausgangssituation Maritains

Kapitel I: Einleitung

1. Thematik und Ziel der Arbeit

a) Hintergrund

Die einleitenden Überlegungen haben bereits erkennen lassen, daß eine umfassende Bestimmung des Menschen nur möglich ist, wenn nicht allein seiner Vielseitigkeit, sondern ebenso seiner Transzendenz Rechnung getragen wird. Das Anliegen des Verfassers der vorliegenden Arbeit ist es deshalb, die komplexe *conditio humana* mit Hilfe des Werkes eines christlichen Philosophen darzulegen, der durch einen vielgestaltigen Dialog mit der Moderne zu einer kreativen Synthese gelangte: Jacques Maritain (1882-1973).[2] Er ist unter die «beispielhaften Persönlichkeiten» zu rechnen, die sich «in mutiger Forschung» um eine «fruchtbare Beziehung zwischen der Philosophie und dem Wort Gottes» bemüht haben und die «mit Recht neben die Meister der antiken Philosophie gestellt werden können»[3], wie Johannes Paul II. in seiner Enzyklika *Fides et ratio* konstatiert.[4] Zugleich ermutigt der Papst wieder neu, die innere Verbundenheit von Glaube und Vernunft aufzuweisen, die «wie die beiden Flügel sind, mit denen sich der menschliche Geist zur Betrachtung der Wahrheit erhebt». Denn «das Streben, die Wahrheit zu erkennen und letztlich ihn selbst zu erkennen, hat Gott dem Menschen ins Herz gesenkt, damit er dadurch, daß er Ihn erkennt und liebt, auch zur vollen Wahrheit über sich selbst gelangen könne»[5].

---

[1] J. MARITAIN, *Réflexions sur l'intelligence*, ŒC Bd. III, 363.

[2] Zur Verbindung von Postmoderne und christlicher Philosophie nach der Auffassung J. Maritains vgl. G. GALEAZZI, *Jacques Maritain – un filosofo per il nostro tempo*, Ancona 1997, bes. 43-66.

[3] JOHANNES PAUL II, *Enzyklika Fides et ratio*, Hrsg. u. dt. Übers. Sekretariat der Deutschen Bischofskonferenz, (Verlautbarungen des Apostolischen Stuhls 135), Bonn 1998, 74.

[4] Zur Fortführung von Maritains Ansatz durch Johannes Paul II. vgl. B.A. GENDREAU, «The Integral Humanism of Jacques Maritain and the Personalism of John Paul II», in *Jacques Maritain, Philosophe dans la cité*, Hrsg. J.-L. Allard, Ottawa 1985, 43-52 sowie J.M. MCDERMOTT (Hrsg.), *The Thought of Pope John Paul II*, Roma 1993.

[5] JOHANNES PAUL II, *Enzyklika Fides et ratio*, Vorwort (S. 5).

Um den Herausforderungen an der Schwelle zum dritten Jahrtausend gerecht werden zu können, fordert der Papst darum die Philosophie auf, ihre Weisheitsdimension wieder zurückzugewinnen, «die in der Suche nach dem letzten und umfassenden Sinn des Lebens besteht»[6]. Ebenso betont er, die Fähigkeit des Menschen zu überprüfen, «*zur Erkenntnis der Wahrheit* zu gelangen; eine Erkenntnis übrigens, die zur objektiven Wahrheit gelangt durch jene *adaequatio rei et intellectus*, auf die sich die Gelehrten der Scholastik beziehen»[7]. Daraus ergibt sich noch ein weiteres Postulat:

> Erforderlich ist eine Philosophie von *wahrhaft metaphysischer* Tragweite; sie muß imstande sein, das empirisch Gegebene zu transzendieren, um bei ihrer Suche nach der Wahrheit zu etwas Absolutem, Letztem und Grundlegendem zu gelangen. [...] Es ist im besonderen eine Forderung an die Erkenntnis des sittlich Guten, dessen letzter Grund das höchste Gut, Gott selber, ist. [...] Zudem will ich die Fähigkeit des Menschen geltend machen, diese transzendente und metaphysische Dimension wahrhaftig und sicher, wenngleich auf unvollkommene und analoge Weise, zu erkennen. [...] Eine große Herausforderung, die uns am Ende dieses Jahrtausends erwartet, besteht darin, daß es uns gelingt, den ebenso notwendigen wie dringenden Übergang vom *Phänomen* zum *Fundament* zu vollziehen. Wir können unmöglich bei der bloßen Erfahrung stehenbleiben.[8]

Diese Rückkehr von den Phänomenen hin zum Absoluten und zur Wirklichkeit war auch Maritains erklärtes Anliegen. Denn «wie die Freiheit die Natur voraussetzt, so setzt auch die Ethik die Metaphysik voraus, oder der rechte Gebrauch unserer Freiheit das Wissen um das, was ist, und um die ersten Seinsgesetze»[9]. Mit der Untersuchung dieser Eckpunkte deckt sich auch das Ziel der vorliegenden Arbeit, welche die Sicht der menschlichen Person in Maritains Denken anhand seiner Werke präsentiert. Dies ist um so interessanter, als sein persönlicher Werdegang nicht nur ein beharrliches Ringen um die Bestimmung dieser Grundaspekte zeigt, sondern zugleich auch die Entwicklung der katholischen Kirche des 20. Jahrhunderts widerspiegelt. Wurde anfangs versucht, auf die Herausforderung des Modernismus mit einer primär neuscholastischen Kanalisierung des Thomismus zu reagieren, brach sich der Strom unterschiedlichster geistesgeschichtlicher Ansätze bald seine eigene Bahn. Diese Vielfalt machte sich in der Theologie u.a. durch die Anregungen der modernen Exegese, der Liturgischen Bewegung und der *Nouvelle théologie* bemerkbar. Ebenso schlug sie sich in den Dokumenten des Zweiten Vatikanischen Konzils merklich nieder, so daß in ihnen zu alten offenen theologischen (wie auch philosophischen) Fragen weitere hinzukamen. Neben der Notwendigkeit eines

---

[6] *Ebd.* 81.
[7] *Ebd.* 82.
[8] *Ebd.* 83.
[9] J. MARITAIN, *Du régime temporel et de la liberté*, ŒC Bd. V, 334.

aggiornamento steht darum heute mit nicht geringerer Dringlichkeit das Problem zur Debatte, wie eine «legitime Pluralität von Denkpositionen» vor dem Abgleiten in einen «indifferenten Pluralismus, der auf der Annahme fußt, alle Denkpositionen seien gleichwertig»[10], bewahrt werden kann – ein Problem, das sich auch für Maritain letztlich um die Frage dreht, inwieweit ein Pluralismus von Philosophien nötig oder überhaupt möglich ist[11].

Um nun dem inneren Wachstum von Maritains Schaffen und seiner schöpferischen Größe gerecht zu werden, geht die hier vorgelegte Dissertation primär historisch vor. Sie will nicht eine systematische Zusammenschau bieten oder Maritains Anthropologie präsentieren, sondern eine werkgenetische Rekonstruktion des maritainschen Denkens vorlegen.[12] Dabei wird das Gesamtwerk Maritains in seiner historischen Genese und Relevanz für den Personbegriff untersucht. Unter dem Formalobjekt des Personverständnisses ist es deshalb unvermeidbar, einzelne Themen mehrfach aufzugreifen oder bestimmte Werke unter wechselnden Aspekten zu untersuchen, da nur so dessen Entwicklung sichtbar wird. In der hier vorgelegten Erarbeitung wie auch in der Unterteilung der Phasen von Maritains Denken besteht deshalb die entscheidende Neuheit der Dissertation, denn trotz der überwältigenden Menge internationaler Publikationen[13] zu Maritain gibt es bisher nur wenige Werke[14], welche die historische Genese bestimmter Themen dargestellt haben.

Die vorliegende Arbeit versucht aufzuzeigen, wie Maritain von erkenntnistheoretischen Fragen aus die Ontologie im Sinne eines metaphysischen Existentialismus wiederbelebt. Darauf aufbauend entwickelt er schließlich eine personalistische Anthropologie, der ein christliches Menschenbild zugrunde liegt. Charakteristisch ist dabei Maritains immer wieder auftau-

---

[10] JOHANNES PAUL II, *Enzyklika Fides et ratio* 5.

[11] Vgl. J. MARITAIN, *Le Paysan de la Garonne*, ŒC Bd. XII, 855-892 wie auch *Approches sans entraves. Réflexions sur le savoir théologique*, ŒC Bd. XIII, 867-869.

[12] So beschränkt sich die zumindest dem Titel nach ähnlich angelegte Arbeit von P. CHUNG IN-SANG (*La Persona umana in Jacques Maritain*, Diss. ad Laur. Roma 1988) primär auf Maritains Verständnis von Individualität und Personalität. Zudem geht die Untersuchung in keinster Weise auf die Neuerungen von *L'Intuition créatrice* ein, was freilich bei einer Sekundärliteratur von 15 Titeln zu Maritain nicht weiter erstaunt.

[13] Vgl. die mehr als 150 (!) Seiten umfassende systematische Bibliographie von J.-L. ALLARD – P. GERMAIN (*Répertoire bibliographique sur la vie et l'œuvre de Jacques et de Raïssa Maritain*, Ottawa 1994) sowie das chronologische Verzeichnis der Monographien bis einschließlich 1997 von B. HUBERT – P. VIOTTO («Bibliographie sur Jacques et Raïssa Maritain», *Notes et documents* [= *ND*] 49/50 (1997) 14-63).

[14] So z.B. R.M. GREENBURG, *The Epistemological Consequences of Jacques Maritain's Metaphysical Personalism*, Diss. ad laur. New York 1984; L. ALDRICH, *The Development of Jacques Maritain's Epistemology of the Natural Law*, Diss. ad laur. Roma 1992; D.F. HAGGERTY, *Jacques Maritain and the Notion of Connaturality*, Roma 1995.

chendes Grundprinzip, nämlich zu unterscheiden, um zu vereinen. So kommt es häufig zu polaren Aussagen und Bildern, um die Spannungsfelder menschlicher Wirklichkeit und deren innere Dynamik aufrechtzuerhalten.[15] Anfangs geht es Maritain vor allem um die Frage nach der Wiedergabe der *dynamischen Wirklichkeit* durch abstrakte und damit *statische Begriffe*. Da er zugleich einen analogen Personbegriff benutzt, kann er ihn auf Gott und den Menschen anwenden. So verlagert er nach und nach seine Untersuchungen auf die Idee der Person, welche sich zwischen den Polen der göttlichen Ewigkeit und *Unendlichkeit* und der geschöpflichen Kontingenz und *Endlichkeit* bewegt, die Geschichtlichkeit und geschaffene Freiheit einschließt. Damit ist ein drittes Spannungsfeld verbunden, nämlich die moralische *Freiheit* gegenüber der vorgegebenen *Notwendigkeit* des Naturgesetzes und dessen Erkennbarkeit. Auf diese Weise kommt die Frage nach der *analogia entis* und der zugrunde liegenden Ontologie ins Spiel, die geeinte Verschiedenheit in einer dynamischen Wechselbeziehung ermöglicht, da alle Seienden am Sein teilhaben, dies aber auf individuelle Weise tun. Bevor diese Themen im einzelnen untersucht werden, soll zuerst noch ein Überblick über die Arbeit gegeben werden.

b) Überblick und Unterteilung

Das Thema der vorliegenden Dissertation wird bereits durch ihren Titel *Freiheit in der Umarmung des ewig Liebenden* angedeutet, insofern wahre interpersonale Liebe eine geheimnisvolle Anziehungskraft ausübt, die von Zwang oder Notwendigkeit[16] verschieden ist. Zugleich impliziert eine so verstandene Liebe wie bei einer Umarmung das Fortbestehen der Beteiligten, da ihre Auflösung in eine «Übereinheit» auch das Ende der Polarität

---

[15] Ähnlich konstatiert S. Mosso (*Fede, storia e morale*, Milano 1979, 36): «A noi sembra che ci siano alcuni elementi basilari certamente costanti lungo tutta la vita e l'Opera di Maritain. Essi ci sembrano essere: – il tema centrale del suo pensiero, costituito [...] dalla questione della relazione dinamica tra poli apparentemente opposti della realtà, quali: Dio e uomo, transcendenza e immanenza, eternità e tempo, assoluto e storia, verità e divenire, ecc. [...]; – il tipo di soluzione che egli tenta di dare: non negazione di un polo tramite fagocitazione da parte dell'altro e neppure separazione o contrapposizione dualistica, ma distinzione e autonomia, però in una complementarietà dinamica, in cui un polo (Dio, transcendente, eternità, assoluto, verità...) anima e dà pieno compimento e senso all'altro (uomo, immanente, tempo, storia, divenire...).»

[16] Einer solchen Liebe hat Dante ein bleibendes Fanal gesetzt, insofern er die Verbindung zwischen Francesca da Rimini und Paolo Malatesta als unfrei machende wilde Leidenschaft besingt, welche beide auf ewig gefangenhält: «Liebe, die den Geliebten **zwingt**, ihn zu lieben / Ließ mich an seiner Schönheit so entzünden / Daß sie, wie du ersiehst, mir noch geblieben.» (Dante Alighieri, *Die göttliche Komödie*, V. Gesang, dt. Übers. W.G. Hertz, Darmstadt ³1990, 28).

und damit der Liebe bedeuten würde.[17] So gilt es, das Wesen der Person auf eine Weise zu bestimmen, nach der ihr Selbstand oder ihr Subjektsein zugleich die Möglichkeit in sich birgt, mit ihresgleichen in eine lebendige Kommunikation zu treten. Einerseits ist die Person frei zu lieben, doch andererseits muß sie lieben, um als Person zu existieren. Sie findet also nur dann ihre Erfüllung als Person, wenn sie wahrhaft liebt und geliebt wird.

Hier kommt nicht nur das Paradox von Freiheit und Notwendigkeit zum Vorschein, sondern auch das Mysterium der Liebe, durch welche die Hingabe der Freiheit nicht zum Verlust wird, sondern die Person in die Lage versetzt, sich erneut auf personale und ungeschuldete Weise zu empfangen. Gerade darin liegt die schöpferische Kraft der Liebe, da sie den Geliebten nicht nur bejaht, sondern ihn eine Form der Annahme erfahren läßt, wozu er selbst nicht in der Lage ist und die seine Existenz erst zu einer personalen macht.[18] Doch verweist alle menschliche Liebe über sich hinaus auf Gott als den Ursprung aller Liebe. Von dieser dreifaltigen Gemeinschaft wird der Mensch nicht nur wie von einer ersten Ursache hervorgebracht, sondern ist von ihr umfangen und dazu berufen, an dieser Liebesgemeinschaft teilzuhaben.[19]

Diese personalistische Sicht der Wirklichkeit zeichnet sich in Maritains Denken allerdings erst nach einer Übergangszeit ab, in der er sich von der

---

[17] Vgl. B. VYŠESLAVCEV, «Il Cuore nella mistica cristiana e indiana», in *L'intelligenza spirituale del sentimento*, ital. Übers. u. Hrsg. Centro Aletti, Roma 1994, 40: «L'amore come tendenza e come desiderio, l'amore-Eros, ha bisogno costantemente della differenza (io e tu, Padre e Figlio, finito e infinito, perfetto e imperfetto), l'amore è contrario all'indifferenziazione; se non vi è distinzione, l'amore non esiste (come, del resto, non esiste neanche l'odio).»

[18] Vgl. J. PIEPER, *lieben – hoffen – glauben*, München 1986, 56: «Offenbar also genügt es uns nicht, einfach zu existieren, was wir in der Tat 'ohnehin' und 'sowieso' tun. Es kommt uns darüber hinaus auf die ausdrückliche Bestätigung an: Es ist *gut*, daß du existierst; wie wunderbar, daß du da bist! Anders gesagt, was wir über das bare Existieren hinaus überdies noch brauchen, ist: von einem Menschen geliebt zu werden. Eine erstaunliche Sache, wenn man es näher bedenkt. Das Erschaffensein durch Gott reicht, so scheint es, tatsächlich nicht aus; es bedarf der Fortsetzung und Vollendung: durch die kreative Macht menschlicher Liebe.»

[19] Vgl. dazu C.M. MARTINI, *Ritorno al Padre di tutti*, Milano 1998, 36: «Questo Padre [Dio] è '*nei cieli*': diverso da ogni altro padre sulla terra (cfr. *Mt* 23,9), è origine prima e amorosa di tutto e ci attende per un **abbraccio senza fine** nella pienezza della vita.» Vgl. *ebd.* 29*f.*: «Il Dio della promessa non resta mai indifferente di fronte ai comportamenti del Suo popolo e soffre per la sua infedeltà. Il Suo amore non è solo espresso dalla parola *hesed*, che dice l'amore forte, tenace, fedele nelle prove, ma pure dal termine *rachamim*, che dice l'amore materno, viscerale verso i propri figli (cf. *Is* 49,14-16). [...] Il Padre d'Israele è anche Madre.» Damit greift Martini wohl auf das vielzitierte Wort von JOHANNES PAUL I. zurück, nach dem «Gott Vater und Mutter ist» («Angelus-Ansprache vom 10.9.1978», *L'Osservatore Romano*, 21.9.1978, 5).

neuscholastischen Ontologie ab- und einem erneuerten Existentialismus zuwendet. Dieser Wandel legt es nahe, sein Denken in vier Phasen zu unterteilen. Danach umfaßt die erste Periode den frühen Maritain bis zu seiner Begegnung mit dem Denken des Thomas von Aquin, also die Zeit von 1882 bis 1910. Da Maritain seine Berufung zur Philosophie erst im Anschluß an diese Lebensphase erkennt und seine erste größere Arbeit 1914 veröffentlicht, wird dieser erster Lebensabschnitt nicht weiter vertieft. Den Phasen zwei bis vier hingegen wird jeweils ein eigener Teil gewidmet. **Teil A** beginnt darum mit der *zweiten Periode*, die stark konzeptualistisch geprägt ist und sich über den Zeitraum von 1911 bis 1933 erstreckt. **Teil B** präsentiert die *dritte Phase* und beinhaltet Maritains Ausarbeitung eines metaphysischen Existentialismus zwischen 1934 und 1946. **Teil C** umfaßt die darauf aufbauende *vierte Periode*, also die Zeit von 1947 bis zu seinem Tod 1973, in der er einen kohärenten Personalismus entwirft.

Die einzelnen Teile umfassen jeweils drei Kapitel, deren Schwerpunkte sich wie folgt präsentieren: Das **erste Kapitel** beginnt mit einer Einführung, welche den Hintergrund der Fragestellung erhellt und den Gang der Arbeit vorstellt. Daran schließt sich ein Blick auf die bislang kaum erfolgte Auseinandersetzung mit Maritains Denken in Deutschland, dem Herkunftsland des Autors, an, wo Maritain weiterhin vor allem als Neuscholastiker eingestuft wird. Darum wird in einem folgenden Paragraphen nach der Ausgangssituation Maritains gefragt. Es werden neben einem kurzen Überblick über die Neuscholastik auch deren inhärente Probleme skizziert, zumindest soweit sie sich bei Maritain bemerkbar machen. Den Abschluß des ersten Kapitels bildet ein eher biographisch ausgerichteter Blick auf Maritains Leben, der die vom Autor vorgenommene Unterteilung in die erwähnten vier größeren Phasen untermauert. Denn wie sich zeigen läßt, sind die Phasen seiner geistigen Entwicklung entscheidend von äußeren Lebensumständen mitbestimmt.

Das **zweite Kapitel** hat Maritains anfängliche Erkenntnistheorie zum Gegenstand. Es zeigt seinen Versuch, die neuscholastische Epistemologie mit dem Ansatz seines Lehrers Henri Bergson zu verbinden. Auch wenn Maritain noch nicht zu einer echten Synthese gelangt, so sieht er doch, daß die klassische Vorstellung von Intuition und Abstraktion neu durchdacht werden muß. Sein Anliegen besteht primär in der Wiederherstellung der objektiven Erkenntnisfähigkeit des Intellekts. Das Leiden an Positivismus und Relativismus hatten Maritain und seine Frau beinahe zum Selbstmord geführt; um so entschiedener bemüht er sich um eine intellektuelle Rückkehr zur Wirklichkeit und zum Absoluten. Seine Formel von der *intuitiven Abstraktion* drückt die unmittelbare Erkenntnisbeziehung zwischen Erkennendem und Erkannten aus, die notwendig die Bildung von Begriffen impliziert. Da in dieser Phase für Maritain alles begrifflich erfaßt werden kann, sieht er das logische Urteil vor allem als die Verbindung zweier Begriffe. Dies führt zu einer ungenügenden Berücksichtigung der Existenzordnung, was sich auch auf Maritains Seinsbegriff auswirkt. Dieser umfaßt alles, was ist oder sein kann, ist also bereits ein abstrakter Begriff.

An diese Untersuchung schließt sich im **dritten Kapitel** die Darlegung der Struktur des Willens und des *liberum arbitrium* an. Dabei geht es um die Grundfrage, wie der Wille naturhaft auf das allgemeine Gut ausgerichtet sein kann und zugleich gegenüber dem konkreten endlichen Gut frei und unbestimmt ist. Darauf aufbauend wird die Wechselbeziehung zwischen Wille und Intellekt betrachtet. Die Person selbst kommt dabei kaum in den Blick. Vielmehr wird sie als Trägerin von Wille und Intellekt, als *suppositum* oder Handlungssubjekt gesehen, dessen personale Freiheit von seinen Fakultäten her sich nur unbefriedigend erklären läßt. Das führt dazu, daß Maritain in dieser Phase Individualität und Personalität in Opposition setzt. Da er den Menschen von seiner metaphysischen Natur her zu erläutern versucht, versteht er auch dessen Freiheit wie eine zu aktualisierende Potenz; entsprechend wirkt die göttliche Gnade auf Intellekt und Wille ein. Eine personale Beziehung zwischen Gott und Mensch kommt dabei kaum in den Blick. Wie schon der Seinsbegriff, so bleibt auch die Bestimmung von Subjekt und Subsistenz etwas einseitig auf die essentielle Seite beschränkt.

Aufs Ganze gesehen steht Maritains Denken bis 1933 (also während der Phase von Teil A) unter dem *Primat der Wahrheit*. Er fragt vor allem nach der objektiven Erkennbarkeit der Realität und ist stark apologetisch orientiert. Eine größere geistige Freiheit findet Maritain erst, als er sich von vereinnahmenden kirchlichen Kreisen distanziert, was sich u.a. durch seine Mitarbeit bei politisch eher links orientierten Zeitschriften zeigt.

Philosophisch macht sich diese neue Haltung, die gewissermaßen unter dem *Primat der Freiheit* steht, mit der Einführung der Seinsintuition bemerkbar. Diese in *Sept leçons sur l'être* systematisch behandelte Einsicht bildet den Beginn von Teil B wie auch den Gegenstand des **vierten Kapitels**. Die Seinsintuition ist eine existentielle Einsicht. Sie wird durch den Seinsbegriff vermittelt und geht zugleich über ihn hinaus. Sie gleicht einer tiefen *Begegnung* mit der lebendigen Wirklichkeit des Seins. Maritain will damit einerseits an der Lebendigkeit aller Seienden festhalten, während er andererseits auf die innere Struktur des Seins und damit auf seine Erkennbarkeit verweist. Diese Einsicht bedeutet, daß das Sein auf den *Begriff* gebracht werden kann, auch wenn dieser Begriff das Geschaute nicht erschöpfend wiedergibt. Damit sind Essenz- und Existenzordnung unterscheidbar, aber nicht trennbar und gehören wie zwei Seiten einer Medaille zusammen. Was für den allgemeinsten Begriff, den Seinsbegriff gilt, trifft damit für alle Seienden zu: sie weisen eine polare Struktur auf und stellen eine Art geeinter Verschiedenheit dar. Da Verschiedenheit Bewegung impliziert, kann Maritain aus der Seinsintuition auch das Strebevermögen aller Seienden ableiten.

Auf dem Hintergrund der Seinsintuition untersucht Maritain weitere ähnliche Einsichten, die Thema des **fünften Kapitels** sind. Er unterscheidet nicht mehr rationale von irrationalen Erkenntnisweisen, sondern spricht nun von *konnaturaler Erkenntnis*. Konnaturalität meint eine Wesensangleichung, die sich an der Wurzel der geistigen Fakultäten vollzieht und damit auf die personale Natur des Menschen verweist. Beispiele dafür sind die poetische Erfahrung des Dichters wie auch die mystische Erkenntnis. Diese Phänomene lassen Maritain einerseits die Erkenntnisweisen in Formen von intellektueller und affektiver Konnaturalität unterteilen. Andererseits fragt er erstmals nach dem Wesen der Subjektivität und dessen Kreativität sowie nach der Struktur des Unterbewußten. So verweisen die konnaturalen Erkenntnisarten auf den Seelengrund, in dem die Subjektivität, das Ich oder das individuelle Selbst tätig sind. Dieses Selbst macht sich außerdem durch seine Sehnsucht nach Unsterblichkeit bemerkbar. Ist damit schon ein *desiderium naturale* nach Gott ausgedrückt? Um die Ungeschuldetheit der übernatürlichen Erhebung aufrechtzuerhalten, nimmt Maritain nur in der Seele ein reales *desiderium* nach Unsterblichkeit an. Im konkreten Menschen hingegen spricht er von einer transzendentalen Aspiration, einer besonderen Neigung. Dabei kommt deutlicher als zuvor die Spannung zwischen der Person und ihrer Natur zum Vorschein. Zugleich zeigt sich, daß die Person mehr ist als ein *suppositum* und durch ein Akt-Potenz-Schema nur beschränkt erfaßt wird. Das heißt, daß Maritain nun erstmals nach dem Wesen der Person fragt und darauf verweist, daß sie nach interpersonalem Austausch in Erkenntnis und Liebe, also nach Gemeinschaft mit anderen Personen, *verlangt*.

Das **sechste Kapitel** führt die Frage nach der Bestimmung der Person fort und zeigt, wie Maritain seine ontologischen Einsichten weiter auf seine Anthropologie überträgt. Dabei wird das Verhältnis von Intellekt, Wille und *liberum arbitrium* neu bestimmt durch die Berücksichtigung ihres Trägers. So kann besagtes Selbst als *Subjekt* verstanden werden, das zu moralisch wertvollen Handlungen fähig ist; oder es kann als *Person* betrachtet werden, die über ihre Natur verfügt. Während für die Natur eher ein Akt-Potenz-Modell anzunehmen ist, drückt sich die Personhaftigkeit oder Personalität eher wie eine unerschöpfliche Quelle aus. Diese sich verströmende *Überexistenz* findet ihre Erfüllung in der Selbsthingabe und gilt analog für Schöpfer wie auch für die geistbegabten Geschöpfe. Austausch in Erkenntnis und Liebe, das Charakteristikum interpersonaler Kommunikation, bedeutet deshalb, daß die *ganze* Person über sich verfügt, um sich geistig verschenken und immer wieder neu empfangen zu können. Die Möglichkeit der freien Hinwendung zum Guten schließt freilich auch die Möglichkeit ein, das Böse zu tun, selbst wenn dies dem Wesen der Person widerspricht. Zu dieser Thematik gehört auch die Frage nach der göttlichen Anregung zum Guten und der Art der menschlichen Mitwirkung. Hierzu lassen sich in Maritain erstaunlicherweise zwei unversöhnte Positionen feststellen. In dieser Phase formuliert Maritain auch die Existenzintuition personalistischer, da sie die ontologische wie auch personale Liebe als das Grundprinzip alles Seienden manifestiert. Er rückt den Existenzakt, den die konzeptualistische Neuscholastik etwas vernachlässigt hatte, in den Mittelpunkt seines Denkens. So bereitet er einer Metaphysik den Boden, die unter dem *Primat der Person* steht, was Gegenstand des dritten Teils der Arbeit bildet.

Kapitel sieben zeigt, wie Maritain seine existentielle Epistemologie konsequent auf die Person überträgt. Damit stehen wir auch am Beginn von Teil C, der darlegt, wie Maritain erstmals eine zusammenhängende personalistische Sicht der Wirklichkeit mit seinem in Rom verfaßten Werk *Court traité* bietet. Zur Selbstinnerlichkeit kommt nun das Verständnis der Person als Existenzakt hinzu, insofern die Person über sich selbst verfügt. Sie steht nicht nur mit allen anderen Seienden im Austausch, sondern kann dies aufgrund ihrer Subjekthaftigkeit reflektieren. Durch ihre geistige Überexistenz ist die Person auch zu echter moralischer Wert-Schöpfung fähig. Das bedeutet, daß sie durch ihr Tun bestimmte Werte ausdrückt, und umgekehrt kann sie diese auch anerkennen und empfangen. Aus diesem Grund ist die Person nicht nur auf Kommunikation in Erkenntnis und Liebe angelegt, sondern kann *als Person* nicht allein existieren. Davon ausgehend entwickelt Maritain sein personalistisches Denken konsequent weiter, insofern die Grundlage sittlichen Tuns, das Naturgesetz, auf konnaturale Weise erkannt wird. Zugleich ist das Naturgesetz darauf angelegt, die geschaffene Person enger mit dem Urheber aller Moral, mit dem höchsten Gut, zu verbinden. Bindet sich der Mensch also an das objektiv Gute, findet er seine wahre Freiheit, die eben nicht in der Unabhängigkeit, sondern in der Selbsthingabe besteht.

Das **achte Kapitel** erhellt das dynamische Seelenmodell, das Maritain in *L'Intuition créatrice* präsentiert. Ausgehend von der Erfahrung des Poeten vertieft er die Rolle des sogenannten *geistigen Vorbewußten*. Selbstinnerlichkeit und Selbstverfügung verweisen auf das Zentrum der Person, das Selbst, als ein absolutes Zentrum. Dieses steht mit den Seienden in lebendiger Beziehung, was beispielsweise die Poesie widerspiegelt. Maritain unterscheidet nun in diesem Selbst zwischen der Seelenspitze und den Seelenfakultäten. Beide gehören wie zwei Pole zusammen und stehen in einer beständigen Wechselbeziehung, bilden also eine dynamische Einheit in Verschiedenheit. Dabei ist die Seelenspitze der Punkt der absoluten Einfachheit und Einheit, wo das Subjekt «Ich» sagt und von wo aus es über sich selbst verfügt. Darauf aufbauend kann Maritain auch die Subsistenz neu bestimmen. Er umschreibt sie nun nicht mehr als substantialen Modus, der Essenz und Existenz nur verbindet. Vielmehr schafft die Subsistenz einen *existentiellen Status*, in dem das Subjekt seine eigene Existenz nicht nur empfängt, sondern in Freiheit ausüben kann, gerade in moralischer Hinsicht.

Im **neunten Kapitel** werden weitere Ausfaltungen von Maritains personalistischer Sichtweise des Menschen präsentiert. So ermöglicht die Phase der völligen Einswerdung des Geistes in der Seelenspitze (*Systole*) eine lebendige Selbstinnerlichkeit und Einheit von innen her, in der die Person von ihrer Natur nicht zu unterscheiden ist. Doch wechselt diese Phase beständig mit der Eigentätigkeit der Seelenfakultäten, der *Diastole* ab, in der sich gleichsam die Person von ihrer Natur distanziert und deren Eigendynamik Raum läßt. Dazu gehören Sinneswahrnehmung und intellektuelle Reflexion wie auch praktisches Handeln, je nach Veranlagung und Berufung des Einzelnen. Diese Bewegung auf natürlicher Ebene überträgt Maritain auch auf die Gnadenordnung, das heißt auf die interpersonale Beziehung zwischen Gott und Mensch. Diese erreicht in der *Übermoral* in Gestalt einer Freundschaftsliebe ihre höchste Form und lebt von einem lebendigen Hin und Her zwischen beiden Partnern. Maritain wendet sein Seelenmodell auch auf die Person Jesu und dessen Selbstbewußtsein an. Er beschränkt die *visio beatifica* nicht mehr auf die Fakultäten, sondern bezieht sie auf die ganze Person. Auf diese Weise wird auch die Frage einer Rückwirkung Jesu als Pilger auf das innertrinitarische Leben in ein neues Licht getaucht und die Möglichkeit eines virtuellen Mitleidens Gottes reflektiert. Darüber hinaus überträgt Maritain die Implikationen seines Seelenmodells auch auf seine Epistemologie. Hatte er zuvor die Seinsintuition mit der Abstraktion in Verbindung gebracht, so sieht er darin nun einen judikativen Akt, vergleichbar der Systole. So wird das Existieren eines außermentalen Seienden wie in einem Urteil intuitiv geschaut, während die Bildung des Seinsbegriffs erst *nach* dieser Schau erfolgt.

Nach diesen abstrakten Überlegungen wird durch eine Reihe von Zitaten belegt, daß letztlich Maritains Seelenmodell wiedergibt, was im übertragenen, insbesondere im biblischen Sinn, dem *Herzen* zugeschrieben wird. Im Herzen ist alles vereint, was die menschliche Person ausmacht, und seine Sehnsüchte werden nur erfüllt, wenn es mit anderen Herzen in liebevollem Einklang und Austausch verbunden ist. Dies drückt nach außen hin das Bild der Umarmung aus. Wie das im Falle geschaffener und ungeschaffener

Personen möglich ist, zeigen uns die Mystiker anfanghaft. Dabei bewährt sich Maritains analoges Personverständnis und sein dynamisches Seelenmodell, insofern jede Personalität nach Austausch in Erkenntnis und Liebe verlangt. Im letzten bleibt nur der Verweis auf das Geheimnis, daß die sich vollziehende Geschichte von Gottes Ratschluß gehalten ist. Dahinter verbirgt sich die Frage, wie die Zeit von der Ewigkeit umfangen sein kann und wie sowohl die geschöpfliche Freiheit als auch die Allmacht der göttlichen Liebe bewahrt werden können.

Kapitel zehn bildet den letzten Teil der Arbeit und umfaßt neben einer Zusammenschau und Würdigung einige weiterführende Anmerkungen. So kann man letztlich sagen, daß Maritains Entwicklung von einer konzeptualistischen *analogia entis* zu einer personalistischen *analogia amoris* führt. Darum besteht das letzte Ziel von Zeit und Ewigkeit, von geschaffener Endlichkeit und göttlicher Unendlichkeit nicht in der Aufhebung aller Gegensätze, sondern in ihrer ewigen Fortdauer. Da alles Unterscheidende stets schon von der Umarmung des ewig Liebenden umfangen ist, liegt seine tiefere Bedeutung darin, daß es im Sinne einer *analogia amoris* als mögliches Zeichen der Liebe dient.

Nach einigen methodischen Hinweisen soll den verschiedenen Phasen von Maritains Präsenz in Deutschland, der Heimat des Autors, nachgegangen werden, bevor dann sein philosophischer Hintergrund und sein Leben kurz dargestellt werden.

c) Arbeitsmethode und wissenschaftlicher Beitrag

Welchen Beitrag zur wissenschaftlichen Forschung leistet die vorliegende Arbeit? Diese Dissertation stellt die erste umfassende Darlegung des Hintergrunds und der Entwicklung von Maritains Personverständnis in ihrer historischen Entfaltung dar und zeigt vor allem den Zusammenhang von Epistemologie, Ontologie und Anthropologie in Maritains umfangreichem Werk. Sie hebt hervor, daß nur dann eine objektive Werteordnung erfaßt und menschlichem Handeln zugrunde gelegt werden kann, wenn auch eine objektive Erkenntnis, wie sie der kritische Realismus vertritt, möglich ist. Die Promotion kann darum offenlegen, wie in Maritains Denken das Verständnis der zentralen geistigen Fakultäten, nämlich Intellekt[20] und Wille, auch die Problematik von Freiheit und Notwendigkeit berührt, insofern die

---

[20] «Intellekt» wird hier als Überbegriff für Verstand und Vernunft benutzt, um einerseits Maritains Begriff der «intelligence» durch die Übersetzung nicht einzuengen und um andererseits nicht in die Diskussion um die Bestimmung von Vernunft und Verstand eintreten zu müssen. Vgl. J. de VRIES, «Vernunft» in *Philosophisches Wörterbuch*, Hrsg. W. Brugger, Freiburg – Basel – Wien [14]1988, 433f.

geschaffene Freiheit eine innere intelligible Struktur aufweist und damit auch eine Vervollkommnung einschließt, die offen ist für eine natürliche wie auch für eine übernatürliche Erfüllung. So wird die Komplexität der menschlichen Person sichtbar, die über sich in Freiheit verfügen kann, ihre wahre Vollendung jedoch nur in Gott findet, was Maritain weniger theologisch als ontologisch begründet. Dies führt ihn letztlich zu einer personalistischen und gemeinschaftlichen Sicht der menschlichen Realität, die selbst in Politik und Staatsrecht ihre Spuren hinterlassen hat.

Aufgrund ihrer entwicklungsgeschichtlichen Methode folgt die vorliegende Dissertation in ihrer Gliederung der jeweiligen Neuorientierung von Maritains Denken, welche im Kontext seiner Biographie zu betrachten ist. Grundlage der Promotion sind die *Œuvres Complètes*, die in 15 Bänden die gesammelten Schriften von Jacques und Raïssa Maritain für gewöhnlich in ihrer letzten Fassung enthalten.[21] Darum ist es für die vorliegende Thematik häufig nötig (und bildet ein weiteres Novum von ihr), die Erstveröffentlichung wichtiger Reden und Artikel zu berücksichtigen, wie die jeweiligen Verweise erkennen lassen. Da jede Übersetzung bereits eine Interpretation darstellt, wurden größere Zitate im Originaltext übernommen, während sie für den laufenden Text vom Verfasser übersetzt wurden.[22] Die zugrunde liegende Fragestellung orientiert sich vor allem an der Anthropologie und Epistemologie, betrifft also ein Grenzgebiet zwischen Theologie und Philosophie. Darin mag man eine Einschränkung der Arbeit vermuten, da sie nicht stringent die eine oder andere Disziplin verfolgt. Doch weist sie damit einen nicht unvorteilhaften interdisziplinären Zug auf, der einerseits die zentrale Stellung des Personverständnisses in beiden Disziplinen sichtbar macht[23] und andererseits widerspiegelt, wie vielschichtig Maritains Beitrag

---

[21] JACQUES ET RAÏSSA MARITAIN, *Œuvres Complètes* [= ŒC], Band I-XV, Fribourg – Paris 1981-1995. Die Gliederung des Ergänzungsbandes XVI liegt bereits vor, was auf eine absehbare Drucklegung hoffen läßt; ebenso ist der Registerband XVII in Planung. Maritains Werke werden darum bei ihrer ersten Erwähnung mit Hinweis auf den zugehörigen Band der Gesamtwerke angeführt, während ansonsten der Kurztitel benutzt wird. Zur chronologischen Übersicht vgl. das Verzeichnis der *Primärliteratur* am Ende.

[22] Das Gleiche gilt für andere fremdsprachige Texte, die nach Bedarf ebenfalls vom Verfasser übersetzt wurden. Ebenso sind alle kursiven Hervorhebungen Maritains und anderer Autoren übernommen worden, die fettgedruckten hingegen stammen allesamt vom Verfasser der hier vorgelegten Dissertation. Falls nicht anders angegeben, richten sich die verwendeten Abkürzungen nach *TRE. Abkürzungsverzeichnis*, Hrsg. S.M. SCHWERTNER, Berlin – New York ²1994.

[23] Vgl. JOHANNES PAUL II, *Enzyklika Fides et ratio* 15: «Das letzte Ziel des menschlichen Daseins als Person ist also Forschungsobjekt sowohl der Philosophie als auch der Theologie. Beide führen uns, wenn auch mit unterschiedlichen Mitteln und Inhalten, diesen 'Pfad zum Leben' (*Ps* 16,11) vor Augen, der schließlich, wie uns der Glaube sagt, in die volle und ewig währende Freude der Anschauung des dreieinigen Gottes einmündet.»

zur Geistesgeschichte dieses Jahrhunderts ist.[24] Aufgrund dieser Vielfalt muß sie sich häufig auf Andeutungen beschränken, zumal sie weder Maritains Wirkungsgeschichte noch die Auseinandersetzung mit seinen Zeitgenossen, sondern seine eigene Entwicklung und die Berücksichtigung der häufig unvermeidbaren Spannungen seines Denkens zum Gegenstand hat.

So bleiben die philosophischen, pädagogischen, ästhetischen, politischen, naturwissenschaftlichen, kulturellen, moralischen, theologischen und mystischen Beiträge Maritains der Reflexion über sein Personverständnis untergeordnet. Doch wird somit sichtbar, daß der Personbegriff nicht nur für die Philosophie, sondern ebenso für die Theologie von großer Relevanz ist, da von seiner metaphysischen Grundlegung auch die Bestimmung des Verhältnisses von Natur und Übernatur oder Gnade abhängt. Das zeigt gerade auch die Problematik der Person Jesu Christi, ob nun hinsichtlich der Frage nach der ungetrennten und unvermischten Einheit von zwei Naturen in einer Person oder in Bezug auf die Verbindung von göttlichem und menschlichem Wissen im Bewußtsein des menschgewordenen Logos. Berührt wird auch die christliche Anthropologie, da Maritain den Begriff der Person bzw. Personalität analog verwendet und sich auf die Diskussion um das Zusammenwirken von göttlicher und menschlicher Freiheit bzw. Ursächlichkeit einläßt.

Die Fülle dieser Themen bezeugt aber auch die Schwierigkeit einer umfassenden Bestimmung des vielschichtigen «Mikrokosmos Mensch»[25] und bestätigt die Notwendigkeit einer philosophischen Grundlegung für die theologische Persondiskussion. Darin zeigt sich letztlich wohl auch die Unbegründetheit des immer noch verbreiteten Vorurteils, das Maritain mit einem rein neuscholastischen Etikett versieht[26]. Denn der späte Maritain selbst sieht die Zukunft und die Stärke der organischen und damit wachstumsfähigen thomistischen Tradition «nicht in der Fixierung auf einbal-

---

[24] Vgl. dazu den umfassenden Überblick von A. RIGOBELLO («Jacques Maritain» in *Christliche Philosophie im katholischen Denken des 19. und 20. Jahrhunderts*, Hrsg. E. Coreth u.a., Bd. 2, Graz – Wien – Köln 1988, 493-518), der resümiert: «Trotz der gewaltigen Größe seines Werkes gelangt Maritain doch zu einer einheitlichen Aussage, wenn man daran festhält, daß sie die Antwort eines Gläubigen und eines von Thomas inspirierten Philosophen ist, der auf die wichtigsten Probleme der Philosophie einerseits und auf die kulturellen, politischen und kirchlichen Situationen bzw. Ereignisse, deren Zeuge und Protagonist er war, andererseits antwortete. Diese Einheit hält sich sogar gegenüber den Unterschieden in seinen historischen Urteilen bzw. in seinen politischen Stellungnahmen durch.»
[25] J. MARITAIN, *Pour une philosophie de l'éducation*, ŒC Bd. VII, 777.
[26] So gilt (leider) vielfach immer noch die Überzeugung, aufgrund derer Maritain z.B. im 1962 erschienenen Band 7 des *LThK* nicht eigenständig, sondern unter dem Stichwort «Neuscholastik» (G. SÖHNGEN, Freiburg ²1962, Sp. 923-926) aufgeführt wurde. Dazu noch mit einem Literaturverweis auf *Humanisme intégral*, das gewiß weniger neuscholastisch geprägt ist als *Les Degrés du Savoir*.

samierte Bruchstücke der Vergangenheit, sondern in einer aufgeschlossenen, freien und zugleich demütigen Beschäftigung mit aktuellen Herausforderungen»[27]. Dazu dürften nicht zuletzt die gegenwärtigen Diskussionen um den internationalen Schutz der Menschenwürde (bis hin zu militärischen Einsätzen), um die absolute Schutzwürdigkeit der menschlichen Person vom Anfang bis zum Ende, um die komplexe Problematik der Bioethik usw. gehören. Thesenhaft lassen sich die Neuheit und die wissenschaftliche Bedeutung der vorgelegten Promotionsarbeit in folgenden sieben Punkten zusammenfassen:

1. Es ist die erste werkgeschichtliche Untersuchung, die eine systematische Rekonstruktion von Maritains Personverständnis vornimmt und dabei dessen innere Entwicklung aufzeigt.

2. Es wird erstmals der Aufweis erbracht, wie sehr Maritains Personalismus von seiner Epistemologie und seiner Ontologie beeinflußt ist.

3. Die Arbeit faltet als erste Maritains Seelenmodell in *L'Intuition créatrice* weiter aus und kann seine dynamische Sicht des Menschen auf moralphilosophische, metaphysische und anthropologische Bereiche anwenden.

4. Die Promotion verdeutlicht, daß Maritains Denken eine beachtliche Evolution erfährt und dabei gewisse Engführungen der Neuscholastik durch eine personalistische Fortführung der thomistischen Metaphysik überwindet.

5. Die Dissertation zeigt die Notwendigkeit einer metaphysischen Persondiskussion sowie Bedeutung der christlichen Philosophie auf.

6. Die Promotion bietet Anregungen für die z.B. von Theo Kobusch geforderte Ausarbeitung einer Metaphysik der Freiheit und für die Diskussion um die sakramentale Struktur der Wirklichkeit; ebenso enthält sie eine Reihe von Anregungen für eine detaillierte Untersuchung der geistigen Väter Maritains und ihrer Rezeption.

7. Darüber hinaus leistet die Arbeit einen systematischen Beitrag zur theologischen Anthropologie, da sie den Zusammenhang von Person und Natur herausstellt. Dadurch werden eine Reihe der klassischen Aporien des Natur-Übernatur-Schemas überwunden sowie die Grundlagen einer personal verstandenen Freiheit durch einen analogen Personbegriff erarbeitet.

---

[27] Vgl. J. MARITAIN, *De l'Église du Christ*, ŒC Bd. XIII, 393.

2. Jacques Maritain und Deutschland

Wer ist nun Jacques Maritain?[28] Er ist nach wie vor «in Deutschland ein Unbekannter»[29]. Dieses lakonische und zugleich leicht befremdende Urteil von Peter Nickl aus dem Jahr 1992 gilt wohl schon seit Maritains Tod 1973. Zwar waren zu seinen Lebzeiten eine Reihe seiner Werke ins Deutsche übertragen worden, bis hin zu seinem Spätwerk *Der Bauer von der Garonne* anno 1969. Dennoch «ist die kritische Auseinandersetzung und damit eine vertiefte Rezeption ausgeblieben»[30], wie Fernando Inciarte 1982 konstatierte. Obwohl die *Zeitschrift für philosophische Forschung* Maritain 1978 zum 5. Jahrestag seines Todes einen sechsseitigen Gedenkartikel widmete[31], zählte er auch weiterhin zu denen, «die erst noch ihrer Erschließung harren»[32], wie Hans Maier im darauffolgenden Jahr schrieb. Dies bestätigte 1985 auch Heinz Hürten, für den «das Werk von *Jacques Maritain* in Deutschland nur unvollkommen rezipiert ist. Er gehört offenbar zu den Autoren, die sich wünschen könnten, 'weniger erhoben und fleißiger gelesen' zu sein.»[33] Signifikant ist wohl die persönliche Erfahrung, die uns Inciarte mitteilt:

> Nachträglich fällt es mir auf, daß bei meinen zahlreichen Gesprächen mit Josef Pieper seit nunmehr sechs Jahren der Name Maritain nicht gefallen ist. Wohl Gilson, wohl Lubac, wohl Teilhard usw., aber nicht Maritain.[34]

Ähnlich stellt auch die jüngste Untersuchung, die europaweit Maritains Einfluß nachgeht, fest, daß dieser in Deutschland zwar «keineswegs mit einer Abwesenheit gleichzusetzen ist», sondern sich «anhand des persönlichen und intellektuellen Weges des Philosophen und der besonderen

---

[28] Noch 1944 sah sich zu seinem großen Erstaunen auch F. MAURIAC mit dieser Frage konfrontiert, dazu noch durch ein Mitglied der *Académie Française* («L'Orage sur la Coupole», *Le Figaro* (21.9.1944) 1).
[29] P. NICKL, *Jacques Maritain. Eine Einführung in Leben und Werk*, Paderborn 1992, 7. Bezeichnend ist auch die Tatsache, daß – von Antiquariaten abgesehen – von den knapp 20 ins Deutsche übersetzten Werken Maritains gegenwärtig auch nicht ein einziges im Handel erhältlich ist.
[30] F. INCIARTE, «Jacques Maritain im politikphilosophischen und -theologischen Kontext Deutschlands», *Giornale di Metafisica* 4 (1982) 477.
[31] H. RIEFSTAHL, «Jacques Maritain zum 5. Jahrestag seines Todes», *ZPhF* 32 (1978) 103-108.
[32] H. MAIER, *Kirche und Demokratie*, Freiburg 1979, 11*f.*
[33] H. HÜRTEN, «Der Einfluß Jacques Maritains auf das politische Denken in Deutschland», *JCSW* 26 (1985) 25.
[34] F. INCIARTE, «Jacques Maritain» 477.

Geschichte des deutschen Katholizismus des 20. Jahrhunderts erklärt»[35]. Doch wie Philippe Chenaux aufzeigt, konzentrierten sich die intensiven Beziehungen zwischen Maritain und den gleichgesinnten deutschen Intellektuellen vor allem auf die Zeit *vor* dem Zweiten Weltkrieg. Erste Kontakte knüpfte er eventuell bereits, als er aufgrund eines Stipendiums von 1906 bis 1908 zwei Jahre in Heidelberg bei Hans Driesch Biologie studierte und dabei auch die Sprache seines Gastlandes erlernte.[36] Wenn auch erst ab 1927 Maritains Werke übersetzt wurden[37], so verfolgte man offensichtlich sein Bemühen um eine (nicht allein neuscholastische) Wiederbelebung des Thomismus mit regem Interesse.[38] Immerhin wurde er im Dezember 1927 eingeladen, in Köln einen Vortrag vor dem Katholischen Akademikerverband zu halten, einer Laieninitiative unter dem Vorsitz von Theodor Abele und Hermann Platz, die ihn 1932 einstimmig in ihren Vorstand wählte. Und im August 1928 war Maritain einer der wenigen ausländischen Redner, die man gebeten hatte, im Rahmen der Salzburger Hochschulwochen einen Vortrag zu halten. Daß er auf diese Weise allmählich fast sämtliche führenden deutschen Denker kennenlernte, ist dabei nicht weiter erstaunlich. Zu seinem Bekanntenkreis zählten u.a. Peter Wust[39], Ildefons Herwegen, Erich Przywara, Romano Guardini, Theodor Haecker, Dietrich von Hildebrand, Balduin Schwarz, Martin Grabmann und Erik Peterson, also vor allem jene, die um eine metaphysische und vielfach neuscholastische Erneuerung rangen, häufig in großer kreativer Eigenständigkeit.[40] So war es nicht weiter verwunderlich, daß Maritain selbst in einem in Deutschland veröffentlichten Artikel aus dem Jahr 1930 fast alle diese Autoren erwähnte.[41]

---

[35] Ph. CHENAUX, «L'influence de Jacques Maritain en Allemagne», in *Jacques Maritain en Europe*, Hrsg. B. Hubert, Paris 1996, 111. Auch äußerlich zeigt der Artikel das starke Mißverhältnis auf, da gerade drei von 21 Seiten ausreichen, um Maritains Wirkungsgeschichte in Deutschland nach 1945 darzustellen. Immerhin wird er im neuen *LThK* unter einem eigenen Stichwort aufgeführt und es wird auf seinen Beitrag zur Entfaltung des Thomismus hingewiesen. (R. SCHÖNBERGER, «Maritain, Jacques», in *LThK*, Hrsg. W. Kasper u.a., Freiburg ³1997, Sp. 1386).

[36] J. MARITAIN, *Carnet de notes*, ŒC Bd. XII, 180.

[37] Vgl. *Der Künstler und der Weise*, Augsburg 1927; *Vom Leben des Geistes*, Augsburg 1928; *Antimodern*, Augsburg 1930; *Von der christlichen Philosophie*, Salzburg 1935; *Gesellschaftsordnung und Freiheit*, Luzern 1936; *Religion und Kultur*, Freiburg i.Br. 1936; *Die Zukunft der Christenheit*, Einsiedeln 1938.

[38] Vgl. M. ROCHENBACH, *Katholisches Frankreich. Maritan – Führer des Thomismus*, München-Gladbach 1926.

[39] Vgl. dazu auch die Dokumentation ihres Briefwechsels in *Peter Wust. Briefe von und nach Frankreich*, Hrsg. J. Bendick – H.A. Huning, Münster 1967.

[40] Vgl. Ph. CHENAUX, «L'influence» 96-102.

[41] Vgl. J. MARITAIN, «Vom katholischen Gedanken und seiner Sendung», *KathGed* 4 (1930) 344-356 bzw. *De la pensée catholique et de sa mission*, ŒC Bd. IV, 1115-1131, bes. 1129f.

Nicht von ungefähr hat darum wohl Balduin Schwarz 1935 die Reihe «Christliches Denken» mit Maritains Werk *Von der christlichen Philosophie* eröffnet und dazu mit einem großen Vorwort bedacht, wie auch drei Jahre später *Die Zukunft der Christenheit*. Auch die mittlerweile heiliggesprochene Husserlschülerin Edith Stein gehörte zu Maritains Freundeskreis, die in einem Brief vom April 1936 mitteilt, daß sie ebenfalls für die Reihe «Christliches Denken» ihr Werk *Endliches und ewiges Sein*[42] vorbereitet. «Dafür waren mir Ihre Gedanken natürlich sehr wichtig», schreibt sie, «und ich bin sehr froh, daß wir in der Grundauffassung doch übereinstimmen.»[43] Zu ihrer ersten und einzigen Begegnung in Meudon war es bereits am 14.9.1932 gekommen; und wie Maritain beim Empfang des Edith-Stein-Preises für sich und seine bereits verstorbene Frau 1961 erwähnt, war ihnen beiden dieses Treffen unvergeßlich geblieben.[44] Auf ihren gemeinsamen neuscholastischen Hintergrund wird der kommende Abschnitt noch mehr Licht werfen. Doch zuvor soll noch aufgezeigt werden, daß auch im politischen Milieu Deutschlands Maritain keineswegs ein Unbekannter war.

Kein geringerer als Hans Urs von Balthasar ersuchte während seiner Zeit als Redakteur der *Stimmen der Zeit* 1938 den französischen Philosophen Étienne Borne, einen umfassenden Artikel über das Denken Maritains zu verfassen, da er «viel gelesen und auf deutsch übersetzt ist, von dem aber keine Gesamtschau existiert». Er solle dabei weniger auf Maritains politische Haltung eingehen als «vor allem die Legende berichtigen, daß Maritain Kommunist sei»[45]. Dies zeigt eine gewisse Aktualität und Nachfrage für Maritain in den dreißiger Jahren, aber auch ein recht diffuses Bild über ihn, was durchaus in seinem persönlichen Wandel liegen kann, der ihn von einer nicht ganz freiwilligen Sympathie zur politisch reaktionären *Action Française* zur Mitarbeit bei politisch linken Zeitungen wie *Le Vendredi* und zu kritischen Äußerungen über das Franco-Regime in Spanien führte. Ande-

---

[42] E. STEIN, *Endliches und ewiges Sein. Versuch eines Aufstiegs zum Sinn des Seins*, Salzburg 1936. Darin knüpft sie ausdrücklich an Maritains Idee einer *christlichen* Philosophie an (vgl. *ebd.* 13. 20-25).

[43] *Cahiers Jacques Maritain* [= *CJM*] 25 (1992) 38.

[44] Vgl. J. MARITAIN, *Témoignages. A l'Edith Stein Guild*, ŒC Bd. XII, 1215: «Raïssa et moi n'avons jamais oublié cette visite, ni l'ardeur, l'intelligence et la pureté qui illuminaient le visage d'Édith Stein. Nos cœurs s'étaient attachés à elle. Et, plus de douze ans plus tard – quand le monde en vint à connaître le massacre des Juifs immolés par les serviteurs du Diable –, la nouvelle de sa mort – de son martyre – fut ressentie par nous comme un deuil personnel. Qu'elle nous bénisse tous!» Weitere Einzelheiten sowie die erhaltenen vier Briefe von Edith Stein bei R. MOUGEL, «Lettres d'Édith Stein aux Maritain», *CJM* 25 (1992) 31-44.

[45] Brief von H.U. von Balthasar an É. BORNE vom 25.7.1938 (unveröffentlicher Nachlaß von É. Borne). Balthasars Wunsch wurde erst 1954 entsprochen durch einen ersten Überblick über Maritains Werk, den A. REICHEL vorlegte (*Jacques Maritain. Versuch über die Struktur seines Weltbildes*, Delft 1954).

rerseits dürfen «die Wirkungen der Diskussion um die Action Française in Deutschland nicht überschätzt werden. Denn sie betraf einen Gegenstand, der nach Wesen und Willen so sehr an Frankreich gebunden war, daß in Deutschland das Interesse dafür eng begrenzt bleiben mußte. Ganz anders verhält es sich jedoch bei dem großen Werk *Maritains* 'Humanisme intégral'.»[46] Somit scheinen besagte Vorurteile nicht sehr an Boden gewonnen und das Interesse an seinem Denken nicht geschmälert zu haben. Seine Schriften wurden weiterhin ins Deutsche übersetzt[47], so daß laut Inciarte nach dem Krieg «das Werk Maritains mehr oder weniger absichts- und planvoll als Teil des politischen Umerziehungsprozesses eingesetzt wurde [und] die Entnazifizierungsphase hierzulande ergänzen, vertiefen und ablösen sollte»[48].

Hürten hingegen bietet eine differenziertere Sicht, da seiner Auffassung nach zwar Maritains philosophischer Einfluß, vor allem der seines Personalismus, immer wieder bei der sich von den USA her erneuernden Politischen Wissenschaft und ihren Grundsatzfragen durchschien, nach dem Zweiten Weltkrieg in Deutschland aber mit Scheler, Guardini und Buber auf eine eigenständige Tradition stieß.[49] Ähnlich erging es Maritains politischen Vorstellungen, die mit *Humanisme intégral* in einer neuen Übersetzung 1950 erschienen[50]. Darin verfolgte er das Anliegen einer *neuen* Christenheit, die sich von der alten Reichstheologie und Reichsmystik abwandte, welche aber «bereits in sich zusammengefallen waren wie ein Kartenhaus. Eine mögliche Diskussion mit *Maritain* fand nicht statt, weil ihr Gegenstand verschwunden war.»[51] Zudem war das Ideal der neuen Christenheit «kein auf Realisierung drängendes Sozialprogramm», sondern eher eine «konkrete Utopie».

> Die Vorstellungen Maritains [...] bezogen sich ausdrücklich auf 'einen nachkapitalistischen Zustand' und beanspruchten nur innerhalb eines solchen ihren Sinn. Aber die

---

[46] H. HÜRTEN, «Der Einfluß» 30.

[47] Vgl. *Von Bergson zu Thomas von Aquin*, Cambridge (USA) 1945; *Christentum und Demokratie*, Augsburg 1949; *Die Menschenrechte und das natürliche Gesetz*, Bonn 1951; *Situation der Poesie*, Düsseldorf 1950; *Christlicher Humanismus*, Heidelberg 1950; *Erziehung am Scheidewege*, Berlin – Hamburg 1951; *Die großen Freundschaften*, Heidelberg 1954; *Die Stufen des Wissens*, Mainz 1954; *Wege zur Gotteserkenntnis*, Colmar 1955; *Amerika – Land der Hoffnung*, Mainz 1959; *Beiträge zu einer Philosophie der Erziehung*, Paderborn 1966; *Der Bauer von der Garonne*, München 1969.

[48] F. INCIARTE, «Jacques Maritain» 476.

[49] Vgl. H. HÜRTEN, «Der Einfluß» 27*f.* sowie O.H. von der GABLENTZ, «Politische Forschung in Deutschland», in *Politische Forschung*, Hrsg. O. Stammer, Köln 1960, 156.

[50] *Die Zukunft der Christenheit* war bereits 1938 erschienen, wurde aber 1950 nochmals neu unter dem Titel *Christlicher Humanismus* dem Publikum vorgelegt.

[51] H. HÜRTEN, «Der Einfluß» 31.

Frage war unerörtert, wie ein solcher Zustand erreicht werden könne. *Maritain* beschrieb vom Standort des intellektuellen Katholizismus Frankreichs ein Fernziel. Was aber Deutschland nach 1945 brauchte, war ein realisierungsfähiges Sozialprogramm.[52]

Dazu kamen auch konkrete politische Divergenzen. Während Maritain von einer konfessionellen Partei, wie es das *Zentrum* war, abriet und sich mit einem streng politischen, aber christlich inspirierten Gebilde zufriedengab[53], hatte der deutsche Katholizismus in seiner Minoritätssituation mit der Zentrumspartei ein anderes praktikables Konzept entwickelt. Darum wollten «die meisten deutschen Katholiken nach 1945 das Erbe des untergegangenen Zentrums wiedergewinnen, indem sie den Zusammenschluß der alten Zentrumskatholiken mit den gläubigen Protestanten und allen Menschen guten Willens im Rahmen der CDU bejahten»[54]. So stand Maritains philosophisch fundiertes, aber eben abstraktes Urteil dem faktischen Erfolg einer katholischen Partei gegenüber, die trotz ihres schließlichen Scheiterns die Lebensbedingungen der Kirche in Staat und Gesellschaft beachtlich verbessern konnte. Darüber hinaus vermochte eine soziologisch geschulte Denkweise aufzuzeigen, «daß eine katholische Organisation [...] effektiver war in Politik und Gesellschaft als eine informelle Gruppe, die nur durch gemeinsame Inspiration in einem Großverband zusammengehalten wurde», zumal die Nachkriegszeit in Westdeutschland «im Zeichen des Aufstiegs der Soziologie» stand, der gegenüber «ein prinzipielles Denken wie das von *Maritain* an Anziehungskraft verlor»[55].

So erklärt Hürten den kaum vorhandenen Einfluß Maritains auf das politische Denken in Deutschland zum einen mit seiner verzögerten und damit verspäteten Rezeption, zum anderen mit den eigentümlichen Verschiedenheiten des Katholizismus rechts und links des Rheins. Als dritten Punkt gibt er zu bedenken, daß die Gemeinsamkeiten von Maritains integralem Humanismus und seiner Forderung nach einer «neuen Christenheit» mit dem deutschen katholischen Sozialprogramm sehr groß waren, da beide auf eine gemeinsame Tradition, nämlich den heiligen Thomas, zurückgriffen. «Zu diesem Anfang gab es in Deutschland Wege, die nicht über *Maritain* führen mußten, um zum gleichen Ziel zu gelangen, gingen sie doch vom selben Ursprung aus.»[56] Dies heißt konkret, daß auch in Deutschland die Neuscholastik, für deren Vertreter Maritain häufig gehalten wurde, von

---

[52] *Ebd.* 35f.
[53] Vgl. *Du régime temporel* 449f. sowie J. MARITAIN, *Lettre sur l'Independance*, ŒC Bd. VI, 271.
[54] H. HÜRTEN, «Der Einfluß» 37.
[55] *Ebd.* 38.
[56] *Ebd.* 39.

anderen philosophischen Ansätzen verdrängt wurde.[57] Ironischerweise kam dabei der ebenfalls aus Frankreich kommenden *Nouvelle théologie* eine besondere Bedeutung zu, die in Deutschland mit Balthasar und Rahner neue und eigenständige Wege einschlug.

Letztlich muß wohl eingeräumt werden, daß «offensichtlich beiderseits eine Fremdheit nicht überwunden wurde, die den Deutschen den Zugang zu *Maritains* Gedanken ebenso erschwerte wie diesem die Reflexion deutscher Tatbestände»[58]. Dazu gehören nicht nur landesspezifische Probleme wie die Auseinandersetzung um die Action Française oder ein unterschiedliches kulturelles Selbstbewußtsein, von dem auch Chenaux nicht ganz frei zu sein scheint[59], sondern auch ein religiös geprägter kulturgeschichtlicher Hintergrund, der nicht von Konfessionsverschiedenheit, sondern von antikirchlich-laizistischen und katholischen Strömungen bestimmt wurde. Dies muß freilich nicht für Maritains philosophisches Denken gelten, da er letztlich

---

[57] So bemerkt P. WALTER («Die neuscholastische Philosophie im deutschsprachigen Raum», in *Christliche Philosophie im katholischen Denken des 19. und 20. Jahrhunderts*, Hrsg. E. Coreth u.a., Bd. 2, Graz – Wien – Köln 1988, 131) zum Neuaufbruch der Theologie in der zweiten Hälfte des 20. Jahrhunderts: «Solange die Neuscholastik in Philosophie und Theologie fraglos akzeptiert war, hat man ihre Entstehung und Entwicklung nicht problematisiert, als man sie überwunden zu haben glaubte, hat man sich kaum mehr um sie gekümmert und sie höchstens als negative Folie für die eigenen Bemühungen gebraucht.» Und dazu zählte offensichtlich auch J. Maritain als ihr vermeintlicher Vertreter.

[58] *Ebd.* 35.

[59] Es mutet etwas eigenartig an, wenn dieser in seiner gelungenen Untersuchung etwas plakativ die Aufgeschlossenheit eines De Gasperi, eines begeisterten Lesers von Maritain, den «relativ simplen Gewißheiten eines Adenauer, der tief im rheinischen Katholizismus verwurzelt war» gegenüberstellt und ihm «eine Art von Provinzialismus sowie einen gewissen Antiintellektualismus» (*L'influence* 89) bescheinigt. Man fühlt sich etwas an Maritains wenig schmeichelhafte und nicht von großer Sachkenntnis getrübte Ausführungen erinnert, die er in einer Vorlesungsreihe 1914/15 am Institut Catholique zum Besten gab und zusammengefaßt jeweils in der Zeitschrift *La Croix* (zu genauen Einzelangaben vgl. *Bibliographie des Œuvres de Jacques Maritain 1906-1923*, Supplement aux *CJM* 15 (1987) 9*f.*) veröffentlichte (vgl. J. MARITAIN, *Le rôle de l'Allemagne dans la philosophie moderne*, ŒC Bd. I, 891-1025). Dort heißt es u.a.: «Au moyen âge, au XIIe et au XIIIe siècle surtout, l'Allemagne, parce qu'elle était catholique, a réellement reçu en elle et assimilé d'une manière vitale l'influence de la France chrétienne et chevaleresque. Alors, l'Allemagne a donné des fruits vraiment agréables à Dieu et aux hommes. [...] Avoir fait pénétrer de l'ordre et de la lumière en Germanie, on peut bien regarder cette œuvre comme une sorte de miracle accompli par l'Église – et par la France. Mais enfin ce miracle a eu lieu au moyen âge.» (*ebd.* 953*f.*) «C'est pourquoi la France, malgré son athéisme officiel, est une terre catholique; c'est pourquoi l'Allemagne, malgré sa religiosité officielle, est un État protestant, et athée.» (*ebd.* 958; vgl. zu Maritains Kritik am deutschen Geist, die Modernismus und Germanismus gleichsetzt, H. FRIEDRICH, *Das antiromantische Denken im modernen Frankreich*, München 1935, 195). Zwar zeugt Maritains Artikel aus dem Jahre 1930 (s.o. Anm. 41) von einem deutlichen Gesinnungswandel, aber ein gewisses Sendungsbewußtsein scheint über die Zeit hinweg den frühen Maritain wie auch Chenaux zu beflügeln.

«jedem Versuch widersteht, ihn in oberflächliche Kategorien zu zwängen»[60]. Zudem stammt ein wichtiger Teil seiner beachtenswerten Beiträge und Neuerungen aus der Zeit, als er sich bereits in den Vereinigten Staaten niedergelassen hatte. Um jedoch seinen Hintergrund erschließen zu können, braucht es zunächst einen Blick auf die Rahmenbedingungen, die bereits im letzten Jahrhundert ihre Wurzeln haben.

3. Die Neuscholastik[61] – Maritains philosophisch-theologischer Hintergrund

a) Inhaltliche Bestimmungen

Ohne auf die vielschichtigen Divergenzen und Überschneidungen zwischen (Neo-)Thomismus und (Neu-)Scholastik eingehen zu wollen, sei zumindest auf die Grundunterscheidung verwiesen, die H.M. Schmidinger vorlegt. Nach ihm avanciert der Begriff *Scholastik* erst im Gefolge der Reformation allgemein «zum Namen für die theologischen und philosophischen Schulen des Hoch- und Spätmittelalters»[62]. Deren uneinheitlichen Beurteilungskriterien und ein häufig unpräzises Selbstverständnis führen im 19. Jahrhundert zu einer weiteren Uminterpretation, bedingt durch die gezielte Herausarbeitung der Unterschiede besagter Schulen bei gleichzeitiger Aufgabe einer Reihe schulbedingter Vorurteile. Eine konkrete Strömung, den *Thomismus*, charakterisiert Schmidinger u.a. durch seine Betonung der göttlichen Erstursächlichkeit, seinen Hylemorphismus und seinen kritischen Realismus (in Abgrenzung zum Nominalismus). Dazu kommt dessen Selbstverständnis, keine Schule, sondern ein «offenes System» zu verkörpern, das sich einzig der Wahrheit verpflichtet weiß. Dies beinhaltet eine bewußte Auseinandersetzung mit der Moderne, eine Rückbindung der Philosophie an die Erfahrung sowie den Versuch, zwischen allen Erkenntnissen einen

---

[60] D.F. Haggerty, *Jacques Maritain* 1.
[61] Zur Unterscheidung von Scholastik und Neuscholastik vgl. H.M. Schmidinger, «Scholastik und Neuscholastik – Geschichte zweier Begriffe» (in *Christliche Philosophie im katholischen Denken des 19. und 20. Jahrhunderts*, Hrsg. E. Coreth u.a., Bd. 2, Graz – Wien – Köln 1988, 23-53, bes. 49-52). War nämlich anfangs der Begriff «Neuscholastik» ein negativ besetztes (kirchen-)politisches Schlagwort, wurde es eine für kirchliche Wissenschaftler akzeptable Kategorie im Sinne einer «Fruchtbarmachung, Erweiterung und Vervollkommnung des Alten durch das Neue» (*ebd.* 51) durch die Enzyklika *Aeterni Patris* – selbst wenn deren Begriff nie verwendete, sondern dazu ermunterte, «vetera novis augere et perficere» (AAS 12 (1879) 111, Anm. 239).
[62] H.M. Schmidinger, «Scholastik», in *Historisches Wörterbuch der Philosophie*, Hrsg. J. Ritter – K. Gründer, Bd. 8, Basel 1992, Sp. 1337.

Zusammenhang herzustellen.[63] Wie sich noch zeigen wird, kann darum auch Maritain, nicht zuletzt aufgrund seiner eigenen Aussagen[64], als Thomist bezeichnet werden.

Allgemein wird die Enzyklika *Aeterni Patris* von Papst Leo XIII., die am 4.8.1879 erlassen wurde, als *Magna Charta* für die Erneuerung des Thomismus verstanden.[65] Auch wenn sie offiziell auf die Erneuerung der Priesterausbildung angelegt ist, so steht im Hintergrund doch eine recht komplexe und kontroverse Thematik, welche die Auseinandersetzung der katholischen Kirche mit dem empiristischen Rationalismus, dem agnostischen Skeptizismus und dem liberalistischen Positivismus widerspiegelt. Hier soll allerdings unsere Aufmerksamkeit nur auf die Grundlinien gerichtet werden, die sich später auch bei Maritain bemerkbar machen.

Grundanliegen des päpstlichen Lehrschreibens ist nicht einfach die Aufforderung, zum *doctor angelicus* zurückzukehren, sondern ein klares Bekenntnis zu der von ihm geschaffenen Synthese von Philosophie und Theologie. Das bedeutet zum einen die unlösbare innere Verknüpfung beider, insofern die Theologie der Philosophie zur Durchdringung der geoffenbarten Wahrheiten bedarf und umgekehrt die Philosophie gewisse Klärungen hinsichtlich der Sichtweise Gottes von der Theologie erhält; zum anderen gleicht dies einer entschiedenen Absage an alle neuzeitlichen philosophischen Strömungen, die christliche Offenbarung und menschliche Vernunft einander entgegensetzen wollen. Damit wird der Wahrheitsanspruch der Selbstmitteilung Gottes wie von einer Pyramidenspitze aus auf alle anderen Bereiche ausgeweitet. Die Frage nach der Wahrheit wird dabei auf doppelte Weise untermauert: Zum einen durch die Annahme einer durchgängig einheitlichen Metaphysik seit Thomas von Aquin[66], und zum

---

[63] Vgl. H.M. SCHMIDINGER, «Thomismus», *ebd.* Bd. 10, Basel 1998, Sp. 1184-1187.

[64] Bei all seiner Entwicklung verstand sich Maritain als Philosoph, der vor allem «Thomas treiben» wollte: «Vae mihi, si non thomistizavero!» (J. MARITAIN, *Antimoderne*, ŒC Bd. II, 928, unverändert knapp 20 Jahre später in *Le Philosophe dans la cité. Confession de foi*, ŒC Bd. XI, 28 sowie 1966 sinngemäß in *Le Paysan de la Garonne* 837-843. 848-855).

[65] Für einen geschichtlichen Abriß der unterschiedlichen Strömungen und Streitfragen des Thomismus und sein Verhältnis zur Theologie vgl. G. PROUVOST (*Thomas d'Aquin et les thomismes*, Paris 1996, bes. 19-56). Zum spezifischen Hintergrund der Neuscholastik, ihrer geschichtlichen Entwicklung und ihren Vertretern in der ersten Hälfte des 20. Jahrhunderts vgl. die aufschlußreichen Artikel in *Christliche Philosophie im katholischen Denken des 19. und 20. Jahrhunderts* (Hrsg. E. Coreth u.a., Bd. 2, Graz – Wien – Köln 1988, 310-738).

[66] Vgl. G. MCCOOL, *From Unity to Pluralism*, New York 1989, 11: «*Aeterni Patris* gives the impression that all the Scholastic Doctors had the same philosophy and theology. St. Thomas was the best of them, but there is no difference in essence between the philosophy that structures his theology and the philosophy of St. Bonaventure. Nor does the encyclical show any awareness of historic development within scholasticism itself, or of the notable

anderen durch eine Epistemologie, die im Begriff eine objektive Erkenntnis der Wirklichkeit gewährleistet sieht, womit diese mitteilbar wird. Dies ist von entscheidender Bedeutung für die Weitergabe des Glaubens und für die bleibende Gültigkeit der Dogmen.

Als Wegbereiter einer solchen Thomasinterpretation ist zuerst auf Matteo Liberatore zu verweisen, der wohl die Entwürfe für *Aeterni Patris* ausarbeitete und die scholastische Erkenntnistheorie bereits in einem kohärenten System präsentiert hatte. Demzufolge wird durch die Abstraktion im erkennenden Geist eine geistige Ähnlichkeit, eine *species impressa*, gebildet, welche der tätige Intellekt in eine *species expressa* umwandelt und welche dann im Urteil bestätigt oder abgelehnt wird. Während die Abstraktion ein Universale hervorbringt, also eine Essenz, die ist oder sein kann, schafft das Urteil eine Rückbindung mit der individuellen Existenz der konkreten Seienden. So wird in einem *verbum mentis* das Erkannte dem erkennenden Subjekt bewußt und dient ihm als Mittel (*signum naturale* oder *medium quo*). Diesem entspricht im außermentalen Subjekt die Essenz, welche wie eine Form mit der Existenz verbunden ist und beim Menschen zur Bildung der Seele-Leib-Einheit führt. So erscheint der Mensch als eine Natur im aristotelischen Sinne, die wie eine subsistierende Substanz durch ihre Fakultäten handelt und in der die Fakultäten miteinander in direkter Wechselbeziehung stehen, so daß deren Tätigkeit das Subjekt wie ein Akzidens affiziert.[67] Dabei wird deutlich, wie Erkenntnislehre und Metaphysik aufs engste miteinander verbunden sind und daß an beiden kompromißlos festzuhalten ist.

Als zweiter großer Neuscholastiker ist Joseph Kleutgen zu nennen, der zusammen mit Johannes Franzelin den Entwurf für das Glaubensaktschema der dogmatischen Konstitution *Dei Filius* erstellte.[68] Kleutgen war es auch, der 1878/79 als Studienpräfekt der Jesuitenuniversität Gregoriana in Rom die Restauration des Thomismus förderte und sämtliche Lehrbücher durch neuscholastische Handbücher ersetzen ließ.[69] Er versucht in seinen Hauptwerken zu zeigen, daß die modernen deutschen Theologen des 19. Jahrhun-

---

difference between the scholastics of the sixteenth and seventeenth centuries and the Scholastic Doctors of the Middle Ages.»

[67] M. LIBERATORE, *Della conoscenza intellettuale*, Bd. 2, Napoli 1858, 41-50.

[68] Vgl. R. AUBERT, *Aspects divers du néo-thomisme sous le pontificat de Léon XIII*, Roma 1961, 30*f.*

[69] Vgl. G. MCCOOL, *From Unity* 32: «The Gregorian University underwent an equally thorough housecleaning. [...] The philosophy faculty was rapidly replaced by a new corps of professors, Urraburu, De Maria, Schiffini, and Remer whose manuals were widely used. Remer's textbook became one of the most effective channels for the transmission of Neo-Scholasticism in the last two decades of the nineteenth century.» Vgl. dazu auch R. AUBERT, *Aspects divers du néo-thomisme sous le pontificat de Léon XIII*, Roma 1961, 30*f.*

derts nicht in der Lage sind, die Lehre der Kirche hinsichtlich Glaube und Vernunft sowie deren Haltung zu Natur und Gnade zu verteidigen.[70] Aus seinem philosophischen Werk *Die Philosophie der Vorzeit* geht nicht nur hervor, daß der vieldiskutierte Streit um das Verhältnis von Natur und Übernatur auf dem Substanz-Akzidens-Denken des Aristoteles aufbaut. Ebenso wird darin die theoretische Möglichkeit einer reinen Natur angenommen, eine Position, die der völligen Ungeschuldetheit der Gnade Rechnung tragen will.

Diese Diskussion war mit Bañez und den Vertretern des Jansenismus aufgebrochen, welche die Position vertraten, daß der Mensch einen berechtigten Anspruch auf die Gnade habe. Um dem entgehen zu können, hatte man die Ordnung vor und nach dem Sündenfall um die Ordnung einer *natura pura* ergänzt. Damit wurden die übernatürlichen Tugenden stärker als akzidentielle *habitus* betont, welche die Natur erhoben, ohne von ihr eingefordert werden zu können. Analog dazu wurde die Person als ein *suppositum* betrachtet, dessen Fakultäten in der *visio beatifica* ihre Vollendung erreichen, indem der Wille das *summum bonum* genießt und der Intellekt das Wesen Gottes direkt schaut.[71] Auch hierin zeigten sich die Folgen einer Epistemologie, die von der Notwendigkeit einer primär begrifflichen Erkenntnis überzeugt war. Dies galt nicht zuletzt für den Glaubensakt selbst, der zwar der Gnade bedurfte, aber ebenso der Vernunft zu entsprechen hatte, wofür ihm die Apologetik eine wichtige Stütze bot, insofern sie ihm eine bewußte, d.h. eine rational-begriffliche Zustimmung zu den Glaubenswahrheiten ermöglichte.

Mehr noch als Liberatore hebt Kleutgen die Einheit von Erkenntnis, Anthropologie und Metaphysik hervor. So betont er die Bedeutung des Urteils, das nach der Denkbewegung und der Vergeistigung der Sinneswahrnehmung in der *conversio ad phantasma* der Phase der Ruhe und des Verkostens der Wahrheit entspricht. Deutlicher als seine Kollegen sieht er den Geist von seiner inneren Natur her auf das Sein ausgerichtet, wodurch es diesem möglich ist, spontane Sicherheiten zu gewinnen. Dies ist vor allem für die unmittelbaren Urteile der ersten Prinzipien von besonderer Bedeutung.[72] Sie legen den Grund für eine wahre Seinsphilosophie, in der das Sein den allgemeinsten Begriff darstellt, der alles in sich birgt. Wie darum der Seinsbegriff gebildet werden kann, so kann auch die Essenz aller

---

[70] Für eine zusammenfassende Darstellung seines Denkens vgl. Th. SCHÄFER, *Die erkenntnistheoretische Kontroverse Kleutgen-Günther*, Paderborn 1961, 76-126 sowie P. WALTER, «Die neuscholastische Philosophie» 145-175.

[71] Vgl. J. KLEUTGEN, *Theologie der Vorzeit*, Bd. 4, Münster 1860, 289-299. 315-324.

[72] Vgl. J. KLEUTGEN, *Philosophie der Vorzeit*, Bd. 1, Innsbruck ²1878, 232-236. 514-530.

Seienden durch Abstraktion zwar nicht erschöpfend, aber doch wahr erkannt und in einem Begriff ausgedrückt werden.[73] Wenn die geschaffene Wirklichkeit auch nur über eine kontingente Existenz verfügt, so ist doch die Metaphysik keine kontingente Wissenschaft, da sie sich mit den Essenzen beschäftigt, die als Universalien keiner Veränderung unterliegen, sondern immer tiefer und umfassender verstanden werden. So unterscheidet Kleutgen drei Stufen der Abstraktion, nämlich Naturwissenschaft, Mathematik und Metaphysik, bei denen allein die letzte frei von allen durch die Materie bestimmten Vorstellungen ist und damit die letzte Wirklichkeit der Seienden, das *ens reale*, zum Gegenstand hat.[74] Dies ist nicht der allgemeinste und damit zugleich nichtssagendste Begriff, sondern hat seine Begründung in der notwendigen Existenz Gottes selbst.[75]

Unter dieser Hinsicht entfaltet die philosophische und theologische Synthese von Kleutgen (wie auch von Liberatore) ihre volle Wirkung, da sie nicht nur ein philosophisches System darstellt, sondern eine zusammenhängende Weltanschauung bietet, in der christliche Anthropologie und Metaphysik ineinander verwoben sind. Sie erhellen sich gegenseitig und bilden schließlich eine Weisheit im Sinne des heiligen Thomas, eine Vision, in der Natur und Übernatur organisch miteinander verbunden sind – wie auch der Glaube auf der natürlichen Kraft der Vernunft aufbaut und ihr nicht widerspricht. Die Gnoseologie des zugrunde liegenden Realismus und dessen Vertiefung bildet wohl ein unbestreitbares Verdienst der Neuscholastik, insofern «ihre Wiederentdeckung der Metaphysik des Begriffes als eines *signum intentionale* und der Rolle der natürlichen Ausrichtung des Geistes auf objektive Erkenntnis einen bleibenden Beitrag darstellen»[76].

Dennoch gibt es eine Reihe von Vorstellungen, die der Weitsicht des Aquinaten nicht gerecht werden. Dazu zählt die Frage nach der Rolle des Urteils im Sinne einer *affirmatio* oder *negatio*, die eben nicht zwei Begriffe, sondern ein Universale mit einem konkreten Seienden verbindet und sich damit gleichzeitig auf die Essenz- *und* die Existenzordnung bezieht. Diese Frage wird aber völlig ausgeblendet, da Liberatore, Kleutgen und andere die

---

[73] Vgl. *ebd.* 439-443, bes. 440*f.*: «Jene Sätze aber, die wir aus dem allgemeinsten Begriff, dem des Seins, gewinnen, finden ihre Bewährung in allem, was ist und sein kann. [...] Obschon also dieser Begriff des Seins nicht als Quelle [dient], so ist er doch als Norm das höchste Prinzip unseres Erkennens.»

[74] Vgl. *ebd.* 505-507.

[75] Vgl. *ebd.* 512*f.*: «Was Gott sein kann, das ist er, und was in ihm gedacht werden kann, das muß auch in ihm als wirklich gedacht werden. Somit hat die Metaphysik, wo sie Gotteslehre ist, nur Wirkliches zu ihrem Gegenstand. [...] Gott also ist der letzte Grund allen Seins, nicht des wirklichen, sondern auch des idealen. So kann also die Wissenschaft nur durch die Erkenntnis Gottes vollendet werden.»

[76] G. McCool, *From Unity* 31.

Epistemologie von Suarez übernehmen, in der «der Existenzakt, der Eckstein der Metaphysik des heiligen Thomas, nie erwähnt wird», und da das Sein als «eine mögliche Essenz verstanden wird, die völlig von ihrer Existenz absieht». So kann sich zwar die Metaphysik als eine notwendige und damit allgemeingültige Wissenschaft ausgeben, aber die Frage nach der Existenz, von der die Sinneswahrnehmung ausgeht, kommt nicht zur Sprache. Ebenso «wird die Begrenzung des Aktes durch die Potenz niemals erwähnt, und die Metaphysik der *participatio*, die Thomas konstruiert hatte, wird völlig übergangen». Damit verkümmerte die Metaphysik zu einer Metaphysik von Form und Materie, «in welcher für den Existenzakt kein Platz war»[77].

Diese einseitige Betrachtung der Essenzordnung zeigte sich auch darin, daß die folgende Generation der Neuscholastiker sich selbst als Vertreter eines «konzeptualistischen Realismus»[78] verstand und sich auf begriffliche Distinktionen beschränkte, damit aber über ein deduktives Denken und eine «Theologie der Handbücher» nicht hinauskam. Dieses mangelnde Interesse an geschichtsbetontem Denken führte nicht nur zu einer (teilweise heftigen) Ablehnung der deutschen Theologie, sondern verhinderte auch die Aufnahme innovativer Ideen und Anregungen, wie die Werke von Louis Billot zeigen.[79] Doch nicht nur die mangelnde Auseinandersetzung mit aktuellen Fragen ließ die Neuscholastik immer mehr ins Hintertreffen geraten. Vielmehr hatte auch sie eine Reihe von systemimmanenten Spannungen, die gewisse Fragen offen lassen mußte, was sich beispielsweise bei Garrigou-Lagrange, Labourdette, Grabmann und zuvor bereits bei Scheeben zeigte. Ebenso kam es zu Neuerungen, welche die nächste Generation kreativer Denker des 20. Jahrhunderts verschiedene Richtungen einschlagen ließ und damit einen Pluralismus theo-

---

[77] *Ebd.* 31*f.*
[78] Zum Begriff selbst vgl. A. GARDEIL, *Crédibilité et l'apologétique*, Paris 1908, 264. Ebenso benutzt R. GARRIGOU-LAGRANGE diese Formel, um sein eigenes Denken und vor allem Gardeils Thomismus zu umschreiben («In Memoriam Le Père A. Gardeil», *RThom* 36 (1931) 797-808). Auch bei J. MARITAIN lassen sich 1908 bereits Spuren davon erkennen: «Nous délibérions [...] si nous pouvions accorder la critique bergsonienne du concept et les formules du dogme révélé, que l'irréductible conflit entre les **énoncés 'conceptuels' de la foi théologale** [...] et la doctrine philosophique pour laquelle nous nous étions passionné.» (*La Philosophie bergsonienne*, ŒC Bd. I, 20; zum Zusammenhang von Begriffen und Dogmen vgl. auch *Les Degrés du Savoir*, ŒC Bd. IV, 294*f.*). Zur Verbindung von theologischer Methode und philosophischer Begrifflichkeit des konzeptualistischen Realismus vgl. A. GARDEIL «La Réforme de la théologie catholique» (*RThom* 11 (1903) 5-19. 197-215; 12 (1904) 48-76) wie auch M. LABOURDETTE – M. NICOLAS, «L'Analogie de la vérité et l'unité de la science théologique» (*RThom* 47 (1947) 423-466).
[79] Vgl. MCCOOL, *From Unity* 33. Eine umfassende Untersuchung von Billots Denken bietet A. COZZI, *La centralità di Cristo nella teologia di L. Billot*, Milano 1999. Zum statischen Wesen der Neuscholastik vgl. R. AUBERT, *Aspects divers* 33-41 sowie G. van RIET, *Épistémologie thomiste*, Louvain 1946, 125.

logischer und philosophischer Ansätze förderte[80]. Wie sich Maritain allmählich von seinen geistigen Lehrern löste und nicht nur eine Geschichtsphilosophie entwarf, sondern sich mit kulturellen und sozialpolitischen Fragen auseinandersetzte, wird uns in den nächsten Kapiteln beschäftigen. Zuvor aber sollen noch einige Spannungen des neuscholastischen Denkens betrachtet werden, da sie nicht nur Maritains Denken prägten, sondern durch ihn einer Lösung nähergebracht wurden.

b) Offene Probleme der Neuscholastik

Wenn die Neuscholastik sich auch durch klare Begriffe und Definitionen, schlüssige Konklusionen und kohärentes Denken auszeichnete, so zog ihre Konzentration auf die Essenzordnung doch eine Reihe von weitreichenden Konsequenzen nach sich, die dem Anspruch eines Realismus kaum Genüge leisten konnten. Dazu gehörte erstens eine Vorstellung von Wissenschaft, die vor allem in der Anwendung von allgemeinen Prinzipien bestand und aus der Metaphysik eine *philosophia perennis* machte. Dies führte jedoch zu einer Art von «Konklusionstheologie», die zwar für eine Vertiefung der geoffenbarten Glaubenswahrheiten offen war, jedoch kein anderes Interpretationsmodell und damit auch keine anderen philosophischen Ansätze zulassen konnte. Das bedeutete gerade für die Kontroverse mit katholischen deutschen Theologen wie Günther und Hermes keine geringe Schwierigkeit, da jene die Bedeutung der Geschichte anerkannten und ihr auch in der Theologie im Sinne von echtem Glaubensfortschritt Rechnung tragen wollten. Dazu hatten sie eine eigene Hermeneutik entwickelt, nach der einem gewissen Pluralismus Raum zu geben sei.[81]

Verbunden mit der neuscholastischen Ablehnung der Geschichtlichkeit war auch eine reduzierte Anthropologie. So wurde der Mensch von seinen Fakultäten und damit von seiner Natur her betrachtet. War schon durch die Formel des Boethius (*naturae rationalis individua substantia*), die auch Thomas benutzte, es immer schwer gewesen, die Person als solche zu bestimmen, so wurde nun noch weniger einsichtig, was die handelnde Person von

---

[80] So lassen sich die Transzendentalthomisten wie Maréchal, Rousselot, Lonergan und Rahner von den Vertretern eines stärker klassisch geprägten Thomismus wie Przywara, Gilson, Maritain und de Finance unterscheiden (vgl. G. McCool, *From Unity* 210-230). Zum Hintergrund der ersten Generation der Neothomisten zu Beginn des 20. Jahrhunderts und der tragenden Rolle Maritains für den Übergang zu einem existentialistischen Verständnis der zweiten Generation vgl. G. Ventimiglia, *Differenza e contraddizione. Il problema dell'essere in Tommaso d'Aquino* (Milano 1997, 3-49) bzw. C. Fechner, *The Philosophy of Jacques Maritain* (New York ²1969, 337-343). Zum konkreten Einfluß Maritains auf Gilson vgl. dessen eigenes Zeugnis in *Carnet de notes* (330*f*).

[81] Vgl. G. McCool, *From Unity* 10*f*.

der einzelnen Natur unterschied, deren Erfüllung in der Aktualisierung ihrer Fakultäten bestand. Das hieß bezüglich der *visio beatifica*, daß sie im Sinne der aristotelischen Kontemplation verstanden wurde, sich also die Natur vermittels von Wille und Intellekt ihres Gutes erfreute.

Waren die Seelenfakultäten nur die Operation einer Natur, bestand die Gefahr, daß Erkenntnis und Liebe eher von der Erfüllung der einzelnen Natur als im Sinne einer interpersonalen Beziehung verstanden wurden. Wie die Wirklichkeit vor allem unter dem Aspekt ihrer begrifflichen und damit sicheren Erkennbarkeit betrachtet wurde, so ging es auch in der Frage nach der *visio beatifica* nicht um eine Begegnung von Geschöpf und Schöpfer, sondern um die formale Bedingung der Möglichkeit der Gotteserkenntnis, was durch die *scientia immediata* erreicht wurde. Diese spielte sich im *intellectus possibilis* ab, ohne daß klargestellt wurde, wie dieser mit der Person verbunden oder wie jene von ihrer geistigen Erkenntnisfähigkeit unterschieden sei. Daran knüpfte sich unmittelbar die Frage nach der göttlichen Einwirkung in der Schöpfung an, die vor allem auf die *causa efficiens* rekurrierte. Einerseits wurde mit der Idee der *natura pura* zwar die Ungeschuldetheit der Gnade begründet und die Offenheit der Natur für die übernatürliche Erhöhung ausgedrückt; andererseits wurde die Gnade zu einem *habitus*, der die Fakultäten erhob, aber im unklaren ließ, was das für die Person bedeutete. Hatte der heilige Augustinus noch die Gnade als das Entzücken der *caritas* verstanden und der heilige Thomas als einen eingegossenen *habitus*, so wurde sie im Kontext der Scholastik in *gratia habitualis* und *gratia actualis* unterschieden und letztere als eine vorübergehende erhebende Anregung verstanden, als ein *esse fluidum*, das eine bestimmte Wirkung hervorruft[82]. Das führte besonders in der Sakramententheologie dazu, nicht nach dem interpersonalen Heilsgeschehen zu fragen, sondern den Blick vor allem auf die objektive Gültigkeit und die zu erfüllenden Bedingungen der Sakramente zu richten.

So konnte zwar eine Reihe von Gnaden unter verschiedenen Rücksichten unterschieden werden[83], welche Gottes Allursächlichkeit berücksichtigten, hingegen die menschliche Mitwirkung wurde primär vom Empfangen der göttlichen Anregungen her betrachtet, abgesehen von der jesuitischen Thomasinterpretation im Gefolge von Suarez[84]. Dadurch genügte es, daß der

---

[82] Vgl. *ebd.* 205f.

[83] Allein L. OTT unterscheidet 16 Aspekte, unter denen die (häufig gleiche) Gnade betrachtet werden kann, wobei er das Wirken der Gnade fast einzig in den Kontext ihrer effizienten Wirkursächlichkeit stellt (*Grundriß der Dogmatik*, Freiburg 1952, 255f.).

[84] G. MCCOOL, *From Unity* 206: «Every finite agent, it is true, needs the motion imparted to it by the First Mover to move from potency to act. Motion received from God, however, simply serves to stir agents into action. It never elevates actions themselves to the supernatural order. Thus the later scholastic distinction between God's natural concurrence with the actions of finite agents and God's transient elevation of the mind and will through

Mensch der Gnade keinen Widerstand entgegensetzte, der Konkupiszenz nicht nachgab und der Neigung seiner durch die Gnade erhöhten Fakultäten folgte, um sich als Christ zu bewähren. Denn aus seiner Natur konnte eine eigene Gesetzlichkeit, das Naturgesetz, abgeleitet werden, demzufolge er auf ein natürliches höchstes Gut hinstrebte und das zugleich offen war für eine übernatürliche Erhöhung. Durch dieses Naturgesetz konnte der göttliche Wille erfaßt werden, wodurch Gott nicht nur als höchstes Sein, sondern auch als das ewige Gesetz verstanden wurde.[85] Damit wurde nicht eine voluntaristische Ethik der Pflichterfüllung verfolgt, sondern eine Ethik, die sich auf die Seinsstruktur der Welt und das Naturgesetz gründete, das zwar vom Menschen mißachtet werden konnte, den Menschen aber moralisch zur Einhaltung verpflichtete.[86] Diese Sichtweise hatte den Vorteil eines stringenten Systems, das von einer gemeinsamen Seinsphilosophie aus die Kompatibilität von Metaphysik, Epistemologie wie auch Moraltheologie gewährleisten konnte. Daraus ergab sich u.a. eine zunehmend kasuistische Betrachtungsweise moraltheologischer Fragen.

Doch konnte damit eine eigene Metaphysik der Freiheit nicht zum Thema werden, da die Freiheit auf den Willen beschränkt wurde, der zum tätigen Subjekt gehörte. Dies wiederum kam nur von seiner ontologischen Seite her als eine Substanz oder geistbegabte Natur in den Blick. Wie konnte dann aber der Wille frei sein, wenn er als Seelenfakultät seiner Natur folgen mußte? Wie war es zudem denkbar, daß er nicht blindlings, sondern in Verbindung mit dem Intellekt wählte, wenn er an sich keine eigene Einsicht besaß? Und wie waren der Wille und ihr Träger aufeinander bezogen, wenn für einige Thomasinterpreten im Menschen eine gewisse *cooperatio* mit der göttlichen Gnade nicht ausgeschlossen und damit eine Mitwirkung des ganzen Menschen angenommen werden konnte, die nicht nur den Willen betraf? Und letztlich blieb die Frage nach der Natur der Liebe, sollte sie nicht nur ein akzidentielles Wollen, sondern ein freies und schöpferisches Sich-Hingeben des ganzen Menschen meinen. Bevor wir uns nun den einzelnen Fragen

---

actual grace is based on different metaphysics of grace and nature from the metaphysics that St. Thomas himself uses.»

[85] Vgl. *ebd.* 20: «The natural finality of a human nature [...] serves as the moral norm in a Thomistic natural law ethics. God's divine ideas, the supreme exemplar of an intelligible universe, direct His continuous creative activity and guide the personal providence through which He moves His free creature to their intrinsic end. [...] Man can know then that an intelligent provident Creator clearly wills that the order of nature through which creatures move to their natural end should be observed. There is then in God an eternal law on which the natural law depends.» Vgl. dazu M. LIBERATORE, *Istituzioni di etica e diritto naturale*, Torino 1865, 99-107. 115-117.

[86] Vgl. G. MCCOOL, *From Unity* 20*f.*

zuwenden, sei die Persönlichkeit Maritains etwas näher erschlossen, indem vor allem die verschiedenen Phasen seiner Entwicklung aufgezeigt werden.

4. Zur Gestalt von Jacques Maritain und den Phasen seines Denkens

a) Die unruhige «vorthomistische» Zeit der Maritains

Maritains Denken ist von seinem persönlichen Werdegang nicht zu trennen. Nach der umfangreichen und gelungenen Biographie von J.-L. Barré[87] können wir uns auf eine schematische Darstellung von Maritains Leben beschränken. Dieses läßt sich unserer Auffassung nach in die bereits erwähnten vier Phasen gliedern und spiegelt fast exemplarisch die Geistesströmungen wider, welche unser Jahrhundert entscheidend geprägt haben und auch heute noch spürbar sind. Dazu zählen neben einem liberal-positivistischen Humanismus und einer neuscholastisch-antimodernistischen Apologetik ebenso ein stärker von seinem missionarischen Ursprung her bestimmtes katholisches Selbstverständnis, das zugleich den Dialog mit der Welt sucht (etwa im Sinne von *Gaudium et spes*). Ohne Anspruch auf Vollständigkeit seien zumindest einige wichtige Ereignisse aus Maritains persönlicher Geschichte kurz hervorgehoben.

Jacques Maritain, am 18.11.1883 in Paris geboren, stammte aus einer wohlhabenden Familie und wurde vor allem von seiner Mutter geprägt, da sein Vater, ein mittelmäßiger Advokat, die Erziehung der beiden Kinder vor allem seiner Frau überließ. Geneviève Favre, die Tochter von Jules Favre, eines der Gründerväter der laizistischen französischen Dritten Republik, erzog ihren Sohn in einer Atmosphäre, die vom liberalen Protestantismus und vom humanitären Rationalismus ebenso bestimmt war wie von einem wachen Interesse für Kunst und Kultur.[88] Er war voller Eifer, mit dem er entschlossen für Gerechtigkeit, Wahrheit und einen echten Humanismus einzutreten bereit war, so daß er in seiner Jugend am sozialistischen Gedankengut und der Idee der Revolution Gefallen fand.[89] Allerdings konnte sein

---

[87] J.-L. BARRÉ, *Jacques et Raïssa Maritain. Les mendiants du ciel*, Paris 1996.

[88] Vgl. B. DOERING, *Jacques Maritain and the French Catholic Intellectuals*, London 1983, 2: «Maritain was reared by his mother in an atmosphere of liberal Protestantism and humanitarian rationalism. He received his early formal education at the lycée Henri IV, where he became the close friend of Ernest Psichari, grandson of Ernest Renan. The two young men shared the same passion for the world of ideas and the same humanitarian ideals which had made the Renans and the Favres two of the most representative of the great intellectual and political families of liberal and republican France.»

[89] *Carnet de notes* 136*f.* (aus einem Brief des 16-jährigen Maritain): «Je serai socialiste et vivrai pour la révolution. [...] Et certes, tout ce que je pourrai penser et savoir, je le

areligiöses Elternhaus Maritains geistigen Hunger nach einer unveränderlichen Wahrheit und einem objektiven Sinn des Lebens nicht stillen, und auch die Studien an der Sorbonne, die er 1900 aufnahm, enttäuschten ihn diesbezüglich. Doch bescherten sie ihm zumindest die Begegnung mit einer Frau, die sein Leben nachhaltig prägte und fortan sein ganzes Wesen und Denken mit ihrer Liebe, ihren Inspirationen und ihrem Gebet bereichern sollte.[90]

Die Rede ist von Raïssa Oumançoff, die am 12.9.1883 in Rostow am Don in Rußland geboren wurde und im Alter von zehn Jahren zusammen mit ihren Eltern und ihrer Schwester Vera nach Paris emigrierte. Zwar war sie in einer jüdischen Familie aufgewachsen, die mit Hingabe ihren Glauben lebte und pflegte, doch wurde in der neuen Umgebung diese Glaubenstradition von ihren Eltern nicht weitergeführt.[91] Die Sehnsucht nach dem Absoluten und der Wahrheit ließ Raïssa jedoch nicht zur Ruhe kommen, und auch das Studium an der Sorbonne, wo sie Jacques im Wintersemester 1900/1901 kennenlernte, erfüllte ihre Hoffnungen nicht. Jedoch entdeckten die beiden jungen Studierenden, wie sehr sie die radikale Sehnsucht verband, ihrem Leben einen absoluten Sinn zu verleihen und eine bleibende Wahrheit zu finden. Jedoch an der Sorbonne, im Umfeld des Relativismus und Skeptizismus, war es unmöglich, diesen geistigen Durst zu stillen.[92] Dazu kam das allgemein geistig-kulturelle Klima, in dem der Positivismus und der Materialismus vorherrschten. Diese antimetaphysische Atmosphäre trieb Jacques und Raïssa im Sommer 1901 zu dem Entschluß, nur noch für bestimmte Zeit nach einem objektiven Sinn des Lebens zu suchen und im

---

consacrerai au prolétariat et à l'humanité: je l'emploierai tout entier à préparer la révolution, à aider, si peu que ce soit, au bonheur et à l'éducation de l'humanité.»

[90] Vgl. *Le Philosophe dans la cité* 27: «Ce que je dois de meilleur à mes études de cette époque [à la Sorbonne], c'est qu'elles m'ont fait rencontrer à la Faculté des Sciences celle que depuis lors j'ai eu le bonheur d'avoir toujours auprès de moi dans tous mes travaux en une parfaite et bénie communion.» Und ergänzend dazu lesen wir in *Carnet de notes* 131: «L'aide et l'inspiration de ma bien-aimée Raïssa ont pénétré toute ma vie et toute mon œuvre. S'il y a quelque chose de bon dans ce que j'ai fait, c'est à elle, après Dieu, que je le dois. Le rayonnement de son amour et la pure ferveur de sa sagesse, sa force d'âme, son sens exquis du vrai et du juste, la bénédiction de Dieu sur sa prière et ses souffrances ont illuminé mes jours. Notre sœur Vera nous a donné à tous deux le total dévouement, les trésors de charité d'un cœur admirablement magnanime.» Raïssa hingegen schreibt bezüglich der tiefen und harmonischen Gemeinschaft mit ihrem Mann am 12.4.1934 in ihr Tagebuch (R. MARITAIN, *Journal de Raïssa*, ŒC Bd. XV, 369): «Tout ce qui est dans l'œuvre de Jacques, nous l'avons d'abord vécu à l'état de difficulté vitale, à l'état d'expérience, – les questions de l'art et de la morale, de la philosophie, de la foi, de la prière, de la contemplation. [...] Nous avons commencé par connaître par expérience l'absence de la vérité. (Ensuite nous avons commencé à souffrir pour Elle, etc.). *Cela continue.*»

[91] Vgl. J.-L. BARRÉ, *Les mendiants* 37-39.
[92] Vgl. R. MARITAIN, *Les Grandes Amitiés*, ŒC Bd. XIV, 689-693.

Falle des Ausbleibens einer befriedigenden Antwort innerhalb eines weiteren Jahres ihrem Leben von eigener Hand ein Ende zu bereiten. Lieber nähmen sie den Freitod in Kauf, anstatt in einer sinn- und ziellosen Welt noch länger zu existieren.

> Nous venions donc de nous dire ce jour-là que si notre nature était assez malheureuse pour ne posséder qu'une pseudo-intelligence capable de tout sauf du vrai, si, se jugeant elle-même, elle devait s'humilier à ce point, nous ne pouvions ni penser ni agir dignement. [...] Si nous devons aussi renoncer à trouver un sens quelconque au mot vérité, à la distinction du bien et du mal, du juste et de l'injuste, il n'est plus possible de vivre humainement.[93]

Allem, was sie abhalten konnte, zum Trotz, fuhren sie allerdings fort, «die Wahrheit zu suchen – was für eine Wahrheit? – und auf die Möglichkeit einer rückhaltlosen Zustimmung zu einem erfüllten Sein zu hoffen»[94]. Dieses beharrliche Verlangen nach Wahrheit wurde ab dem Winter des Jahres 1901 vorläufig durch die Begegnung mit der Philosophie Henri Bergsons belohnt, die ihnen nicht nur die Existenz des Absoluten bestätigte, sondern auch einen echten Zugang dazu eröffnete.[95] Dies geschah jedoch mit Hilfe einer völlig anti-intellektuellen Metaphysik, deren Grenzen den Maritains erst allmählich dämmerten, was sie vor neue geistige Probleme stellte.

Ein erster Ausweg aus diesem Dilemma bahnte sich für die beiden «Pilger des Absoluten» ab 1905 durch die enge Freundschaft mit Léon Bloy an, der mit seinem beeindruckenden Werk *La Femme Pauvre*[96] die Neugier des mittlerweile verheirateten Paares geweckt hatte. Durch ihn gewannen die beiden Suchenden allmählich Zugang zum katholischen Glauben und der Offenbarung der Wahrheit in Jesus Christus, so daß sie schließlich zwei Jahre später zusammen mit Raïssas Schwester Vera am 11. Juni 1906 konvertierten. Alle drei widmeten sich mit Eifer dem spirituellen Leben und legten in den folgenden beiden Jahren in Heidelberg, wo Jacques ein Stipendium für ein Biologiestudium erhalten hatte, die Grundlage zu einem fast monastischen Lebensstil. Die große Rolle, die von da an für sie die

---

[93] *Les Grandes Amitiés* 691f.
[94] *Les Grandes Amitiés* 696.
[95] Vgl. *Les Grandes Amitiés* 699f.: «Dans des termes différentes Bergson nous assurait [...] que nous sommes capables de connaître vraiment le réel, que par l'intuition nous atteignons l'absolu. Et nous traduisions que nous pouvions vraiment, absolument, connaître ce qui est. [...] Par une critique merveilleusement pénétrante Bergson dissipait les préjugés antimétaphysiques du positivisme pseudo-scientifique, et rappelait l'esprit à sa fonction réelle, à son essentielle liberté. [...] Le jour où il nous dit [...]: 'Dans l'absolu nous vivons, nous nous mouvons et nous sommes', il créait en nous l'enthousiasme et une reconnaissance joyeuse qui devait subsister à travers les années.»
[96] L. BLOY, *La Femme Pauvre*, Bd. 1-2, Paris ³1949-1950.

contemplatio spielte, wurde nach außen hin sichtbar durch ihre Aufnahme unter die Oblaten des heiligen Benedikt am 29. September 1912.[97] Diese persönliche geistliche Wende war der Vorbote für eine entscheidende geistige Umorientierung, die eine neue Phase in Maritains Denken einleitete.

b) Maritains konzeptualistische Phase unter dem Primat der Wahrheit

Maritains zweite Phase begann, als er sich von der Begeisterung seiner Frau anstecken ließ, die 1909 die Werke des Thomas von Aquin für sich entdeckte. So begann auch er ab dem Herbst 1910 mit dem Studium der *Summa Theologiae*. Auf diesem Weg wurde ihm die Engführung Bergsons und dessen anti-intellektuelles Vorurteil immer deutlicher, was zur Veröffentlichung der *Philosophie bergsonienne* im Jahre 1914 führte, in der Maritain die Widersprüche in Bergsons Denken aufzeigte und sie der thomistischen Philosophie gegenüberstellte. Dabei bemühte er sich um eine differenzierte Würdigung seines Lehrers, wenn er auch mit Kritik nicht sparte. Zwar schlug Maritain 15 Jahre später im Vorwort zur zweiten Auflage durchaus mildere Töne an und schwächte auch seine Kritik in einigen Punkten ab[98], doch blieb seine Position gegenüber Bergsons Metaphysik unverändert.[99] Kennzeichnend für diese Zeit war nicht nur der große spirituelle Eifer, sondern auch ein völliges Aufgehen im Universum der Ideen, was eine gewisse Weltfremdheit mit sich brachte. Denn neben den Oumançoff-Schwestern interessierten ihn «die anderen zu jener Zeit viel weniger als die Ideen. Ärgerlich [für jemanden wie mich], für den es nur eine Welt von wahr oder falsch gab. Ich habe einige Zeit gebraucht, um die Menschen zu entdecken.»[100] Und auch die folgenden Jahre scheinen Maritains Grundhaltung nicht wesentlich verändert zu haben, wie die Aufzeichnungen seiner Frau unschwer erkennen lassen:

> A l'époque [...] Jacques [...] n'avait souci que de métaphysique et d'idées pures, il passait parmi les hommes sans beaucoup les regarder et ne s'intéressait qu'aux objets intelligibles. [...] Une ironie qui n'était pas toujours comprise courait tout au longe de ses exposés les plus abstrus. [...] Quant aux hommes [...] il respectait certes leur personne, mais ils n'étaient guère pour lui que les véhicules de doctrines abstraites, et c'est elles

---

[97] Vgl. *Carnet de notes* 179f. u. 223.
[98] Vgl. *La Philosophie bergsonienne* 12-19.
[99] Und seine Memoiren vom 20.4.1910, die von Raïssas Vorarbeit zu seinem Werk über Bergson sprechen, ergänzt er rückblickend mit der Bemerkung (wohl von 1954), daß aus diesem Grund das Buch eigentlich ihre beiden Namen tragen sollte, «si j'avais été moins *grob* [sic]». Und er fügt hinzu, daß ihn dann seine Frau «ohne Zweifel vor seiner ungestümen Heftigkeit bewahrt hätte, die er später bedauern sollte» (*Carnet de notes* 204).
[100] *Carnet de notes* 202 (Ergänzung (wohl von 1954) zum Eintrag vom 12.2.1909).

seulement qui valaient la peine d'être scrutées par l'esprit. Ici encore c'est peu à peu, et grâce à l'art et à la poésie, plus tard grâce aux problèmes sociaux et éthiques, grâce surtout à l'expérience de la vie intérieure, que le philosophe et sa philosophie devaient s'humaniser, entrer dans l'épaisseur des choses humaines, proclamer le nécessité d'un *humanisme intégral*.[101]

Nach dem Umzug von Versailles, wo sie sich 1909 niedergelassen hatten, in das nahegelegene Meudon im Juni 1923 konnte das Paar dank Veras Mithilfe (seit 1906 verkörperte sie den guten Geist des maritainschen Haushalts) seine Interessen noch ungestörter auf rein spekulative und religiöse Fragen richten. Zugleich war es möglich, weiterhin ein intensives kontemplatives Leben zu führen[102], selbst wenn sich Meudon immer mehr zu *dem* Treffpunkt politischer, literarischer, künstlerischer und sogar ökumenischer[103] Kreise entwickelte.

Diese Phase Maritains trug philosophischerseits vor allem konzeptualistische Züge, da er «den Thomismus als eine realistische Philosophie des Begriffes» verstand. Aus diesem Grund war «das epistemologische Problem und seine Kritik eine der ersten Fragen, der sich Maritain widmete»[104], was auch sein erster Artikel noch vor seiner Entdeckung des Aquinaten zeigt.[105] So erinnert sich auch Gilson daran, daß «die Ontologie nicht die erste Sorge Maritains darstellte», sondern Maritains Thomismus vielmehr «eine Epistemologie war», da er zwar gegen Bergson die «Rolle des Intellekts vertieft» hatte, was aber noch nicht die Rolle des Seins erreichte»[106]. Sein Ungestüm ließ ihn «den Thomismus wie eine Keule schwingen»[107], da er im Thomismus «eine perfekte Antwort» und die «metaphysische Waffe»[108] sah, um dem Modernismus und dem Liberalismus entgegenzutreten.

---

[101] *Les Grandes Amitiés* 1036.

[102] Vgl. *Les Grandes Amitiés* 968, besonders *ebd.* 974: «Jacques n'attribuait d'importance qu'à la métaphysique et à la théologie, et moi, perdue dans la félicité sans ombre qui me venait alors de la prière [...] je me sentais tout à fait étrangère aux problèmes politiques. [...] Nos préoccupations [...] étaient d'ordre purement spéculatif et religieux.»

[103] Dazu gehörten die für damalige Verhältnisse bereits sehr fortschrittlichen interreligiösen Gespräche, vor allem mit den in Paris lebenden Exilrussen und den Spezialisten für fernöstliche Kulturen, so daß Raïssa diese Treffen wegen ihrer Gewagtheit schließlich als «esoterische Studien» betitelte (*Carnet de notes* 326. 334f.).

[104] G. PROUVOST, «Les deux Maritain. Situation politique de thomisme de Jacques Maritain», in *Jacques Maritain e la filosofia dell'essere*, Hrsg. V. Possenti, Venezia 1996, 145.

[105] J. MARITAIN, «La science moderne et la raison», RevPhil 16 (1910) 575-603. Der revidierte Text sollte 12 Jahre später das Kapitel I von *Antimoderne* (Paris 1922) bilden.

[106] *Étienne Gilson – Jacques Maritain. Deux Approches de l'être*, Correspondance 1923-1971, Hrsg. G. Prouvost, Paris 1991, 276.

[107] H. de LUBAC, *Lettres de monsieur Étienne Gilson adressées au P. Henri de Lubac et commentées par celui-ci*, Paris 1989, 189.

[108] *Une heure avec MM. Jacques Maritain et Henri Massis*, ŒC Bd. II, 1247.

I EINLEITUNG

Dazu kam eine etwas unglückliche und wohl auch blauäugige Verbindung zwischen Maritain und der Action Française unter der Führung von Charles Maurras. Zwar war er selbst nie Mitglied dieser antidemokratischen Organisation[109], und ernst nehmen konnten weder Jacques noch Raïssa «die monarchische Restauration, die Maurras anpries und die Père Clérissac ersehnte»[110]. Mosso spricht daher von einer Zustimmung zur Action Française von seiten Maritains, die durch eine gemeinsame Sympathie für gewisse Ideale, durch Mehrdeutigkeiten und Mißverständnisse sowie durch diverse Umstände begünstigt wurde.[111] Nach der Meinung des Dominikanerpaters Clérissac, den die kleine Gemeinschaft von Meudon zu ihrem Beichtvater erkoren hatte, bestand ein direkter Zusammenhang zwischen der Restauration der Monarchie und dem Wiedererstarken der katholischen Kirche, nachdem diese noch an den Folgen der 1906 vollzogenen völligen Trennung von einem konsequent laizistischen Staat zu tragen hatte und erst 1921 wieder diplomatische Beziehungen zwischen diesem und dem Heiligen Stuhl aufgenommen wurden. So wie Père Clérissac zuvor Maritain veranlaßt hatte, sich von Bergsons Philosophie zu distanzieren, so überzeugte er ihn nun umgekehrt, sich der Action Française anzuschließen.[112] Zwar ließ Maritain in beiden Fällen keinerlei Widerspruch laut werden[113], doch klagte er sich später um so heftiger an, nicht genügend zwischen der geistlichen Begleitung und der politischen Privatmeinung seines väterlichen Freundes unterschieden zu haben.[114]

---

[109] Vgl. *Les Grandes Amitiés* 979.

[110] *Les Grandes Amitiés* 975. Vgl. zum von Anfang an distanzierten Verhältnis Maritains zur Action Française die vielsagende Sammlung verschiedenster klarer Urteile bei P. NICKL, *Jacques Maritain* 95f., Anm. 125.

[111] Vgl. S. MOSSO, *Fede* 42. Vgl. zur Problematik der Auseinandersetzung auch Raïssas Zitat aus Jacques' Tagebuch in *Les Grandes Amitiés* 977-979. Dies bestätigen J.-L. BARRÉ, *Les Mendiants* 348-385 sowie R. OMANCINI, «Maritain e la crisi dell'Action Française», in *Il pensiero politico di Jacques Maritain*, Hrsg. G. Galeazzi, Milano 1974, 179-188.

[112] Vgl. *Les Grandes Amitiés* 974f.: «Ses [P. Clérissac] conseils et son influence étaient absolument prévalents sur notre esprit, et nous dispensaient de tout examen de questions. [...] Le Père Clérissac se moquait sans pitié de nos penchants démocratiques et des idées socialistes demeurées chères au cœur de Jacques. Tout cela était à ses yeux des restes du vieil homme qu'il fallait dépouiller.»

[113] «Là comme ailleurs, je ne discutai point.» Brief von Maritain an Massis in H. MASSIS, *Maurras en notre temps*, Paris 1961, 122.

[114] Vgl. *Les Grandes Amitiés* 976: «Er [Maritain] machte sich Vorwürfe, passiv einen Einfluß und eine Richtung akzeptiert zu haben, die in dieser Hinsicht außerhalb des geistlichen Rahmens lag, und daß er nicht damals schon eine ernste Untersuchung der religiösen und politischen Überzeugungen von Maurras vorgenommen hatte.» Ansonsten wäre Maritain wohl schon beizeiten darauf gestoßen, daß Maurras bereits 1922 schrieb (Ch. MAURRAS, *Œuvres capitales. Essais politiques*, Paris 1973, 33): «Die Väter der Revolution sitzen in Genf, in Wittenberg, früher noch in Jerusalem.»

In Raïssas Aufzeichnungen findet sich der Hinweis, daß sich «Père Clérissac gnadenlos über unsere demokratischen Neigungen und sozialistischen Ideen lustig machte, die Jacques immer noch sehr am Herzen lagen». Doch dieser «gab gerne zu, daß das Gepäck seiner politischen und sozialen Ideen, oder vielmehr der weder kritisierten noch ausgearbeiteten Tendenzen nicht viel wert sei»[115]. In gewisser Weise hielt er seine politische Phase mit der Konversion für beendet, so daß er seine ganze Sorge auf die theoretische Philosophie richtete, was sich allerdings keine 20 Jahre später gründlich ändern sollte.[116] Darum erstaunt es nicht allzu sehr, daß sich in seinen ersten Werken (*Art et scolastique, Antimoderne, Trois Réformateurs*) «weniger eine Kritik der Demokratie oder ein völlig entwickeltes politisches und soziales Programm finden als vielmehr ein Verständnis der geschichtlichen Rolle der thomistischen Metaphysik»[117].

So läßt sich diese zweite Phase von Maritains Denken in Anlehnung an Prouvost zusammenfassen als eine Zeit, die unter dem «Primat der Wahrheit»[118] stand. Dazu gehörte ein auf die Epistemologie konzentrierter konzeptualistischer und «politischer Thomismus»[119], in dem Maritain eine «eminent lebendige Philosophie» sah und welcher, wie er 1923 in Rom enthusiastisch kundgab, «heute noch wie im Mittelalter aktiv, eroberungslustig und als einzige in der Lage ist – unter der Bedingung, daß sie in der Integrität ihrer Prinzipien erhalten bleibt –, auf die Schwierigkeiten der gegenwärtigen Zeit zu antworten»[120]. Dieser philosophische Eifer war liiert mit einer zwar engagierten, aber auch unkritischen Anteilnahme an den politischen Entwicklungen. Das blinde Vertrauen in seinen geistlichen Vater führte Maritain in eine Richtung, die ihn zu einer zumindest vorläufigen Aufgabe seiner demokratischen und humanistischen Ideen zwang. Erst die Verurteilung der Action Française bewirkte in ihm eine Rückbesinnung

---

[115] *Les Grandes Amitiés* 975f.
[116] Vgl. P. NICKL, *Jacques Maritain* 81.
[117] G. PROUVOST, «Les deux Maritain» 144.
[118] Vgl. *ebd.* 154. Wie tief der Konzeptualismus in Maritain Fuß gefaßt hatte, läßt sich wohl auch aus der Tatsache ableiten, daß Père Clérissac seinen geistlichen Kindern Gott vor allem als den Gott der Wahrheit vorgestellt und diesen Aspekt tief in ihnen eingeprägt hatte: «Avant tout **Dieu est la Vérité**; allez vers lui, aimez-le sous cet aspect.» (*Les Grandes Amitiés* 824). Und dieses Gottesverständnis wirkte sich durchaus auch auf ihr Glaubensleben aus, da Père Clérissac u.a. von Raïssa kategorisch verlangte, geistliche Gebetserfahrungen außerhalb der vorgesehenen Zeit zu unterdrücken (vgl. *Carnet de notes* 207).
[119] G. PROUVOST, «Les deux Maritain» 147: «[C'est] un thomisme politique et réactionnaire, hostile à la Révolution Française et à la modernité politique (démocratie) et intellectuelle (en particulier le kantisme, le positivisme et la laïcité). [...] Le thomisme antimoderne développé par Maritain dans la mouvance de l'Action Française signifiait le refus radicale du mythe du progrès et de la philosophie de la Révolution.»
[120] J. MARITAIN, *La semaine thomiste à Rome*, ŒC Bd. II, 1249.

auf seine eigentliche Position und öffnete seinen Horizont für die Herausforderungen der Moderne. Persönlich glich Maritain bis dahin wohl eher einem weltfremden Schöngeist als einem weltoffenen Denker, was sich allerdings radikal ändern sollte, als er im Dialog mit den vielfältigen Ausdrucksformen der Neuzeit auch seinen philosophischen Hintergrund entfaltete und vertiefte.

c) Maritains Befreiung zum Primat der Freiheit

Maritains weiterer Werdegang scheint uns am besten von Prouvost ausgedrückt zu werden, für den Maritain sinngemäß einen Wechsel vom *Primat der Wahrheit* zum *Primat der Freiheit* vollzieht. Er sieht «in der Zeit um 1930» einen «grundlegenden Wandel»[121], da sich Maritains Thomismus nun nicht mehr auf die metaphysisch-spekulative Ordnung beschränkte, sondern wohl oder übel das pluralistische Prinzip einer profanen Gesellschaft anerkannte und mit ihr in Dialog zu treten wünschte – frei von jeglichem restaurativen Hintergedanken. Diese Veränderung Maritains umschreibt Prouvost als eine *Evolution*[122], da es ebensowenig eine linear absehbare Entfaltung oder totale Einheit wie einen Bruch oder Widerspruch in seinem Denken gibt. Vielmehr kommt es zu einer Kehre, die zumindest in Kongruenz mit seinem Hang zur Unabhängigkeit und seiner radikalen Suche nach der Wahrheit steht. Diese beginnt mit der offiziellen Verurteilung der Action Française am 20.12.1926 durch Papst Pius XI.

Mit der päpstlichen Klarstellung nahm auch Maritains dritte philosophische Phase ihren Anfang, die sich etwa nach 1933 klar herauskristallisierte und die er selbst gut 25 Jahre später als «einen substantiellen Wandel seiner politischen Philosophie» bezeichnete, die ihn von nationalistischen und monarchistischen Ideen, wie sie Maurras vertrat, zur Theorie der demokratischen *magna charta* und der politischen Globalisierung wechseln ließ. Nach eigenen Aussagen veränderte er dabei seine Position «hinsichtlich wesentlicher [philosophischer?] Prinzipien nicht»[123]. Während einige Autoren regelrechte Brüche annehmen und meinen, von einem progressiven und einem konservativen Maritain sprechen zu müssen, läßt sich zumindest ein klarer Wandel von Maritains Denken konstatieren, wobei je nach zugrunde liegenden Kriterien das Urteil recht unterschiedlich ausfallen kann.[124] Doch

---

[121] Vgl. G. PROUVOST, «Les deux Maritain» 154.
[122] *Ebd.* 152-155.
[123] Vgl. «Lettres de Jacques Maritain à Henry Bars», *CJM* 24 (1992) 22 (Brief 10 vom 30.11.1958).
[124] Vgl. zu den verschiedenen Auffassungen den Überblick bei S. MOSSO, *Fede* 35f.

sind sie sich einig über einen besonderen Einschnitt in der Zeit um 1930, obgleich Maritain 1932 bereits seinen 50. Geburtstag feierte.[125] Maritain spürte trotz seines Alters die drängende Notwendigkeit, neue Schritte zu wagen und in seinem Schaffen und Denken Neuland zu betreten. Er wußte wohl mit intuitiver Sicherheit, daß er seinen eigenen Weg finden mußte, auch wenn das «Wie» noch verschleiert blieb. So bekannte er Charles Journet 1931, daß «er sich durch Gott schrecklich gedrängt fühle, vorwärts zu gehen»[126]. Diese Einsicht führte zu einer wohl überfälligen systematischen Auseinandersetzung mit der praktischen Philosophie sowie der damit zusammenhängenden praktischen Erkenntnis und der Ethik, so daß diese Phase der Neuorientierung schließlich 1936 in die Präsentation des *Humanisme intégral* münden konnte, philosophisch aber bereits in den 1934 erscheinenden *Sept leçons sur l'être* sichtbar wurde und sein zunehmend existentialistisches Verständnis des Thomismus erkennen ließ.

Freilich forderte diese geistige Befreiung einen hohen Tribut. Denn die Treue zu Rom (miß-)verstanden viele Freunde Maritains als eine Abwendung von ihnen, wenn nicht gar als Verrat ihrer gemeinsamen Sache.[127] Dazu kam 1927 die Veröffentlichung von *Primauté du spirituel*, welche die Position unseres Philosophen noch untermauerte, den Primat allein der Wahrheit und nicht der Politik zuzugestehen. Er verteidigte nicht nur die notwendigerweise über- oder apolitische Position der Kirche, sondern beanspruchte auch für sich selbst, «den Boden der Philosophie nicht zugunsten der Wechselfälle der praktischen Aktion zu verlassen», denen er «mehr denn je fremd zu bleiben»[128] wünschte. Zwei Jahre später bekräftigte er nochmals seine unumstößliche Grundhaltung mit *Clairvoyance de Rome*, worin er auf die erneuten Vorwürfe der Action Française[129] antwortete, was die definitive Trennung von einer Reihe von Freunden bedeutete, zu denen auch Garrigou-Lagrange[130] gehörte.

---

[125] Vgl. *ebd.* 38: «Così negli anni '30-'60 il pensiero di Maritain si arrichisce anche dell'attenzione alla storia, all'"esistenza', all'azione, alla politica, quali realizzazione della verità, dell'assoluto, dell'eterno, dello spirituale.»

[126] J.-L. BARRÉ, *Les Mendiants* 403.

[127] Stellvertretend sei aus dem Brief von G. BERNANOS an J. Maritain vom 25.2.1928 (Archives Maritain, Kolbsheim) zitiert, wo es sarkastisch heißt: «Je dois vous aimer plus que personne au monde, parce que personne ne m'a fait autant de mal que vous.»

[128] J. MARITAIN, *Primauté du spirituel*, ŒC Bd. III, 785.

[129] Vgl. M. PUJO, *Comment Rome s'est trompée*, Paris 1929. Dies war eigentlich die Antwort auf *Pourquoi Rome a parlé*, Paris 1927, einem Gemeinschaftswerk Maritains mit fünf weiteren Autoren. Darin stammen das *Avant-propos* und der Beitrag *Le sens de la Condamnation* aus der Feder Maritains (vgl. ŒC Bd. III, 1413-1417 bzw. 1223-1267).

[130] Vgl. G. PROUVOST, «Les deux Maritain» 151.

Deutlich wird bei Barré der politische Kontext von Maritains Umschwung. So wurde er bis zur Krise Ende 1926 allgemein der extremen Rechten zugeordnet und in Frankreich als Anführer einer neuthomistischen Strömung angesehen, die sich quasi mit dem «Maurrasismus» zu vermischen schien und unverblümt gegen den «Demokratismus» wie auch gegen die «egalitäre Utopie» zu Felde zog. So bekannte er noch 1922 in *Antimoderne* offen, «daß wir nicht für die Verteidigung oder die Aufrechterhaltung der *gegenwärtigen* sozialen und politischen 'Ordnung' kämpfen. Wir kämpfen für die Bewahrung [...] der Überreste des menschlichen Erbes, für die göttlichen Reserven [...] und für die Verwirklichung einer neuen Ordnung, welche die gegenwärtige Unordnung [d.h. die Demokratie] ersetzen muß.»[131] Doch vergingen nur gut sieben Jahre nach dem Verbot der restaurativ-royalistischen Action Française, bis sich Maritain für das politisch linke Spektrum engagierte und damit zu verstehen gab, daß er nunmehr auch gegenüber der katholischen Hierarchie eine eigenständigere Position einzunehmen gedachte. Er unterstützte nicht nur den Aufbau der liberalkatholischen Zeitschrift *Sept*, sondern wurde auch freier Mitarbeiter der 1935 entstehenden linken Wochenzeitung *Vendredi*, die sich rühmte, die bekanntesten Köpfe der Linken zu vereinen. Damit wurden André Gide, Paul Nizan, Louis Aragon u.a. gewissermaßen zu Maritains Kollegen.[132] So mußte Maritain bei einem Vortrag, den er im Oktober 1936 in Buenos Aires hielt, gleich mehrere Gerüchte dementieren, die behaupteten, er sei vom Erzbischof von Paris exkommuniziert worden und darüber hinaus Anhänger der sozialistischen Volksfront geworden, da er auf einer ihrer Kundgebungen die Faust zum Gruß erhoben habe.[133]

Hatte sich Maritain in Meudon anfangs nur spärlich mit der Welt und den Vertretern der Literatur befaßt, so weiteten sich doch sein Horizont und seine Beziehungen beständig. So trug er deutliche Spuren von Traurigkeit und Ratlosigkeit ob der veränderten Situation an sich, als er im Verlaufe eines Abendessens im Mai 1929 Julien Green unvermittelt fragte: «Habe ich mich auch nicht geirrt? Ist es unrecht, daß ich mich um all diese Literaten kümmere?»[134] Mit anderen Worten prägten ab dem Ende der zwanziger Jahre noch stärker als zuvor philosophische und politische, kulturelle und künstlerische, interreligiöse und spirituelle Themen den intensiven Austausch in der Rue du parc 10.[135] Diese Vielseitigkeit hinterließ freilich auch in Maritains Werken ihre Spuren, so daß man auch im Ausland zunehmend

---

[131] *Antimoderne* 1095. Vgl. auch J.-L. BARRÉ, *Les Mendiants* 341.
[132] Vgl. J.-L. BARRÉ, *Les Mendiants* 423.
[133] Vgl. J. MARITAIN, *A propos de la «Lettre sur l'independance»*, ŒC Bd. VI, 1073.
[134] J. GREEN, *Journal 1928-1958*, Paris 1961, 13.
[135] Vgl. J.-L. BARRÉ, *Les Mendiants* 386-388.

auf diesen unkonventionellen Philosophen aufmerksam wurde. Mit der Veröffentlichung von *Les Degrés* stieg sein Bekanntheitsgrad weiter an, so daß er 1933 zu ersten Gastvorlesungen nach Toronto und Chicago eingeladen wurde. Zwar war er bereits Mitte der zwanziger Jahre europaweit unterwegs, doch folgte er mittlerweile seiner ihm eigenen Berufung als christlicher und weniger als apologetischer Philosoph. Fühlte er sich bis dato als «Sprecher einer kirchlichen Lehre», so nahm er im immerhin 92-seitigen Vorwort (datiert Mai 1929) zur zweiten Auflage der *Philosophie bergsonienne* eine selbstkritische Haltung gegenüber seinem ungestümen Erstlingswerk ein. Zudem begriff er sich selbst als Philosoph, von dem vor allem die Treue zu seiner intellektuellen Entdeckung gefordert war, welcher es den Weg zu bahnen galt.

So wandte sich der Enkel von Jules Favre mit seinem Buch *Religion et culture* 1930 klar und deutlich gegen jede restaurative Bewegung besonders in kirchlichen Kreisen, da sie «die Probleme und rechten Prinzipien wohl erkennend, unvollkommen, steril und negativistisch bleibt und aufgrund einer gewissen Herzensverhärtung verhindert ist, das 'Menschenwerk zu erkennen' und dem Werk Gottes in Zeit und Geschichte Gerechtigkeit widerfahren zu lassen». Denn allzu leicht ließe sich der Mensch von irdischen Maßstäben und dem Zeitgeist verführen, anstatt sich vom Geist Gottes leiten zu lassen. Nicht weniger groß sei die Gefahr, sich «an Bruchstücke des Vergangenen zu verlieren und, eingelullt in süße Erinnerungen, auf dem Kissen der Vergangenheit zu ruhen und mit einer gewissen Verachtung die aktuellen Herausforderungen von sich zu weisen»[136], wie er überdeutlich bemerkte.

Maritains Position war jedoch weder rechts noch links, sondern hatte ihren Ausgangspunkt in der geistigen Ordnung, «die überpolitisch ist» und vor allem das persönliche Zeugnis[137], nicht eine bestimmte Parteizugehörigkeit[138] forderte. Zwar weniger spektakulär, aber nicht von geringerer Tragweite waren die philosophischen Früchte dieser ersten Jahre unter dem Primat der Freiheit. In ihnen rang Maritain noch mit dem neuscholastischen Erbe, aber zunehmend führte ihn vor allem der Dialog mit der Kunst und

---

[136] *Religion et culture* 237.

[137] Vgl. J. MARITAIN, *Lettre sur l'indépendance*, ŒC Bd. VI, 278-280. Maritain selbst charakterisiert die Einheitlichkeit seiner Position geschickt an seinem Lebensende in *Le Paysan de la Garonne* (702f.). Dort sagt er, «er sei den Linken näher in dem, was des Kaisers, und den Rechten näher in dem, was Gottes ist».

[138] So hat Maritain niemals die Existenz sogenannter christlicher Parteien befürwortet, sondern betrachtete jede katholische Partei, auch das deutsche *Zentrum*, als eine «conception hybride». Seiner Auffassung nach sollte sich der Christ politisch für einen integralen Humanismus engagieren, der prinzipiell von allen Parteien erstrebt werden kann und den Primat des Geistigen anerkennt. Vgl. *Du Régime temporel* 449-451. S.o. 22-25.

dem Phänomen der natürlichen Mystik zu einer philosophischen Neuorientierung, die allgemein mit dem Stichwort des Personalismus umschrieben wird. Zu jener Zeit nahm auch seine Tätigkeit als Gastprofessor in den USA zu, so daß er schließlich (auch aufgrund der Kriegswirren) seinen Wohnsitz ab 1940 nach New York verlegte.

d) Der Primat der Person im Denken des späten Maritain

Noch bevor Maritain nach dem Krieg seine Vortragsreisen und Vorlesungen wieder aufnehmen konnte, wurde er von Charles de Gaulle gedrängt, das Amt des Botschafters am Heiligen Stuhl in Rom zu übernehmen. So zog Jacques mit Raïssa und Vera in den Palazzo Taverna, und trotz seiner vielfältigen Aufgaben fiel in seine römische Zeit ein weiterer Wandel seines Denkens, gerade hinsichtlich seines Personverständnisses. Denn seine vierte Phase setzt ab 1947 mit der Veröffentlichung von *Court traité* ein, worin er einen expliziten Personalismus vertrat. Wie er in einem Brief an Y. Simon schrieb, verfaßte er diesen Essay «zwischen Besuchen, Abendessen, Empfängen und Gängen zum Vatikan», indem er «Tag und Nacht arbeitete, besonders in der Nacht». Trotz dieser mühsamen Entstehung wurde es sein Meisterstück, das er in enger Zusammenarbeit mit seiner Frau verfaßte. Er bezeichnete es als das Werk, wie er J. Nef anvertraut, das «seine persönlichsten Gedanken enthält» und ihn auf seine bisherigen Schriften mit gewisser Wehmut schauen ließ, «da er alle ihre Mängel sieht»[139].

Kaum hatte er die Arbeit an *Court traité* beendet, als ihm bereits eine andere wichtige Aufgabe angetragen wurde, nämlich die Leitung der französischen Delegation der UNESCO. Er ragte in Mexiko unter den 37 Delegierten nicht nur wegen seiner klaren Vorstellungen heraus, sondern auch wegen seiner beeindruckenden Persönlichkeit. «Seine Aufrichtigkeit, seine Überzeugungskraft, seine Weitsicht und auch ein gewisses Charisma machten aus ihm eine der beherrschenden Persönlichkeiten der Konferenz. Auf seinen Namen hin kam es auch fast automatisch zu einem Konsens.»[140] Bereits 1942 hatte Maritain einen philosophisch fundierten Katalog von 26 Menschenrechten veröffentlicht[141] «und damit gleichermaßen eine präzise wie übergreifende Bestimmung der eigentlichen personalen Rechte vorgelegt»[142]. Der Einfluß Maritains in Mexiko «kam schließlich darin zum Ausdruck, daß sich 22 der [26] von ihm vorgeschlagenen Rechte in der Allgemeinen Erklärung der Menschenrechte wiederfanden, die die Vereinten

---

[139] Brief an Y. Simon vom 28.4.1947 bzw. an J.U. Nef vom 21.2.1948 (zitiert aus J.-L. BARRÉ, *Les Mendiants* 531).
[140] R. SEYDOUX, «Jacques Maritain à Mexico», *CJM* 10 (1984) 28.
[141] J. MARITAIN, *Les Droits de l'homme et la loi naturelle*, ŒC Bd. VII, 690f.
[142] L. KÜHNHARDT, *Die Universalität* 330.

Nationen am 10. Dezember 1948 verabschiedeten»[143]. Damit wurde die Unantastbarkeit der menschlichen Person und ihrer Würde, die Förderung einer personalistischen, gemeinschaftlichen und auch pluralistischen Staatsordnung völkerrechtlich verankert – Grundlinien, die Maritains Denken in seiner vierten Phase bestimmten. So ist es auch sein bleibendes Verdienst, daß die Erklärung der Vereinten Nationen etwas Bleibendes schaffen konnte und der Personbegriff zu einem universalen und metaphysisch fundierten Begriff avancierte. Mit seiner Untersuchung aus dem Jahr 1987 macht L. Kühnhardt einsichtig, daß «Maritains Einteilung als wissenschaftlicher Kategorisierungsversuch bis heute sinnvoll und überzeugend geblieben ist»[144].

Da Maritain aber von den repräsentativen Verpflichtungen in Rom so stark eingeschränkt wurde, daß ihm kaum noch Zeit für weitere Studien und Vorträge blieb, bat er im Frühjahr 1948 um seine Entlassung aus dem diplomatischen Dienst und kehrte in die USA, seine Wahlheimat, zurück. Indem er den eigens für ihn eingerichteten Philosophielehrstuhl in Princeton annahm, bekam er zwei illustre Kollegen, nämlich Albert Einstein und Robert Oppenheimer. Von Princeton aus war es Maritain nun wieder möglich, sich ganz seinen Studien zu widmen und seine Gedanken zum Existentialismus und Personalismus zu vertiefen, wovon u.a. seine Werke *Neuf leçons sur la philosophie morale* 1951 und *Approches de Dieu* 1953 zeugten. Parallel dazu entfaltete er seine Vorstellungen von der schöpferischen Intuition des Poeten und der Rolle des Unbewußten, die schließlich in ein weiteres Meisterwerk mündeten, das er ebenfalls 1953 unter dem Titel *L'Intuition créatrice* vorstellte. Der Lehrstuhl in Princeton ließ ihm genügend Freiraum für internationale Vorträge und Kongresse wie auch für eine Reihe weiterer Veröffentlichungen. Doch nach dem Tod von Vera (31.12.1959) und seiner Frau Raïssa (4.11.1960) zog er sich völlig zurück. «Alles in mir ist zerbrochen oder zerrissen seit dem Blitzschlag, mit dem die letzte Krankheit Raïssas begann.» Er fühle sich «wie ein alter geknickter Baum, der noch einige Wurzeln in der Erde hat, einige andere aber schon den Winden des Himmels hinhält»[145]. So ließ er sich im März 1961 in Toulouse nieder, wo er bis zu seinem Tod am 28.4.1973 bei den von Charles de Foucauld gegründeten Petits Frères de Jésus eine neue geistige Heimat fand. Ihnen fühlte er sich seit ihrer Entstehung 1933 verbunden, die er «als das wichtigste Ereignis in der Kirche seit dem heiligen Franz von

---

[143] *Ebd.* 91f. Vgl. dazu auch A. Scola, *L'alba della dignità umana. La fondazione dei diritti umani nella dottrina di Jacques Maritain*, Milano 1982, 76, Anm. 50.
[144] L. Kühnhardt, *Die Universalität* 331. Vgl. dazu die 1951 erschienene Ergänzung von J. Maritain, *L'Homme et l'État* (ŒC Bd. IX, 473-736).
[145] *Carnet de Notes* 127.

Assisi»[146] bezeichnete. In dieser Umgebung, in der er sich eigentlich nur ungestört auf das Sterben vorbereiten und im Gehorsam leben wollte[147], fand er die nötige Ruhe, um sich zu regenerieren. Er pendelte häufig zwischen Kolbsheim und Toulouse hin und her und begann schließlich auch wieder zu publizieren. Den Anfang sollten 1962 die persönlichen Aufzeichnungen seiner Frau machen (*Journal de Raïssa*), seine eigenen Memoiren folgten zwei Jahre später (*Carnet de notes*). In der Folgezeit ergänzte er viele seiner Werke und Gedanken durch eine Fülle weiterer Artikel und Vorträge (vgl. *Approches sans entraves*, die posthum 1973 erschienen). Ebenso präsentierte er u.a. eine kritische Auseinandersetzung mit seiner Zeit (*Le Paysan de la Garonne* 1966) sowie erneute Reflexionen über die Erkenntnis und Personalität des Gottmenschen (*De la grâce et de l'humanité de Jésus* 1967).

So zeichnete sich diese letzte Phase Maritains nicht nur durch eine bis ins hohe Alter ungebrochene Schaffenskraft[148], sondern ebenso durch die beständige Entfaltung und kreative Vertiefung eines konsequent personalistischen Denkens aus. Offizielle Anerkennung erntete er dafür u.a. 1958 durch die Gründung eines Jacques-Maritain-Zentrums an der *Notre Dame University* in Indiana (USA) sowie durch die Verleihung des «Grand Prix de Littérature» im Juni 1961 und des «Grand Prix National des Lettres» 1963 seitens der *Académie Française*, selbst wenn Maritain diese Ehrungen seiner Heimat nicht als Anerkennung seines Schaffens, sondern als «Preis für Langlebigkeit»[149] betrachtete.

Eine echte Anerkennung und reiche Entschädigung für die vielfältigen Formen der Ablehnung und Verleumdung seines anspruchsvollen Denkens, die ihm zeitlebens nicht erspart blieben, wurde Maritain vielmehr am 8.12.1965 zuteil. Ihm fiel die ehrenvolle Aufgabe zu, die Botschaft des Papstes an die Welt der Geisteswissenschaften stellvertretend in Empfang nehmen zu dürfen. Dabei ließ es sich Paul VI., sein langjähriger Freund, der 1925 Maritains Werk *Trois Réformateurs* ins Italienische übersetzt und das

---

[146] J.-L. BARRÉ, *Les Mendiants* 558.

[147] E. GARNIER erinnert sich noch an den Grund, den «Onkel Jacques» ihr für seinen Rückzug nannte: «Je lui demendai: 'Pourquoi?' Il me répondit qu'ayant agi toute sa vie à sa guise, il avait maintenant besoin d'obéir.» («Souvenirs sur mon oncle», *CJM* 2 (1981) 19).

[148] Vgl. J.-L. BARRÉ, *Les Mendiants* 555: «C'est au moment où son aventure sur la terre lui paraît déjà conclue, au moment ou le vieux rebelle a pris le parti d'obéir en entrant dans un monastère, qu'une ferveur nouvelle se ravive bientôt autour de lui et l'arrache à un isolement qu'il n'a jamais tant désiré.» Wohl nicht ohne Grund tritt Maritain darum erst neun Jahre nach seinem Umzug formell ins Noviziat der Kleinen Brüder ein.

[149] Brief von Maritain an J. Green (J.-P. PIRIOU (Hrsg.), *Julien Green et Jacques Maritain. Une grande Amitié*, Correspondance 1926-1972, Paris 1979, 127).

Vorwort geschrieben hatte[150] und mit Maritain während seiner römischen Jahre einen intensiven Austausch pflegte[151], nicht nehmen, sich zu erheben; er wollte Maritain persönlich vor den Augen der Welt seine Anerkennung aussprechen, indem er sagte: «Die Kirche dankt Ihnen für ihr Lebenswerk.»[152] An die weiteren Worte konnte sich der sichtlich gerührte Maritain später nicht mehr erinnern. So ist es auch nicht weiter verwunderlich, daß Paul VI. per Telegramm Maritain zu seinem offiziellen Eintritt ins Noviziat der Kleinen Brüder am 1.10.1970 eigens gratulierte.[153] Als ihm am Samstag der Osteroktav 1973 die Botschaft vom Tod seines engen Freundes mitgeteilt wurde, war er sichtlich betroffen und konnte seine Tränen nicht zurückhalten.[154] Tief ergriffen widmete er tags darauf die Hälfte der Regina-Coeli-Ansprache dem Gedenken «an einen der großen Denker unserer Tage, an einen Meister in der Kunst des Denkens, Lebens und Betens», der hoffentlich nicht nur «in der Tradition des philosophischen Denkens»[155] seine Spuren hinterlassen wird.[156]

Doch bis es soweit kommen sollte, floß eine Menge Wasser die Seine und die Garonne hinunter. Begeben wir uns darum zu den Anfängen von

---

[150] J.-L. BARRÉ, *Les mendiants* 522. Die lange und intensive Freundschaft zwischen Maritain und dem späteren Paul VI. läßt sich nach Ph. CHENAUX als «eine Schule der Vermittlung zwischen dem Alten und dem Neuen, der Tradition und der Revolution, der Ordnung und dem Abenteuer» umschreiben (*Paul VI et Maritain*, Roma – Brescia 1994, 97*f.*).

[151] Vgl. Maritains Brief an R. Manzini in J. MARITAIN, ŒC Bd. XII, 1265.

[152] J.-L. BARRÉ, *Les mendiants* 572.

[153] *CJM* 4/5 (1982) 59. Ebensowenig hatte er Bedenken, daß Maritain aufgrund seines fortgeschrittenen Alters das Noviziat als kanonische Zeit anerkannt wurde, so daß dieser bereits nach einem Jahr, am 1. November 1971, seine ewigen Gelübde ablegen konnte.

[154] Vgl. *CJM* 26 (1983) 57.

[155] Regina-Coeli-Ansprache von Paul VI. am 29.4.1973 [zitiert nach der Kopie der handschriftlichen Vorlage aus *Jacques Maritain oggi*, Hrsg. V. Possenti, Milano 1983, 25].

[156] Zum vorbildlichen Lebenswandel Maritains schreibt P. NICKL (*Jacques Maritain* 15, Anm. 24): «Viele (Cocteau, Claudel) haben gesagt, Maritain sei ein Heiliger. Saul Alinsky, ein ungläubiger Jude, hat es besonders schön gesagt (in der Zueignung seines Buches *Reveille for Radicals* [Chicago 1945, zitiert aus B. DOERING, «Maritain and America – Friendships», in *Understanding Maritain: Philosopher and Friend*, Hrsg. D.W. Hudson – M.J. Mancini, Macon 1987, 46]: 'To Jacques Maritain who when he is made a Saint it will not be just for wisdom but for compassion and real love for his fellow-men. [To know Jacques Maritain is to know a richness and spiritual experience that makes life even more glorious.]'» Und auch Raïssa Maritain hält bereits 1948 ihre nicht weniger eindeutigen Eindrücke nach der zweiten Vorlesung von Jacques an der Universität von Princeton mit folgenden Worten fest (*CJM* 7/8 (1983) 12): «Qu'il est touchant! – une âme toute pure dans l'œuvre de don de la Vérité – une pure âme – vêtue de souffrance purifiée, jusqu'à être devenue une vraie image de Jésus. – C'est l'impression que j'ai reçue aujourd'hui en l'écoutant, en le regardant parler et enseigner. Impression sûre – douce et profonde qui me prend le cœur, qui me remplit de larmes – aujourd'hui m'en donnait l'évidence de la sainteté – et je crois, pas seulement à moi.»

Maritains geistiger Entdeckungsreise, zu seinen Werken, in denen er das Vehikel jeder Erkenntnis, die Tätigkeit des Intellekts, untersuchte. Dabei prallten in Maritains Denken fürs erste zwei philosophische Vorstellungen aufeinander, die beide geprägt waren von der Suche nach der Wahrheit und Sehnsucht nach dem Absoluten. Wie er darum die Erkenntnistheorie Bergsons und die der Neuscholastiker miteinander zu verknüpfen versuchte, bildet den Gegenstand des nächsten Kapitels.

Kapitel II: Die Begegnung von Subjekt und Objekt im Intellekt

1. Einleitung

Wie kann man Maritains Ausgangspunkt charakterisieren? Es gilt zu berücksichtigen, daß er erst im Alter von 29 Jahren mit dem Denken des heiligen Thomas von Aquin Bekanntschaft macht. Bis dahin, also während seiner ersten Phase, bleibt er der positivistisch-skeptischen Atmosphäre der Sorbonne ausgesetzt, an der er 1905 seinen philosophischen Abschluß erlangt. Zwar eröffnete ihm 1901 die Begegnung mit Bergsons Philosophie zu seiner großen Erleichterung einen ersten Zugang zum Absoluten, doch im Anschluß an seine Konversion 1906 und an sein zweijähriges Biologiestudium in Heidelberg erkennt er 1908, gut sechs Jahre nach ihrer ersten Begegnung, daß er sich von seinem Meister Bergson lösen muß.[1]

Erst durch die Auseinandersetzung mit dem Denken des heiligen Thomas ab 1910, was den Beginn seiner zweiten Phase bildet, findet er das geeignete philosophische Rüstzeug, um die richtige Intuition Bergsons von der Last ihres anti-intellektuellen Vorurteils befreien zu können.[2] Wie er später formuliert, ist darum eine Rückkehr zum Realen und zum Absoluten nur mit Hilfe des Intellekts möglich, wenn die Vorherrschaft des Geistes und seine Letztausrichtung auf Gott gewährleistet werden sollen.[3] So ist es nicht weiter verwunderlich, daß er sich auf die gängige Thomasinterpretation stützt[4], die in Gardeil und Garrigou-Lagrange eine konzeptualistische

---

[1] Vgl. zur Chronologie J. MARITAIN, ŒC Bd. I, XII*f*.

[2] Vgl. *La Philosophie bergsonienne* 235: «Le bergsonisme doit donc être considéré comme une philosophie *anti-intellectualiste*; il dénie à l'intelligence son privilège de faculté du vrai.»

[3] Vgl. *Réflexions sur l'intelligence* 363: «Je crois cependant ne pas manquer aux règles d'une observation impartiale en disant que les notes suivantes semblent caractériser quelques-unes des aspirations les plus significatives du moment présent [...]: réalisme, intellectualisme, spiritualisme. *Retour au réel et à l'absolu, par les voies de l'intelligence, pour la primauté de l'esprit.*»

[4] Zur Abhängigkeit Maritains von Garrigou-Lagrange vgl. G. van RIET (*Épistémologie* 351*f*.). Die Beeinflussung durch Kleutgen läßt sich erschließen durch dessen wiederholte Zitierung in *La Philosophie bergsonienne* (155, 182, 479, 485, 602, 603), in seiner Vorlesung *L'esprit de la philosophie moderne* (ŒC Bd. I, 872, 874, 955), in *Théonas* (ŒC Bd. II, 914) und in *Éléments de philosophie* (ŒC Bd. II, 131); darin wird auf Kleutgens Hauptwerke *Die Theologie der Vorzeit* sowie *Die Philosophie der Vorzeit* (in französischer Übersetzung) verwiesen, was auf deren gute Kenntnis hindeutet. Eine detaillierte Untersuchung von Maritains Rezeption einzelner Vertreter der Neuscholastik wäre sicher eine lohnenswerte Aufgabe, übersteigt aber den Rahmen unserer Untersuchung.

und in Kleutgen eine (von Duns Scotus herkommende) essentialistische Form angenommen hatte.[5]

> M. Bergson veut restituer, tout comme les scolastiques [Garrigou-Lagrange et Kleutgen], l'autorité du sens commun et de la conscience spontanée. Il cherche aussi à évaluer exactement le crédit que l'on doit faire au savoir rationnel, et à trouver le juste équilibre entre l'orgueil et le désespoir de l'humaine raison. Mais il parvient surtout à mettre en un même péril le savoir rationnel et le sens commun. [...] Il coupe l'esprit en deux parties, imputant une tendance naturelle vers l'illusion, c'est-à-dire vers le mal de l'esprit, à l'"intelligence', tandis qu'il n'impose aucune limite aux ambitions de l'"intuition'. – Combien plus discret et plus sage est l'enseignement des scolastiques.[6]

Gerade aufgrund seiner Vorgeschichte ist Maritain wohl von Anfang an kein typischer Neuscholastiker, da er sich bereits in seinem ersten Werk *La Philosophie bergsonienne* differenziert mit der Neuheit von Bergsons Ansatz auseinandersetzt und längst nicht alles davon verwirft.[7] Wie Greenburg darum mit Recht bemerkt, kritisiert Maritain Bergson in seinem ersten Buch «nicht dafür, daß er seine Metaphysik auf die Intuition der Dauer gründet, sondern vielmehr für den nicht-intellektuellen Charakter dieser Intuition und die daraus resultierende anti-intellektuelle Grundhaltung von Bergsons Denken»[8]. Maritain sieht in Bergsons Entwurf einen durchaus zulässigen Ausgangspunkt, um den immanentistischen Philosophien, die ihn fast zum Selbstmord getrieben hatten, wirkungsvoll begegnen zu können. Wie sein Lehrer will er dem fast ausschließlich idealistisch geprägten

---

[5] Zur Entwicklung der unterschiedlichen Ströme des Thomismus, die den heiligen Thomas eher von Betonung des Seinsakts oder von den Essenzen her interpretieren, vgl. die detaillierte Untersuchung von G. PROUVOST (*Thomas d'Aquin* 9-18, bes. 11). Er legt dar, wie es zu ihrer unterschiedlichen Seinsmetaphysik kommt (vgl. *ebd.* 123-134), die sich an folgender Grundfrage entscheidet (*ebd.* 123): «Il y aura toujours une opposition irréductible entre [...] une métaphysique qui fait dépendre le sens direct de l'étant de l'acte par lequel il *est*, et une autre où la *perfectio essendi* se ramène à l'essence.» Prouvost geht zudem auf die (für unseren Hintergrund wichtige) Geschichte der «Thomismen» hinsichtlich ihres Seinsverständnisses ein, wie sie sich in der Diskussion zwischen Kajetan und Bañez bis hin zu Maritain und Gilson niederschlägt (*ebd.* 75-121).

[6] *La Philosophie bergsonienne* 479 mit Verweis auf R. GARRIGOU-LAGRANGE, *Le sens commun*, [*la Philosophie de l'être et les Formules dogmatiques*, Paris ³1909] sowie auf J. KLEUTGEN, *La Philosophie Scolastique* [Paris 1868; frz. Übers. von *Die Philosophie der Neuzeit*].

[7] Zum Einfluß Bergsons auf Maritain vgl. H. BARS, «Sur le rôle de Bergson dans l'itinéraire philosophique de Jacques Maritain», in *Jacques Maritain et ses contemporains*, Hrsg. B. Hubert – Y. Floucat, Paris 1991, 167-198 sowie B. RAZZOTTI, «Un maestro discusso ma influente», *Per la Filosofia* 44 (1998) 13-26.

[8] R. GREENBURG, *The Epistemological Consequences* 139. Zu diesem Urteil kommt auch A. NICHOLS («Maritain, Jacques», in *TRE*, Hrsg. G. Müller, Bd. 22, Berlin 1992, 162): «Maritains frühestes Werk [...] pries Bergson für seine Erneuerung ontologischer Werte, kritisierte ihn aber wegen der Art und Weise, in der ein solches Programm aufgestellt wurde.»

Philosophieverständnis seiner Zeitgenossen entgegentreten, welches er mit dem Begriff des *Szientismus*[9], einer Art positivistischer Wissenschaftsgläubigkeit[10], zusammenfaßt.

Unsere Vorüberlegungen haben gezeigt, daß sich Maritains Interesse anfangs primär auf die Epistemologie richtet, wie sein erster Artikel aus dem Jahr 1910 und auch die Kritik von Bergsons Denken verdeutlichen, die er 1914 in *La Philosophie bergsonienne* vorlegt. Dabei kommt eine zweifache Absicht Maritains zum Tragen: Auf der einen Seite will er klarstellen, daß die spätestens seit Kant weithin akzeptierte Apriori-Opposition von Subjekt und Objekt nicht zutrifft, sondern vielmehr der Intellekt die Wirklichkeit wahrheitsgetreu erkennen kann, daß also eine Reflexion über das Absolute[11] durchaus möglich ist. Dafür ist ihm Bergsons Theorie von der Intuition der Dauer durchaus eine Hilfe, da dieser von einer empirischen Erfahrung, nicht nur von abstrakten Spekulationen, ausging und sie in ihrer transzendenten Tragweite fruchtbar machte. Bergson gelang es zwar, den Absolutheitsanspruch des Empirismus zu überwinden, der einzig seine eigene (naturwissenschaftliche) Methode akzeptierte und jeden metaphysischen Ansatz als unwissenschaftlich ablehnte. Jedoch hatte er für diesen Zugang zum Absoluten den Preis seiner Intelligibilität bezahlt, besagte Einsicht also auf eine anti-intelligible und subjektive Erfahrung reduziert und jede philosophische Vertiefung als Verfremdung abgelehnt.

Hier setzt Maritains zweites Anliegen an, nämlich der Aufweis einer intelligiblen Struktur der Wirklichkeit, die der Erkenntnisstruktur des Intellekts entspricht. Er möchte eine realistische Metaphysik ausarbeiten, in der Erkenntnis- und Seinsordnung miteinander kompatibel sind. Diese «Rückkehr zur Wirklichkeit» führt ihn allerdings zunächst zu einer etwas einseitigen und konzeptualistisch geprägten Ontologie. Maritain geht von einem analogen, aber abstrakten Seinsbegriff aus, da dieser alles umfaßt, was ist oder sein kann. Dahinter steht seine Auffassung, daß dann, wenn die

---

[9] Vgl. *Antimoderne* 981*f*.

[10] Dieser Begriff, der das Gegenextrem zum Fideismus bildet, findet seine aktuellste Definition in der Enzyklika *Fides et ratio*, wo die gemeinte Strömung folgendermaßen umschrieben wird: «Diese philosophische Auffassung weigert sich, neben den Erkenntnisformen der positiven Wissenschaften andere Weisen der Erkenntnis als gültig zuzulassen, indem sie sowohl die religiöse und theologische Erkenntnis als auch das ethische und ästhetische Wissen in den Bereich der reinen Phantasie verbannt. In der Vergangenheit äußerte sich diese Vorstellung im Positivismus und Neopositivismus, die Aussagen metaphysischen Charakters für sinnlos hielten» (JOHANNES PAUL II, *Enzyklika Fides et ratio* 88).

[11] Für den eifrigen Konvertiten Maritain ist ein wissenschaftlich begründeter Wahrheitsanspruch und Zugang zum Absoluten auch deshalb unverzichtbar, da er die Grundlage für die Dogmen und die Weitergabe des Glaubensinhaltes in Formeln darstellt. Vgl. *Antimoderne* 984: «L'asservissement au relatif est ainsi [...] un des caractères les plus saillants de la philosophie moderne par opposition à la philosophie scolastique, qui, elle, vit de l'absolu.»

allgemeinste Wirklichkeit, das Sein, in einen Begriff gefaßt werden kann, auch die einzelnen Seienden in Begriffen ausgedrückt werden können; ihre intelligible Struktur wird durch Universalien oder Essenzen erkannt, die durch Abstraktion erfaßt werden. Da Maritain in dieser Phase seine Überlegungen auf die Tätigkeit des Intellekts konzentriert, fragt er (wie Gilson bemerkt) auch nicht näher nach der Existenz und ihrer Erkennbarkeit.

Darüber hinaus sieht Maritain (wie schon die Neuscholastiker) die Wahrhaftigkeit des Erkenntnisvorganges durch das Erfassen der Essenz gewährleistet. Damit nun die Metaphysik dem Anspruch, die umfassendste Wissenschaft zu sein, gerecht werden kann, beschäftigt sie sich mit den Essenzen der einzelnen Seienden. Aus diesem Grund ist es unumgänglich, daß sie von deren kontingenter Existenz abstrahiert, da diese für ihre Essenz nicht konstitutiv sein kann. Entsprechend ist wohl Maritains Seinsbegriff zu interpretieren, der sich auf das, was ist oder sein kann, konzentriert und sich damit auf das *ens in quantum ens* eher hinsichtlich seiner Intelligibilität richtet.[12] Zu diesem Zweck vertieft Maritain zunächst den Erkenntnisvorgang hinsichtlich des Zusammenhangs von Intuition, Abstraktion und Begriff, wobei sein Interesse gewissermaßen auf den Begriff fixiert ist; der Existenzordnung, die er vor allem im Kontext des Urteils sieht, wendet er sich gezielt erst in seiner dritten Phase ab 1933 zu.

Da sich in dieser zweiten Periode kaum Entwicklungen feststellen lassen, werden im folgenden die verschiedenen Aspekte zu den einzelnen Themen aus den jeweiligen Werken zusammengetragen, ohne allzu sehr auf den zeitlichen Abstand einzugehen. Dazu gehören neben *La Philosophie bergsonienne* auch *Éléments de philosophie* aus dem Jahr 1920, *Réflexions sur l'intelligence* von 1924 sowie *Les Degrés du Savoir*; dieses Werk, das 1932 erscheint, faßt eine Reihe von teilweise überarbeiteten Artikeln aus der Zeit von 1926 bis 1932 systematisch zusammen[13].

Im vorliegenden Kapitel soll nun Maritains erkenntnistheoretische Ausgangssituation untersucht werden. Dazu wird zuerst auf die Besonderheit von Bergsons Neuansatz eingegangen, den Maritain jedoch kritisch hinterfragt und in die scholastische Gnoseologie zu integrieren versucht; für ihn stellt sich die intellektuelle Erkenntnis als ein vitaler und realistischer Vorgang dar, in dem die Trennung von Subjekt und Objekt überwunden und

---

[12] Vgl. *Éléments de philosophie* 188-190: «L'être au sens d'existence m'apparaît ainsi comme étant d'un autre ordre que l'être au sens d'essence. [...] Dans le premier cas le mot être désigne l'*acte* d'être [...]; dans le second cas il désigne *ce* qui est ou peut être, *ce* qui fait face à quelque existence actuelle ou possible. [...] Le fait d'exister actuellement n'est inclus dans l'objet d'aucune de nos idées pris comme tel. [...] Les essences au contraire sont les données immédiates qui nous sont fournies par notre intelligence et nos idées.»

[13] Für nähere Einzelheiten vgl. *Bibliographie des Œuvres de Jacques Maritain 1930-1934*, Supplément aux *CJM* 4/5 (1982) 16-18.

das Objekt wirklich erkannt wird. Diesen Anspruch des kritischen Realismus sieht er durch das *verbum mentale* oder den Begriff gewährleistet, der auf geistige Weise das Objekt im Subjekt existieren läßt. Darum gilt es, zunächst das Zusammenspiel von Abstraktion und Intuition näher zu erhellen; ebenso soll der Zusammenhang von Intuition und Urteil sowie das Erfassen der ersten Prinzipien dargelegt werden. Im Anschluß daran wird erläutert, wie Maritain vom Seinsbegriff aus die innere Verbindung aller Erkenntnisarten durch die Abstraktionsgrade aufzeigt. Durch eine vertiefte Sicht der Naturphilosophie versucht er, auch die Ergebnisse der modernen Naturwissenschaften zu berücksichtigen. Den Abschluß bildet schließlich die Frage nach der Bedeutung der Erkenntnis für den Erkennenden selbst.

2. Bergsons Zugang zum Absoluten

Wie darf man sich den erkenntnistheoretischen Hintergrund von Maritain und Bergson vorstellen? Maritain verweist in *La Philosophie bergsonienne* darauf, daß von Descartes und Kant *a priori* eine unüberwindbare Opposition von Subjekt und Objekt angenommen wurde, wodurch der Philosoph seither von der Wirklichkeit wie abgeschnitten ist. Er befindet sich in der schwierigen Position, *über* den Dingen zu stehen und in seinem eigenen Selbst gefangen zu sein, da sein Geist sich Ideen bedient, die nicht der Wirklichkeit entsprechen. Will er darum die Realität erkennen, muß er sich einer positivistischen Methode bedienen, da nur sie durch ihr physikalisch-mathematisches Verständnis der Materie und die daraus resultierende objektive Meßbarkeit eine Kontinuität gewährleisten kann; denn nur was quantifizierbar ist, ist erkennbar und hat objektiven Bestand. Es entsteht somit der Anschein, als ob es zwischen dem radikal mechanistischen und dem radikal skeptischen Denken keine Alternative gäbe, doch auf diese Weise gerät nicht nur die Erkenntnislehre, sondern die gesamte Philosophie ins Hintertreffen.[14] Darum ist für Maritain die Philosophie im Gefolge von Descartes und Kant nicht nur von den modernen Wissenschaften abgeschnitten, sondern auch dazu verdammt, ihre eigene Grundlage im denkenden Subjekt zu suchen und dieses zum Ausgangspunkt des Objektes und der extramentalen Wirklichkeit zu machen.[15]

---

[14] Vgl. *La Philosophie bergsonienne* 99*f.*
[15] Zur Umkehrung des *sum, ergo cogito* (!) bemerkt Maritain in *La Philosophie bergsonienne* (191*f.*): «La pensée des philosophes [est ...] privée de toute communication avec la science, condamnée depuis le *Cogito* de Descartes et depuis la *Critique* de Kant à chercher en vain son point d'appui dans le moi pensant, et à s'épuiser dans les plus douloureux et les plus inutiles efforts pour faire sortir l'objet du sujet.»

Waren also der mechanistische Materialismus und der agnostizistische Relativismus wirklich die letzten Worte der Philosophie? Gab es keine Möglichkeit, mit Hilfe der Philosophie das Absolute und die bleibende Wahrheit zu erreichen, ohne zugleich die Errungenschaften der modernen Wissenschaft und den Kontakt mit der sinnenhaften Erfahrung zu verlieren?[16] Dieses Dilemma veranlaßt nun Bergson, nach einem Zugang zur Wirklichkeit zu suchen, der wie die positivistischen Wissenschaften von den sinnlichen Dingen ausgeht. Dabei entdeckt er, daß diese über sich hinausweisen und auf eine bleibende transzendente Ordnung schließen lassen. Die Gültigkeit menschlicher Erkenntnis sieht er in einer besonderen Form von Introspektion bestätigt, welche vom inneren Leben des Geistes und den verschiedenen Seelenschichten ausgeht. Bergson will die Frage nach der Tätigkeit des Intellekts dadurch lösen, daß seine philosophische Grunderfahrung auf jegliches spekulative intellektuelle Erkennen verzichtet und *vor* dem begrifflichen und analytischen Denken ansetzt. Für ihn ist die menschliche Vernunft nicht für die Wahrheit, sondern nur für das Fabrizieren gemacht: Der Mensch ist kein *homo sapiens,* sondern ein *homo faber.* Da der Intellekt also auf die Praxis und nicht auf die Spekulation ausgerichtet ist, wird er *alle* Gegenstände in physikalisch-geometrischen oder mathematischen Kategorien erfassen und damit unweigerlich dem Irrtum verfallen.

Darum gibt es für Bergson nur einen Ausweg: Die Überwindung des abstraktiven Intellekts durch das Hinabsteigen in die Tiefe der menschlichen Seele, gegen die Natur, bis an den Rand des Unbewußten. Damit wird einer erlebten und unmitteilbaren Erfahrung, die nicht in Begriffen oder Propositionen ausgedrückt werden kann, der Boden bereitet. Nur mit Metaphern läßt sich umschreiben, was dem menschlichen Geist bei diesem Abstieg begegnet: Es gleicht einem unaufhörlichen Fließen, einem beständigen Geschaffenwerden, einem nie vollendeten Sich-Verändern. Diese Einsicht oder Introspektion bezeichnet Bergson als «Intuition der Dauer», und auf sie gründet er seine neue Philosophie.[17] Wie stellt sich diese nun für Maritain dar?

> On dira alors que le fond et l'essence de nous-mêmes, est un flux continu, un courant, un fleuve qui se grossit sans cesse d'un *nouveau* incessamment créé, un écoulement de vibrations vitales d'un rythme plus ou moins pressé, un changement qui se fait toujours sans être jamais fait, bref ce que la philosophie bergsonienne appelle une durée.[18]

---

[16] Vgl. *La Philosophie bergsonienne* 192.
[17] Vgl. H. BERGSON, *La Perception du Changement*, London 1911, 7 bzw. *La Philosophie bergsonienne* 196-199.
[18] *La Philosophie bergsonienne* 199 bzw. H. BERGSON, «Introduction à la Métaphysique», *RMM* 1 (1903) 1-36.

Entscheidend sind bei dieser Erfahrung drei Aspekte: «Ich nehme mich wahr als ein 'Andauernder', also bin ich, und deshalb bin ich Dauer.»[19] In der Wahrnehmung des eigenen Seins ist also die Wahrnehmung des eigenen Andauerns enthalten, in der wiederum die Dauer oder die konkrete Zeit schlechthin erfaßt wird. Während Descartes vom Denken auf das Sein geschlossen hatte, geht es hier nicht mehr um einen Denkvorgang, sondern um eine Erfahrung, in der alle drei oben genannten Termini zugleich gegeben sind. Damit zeigt sich diese individuelle und unmitteilbare Erfahrung als vom abstrahierenden Denken unabhängig; sie kann also nicht vom erkennenden Intellekt und seiner Erkenntnisstruktur verfälscht sein, was einen wichtigen Kritikpunkt des Idealismus darstellt. Mit dieser neuen Erfahrung Bergsons verliert zudem auch die positive Wissenschaft den Anspruch, die einzig experimentelle Wissenschaft zu sein. Gleichzeitig weist die Intuition der Dauer wegen ihrer Unfaßbarkeit über sich hinaus auf eine objektive und absolute Wirklichkeit, die über dem Subjekt steht. Denn die damit verbundene geistige Operation ist einer Art intellektueller Sympathie vergleichbar, die den Menschen nicht nur zum eigenen Selbst, sondern auch zum Inneren der Dinge bringt. Bergsons Intuition hat anti-idealistische Züge auch wegen der Vehemenz, mit der sie sich aufdrängt, also nicht vom Intellekt aktiv produziert wird. Da sie impulsiv und unbegrifflich auftritt, entfaltet sie eine Aktivität, die an einen irrationalen und blinden Instinkt erinnert, der nicht von der Vernunft ausgeht, sondern diese in eine passive und empfangende Haltung zwingt.[20]

Wie wird diese *intuition de la durée* nun wahrnehmbar? Nach Bergson erstrebt im allgemeinen die praktische Vernunft des *homo faber* stets auch ein praktisches Ziel, während die Intuition der Dauer einem rein spekulativen und selbstlosen Zweck dient. Für Bergson kann jedoch die natürliche Vernunft selbst in der Intuition der Dauer die Wirklichkeit nicht als solche erkennen, sondern nur Ähnlichkeiten wahrnehmen, die in der Realität nicht gegeben sind. Er versteht die intellektuelle Perzeption als die Konstruktion sowohl von Individualitäten in der äußeren Welt als auch von Begriffen im Intellekt; diese Begriffe sind im Grunde nichts anderes als die Kondensation von Erinnerungen in Form von Namen, deren Wesen in ihrer Starrheit besteht.[21] Will darum der Mensch zur Intuition der Dauer gelangen, darf er

---

[19] *La Philosophie bergsonienne* 103.
[20] Vgl. *La Philosophie bergsonienne* 103*f*.
[21] Daran wird deutlich, daß auch Bergson nicht völlig vom Einfluß des Idealismus frei war. Vgl. *La Philosophie bergsonienne* 105*f*.: «Si la perception, par un certain pouvoir de condenser le devenir, et de démêler (ou plutôt d'inventer) des ressemblances qui ne sont pas données dans le réel, mais qui expriment seulement une identique possibilité d'action du sujet sur l'objet, construit pour ainsi dire les individualités du monde extérieur, de même le concept, qui n'est au fond qu'un *nom* annonçant toute une condensation de souvenirs [...]

weder dem instinkthaften Trieb verfallen noch der Gewohnheit der rational überbetonten menschlichen Natur erliegen; vielmehr muß er sich selbst überwinden durch eine Anstrengung, die ihm zwar völlig gegenläufig ist und in der «der Geist sich selbst Gewalt antut»[22]; jedoch nur so kann er in den Genuß der Intuition gelangen, in der er die echte Freude über den Besitz des Absoluten und der objektiven Wahrheit verkostet.

> L'intuition ne raisonne pas, ne discourt pas, ne compose ni ne divise. Parce qu'elle est la conscience même se repliant sur la durée, et parce que la durée est le fond vivant où toutes choses viennent communiquer, elle nous fait vraiment coïncider avec l'objet connu, ou plutôt senti, ou mieux vécu, elle nous assimile, dans une expérience transcendante et inexprimable, à sa plus intime réalité: Cette intuition atteint l'absolu.[23]

Da die Dauer nicht nur der Stoff des eigenen Ich, sondern auch die «Substanz» aller Dinge ist, ist sie die alles verbindende Wirklichkeit. Sie ist weder mit der mathematischen noch mit der physikalischen Zeit zu verwechseln, sondern ist als reine Veränderung oder Aktivität ohne Substrat zu verstehen: Eine Schöpfung ohne Schaffenden und Geschaffenes, eine Veränderung ohne ein sich veränderndes Substrat, oder mit anderen Worten: Ihre «Substanz» *ist* die Veränderung, denn die Wirklichkeit ist nichts anderes als Veränderung.[24] Hier zeigt sich die Problematik des bergsonschen Anti-Intellektualismus in seiner ganzen Schärfe, da sich ohne Substrat alles auflöst und nichts mehr Bestand hat, es also keine Subjekte geben dürfte, an denen sich die Veränderung oder das ewige Werden vollzieht.

Während für Bergson die Intuition der Dauer und der Gebrauch des Intellekts einander ausschließen, kann für Maritain allein durch den Intellekt eine derartige ganzheitliche Erfahrung überhaupt erst begriffen werden. Für ihn bildet die Intuition der Dauer nicht das Ende jeglicher intellektuellen Tätigkeit, sondern den Ausgangspunkt einer erneuerten Metaphysik, die den exklusiv positivistischen Anspruch des klassischen Materialismus und Szientismus überwindet. Maritain sieht in ihr die Bestätigung der primär

---

construit, par une procédé tout à fait semblable les généralités sur lesquelles travaille notre intelligence.»

[22] H. BERGSON, «Introduction à la Métaphysique» 27 bzw. *La Philosophie bergsonienne* 201*f.*

[23] *La Philosophie bergsonienne* 104 bzw. H. BERGSON, «Introduction à la Métaphysique» 29. Diese Erfahrung von Koinzidenz oder Konsonanz zwischen Subjekt und Objekt greift Maritain später wieder auf, um damit die schöpferische oder poetische Intuition darzustellen; hierauf wird der zweite Teil unserer Arbeit eingehen.

[24] Vgl. H. BERGSON, *La Perception* 24-26 bzw. *La Philosophie bergsonienne* 203: «La durée [...] c'est le changement pur, c'est-à-dire le changement sans rien qui change; c'est une activité sans substrat; une création sans chose créée et sans chose qui crée.»

rezeptiven Funktion des menschlichen Geistes, da die Erfahrung nicht vom erkennenden Subjekt selbst produziert wird, sondern auf die von ihm verschiedene Wirklichkeit verweist, mit der es offensichtlich «dank eines unmittelbaren Kontaktes und einer absoluten Kongruenz mit der Wirklichkeit»[25] in einer lebendigen Erkenntnisbeziehung steht.

So nimmt Maritain nun das Faktum der Intuition der Dauer dankbar an, da sich darin die Möglichkeit des Zugangs zur Wirklichkeit und damit auch zum Absoluten bestätigt. Dadurch können die großen Themen der traditionellen Philosophie den Raum der reinen Spekulation oder ihrer (nach positivistischem Urteil) Irrelevanz verlassen. Dazu gehört die Frage nach der Existenz Gottes und der menschlichen Seele, nach Gott als Schöpfer sowie der Freiheit des Menschen und seiner Erkenntnis.[26] Maritain meint sogar, Bergsons befreiende Einsicht mit dem unvoreingenommenen Blick eines modernen Philosophen durchaus mit klassischen Begriffen ausdrücken zu können, ohne sie dadurch in ihrem Wesen zu verändern.

Dès lors, en disant *durée*, que pensera-t-il, sinon *essence*? En disant: *intuition*, que pensera-t-il, sinon *perception de l'essence*? En disant: *tout se fait*, que pensera-t-il, sinon: *le devenir est réel*, c'est-à-dire: *tout n'est pas donné en acte*? En disant: *l'analyse construit artificiellement ce qu'elle croit connaître*, que pensera-t-il, sinon: *la science de l'être et des causes dépasse infiniment l'analyse mathématique*? [...] La simple affirmation que l'absolu est connaissable est une première libération de l'esprit.[27]

Damit offenbart sich der Kern von Bergsons Intuition als eine wahre Befreiung des idealistischen In-sich-verschlossen-Seins des Geistes; für Maritain tut sich darüber hinaus ein brachliegendes Feld auf, da das Phänomen der Intuition, das die Alten auf Sonderfälle beschränkten, die Erkenntnisbeziehung von Subjekt und Objekt in einem neuen Licht erscheinen läßt und manche Kritik der modernen Philosophie überwinden kann.

3. Intuition und Begriffsbildung im Intellekt

a) Die verschiedenen Bedeutungen von «Intuition»

Für Bergson ist die Intuition eine «ganzheitliche Erfahrung»[28], welche die Fähigkeiten des Intellekts völlig übersteigt und ihren Gebrauch ausschließt. Sie ist als eine Art Sympathie des *ganzen* menschlichen Seins mit der Wirk-

---

[25] *La Philosophie bergsonienne* 239.
[26] Vgl. *La Philosophie bergsonienne* 205*f.*
[27] *La Philosophie bergsonienne* 110*f.*
[28] H. BERGSON, «Introduction à la Métaphysique» 36.

lichkeit zu verstehen, durch die der Mensch vollständig und völlig frei, wenn auch nur flüchtig, mit ihr in Verbindung treten kann. Sie ist keine Ausnahmeerscheinung, sondern hat einen wesentlichen Anteil an vielen kreativen Tätigkeiten. Sie allein ist fähig, im Rahmen der Intuition die Wahrheit durch eine Erkenntnisform *sui generis*, durch einen unmittelbaren und freien Kontakt zwischen Subjekt und Objekt, zu erfassen. Diese Erfahrung geschieht im Innersten des Menschen und ist dem Intellekt absolut entgegengesetzt.[29] Zwar kann Maritain die Behauptung, einzig *gegen* die Vernunft Zugang zur Realität zu haben, nicht annehmen; aber er stimmt Bergson darin zu, daß es neben syllogistischen Beweisen auch zu spontanen Einsichten kommt. So versucht Maritain in *La Philosophie bergsonienne*, nicht nur Bergsons Position kritisch darzustellen, sondern selbst in das Phänomen des Erkenntnisvorgangs näher einzudringen, indem er die Vieldeutigkeit des Begriffes «Intuition» aufhellt. Dabei zeigt er, daß die Intuition nicht im Gegensatz zum Intellekt steht, sondern seiner natürlichen Neigung und Fähigkeit, die Wirklichkeit zu erfassen, völlig entspricht.

Da «Intuition» kein von Bergson eingeführter neuer Begriff ist, sondern vielfältig gebraucht wird, versucht Maritain, die Neuheit von Bergsons Einsicht durch eine Unterscheidung der verschiedenen Bedeutungen herauszuarbeiten. Er stellt dabei die unterschiedliche Verwendung des Intuitionsbegriffes dar, ohne selbst eine formale Abgrenzung zu präsentieren, obwohl sich bei genauerem Hinsehen zeigt, daß Intuition für ihn den *Gehalt*, den *Vorgang* (*Modus*) oder die *Ursache* von Erkenntnis meinen kann.[30] Allerdings sucht er nach einer Analogie, welche die diversen Ebenen miteinander verbindet, was aber offensichtlich auch nicht alle Spannungen zu seiner Zufriedenheit lösen kann, da er diese Sichtweise nur in einer ausführlichen Fußnote darlegt, auf die wir nach der Darlegung seiner Analyse zurückkommen werden. Im etymologischen Sinn meint Intuition oder Anschauung eine visuelle Perzeption, die zu einer unmittelbaren und direkten Erkenntnis führt. Sie steht in großer Nähe zur Vision, da die erkannte Sache den Erkenntnisakt ohne Vermittler abschließt und in einem Begriff geschaut wird.[31] Die Bedeutung dieser «unvermittelten und in einem Begriff sich vollziehenden Schau» wird später noch ausführlicher zu klären sein.

---

[29] Vgl. *ebd.* 22-36 bzw. *La Philosophie bergsonienne* 237-239.
[30] Diese Mehrdeutigkeit findet sich auch im deutschen Sprachgebrauch: Eine Intuition haben – ein intuitiv veranlagter Mensch sein – eine Sache intuitiv erkennen.
[31] Vgl. *La Philosophie bergsonienne* 239*f.*: «L'intuition, prise dans l'acception très large [...] est une connaissance ou une perception *immédiate,* une connaissance ou une perception *directe,* où la chose connue termine l'acte de connaissance sans intermédiaire, sans interposition d'un moyen terme, où elle est *vue* en un mot.»

Der umgangssprachliche Gebrauch von Intuition meint hingegen vor allem die «Herzensintuitionen» oder Vorahnungen. Dabei steht die Spontaneität des Auftauchens der Erkenntnis im Vordergrund, durch die ein rechter Gedanke oder Erkenntnisakt zustande kommt. Es geht nicht um das Verhältnis zwischen einem erkannten Objekt und dem erkennenden Subjekt, sondern der Blick richtet sich vielmehr entweder auf den *Modus*, also den komplexen psychologischen Vorgang des Entstehens oder Auftauchens dieser intuitiven Einsicht, oder auf den *Inhalt* dieser «Vorahnung» oder «Eingebung».[32]

Neben dem eingangs erwähnten technischen Verständnis von Intuition als unmittelbarer oder direkter Perzeption lassen sich in Anlehnung an Thomas von Aquin drei Ebenen oder Modi von Intuition unterscheiden: Die Intuition auf der Ebene der Sinneswahrnehmung, bei der das Objekt durch seine sinnlichen und akzidentiellen Qualitäten auf die entsprechenden Organe wirkt und die Sinnesreizung zur Bildung einer geistigen Ähnlichkeit oder *species* führt. Auf einer zweiten Ebene meint Intuition die Selbstwahrnehmung des erkennenden Subjekts. Dabei nimmt sich das intellektuelle Bewußtsein nicht in seiner eigenen Essenz wahr, sondern durch seine Operationen, wozu die Reflexionen über die Erkenntnisakte gehören. Schließlich gibt es eine dritte Art von Intuition, nämlich die intuitive Perzeption des Intellekts, die zur Erkenntnis führt.[33]

Maritain nimmt diese Unterscheidungen auf, betrachtet aber nicht nur die verschiedenen Modi oder Ebenen der Intuition auf seiten des Subjekts, sondern berücksichtigt vor allem die *Ursache* der Unvermitteltheit bei der Entstehung der geistigen Ähnlichkeit, der *species impressa*. Er versucht, die Problematik der intuitiven Erkenntnis durch eine weit angelegte Analogie zu bewältigen. Diese gewährt ihm die Möglichkeit, den Begriff der Intuition je nach Bedarf in einem weiteren oder engeren Verständnis zu sehen, ohne dabei zusätzliche Unterscheidungen erwähnen zu müssen. Damit kann er «Intuition» bei Bedarf auf den übernatürlichen Kontext (*scientia infusa*) wie auch auf eine Einsicht natürlicher Art beziehen, insofern es sich nur um die Vorstufe der Erkenntnis (*species impressa*) handelt. Für seine Analogie, die sich auf vier Bereiche erstreckt, zählt allein die direkte und unvermittelte Beziehung zwischen erkennendem Subjekt und erkanntem Objekt.

So gesehen kann Maritain den folgenden Schritt, die Bildung der *species expressa*, als Ausdruck der unmittelbaren Beziehung betrachten, da sie für die Erkenntnis nicht den *terminus quem*, sondern den *terminus quo* oder *in quo* bildet, also zuerst Ausdruck oder Frucht der intuitiven und unvermittel-

---

[32] *La Philosophie bergsonienne* 239f.
[33] Vgl. *La Philosophie bergsonienne* 241.

ten Erkenntnisbeziehung zwischen Objekt und Subjekt ist. Damit legt Maritain bei der intellektuellen Perzeption des Menschen den Schwerpunkt der Intuition auf das Einswerden von Objekt und Subjekt und verbindet die Unmittelbarkeit der Intuition, die ins Innere und zum Wesen der Sache führt, mit der *certitudo* des Begriffes, der gemäß der Natur des menschlichen Subjekts eine Ähnlichkeit bildet, in der die Essenz oder Natur *des Objekts* enthalten ist.[34]

Worin bestehen nun die Unterschiede der verschiedenen Arten der Intuition in Maritains Definition? In der zweiten Ausgabe von *La philosophie bergsonienne* aus dem Jahr 1929 ergänzt er die Unterscheidungen des Aquinaten mit seinen eigenen vier Weisen der Intuition. Diese reichen vom strengsten zum engen und über den erweiterten zum weitesten Sinn.[35] Im strengsten Sinn geht es um eine strikte Unmittelbarkeit, für die es im klassischen Sinne weder ein objektives noch ein subjektives Mittel geben darf. So gesehen wäre die intellektuelle Intuition oder geistige Anschauung nur gegeben bei der Selbsterkenntnis Gottes, bei der Selbsterkenntnis des Engels und bei der Gotteserkenntnis der Seligen in der *visio beatifica*. Nur in diesen Fällen wird nämlich der Intellekt unmittelbar durch die Essenz oder die Substanz des erkannten Gegenstandes informiert, so daß er ohne die Vermittlung einer subjektiven Ähnlichkeit schaut und erkennt.

Im zweiten oder engen Sinn wird unter der Intuition die Sinneswahrnehmung des Menschen verstanden, da die Bildung der Ähnlichkeit oder *species impressa* ohne objektive und ohne subjektive Vermittlung auskommt, also im Kontakt mit dem Objekt unmittelbar zur Bildung einer psychischen Ähnlichkeit führt. Sie zählt für die Alten zur Intuition im engen Sinn, da sie nicht an eine vorgegebene *species* anknüpft, sondern diese in der Begegnung mit dem Objekt neu bildet. Dabei muß die erkannte Sache physisch gegenwärtig sein, damit das erkennende Subjekt durch deren aktuelle Existenz einen ihrer Wesenszüge mit den Sinnen erfassen kann. Zu diesem engen Intuitionsverständnis zählt auch die Erkenntnis der Engel, die durch eine *species infusa* von Gott her eingegeben wird, da der Engel nicht als reine Form alles unter ihm Liegende schaut. Er erfaßt auf eine Weise, die seinem *esse* angemessen ist, die Sache in ihrer aktuellen Existenz und ihrer Konkretheit durch von Gott eingegossenes Wissen. So kennt der Engel eben auch die *materialia*, jedoch die freien Entscheidungen und die geheimen Gedanken des Menschen bleiben ihm verborgen.[36]

---

[34] Vgl. *Réflexions sur l'intelligence* 391*f*.
[35] Vgl. zum Folgenden *La Philosophie bergsonienne* 242*f.*, Anm. 8.
[36] Vgl. *Réflexions sur l'intelligence* 255: «Nous partons d'une connaissance matérielle que nous devons immatérialiser, donc, nécessairement, *désindividualiser*; en sorte que nous ne connaissons immatériellement que le général; et le singulier (d'une manière directe) que

In einem dritten und erweiterten Sinn kann für Maritain auch die Introspektion oder Selbstwahrnehmung des Menschen als Intuition bezeichnet werden, insofern in ihr der Intellekt durch die Reflexion über die *operationes* der Seele den Existenzakt der eigenen Seele erfaßt. Während die beiden vorausgehenden Weisen der Intuition jedoch zur Perzeption der Essenz führen, wird in diesem dritten Fall die Existenz wahrgenommen, die schwerlich in einen Begriff gefaßt werden kann. Darum weigerten sich die Alten, diese Form der Anschauung als Intuition zu bezeichnen. Dennoch wird hierbei durch eine beliebige *species expressa* unmittelbar in einer spontanen Reflexion der konkrete Existenzakt der eigenen Seele erfaßt. Diese *species* vermittelt dem Intellekt eine erfahrungshafte Erkenntnis (*connaissance expérimentale*) über ein Objekt, nämlich die eigene Seele, insofern diese tätig und sich selbst gegenwärtig ist.

Maritain geht noch einen Schritt weiter in seiner Analogie und betrachtet die Intuition in einem vierten oder weitesten Sinn. Er weist darauf hin, daß der Intellekt von Natur aus eine intuitive Fakultät des menschlichen Geistes ist. Damit untersucht er den Vorgang oder die Art und Weise, in der das Objekt der Erkenntnis im erkennenden Subjekt gegenwärtig wird. Die Hervorbringung einer lebendigen Ähnlichkeit, die den Intellekt zum Erkenntnisgegenstand werden läßt, so daß dieser eine immaterielle oder intentionale Seinsweise annimmt, gewährleistet eine wahre Erkenntnis, da der Intellekt durch das Objekt direkt erreicht wird, ohne daß dieses in seiner Essenz verändert wird. Dies war für die Alten eine Art *lebendiger* Reflex oder Widerschein, in dem auch der anfangs erwähnte Sinn von «unmittelbarer und direkter Erkenntnis» in seiner direkten und lebendigen Erkenntnisbeziehung zum Ausdruck kommt.

> C'est ici qu'il convient de s'entendre sur les mots *immédiat, sans intermédiaire,* direct, qui caractérisent en général la connaissance intuitive. [...] Pour qu'il y ait connaissance en effet, il faut que la chose connue, l'objet, soit d'une certaine manière dans le sujet, et il ne peut y être que par une ressemblance de lui-même, par une similitude psychique, ou comme disaient les Anciens, intentionnelle, par une sorte de reflet vivant de lui-même, produit dans le sujet: idée ou verbe mental.[37]

Mit der Annahme der Entstehung einer lebendigen Ähnlichkeit tritt Maritain entschieden der Ansicht des Idealismus entgegen, der die direkte Erkenntnisbeziehung ausschließt. Für den Idealismus wird der Intellekt einfach nur angeregt, den *terminus quem* in einem bereits vorgegebenen

---

matériellement. Les Anges, au contraire, ne partent pas d'une connaissance matérielle. Leur connaissance est immatérielle du premier coup; en sorte qu'ils connaissent immatériellement le singulier comme l'universel.»
[37] *La Philosophie bergsonienne* 242f.

verbum mentale zu suchen. So gesehen wird die Erkenntnis auf die Aktivierung schon vorhandener Ideen reduziert, damit aber von der lebendigen Vielfalt und dem unerschöpflichen Reichtum des außermentalen Seins abgeschnitten.[38]

Durch die Verbindung der Unmittelbarkeit von Intuition und der Zuverlässigkeit des Begriffes kann Maritain noch einen weiteren Aspekt berücksichtigen. Während nämlich die Schulmeinung als Intuition im engen Sinn nur das Erfassen eines physisch präsenten und aktuell existierenden Objekts gelten ließ[39], versteht Maritain den Begriff, der durch eine Intuition im weitesten Sinne entsteht, als intelligible Darstellung einer Essenz, die existiert oder existieren kann. So trägt er der Kontingenz der geschaffenen oder fiktiven Dinge Rechnung, während über die Frage nach der konkreten Existenz erst das Urteil zu befinden hat.[40] Dadurch ist nun *jegliche* intellektuelle Perzeption des Menschen als Intuition zu bezeichnen, da stets durch einen unmittelbaren Kontakt mit der Sache deren Essenz direkt erfaßt wird. Maritain hält seine erweiterte Sicht von Intuition für angebracht und notwendig, um den Irrtümern der modernen Gnoseologie entgegentreten zu können, die seit Descartes und Kant ein falsches Verständnis von der Rolle der Idee vertreten. Nur wenn in der Erkenntnisbeziehung der erkennende Intellekt zum erkannten Objekt wird, kann er wahre oder falsche Aussagen treffen. Allerdings wird nicht die konkret-individuelle Essenz, sondern nur ein von ihr abstrahierter Aspekt erfaßt. Wie versteht nun Maritain das Zusammenspiel von Intuition und Abstraktion?

b) Die intuitive Abstraktion

Mit seiner Übersicht über die Intuitionsarten in *La Philosophie bergsonienne* will Maritain beweisen, daß der Intellekt die Fakultät der Wahrheit

---

[38] Vgl. *Réflexions sur l'intelligence* 35-42.
[39] Vgl. *Réflexions sur l'intelligence* 393.
[40] Bereits in *Éléments de philosophie* (189*f.*) betont Maritain: «Notre intelligence ne peut attribuer l'existence actuelle à tel ou tel objet de pensée qu'en se fondant, immédiatement ou par le moyen d'un raisonnement, sur une attestation de nos sens. [...] Attachons-nous donc à la notion d'*essence*, à **la notion de l'être pris comme ce qui est ou peut être**.» Und in *Les Degrés* (434*f.*) lesen wir: «Et qu'est-ce qui est signifié par ce nom d'être, sinon *ce qui existe ou peut exister*; et qu'est-ce qui est d'abord et immédiatement présenté par là à l'intelligence, sinon ce qui existe ou peut exister pour soi, ou hors de l'esprit?» Auf das Faktum, daß gerade beim Seinsbegriff die Essenz nicht losgelöst von der Existenz betrachtet werden kann, wird Maritain erst in seiner dritten Phase eingehen. Bis dahin hält er vor allem an der Konzeptualisierbarkeit des Seins fest, da er dadurch die Erkennbarkeit aller Seienden gewährleistet sieht. So bemerkt auch M. MÜLLER (*Sein und Geist*, Tübingen 1940, 53): «Die echte Begrifflichkeit des Seinsbegriffs aber ist das Mittel, wodurch Ontologie als begriffliche Wissenschaft sich durchführen läßt.»

ist, da er direkt, unvermittelt und lebendig – also intuitiv – mit dem Erkenntnisgegenstand in Kontakt tritt. Hierin stimmt er seinem Lehrer Bergson auch durchaus zu, doch stellt dies nur die formale Seite dar, denn zugleich kommt es zur Bildung einer geistigen Ähnlichkeit, eines *verbum mentale*. Dieses bildet nichts anderes als den *terminus quo* oder das Materialobjekt der Erkenntnis.

> C'est bien là une expérience de la réalité concrète de la *durée*, de l'*existence se continuant* de notre *vie psychique* profonde, dans laquelle est enveloppée, implicitement présente, l'irréductible valeur métaphysique de l'être. Faisons confiance à la lumière de l'abstraction métaphysique, n'ayons pas peur de l'extrême purification que comporte l'**intuition abstractive ou eidétique** [...]. Nous voilà ici en face d'un grand mystère, et redoutable, de la vie intellectuelle. Il n'y a pas d'intuition intellectuelle sans concepts et conceptualisation.[41]

Maritains Zusammenfassung des kritischen Realismus (ohne Begriffe keine Intuition) und der Verweis auf eine abstraktive Intuition klären noch nicht, wie die gleiche Fakultät des Menschen sowohl intuitiv als auch abstraktiv tätig sein kann. Maritain schlägt keine präzise Lösung vor, sondern stellt einfach beide Aspekte zusammen, indem er von einer *intuitiven Erkenntnis* spricht, die *durch Abstraktion* zustande kommt. Beide Momente sind unverzichtbar für eine wahre Erkenntnis, da der menschliche Geist unmittelbar und intuitiv zum Erkenntnisgegenstand wird, dabei aber von der konkreten Individualität abstrahiert, die Sache also nicht in ihrem individuellen Wesenskern schaut, sondern vermittels der allgemeinen oder universalen Naturen.[42]

Während die Intuition nun den direkten Kontakt zwischen Subjekt und Objekt umschreibt, also die formale Ursache der Erkenntnis darstellt, bezieht sich die Abstraktion auf deren Inhalt. Durch den Vorgang der Vergeistigung mündet die sinnenhafte Wahrnehmung (das Anschauen einer Lampe) in eine geistige Erkenntnis (das Denken einer Lampe), als deren Frucht die Essenz des Objektes nicht mehr allein in der Sache selbst, sondern auch (auf intentionale Weise) im erkennenden Subjekt existiert. Diese Transformation ist nur möglich durch den *intellectus agens*, der den sinnlichen Gegenstand aus seinen materiellen und ihn individuierenden Bestimmungen vermittels der Sinneswahrnehmung herauslöst (von ihnen abstra-

---

[41] *La Philosophie bergsonienne* 501*f.*
[42] Vgl. *La Philosophie bergsonienne* 243*f.*: «Et ainsi l'idée n'est pas *ce que* connaît l'intelligence, [...] elle n'est que *ce par quoi* l'intelligence connaît, ce par quoi l'intelligence communique avec la réalité, ce par quoi elle saisit '**intuitivement**', immédiatement, les natures, les objets de pensée qui sont dans les choses et qu'elle dégage des choses **par l'abstraction**.»

hiert). Dabei erfaßt er die darin potentiell existierenden universalen Bestimmungen, die freilich nur im Geist aktuell existieren können. Die intellektuelle Erkenntnis erreicht also durch die Universalien nur die allgemeine, nicht aber die individuelle Natur der konkreten Sache. Dieser Vorgang der Abstraktion der konkret existierenden Natur führt damit zum Erfassen ihrer Essenz, die Maritain definiert als eine «typische Bestimmung im Sein»[43]. Diese Bestimmung findet sich auch im erkennenden Subjekt wieder, weshalb Maritain die intellektuelle Erkenntnis als einen Akt versteht, in dem das Subjekt die Seinsbestimmung (*détermination d'être*) oder die Form des Objekts empfängt. Dies fordert eine passive Angleichung (*adaequatio*) wie auch eine aktive Bildung der geistigen Ähnlichkeit (*species*) im *intellectus possibilis*. Diese komplexe Operation hat durchaus etwas Paradoxes an sich, da ihr gleichzeitig ein intuitiver *und* ein abstraktiver Aspekt zukommt.[44] Doch nur unter Berücksichtigung beider Gesichtspunkte kann von einer Identität zwischen der Sache und dem Denken ausgegangen werden, da die gleiche Essenz im Geist und im außermentalen Ding vorhanden ist; allerdings befindet sich die Essenz dabei in unterschiedlichen Konditionen, nämlich einerseits auf individuell-existentielle Weise, andererseits auf immateriell-abstrakte und universelle Weise.[45] Diese Universalien bilden allerdings nicht den eigentlichen Gegenstand der Erkenntnis, sondern sind nur Mittel zur Erkenntnis.[46] Dennoch ist es nur durch sie möglich, über die einzelnen und konkreten Dinge hinaus zu ihren Intelligiblen vorzudringen, da das Individuelle in sich weder erklärend noch mitteilbar ist; es kann allein durch Reflexion, also durch ein indirektes und von den Universalien herstammendes Konzept erkannt werden.[47]

---

[43] *La Philosophie bergsonienne* 254.

[44] Vgl. *La Philosophie bergsonienne* 255.

[45] Vgl. *Réflexions sur l'intelligence* 23-26 sowie M.T. CLARK, «What Maritain Meant by 'Abstractive Intuition'», in *Jacques Maritain – Philosophe dans la cité*, Hrsg. J.L. Allard, Ottawa 1985, 87: «The one same essence exists in the mind and in the thing outside the mind. There is identity between being and thought but there is difference in their conditions. [...] Through the intellect a thing is abstracted from its own conditions and assumes the condition of immateriality and universality proper to mind.»

[46] Vgl. *Éléments de philosophie* 741: «L'universalité n'est pas l'objet, mais seulement la condition du savoir; le mouvement de l'esprit, dans le vol plongeant de la seconde opération logique, n'est pas encore achevé.»

[47] Vgl. *La Philosophie bergsonienne* 259, Anm. 32 sowie *Éléments de philosophie* 733: «Il emporte de comprendre ce lien étroit de l'*universel* et du *nécessaire*; ce n'est pas parce que l'universel embrasse dans son extension une multitude plus ou moins grande d'individus, c'est avant tout parce qu'il nous livre [...] l'essence et ses nécessités intelligibles, et par conséquent les raisons d'être cherchées par l'intelligence, qu'il joue dans la science un rôle si fondamental et si indispensable.»

Trotz heftiger (und meist auf Mißverständnissen beruhender) Attacken[48] betont Maritain immer wieder[49], daß die Formulierung *intuition abstractive* völlig zutreffend die thomistische Epistemologie wiedergibt. Klärend weist er in diesem Zusammenhang darauf hin, daß der paradoxe Ausdruck verständlich machen soll, daß die Wirklichkeit selbst erreicht wird (*la nature ou quiddité elle-même*), was aber nicht heißt, daß die Wirklichkeit in sich (*le réel en lui-même*) erschöpfend erkannt wird.[50] Allerdings weisen die Begriffe, die die Wirklichkeit wiedergeben, eine eigenartige Struktur auf. Maritain vergleicht sie mit «Knoten der Intelligibilität, vorstellbaren Innenseiten [intériorités] oder Seinsverdichtungen», die das Ziel haben, «dem Namen der *ousía* etwas Farbe für ihr schönes Alter zu verleihen»[51]. Damit wird der Akzent vor allem auf das Eigene oder Unterscheidende der Erkenntnisgegenstände gelegt, auf ihre Essenz also, wodurch die Wirklichkeit der Seienden unterschieden und jede subjektivistische Auflösung vermieden werden kann. Zwar wird auch die Bedeutung der allgemein gültigen Seinsgesetze erarbeitet, jedoch das aktuell Verbindende, die Existenz, bleibt eher unberücksichtigt.

Darüber hinaus gibt Maritain zu erkennen, daß die Begriffe zwar nicht das Individuelle selbst in seiner Einzelheit, sondern in seiner Universalität wiedergeben; aber sie scheinen auch mehr als nur Begriffe zu sein, da sie über eine Art Überschuß verfügen und «in sich unerschöpfliche Reichtümer bergen»[52]. Worin besteht aber dieser Reichtum oder der Bedeutungsüberschuß der Begriffe? Wie kann dieses Mehr in einfachen Begriffen oder Ideen enthalten sein, ohne daß sich deren Bestimmung verliert oder auflöst? Oder deutet sich darin an, daß die Begriffe zwar dem Geist ermöglichen, die konkrete Sache getrennt von ihren materiellen Bestimmungen zu denken, selbst aber als Zeichen oder Symbol fungieren, also mehr enthalten, als sie auf den ersten Blick freigeben? Diese Deutung scheint Maritains Ansicht zu treffen, da er auf die Unterscheidung von *signum formale* und *signum instrumentale* verweist. Während letzteres in sich erkannt wird und damit zum Erkenntnisgegenstand wird (*terminus quem*), drückt ersteres die lebendige Erkenntnisbeziehung (*terminus quo*) aus, die zwischen dem Subjekt und dem Objekt besteht und durch welche die erfaßte Essenz unmittelbar erkannt wird.[53] Was birgt dann aber das *signum formale* in

---

[48] Vgl. dazu die Übersicht bei M.T. CLARK, «What Maritain Meant» 88-90.
[49] Noch im Jahre 1938 bringt er in der vierten Auflage der *Réflexions sur l'intelligence* diesbezüglich in einer eigenen Fußnote seine Überzeugung zum Ausdruck. Vgl. ebd. 394, Anm. 6.
[50] Vgl. *Réflexions sur l'intelligence* 391.
[51] *La Philosophie bergsonienne* 80.
[52] *La Philosophie bergsonienne* 256.
[53] Vgl. *Réflexions sur l'intelligence* 41f.

sich? Wie kann diese geistige Realität klar bestimmt sein und dennoch über einen zusätzlichem Sinngehalt verfügen?

Für den Moment beläßt es Maritain bei diesem Hinweis, da er den gewünschten Nachweis erbracht hat, daß die objektiv gültige Bildung von Begriffen und deren Verbindung in Urteil und Diskurs die dem Menschen eigene und darum wahre Art ist, zum Erkenntnisfortschritt zu gelangen. Es sind keine vorgegebenen Ideen im Sinne des Idealismus, die die Wirklichkeit nach ihrem Maß formen. Vielmehr meint abstraktive Intuition die stets lebendige Neubildung einer Idee im Subjekt; diese Neubildung entspricht dem Willen des Schöpfers, zumal das Geschöpf durch das Licht seines geschaffenen und damit an die Zeit gebundenen Intellekts auch an Gottes ewigem Licht Anteil hat.[54]

Während der Engel gleichsam in einem Bündel von Lichtstrahlen das Objekt von innen her bis ins Letzte in seiner Einmaligkeit durchschaut, ist es dem menschlichen Geist nur möglich, das Objekt Strahl für Strahl bzw. Begriff für Begriff abzutasten und zu erfassen. Da die Erkenntnis des Engels dadurch entsteht, daß Gott ihm das Wissen direkt und unvermittelt eingibt, kann er die Universalien sowohl in sich wie auch in ihrer konkreten Ausformung erfassen und somit den ganzen Reichtum in seiner inneren Struktur überblicken, der von Gottes «Denken» oder Ratschluß bis hin zur Schaffung und Erhaltung des konkreten *esse* reicht. Der menschliche Intellekt hingegen, der selbst an die Gesetze und Einschränkungen der Materie gebunden ist, vermag seinen geistigen Erkenntnisblick nur auf einzelne Ausschnitte zu richten, die er abstraktiv durch die Universalien erfaßt. Doch der Erkenntnisvorgang erschöpft sich nicht im Erfassen der Begriffe. Vielmehr schließt sich daran die diskursive Tätigkeit des Intellekts an, die sich der Analogie und der ersten Prinzipien bedient und zu einer indirekten oder abgeleiteten Einsicht führt.

Aus dem bisher Gesagten können wir zusammenfassend festhalten, daß für Maritain in *La Philosophie bergsonienne* der Intellekt «an sich eine *intuitive* Fakultät ist»[55]. Die Intuitivität des menschlichen Intellekts meint dabei nicht, daß die innere Wirklichkeit des Erkenntnisgegenstandes in einem Zug erfaßt werden kann, sondern daß dies immer nur durch Abstraktion von den konkreten, individuellen und materiellen Bestimmungen möglich ist. Abstraktion meint keine Verarmung oder Reduktion der Erkenntnis, sondern einfach nur ein Erfassen des Konkreten unter dem Beiseitelassen der materiellen oder akzidentiellen Aspekte, vergleichbar mit der Trennung des kostbaren Erzes vom wertlosen Gestein beim Abbau der Mine eines

---

[54] Vgl. *La Philosophie bergsonienne* 250*f.*
[55] *La Philosophie bergsonienne* 241.

Bergwerks. Doch ist die Essenz des Erkenntnisgegenstandes ebenso unmittelbar gegenwärtig wie bei der Intuition der Engel, der Intuition im engen Sinne. Darum schließt intuitive Abstraktion nicht nur die Unmittelbarkeit von Objekt und Subjekt in der Erkenntnisbeziehung ein, sondern auch die Bildung einer lebendigen Ähnlichkeit (*verbum mentale*), welche zum Ausdruck bringt, daß das Objekt im Subjekt eine neue, nämlich intentionale Existenz erhält.

Dadurch, daß der menschliche Intellekt zugleich abstraktiv und intuitiv tätig ist, wird ein Doppeltes gewährleistet, was (nach M.T. Clark) Maritains bewußt gewählte paradoxe Formel hervorhebt: Erstens wird die Erkenntnis durch das erkannte Objekt bestimmt, und zweitens erfaßt der erkennende Intellekt etwas anderes als sich selbst.[56] Es besteht also eine reale Beziehung zwischen dem Objekt und dem erkennenden Subjekt, die für den Thomismus die Voraussetzung für die Objektivität der Erkenntnis und das eigentliche Ziel der Aktivität des Intellekts bildet.[57] Zudem ermöglicht die intuitive Fähigkeit des Menschen, sich zu überschreiten und mit der Realität in Beziehung zu treten.

Diese Fähigkeit, die den Erkenntnisgegenstand zum geistigen Besitz des Erkennenden macht, ist die Voraussetzung, um mit einem personalen Gegenüber in eine tiefe Gemeinschaft eintreten zu können. Durch die intellektuelle Geistseele ist es dem Menschen bereits auf natürlicher Ebene möglich, zu echter Erkenntnis und geistiger Vervollkommnung zu gelangen. Gleichzeitig bildet diese Fähigkeit die Voraussetzung, um auf interpersonaler Ebene mit anderen Menschen und schließlich auch auf übernatürlicher Ebene mit Gott in eine reale Beziehung zu treten, die zu einer Einheit in Erkenntnis und Liebe führt bzw. von ihr ausgeht.[58] Es wird noch zu zeigen sein, wie Intellekt und Wille zusammenwirken und somit praktisches und zugleich sinnvolles menschliches Handeln möglich ist.

4. Intuition und Urteil

Wir haben gesehen, daß Maritain in *La Philosophie bergsonienne* in der abstraktiven Intuition die Grundlage der Erkenntnis sieht. Sie führt zur Bil-

---

[56] Vgl. M.T. CLARK, «What Maritain Meant» 88.
[57] Vgl. *Réflexions sur l'intelligence* 373: «Tandis que Kant n'affirme l'activité qu'en ruinant l'objectivité, parce qu'il n'a en vue qu'une activité fabricatrice, le thomisme, parce qu'il vise une activité vraiment immanente et vraiment vitale, le thomisme fait de l'objectivité de la connaissance la raison même et la fin de son activité. Notre intelligence vit en devenant toutes choses, et c'est pour exercer ainsi sa spontanéité parfaite [...] qu'elle se soumet parfaitement à l'être, et qu'elle lui demande de lui faire concevoir des fruits de vérité.»
[58] Vgl. *La Philosophie bergsonienne* 47.

dung von Begriffen, in denen einzelne Attribute oder Prädikate des Objekts erfaßt werden. Während die intuitive Erkenntnis im engen Sinne, also die Intuition der Engel, die Sache in ihrer aktuellen Existenz und ihrer Konkretheit durch von Gott eingegebenes Wissen erfaßt, muß der Mensch mit Hilfe der diskursiven Erkenntnis von dem Erfassen eines Attributes zum nächsten voranschreiten. Dabei handelt es sich um eine intuitive Erkenntnis im weitesten Sinn, da sie zwar auf der unmittelbaren und lebendigen Beziehung von Intellekt und Objekt beruht, aber nur universale und abstrakte Begriffe bildet, die in einem weiteren Schritt mit dem Objekt (zurück-)verbunden werden müssen.

> Pour connaître les choses, notre entendement doit donc non seulement construire des idées entre elles (deuxième opération de l'esprit), c'est-à-dire les unir par l'affirmation ou les diviser par la négation, mais aussi *raisonner* (troisième opération de l'esprit), c'est-à-dire aller d'une chose connue à une autre qu'il connaît ensuite. Mais le raisonnement n'est qu'un moyen, *il s'agit d'arriver à la conclusion, à un dernier jugement auquel le discours bien conduit aura transporté l'évidence des premiers principes.* [...] Et ainsi l'on peut dire que *tout discours de la raison commence par une intuition,* – originellement par l'intuition des premiers principes, *– et se termine à une intuition.*[59]

Während nun für die scholastische Tradition die Abstraktion die natürliche Funktion des Intellekts darstellt, weshalb sie im Normalfall auch nicht irrt, besteht bei der darauf aufbauenden Konklusion durchaus die Möglichkeit, falsche Schlußfolgerungen zu ziehen oder falsche Prinzipien anzuwenden, also fehlzugehen. Entscheidend ist dabei die Berücksichtigung der ersten Prinzipien. Wie wir gesehen haben, versucht Maritain, das Faktum der Erkenntnis mit der paradoxen Formel der intuitiven Abstraktion auszudrücken, um beide Aspekte einzuschließen. Ebenso verweist er darauf, daß «der Denkvorgang sozusagen nichts anderes als ein Transport des intuitiven Lichts»[60] ist. Was bedeutet aber «intuitives Licht»? Will Maritain andeuten, daß auch Begriff und Urteil, Intuition und Abstraktion nur Versuche sind, das Mysterium der Erkenntnis rational zu durchdringen? Deutlich wird diese Problematik auch für den Seinsbegriff im Hinblick auf die Existenz. Denn wie kann die Existenz abstraktiv oder begrifflich erfaßt werden?

Vorläufig vertieft Maritain die Rolle des Urteils in einem konzeptualistischen Sinn. Denn wenn das Urteil auch eine Beziehung zum *esse* des außermental existierenden Denkgegenstandes herstellt, dann muß dessen Existenz ebenfalls intelligibel, also begrifflich erfaßbar sein. Maritain hält dazu an einem analogen, aber abstrakten Seinsbegriff fest, den er vor allem von seiner essentiellen Seite her betrachtet. In *Éléments de philosophie*

---

[59] *La Philosophie bergsonienne* 248*f.*
[60] *La Philosophie bergsonienne* 250*f.*

unterscheidet er darum zwischen der *propositio*, der Vorlage oder der vorbereitenden Tätigkeit des Geistes, und dem *iudicium*, dem abschließenden Akt des Geistes. Während erstere sich auf Subjekt und Prädikat erstreckt, die rein kopulativ im Intellekt verbunden sind, sich also auf das bezieht, was existiert oder existieren kann, wird im Urteil darüber entschieden, ob diese *propositio*, die sich auf das Objekt bezieht, wahr oder falsch ist.[61]

Dabei verwendet Maritain das Verb «sein» einerseits als Verb-Kopula zwischen Subjekt und Prädikat und andererseits als Prädikat-Kopula, die zwei Begriffe in einer Sache identifiziert. Dadurch wird entschieden, inwieweit ihnen eine aktuelle oder mögliche, eine reale oder ideale Existenz zukommt. In beiden Fällen geht es um die kopulative Funktion des Verbs «sein», aber nur im zweiten wird die Proposition als solche auf ihre Existenz hin beurteilt, ob es sich also um eine aktuelle oder potentielle Existenz außerhalb des Geistes oder um *entia rationis* handelt, die nur im Geist existieren.[62] Nach Maritain kann darum das Urteil definiert werden als «ein Akt des Geistes, durch den er verbindet, indem er bejaht, oder trennt, indem er verneint»[63]. Verbindung und Trennung beziehen sich dabei auf zwei Begriffe, über deren richtige oder falsche Verbindung der Geist befindet.

So schafft das Urteil die Einheit von Subjekt und Prädikat, die nicht mehr zwei Teile, sondern «ein *lebendiges Ganzes* konstituieren»[64]. Das Urteil führt zu einem qualitativen Sprung, da es ein neues und einziges *verbum mentale* hervorbringt.[65] Darum definiert Maritain in *Réflexions sur l'intelligence* die Wahrheit der Erkenntnis als «die Konformität des geistigen Aktes, welcher **zwei Begriffe** in einem Urteil vereint, mit der tatsächlichen oder möglichen Existenz einer einzigen Sache, in der sich diese beiden Begriffe verwirklichen»[66]. Die Identität, die der Intellekt dabei erreicht, stellt «eine **begriffliche Komposition** dar, die einer realen Identität in der Sache selbst entspricht»[67].

Die Frage nach der Erkennbarkeit der ersten Prinzipien und der Intelligibilität der Existenz greift Maritain erneut in *Les Degrés du Savoir* auf. Auch hierbei versteht er die Rolle des Urteils als die Wiederherstellung der Einheit des außermentalen Subjekts, welche die einfache Erfassung der Es-

---

[61] Vgl. *Éléments de philosophie* 404f.
[62] Vgl. *Éléments de philosophie* 354-356.
[63] *Éléments de philosophie* 399.
[64] *Éléments de philosophie* 409.
[65] Vgl. *Éléments de philosophie* 411: «Nous avons dit que la proposition est *une et indivisée*. La question de savoir si en outre elle est [...] un non seulement d'une unité d'ordre, mais d'une unité d'être ou de *qualité*. [...] Il y a donc lieu de penser qu'elle constitue une *qualité représentative* unique nouvellement produite par l'esprit.»
[66] *Réflexions sur l'intelligence* 32.
[67] *Réflexions sur l'intelligence* 81.

senz getrennt hatte. So wechselt der Geist in der zweiten Operation von der Stufe der Idee oder der Essenz auf die Ebene der Existenz des Dinges und urteilt über die aktuelle oder mögliche Existenz der *propositio* von Subjekt und Prädikat in Bezug auf die konkrete Sache.[68] Doch wie verhält es sich dabei mit der Existenz des Objektes selbst?

> Par la simple appréhension l'existence est atteinte et présentée à l'esprit non pas en tant même qu'un sujet la déteint ou peut la détenir (*existentia ut exercita*), mais en tant qu'elle-même est concevable *per modum quidditatis*, comme constituant un certain objet intelligible, une certain quiddité (*existentia ut significata*). C'est seulement dans la seconde opération de l'esprit (composition et division) et dans le jugement, qu'elle est connue *ut exercita, comme détenue*.[69]

Somit läßt sich die Existenz in einem Begriff erfassen *per modum quidditatis*. Während in der ersten Operation des Geistes die Existenz nur *ut significata*, also wie eine Art intelligibles Objekt erfaßt wird, wird sie im Urteil *ut exercita*, als vom transobjektiven Subjekt[70] besessene, verstanden. Nach Maritain erlebt der Geist im Urteilen in sich selbst auf intentionale Weise jenen gleichen Akt des Existierens, den das Ding außerhalb des Geistes ausübt. Hier zeigt sich Maritains konzeptualistisches Denken besonders deutlich, da für ihn die Existenz begrifflich erfaßt wird, bevor sie dann im Urteil bestätigt oder verneint wird. Das transobjektive Subjekt wird durch den Geist intentional in seiner Funktion als Subjekt erlebt, was wiederum die implizite Reflexion voraussetzt, durch welche der Geist beim Urteilen seine eigene Gleichförmigkeit mit dem Ding erkennt.[71] Damit ist eine objektive Erkenntnis gewährleistet, da im Urteil der Intellekt auf eine ihm eigene Weise die ihm vorliegende Subjekt-Prädikat-Beziehung am Ding selbst verifiziert und sich somit auf dieses zurückbeugt.[72]

Allerdings deutet sich in *Les Degrés* bereits ein Perspektivenwechsel an. Maritain umschreibt nämlich das Urteil als eine ohnmächtige Nachahmung des Schöpfungsaktes, da das bejahende Urteil einer Neuschöpfung *ad intra*

---

[68] Vgl. *Les Degrés* 438*f.*: «Qu'est-ce que le jugement, sinon un acte par lequel l'esprit déclare identiques *dans la chose* ou hors de l'esprit un prédicat et un sujet qui diffèrent *quant à la notion*, ou dans leur existence intramentale? [...] La fonction propre du jugement consiste ainsi à faire passer l'esprit du plan de la simple essence, ou du simple *objet* signifié à la pensée, au plan de la *chose* ou du sujet détenant l'existence (actuellement ou possiblement), et dont l'objet de pensée prédicat et l'objet de pensée sujet sont des aspects intelligibles.»
[69] *Les Degrés* 441, Anm. 65.
[70] Vgl. zur Unterscheidung von cis- und transobjektivem Subjekt *Les Degrés* 433*f.*
[71] Vgl. *Les Degrés* 440*f.*, Anm. 65.
[72] Vgl. *Les Degrés* 441, Anm. 66: «Entendons que le jugement ne se contente pas de la représentation ou de l'appréhension de l'existence [...]; en d'autres termes l'intelligence, quand elle juge, vit elle-même intentionnellement, par un acte qui lui est propre, ce même acte d'exister que la chose exerce ou peut exercer hors de l'esprit.»

gleicht.⁷³ Damit kommt im Urteil ein schöpferisch-existentieller Aspekt zum Ausdruck, da in der zweiten Operation der Geist nicht nur seine Zustimmung zur *propositio* gibt und erklärt: *ita est!* Vielmehr befindet der erkennende Geist in einer reflexiven Bewegung *in actu exercito* über die in sich erlebte Konformität mit der Sache. Es geht im Urteil also nicht mehr allein um den Vergleich von *verbum mentale* und Objekt oder um ein beliebiges Urteil über die begriffliche *existentia ut significata* des Objekts, sondern um den Akt, in dem der Geist *in actu exercito* weiß, «daß er selbst wahr oder dem Ding konform ist, also in sich die Ähnlichkeit mit der erkannten Sache besitzt»⁷⁴. In Anlehnung an Thomas betont Maritain, daß der Intellekt im Urteil selbst der Sache konform wird, also in sich die Ähnlichkeit der erkannten Sache besitzt, wozu auch deren Existenz gehört. Der Intellekt verbindet also nicht nur zwei Begriffe, sondern *erlebt* in sich die Existenz des Objekts auf intentionale Weise.⁷⁵

> **L'intelligence**, quand elle juge, **vit** elle-même intentionnellement, par un acte qui lui est propre, **ce même acte d'exister** que la chose exerce ou peut exercer hors de l'esprit. (On peut dire de même que dans le jugement le sujet transobjectif est connu comme sujet, j'entends intentionnellement vécu par l'esprit dans sa fonction de sujet.) C'est là l'élément nouveau d'ordre intellectuel qui s'introduit dans le jugement [...] et en raison duquel le jugement est appelé par saint Thomas l'achèvement de la connaissance.⁷⁶

Für Maritain vereint das Urteil nicht nur Subjekt und Prädikat, sondern führt zugleich zur Rückbindung des Denkgegenstandes an dessen Existenzakt, bleibt also nicht – so die irrige Meinung des Idealismus – beim Vergleich von *verbum mentale* und gedachtem Gegenstand stehen. Der Geist kreist nicht nur um sich selbst, indem er allein die Denkbarkeit von Objekten untersucht, sondern verläßt seine eigene cisobjektive Ebene und begibt sich auf die transobjektive Ebene des Dinges. So kann er im Urteil entscheiden, ob der Denkgegenstand «Subjekt» und der Denkgegenstand «Prädikat» als intelligible Aspekte im Ding zueinander gehören.⁷⁷ Möglich wird diese Vorstellung des Urteils durch einen analogen Seinsbegriff, der die Grundlage für die einzelnen Stufen der Formal- und Totalabstraktion bildet und der die *existentia ut significata* erfassen und damit auch das Geheimnis des Seins, des *ens in quantum ens*, begrifflich ausdrücken kann.

---

⁷³ Vgl. *Les Degrés* 423.
⁷⁴ *Les Degrés* 440, Anm. 63.
⁷⁵ Aus diesem Grund behauptet Maritain mit gutem Recht 12 Jahre später: «L'intelligibilité sur laquelle porte le jugement est plus mystérieuse que celle que les idées ou notions nous portent» (*De Bergson à Thomas* 157).
⁷⁶ *Les Degrés* 441f., Anm. 66.
⁷⁷ Vgl. *Les Degrés* 438-440, besonders Anm. 63.

[Alors] le jugement est possible, ainsi qu'un mouvement logique qui dans l'ordre même du purement rationnel (ou, en langage moderne, de l'*a priori*) fait progresser de l'un à l'autre. Ce n'est pas 'l'unité de l'aperception transcendantale', c'est l'unité (de simple **analogie** ou proportionnalité) **du transcendantal être**, qui fonde la possibilité du jugement. Qu'il porte sur des vérités rationnelles ou sur des vérités de fait, sur l'"idéal" ou sur le 'réel' (actuel), celui-ci est ainsi irréductiblement *réaliste*.[78]

Wie schon bei den ersten Prinzipien, so stellt sich auch die Frage nach der Entstehung des Seinsbegriffs, nach der Verbindung von unvermitteltem Erfassen und unmittelbarem Einsehen. Da Maritain alles vom Seins*begriff* abhängig macht, versucht er auch, alles irgendwie in ihm zusammenzuhalten.

5. Einheit und Verschiedenheit der Erkenntnisweisen

a) Die ersten Prinzipien und der Seinsbegriff

Wenn die Operationen des Geistes von einer Intuition ausgehen, dabei aber zugleich die ersten Prinzipien anwenden, um den Denkprozeß durchführen zu können, dann müssen diese unmittelbar erfaßt und zugleich eingesehen werden. Andernfalls würden sie voraussetzen und anwenden, was sie erst erschließen wollen. Nur wenn sie selbstevident sind, können sie die sichere Grundlage allen Denkens bilden, und somit kann ein unendlicher Regreß an Beweisen vermieden werden. Wie also werden sie erkannt? Während ein rationales Urteil in sich eine Vielheit vereint, meint Intuition eine unmittelbare und damit einfache Einsicht. Damit die ersten Prinzipien aber rational erfaßt werden können, müssen sie beide Aspekte in sich vereinen, also intelligible Unterscheidung (und damit Vielheit) wie auch unmittelbares (also einfaches oder intuitives) Erfassen gewährleisten. Das bedeutet, daß eine derartige Intuition nicht nur die unmittelbare Erkenntnisbeziehung zwischen dem geistbegabten Subjekt und seinem Erkenntnisgegenstand meint (den Erkenntnismodus), sondern sich auch auf den Gehalt einer Einsicht bezieht, die wie im Urteil Subjekt und Prädikat verbindet. Ist die Lösung dieser Problematik in der Struktur des analogen Seinsbegriffs oder in einer nicht rein konzeptualistischen Erkenntnistheorie zu suchen?

Bevor sich Maritain der zweiten Möglichkeit zuwendet, versucht er die Intuition des Seinsbegriffs durch die Analogie von Mensch und Engel zu begründen. Erste Überlegungen finden sich bereits in *La Philosophie bergsonienne*. Dort legt er dar, daß die Engel wegen ihrer Geistnatur über die Intuition oder Anschauung im engen Sinne verfügen, also alle Intelligiblen

---

[78] *Les Degrés* 442f.

II DIE BEGEGNUNG VON SUBJEKT UND OBJEKT IM INTELLEKT

einer Sache unmittelbar und in einem Zug erfassen. Dazu gehört nicht nur die Schau aller Wesensgehalte oder Wesenszusammenhänge, sondern auch die aktuelle Existenz und ihre Individualität. Dies ist möglich durch die *scientia infusa*, die ihnen ohne weitere Denkfolge alle essentiellen und existentiellen Attribute einer Sache von ihrem inneren Grund her, nämlich der göttlichen Verursachung, eingibt. Da Gott selbst Essenz und Existenz verleiht, kann er auch den Engeln in dem von ihm gewollten Umfang darüber Einsicht gewähren.[79] Der menschliche Intellekt hingegen ist Zeit und Materie unterworfen und auf die Vermittlung der von der Materie ausgehenden sinnenhaften Wahrnehmung angewiesen; darum kann er die verschiedenen Attribute, die zu einer Essenz gehören, nur nacheinander begreifen. Er verfügt (im Gegensatz zum Engel) nicht über eingegossene Ideen, weshalb er die Naturen durch ihre Operationen und Proprietäten vermittels der Sinne und der Abstraktion erfassen muß, um dann mit Hilfe von Begriffen, Urteilen und diskursiven Denkfolgen ihre Natur immer tiefer zu durchdringen. Insofern sich Maritains Anliegen in dieser Phase aber vor allem auf die Erkennbarkeit des Absoluten und der Wirklichkeit richtet, sucht er eine Begründungshilfe in der gemeinsamen Geistnatur von Mensch und Engel.

> L'Ange, à cause de la plénitude de la lumière intellectuelle en lui, connaît du premier coup ce qu'il a à connaître, d'une manière infaillible et dans une parfaite simplicité. Pour nous, au contraire, nous sommes forcés de composer notre connaissance. [...] Mais aussi on comprend par là que [...] 'la science humaine prenne quelque chose d'angélique': alors **l'homme** qui, d'un regard simple, saisit dans quelques principes tout un monde de vérités, **semble participer à la nature angélique**, et à la 'merveilleuse fixité de cet élan qui emporte les Anges'.[80]

Während der Engel *alles*, was er wissen soll, durch die eingegossene Schau erfährt, beschränkt sich die vergleichbare geistige Gewißheit des Menschen, also die Intuition im zweiten und engen Sinn[81], wie sie klassisch eigentlich nur bei der sinnenhaften Wahrnehmung auftritt, auf den *Ursprung* jeder Denkfolge. Denn jede Konklusion «setzt in uns eine Erkenntnis voraus, welcher der Charakter einer Intuition im engen Sinne zukommt und damit eine gemeinsame Verbindung zwischen unserem Intellekt und dem der reinen Geister schafft». Wie es darum keine Bewegung ohne Ausgangspunkt gibt, so gibt es keinen Beweis ohne «Anfang der Denkbewegung, also ohne eine selbstevidente und damit unbeweisbare Wahrheit, die wir *im ersten*

---

[79] Vgl. *La Philosophie bergsonienne* 245.
[80] *La Philosophie bergsonienne* 249.
[81] S.o. 62.

Erfassen unmittelbar einsehen»[82]. Dazu gehören die ersten Prinzipien wie der Satz von der Identität, der Verursachung usw. Entscheidend ist, daß es sich bei diesem geistigen Erfassen, analog zur Erkenntnis der Engel, «um eine Einsicht ohne Diskurs, um die wahrhaft erste Intuition, um den Anfang aller Wahrheit handelt»[83], die sich im menschlichen Intellekt vollzieht.

Mit dieser Begründung schafft Maritain die Voraussetzung für jeglichen Denkprozeß des menschlichen Geistes; denn nur wenn die ersten Prinzipien unmittelbar als selbstevidente und unbeweisbare Wahrheiten wahrgenommen werden, wird ein unendlicher Regreß von Folgerungen vermieden und die notwendige Grundlage für diskursive Erkenntnis geschaffen. Doch weist diese Intuition eine eigenartige Struktur auf, da in ihr die erste und zweite Operation des Intellekts zusammenfallen. In ihr strahlt die Wahrheit des jeweiligen Prinzips sofort mit einer Evidenz auf, die sonst erst die zweite Operation des Geistes, das Urteil, ermöglicht. Diese Evidenz ist nicht die Frucht eines diskursiven Denkprozesses, sondern leuchtet gewissermaßen auf, wenn der Geist der «inneren Struktur» des Seinsbegriffs in dieser besonderen Schau ansichtig wird.[84] Damit verweist Maritain über die ersten Prinzipien hinaus. Für ihn werden diese nämlich durch den Seinsbegriff vermittelt, welcher den Ursprung besagter Intuition im engen Sinne darstellt, durch den der Mensch an der Natur der Engel teilhat.

> Dans le concept le plus commun et le plus abstrait, dans le concept de l'*être*, qui est le premier formé spontanément, bien que le dernier élucidé scientifiquement, nous voyons du premier coup ce qui peut ou non être attribué à l'être, de telle sorte que les jugements primordiaux, les premiers principes [...] jaillissent immédiatement en nous. Voilà la perception sans discours, l'intuition vraiment première, principe de toute vérité.[85]

Die Epistemologie Maritains gründet also nicht nur auf der Selbstevidenz der ersten Prinzipien. Für ihn entstammen diese einer Einsicht in die Struktur der Wirklichkeit, die vom Seins*begriff* als dem allgemeinsten Begriff zusammengehalten wird. Wie darum die Engel über einen einfachen und unfehlbaren Einblick in die gesamte Wirklichkeit verfügen, so sieht der Mensch zumindest in der intuitiven Schau des Seinsbegriffs, was dem Sein zukommt und in den ersten Prinzipien ausgedrückt wird.[86]

---

[82] *La Philosophie bergsonienne* 246.
[83] *La Philosophie bergsonienne* 246f.
[84] Vgl. *La Philosophie bergsonienne* 247f.: «En effet, c'est par suite de la faiblesse de la lumière intellectuelle en nous que dans aucun des nos concepts – **exception faite pour le concept de l'être** – nous ne voyons du premier coup les attributs qui conviennent ou non à la nature.»
[85] *La Philosophie bergsonienne* 246f.
[86] Vgl. *La Philosophie bergsonienne* 202f.: «C'est pourquoi on peut dire que l'idée de l'être, le transcendantal par excellence, est la lumière objective de toute notre connaissance.»

II DIE BEGEGNUNG VON SUBJEKT UND OBJEKT IM INTELLEKT

Maritain geht zunächst nicht näher auf diese seltsame Einsicht ein, sondern beläßt es bei diesem Postulat. Wie wir gesehen haben, steht für ihn außer Zweifel, daß alle Prinzipien im Seinsbegriff innerlich verbunden sind und darum im Licht der alles umfassenden Seinsidee direkt geschaut werden können. Damit gelingt es ihm zumindest, im Gefolge der kajetanischen Tradition vom Seinsbegriff aus das Sein als die Grundlage der Metaphysik darzustellen. So baut für Maritain – wie für Kajetan – alles intelligible Denken auf dem analogen Sein auf. Denn wenn das Sein als allgemeinste Realität «auf den Begriff gebracht» werden kann, dann können alle Objekte, die am Sein teilhaben, zwar nicht erschöpfend, aber doch zutreffend begrifflich erfaßt werden.[87] Zudem können die im Seinsbegriff geschauten Seinsgesetze auf *alle* Seienden übertragen werden, sind also allgemeingültige Grundlage und Voraussetzung einer jeden wahren Erkenntnis.[88]

Die Problematik des Seinsbegriffs vertieft Maritain in *Antimoderne*, wo er weitere Implikationen herausarbeitet. Grundlage für eine objektive Erkenntnis ist im Erkennenden der Intellekt und im Erkannten eine intelligible Struktur. Darum bedeutet die Tatsache, «daß der Intellekt wahrhaft zur Einsicht fähig ist oder daß er sich nicht täuscht, daß er wahrhaft das Sein, seinen Gegenstand, erkennen kann»[89]. Da nun das Sein keinen univoken, sondern einen analogen und transzendenten Begriff, eine *idée multiple*, darstellt, kann jede Sache ihre Eigenheit bewahren und untersteht dennoch wie alle anderen den Seinsgesetzen.

L'idée de l'être, embrassant dans sa portée une pluralité indéfinie d'objets, est une idée multiple, et qui n'est une que sous un certain rapport (d'une unité de proportionnalité). Ainsi toute chose peut se résoudre en l'être sans perdre pour cela ses différences, toute chose peut être considérée selon qu'elle est, et tombe par là même sous les lois de l'être.[90]

Dans cette idée de l'être, l'intelligence saisit intuitivement, c'est-à-dire immédiatement et sans discours, les premiers principes de la raison: – principe d'identité ou de non-contradiction, [...] – principe de raison suffisante, [...] – principe de causalité, [...] – principe de finalité, [...] – principe de substance.»
[87] Vgl. dazu J.M. McDermott, der zu Maritains Position in seiner ersten Lebenshälfte schreibt («Maritain: Natural Science, Philosophy and Theology», SUSTU 31 (1989) 229): «If being could be reduced to a formal concept, all of reality was capable of being conceptualized. Formal concepts, in turn, allowed clear distinctions among types of beings, and once these distinctions were recognized, the influence between distinct entities tended to be understood primarily in terms of efficient causality.»
[88] Vgl. *La Philosophie bergsonienne* 202: «L'être est ce qu'il y a de plus simple, c'est-à-dire qu'on ne peut réduire l'être à aucune autre réalité. [...] Pouvons-nous avoir un autre but, lorsque nous cherchons à connaître, que de mettre notre esprit en conformité avec l'être de l'objet, d'arriver à la vérité, *adaequatio rei et intellectus*?»
[89] *Antimoderne* 1051.
[90] *Antimoderne* 1049, sowie 1050, Anm. 1.

Dabei stellt sich allerdings die Frage, wie ein Begriff oder eine Idee eine transzendente Wirklichkeit ausdrücken kann, ohne sich tautologisch aufzulösen, da er alles und nichts bedeutet. Ist eine *idée multiple* nicht ein Widersinn, eine *contradictio in terminis*? Ebenso läßt Maritain weiterhin offen, wie diese intuitive Einsicht, die dem Intellekt zuteil wird, ohne Diskurs eine derartige Fülle von Einsichten gewinnen kann. Allerdings vertieft er die Bedeutung der Seinsgesetze. Denn sie Erhellen die Unterscheidung zwischen dem Sein der Dinge und ihren Operationen. Das bedeutet, daß alles, was von der ersten Ursache verschieden ist, nicht nur unvollkommen ist, sondern damit offen ist für Veränderung und Vervollkommnung.

> Les êtres ne sont pas seulement; ils *agissent*. Qu'est-ce qu'un être *qui agit* sur un autre? C'est une *cause* (une cause 'efficiente' ou un 'agent'). [...] Je trouve que je puis définir une cause (efficiente): ce qui, *par son action*, rend compte ou *rend raison* de l'être de quelque chose. La notion de cause comporte ainsi deux éléments: la notion *qui agit*, et la notion *qui rend raison*.[91]

Auf diesem Hintergrund läßt sich für alle Veränderungen ein hinreichender (Seins-)Grund finden, und zugleich erklären, daß alle Dinge in einer Reihe von Wechselbeziehungen und gegenseitigen Wirkursächlichkeiten stehen.[92] Freilich ist das Handeln der Geschöpfe von ihrem einfachen (Da-)Sein verschieden und stellt eine besondere Seinsweise dar. Handeln «ist vor allem Überströmen des Seins; wer Aktion sagt, sagt eine gewisse Fülle aus, ein gewisses Aufblühen, genauer eine gewisse *Emanation*, durch die sich das Sein vervollkommnet». So kann man «das reine und einfache Sein einer Sache ihr *esse primum*, ihre Aktion ihr *esse secundum* oder ihren **Seinsüberschuß** [surabondance d'être] nennen»[93].

Dieser «Überschuß» wird gerade beim Menschen sehr deutlich sichtbar, da er sich sowohl nach außen hin mitteilt und ausdrückt, ebenso aber entsprechend seiner geistigen Natur nach innen seinen Willen und seinen Intellekt einsetzt, also mehr ist als nur einfaches Dasein.[94] Damit stellt sich die Frage nach der Bedeutung der geistigen Tätigkeit für den Menschen, was der übernächste Paragraph vertiefen soll. Denn zunächst verweisen die Seienden und ihre Möglichkeit zur Veränderung auf verschiedene Stufen des

---

[91] *Antimoderne* 1053.
[92] Vgl. *Antimoderne* 1054-1061.
[93] *Antimoderne* 1062.
[94] Vgl. *Antimoderne* 1062: «Sans doute un homme est (est purement et simplement) dès l'instant qu'il a la vie, mais s'il agit au-dehors, parlant, combattant, se dépensant, il est davantage, et s'il agit au-dedans, appliquant son intelligence au vrai et sa volonté au bien, il est encore davantage. [...] Ce que je vois clairement en tout cas, c'est qu'il faut être avant d'agir. L'être précède l'action; au moins d'une priorité de nature.»

Seins, denn «überall, wo es Verschiedenheit gibt, herrscht auch Ungleichheit». So läßt sich das Sein (*esse*) einer Sache in seine Essenz, also dem, was sie ist, und ihre Existenz, dem Seinsakt, unterscheiden. Zwar drückt die Existenz (neben der Essenz) eine weitere Perfektion aus, doch Maritain beschränkt sich auf die Aussage, daß durch sie «all das, was eine Sache ausmacht, in die Wirklichkeit versetzt wird»[95]. Das heißt, daß diese Vollkommenheit par excellence nicht in sich betrachtet wird, sondern am Maß der Essenz, welche die Existenz empfängt und determiniert, gemessen wird. An dieser Aussage wird einmal mehr Maritains abstrakter Seinsbegriff sichtbar, auch wenn sie zugleich impliziert, daß es dem Sein von seinem Wesen her zukommt zu existieren; damit ist es weder begrenzt noch unvollkommen, sondern vereint in sich jede Unendlichkeit aller Vollkommenheiten.

Allerdings besteht Maritains Anliegen nicht nur darin, die fundamentale Stellung des Seinsbegriffs darzulegen. Er versucht gegen Ende seiner zweiten Phase in gut thomistischer Manier[96], die Einheit und Kompatibilität *aller* Erkenntnisweisen aufzuweisen, was angesichts der modernen Naturwissenschaften ein schwieriges Unterfangen darstellt. Denn es gilt der Auffassung zu begegnen, daß die metaphysischen Grundlagen und die von ihr abgeleitete Naturphilosophie durch die Erkenntnisse und Hypothesen der empirischen Wissenschaften in Frage gestellt werden.

b) Die Problematik unterschiedlicher Erkenntnisformen

Die zentrale Stellung des Seinsbegriffs und der begrifflichen Erkenntnis wird von Maritain konsequent ausgebaut, nicht zuletzt durch sein Werk *Les Degrés*. Es bildet gewissermaßen den Schlußstein von Maritains konzeptualistischer Schaffensphase[97], da er darin seine erkenntnistheoretische zu einer ontologischen Fragestellung entfaltet und dabei auch die Erkenntnisweisen der Naturwissenschaften zu berücksichtigen versucht. Maritain wagt sogar den interessanten Schritt, die übernatürliche Erkenntnis einzubeziehen, da auch sie sich auf Gott, das *summum esse subsistens*, bezieht. Selbst eine mystische Erfahrung wie sie großen Heiligen zuteil wird, muß demzufolge in einer begrifflichen Abstraktion münden können, damit sie vom Intellekt erkannt werden kann.[98]

---

[95] *Antimoderne* 1065.
[96] S.o. 25*f.*
[97] Vgl. M.T. CLARK, «What Maritain Meant» 91: «In his critical examination of knowledge [i.e. *Les Degrés*], Maritain has shown that the intellect's natural realism tends to things from the point of view of essence.»
[98] Näheres dazu s.u. 121-126.

Die Grundlage jeglicher intellektueller Erkenntnis bildet also die Seinsidee. Sie ist zum einen das erste intelligible Formprinzip, das die ganze Wirklichkeit durchdringt, weshalb Maritain von einem supra-universalen Begriff spricht.[99] Zugleich ist die Seinsidee eine analoge oder polyvalente Realität (*unum in multis*), die eine aktuelle Vielheit in sich einschließt. Sie ist das intelligible Formprinzip, das die prinzipielle Erkennbarkeit alles dessen, was ist oder sein kann, gewährleistet.

> Le concept d'être est *implicitement et actuellement multiple*, – en tant qu'il ne fait qu'incomplètement abstraction de ses analogués, et qu'à la différence des concepts universels il enveloppe une diversité qui peut être essentielle, et comporter des hiatus infinis, des distinctions abyssales, dans la manière dont il se réalise dans les choses.[100]

Wenn also der Seinsbegriff alle Unterscheidungen in sich vereint und zugleich intelligibel ist, kann er für Maritain auch den Ausgangspunkt sowie die innere Verbindung der Erkenntnisarten der Einzelwissenschaften bilden. Da umgekehrt die Materie als das ontologische Prinzip relativer Unerkennbarkeit verstanden wird, führt die zunehmende Abstraktion von den materiellen Komponenten zu einem wachsenden Maß an Intelligibilität. Das hat zur Folge, daß die klassische Einteilung der Wissenschaften den verschiedenen Weisen oder Graden entspricht, nach denen die durch die erkennende Tätigkeit in den Dingen entdeckten Denkgegenstände von der Materie befreit sind.[101] Im Anschluß an Thomas von Aquin und an Kajetan lassen sich zwei Grundarten der Abstraktion unterscheiden. Auf der einen Seite steht die *abstractio totalis*, die abstrahiert, indem sie immer weitere und allgemeinere Begriffe sucht. Sie führt hin zu immer umfassenderen Universalien, indem sie z.B. aus Paul Mensch, aus Mensch Tier, aus Tier Lebewesen usw. abstrahiert. Diese Art von Abstraktion liegt grundsätzlich jedem menschlichen Wissen und jeglicher Wissenschaft zugrunde und ermöglicht einen problemlosen Übergang von sinnenhafter Erkenntnis zu intellektuellem Wissen. Allerdings erreicht sie weder das Wesen der Sache noch das Sein als solches, sondern löst letztlich ein Universale aus seinen subjektiven Bestimmungen heraus.[102]

Auf der anderen Seite steht die *abstractio formalis*, die nach innen, auf die eigentliche Form oder Essenz ausgerichtet ist und versucht, diese immer

---

[99] Vgl. *Les Degrés* 442: «Il est nécessaire que notre intuition ou perception intellectuelle, loin de nous mettre en présence d'une multiplicité de 'natures simples' irrésolubles, nous mette en présence d'un objet partout retrouvé et partout varié qui est l'être lui-même, et en lequel toutes nos notions se résolvent sans préjudice de l'irréductibilité des essences.»
[100] *Les Degrés* 647.
[101] Vgl. *Les Degrés* 333.
[102] Vgl. *Les Degrés* 336f.

umfassender zu bestimmen. Sie beschäftigt sich mit dem intelligiblen Typus, indem sie von den kontingenten und stofflichen Gegebenheiten alles trennt, was nicht zur *ratio formalis* oder zum Wesen eines Wissensgegenstandes gehört. Unter dieser Rücksicht lassen sich Physik, Mathematik und Metaphysik voneinander unterscheiden, insofern ihre Erkenntnisweise zwar ähnlich oder analog ist, sie sich aber auf ihre eigene Weise mit dem Seienden beschäftigen. Wie wir gesehen haben, geht es innerhalb der Formalabstraktion um die verschiedenen Stufen der Immaterialität, die nach scholastischer Auffassung eine Art innerer Hierarchie der Wissenschaften konstituieren. Denn sie erreichen um so näher die Essenzen ihrer Denkgegenstände, je mehr sie diese von der Materie loslösen. Aufgrund des spezifischen Formalobjekts kann es für Maritain keine Einheitswissenschaft geben, sondern die einzelnen Wissenschaften müssen ihrem Gegenstand in seiner jeweiligen Verbundenheit mit der Materie Rechnung tragen.[103] So lassen sich die drei Stufen der Formalabstraktion und der dazugehörigen Erkenntnisweisen folgendermaßen unterscheiden:

Auf einer ersten Ebene kann der erkennende Geist die Körper in ihrer veränderlichen und sinnlichen Wirklichkeit betrachten. Er muß lediglich die von der Materie herrührenden Aspekte beiseite lassen, welche die Verschiedenheit der Individuen innerhalb einer Art begründen. Ziel ist die meßbare und empirisch beschreibbare Untersuchung der Körper hinsichtlich ihrer Bewegung, Veränderung oder Sinnfälligkeit. Dies ist Aufgabe der *Physik*. Sie will nicht die intelligiblen Essenzen der Dinge erfassen, sondern behilft sich mit Zeichen und Erklärungen, mit denen sie die Wirkweise der Körper messen, beschreiben und teilweise selbst kontrolliert ablaufen lassen kann.[104] Aus diesem Grund verfügt die Physik nur über eine *perinoetische* oder umschreibende Erkenntnis. Sie bedient sich ersetzender symbolischer Zeichen, die der Mathematik entstammen. Diese umkreisen oder umschreiben das Wesen des Objekts, erfassen es jedoch nicht in sich.

Le physicien [...] tient de ce moyen et de ce langage [des mathématiques] la règle elle-même d'analyse, de conceptualisation et d'explication. [...] Il renonce à connaître *en elles-mêmes* la nature des choses et leurs causes physiques. [...] L'élan qui le porte au réel physique ne peut atteindre ce réel que dans ses aspects mesurables eux-mêmes, dans sa structure mesurable comme telle: en le mathématisant, et finalement en construisant quelque chose à sa place. Il la [la matière] scrute et l'approfondit en tant même qu'il la symbolise mathématiquement.[105]

---

[103] Vgl. *Les Degrés* 510*f.*
[104] Vgl. *Les Degrés* 333*f.*
[105] *Les Degrés* 555.

Auf dieser Ebene können die Seienden auch hinsichtlich ihrer Veränderlichkeit, als *ens mobile*[106], betrachtet werden. Dies ist Aufgabe der *Naturphilosophie*, welche (im Unterschied zur Physik) «die philosophischen und vorphilosophischen Substrukturen» zum Gegenstand hat. Dabei geht es um eine tiefere Einsicht «in das körperliche, sinnliche und veränderliche Sein, in das Sein, das diesen Wirklichkeiten der Natur innewohnt [...] und welche die Grundlage aller begrifflichen Konstrukte der Wissenschaften der Phänomene bilden». Die Naturphilosophie «stellt also eine andere noetische Ebene dar»[107] als die Naturwissenschaften, bewegt sich aber wie diese auf der ersten Stufe der Abstraktion. Sie abstrahiert von der *materia individualis* und untersucht die quantifizierbaren Realitäten, die nicht ohne Materie existieren und ohne sie auch nicht gedacht werden können. Als *scientia media* tut die Naturphilosophie dies allerdings auf philosophische Weise und gelangt daher zu einer tieferen, nämlich *dianoetischen* Erkenntnis. Aber auch diese nähert sich nur von außen an die Essenzen an, erreicht sie aber nicht in sich, da ihr Formalobjekt noch zu sehr der Materie verhaftet ist.[108]

Die dianoetische Erkenntnis im strengen Sinne erreicht darum aufgrund ihrer höheren Abstraktionsstufe erst die *Mathematik*, da sie nicht nur von der *materia individualis*, sondern auch von der *materia sensibilis* abstrahiert. Auch sie erfaßt die Essenzen ihrer Gegenstände nicht direkt in sich, sondern von außen her. Sie bezieht sich auf mögliche wirklich Seiende, die zwar nicht ohne Materie existieren, aber zumindest ohne sie erfaßt werden können. Die Mathematik begründet daher eine eigene Ordnung von formal faßbarer Quantität, erstreckt sich also auf Quantität, Zahl oder Ausdehnung an sich. Mathematische Einsichten erfolgen allerdings durch imaginative Intuitionen. Dabei handelt es sich nicht um völlig neue Einsichten, sondern diese knüpfen an bereits vorhandene an. Mit anderen Worten hat die der Mathematik eigene Welt zwar eine eigene Konsistenz, diese wird jedoch primär deduktiv erreicht und entspricht nicht der intuitiven Abstraktion, die das Wesen der Dinge erfaßt.[109]

Derartige Wesenseinsichten sind der dritten und höchsten Stufe der Abstraktion vorbehalten. Als zugehörige Wissenschaft betrachtet die *Metaphysik* die abstrakten und von jeglicher Materie gereinigten Gegenstände

---

[106] Vgl. *Les Degrés* 580*f.*, Anm. 67.
[107] *Les Degrés* 578.
[108] Vgl. *Les Degrés* 578-581 sowie *Éléments de philosophie* 162-174.
[109] Vgl. *Les Degrés* 630*f.*: «Nous dirons qu'elles [les essences mathématiques] sont retrouvées et comme déchiffrées par voie de construction à partir d'éléments premiers abstractivement dégagés de l'expérience. [...] Une telle intellection est encore 'dianoëtique' (et non pas compréhensive, ou exhaustive) en ce sens que l'essence n'y est pas saisie *intuitivement* par elle-même (au moyen d'une intuition non abstractive qui l'épuiserait d'un coup) mais bien *constructivement* par elle-même.»

sowie das Sein, von dem alle Gegenstände durchtränkt sind und seine Gesetze. Die Erkenntnisgegenstände auf dieser Ebene können nicht nur ohne Materie erkannt werden, sondern auch ganz und gar ohne sie existieren, so z.b. Gott, reine Geister oder universale Bestimmungen wie Substanz, Qualität, Schönheit etc. Es geht um eine «Erkenntnis jenseits der sinnlichen Natur, oder des *ens in quantum ens*»[110]. Da die Erkenntnis auf dieser Ebene sich in völliger Immaterialität bewegt, kann sie nur mit Hilfe der Analogie voranschreiten, was Maritain als analoge oder *ananoetische* Erkenntnis bezeichnet. Deshalb sind die Gegenstände der Metaphysik nicht einfach nur allgemeiner als diejenigen der Physik, da sie vom Metaphysiker nicht unter dem Gesichtspunkt des allgemeinsten Begriffes auf derselben Ebene betrachtet werden. Vielmehr betrachtet er sie in Bezug auf die Existenzordnung als Form oder als Wissensgegenstand von artlich höherer Natur und Intelligibilität, von denen er seine eigentliche, wissenschaftliche Erkenntnis durch eigene Mittel erwirbt, die denen des Physikers oder Mathematikers absolut transzendent sind. Somit sieht die Metaphysik im Sein nicht nur den allgemeinsten Begriff, sondern sie dringt auf der Ebene der Formalabstraktion zu dessen Wesen vor, indem sie es unter dem Aspekt des *ens in quantum ens* betrachtet. So kann man sagen, daß sich die einzelnen Ebenen der Abstraktion zwar voneinander abgrenzen lassen, dabei aber nicht getrennt, sondern ontologisch miteinander verbunden sind.[111]

Alors on peut dire [...] que ce qui dans l'être est plus profond que l'intelligibilité rivée à la perception du sens externe et que l'intelligibilité rivée à l'intuition imaginative, est maintenant démasqué; c'est ce que les anciens voulaient dire en disant qu'au degré du savoir métaphysique l'esprit fait abstraction de toute matière [...]. C'est l'univers de l'être en tant qu'être et des transcendantaux, de l'acte et de la puissance, de la substance et de l'accident, de l'intelligence, de la volonté, etc., toutes réalités qui peuvent exister dans les choses non matérielles comme dans les choses matérielles. L'intelligence alors voit dans les choses matérielles des réalités capables d'existence non seulement dans les choses où elle les voit, mais encore dans des sujets eux-mêmes immatériels, et finalement dans la cause transcendante des choses.[112]

Den Hintergrund dieser Unterscheidungen bildet eine komplexe Diskussion, die hier nur angedeutet werden kann. Einerseits stand für die Scholastik die Notwendigkeit einer Naturphilosophie im Sinne der aristotelischen Physik außer Frage. Allerdings empfing diese von der Metaphysik ihre entscheidenden Bestimmungen und war auf sie ausgerichtet. Das hatte weitreichende Folgen für die Ergebnisse der Naturwissenschaften, die oft

---

[110] *Les Degrés* 335f.
[111] Vgl. *Les Degrés* 337f.
[112] *Les Degrés* 613.

ohne angemessene Differenzierung in eine solche Naturphilosophie integriert wurden. Zu einer Gegenreaktion kam es durch Positivismus und Empirismus, deren Naturphilosophie einzig im Licht der Mathematik und ihrer Methode gesehen wurde.[113] Diese vertraten nämlich den Anspruch, daß eine einzige Erkenntnisweise, nämlich die mathematisch-naturwissenschaftliche, für sämtliche Wissenszweige zu gelten habe.[114] Dies bedeutete faktisch eine Verdrängung der Metaphysik und des Seinsbegriffs als letztem Einheitspunkt.[115]

Aktuell und interessant wird diese Frage für den ehemaligen Biologiestudenten Maritain besonders angesichts der neueren Naturwissenschaften. Denn neben den erwähnten methodischen Auseinandersetzungen sieht er andererseits noch deutlicher die Bedeutung der alten Grundfrage, wie die Wirklichkeit nun erkannt wird. Für die Metaphysik ist der Seinsbegriff der Garant der Erkennbarkeit wie auch der Einheit der Wirklichkeit. Zugleich setzt die Metaphysik die Zuverlässigkeit der sinnlichen Wahrnehmung voraus, da diese die Erkenntnisbilder (*phantasma*) liefert, auf denen die begriffliche Abstraktion beruht. Wenn die Sinneswahrnehmung daher die Wahrheit nicht getreu vermittelt, sind alle weiteren Abstraktionen und Spekulationen zwecklos.[116] Dies gilt auch für die alte Naturphilosophie, was sich in der Annahme eines grundsätzlich dreidimensionalen Raums und einer objektiven Bestimmbarkeit von Zeit und Bewegung widerspiegelt. Sie geht davon aus, das Wesen der Dinge, die Naturen, sicher zu erkennen und zu einer zuverlässigen Erkenntnis über die physikalische Wirklichkeit, die durch die Sinne erfaßt wird, zu gelangen.

Wie läßt sich aber eine solche Sichtweise mit neuen physikalischen Hypothesen vereinbaren, denen Maritain aufgeschlossen gegenübersteht[117],

---

[113] Vgl. *Les Degrés* 624: «Nous avons noté que les anciens [...] ont tendu [...] à soumettre toute la connaissance de la nature à la loi du savoir ontologique ou philosophique. Une faute inverse et symétrique [...] consiste à n'admettre comme savoir légitime [...] que le savoir empiriologique décoré de quelque autre nom. Cette faute a été celle des positivistes, qui lui ont donné, si l'on peut ainsi parler, les dimensions de l'univers de la pensée.»

[114] Vgl. *Les Degrés* 550: «La physique se délivre ainsi aussi parfaitement que possible de la philosophie. Et du même coup elle tend à se délivrer du sens commun [et ...] aussi de la philosophie implicite du sens commun, des principes naturels et des données naturelles de l'intelligence, sauf en ce qui concerne les principes de l'interprétation mathématique elle-même et les postulats ontologiques impliqués par les règles d'observation, affranchissement légitime dès l'instant qu'il s'accompagne d'un renoncement d'égale ampleur à l'ontologie.»

[115] Vgl. *Les Degrés* 340-353.

[116] Vgl. *Les Degrés* 397*f.*: «Le problème critique n'est pas: 'Comment passer du *percipi* à l'*esse*'? [...] Il se pose en ces termes: 'Quelle valeur, aux différents degrés de l'élaboration du savoir, faut-il reconnaître au *percipere* et au *judicare*'?»

[117] Vgl. *Les Degrés* 605: «Nous ne méconnaissons pas la haute portée du renversement des valeurs provoqué par les conceptions de la nouvelle physique, en ce qui concerne non

die sich aber gegenseitig auszuschließen scheinen? Wie sollen Heisenbergs und Einsteins gegensätzliche Vorstellungen von Raum, Zeit und Bewegung in *einer* Naturphilosophie verbunden werden? Wie hätte eine Erkenntnistheorie auszusehen, wenn nach Heisenberg nur Aussagen mit Wahrscheinlichkeitswert getroffen werden können, die Wirklichkeit in sich aber unerkennbar bleibt, da Geschwindigkeit und Ort der subatomaren Teilchen sich nicht bestimmen lassen? Auch mit Einsteins Vorstellung vom vierdimensionalen gekrümmten Raum, in dem Zeit und damit Identität keine objektiv gültige Gegebenheit für das ganze Universum darstellt, wird die objektive Erkennbarkeit in Frage gestellt. Welche Wissenschaft kann also beanspruchen, die Realität zutreffend zu erkennen bzw. zu umschreiben?

Im Gefolge der kajetanischen Tradition des Thomismus verteidigt Maritain erneut die Gültigkeit der sinnenhaften Perzeption und geht davon aus, daß die Essenzen durch den Intellekt nicht nur annähernd, sondern in sich erfaßt werden. Deshalb richtet er sein besonderes Interesse vor allem «auf die epistemologischen Bedingungen und Charakteristika der Naturphilosophie»[118]. Sie stellt das Bindeglied für die moderne Naturwissenschaft dar, denn diese kann über grundlegende ontologische Fragen nicht selbst befinden. Denn bei aller Eigenständigkeit gehen die naturwissenschaftlichen Untersuchungen davon aus, daß sich ihre Erkenntnis den Essenzen zumindest asymptotisch annähert, da sie trotz allem von einer Naturphilosophie geprägt sind, die auf Aristoteles zurückgeht und von der grundsätzlichen Existenz und Erkennbarkeit der Essenzen überzeugt ist.

> Pendant trois siècles où la fascination de la métaphysique mécaniciste s'est imposée aux sciences de la nature, l'authentique philosophie de la nature s'est trouvée comme une âme désincarnée. [...] Si les faits philosophiques sur lesquels se fonde la philosophie de la nature [...] peuvent être établis à partir de l'observation commune [...], il convient cependant qu'à mesure que se développent les sciences positives, ils soient mis en lumière aussi à partir des faits scientifiques eux-mêmes, pour autant qu'on peut dégager ceux-ci des théories. A eux seuls, les faits scientifiques sont incapables d'apporter la moindre décision philosophique, mais la lumière propre des objets et des principes philosophiques, telle la lumière de l'intellect agent illuminant les phantasmes, fait jaillir d'eux le contenu philosophique dont ils étaient prégnants.[119]

Aufgrund seiner konzeptualistischen Denkweise hält Maritain entschieden an der Gültigkeit der alten Naturphilosophie und ihrer Kompatibilität mit der Metaphysik fest. Zugleich gilt es, die Beziehung zu den modernen

---

plus seulement la science elle-même et ses intérêts propres, mais bien le régime intellectuel général du sujet humain.» Zu den Theorien von Einstein, Planck, Heisenberg und Schrödinger vgl. *Les Degrés* 533-539.
[118] *Les Degrés* 579.
[119] *Les Degrés* 587.

experimentellen Wissenschaften neu zu bestimmen, da diese auf einer eigenen, unabhängigen Physik beruhen. Denn für diese bildet nicht mehr die Metaphysik, sondern die Mathematik und ihre Vorstellung der Quantifizierbarkeit aller Körper die regulative Wissenschaft. Deshalb definiert Maritain die Naturphilosophie weiterhin «als ein Wissen, dessen Gegenstand im *esse mobile* aller Dinge der körperlichen Natur besteht sowie in den ontologischen Prinzipien, die seine Veränderlichkeit begründen». Sie kann darum als «Philosophie der Veränderlichkeit»[120] bezeichnet werden. Zugleich betont er, daß sie in sich «kein *vollständiges* Wissen ohne die Naturwissenschaften»[121] ist. Beide sind wie Seele und Leib aufeinander bezogen und voneinander abhängig, auch wenn die Naturphilosophie auf einfacheren und beständigeren Grundlagen beruht.[122] Beide stehen allerdings auf der ersten Stufe der Abstraktion und «teilen sich das Universum der veränderlichen und sinnlichen Wirklichkeit»[123], gelangen also nur zu einer Erkenntnis von außen her, die symbolisch oder vorphilosophisch ist. Die Wirklichkeit an sich, die Welt der Essenzen, wird hingegen nur auf der dritten Ebene der Abstraktion erfaßt.

Die Unterscheidung dieser Abstraktionsstufen hält Maritain für fundamental, denn wenn empirische Modelle physikalisch-mathematischer Art auf die Ontologie übertragen werden, kommt es zu einer großen metaphysischen Konfusion. Denn letztlich wird, wie Maritain am Beispiel der Raumvorstellung erläutert[124], die Erkennbarkeit der Wirklichkeit überhaupt in Frage gestellt. Eben aus diesem Grund betont er entschieden, daß gerade die modernen Wissenschaften mit Vorstellungen und Hypothesen arbeiten, die keine ontologische Aussagekraft haben. Ausgehend von der Quantifizierbarkeit der Wirklichkeit ist ihr Interesse primär darauf gerichtet, physikalische Prozesse beschreiben, messen und steuern, d.h. kontrolliert ablaufen lassen zu können.

---

[120] *Les Degrés* 580.
[121] *Les Degrés* 585.
[122] Vgl. *Les Degrés* 586.
[123] *Les Degrés* 512.
[124] Vgl. *Les Degrés* 572*f.*: «Il y deux manières possibles d'interpréter philosophiquement les conceptions de la nouvelle physique; l'une les transporte telles quelles, littéralement prises, sur le plan philosophique, et introduit ainsi l'esprit dans une aire de confusion métaphysique.» Zur zweiten Möglichkeit vgl. *ebd.* 575: «Dans l'autre cas on reconnaît que l'espace de la nouvelle physique [...] est un être de raison physico-mathématique construit tout exprès de manière à sauver toutes les apparences connues, et qu'on modifiera à mesure que des écarts seront constatés entre la construction déjà établie par la raison et de nouvelles données de l'expérience; cet être de raison apparaît alors comme un *symbole géométrique* de l'espace *physique réel* [...] qui traduit le mieux la réalité des interactivités physiques dont on renonce à scruter ontologiquement la nature pour la mieux analyser mathématiquement.»

Qu'il [le philosophe] n'oublie pas toutefois quelle erreur ce serait de chercher à édifier une philosophie de la nature et a forteriori une métaphysique sur les conclusions théoriques de la physique moderne et ses explications du monde, prises comme fondements ontologiques.[125]

Aus dem bisher Gesagten ergibt sich allerdings die Frage, welchen Zugang die Naturwissenschaften zur Natur der Dinge haben. Warum kann die Philosophie beanspruchen, über die Akzidentien hinaus zum Wesen der Dinge vorzudringen, während die Naturwissenschaften bei den Akzidentien stehenbleiben und nur durch Zeichen Aussagen über das Ding in sich oder über die Zeichen in sich machen können?

Auf diese Spannungen weist auch McDermott hin, da in Maritains Denken unklar bleibt, warum der Zugang zur Essenz der Dinge nur der Metaphysik vorbehalten sein soll.[126] Auch wenn es Maritain gelingt, die Bedeutung der Sinneswahrnehmung für die Metaphysik zu erhellen und den Seinsbegriff als Verbindung der Einzelwissenschaften zu präsentieren, so wirken seine Unterscheidungen «letztlich doch etwas aufgesetzt»[127]. Allerdings manifestieren sie einmal mehr seine Absicht, eine Erkenntnisordnung vorzulegen, die *allen* Arten von Einsicht Rechnung trägt und die im Seinsbegriff alles zusammenhält. Gleichzeitig hat diese ontologische Sicht auch Implikationen für die Sichtweise des Menschen und seinen Erkenntnisfortschritt. Eine erste Unterscheidung in *esse primum* und *esse secundum* ist uns bereits bekannt. Doch Maritain geht noch weiter.

6. Die Erkenntnis als Qualität

Auch wenn Maritain in seiner zweiten Phase primär die Objektivität der Erkenntnis und die Vermittlung der Wahrheit durch Begriffe betrachtet, so versäumt er es dennoch nicht, auch nach deren Bedeutung für das erkennende Subjekt, den Menschen selbst, zu fragen. Denn die intuitive Abstraktion ist nicht das Ziel in sich, sondern die formale Gewährleistung einer

---

[125] *Les Degrés* 604.
[126] Vgl. dazu J.M. MCDERMOTT, «Maritain: Natural Science» 238*f*.: «Does not the operation of any faculty reveal its essence? [...] Why does some knowledge stop at signs while other knowledge penetrates the signs to the essence. Actually the basic distinction, made by Cajetan, between formal and total abstraction may be fallacious. Certainly, as Maritain admitted, the total abstraction is presupposed by the formal abstraction. But in abstracting the whole from its parts, does not the mind grasp the form, which is the principle of unity among the material parts? [...] Hence, despite all Maritain's efforts, a closer analysis has indicated that his distinctions ultimately dissolve. Modern physics' challenge to the validity of immediate sense perceptions remains.»
[127] *Ebd.* 237.

sicheren Erkenntnis. Doch welches Verständnis vom Erkennenden liegt dieser Frage zugrunde? Auch hierbei offenbart sich Maritains scholastisch bestimmte Sicht, die den Menschen vor allem von seinen Fakultäten her versteht. Damit wird die Erkenntnis in Bezug auf ihren Empfänger unter der Kategorie der Qualität eingeordnet. Es werden jedoch keine weiterführenden Überlegungen angestellt, welcher Zusammenhang zwischen dieser qualitativen Vervollkommnung der Fakultäten des Geistes und dem ganzen Menschen, der Person, besteht.

In *La Philosophie bergsonienne* spricht Maritain von einer Perfektion, die der Geistseele bei der Erkenntnis eines transobjektiven Subjekts zuteil wird. Durch dessen immaterielle Aufnahme vervollkommnet sich der Geist; er wächst qualitativ und weitet sich gleichsam aus, indem eine weitere Natur auf intentionale Weise an seiner Natur teilhat und sein geistiges Eigentum wird.[128] Deutlicher verweist Maritain in *Théonas* auf die bleibende Qualität, die den geistbegabten Lebewesen durch die Operationen von Intellekt und Wille zuteil wird.

> L'action par excellence est l'action *immanente*, l'action de la pensée, et de l'amour, qui est propre aux vivants parfaits, et qui demeure en eux comme une pure qualité, attestant l'indépendance de leur être.[129]

Was ist nun aber mit dem Geist oder der Geistseele gemeint? Sie erscheint als das substantiale geistige Prinzip, das den Leib an seiner Subsistenz teilhaben läßt und auf das die geistigen Fakultäten wie Akzidentien hingeordnet sind. Wie bereits im vorigen Paragraphen angedeutet worden ist, vergleicht Maritain in *Antimoderne* die Aktivitäten des Geistes nicht mit dem Übergang von der Potenz in den Akt. Vielmehr entspricht die Tätigkeit des Geistes einem «Überschuß» oder «Überströmen», das auf seiner einfachen und unzusammengesetzten Natur beruht. Da dieses Überströmen nicht wie eine transitive Operation, sondern als immanente Tätigkeit zu verstehen ist, erschöpft oder verliert sich der Geist nicht in Akten, die von Intellekt und Wille ausgehen; er büßt also nichts an seiner geistigen Fülle ein, wenn er geistige Wirklichkeiten wie Ideen weitergibt. Ebensowenig kommt es zu einer quantitativen Zunahme, wenn neue Ideen aufgenommen werden. Vielmehr gleicht die Natur des Geistes einer lebendigen Wirklichkeit, die sich verschenken wie auch empfangen kann, die also wie ein geistiger Strom zur Aufnahme wie zur Weitergabe fähig ist, ohne dabei ihren «quantitativen Umfang» zu verändern. Darum ist jeder geistige Vollzug wie jedes

---

[128] Vgl. *La Philosophie bergsonienne* 251.
[129] *Théonas* 793. Vgl. auch *Les Degrés* 468: «L'acte de connaître est une action [...] parfaitement vitale qui appartient au prédicament 'qualité'.»

Handeln eine Tätigkeit, ein *esse secundum*, das nicht quantitativ, sondern nur qualitativ ausgedrückt werden kann.

In *Réflexions sur l'intelligence* geht Maritain weiter und bezeichnet die Erkenntnis, die ein Ausdruck des überströmenden Geistes ist, nicht nur als eine qualitative Steigerung, sondern als «eine Art höheres Sein»[130], durch das eine höhere Seinsstufe erreicht wird. Ja, Maritain scheut sich nicht, die Tätigkeit des Intellekts sogar als «immaterielle Wesensverwandlung [transsubstantiation immatérielle], als Geborenwerden zu einer Natur, die nicht ich bin»[131], zu bezeichnen. Allerdings erstreckt sich diese Wesensverwandlung nur auf den Intellekt, der aufgrund seiner Geistnatur über eine unerschöpfliche Aufnahmefähigkeit verfügt. Im Gegensatz dazu stehen die äußeren oder transitiven Akte lebloser Dinge, die dem Energiegleichgewicht (Entropiegesetz) unterworfen sind und durch die Materie nicht nur auf ihr eigenes Sein begrenzt, sondern auch metaphysisch undurchdringbar werden. Wie darum schon der Aquinate feststellt, richtet sich nach dem Maß der Immaterialität eines Seienden auch dessen Fähigkeit oder Maß, die Form anderer Dinge in sich aufzunehmen, also anderes zu werden als es selbst ist.[132] Dies vollzieht sich beim Menschen gemäß der Natur seiner Geistseele, die aber zugleich an die Bedingungen seiner Leib-Seele-Einheit gebunden ist.

Die Potentialität der Geistseele ist nun einerseits völlig passiv gegenüber der Befruchtung oder Bestimmung, die sie von der Sache erfährt, andererseits ist der Erkenntnisvorgang eine lebendige Aktivität und der vollkommenste (da im höchsten Maße selbständige) immanente Akt. Das heißt, daß es sich dabei «nicht um eine Bewegung im eigentlichen Wortsinn handelt, sondern um ein vollständiges Voranschreiten von einem Akt zum nächsten (*actus perfecti*)»[133]. Da nämlich die Geistbegabung als solche eine Vollkommenheit darstellt, geht es nicht um ein passives Aufnehmen, sondern ebenso um ein aktives In-Besitz-Nehmen durch die ganze Geistseele.[134] Auf der einen Seite steht also die Heteronomie des Intellekts, da er nicht aus sich das andere umfaßt, sondern nur dann, wenn er durch das Objekt

---

[130] *Réflexions sur l'intelligence* 64.
[131] *Réflexions sur l'intelligence* 123.
[132] Vgl. THOMAS VON AQUIN, *Summa Theologiae*, I\u1d43, q. 14, a. 1.
[133] *Réflexions sur l'intelligence* 65f. Dieser Gedanke findet sich bei THOMAS VON AQUIN (*Summa Theologiae*, I\u1d43, q. 18, a. 3) wie auch bei JOANNES A SANCTO THOMA (*Cursus theologicus*, In I\u1d43\u1d50, q. 27, disp. 12, a. 5: «Processus perfectus de actu in actum.»).
[134] Vgl. dazu bereits *Éléments de philosophie* 411 zur Bedeutung des Urteils für den Geist: «Le 'concept' propre à la seconde opération de l'esprit [... est] un non seulement d'une unité d'ordre, mais d'une unité d'être ou de *qualité*, et par conséquent réellement *simple*. [...] Il y a donc lieu de penser qu'elle [la proposition ou le *verbum mentale*] constitue une *qualité représentative* unique nouvellement produite par l'esprit.»

befruchtet wird und zu ihm, zum anderen geworden ist. Auf der anderen Seite findet sich die innere Autonomie des Intellekts, wenn er die *species impressa* in die *species expressa* verwandelt und im Urteil einen Erkenntnisfortschritt erreicht, der eine qualitative Bereicherung bedeutet.[135]

Maritain verweist bei diesem Vorgang auch auf den *intellectus agens*, der die potentiell erkennbare Ähnlichkeit der Sache geistig in Besitz nimmt, indem er die Frucht der Sinneswahrnehmung, das geistig Erfaßte (*intelligibile in actu*), zum geistig Erkannten (*intellectum in actu*) erhebt. Durch ihn wird der Erkenntnisgegenstand wahrhaft vergeistigt und im Urteil qualitativ erhöht, da er vom Intellekt eingesehen und damit in Besitz genommen wird. Aus diesem Grund ist die Einheit von Erkennendem und Erkanntem tiefer und inniger als diejenige von Materie und Form[136] oder aller Arten von transitiven Operationen.[137]

> Une faculté émergeant au-dessus de la matière, comme le sens, ou tout immatérielle, comme l'intelligence, reçoit une forme immatériellement, donc sans composer avec elle un troisième terme, alors et à ce titre elle ne peut être déterminée par cette forme que d'une manière infiniment plus profonde, en épousant cela même qu'elle est, en la recevant dans le fond de l'être, en étant changée en elle, bref en la *devenant*, et cela non pas par une transmutation de son être propre, mais dans un genre d'être supérieur qui est comme greffé sur son être propre et dont l'amplitude est sans bornes.[138]

Auf welche Weise ist nun aber die Essenz des Objekts im Subjekt gegenwärtig? Maritain unterscheidet zwischen dem *esse entitativum*, also dem Sein einer Sache, wie es ihr gemäß ihrer Natur zukommt, und dem *esse intentionale* oder *spirituale*, also einer Seinsform, die nicht für sich existiert, sondern auf eine andere Sache abzielt. Dieses vorübergehende Sein (*être de passage ou de tendance*) verfügt nicht über eine eigene Konsistenz, ist aber fähig, eine Veredelung herbeizuführen oder sie einem Subjekt zu übertragen. Das *esse intentionale* geht von einer höheren Ursache (*agens principalis*) aus und bringt eine Wirkung hervor, welche edler ist als es selbst, da es nur als Medium dient. Illustrieren läßt sich dies am Beispiel des Geigenbogens eines Musikers, der damit auf seiner Violine den Klang erzeugt. Sicher verursacht der Bogen durch seine Bewegungen auf der Geige die Schwingungen, doch der Klang oder die dadurch entstehende Musik stammt von der aktiven Fähigkeit des Künstlers, der als effiziente Ursache die Tätigkeit des Bogens bestimmt. So überträgt der Bogen auf

---

[135] Vgl. *Réflexions sur l'intelligence* 76f.
[136] Vgl. CAJETAN, *In I^{am}*, q. 14, a. 1: «Cognoscens et cognitum sunt magis unum quam materia et forma, ut egregie dixit Averroes in III. de Anima, comm. 5.»
[137] Vgl. *Réflexions sur l'intelligence* 65f.
[138] *Réflexions sur l'intelligence* 64.

intentionale Weise die musikalische Ursächlichkeit des Künstlers bzw. hat an ihr Anteil.[139]

Analoges gilt nun auch für die Erkenntnis, da das Sein der Sache nicht auf seine Weise, sondern auf die Weise des erkennenden Subjekts im Intellekt gegenwärtig ist. Darum existieren die Dinge durch geistiges oder intentionales Sein im Denken, bilden also die formale Ursache für die Immaterialität der Erkenntnis. Damit läßt sich nun die Ähnlichkeit des Objekts im Intellekt des Subjekts unter zweierlei Hinsicht betrachten: Zum einen bildet sie in der entitativen Ordnung eine akzidentielle Form, die die Fakultät informiert oder modifiziert. Zum anderen stellt diese Ähnlichkeit das Objekt oder die Form dar, die nicht auf materielle, sondern auf immaterielle Weise im Intellekt gegenwärtig ist. Durch dieses formale Zeichen wird der Intellekt auf intentionale Weise zum erkannten Objekt, es kommt also zwischen beiden zu einer doppelten Einheit, nämlich auf entitativer Ebene, um die geistige Bestimmung zu empfangen, und auf intentionaler Ebene, um sie einzusehen.[140]

Seinssteigerung des Subjekts meint also nicht nur die Vergeistigung des Objekts, seine bloße Gegenwart im Intellekt, sondern die Einsicht in sein Wesen und damit eine Anteilnahme an seiner Perfektion.[141] Aus diesem Grund läßt sich für Maritain die intellektuelle Einsicht umschreiben als «die rein lebendige und qualitative Vollendung, durch welche die Seele sich sozusagen mit dem schmückt, was die Sache ist»[142]. So schreibt er hinsichtlich der Aufnahmefähigkeit des Intellekts in *Trois Réformateurs*, einem Werk aus dem Jahr 1925:

> Le propre des choses spirituelles est de n'être pas murées dans leur être particulier, et de pouvoir s'augmenter intrinsèquement de l'être même de ce qui n'est pas elles [...]. L'intelligence s'achève soi-même vitalement, en une action qui est une pure qualité immatérielle, et où cela même qui constitue l'*autre* comme tel devient sa propre perfection.[143]

Darin manifestiert sich einmal mehr die Unabhängigkeit der Geistseele und ihr Selbstand, aber auch ihre Offenheit, insofern die geistige Natur nicht eine geschlossene Entität darstellt, sondern auch Essenzen in sich aufneh-

---

[139] Vgl. *Réflexions sur l'intelligence* 71*f.* Erste Überlegungen dazu finden sich schon in *La Philosophie bergsonienne* 360-362, wo Maritain zwischen *être de nature* und *être intentionnel* unterscheidet.
[140] Vgl. *Réflexions sur l'intelligence* 75: «Ainsi faut-il que notre intellect soit déterminé par un accident qui l'affect *in esse entitativo*, pour que soit greffé et reçu en lui l'objet *in esse intentionali*, et que l'intellection se produise.»
[141] Vgl. *Réflexions sur l'intelligence* 67-69.
[142] *Réflexions sur l'intelligence* 70.
[143] J. MARITAIN, *Trois Réformateurs*, ŒC Bd. III, 479.

men und an ihrer Vollkommenheit teilhaben kann, die sie von ihrer Seinsstufe her überragen. So hatte Maritain in *La Philosophie bergsonienne* bereits vom Intellekt gesprochen als der «Lebensquelle, durch welche die Wahrheit, das Absolute und die Wirklichkeit in unsere Geistseele eintreten und sie bis zur Unendlichkeit erweitern»[144]. Und in *Les Degrés* weist er darauf hin, daß der Mensch durch seine Befähigung zur Erkenntnis nicht nur ein begrenztes Dasein führt. Er ist nicht «ein Subjekt, das für sich allein existiert, sondern vielmehr eine uneingeschränkte Existenz»[145], deren geistige Aufnahmefähigkeit weit über sich hinausreicht. Wenn erkennen also heißt, sich selbst zu einem Existenzakt von überragender Vollkommenheit steigern zu können, also nicht nur in sich und mit dem aus sich Hervorgebrachten zu existieren, dann ist damit in letzter Konsequenz für den Philosophen die Möglichkeit zur Einsicht in die Ordnung des Universums und seiner Ursachen ausgesagt; für den Theologen hingegen bedeutet es, zur *visio beatifica*, zur Anschauung Gottes gelangen zu können.

Zusammenfassend läßt sich darum sagen, daß die Erkenntnis ein immanenter Akt ist, der vollständig und auf vitale Weise aus der Fakultät hervorgeht und völlig durch das Objekt spezifiziert wird. In dieser Operation aktuiert sich die Fakultät selbst, indem sie durch das Objekt bestimmt wird, das intentional in ihr durch dessen Ähnlichkeit oder *species* gegenwärtig ist. Handelt es sich dabei um eine Erkenntnis, die auch die Tätigkeit des Willens, also die Liebe, aktiviert, kommt es nochmals zu einer höheren Einheit, insofern «die Liebe stärker vereint als die Erkenntnis» und «die Seele zu einer wahrhaft 'realen' Einheit führt, *unio secundum rem*»[146].

7. Zusammenfassung

Nachdem Maritain selbst erlebt hat, daß ein rein immanentistisches Weltverständnis bis an den Rand des Suizids führen kann, ist er unter der Führung von H. Clérissac um so entschiedener darum bemüht, seine anfänglichen Zweifel zu überwinden und die Vereinbarkeit von Glaube und Vernunft aufzuzeigen[147]; dafür kommt für ihn allein die klassische Metaphysik

---

[144] *La Philosophie bergsonienne* 251. Zur daraus resultierenden Offenheit des Intellekts für das unendliche Universum alles Erkennbaren und damit letztlich für Gott schreibt O. LACOMBE (*Jacques Maritain. La générosité de l'intelligence*, Paris 1991, 95): «Si l'information requiert de l'esprit fini une instance de passivité, la pensée une fois informée se porte elle-même au plus haut degré d'actualité, et connaît activement d'une activité immanente. Et cette immanence est ouverte sur l'infinité du connaissable.»

[145] *Les Degrés* 467.

[146] *Réflexions sur l'intelligence* 144f.

[147] Vgl. I. Vatikanisches Konzil, Dogmatische Konstitution über den katholischen Glauben *Dei Filius*, IV, *DH* 3017.

in Frage, die im Umfeld eines positivistischen Szientismus über die Grundlage einer wissenschaftlichen Neubegründung der menschlichen Erkenntnisfähigkeit verfügt. So tut sich Maritain gerade dadurch hervor, daß er sich gegen alle Vorurteile auf die Grundlage des Erkennens überhaupt, auf die Gnoseologie, konzentriert. «Wie Gilson hielt auch Maritain das kritische Problem, das die moderne Philosophie von Descartes geerbt hatte, für ein Pseudoproblem. Seine Fassung eines 'kritischen Realismus' beginnt nicht mit der Frage: 'Gibt es Erkenntnis der Wirklichkeit?', er fragt: 'Was ist die Erkenntnis von Wirklichkeit?'.»[148] Ebenso kann für ihn «keinesfalls das reine, in sich abgeschlossene *cogito* den Ausgangspunkt [...] thomistischer Erkenntniskritik darstellen»[149]. Nicht von der Selbstbewußtwerdung des Subjekts, also von einer geistigen Operation aus, sondern von deren Grundlage, nämlich der Bewußtwerdung der ersten Prinzipien aus, ist die intelligible Struktur der Wirklichkeit, des *ens in quantum ens*, zu untersuchen.

Mag darum Gilsons Urteil durchaus zutreffen, daß Maritain in seiner frühen Phase weniger Ontologie als vielmehr Epistemologie betreibt, so gelingt es diesem dadurch immerhin, den Kritizismus durch eine realistische Position zu überwinden, die auf einer optimistischen Sicht der menschlichen Natur beruht, wie sie nicht zuletzt seiner neuen Konfession sehr angelegen war. Maritain beschränkt sich dabei allerdings nicht nur auf eine Wiederholung der Position seiner Lehrer[150], sondern versucht vielmehr, den metaphysischen Kern von Bergsons Intuition der Dauer zu entfalten. Dadurch steht vieles, was Maritains Verständnis des Intellekts von 1910 bis 1932 kennzeichnet, unter der Spannung von «orthodoxer Philosophie» und seiner eigenständigen Fortführung von Bergsons Neuansatz.

Bergson sieht die mögliche Einheit von Subjekt und Objekt in der Intuition oder intuitiven Begegnung durchaus richtig. Aber da es ihm nicht gelingt, sich vom Zweifel des Descartes hinsichtlich der Trennung von Intellekt und Wirklichkeit zu lösen, kommt für ihn nur ein rein intuitives Erfassen des Objekts ohne jeglichen Diskurs oder Begriff in Frage. Darum stellt sich für Maritain die Frage nach der Erkenntnistheorie vor allem in der Hinsicht, wie Intuition und Abstraktion miteinander verbunden werden

---

[148] B. McGINN, *The Foundations of Mysticism. Origins to the Fifth Century*, Bd. 1, New York 1991, dt. Übers. C. Maaß, *Die Mystik im Abendland*, Bd. 1, Freiburg – Basel – Wien 1994, 434*f.*

[149] *Les Degrés* 401.

[150] Vgl. G. van RIET, *Épistémologie* 351: «Si M. Maritain emprunte au P. Garrigou-Lagrange l'idée centrale de son épistémologie, il l'enrichit cependant de manière considérable, tant par sa connaissance approfondie du système bergsonienne que par sa méditation personnelle du mystère d'être. [... Il] dépasse les formules plutôt abstraites et le logicisme latent du P. Garrigou-Lagrange.»

können. Dies erklärt zum einen die breit angelegte Unterscheidung der intuitiven Erkenntnisweisen, zum anderen aber auch die Einschränkung der Intuition auf die *Weise*, also die unmittelbare Entstehung im Gegensatz zum *Gehalt* der Einsicht. Durch diese formale Unterscheidung kann er zu Recht von einer intuitiven Abstraktion hinsichtlich der Begriffsbildung sprechen und damit die Position der Neuscholastik mit der von Bergson in Verbindung bringen. Solange aber seine Reflexionen vor allem konzeptualistisch geprägt sind, vermag er den Gegenstand intuitiver oder existentieller Erkenntnis nicht so recht in sein System einzuordnen.

So verwundert es nicht allzu sehr, daß Maritain bei der Frage nach dem Erfassen des Seinsbegriffs und der ersten Prinzipien auf Schwierigkeiten stößt. Sein Versuch, den Begriff der Intuition analog zu betrachten, erweist sich als inkohärent, da er damit Form *und* Inhalt dieser besonderen Einsicht auszudrücken versucht. Der ansonsten klare Zusammenhang von Begriff und Urteil wirkt hier seltsam verschleiert, da Maritain das Proprium der ersten und zweiten Operation des Geistes nicht konsequent differenziert. Er möchte die Erkenntnisordnung nicht auf einer intuitiven *Abstraktion* aufbauen, da diese ein Urteil und weitere Konklusionen impliziert, damit aber Fehlschlüsse nicht mehr ausgeschlossen werden können. Darüber hinaus möchte Maritain an der Intelligibilität der Wirklichkeit festhalten, die er primär im Begriff gewährleistet sieht und nicht in einer Vorstellung, die (vgl. Bergson) vor allem auf die Lebendigkeit der Realität abhebt.

Kann aber der erkennende Geist nur begrifflich eine zuverlässige Erkenntnisbeziehung mit außermentalen Objekten eingehen? So werden sich die weiteren Untersuchungen mit den Spannungen beschäftigen, die aus folgenden Grundfragen resultieren: Bedeutet die Annahme einer intelligiblen Wirklichkeit vor allem ihre begriffliche Erkennbarkeit? Ist darum eine abstrakte Erkenntnis der einzige Garant für eine wahre Erkenntnis? Welche Art von Einsicht (oder Intuition) wird dann im Urteil, der zweiten Operation des Geistes, erreicht, wenn es über Essenz *und* Existenz befindet? Solange außerdem die Erkenntnis als qualitative Vervollkommnung vor allem auf ihre Fakultät, den Intellekt, bezogen wird, nicht aber ihr Träger, der Essenz- *und* Existenzordnung in sich verbindet, einbezogen wird, wird auch die Frage nach einer Bestimmung der menschlichen Person kaum akut. Die Person wird dann als Handlungssubjekt verstanden, das zu geistigen Einsichten und vernünftigem Handeln fähig ist. Das hat (für den Konzeptualismus unvermeidliche) Auswirkungen für die Bestimmung des menschlichen Willens und seiner Freiheit, wie das folgende Kapitel zeigt.

Kapitel III: Die Person als *suppositum*

1. Einleitung

Die Untersuchung der Epistemologie und der Tätigkeit des Intellekts im letzten Kapitel hat gezeigt, daß sich Maritains Interesse in seiner zweiten Phase vor allem auf den Begriff richtet, da er die Wirklichkeit lebendig und wahr wiedergibt. Inspiriert durch Bergson, setzt Maritain der Trennung von Subjekt und Objekt, die der Idealismus für unüberwindbar erklärte, eine erneuerte realistische Epistemologie entgegen. Doch damit ist nur ein Teil der menschlichen Wirklichkeit beschrieben, da neben dem Erkenntnisfortschritt das Subjekt auch durch sein Tun Veränderung bewirkt oder erfährt. Diese Ebene des Agierens (*esse secundum*), die sich vom einfachen Sein des *esse primum* unterscheidet, erreicht beim Menschen eine besondere Qualität, nämlich die Ordnung der Freiheit und der Moral, die von verschiedenen Seiten zu betrachten ist. So wird im vorliegenden Kapitel die Frage nach der Strebefähigkeit des Menschen und damit nach seinem Willen und dessen Natur gestellt. Wie also der Intellekt auf das Sein und die Erkenntnis der Wahrheit ausgerichtet ist, so ist der Wille auf das Gute hin orientiert. Dabei ist die Spannung zu berücksichtigen, daß er einerseits vom *bonum* angezogen wird, andererseits aber das *liberum arbitrium* bestimmen kann, wovon es sich anziehen lassen will.

Damit klingt bereits das Problem des Trägers der Entscheidungsfreiheit an, der vor allem unter ontologischer Hinsicht betrachtet wird. Das erfordert eine Erhellung der Begriffe von Substanz, Subsistenz und schließlich des daraus resultierenden Personverständnisses. Deutlich kommt dabei ein Potenz-Akt-Schema zum Vorschein, das auf seine (nicht immer zureichende) Weise versucht, Veränderung und Wandel begrifflich zu umschreiben. Auf die Tatsache, daß der Mensch eine Leib-Seele-Einheit bildet, damit also zur Welt des Geistes wie auch der Materie gehört und von beiden Prinzipien bestimmt wie auch eingeschränkt wird, geht der Abschnitt über den Zusammenhang von Individualität und Personalität näher ein. Dieser eher horizontal ausgerichteten Untersuchung folgt eine vertikale Blickrichtung, insofern die Verbindung von natürlicher und übernatürlicher Ebene betrachtet wird. Es geht dabei um die mystische Erkenntnis, die Maritain nach bewährter konzeptualistischer Manier von ihrem Erkenntniswert her untersucht, während er auf die interpersonale Seite nicht näher eingeht. Diese deutet sich erstmals in seiner Philosophie der Freiheit an, in der er nicht mehr die Person oder die Personalität, sondern auch die Freiheit als Potenz betrachtet. Diese gründet im *liberum arbitrium*, geht aber zugleich darüber hinaus, da sie offen ist für eine größere Freiheit, die dem Menschen an sich zukommt. Sie bezieht sich nicht mehr allein auf seine Fakultäten, sondern betrifft den ganzen Menschen, der sie Stück für Stück erringen muß. Das Ziel besteht in einer harmonischen Integration der natürlichen, geistigen und geistlichen Anlagen. Doch nun zur Strebefähigkeit des Menschen.

2. Wille, Verstand und *liberum arbitrium*

a) Die Natur des Willens und sein Zusammenspiel mit dem Intellekt

Neben der Gnoseologie beschäftigt sich Maritain in *La Philosophie bergsonienne* auch kritisch mit Bergsons Freiheitsverständnis, wobei er vor allem die neuscholastische Gegenposition vertritt. Dabei stützt er sich ausdrücklich auf die Studien von Garrigou-Lagrange[1], die auch die Problematik der konzeptualistischen Vorstellung von Freiheit aufscheinen lassen. Ausgangspunkt ist die Frage nach der Natur des Willens. Er wird bestimmt als ein *appetitus*, ein Streben, das seine Erfüllung im Besitz eines Gutes findet. Während der Intellekt von einer doppelten Passivität bestimmt ist und sich auf die Ebene der Abstraktion oder der Essenzen bezieht, ist der Wille die aktive Fakultät der Seele, die sich auf ein *bonum* außerhalb ihrer selbst richten kann.

Wie es nun keine Bewegung gibt ohne etwas Unbewegtes, so gibt es auch keine freien Akte ohne eine innere Gesetzmäßigkeit und Intelligibilität. Wenn darum der Intellekt durch die innergeistige und wirklichkeitsgetreue Wesensangleichung charakterisiert ist, so kennzeichnet den Willen die Anziehung durch ein Gut und dessen Besitz.[2] Das bedeutet, daß nach Auffassung Maritains (und der scholastischen Tradition) der Mensch durch den Willen auf die guten Dinge ausgerichtet ist, «insofern sie am 'Grund' oder an der Form des *bonum in communi* [bien en général]»[3] teilhaben. Diese «Fakultät des Sehnens oder der Liebe neigt zum Guten gemäß dessen universaler Weite und insofern es auf transzendentale Weise jede gute Sache durchdringt»[4]. Daraus folgt jedoch, daß alles, «was vom universalen oder

---

[1] Vgl. *La Philosophie bergsonienne* 439, Anm. 40 unter Hinweis auf R. GARRIGOU-LAGRANGE, «Intellectualisme et Liberté chez saint Thomas» [*RSPhTh* 1 (1907) 649-673; 2 (1908) 5-32].

[2] Vgl. *La Philosophie bergsonienne* 440: «La volonté, en effet, est un appétit, elle est caractérisée par le désir, son acte primordial est l'amour. [...] L'acte ultime de la volonté ne consiste pas à produire au-dehors, mais à se reposer dans la possession du bien désiré.»

[3] *La Philosophie bergsonienne* 440.

[4] *La Philosophie bergsonienne* 441.

absoluten Gut verschieden ist, den Willen nicht notwendig bestimmen kann»[5]. Darum teilt Maritain die Ansicht von Garrigou-Lagrange, nach dem «jedes konkrete Gut oder Teilgut gegenüber dieser unbegrenzten Liebesfähigkeit [des Willens] unangemessen bleibt»[6]. Durch diese innere Struktur ist der Wille angesichts eines konkreten und kontingenten Teilguts unbestimmt und indifferent, kann sich also frei dafür oder dagegen entscheiden. Dabei bleibt er auch bei einer moralisch schlechten Einzelentscheidung auf sein letztes Ziel, das allgemeine Gut, ausgerichtet, das als solches nicht *nicht* gewollt werden kann. Daraus ergeben sich allerdings zwei Fragen, nämlich wie dieses Gut als Gut erfaßt wird, und wie das *bonum in communi* zu verstehen ist. Maritain betont, daß das Wollen nicht eine blinde oder völlig spontane Neigung darstellt, sondern Ausdruck eines Strebens ist, dessen Ziel bekannt ist. Deshalb kann nicht gewollt werden, was nicht vorher auf eine gewisse Weise dem Subjekt bekannt wäre oder von ihm erkannt wurde (*nihil volitum nisi praecognitum*[7]). Er spricht deshalb auch vom Willen als einem «rationalen *appetitus*, der seine Wurzel im Intellekt hat»[8].

> Mais qu'est-ce donc que la volonté veut ainsi nécessairement? C'est ce qu'elle veut par nature, et sa nature est d'être l'appétit qui suit à l'intelligence, c'est donc le bien selon sa forme typique ou valeur telle que l'intelligence le fait surgir des ombres des biens sensibles, disons le *bien pur*. D'où il suit, en premier lieu, que la volonté ne peut jamais vouloir le mal en tant que mal. [...] En second lieu, qu'elle ne peut pas, dès l'instant qu'elle s'exerce, ne pas vouloir une fin dernière, un bien premier, pour lequel tous les autres sont voulus, c'est-à-dire le bien pleinement bien, le bien universel.[9]

Maritains Begrifflichkeit versucht auch in diesem Kontext, die natürliche und die übernatürliche Ebene auseinanderzuhalten, zugleich aber auch einen gewissen Spielraum zu bewahren, weshalb er vom allgemeinen Gut[10] ebenso wie vom reinen oder universalen Gut spricht, was schon der heilige Thomas von Aquin mit Gott gleichsetzt[11]. Dahinter steht ebenso die Schwierigkeit, ein rein natürliches und damit abstraktes Gut als die Form des Willens annehmen zu müssen. Doch wie kann der Wille von einem Universale angezogen werden, wenn dies notwendig eine Abstraktion

---

[5] *La Philosophie bergsonienne* 442.
[6] R. GARRIGOU-LAGRANGE, «Intellectualisme et Liberté» 15.
[7] THOMAS VON AQUIN, *Summa Theologiae*, I^a, q. 82, a. 4.
[8] *La Philosophie bergsonienne* 441.
[9] *La Philosophie bergsonienne* 441f.
[10] Vgl. *La Philosophie bergsonienne* 441, wo Maritain «bien en tant que bien» und «*bien en général*» synonym gebraucht.
[11] THOMAS VON AQUIN bezeichnet Gott einerseits als *bonum universale* (*Summa Theologiae*, I^a-II^{ae}, q. 2, a. 8), ebenso aber auch als *summum bonum* (*ebd.* q. 4, a. 1).

darstellt, damit aber zur Essenzordnung gehört und vom Intellekt erfaßt wird? Wie verbindet sich diese Anziehung mit derjenigen, die der Wille durch ein konkretes Gut erfährt und welche zur existentiellen Ordnung gehört? Heißt das umgekehrt, daß das Wollen von der Natur ausgeht und damit über eine gewisse Unabhängigkeit verfügt, oder muß der Wille dem Intellekt folgen, um nicht irrational zu handeln?

Maritain geht auf diese Fragen nicht näher ein, sondern verweist auf die scholastische Vorstellung des Zusammenspiels von Wille und Intellekt, das die Freiheit der Indifferenz ausmacht. Dabei werden für einen konkreten Akt drei Stufen unterschieden. Die erste Stufe bildet ein rein spekulatives Urteil des Intellekts, das auf keinerlei Aktion ausgerichtet ist, sondern sich nur mit Intelligiblen und allgemeinen Prinzipien beschäftigt. Im Anschluß daran faßt das spekulativ-praktische Urteil eine Aktion ins Auge, wobei sie jedoch noch von der Einzelwirklichkeit und dem zu vollbringenden Akt abstrahiert und auf der Ebene der allgemeinen Wahrheiten bleibt, wie beispielsweise: Man soll das Gute tun, nicht töten etc. Das praktisch-praktische Urteil hingegen zielt auf eine bestimmte Aktion unter konkreten Umständen hin; erst auf dieser Ebene schaltet sich der Wille ein und kann tätig werden. Der Intellekt selbst kommt alleine nicht zu einem abschließenden Urteil, da er zwischen diesen und jenen Gründen für oder gegen ein konkretes Gut abwägt. Dabei erscheint ihm keine der dazugehörigen Aktionen in sich als absolut notwendig, da er auch ihre unendliche Disproportion zum höchsten Gut sieht. Zudem bleibt der auszuführende Akt ein kontingenter Akt, der ausgeführt werden kann oder auch nicht; dieser stellt etwas Neues in der Welt dar und kann darum nicht abgeleitet oder durch ein notwendiges Urteil vom Intellekt vorgeschrieben werden. So muß die Unentschiedenheit des Intellekts angesichts des praktisch-praktischen Urteils durch eine andere Fakultät, nämlich den Willen, eine Bestimmung oder eine Art geistiger Energie empfangen, um zu einer abschließenden Entscheidung und deren Ausführung gelangen zu können.

> Et ainsi l'indétermination foncière de l'intelligence dans son jugement *practico-pratique* est la cause même et la racine de l'indétermination foncière de la volonté par rapport à son opération, lorsque celle-ci doit porter sur un bien particulier. L'intelligence par elle-même, en pareil cas, resterait toujours dans l'indifférence, elle ne pourrait sortir de son indétermination. Mais la volonté va-t-elle rester indifférente? [...] L'opération par laquelle elle triomphe de l'indétermination, par laquelle elle *se* détermine, c'est l'œuvre même du *libre arbitre*.[12]

Der gegenseitige Einfluß von Wille und Verstand läßt sich durchaus als gegenseitige Kausalität verstehen; dabei wirkt der Wille als *causa efficiens*

---

[12] *La Philosophie bergsonienne* 447*f*.

und bewirkt kraft seiner Dynamik, daß der Intellekt, der das naturgemäße Gute vorschlägt, unter mehreren Möglichkeiten ein bestimmtes Urteil fällt, welches wiederum als *causa formalis* die Aktion und den Elan des Willens spezifiziert und lenkt. Somit wird der Wille selbst zur Ursache der Anziehung, die er erfährt. Damit bleibt seine Indifferenz oder Freiheit gewahrt, und zugleich handelt er nicht blind oder ohne vernünftigen Grund, sondern macht sich ein vom Intellekt vorgelegtes konkretes Gut zu eigen.[13] Damit kommt dem Willen eine doppelte Wahl zu, nämlich erstens ein konkretes Gut unter anderen auszuwählen bzw. sich von ihm anziehen zu lassen, um sich dann zweitens dieses Gut zu eigen zu machen und es zu erstreben.

Doch wie kommt es zu einem Urteil des Willens, wenn nur der Intellekt als rationale Fakultät betrachtet wird und abstrakt vorgeht, also zur Ordnung der Essenz gehört, während der Wille als Fakultät des Strebevermögens betrachtet wird; dieses findet im Verkosten und im Besitz des konkreten Guten seine Erfüllung, bezieht sich also auf die Ordnung der Existenz. Maritain beläßt es zunächst beim Postulat der gegenseitigen Verschränkung, denn «es ist notwendig, daß der Mensch frei sei, um so mehr, da er über eine geistbegabte Natur verfügt; ebenso gilt: Der Wille ist die Wurzel der Freiheit *als Subjekt*, aber die Vernunft ist [die Wurzel der Freiheit] *als Ursache*.»[14] Beide Fakultäten müssen irgendwie verbunden sein und doch auch eine gewisse Autonomie bewahren.

Zusammenfassend kann man also sagen, daß zu allem Erkennen der Wille hinzukommen muß, wenn die Erkenntnis in ein praktisch-praktisches Urteil und in die damit verbundene Aktion münden soll. Die gegenseitige Kausalität von Intellekt und Wille führt dazu, daß der Wille nicht blindlings handeln und der Intellekt nicht zwingend vorschreiben kann, was das Subjekt als konkretes und damit stets kontingentes Gut gewählt und getan werden soll. Die Bedeutung, die dabei dem *liberum arbitrium* zukommt, das beide Fakultäten in sich vereint und zugleich über sie hinaus verweist, werden wir im nächsten Abschnitt vertiefen.

Die Problematik der Natur des Willens wird auch noch unter einem anderen Aspekt sichtbar, nämlich der näheren Bestimmung des *bonum absolutum*. Maritain unterscheidet im Gefolge des heiligen Thomas zwischen dem allgemeinen und dem absoluten Gut. Der Wille erstrebt aufgrund eines *desiderium naturale* notwendig das *bonum in communi*, aufgrund

---

[13] Vgl. *La Philosophie bergsonienne* 450: «Lorsque elle [la volonté] plie l'intelligence à tel jugement practico-pratique plutôt qu'à tel autre, elle n'agit pas sans motif ou sans raison, son motif ou sa raison est précisément le bien partiel, représenté par l'intelligence, qu'elle choisit ainsi.»
[14] *La Philosophie bergsonienne* 443 mit Verweis auf THOMAS VON AQUIN, *Summa Theologiae*, I^a, q. 83, a. 1; I^a-II^{ae}, q. 17, a. 1.

eines *desiderium trans-naturale* hingegen begehrt er das *bonum absolutum*.[15] Dieses über das natürliche Sehnen hinausgehende Streben ist einerseits noch nicht Frucht der Gnade, sondern meint die besondere Wirklichkeit des Menschen, der ein Ganzes, ein Universum in sich darstellt. Auf der anderen Seite bestimmt Maritain als «den angemessenen Gegenstand des Willens [...] das *bonum absolutum et universale*». Er hält daran fest, daß «jeder Wille, auch der verdorbenste, Gott ersehnt, ohne es zu wissen»[16]. Mit anderen Worten gibt es ein implizites Streben des Willens nach Gott, das mit Hilfe der Offenbarung und der Gnade erhellt und zu einem übernatürlichen Streben erhoben werden kann. Dann richtet es sich nicht mehr auf das allgemeine, sondern auf das absolute Gut, also auf Gott. Doch wie kann im Willen ein Streben unter zwei verschiedenen Hinsichten existieren?

Zudem bleibt unklar, wie der Wille auf der einen Seite auf ein allgemeines Gut ausgerichtet sein kann, das von Gott verschieden ist. Wenn es sich beim *bonum in communi* nur um eine Abstraktion handelt, findet es keine Entsprechung in der Wirklichkeit; wenn der Wille hingegen auf das *bonum absolutum* notwendig ausgerichtet ist, entspricht dies seiner Ausrichtung auf Gott, was aber einer Verbindung von natürlicher und übernatürlicher Ordnung gleichkäme. Damit würde letztlich die Freiheit des Willens eingeschränkt, da der Mensch von Natur aus an Gott teilhätte und ihn erstrebte. Das hieße, daß das *desiderium naturale* auf eine übernatürliche Erfüllung notwendig ausgerichtet wäre bzw. es wäre unmöglich, Gott zu verwerfen, da die Unterscheidung von Natur und Gnade hinfällig würde. Umgekehrt muß hingegen die Natur des Willens über eine Offenheit verfügen, die für eine passive Erhöhung durch die Gnade disponiert ist (*potentia oboedientialis*), ohne diese einzufordern; zugleich gilt es, die Freiheit des Menschen zu berücksichtigen, also auch seine natürliche Anlage (*desiderium naturale*) in Form einer Neigung zu verstehen, die bei Nicht-Erreichen der übernatürlichen Ordnung nicht einer unerfüllten Potenz gleicht und sich als Mangel bemerkbar macht.

Noch deutlicher tritt die offenstehende Frage nach der Verbindung oder Unterscheidung von menschlicher Person und ihren Fakultäten bei der Schau der Seligen zutage. Denn diese besteht nach scholastischer Auffassung in der Erfüllung des Strebens des Willens durch die Teilhabe an Gott, dem *summum bonum*, womit die Indifferenz des Willens aufgehoben wird. Dadurch wird die Freiheit derer, die in der *visio beatifica* stehen, nicht verringert, sondern die völlige Aktualisierung der Willenspotenz erreicht. Während der Intellekt unmittelbar Gottes Wesen schaut, gelangt der Wille

---

[15] Vgl. *La Philosophie bergsonienne* 442, Anm. 43.
[16] *La Philosophie bergsonienne* 442f.

in den Besitz des *bonum absolutum*, so daß der in der Anschauung Stehende bleibend auf Gott hin ausgerichtet ist. Das heißt, daß er von der unendlichen Liebe mit der Wucht und der Helligkeit eines Blitzes getroffen wird, so daß er nicht anders kann oder will, als ohne Ende zu lieben.[17] Dazu wurde von der Tradition eine doppelte Freiheit vorausgesetzt, wie wir am Ende des Kapitels noch sehen werden. Denn der Wille verliert seine Freiheit nicht in seiner Erfüllung. Vielmehr wird die Wahlfreiheit oder Freiheit der Indifferenz aufgehoben, weil sie ihr Ziel erreicht hat.

Die Frage nach der Natur des Willens stellt sich auch von einer anderen Seite her, nämlich in Bezug auf den Mißbrauch der Freiheit. Wir haben gesehen, daß der Wille einem Teilgut gegenüber indifferent oder unbestimmt ist. Wie ist es nun möglich, daß er nicht nur das *bonum*, sondern auch das Schlechte, das *malum* wählt? Im Anschluß an Sokrates und Kajetan bemerkt Maritain: «Omnis peccans est ignorans»[18]. Die Unkenntnis ist dabei im uneigentlichen Sinne zu verstehen, da das Subjekt in einem spekulativ-praktischen Urteil vollkommen einsehen kann, worin eigentlich die Regel und das wahre Gut bestünde, aber dennoch im praktischen Urteil seinem Belieben nach einem falschen oder scheinbaren Gut nachgibt und das Abwägen willkürlich abbricht oder sich darüber hinwegsetzt. Unkenntnis kann somit einhergehen mit voller Einsicht in das gewählte Übel, da der Wille Ursache dieses praktischen Nicht-Erwägens ist.

Während der Intellekt das Gesetz und das wahre Gut im spekulativpraktischen Urteil erkennt, beugt der Wille das praktische Urteil nach seinem Gutdünken und trägt damit die Verantwortung für dessen Ausführung. Überträgt man diese Vorstellung auf die gefallenen Engel, dann kann bei ihnen nicht von Unkenntnis im strengen Sinn gesprochen werden. Vielmehr genügte ihr schlechter Wille, da sie aufgrund ihrer vollkommenen Einsicht – im Gegensatz zum Menschen – nicht eine in sich schlechte Sache für ihr Gut halten konnten.[19] Damit ist der Wille offensichtlich nicht nur an den Intellekt gebunden, sondern kann aus Gründen handeln, die das *malum*, d.h. das scheinbar Gute, dem realen Guten vorziehen. Oder folgt daraus für die Freiheit des Willens, daß der Mensch das Böse unter der Hinsicht des Guten wählen kann, das heißt ein irriges praktisches Urteil fällt? Kann oder will er dabei nicht erkennen, daß es sich nur um ein vorgetäuschtes Gut handelt?

---

[17] Vgl. *La Philosophie bergsonienne* 458: «Alors, dans la lumière de cette bienheureuse vision, notre volonté enfin satisfaite, se portera vers Dieu de tout son poids, bien que d'une manière parfaitement vitale et spontanée, tombera en lui comme la foudre, dans une nécessité infinie d'aimer sans fin l'Amour infini.»
[18] CAJETAN, *In I^{am}-II^{ae}*, q. 77, a. 2, nr. 4 bzw. *La Philosophie bergsonienne* 455f.
[19] Vgl. *La Philosophie bergsonienne* 455-457.

b) Das liberum arbitrium *und sein Träger*

Als erste und sicherste Gegebenheit erfährt der Mensch durch seine Wahlfreiheit oder das *liberum arbitrium*, daß er frei ist.[20] Dieses manifestiert sich, wenn es zwischen verschiedenen Möglichkeiten auszuwählen gilt, ob und wie er handelt. Wie wir bereits am Ende des letzten Abschnittes sahen, ist die Wechselwirkung zwischen Wille und Intellekt in *La Philosophie bergsonienne* ausgedrückt in einer gegenseitigen Kausalität, welche die Wahl- oder Entscheidungsfreiheit, das *liberum arbitrium* des Subjekts bestimmt.[21] Darin kommt die Freiheit des Subjekts zum Ausdruck, das unter konkreten Gütern und den Mitteln zu ihrer Erreichung wählen kann und dabei seine natürliche Ausrichtung auf das letzte naturgemäße Ziel durch einen *actus elicitus* annimmt oder ablehnt. So wird Freiheit verstanden als das Proprium einer Potenz, die alle Möglichkeiten hat, zu handeln oder nicht zu handeln, also Herr der eigenen Akte und Entscheidungen zu sein.[22]

> C'est donc bien par un acte libre, sans être nécessitée par rien, que la volonté sort de l'indétermination. Mais ce n'est pas par un acte sans raison. [...] C'est la définition même de la liberté: 'le pouvoir de choisir entre les moyens tandis que demeure fixe l'ordination à la fin', ou encore, comme disent les modernes, le propre d'"une puissance, qui, étant posées toutes les conditions prérequises pour agir, peut agir ou ne pas agir'. Être libre c'est être maître des ses actes et par conséquent maître de son jugement, *liberi arbitrii*.[23]

Diese Handlungsfreiheit geht einerseits davon aus, daß die naturhaften Neigungen des Menschen das ihnen eigene Ziel erstreben, das in sich gut ist. Andererseits stehen die konkreten Akte häufig unter dem Einfluß von einander entgegengesetzten Neigungen, die nicht einfach einem zufälligen Wechselspiel der Fakultäten unterworfen sein können, wie Maritain in

---

[20] Vgl. *La Philosophie bergsonienne* 415.
[21] Vgl. *La Philosophie bergsonienne* 416: «Mais parce que nous saisissons immédiatement dans son action, – en raison de l'immanence à soi-même des choses spirituelles, – l'indifférence dominatrice de notre vouloir, parce que nous percevons, comme un fait d'existence, dans l'opération de la volonté, que c'est nous qui donnons au motif déterminant sa valeur déterminante, et à la raison suffisante de notre acte sa complète suffisance ou son efficacité, – d'où il suit que notre vouloir n'étant ainsi déterminé par aucun des biens particuliers qui lui sont présentés, nous aurions pu, dans les mêmes circonstances, ou agir différemment ou ne pas agir.»
[22] *La Philosophie bergsonienne* 450, Anm. 54: «Elle [la volonté] triomphe de cette double indétermination en exerçant son *indétermination ou indifférence active et dominatrice*, qui est l'essence même de la liberté. C'est pour n'avoir pas distingué dans notre volonté l'indifférence passive et l'indifférence active ou dominatrice que beaucoup d'auteurs ont si entièrement méconnu la doctrine thomiste du libre arbitre.»
[23] *La Philosophie bergsonienne* 450*f.*

Trois Réformateurs betont. Zwar bleiben viele dieser Einwirkungen, z.B. die Instinkte, verborgen und der Vernunft nicht zugänglich, doch machen sie nur einen Teil der menschlichen Wirklichkeit aus.[24] Wenn Maritain auch nur allgemein vom Menschen spricht, so scheint er doch eine geistige Realität im Menschen anzunehmen, welche die einzelnen Neigungen in sich verbindet und zugleich über ihnen steht; so vermag sie, sich ihrer zu bedienen, da ansonsten ein selbstzerstörerisches Wirken nicht aufzuhalten wäre.

Die Freiheit des Menschen erscheint somit wie ein Paradox, da er in der Lage ist, gegen die innere Ordnung seiner Natur zu entscheiden, andererseits aber unter dem moralischen Anspruch steht, deren Ausrichtung einhalten zu sollen. Maritain beschränkt sich hierbei auf die Konstatierung der Offenheit des Menschen, die das Geheimnis seiner Freiheit in moralischer Hinsicht andeutet. Der Mensch ist mit einem freien Willen ausgestattet, der allerdings nicht als solcher das Ziel in sich sein kann, sondern in Dienst genommen werden soll für sittlich wertvolles Handeln. Damit stellt sich einerseits erneut die Frage nach dem wahren und endgültigen Ziel des Willens und dessen Erkennbarkeit (abstraktes *bonum in communi* – oder höchstes und damit übernatürliches *bonum absolutum*); andererseits ist auch zu untersuchen, wie die Freiheit des Willens als Seelenfakultät und die Freiheit der menschlichen Person verbunden sind und welche Rolle dabei dem *liberum arbitrium* zukommt. Denn einerseits ist der Wille blind und bedarf der Unterstützung des Intellekts, während er andererseits zum praktisch-praktischen Urteil gelangt, indem er die Unbestimmtheit des Intellekts überwindet und damit offensichtlich eine Entscheidung fällt, die über beide Fakultäten hinausgeht und auf den Träger des *liberum arbitrium*, auf die Substanz, verweist.

Die Reflexionen Maritains sind auch an diesem Punkt klar von der neuscholastischen Fragestellung geprägt, die das Subjekt von seiner Natur her betrachtet. So wird die Handlungsfreiheit oder das *liberum arbitrium* durch die Unbestimmtheit der betreffenden Potenzen, also von Wille und Intellekt erklärt, die angesichts eines konkreten *bonum* durch formale und effiziente Kausalität einander bestimmen. Sie fällen ein praktisches Urteil, das ihre Beteiligung mit Kategorien einer Denkfolge umschreibt, sie also mit Konzepten darzustellen versucht. Dabei kommt freilich gerade das Wesen des Willens wie auch der letzte Träger von beiden Fakultäten, das Subjekt selbst, wenig zum Vorschein. Denn die Hauptrolle spielt die Substanz oder Natur, welche die einzelnen Fakultäten und deren Operationen wie ein Handlungssubjekt zusammenhält. Da Maritain zunächst den ontologischen Hintergrund erhellt und sich mit dessen inneren Spannungen auseinander-

---

[24] Vgl. *Trois Réformateurs* 473-476.

setzt, soll auch im folgenden zuerst dieses Thema bearbeitet werden. Darauf folgt eine Vertiefung des Themas der Freiheit, da sich allmählich ein Wandel von Maritains Denken bemerkbar macht.

3. Das subsistierende Handlungssubjekt

a) Die Bedeutung der Substanz

Nach den Vorüberlegungen zu den geistigen Fakultäten des Menschen können wir den Blick nun auf den philosophischen Hintergrund richten, der Maritains Verständnis des *suppositum* prägt. Auch hierzu finden wir in *La Philosophie bergsonienne* erste Aussagen. Wie schon bei der Frage nach dem Zusammenhang von Intuition und Abstraktion sowie von Intellekt und Wille sind auch hinsichtlich des Subjekts selbst Maritains Überlegungen vor allem von dem Bestreben geleitet, die Spannungen in Bergsons Denken aufzudecken. Ebenso will er zeigen, daß die scholastische Philosophie die zugrunde liegenden Fragen besser beantworten kann, da sie der rationalen Natur des menschlichen Geistes Rechnung trägt.

Wie bereits gezeigt wurde, erkennt Maritain den richtigen Kern der bergsonschen Intuitionstheorie durchaus an, meint aber, das Gemeinte in scholastischen Begriffen besser auszudrücken.[25] Ebenso unterscheidet er den Zusammenhang zwischen der Zeit und der damit verbundenen Veränderung oder Bewegung von dem, was bei aller Veränderung identisch bleibt. Hatte Bergson eine reine Veränderung angenommen[26], so weist Maritain darauf hin, daß die Zeit zwar ein Verströmen ist, «ein reines Verrinnen». Aber dabei handelt es sich nicht «um ein Vergehen [der Zeit], ohne daß nichts verginge; es gibt etwas, das vergeht und das der Zeit als *Subjekt* dient und das der Bewegung des Gegenstandes entspricht, der sich verändert»[27]. Noch deutlicher wird dies sichtbar beim geistbegabten Subjekt, bei der Person.

> En réalité elle [la philosophie bergsonienne] détruit la personne humaine. Pour la philosophie bergsonienne le moi n'est pas, il devient. Ce n'est pas un être, c'est un changement continu. Or, si je dis que 'JE CHANGE', je pense que j'acquiers un certain être – un être accidentel – que je n'avais pas, et par là même je pense que j'avais avant le changement un autre être – un être substantiel ou constitutif de moi, – [...] et je pense aussi

---

[25] Vgl. *La Philosophie bergsonienne* 110.
[26] H. BERGSON, *La Perception du Changement* 24: «Il y a des changements, mais il n'y a pas de choses qui changent: le changement n'a pas besoin d'un support. Il y a des mouvements, mais il n'y a pas nécessairement des objets invariables qui se meuvent: le mouvement n'implique pas un mobile.»
[27] *La Philosophie bergsonienne* 280.

III DIE PERSON ALS *SUPPOSITUM*

que cet être substantiel est encore là après le changement [...]; et ainsi je pense que je suis, que je suis une personne ou une substance, et que cette substance demeure la même en étant le sujet du changement. Mais dire que 'JE SUIS CHANGEMENT', [...] c'est dire qu'il n'y a aucune substance sujet de ce changement, donc aucun *je* qui change. [...] Impossible donc, dans la thèse bergsonienne, de dire ou de penser *je*.[28]

So kommt Maritain zur Feststellung, daß Bergson «*das, was IN der Zeit dauert oder die Zeit überdauert und die Zeit selbst* [...], kurz gesagt das *Fließen der Zeit* und die *Dauer der Substanzen*»[29] verwechselt. Damit übernimmt er die klassische Unterscheidung von Substanz und Akzidens, versucht aber ebenso, sie neu zu verstehen und zu übertragen. Er sieht in ihr die Stärke der thomistischen Tradition, welche nicht eine Philosophie der Zeit, sondern des Seins ist. Da nun das Sein das Formalobjekt des Intellekts ist, kann dieser in den Seienden Veränderung feststellen und Gleichbleibendes von Veränderlichem, Substanz von Akzidens unterscheiden. Auf den Menschen übertragen heißt dies, daß der Intellekt auch die Einheit und Verschiedenheit von Seele und Leib zu erkennen vermag. Auf dem Hintergrund der Intelligibilität ist somit die Substanz «die erste und absolut notwendige Bestimmung der Idee zu sein. Die Substanz ist dasjenige, dem es im eigentlichen Sinne zukommt, zu sein [...] und die Existenz in sich zu haben»[30].

Die Substanz selbst kann nicht direkt erfaßt oder eingesehen werden. Sie bildet vielmehr den unveränderlichen Träger, der hinter oder unter dem steht (*sub-stare*), was für die Sinne erfaßbar ist. Das, was diese dem erkennenden Geist vermitteln, nämlich die sinnlichen Aspekte, gehören als *Akzidentien* zur Substanz, da sie nicht aus sich selbst ihre Existenz empfangen, sondern sie von der Substanz erhalten, auf die sie wesentlich bezogen sind. Während die Akzidentien Veränderungen erfahren können, ist dies den Substanzen unmöglich, da diese die individuelle Existenz empfangen, so daß ihre Veränderung ein Ende des Existierens bedeuten würde. Daraus folgt, daß die Substanz als solche ein reines Intelligibles ist, das in einer Einfachheit, Einheit und spezifisch-individuellen Originalität die Quelle aller Fähigkeiten, Operationen und Aktivitäten des Subjekts ist. Diese Unterteilung in Substanz und Akzidens ist die Folge des Geschaffenseins, da alle Veränderung und Vervollkommnung der Schöpfung nicht in einem Augenblick, sondern nur durch den Übergang von der Potenz zum Akt möglich ist; und dazu braucht es ein Moment, das sich verändern kann, und

---

[28] *La Philosophie bergsonienne* 374f.
[29] *La Philosophie bergsonienne* 378f.
[30] *La Philosophie bergsonienne* 389.

eine Dimension, welche die Kontinuität des Trägers der Veränderung gewährleistet.[31]

Jedoch ist die Substanz als solche nur ein Intelligibles. Um nun das vielfache Vorkommen einer solchen Natur zu ermöglichen, reicht es nicht aus, mehrere Seiende mit gleicher Natur nur der Zahl nach zu unterscheiden. Wenn wir zehn Wassertropfen anschauen, stellen wir fest, daß diese zwar alle ein erstes Seinsprinzip in sich tragen, das sie so sein läßt, wie sie sind. Doch zu diesem Prinzip muß noch ein zweites hinzukommen, das in keiner Weise bestimmend sein darf. Dieses Prinzip muß völlig unbestimmt sein, damit das Seinsprinzip in einer Anzahl von Individuen vervielfältigt werden kann. Das Seinsprinzip, das die numerische Vielheit, die substantialen Veränderungen und die Zusammengesetztheit ermöglicht, wird daher als *materia prima* oder als reine Potenz in der Ordnung der Substantialität bezeichnet. Sie kann nie für sich allein existieren, da sie nichts anderes ist als das Prinzip der reinen Passivität und der Möglichkeit zu sein. Das diese «Unbestimmtheit» formende Prinzip bezeichnet die aristotelische Tradition als *forma substantialis,* da sie das Sein und die bestimmende Essenz verleiht. Bei den körperlichen Substanzen, die nicht mit dem Verstand begabt sind, kann jedoch die substantiale Form nicht alleine existieren und zerfällt daher ohne ihre materielle Komponente, die in ihrer konkreten Form als *materia secunda* bezeichnet wird.[32]

Auf einer höheren Seinsstufe stehen die lebendigen körperlichen Substanzen; ihr Lebensprinzip oder ihre substantiale Form wird *Seele* genannt. Diese kann, außer beim Menschen, ebenfalls nicht ohne die Materie, die sie informiert, subsistieren, da sie nur ein Seinsprinzip ist, dessen Tätigkeit sich auf die organisch-materiellen Vorgänge wie Selbsterhaltung, Fortpflanzung und sinnenhafte Wahrnehmung beschränkt und dessen Existenz mit dem Ende dieser Lebensvorgänge erlischt.

Der Mensch hingegen ist eine körperliche, lebendige und *geistbegabte Substanz*; in ihm sind also Materie und Geist auf solche Weise verbunden, daß sie für sich genommen unvollständig bleiben. So ist die Seele zwar das Prinzip, das dem Leib die Existenz verleiht und in jedem seiner Teile ganz vorhanden ist, aber für sich genommen ist sie «eine *unvollständige* Substanz, da es in ihrer Natur liegt, nicht nur geistige Operationen des Willens und des Intellekts ausführen, sondern auch auf substantiale Weise einen Leib informieren zu können»[33]. Zudem hängt die Ausübung ihrer Operationen extrinsisch vom Leib und seinen Fakultäten ab. Wenn die Seele für sich

---

[31] Vgl. *La Philosophie bergsonienne* 392*f.*
[32] Vgl. *La Philosophie bergsonienne* 393-396.
[33] *La Philosophie bergsonienne* 400.

III DIE PERSON ALS *SUPPOSITUM*

genommen auch nicht der menschlichen Person entspricht[34], so ist sie dennoch das Prinzip, das *subsistiert*[35], also auch für sich existieren kann. Sie ist nicht nur das erste Prinzip der Tätigkeit von Wille und Intellekt, sondern «wahrhaft eine Substanz, ein Sein, ein subsistierendes Sein. Sie bedarf nicht der Materie, um zu sein; sie ist eine *geistige* Substanz.»[36]

Mit diesen klassischen Überlegungen zeigt Maritain zwar, wie gut er seinen Meister Thomas beherrscht, aber es bleibt unklar, wie sich die Geistseele als geistiges und belebendes Prinzip von ihrem «Ich» unterscheidet. Zwar weist Maritain auf die *creatio ex nihilo* der menschlichen Seele und ihre Unvergänglichkeit hin, denn erst «ihre Eingießung macht den Keim wahrhaft menschlich»[37]. Dennoch bleibt die Spannung bestehen, wie Erkennen und Wollen, die typisch menschlichen Operationen, einerseits nur akzidentielle Tätigkeiten des Menschen darstellen sollen, sich darin aber andererseits der Mensch in seiner Einzigartigkeit und Freiheit manifestiert.

> Quant aux opérations de l'âme humaine, elles ne sont pas de l'ordre de la substance, parce qu'il n'y absolument que Dieu, l'Être par soi, dont l'opération soit la substance. Elles sont donc de l'ordre de l'accident, et par conséquent elles procèdent, comme de leurs principes prochains, de puissances ou de facultés qui sont des accidents distincts de la substance de l'âme.[38]

Zu Recht betont Maritain mit Thomas, das der Mensch das komplexeste Geschöpf auf Erden ist, vergleichbar «einer Art von Horizont und wie die Grenze zwischen der körperlichen und der unkörperlichen Welt»[39]; ja, aufgrund der immateriellen Operationen des Intellekts kann er nicht nur die ewigen Wahrheiten erfassen, sondern erhebt den Menschen über die Materie und die Zeit hinaus (*intellectus supra tempus*), so daß dieser «gewissermaßen schon in der Ewigkeit Platz nimmt»[40]. Doch bleibt auch hierbei noch näher zu klären, wie die Fakultäten und die menschliche Person, wie die geistigen Operationen und ihr *suppositum* aufeinander bezogen sind. Dazu sollen nun die Zusammenhänge zwischen Substanz und Subsistenz näher betrachtet werden, da Maritain in dieser Phase die gängigen konzeptualistischen Unterscheidungen benutzt, um die menschliche Person als ein Handlungssubjekt darzustellen.

---

[34] Vgl. THOMAS VON AQUIN, *Summa Theologiae*, I^a, q. 75, a. 4.
[35] Vgl. *ebd.* a. 2.
[36] *La Philosophie bergsonienne* 399.
[37] *La Philosophie bergsonienne* 401.
[38] *La Philosophie bergsonienne* 402.
[39] THOMAS VON AQUIN, *Summa contra Gentiles*, II, c. 68.
[40] *La Philosophie bergsonienne* 403.

b) Substanz und Subsistenz

Eine detailliertere Darlegung von ontologischen Grundbegriffen findet sich in den *Éléments de philosophie*. Ausgangspunkt ist dabei nicht mehr die Auseinandersetzung mit Bergson, sondern eine Einführung in Aristoteles und Thomas von Aquin, welche nach konzeptualistischer Sichtweise in den Seienden drei Aspekte unterscheidet: ihre Intelligibilität, die auf ihr Wesen, ihre Essenz verweist, ihre Existenz, der die Substanz-Akzidens-Unterscheidung dient, sowie ihre Tätigkeit oder Aktion, auf die das Akt-Potenz-Schema antwortet.[41]

Auf den ersten Blick läßt sich ein Seiendes zunächst in seinen Seinsakt, in seine *Existenz* also, und in das, was sein Wesen ist, also seine *Essenz* im weitesten Sinne (*ce qui est*), unterteilen. Bei näherem Hinsehen hingegen kann die Essenz betrachtet werden unter dem Aspekt des Intelligiblen, also hinsichtlich dessen, was eine Sache durch ihre Essenz im strengen Sinne ausmacht, und dem, was eine Sache als *sujet d'action*, als Handlungssubjekt, charakterisiert, nämlich in sich existieren zu können (*suppositum* oder *persona*).[42] Einerseits nun läßt sich für Maritain der Terminus «Substanz» für beide Aspekte verwenden, also für das konkrete Handlungssubjekt wie auch für die abstrahierte universale Essenz des Subjekts, für das Ganze wie für den Teil, da beide als Träger von Akzidentien fungieren können (*actiones sunt suppositorum*). Denn vom erkennenden Geist her betrachtet, erscheinen beide als die substantielle Natur.[43] Zudem läßt Maritain mit dem Gedanken der zwei Substanzen die Möglichkeit offen, die Seele als Substanz zu sehen, deren Operationen als Akzidentien zu verstehen sind und sich von der unveränderlichen Essenz der Seele unterscheiden. Zugleich erscheinen die Seelenfakultäten selbst als Substanzen oder Potenzen, die sich in ihrer Tätigkeit aktualisieren; so kann z.B. der Intellekt, der ein Akzidens der Seele ist, selbst wie eine Potenz durch neue Denkvorgänge aktuali-

---

[41] Vgl. *Éléments de philosophie* 186.
[42] Vgl. *Éléments de philosophie* 214: «Le sujet d'action *a* une nature ou essence, la notion de cette nature ou essence prise comme telle [...] n'est celle du sujet d'action. [...] Le sujet d'action existe (est apte à exister) *à raison de sa propre nature* ou *de sa propre essence*. La nature ou l'essence du sujet d'action est donc *ce par quoi il est apte à exister* purement et simplement, la nature de Pierre pris comme sujet d'action est ce par quoi je peux dire purement et simplement que Pierre existe.» Vgl. zu den folgenden Überlegungen auch die äußerst detaillierte Untersuchung von R. DENNEHY, «Maritain's Theory of Subsistence», *Thom.* 39 (1975) 542-573.
[43] Vgl. *Éléments de philosophie* 217: «Le nom de Substance convient à la fois, nous venons de le voir, au *sujet d'action* lui-même (*ce qui* avant tout existe), et à la *nature* de celui-ci prise précisément comme nature ou essence (*ce que* une chose est, *ce par quoi* le sujet d'action est ce qu'il est, et demande à exister purement et simplement).»

siert werden. Letztlich muß von einer akzidentiellen Veränderung der Substanz der Seele ausgegangen werden, um das Identitätsprinzip zu wahren.[44]
So definiert Maritain die Substanz als eine Natur, der es zukommt, nicht in einer anderen Sache, sondern «durch sich (*per se*) oder aufgrund ihrer selbst zu existieren»[45]. Aus diesem Grund kann die Substanz zwar quantitativ wachsen, in ihrer Eigenschaft als subsistierendes Prinzip jedoch ist sie unveränderlich.[46] Sie selbst wird nicht berührt oder sichtbar, sondern ist nur *per accidens* beteiligt. Doch was meint dann quantitatives Wachstum, wenn die Substanz eine geistige Wirklichkeit ist und ihre Veränderung zur Kategorie der Qualität gehört?

Zur Klärung gilt es, zunächst die beiden Substanzen, also das Handlungssubjekt wie auch seine Essenz genauer zu betrachten. So entspricht Substanz im Sinne der Essenz dem griechischen *ousía*, während das Handlungssubjekt (Person) sich auf die *hypóstasis* bezieht.[47] Damit läßt sich Substanz im ersten Sinne definieren als Natur, «der es zukommt, durch sich (oder *in se*) im *suppositum*, das sie konstituiert, unter dem Titel der Natur oder Essenz zu existieren, nachdem es einmal durch die Subsistenz terminiert ist»[48]. Sie fügt eine neue Bestimmung hinzu, da die Substanz als Essenz das Wesen des *suppositum* festlegt, selbst aber durch die Subsistenz begrenzt wird. Die Essenz selbst ist disponiert zu existieren, jedoch kann die Existenz kein konstitutiver Teil von ihr sein. Deshalb kann die Existenz nicht direkt auf die Essenz bezogen sein, sondern die Essenz oder Substanz wird umschrieben als Natur, «der es zukommt, *durch sich* (oder *in se*) als Handlungssubjekt zu existieren»[49]. Wenn sie darum eine konkrete Existenz erhält, bedarf sie keiner weiteren *essentiellen*, sondern vielmehr einer *modalen* Ergänzung, nämlich der Subsistenz. Durch die Subsistenz wird die Essenz befähigt, in sich zu existieren und damit den Zuwachs und die Akzidentien, also Veränderungen, die ihr damit zukommen, als *suppositum* zu

---

[44] Es geht dabei um die Bestimmung der Substanz selbst, die einerseits durch ihre Unveränderlichkeit die Identität des Subjekts garantiert, andererseits aber auch als Aktivitätsprinzip seine Natur bildet, was wiederum Bewegung einschließt. So hatten die Alten die *secunda ousía*, die abstrakte Substanz, von der *prima ousía*, der konkreten Substanz unterschieden, welche THOMAS VON AQUIN mit Subsistenz oder Person umschreibt (vgl. *Summa Theologiae*, I^a, q. 29, a. 1, ad 1^m).
[45] *Éléments de philosophie* 219.
[46] Vgl. *Éléments de philosophie* 220, Anm. 71: «Sans doute quand Pierre grandit, ce changement affecte sa substance elle-même, qui augmente; mais il ne l'affecte que *sous le rapport de la quantité*, il ne l'affect pas *en tant que substance*.»
[47] Vgl. *Éléments de philosophie* 217, v.a. Anm. 66.
[48] *Éléments de philosophie* 218, Anm. 68. In diesem Kontext unterscheidet Maritain nicht *in se* gegenüber *per se*, sondern eine Deutung beider im strengen Sinn (Essenz im *suppositum*) oder im absoluten Sinn (Substanz als *suppositum*).
[49] *Éléments de philosophie* 218, Anm. 68.

tragen.[50] Denn die Essenz wird gerade *nicht* Teil eines anderen, der als ihr vorausgehend schon existierte, wie es beispielsweise bei neuen geistigen Einsichten geschieht; vielmehr ist die Essenz zu sehen im Hinblick auf das Handlungssubjekt, das sie durch einen bestimmten Modus (Subsistenz oder Personalität) vervollkommnet. Dieser Modus fügt keine neue wesenhafte Bestimmung hinzu, sondern terminiert sie als substantiale Natur.

> Le sujet d'action [...] n'est autre chose que la nature substantielle *achevée par un certain mode* ('subsistence' ou 'personnalité') qui la *termine* comme un point termine une ligne (sans lui rien ajouter dans son ordre de nature), et qui la rend *absolument incommunicable*. Le mot *substance* [...] désigne la nature substantielle *sans préciser* si elle est 'terminée' ou non par la subsistence, c'est ainsi qu'il convient à la fois à la nature (saisie par l'esprit sans la 'subsistence' qui la termine) et au sujet d'action (nature terminée).[51]

So ist die Essenz konstitutiv im Hinblick auf das Handlungssubjekt, da dieses dank der Essenz das ist, was es als Subjekt ist. Dies heißt aber auch, daß beispielsweise Peters Essenz, nämlich Mensch-sein, vom Ganzen als solchem, vom Peter-sein, zu unterscheiden ist. Zwar wird Peter durch die Essenz *konstituiert*, jedoch ist diese (substantiale und intelligible) Essenz von seiner (ontologischen) Essenz als *suppositum* verschieden.[52] Durch den Begriff der Modalität wird also erklärt, daß eine individuelle Natur, beispielsweise die von Peter, ein Ganzes konstituiert, das nicht nur durch die Verbindung von Essenz und Existenz bestimmt werden kann. Doch was ist mit der besonderen Modalität der Subsistenz gemeint, die das *suppositum* terminiert und zugleich die substantiale Natur inkommunikabel macht?

Maritain übernimmt mit der Idee der Subsistenz einen Begriff, der einen theologischen Hintergrund hat. So stand die Theologie vor der Schwierigkeit, einerseits die menschliche und göttliche Natur in der Person Jesu Christi angemessen zu berücksichtigen, andererseits aber auch die Einfachheit der Person oder *hypóstasis* aufrechtzuerhalten. Dazu bediente sich die Neuscholastik vor allem des Begriffs der Subsistenz, welche die Unmitteilbarkeit der Existenz betonte und zugleich die unvermischte Verbindung von göttlicher und menschlicher Natur gewährleisten sollte.[53] Auf diese Inter-

---

[50] Vgl. *Éléments de philosophie* 219, Anm. 69: «C'est seulement en tant que suppôt que la substance est immédiatement apte à exercer ces deux fonctions [*subsistere* et *substare*]. Prise comme nature ou essence, elle demande seulement à les exercer.»

[51] *Éléments de philosophie* 217, Anm. 66.

[52] Vgl. *Éléments de philosophie* 214: «Bref, le sujet d'action *a* une nature ou essence, la notion de cette nature ou essence prise comme telle (*ce que* ou *ce par quoi*) n'*est* pas celle du sujet d'action (*ce qui*).»

[53] Für einen geschichtlichen Überblick über die verschiedenen Positionen vgl. H. DIEPEN, «La critique du Baslisme selon saint Thomas», *RThom* 50 (1950) 82-112. 290-328.

pretation verwies bereits zuvor J. Kleutgen[54], der mit Garrigou-Lagrange Maritains Denken geprägt[55] und die Subsistenz als «eine von der Natur unterschiedene, positive Vollkommenheit»[56] betrachtet. Allerdings bleibt dabei eher dunkel, wie sich dieser Modus von der Personalität unterscheidet oder was er ihr hinzufügt. So benutzt Maritain das auf Kajetan zurückgehende[57] und auch von Garrigou-Lagrange[58] verwendete Bild von einer Strecke, die durch einen Punkt abgeschlossen wird. Weder Punkt noch Strecke verlieren dabei ihre innere Bestimmung, wenn sie miteinander verbunden sind, bilden aber eine ununterscheidbare Einheit.

Zwar geht Maritain nicht ausführlich auf den christologischen Hintergrund des Subsistenzbegriffs ein, doch versucht er mit der Idee des substantialen Modus wie Kleutgen[59] ein Personverständnis aufrechtzuerhalten, das auf den Menschen wie auch auf den inkarnierten Logos angewandt werden kann[60]. Doch auch Maritain kann zur Bestimmung der Subsistenz nur den Aspekt der Nicht-Mitteilbarkeit hervorheben, insofern «die Natur, die den Menschen als Ganzes bestimmt, in nichts anderem als in ihm selbst existiert». Denn wie bereits erwähnt wurde, besteht die Natur oder das Wesen des Handlungssubjekts darin, «daß es *befähigt* ist, ausschließlich und einfach *zu existieren*»[61]. Diese Potenz wird allerdings erst aktualisiert, wenn ihr ein neuer Modus oder «eine gewisse Seinsweise mitgeteilt [wird], welche die Philosophen 'Subsistenz' oder 'Personalität' nennen und der sie

---

[54] J. KLEUTGEN, *Theologie der Vorzeit*, Bd. 3, Münster 1870, 177: «Heißt [das] aber nun, [...] daß die Beschaffenheit, wodurch ein Wesen Substanz ist, von der Beschaffenheit, wodurch es Hypostase ist, im Begriffe verschieden ist? [...] Was ist es, wenn es weder die Wesenheit noch das Dasein selbst, noch eine außerwesentliche Bestimmung, ein Accidenz ist? Es ist [...] eine das Sein der Substanz bestimmende und vollendende Weise, ein modus essendi substantialis.»
[55] Zu J. Kleutgens Einfluß s.o. 51*f*.
[56] Vgl. J. KLEUTGEN, *Theologie*, Bd. 3, 179. Vgl. *ebd.* 178: «Jenes Positive, wodurch die Natur zur Hypostase werden soll, müßte doch als ein Wesentliches gedacht werden: nennt man es ja deshalb auch entitas oder modus substantialis.» Damit bezieht er sich auf THOMAS VON AQUIN, *Summa Theologiae*, III^a, q. 4, a. 2, ad 3^m.
[57] Vgl. CAJETAN, *In III^{am}*, q. 4, art. 2, nr. 12: «Ex hoc quod realitas personalitatis est terminus ultimus naturae. [...] Est enim aliquid eius, scilicet terminus, et non est illud: ut patet de puncto et linea.»
[58] Vgl. R. GARRIGOU-LAGRANGE, *De Christo Salvatore*, Torino 1945, 116: «Modus substantialis terminat naturam singularem aliquo modo ut punctus terminat lineam et facit quod linea sit totum completum. [...] Ita haec humanitas, quae est in Christo, potuisset habere suum terminum proprium, et sic daretur suppositum distinctum, persona humana; de facto vero terminatur a praeexistente personalitate Verbi, sicut protrahitur linea ita ut remaneat una et non duae; vel melius sicut in summo anguli ad eundem punctum terminantur duae lineae.»
[59] Vgl. J. KLEUTGEN, *Theologie*, Bd. 3, 179.
[60] Vgl. *Éléments de philosophie* 217, Anm. 66.
[61] *Éléments de philosophie* 214.

in etwa *terminiert* wie ein Punkt eine Linie abschließt»[62]. Damit gleichen Personen nicht nur einer Zusammensetzung verschiedener Elemente, sondern sind *supposita*, «die über eine geistige Natur verfügen und demzufolge Herren ihrer Aktionen sind und auf dem Gipfel der Unabhängigkeit stehen»[63]. Was läßt sich aus diesem Subsistenzverständnis für die menschliche Person und ihre Freiheit ableiten?

c) Der Modus der Subsistenz und die Person

Maritain hat nicht umsonst in *Éléments de philosophie* ausdrücklich darauf verzichtet, eine Lösung für das Subsistenzproblem oder die Verbindung von Natur und Person finden zu wollen. Da sein Ziel dort primär pädagogischer Art war, wollte er vor allem die Kohärenz und Komplexität dieses Problems aufzeigen.[64] So vergehen zwölf Jahre, bis er 1932 in *Les Degrés* eine erweiterte Theorie der Subsistenz präsentiert. Worin besteht nun deren Neuheit?

Hatte er in *Éléments de philosophie* noch daran festgehalten, daß Essenz und Existenz wie Akt und Potenz aufeinander bezogen sind und zu einer Ordnung gehören[65], so ist ihm inzwischen klarer geworden, daß Essenz und Existenz zu zwei verschiedenen Ordnungen gehören, auch wenn sie sich zueinander verhalten wie die Potenz zum Akt.[66] So ist die Essenz hinsichtlich des *suppositum* einerseits dessen aktualisierte Bestimmung, im Hinblick auf die Existenz hingegen ist sie Potenz. Da der Akt freilich nicht aus der Potenz selbst stammen kann (sonst wäre die Existenz notwendig), tritt die Existenz gewissermaßen von außen an die Essenz heran und übersteigt die ihr eigene Ordnung. So kommt dem Existenzakt eine Art *Transzendenz* in Bezug auf die Essenz zu, denn er aktuiert die Essenz *qua Existenz*, ohne dabei deren Reserven an Potentialität zu betreffen. Maritain gibt offen zu, daß es sich dabei um ein einzigartiges Paradox handelt.

Il y a une sorte de transcendance de l'acte d'exister, à raison de quoi, n'étant pas l'achèvement d'une puissance *dans l'ordre propre de celle-ci* (l'existence n'est pas l'achèvement de l'essence dans l'ordre propre de l'essence, elle ne fait pas partie de l'ordre de l'essence), la puissance qu'il achève, si on la considère au titre de ses consti-

---

[62] *Éléments de philosophie* 214, Anm. 59.
[63] *Éléments de philosophie* 212, Anm. 55.
[64] Vgl. *Éléments de philosophie* 214, Anm. 59.
[65] Vgl. *Éléments de philosophie* 242f.: «*L'acte et la puissance sont dans la même ligne*, c'est-à-dire tous deux dans la ligne de la substance ou dans la ligne de l'accident. Il est clair en effet que tout acte qui *complète* et *spécifie* à la fois une puissance, doit être du même ordre que celle-ci.»
[66] Vgl. *Les Degrés* 680 sowie 1032: «Dans le cas spécial dont nous parlons, c'est un ordre tout entier qui est puissance à l'égard d'un autre. L'essence et l'existence font partie de deux ordres différents, et l'essence est en puissance à l'égard de l'existence.»

III DIE PERSON ALS *SUPPOSITUM*

tuants quidditatifs, *n'a pas en elle de quoi faire SIEN* l'acte en question. [...] L'existence n'est pas une détermination quidditative, l'existence ne fait pas partie de la ligne de l'essence, elle n'est pas une détermination de l'essence. Par un paradoxe unique, elle [l'existence] actue l'essence et elle n'est pas une actuation des ses réserves de potentialité.[67]

Was bedeutet dies nun für das Subsistenzverständnis hinsichtlich der menschlichen Person? Maritain unterscheidet zwischen zwei Arten der Individuation. So gibt es eine Individuation im eigentlichen Sinne, die eine letzte Konkretion der Natur in der Linie der Natur selbst darstellt. Ebenso gibt es eine Individuation im weiteren Sinne, bei der es um die letzte Bestimmung und Begrenzung geht in Bezug auf die Existenz; durch sie wird ausgeschlossen, daß diese individuierte Natur in ihrem Existenzakt mit einer anderen Natur kommuniziert. Dies ist bei der menschlichen Natur Christi der Fall, die individuell, aber ohne eigene Subsistenz mit der göttlichen Natur in ihrer göttlichen Existenz geeint ist. Unter dieser Hinsicht meint Subsistenz eine Art von Individuation, dank derer die individuierte Essenz ausschließlich sich selbst die Existenz zu eigen macht, die sie empfängt. Im Hinblick auf die Leib-Seele-Einheit hieße das, daß sie ein abgeschlossenes Ganzes in der quidditativen Ordnung darstellt und begrenzt ist *in ratione speciei seu naturae*. Das reicht allerdings nicht aus, um ihrer Bestimmung gegenüber der Existenz gerecht zu werden. Sie, die Leib-Seele-Einheit, ist kein abgeschlossenes Ganzes in der Ordnung der Geeignetheit, durch sich zu existieren, wenn sie nicht terminiert ist *in ratione substantialitatis*, also durch die Subsistenz.

La **subsistence** ajoute quelque chose de tout ce qu'il y a de plus réel à l'ordre quidditatif, – en dehors de la ligne propre de celui-ci: elle **fait que *tel* est aussi *je***, qu'une certaine profondeur de réalité et d'intelligibilité est aussi profondeur pour soi. Et la subsistance, comme l'existence, a un contenu intelligible, une quiddité pensable.[68]

Die modale Wirklichkeit der Subsistenz ist zwar keine quidditative Bestimmung der Essenz als Essenz, stellt aber dennoch einen intelligiblen Inhalt dar. Denn durch die Subsistenz wird aus der Essenz, die einen Menschen zu dem macht, was er ist, *dieser Mensch*, der «Ich» sagen kann; erst dann ist seine Individuation vollständig vollzogen. Durch die Subsistenz wird einer Natur eine gewisse denkbare Tiefe zugefügt, durch die sie zu einem *quod* wird und über sich selbst verfügen kann.[69] Das bedeutet, daß die Subsistenz eine eigene Wirklichkeit darstellt, die aus der substantialen

---

[67] *Les Degrés* 1032f.
[68] *Les Degrés* 1038.
[69] Vgl. *Les Degrés* 1039.

Essenz ein Subjekt macht, das sich selbst erkennt und es «Ich» sagen läßt. Diese modale Wirklichkeit ist keine quidditative Bestimmung der Essenz als Essenz, sondern verleiht dem Handlungssubjekt einen intelligiblen Inhalt sowie eine lebendige Tiefe, die das in sich und für sich stehende «Ich» charakterisiert.[70]

So sorgt die Subsistenz dafür, daß die substantiale Essenz abgeschlossen wird, jedoch nicht im Sinne einer weiteren quidditativen Bestimmung, sondern eines In-Besitz-Nehmens der Existenz, denn «die Subsistenz ist für die Natur wie das ontologische Siegel ihrer Einheit»[71]. Wie ein Siegel im Wachs durch seinen bleibenden Abdruck den Eigentümer bezeugt, so braucht die Essenz eine Art innerer Besiegelung oder Begrenzung. «Denn metaphysisch gesehen steht dem Gedanken nichts entgegen, daß eine substantielle Essenz mit einer anderen im Existenzakt vereint wird: unter dieser Hinsicht ist sie *unbestimmt*.»[72] Jedoch die entscheidende Vervollkommnung der Essenz, die zuvor nur fähig ist zu existieren, geschieht durch den Empfang der Existenz. Das heißt, nur durch die Begrenzung der Subsistenz paßt die substantiale Essenz die Existenz sich selbst an und nimmt sie unverlierbar in Besitz. Die Essenz erfährt also durch den Modus der Subsistenz eine Determination hinsichtlich der Existenz. Diese stellt als substantialer Modus keine *Wesens*bestimmung der Essenz dar, wie auch ein Punkt, der eine Strecke abschließt, selbst kein zusätzliches Segment, keine Ausdehnung der Strecke ist oder sie bestimmt.

> Toute essence (substantielle) finie (réellement distincte de l'existence) a besoin d'être terminée du côté de l'existence, face à l'existence, de telle sorte qu'elle *ne puisse pas* être jointe à une autre essence substantielle pour recevoir l'existence; et alors, ainsi terminée elle limitera l'existence à soi-même et à sa propre finitude. Elle sera terminée de cette façon par un mode substantiel qui est précisément la *subsistance,* et qui n'est pas un constituant quidditatif de l'essence, pas plus que le point qui termine la ligne n'est lui-même une étendue, un segment de ligne.[73]

Damit geht Maritain einen Schritt weiter und versteht die Subsistenz nicht nur hinsichtlich der irreversiblen Verbindung von Essenz und Existenz. Vielmehr meint für ihn die Unmitteilbarkeit der Existenz die Tatsache, «daß sie [die Essenz] von allem anderen getrennt ist, und zwar nicht nur hinsichtlich *dessen, was* sie ist (als substantiale Essenz), sondern *um zu existieren*»[74]. Somit hebt er die Bedeutung der individuellen Existenz des Sub-

---

[70] Vgl. *Les Degrés* 1035-1038.
[71] *Les Degrés* 680.
[72] *Les Degrés* 1033.
[73] *Les Degrés* 1033f.
[74] *Les Degrés* 1034.

jekts stärker hervor, den die Subsistenz ermöglicht. Entsprechend betont auch sein Vergleich mit einer Strecke nun nicht mehr die die Linie abschließende Funktion des Punktes; vielmehr nimmt Maritain dessen Eigenstand in den Blick, da der Punkt anderer Natur ist als die Strecke. Er kann also nicht in Anlehnung an sie wie eine Art «Kleinstrecke» oder ein Segment definiert werden.

Auf diesem Hintergrund ist es nicht verwunderlich, daß Maritain nun auch ein stärkeres Interesse für die Bestimmung der menschlichen Person erkennen läßt. Erst durch die Subsistenz sieht er eine derartige Einheit von Essenz und Existenz hergestellt, bei der sie von innen her wie Wachs unter einem Siegel miteinander verschmelzen und das unverwechselbare *Ich* ihres Trägers bilden. So gibt Maritain nun auch eine erste Definition von Person an, deren individuelles Novum in ihrem Selbstand besteht. Sie ist ein freies Zentrum, das über sich selbst verfügt und ein in sich geeintes Universum bildet.[75] Sie steht den Dingen, der Welt und Gott gegenüber, ohne von ihnen getrennt zu sein. Vielmehr ist es mit ihnen derart verbunden, daß es zur echten Kommunikation, zum intellektuellen und affektiven Austausch mit anderen Personen, allen voran Gott, kommen kann.

> Une personne est un centre de liberté, fait face aux choses, à l'univers, à Dieu, dialogue avec une autre personne, communique avec elle selon l'intelligence et l'affection. La notion de personnalité, si complexe qu'elle soit, est avant tout d'ordre ontologique. C'est une perfection métaphysique et substantielle qui s'épanouit dans l'ordre opératif en valeurs psychologiques et morales.[76]

Erstmals charakterisiert Maritain nun die Subsistenz von ihrer Aufgabe her, die verschiedenen Ordnungen im Menschen, nämlich die ontologische und die psychologische Ebene, von innen her zu vereinen. Sie prägt dem *suppositum* gleichsam das Siegel der Einheit ein, das der substantiellen Natur ihren Selbstbesitz von innen her ermöglicht; sie gehört zur geistigen Ordnung und ermöglicht somit dem Subjekt, sich durch Intellekt und Wille selbst in die Hand zu nehmen. Unter dieser Hinsicht kann man sagen, daß «jeder Mensch über eine Personalität **verfügt** und er eine Person **ist**, die mit einem *liberum arbitrium* ausgestattet ist». Der Mensch ist einerseits von Anfang an und unverlierbar Person, doch da er zugleich geistig wie auch körperlich existiert, ist seine Individuation nicht nur durch die Materie bedingt, sondern die ihm eigene Bedingung ist die Veränderung. Das bedeutet, daß sich für die menschliche Person «jene in der Tiefe des Seins

---

[75] Vgl. bereits *Éléments de philosophie* 212*f.*, Anm. 56: «Quand nous disons que le suppôt n'est en aucune manière partie *d'un tout* en qui il existerait, le mot *tout* désigne évidemment un tout *un par soi*, et non pas un tout collectif comme l'univers par exemple.»
[76] *Les Degrés* 679.

vergrabene metaphysische Wurzel nur durch eine fortschreitende, in der Zeit vor sich gehende Eroberung des Ich durch sich selbst offenbart. Der Mensch muß seine Personalität ganz wie seine Freiheit verdienen [...]. Er ist Person in der Ordnung des Handelns, ist *causa sui* nur, wenn seine geistigen Kräfte [...] der sturzflutähnlichen Vielfalt, die im Menschen wohnt, ein Gesicht geben und darauf das Siegel seiner radikalen ontologischen Einheit in Freiheit aufprägen.»[77]

So gelangt Maritain zur Frage nach der Wandlungsfähigkeit der Person, die er weiterhin im Sinne von Potenz und Akt zu betrachten versucht. Dabei geht er von der Subsistenz aus, die wie eine Wurzel alles, was dem Menschen als Substanz zukommt, ihm als Subjekt zur Verfügung stellt. Leib und Seele sind so miteinander verbunden, daß sie offen sind für eine Entfaltung, die von der Freiheit des Subjekts gestaltet wird, das sich selbst durch Intellekt und Wille in der Hand hat und somit über sich selbst verfügt. Aus diesem Grund wird im konkreten Fall längst nicht immer die Potenz der Personalität aktualisiert, sondern «die (metaphysisch unverlierbare) Personalität erleidet im psychologischen und moralischen Bereich viele Niederlagen». In diesem Sinne «kennt der eine die wahre Personalität und Freiheit, der andere aber kennt sie nicht»[78]. Somit wird ein Doppeltes sichtbar: Auf der einen Seite bildet die Person eine eigene metaphysische Kategorie, die auf ihrem Selbstand (Subsistenz) und der damit verbundenen Selbstverfügung beruht, auf der anderen Seite ist der Mensch für Raum und Zeit und damit für Veränderung offen, die *auch* seine Personalität und damit sein Wesen betreffen. Heißt das, daß sich damit auch seine Substanz verändert?[79]

Maritain sucht dazu keine Antwort, da er die Person nach wie vor von ihren Fakultäten her definiert. Zwar überschreiten deren Operationen die Ebene von Akt und Potenz und stellen sich als Ausdruck eines *actus perfecti* dar. Auch wenn sie damit irgendwie die (substantiale) Natur transzendieren, versucht er nicht, von daher das *suppositum* eingehender zu bestimmen.[80] Vielmehr verweist er zunächst auf die Pole, zwischen denen sich die Vervollkommnung des Menschen bewegt, nämlich zwischen Personalität

---

[77] *Les Degrés* 681.
[78] *Les Degrés* 681.
[79] Vgl. H. DIEPEN, «La critique» 102, Anm. 1: «Saint Thomas appelle toujours l'union hypostatique une *relation*. Toute union est cela. La difficulté est en ceci: la relation étant un accident, comment pourra-t-elle unir substantiellement?»
[80] Vgl. *Les Degrés* (935) hinsichtlich der mystischen Liebeseinheit zwischen Gott und Mensch: «[Il y a une] donation très réelle, mais qui a lieu dans la pure ligne de l'être ou actualité d'amour, de l'immatérielle activité tout immanente qui, sans comporter de soi la moindre mutation entitative, car elle est *actus perfecti*, s'accomplit et accomplit ce qui importe le plus au monde dans l'enceinte fermée de l'univers que l'âme est à soi-même.»

und Individualität. «Denn wer immer Person ist und gänzlich aus der Subsistenz seiner Seele subsistiert, der ist zugleich ein in die Art eingegliedertes Individuum, ist Staub im Wind.»[81] Damit richtet sich Maritains Blick auf eine Bipolarität, zu der er bereits Vorüberlegungen angestellt hat.

4. Der Mensch zwischen Individualität und Personalität

Bereits in *Trois Réformateurs* untersucht Maritain die menschliche Person sowohl in Bezug auf ihre substantiale Einzigartigkeit und ihren Selbstand als auch hinsichtlich ihrer Offenheit für Entfaltung und Veränderung[82]. Damit wird das weite Feld menschlichen Tuns und der damit verbundenen Freiheit betreten, das Maritain zwischen den Polen von Individualität und Personalität einbettet.[83] Wie sind diese nun zu unterscheiden?

Maritain definiert die Person mit der klassischen und zugleich von ihm leicht ergänzten Formel des Boethius als «individuelle vollständige Substanz einer geistigen Natur, die über ihre Aktionen verfügt und *sui juris autonom* ist»[84]. Sie bildet gerade durch ihre Geistseele eine Welt, die über die körperliche Welt erhoben ist. Die Person stellt gewissermaßen ein Ganzes, ein eigenes Universum dar, das sowohl zur Welt der Naturdinge gehört, sie aber ob ihrer Geistnatur und der damit verbundenen Selbstinnerlichkeit zugleich überragt und damit das Kostbarste und Vollkommenste der ganzen Natur verkörpert.[85]

> Le nom de *personne* est réservé aux substances qui possèdent cette chose divine, l'esprit, et qui, par là, sont chacune, à elle seule, un monde supérieur à tout l'ordre des corps, un monde spirituel et moral, qui, à proprement parler, n'est pas *une partie* de cet univers, et dont le secret est inviolable même au regard naturel des anges. [...] Et ce qui fait leur dignité, ce qui fait leur personnalité, c'est proprement et précisément la subsistence de l'âme spirituelle immortelle, et son indépendance dominatrice à l'égard de toute l'imagerie fugace et de toute la machinerie des phénomènes sensibles.[86]

---

[81] *Les Degrés* 681.
[82] Vgl. dazu bereits in *Réflexions sur l'intelligence* 381: «Les natures les plus complexes sont aussi les moins stables, et il n'y a rien de plus complexe que l'homme. [...] Par un singulier paradoxe, il se trouve ainsi que par rapport au bien et au mal ce qui, parmi nous, arrive le plus souvent *en* fait, est cela même qui est contraire à l'ordre requis *en droit* par la nature de notre espèce. [...] Nous sommes **immensément potentiels** en un mot, et combien éloignés de la fixe activité des formes pures.»
[83] Vgl. *Trois Réformateurs* 451: «Le monde moderne confond simplement deux choses que la sagesse antique avait distinguées: il confond l'*individualité* et la *personnalité*.»
[84] *Trois Réformateurs* 451.
[85] Vgl. *Trois Réformateurs* 452 sowie THOMAS VON AQUIN, *Summa Theologiae*, I^a, q. 29, a. 3: «Persona significat id quod est perfectissimum in tota natura.»
[86] *Trois Réformateurs* 451*f.*

So versucht Maritain, die Größe und die unverlierbare Würde der menschlichen Person mit ihrer subsistierenden Geistseele zu begründen. Sie unterscheidet sich von allen anderen subhumanen Geschöpfen, da sie um ihre Individualität weiß und ihre Ziele frei wählen kann. Die eigene Ordnung des Geistes, dieses wahrhaft göttlichen Propriums, die der Mensch bildet, vereint in sich eine Reihe von Dimensionen, die ihn zu Recht als die Krone der Schöpfung erscheinen lassen. Allerdings bedeuten diese verschiedenen Momente auch unterschiedliche Einflüsse, denen der Mensch sich nicht entziehen kann und die teilweise seine Freiheit deutlich einschränken. Was ihn darum zuinnerst prägt, ist seine Bestimmtheit durch Geist *und* Materie.

Für Maritain und die thomistische Philosophie gründet die Individualität «auf den *Prinzipien der Individuation*, also auf den Bedürfnissen, die der Materie eigen sind»[87]. Die Materie ist das Prinzip der Teilung und der Quantität, durch das sich *dieses hier* von *diesem da* unterscheidet. Als Individuum ist darum der Mensch nicht mehr als ein Fragment der Materie und ein Teil des Universums und untersteht wie Tiere, Pflanzen und Atome «dem immensen Geflecht von Kräften, ob nun physischer und kosmischer, vegetativer und animalischer, ethnischer, atavistischer und vererbter, ökonomischer und historischer Art»[88]. All diesen Einflüssen und ihren Gesetzen kann das menschliche Individuum nicht entkommen und sie trotz seiner Freiheit nicht beeinflussen. Als Individuen «sind wir Menschen den Sternen unterworfen, als Personen jedoch beherrschen wir sie».[89] Damit gibt Maritain ein Doppeltes zu verstehen:

Auf der einen Seite ist es die Person, die fähig ist, «über sich selbst zu bestimmen, durch ihre Freiheit eine Reihe von neuen Ereignissen ins Universum einzuführen und [...] auf ihre Weise zu sagen: *fiat* – und es geschieht»[90]. Auf der anderen Seite ist es das Prinzip der Individuation, die Materie, die den Menschen zum Teil der stofflichen Welt, aber auch zum Mitglied der Gesellschaft macht. So ist jede individuelle Person «im Sinne des Individuums als Teil des Staates für das Gemeinwesen da und muß im Notfall ihr Leben für es opfern. Aber als Person, die auf Gott ausgerichtet ist, ist das Gemeinwesen im Hinblick auf das sittliche und geistliche Leben für sie da [...] und der Staat hat in der Tat kein anderes Gemeinwohl als die

---

[87] *Trois Réformateurs* 452.
[88] *Trois Réformateurs* 452*f.*
[89] *Trois Réformateurs* 453. Vgl. *ebd.* 623, Anm. 31: «Toute la théorie de l'individuation montre que pour saint Thomas l'individu comme tel est *partie* [...]. D'autre part, pour saint Thomas, la notion de personnalité dit comme telle indépendance d'un *tout*.»
[90] *Trois Réformateurs* 452.

Vermittlung dieser Ordnung.»[91] In Anlehnung an seinen Lehrer Garrigou-Lagrange überträgt Maritain dieses Problemfeld auch auf die geistige Ebene. Für diesen heißt die einseitige Förderung und Entwicklung der *Individualität* nichts anderes als das egoistische Leben der Passionen zu führen, das eigene Ich zum Mittelpunkt von allem zu machen, was letztlich dazu führt, zum Sklaven der vergänglichen Güter zu werden, die nicht mehr als die armselige Freude eines Augenblicks bescheren. Die *Personalität* hingegen wächst in dem Maße, wie die Seele sich über die sinnliche Welt erhebt und sich durch Verstand und Wille enger an das bindet, was das Leben des Geistes ausmacht.[92]

Dies gelingt freilich nicht jedem, so daß die dynamische Entfaltung des menschlichen Wesens beim einen den Aspekt seiner *Individualität* fördert, da er den von der Materie stammenden Neigungen folgt, die alles für sich beanspruchen und auf verabscheuungswürdige Weise in sich absorbieren; der andere hingegen gelangt zu einer echten Vervollkommnung und zur Entfaltung seiner inneren Schönheit, die den Aspekt der *Persönlichkeit* erstrahlen läßt und die wahre Freiheit schenkt, da sie der inneren Tendenz des Geistes folgt. Diese besteht eben nicht im krampfhaften Festhalten oder egoistischen Aufsaugen, sondern im freien Austausch, im Wechselspiel von Hingabe und Empfang. Dies erhellt die Theologie mit dem Begriff der Perichorese, insofern in Gott höchste Freiheit und höchster Selbstbesitz, beständiges Sich-Verschenken und Sich-Empfangen herrschen. Deshalb kommt Maritain zu dem Schluß, daß eine geschaffene Personalität nur in der Teilhabe am göttlichen Leben zu ihrer wahren Vollkommenheit gelangen kann und darum bei den Heiligen zu finden ist.

> Les privilèges de la personne [...] sont tellement enfouis pour nous dans la matière de notre individualité charnelle, que nous ne les pouvons dégager qu'en acceptant de tomber en terre et d'y mourir afin de porter un fruit divin, et que nous ne connaîtrons notre vrai visage qu'en recevant la pierre blanche où Dieu a inscrit notre nom nouveau. **Il n'y a de personnalité vraiment parfaite que chez les saints**.[93]

Die Heiligen haben jedoch nicht bewußt ihre Selbstverwirklichung oder die Entfaltung ihrer Persönlichkeit erstrebt, sondern suchten allein Gott, der ihnen innerlicher werden sollte, als sie sich selbst waren. Sie haben sich verloren, um in der Seinsordnung zwar ein von Gott verschiedenes Ich zu bewahren,

---

[91] *Trois Réformateurs* 454. Vgl. *ebd.* 623, Anm. 31: «La personne singulière elle-même peut être prise soit sous l'aspect formel d'individu partie de la cité, soit sous l'aspect formel de personne destinée à Dieu.»
[92] Vgl. R. GARRIGOU-LAGRANGE, *Le Sens commun* 332*f.* bzw. *Trois Réformateurs* 456.
[93] *Trois Réformateurs* 456*f.*

während in der Ordnung der Operationen, der Erkenntnis und der Liebe gleichsam ihr eigenes Ich durch das göttliche Ich ersetzt wurde.[94]

Diese Ausführungen zeigen einerseits, daß Maritain ein entschieden christliches Weltbild vertritt und dessen theologische Implikationen auch philosophisch zu untermauern versucht.[95] Wohl auch aus diesem Grund weitet Maritain andererseits etwas undifferenziert die Faktoren von Geist und Materie auf die Ordnung der Freiheit aus. Der Mensch, der vor der Wahl steht, seine Individualität im Sinne der Neigungen seines Leibes oder seine Personalität im Sinne der Neigungen des Geistes zu entfalten, ist nicht zwangsläufig von individualistischen oder personalistischen Vorstellungen geleitet. Da aber Maritain in seiner konzeptualistischen Phase die Wirklichkeit des Menschen vor allem unter dem Aspekt einer subsistierenden Substanz betrachtet und dabei die Geistseele und ihre Vervollkommnung als Personalität vor allem als Aktualisierung einer Potenz betrachtet wird, wird der Welt des Geistes eine privilegierte Stellung zugeschrieben, die in einer gewissen Opposition zur Welt der Materie zu stehen scheint. Darauf haben eine Reihe von Autoren[96] nicht zu Unrecht hingewiesen, jedoch kann Maritain in der zweiten Hälfte seines Schaffens durch eine existentielle Wesensbestimmung der Person, eine dynamische Verbindung von Geist und Materie sowie schließlich durch ein erneuertes Subsistenzverständnis die Mißverständlichkeiten beseitigen.

So hebt er bereits 1934 hervor, daß Individualität und Personalität in der individuellen Person nicht unterschieden werden können wie die Sauerstoff- und Wasserstoffanteile im Wasser, sondern vielmehr zusammengehören wie Form (Kompositionstechnik) und Inhalt (Inspiration) eines Gedich-

---

[94] Vgl. *Trois Réformateurs* 457*f.*

[95] Vgl. dazu auch J. MARITAIN, *Clairvoyance de Rome*, ŒC Bd. III, 1167*f.*: «La prudence politique véritable [...] ne comporte pas seulement ces éléments d'habileté, d'art, d'expérience industrieuse. Elle règle les actes politiques conformément aux vraies fins de l'être humain, elle est une sagesse pratique; et elle suppose dans l'âme un savoir politique bien fondé. [...] Seul le chrétien est capable d'une science et d'une prudence politique vraiment adaptées au gouvernement d'hommes déchus et rachetés.»

[96] Vgl. J. CROTEAU, *Les fondements thomistes du personnalisme de Maritain*, Ottawa 1955; A. AGAZZI, «Il contributo di Maritain alla fondazione del personalismo pedagogico», in *Jacques Maritain – Verità, ideologia, educazione*, AA. VV., Milano 1977, 125-146; L. ORLANDI, «La società delle persone umane nel pensiero di J. Maritain», *StPat* 3 (1956) 242-283; M. LORENZINI, *L'uomo in quanto persona*, Bologna 1990 (bes. 117*f.*, 132-134, 172). Alle diese Autoren formulieren mehr oder weniger deutlich das Urteil, daß Maritain zu einer Gleichsetzung von Materie-Individuum und Geist-Person tendiert, also Individualität und Geistigkeit einander gegenüberstellt. Seine anfangs durchaus uneindeutigen Ausführungen präzisiert Maritain später derart, daß durchaus dem Urteil von V. POSSENTI zuzustimmen ist (*Una filosofia per la transizione*, Milano 1984, 86, Anm. 10): «Ma individualità e personalità sono per Maritain non delle sostanze come l'individuo e la persona, bensì dei 'vettori' compresenti nell'individuo personale, che si rivelano ad un'attenta analisi metafisica.»

tes. Während das Gedicht durch seine Technik einem literarischen Genus angehört, ist es von besonderer Schönheit durch seine Inspiration. Ob es nun unter dem Aspekt der Inspiration oder der Technik betrachtet wird – stets handelt es sich dabei um das gleiche Gedicht.[97] Die Definition des Menschen von der Potentialität seiner geistigen Natur her läßt nicht nur gewisse Unklarheiten bezüglich der durch die Materie bestimmten Individuation zurück. Auch hinsichtlich der mystischen Schau zeigt sich, analog zum Verständnis der *visio beatifica*, die Notwendigkeit, diese Erfahrung in die Seelenpotenzen zu verlagern, um an der Unveränderlichkeit der Substanz weiterhin festhalten zu können. Wie sieht das konkret aus?

5. Die Teilhabe an Gottes Wesen in der mystischen Schau

Wie bereits mehrfach angeklungen ist, bemüht sich Maritain in seiner zweiten Schaffensphase darum, die Wirklichkeit des Menschen vor allem begrifflich zu erfassen und damit ihre prinzipielle Erkennbarkeit zu gewährleisten. «Keine geistige Einsicht ohne Begriffe und Begriffsbildung!»[98] bildet gewissermaßen sein Leitmotiv von *La Philosophie bergsonienne* an. Das bedeutet, daß auch die Essenz einer Substanz unverändert bestehen muß, um ihre Kontinuität in Raum und Zeit und ihre Intelligibilität zu gewährleisten. Aus diesem Grund wird die Tätigkeit oder Aktion in einem Potenz-Akt-Schema dargestellt.[99] Dies gilt auch für die menschliche Seele, die einerseits alles zusammenhält, andererseits aber nur vermittels ihrer Fakultäten tätig ist.[100] Dadurch steht sie mit ihrer Umwelt in Verbindung, kann also durch den Intellekt die Welt auf immaterielle Weise in sich aufnehmen und durch ihren Willen sich bestimmten Werten und Zielen zuwenden, indem sie diese zum Gegenstand ihrer Liebe erwählt.

---

[97] Vgl. J. MARITAIN, *Réflexions sur la personne humaine et la philosophie de la culture*, ŒC Bd. VI, 905. Vgl. dazu auch J.J. CALIFANO, «Maritain's Philosophy of the Person and the Individual», *ND* 12 (1978) 19-22, der klarstellt, daß für den späten Maritain das Sein des Menschen «materielle und geistige Prinzipien der Individualität manifestiert» (*ebd.* 22). Damit kann er einen analogen Personbegriff unter der Hinsicht der Personalität aufrechterhalten, die Gott, den Engeln und auch den Menschen zukommt, was auch Teil B unserer Arbeit zeigen wird.
[98] *La Philosophie bergsonienne* 502.
[99] Vgl. *Éléments de philosophie* 186.
[100] Vgl. *La Philosophie bergsonienne* 402: «Quant aux opérations de l'âme humaine, elles ne sont pas de l'ordre de la substance, parce qu'il n'y absolument que Dieu, l'Être par soi, dont l'opération soit la substance. Elles sont donc de l'ordre de l'accident, et par conséquent elles procèdent, comme de leurs principes prochains, de puissances ou de facultés qui sont des accidents distincts de la substance de l'âme.»

Diese Offenheit der Seelenpotenzen ermöglichen die bereits betrachtete Dynamik der Freiheit, die in die übernatürliche Ordnung mündet. Auf dieser Stufe stehen die Heiligen, die ihre Wahlfreiheit dazu benutzt haben, ihre konkreten Akte immer wieder auf Gott als das höchste Gut auszurichten und sich ihm wie dem über alles Geliebten hinzugeben. Wie Maritain in *Les Degrés* ausführt, wird dies besonders deutlich im Kontext der mystischen Erkenntnis. Diese findet in einem geheimen Knoten der Seele statt, in dem sich die geistigen Kräfte verflechten; in diesem innersten Mittelpunkt, der im Dunkeln und im Verborgenen liegt, haben alle Potenzen ihren Ursprung und werden von ihm aktiviert.

> Et lorsque l'action divine, atteignant d'abord la substance, touche les facultés par le fond et la racine, et que celles-ci sont tellement spiritualisées que sous une telle motion surnaturelle elles laissent pour ainsi dire transparaître le fond de l'âme, alors ce n'est **pas la substance** nue qui agit ou qui connaît par elle-même, c'est bien **par ses puissances qu'elle agit et qu'elle connaît**, et par les dons et par l'amour infus, mais dans un centre tellement intime, – au nœud secret où s'enracinent les puissances, – qu'aucune action particulière n'étant émise par celles-ci, qui sont actuées par le fond et la racine, *dans les ténèbres et en cachette*.[101]

So bezeugt die Erfahrung der Mystiker die Aktualisierung der Seelenpotenzen von innen her, ohne näher zu klären, ob das innere Zentrum oder der geistige Knoten nur die Seelenpotenzen im Sinne einer Substanz verbindet, oder ob dieses Zentrum auch eine Eigentätigkeit entfaltet, in der sich die Person *als Person* offenbart. Noch scheint wohl ersteres Maritains Vorstellung zu entsprechen, da der Mensch als geistiges Wesen zwar zu einer Beziehung mit Gott fähig ist, jedoch dieses Vermögen als *potentia oboedientialis* der Seele gegenüber ihrem Schöpfer erscheint und damit auf der Ebene von Akt und Potenz angesiedelt wird, wie Maritain bereits zuvor darlegt. Zur Erhebung der Natur durch die Gnade finden sich schon in *Antimoderne* Vorüberlegungen, welche die *potentia obœdientialis* als passive Potenz darstellen, die jeder geschaffenen Kreatur zukommt. Diese kann durch die aktive Potenz Gottes in jeden ihm als *primus agens* gefälligen Zustand überführt werden. Dabei geht es im Geschöpf freilich weder um eine formale Bestimmung noch um ein Tätigkeitsprinzip, sondern um eine Art unerschöpflicher Reserve an Gehorsam seinem ersten Prinzip gegenüber. Diese Verfügbarkeit hat ihre Quelle in den Seienden selbst und manifestiert die Art von Vehemenz, mit der jede geschaffene Natur fähig und bereit ist, auf den Ruf ihres Schöpfers zu antworten. Eine solche Erhöhung auf die übernatürliche Ebene ist kein äußerer Zwang, sondern höchste Freiheit, da – wie bei jedem Wunder erkennbar – die Gnade die Natur nicht

---

[101] *Les Degrés* 852.

zerstört, sondern erhebt. Das zeigt die Wirklichkeit des Glaubens, durch den der Intellekt aufgrund des Willensantriebs, der wiederum von der Gnade bewegt ist, der geoffenbarten Wahrheit anhängt. Durch diese aufgepfropfte neue Natur der Gnade strebt der Geist auf das göttliche Leben hin, an dem er bereits Anteil hat.[102] Dies ist allerdings nur die Vorstufe für die *visio beatifica*, die in der scholastischen Tradition vor allem im Hinblick auf die Fakultät von Verstand und Wille gesehen wird. Während ersterer in der Schau Gottes seine volle Erfüllung findet, kommt letzterer in Besitz des höchsten Gutes zur Ruhe und zur Erfüllung seines Strebens.

> Notre béatitude, dans ce qui la constitue essentiellement, consistera-t-elle à *voir*, à posséder Dieu dans une vision déifiante, où l'être même de Dieu ne fera qu'un avec notre intelligence dans l'ordre cognoscitif, et dont l'amour et la délectation dans la volonté ne seront que la conséquence: en sorte qu'au terme ultime, l'Intelligence jouira parfaitement chez nous de sa primauté métaphysique sur la Volonté.[103]

Die besondere Erhebung durch die *visio beatifica* kommt nach Maritain auch dadurch zum Ausdruck, daß die menschliche Natur als solche eine eigene Ordnung bildet, deren Zentrum wie ein alles zusammenhaltender geistiger Schwerpunkt zu verstehen ist; dieser ist selbst nicht Teil dieser Welt, sondern steht ihr gewissermaßen wie ein *artefactum*, ein von Gott geschaffenes Kunstwerk gegenüber, in dessen Innerstes auch die Engel keinen Einblick haben. Aufgrund seiner Personalität hält sich der Mensch selbst in der Hand und manifestiert dies durch sein Wollen, also sein freies moralisches Tun. Doch ist dieser Selbstand, der ihn über die ganze geschaffene Welt erhebt, aus sich selbst noch keine formale Teilhabe an der Gottheit, sondern verharrt in einer Art «Zwischenstellung», solange diese nicht unverdienterweise erhöht wird.[104] Diese Erhöhung bezieht sich auf seine Substanz und ermöglicht ihm die Teilhabe an Gottes Essenz, die Schau seines Wesens. So führt die Teilhabe an Gott zur Erhöhung der menschlichen Natur bzw. ihrer Fakultäten und läßt den Selbstand seine ontologische Vervollkommnung erlangen. Dies wird nochmals gut sichtbar in *Les Degrés*, wo Maritain sowohl von der Natur wie auch von der Personalität spricht. Letztere wird dabei primär verstanden als der zusammenhaltende

---

[102] Vgl. *Antimoderne* 994-996.
[103] *Trois Réformateurs* 471.
[104] Vgl. *Les Degrés* 722: «A cet ordre [de la grâce] se rattache ce qui est au recès le plus caché de la personnalité, l'activité morale et libre, et plus généralement volontaire, selon que par elle un esprit se contient lui-même: comme telle elle n'est pas une partie de cet univers [...], elle émerge au-dessus de tout l'univers créé, sensible et suprasensible, pris précisément comme *artefactum*, comme ouvrage d'art.»

substantiale Schwerpunkt des Geistes, der den Gipfel einer in sich selbst ruhenden und von Gott verschiedenen Natur bildet.

> Ce monde des esprits et de la liberté [...] est de soi le **sommet de la nature** entendue au sens tout à fait générale de ce qui a sa consistance propre en tant même qu'autre que Dieu, et il reste lui-même, tant qu'il n'est pas gratuitement surélevé, un monde seulement naturel. [...] Sans doute, de par notre nature même d'êtres raisonnables, sommes-nous *proportionnables* à **l'essence divine** comme objet de vision. [...] Cette proportionnabilité n'est que la puissance obédientielle de notre âme à l'égard du premier Agent.[105]

Wenn es darum in der Seele zu einer mystischen Erfahrung kommt, handelt es sich um eine besondere Einsicht, nämlich um ein *Erleiden* der göttlichen Dinge.[106] Diese Art der Einsicht geht nun auf eine doppelte Weise über die natürliche Erkenntnis hinaus. Einerseits braucht es die Unterstützung der göttlichen Gnade, und andererseits kommt es zu einer erfahrungsmäßigen Einsicht, die nicht mehr aus dem Intellekt, sondern aus dem Willen stammt. Wie Maritain bereits in *Refléxions sur l'intelligence* betont[107], kann es durch die verbindende Liebe durchaus zu einer wahren und echten Erkenntnis kommen. Damit diese Liebeseinheit aber erkannt werden kann, muß die verbindende Liebe zum Erkenntnismittel werden und den Intellekt bestimmen.

> L'amour [...] nous unit à l'autre en tant qu'*un avec nous*. Une telle *intussusception*, comme dit M. Blondel, pour réelle qu'elle soit, n'est, en elle-même, nullement connaissance. Si vous posez d'abord une faculté qui ait pour nature de devenir immatériellement l'autre en tant qu'autre, vous pouvez concevoir qu'une telle faculté puisse, dans certains cas, juger bien de l'objet [...] en vertu d'une union d'amour expérimentée dans la volonté. Alors [...] l'amour lui-même rend l'objet saisissable à l'intelligence: *amor transit in conditionem objecti.*[108]

Die Liebeseinheit führt demzufolge nicht zu einer rationalen Einsicht oder schenkt aus sich heraus keine unmittelbare Erkenntnis. Vielmehr bleibt alle Erkenntnis durch den Intellekt vermittelt, so daß die Liebe als *objectum quo* zum objektiven Mittel der Erkenntnis wird, unterstützt durch die Gaben des

---

[105] *Les Degrés* 723f.
[106] Vgl. *Les Degrés* 718.
[107] Vgl. *Réflexions sur l'intelligence* 140: «Atteindre et goûter les choses divines [...] n'est possible que si l'intelligence, grâce au don de Sagesse, juge de ces choses en vertu même de l'union expérimentée dans la volonté.»
[108] *Réflexions sur l'intelligence* 127.

Heiligen Geistes, nämlich die Weisheit und die heiligmachende Gnade, sowie durch den Glauben.[109]

Auch diese Überlegungen zur übernatürlichen Ordnung bestätigen einmal mehr, daß Maritain in seiner frühen Phase die Tätigkeit der Person von ihren Fakultäten her betrachtet und somit der Zusammenhang von natürlichem Willen, *liberum arbitrium*, und deren letztem Träger, der Person, auf den Aspekt des *suppositum* (*actiones sunt suppositorum*) beschränkt bleibt. Daher wird die Liebe einerseits hinsichtlich der Aktualisierung der Potentialität des Willens und weniger als die Teilhabe des Menschen am göttlichpersonalen Leben verstanden. Andererseits wird diese Erfahrung unter dem Aspekt betrachtet, wie sie zum Erkenntnisgegenstand erhoben[110] und damit für den Intellekt konzeptualisiert werden kann.[111] Die eingegossene Liebe ermöglicht eine mystische Erfahrung in Form der Gabe der Weisheit, womit letztere die Liebe «unter der besonderen Eingebung des Heiligen Geistes zu einem **objektiven Mittel der Erkenntnis** – *objectum quo*, scholastisch ausgedrückt – werden läßt, so daß wir nicht nur unsere Liebe zu Gott erfahren, sondern Gott selbst in unserer Liebe»[112]. Allerdings deutet Maritain gleichzeitig an, daß es sich bei der übernatürlichen mystischen Schau nicht nur «um eine Erkenntnis über-menschlicher Art» handelt, sondern «um eine Erkenntnis durch Konnaturalität»[113], die den Erfahrungsaspekt besonders berücksichtigt und die mystische Einswerdung zwischen Schöpfer und

---

[109] Vgl. *Les Degrés* 732-734, bes. 734: «L'intelligence est élevée par une certaine expérience affective à juger des choses divines d'une façon plus haute que ne le comporte à elle seule l'obscurité de la foi.»

[110] Vgl. *Les Degrés* 728*f.*: «[L'expérience mystique] est une connaissance de mode supra-humain et surnaturel. Pour connaître Dieu sans distance [...] il faut par suite absolument [...] une régulation objective supérieure, en d'autres termes une inspiration spéciale du Saint-Esprit. L'expérience mystique est une **connaissance** surnaturellement *inspirée*.»

[111] Die daraus resultierende konzeptualistische Unterscheidung von affektiver und kognitiver Fakultät der einen Geistseele kritisiert L. ROY (wenn auch etwas einseitig) folgendermaßen («Maritain and Aquinas on Transcendent Experiences», *Thom.* 54 (1990) 659): «For Maritain [...] knowledge, whether natural or revealed, is a matter of possessing concepts. As a consequence of this view, he proceeds in two steps. First, he maximizes the contrast between knowledge and love, which he thinks derive from strictly separate faculties; second, he tries to bring them together in an artificial way. [...] Maritain's mechanical explanation of what happens in the soul as a result of the action of the gift of wisdom [...] is pictured as an agent cooperation with the Holy Ghost and mysteriously transforming feelings of love into knowledge.»

[112] *Les Degrés* 731. Vgl. auch *ebd.* 735: «Ainsi donc, en définitive, c'est de la connaturalité de la charité qu'use l'inspiration du Saint-Esprit pour nous faire juger des choses divines sous une régulation supérieure, sous une raison formelle nouvelle; de telle sorte que nous atteignions alors, dans l'obscurité de la foi, non seulement un objet absolument surnaturel [...] mais encore selon un mode de connaître lui-même surhumain et surnaturel.»

[113] *Les Degrés* 728.

Geschöpf zum Ausdruck bringt. Diese versteht Maritain zunächst noch als Teilhabe an der göttlichen Natur, weniger als interpersonale Begegnung. Denn «Gott gegenüber gibt es kein anderes Mittel, die Erkenntnis durch die Begriffe zu übersteigen, als unsere Konnaturalität. [...] Was aber macht uns so in der Wurzel Gott konnatural? Es ist die heiligmachende Gnade, durch die wir zu *consortes divinae naturae* (2 Petr 1,4) geworden sind»[114]

Der Frage nach der Konnaturalität mißt Maritain erst ab den dreißiger Jahren größere Bedeutung zu, um sie dann systematisch zu vertiefen. Damit gelingt es ihm, die intelligible Seinsordnung nicht mehr allein durch ein Festhalten an begrifflichen Unterscheidungen aufrechtzuerhalten, sondern auch die Existenzordnung in sein Denken zu integrieren, welches damit eine größere Dynamik erreicht. Einen ersten Schritt dazu finden wir in der Unterscheidung in zwei Freiheitsordnungen, mit denen sich der nächste Paragraph beschäftigt.

6. Die Ordnungen der Freiheit

a) Das Zusammenwirken von menschlicher und göttlicher Freiheit

Während wir bislang den Willen als die Fakultät der Entscheidungsfreiheit betrachtet haben, rückt Maritain gegen Ende seiner zweiten Phase stärker die Freiheit selbst in den Mittelpunkt. Er versteht sie wie eine Potenz, die durch positive oder negative (Willens-)Entscheidungen aktualisiert wird. So gesehen ist die menschliche Freiheit im Sinne einer Entscheidungsfreiheit, die das Subjekt zum Herrn seiner eigenen Urteilskraft oder des *liberum arbitrium* macht, nur der Ausgangspunkt für eine mögliche Entwicklung. Denn diese Freiheit ist nicht Ziel in sich selbst, sondern ermöglicht vielmehr dem Menschen, sein Wollen und seine Potenzen kontinuierlich auf ein Ziel auszurichten. Während nach scholastischer Auffassung der Wille durchaus für eine Erfüllung durch Gott als dem *bonum absolutum* offen ist, so muß auch in der natürlichen Ordnung eine Vollendung möglich sein. Doch wie kann das abstrakte *bonum commune* eine Perfektion darstellen oder das Ziel konkreter Willensentscheidungen bilden? Worin kann letztlich ein natürlicher Glückszustand bestehen? Hier tritt die negative Seite der Theorie der *natura pura* hervor, die zwar die Ungeschuldetheit der Gnade und Erhöhung des Menschen zu erklären vermochte (besonders in der Auseinandersetzung mit Michael Baius), dafür jedoch neue Fragen aufwarf.

---

[114] *Les Degrés* 731.

Maritain beschäftigt sich mit diesen Fragen ausführlich in seinem Werk *Du régime temporel et de la liberté*, das er 1933 veröffentlicht und in dem er eine Philosophie der Freiheit entwirft. Er unterscheidet drei verschiedene Ebenen, nämlich erstens die Ordnung der sinnenhaften Dinge und die ihnen eigene Natur und zweitens, darauf aufbauend, das Universum der geistigen Seienden, das die Welt der Freiheit in sich einschließt, aber nicht die ganze Wirklichkeit umfängt.[115] Denn diese Welt der Freiheit bildet nicht die letzte Stufe, sondern sie steht gleichsam zwischen der sinnenhaften natürlichen und der übernatürlichen Welt, wie schon der vorige Paragraph zeigte. Letztere bildet darum die dritte Ordnung, nämlich das Universum der ungeschaffenen Gottheit, in dem göttliche Natur und Freiheit zusammenfallen und an dem der Mensch gnadenhaft Anteil erhalten kann.

> A l'univers divin l'âme humaine peut participer par la grâce de sorte que pour elle aussi il y a un troisième étage, proprement surnaturel, où *une nouvelle nature* (d'ordre divin) lui est donnée, et où *le monde de la liberté*, ce monde à part qui commençait à l'étage précédent, parvient à une perfection d'ordre divin. [...] C'est du monde de la liberté en tant même qu'il se constitue à notre second étage comme manifestant la propriété inaliénable d'une certaine nature créée, – de la nature spirituelle.[116]

Diese Teilhabe ist möglich, da die Seele fähig ist, in sich alle drei Ebenen harmonisch zu vereinen, insofern sie die Form des materiellen Leibes bildet und zugleich offen ist für die Teilhabe am göttlichen Sein. Letzteres kann ihr eine neue, übernatürliche Natur gnadenhaft vermitteln und so die Geistseele zu ihrer wahren Vollendung führen. So wie die sinnenhafte Natur ihre Erfüllung in der geistigen Natur findet und auf sie hingeordnet ist, so ist die freie, geistbegabte Natur für die übernatürliche Ordnung offen und findet in ihr ihre Vollendung. Denn Haupt der sinnenhaften wie auch der geistigen Naturen ist Gott, und seinem Willen untersteht das ganze Universum. Er ist also nicht nur das letzte Ziel und der allmächtige Lenker der ganzen Schöpfung im Sinne der Erstursache, sondern auch der Gesetzgeber und das Ziel der Ordnung von Freiheit und Moral.

Da sich die moralische Ebene auf geistbegabte Subjekte und damit auf eine besondere Freiheitsordnung bezieht, gehört zu ihr auch ein Zulassen von möglichen Gegenspielern. Es steht ihnen frei, dem göttlichen Willen Widerstand zu leisten und ihn nicht als höchstes Maß ihrer geschöpflichen Freiheit anzuerkennen.[117] Mit anderen Worten verfügen die geistbegabten Subjekte über eine Freiheit, die nicht nur auf die natürliche Ordnung

---

[115] Vgl. *Du régime temporel* 342: «Le *monde de la liberté* [...] suppose la nature spirituelle. Mais il constitue un monde à part, distinct du monde de la nature sensible et spirituelle.»
[116] *Du régime temporel* 343.
[117] Vgl. *Du régime temporel* 342-344.

beschränkt ist (erste und zweite Ebene), sondern über sich hinausragt, da die Ordnung des Geistes offen ist für die übernatürliche (dritte) Ebene. Denn da «die Welt der Natur und die Welt der Freiheit das gleiche Oberhaupt haben»[118], berühren sie gewissermaßen von unten her die übernatürliche Ordnung. Wenn jedoch die Ordnung der Geistigkeit in den Mittelpunkt gerückt wird, wird auch die Ebene der Personalität betreten. Das heißt, daß der Mensch in seiner Freiheit nicht nur über die Aktualisierung von Potenzen verfügt, sondern angelegt ist für die personale Beziehungsebene zwischen «dem ungeschaffenen personalen Geist und den nach seinem Bild gestalteten geschaffenen Personen»[119].

Auf diesem Hintergrund deuten sich zwei Problemfelder an: Zum einen richtet sich Maritains Sichtweise der Person hinsichtlich ihrer Verfügung über ihre Freiheit von der Natur weg auch auf ihre Personalität. Diese äußert sich in interpersonalen Beziehungen, insofern sich die Person selbst mitteilen und andere auf intentionale Weise in sich aufnehmen kann. Das heißt für die Ordnung von geschaffenen und ungeschaffenen Personen, daß sie zwar auseinandergehalten werden können, zugleich aber eine innere Bezogenheit vorgegeben ist. Diese läßt sich nicht mehr in den Kategorien von Substanz und deren *desiderium naturale* oder ihrer Offenheit (*potentia oboedientialis*) ausdrücken, sondern bedarf neuer Kategorien.

Dazu kommt die Problematik der grundsätzlichen Bezogenheit zwischen der geschaffenen und der ungeschaffenen Freiheit. Einerseits ist Gott die erste Ursache aller Seienden und ihrer inneren Dynamik, und andererseits steht ihm die eigenständige, unverletzliche und sakrosankte Welt der geistbegabten Geschöpfe und ihrer Freiheit gegenüber. So zeugt jeder freie Akt letztlich von der Spannung, von Gott als transzendenter Erstursache gehalten zu sein und zugleich vom Menschen als Zweitursache auszugehen. Das heißt, daß er befähigt ist, einen freien, selbständigen und damit von ihm allein bestimmten Akt zu setzen, der ein nicht-ableitbares Ereignis dieser Welt darstellt. Umgekehrt stellt sich die Frage nach der Beteiligung Gottes an schlechten Akten, für die allein der Mensch die Verantwortung trägt. Das Übel als solches ist nach thomasischer Lehre der einzige Fall, in dem der Mensch zur Erstursache werden kann, da er der göttlichen Initiative einen von ihm allein stammenden Widerstand entgegensetzt oder verhindert, daß diese göttliche Anregung die vorgesehene Frucht bringt.[120] Der Mensch verfügt in seiner geschaffenen Freiheit gewissermaßen über eine Potenz, welche die Mitwirkung am Guten verweigern kann und durch diese vermeintliche Selbsttätigkeit nichts Positives vollbringt, sondern dem

---

[118] *Du régime temporel* 344.
[119] *Du régime temporel* 345.
[120] Vgl. THOMAS VON AQUIN, *Summa Theologiae*, I^a-II^{ae}, q. 112, a. 3, ad 2^m.

malum Raum gibt und worauf im nächsten Teil noch näher einzugehen sein wird.[121]

Um nun die Teilhabe des Menschen an der göttlichen Wirklichkeit nicht als die geschuldete Erfüllung einer Anlage erscheinen zu lassen, greift Maritain auf die scholastische Unterscheidung einer doppelten Freiheit zurück, die dem Menschen zukommt und ihm erlaubt, sich für die göttliche Gnade zu öffnen, ohne daß diese notwendig wäre für sein Wirken oder sein metaphysisches Person-sein. Somit richtet Maritain den Blick weniger auf die Teilhabe des Menschen an der göttlichen Natur oder am *bonum absolutum* als auf die Partizipation an der göttlichen Freiheit. Worin besteht nun deren Proprium?

> Quelle est la fin à laquelle [...] est ordonné la liberté créée? [...] Il faudrait dire alors que cette fin est de parvenir à un point suprême où se trouvent réalisées les trois postulations primordiales de la créature en face des Personnes divines, c'est-à-dire où, dans la créature devenue sainte, soit manifestée purement la sainteté de Dieu, soit enfin établie le gouvernement souverain de sa vérité, et soient réconciliées, parce qu'il n'y aura plus de refus ni d'obstacle, sa volonté dite 'conséquente', qui tient compte des conditions provenant des volontés créées, et sa volonté dite 'antécédente', qui ne tient compte que de son amour.[122]

So erscheint das Zusammenwirken von geschaffener und ungeschaffener Freiheit als das eigentliche Ziel des Menschen. Wie schon die Personalität ihre wahre Perfektion nur bei den Heiligen findet, so ist auch die Freiheit nur dort vollkommen, wo sie auf das absolute Gut beständig ausgerichtet ist. Nach Maritain besteht der Fortschritt der menschlichen Seele gerade darin, daß sie die «Freiheit, zwischen Gut und Böse zu wählen», überwindet, da diese «die Unvollkommenheit des Geschöpfes als solches kennzeichnet»[123]. Ihre Erfüllung findet die Geistseele vielmehr dann, wenn sie die Freiheit erreicht, «immer das Gute zu wählen, was das Proprium der göttlichen Natur darstellt». Dies setzt freilich voraus, daß «die Seele durch die Gnade und die Liebe verwandelt wurde»[124] und damit habituell am göttlichen Leben teilhat. Das bedeutet umgekehrt, gegenüber jedem äußeren

---

[121] Vgl. *Du régime temporel* 345f. Aus der Sicht des Glaubens manifestiert das Zusammenspiel von göttlicher und menschlicher Freiheit freilich Gottes Größe und Herrlichkeit und das Geheimnis seiner Liebe, da er zwar die Kreatur am Widerstand hindern könnte, es aber nicht will: «Car les mains de Dieu sont liées par la générosité de son amour, comme celles du fils de l'homme sur la croix» (*ebd.* 346). Und zur Allmacht der verwandelnden Liebe Gottes lesen wir: «La gloire de la liberté divine est de faire un ouvrage d'autant plus beau qu'elle laisse l'autre liberté le défaire davantage, parce que de l'abondance des destructions elle seule peut tirer une surabondance d'être» (*ebd.* 347).

[122] *Du régime temporel* 347.
[123] *Du régime temporel* 347f.
[124] *Du régime temporel* 348.

Zwang und jedem geschaffenen oder unvollkommenen Gut unabhängig und autonom zu sein.[125] Möglich wird diese innere Verschränkung von absolutem Selbstand und völliger Hingabe durch die Liebe, die Gott und den Menschen verbindet.[126] Wie schon der heilige Thomas darlegte, werden dabei alle drei erwähnten Stufen einbezogen und harmonisch miteinander vereint.

> Or, la volonté étant de sa nature ordonnée à ce qui est vraiment bon, lorsqu'un homme, sous l'influence d'une passion, d'un vice ou d'une disposition mauvaise, se détourne de ce qui est vraiment bon, cet homme, *si l'on considère l'ordre essentiel lui-même de la volonté,* agit en esclave, puisqu'il se laisse alors incliner contre cet ordre par quelque principe étranger. Mais si l'on considère l'acte de la volonté *selon qu'elle est inclinée actuellement vers un bien apparent,* alors il agit librement quand il suit sa passion ou sa disposition corrompue [...]. Mais voilà que l'Esprit-Saint incline par l'amour la volonté vers le vrai bien; par l'amour il fait que la volonté pèse actuellement tout entière vers cela même qui est dans la ligne de son vœu le plus profond.[127]

Demzufolge besteht die wahre Freiheit des Menschen darin, daß er der natürlichen Ausrichtung des Willens folgt, die implizit auf das höchste Gut hingeordnet ist. Doch handelt es sich dabei nun um eine natürliche oder eine übernatürliche Neigung? Maritain weist darauf hin, daß sich die Ordnung des freien Geistes die darunterliegende natürliche und ontologische Ordnung, mit der sie untrennbar verbunden ist[128], zu eigen macht und damit in Übereinstimmung mit ihrer inneren Tendenz handelt.[129] Diese Tendenz ist eben nicht Ausdruck einer blinden Willkür, sondern Zeichen einer transzendentalen Finalität, weshalb der wahrhaft freie Akt in Übereinstimmung mit der menschlichen und vor allem der göttlichen Vernunft steht. Diese Übereinstimmung konstituiert somit formaliter die Moralität des freien

---

[125] Ähnlich äußert sich auch J. de FINANCE (*Esistenza e libertà*, Roma 1990, 327*f.*): «Il segreto della piena affermazione di noi stessi sta nella piena adesione del nostro volere al Volere divino. [...] Esistere pienamente, significa essere Dio. [...] Solo l'uomo ricreato nel Cristo può nascere alla vera libertà, a quella libertà che lo dona a lui stesso senza abbandonarlo al suo nulla; a quella libertà che, definitivamente accordata con la sua norma, si possiede e possiede tutte le cose essendo posseduta da Dio.»

[126] In diesem Kontext zitiert Maritain mit Vorliebe den heiligen JOHANNES VOM KREUZ (*Geistlicher Gesang*, Str. 22, Darmstadt ⁵1987, 178) und dessen unübertreffliche Formel zur Umschreibung der mystischen Hochzeit: «So sind nach dem Abschluß der mystischen Vermählung zwischen Gott und der Seele zwei Naturen ein Geist und eine Liebe. [Dos naturalezas en un espíritu y amor]». Vgl. *Du régime temporel* 354.

[127] *Du régime temporel* 355 unter Bezug auf THOMAS VON AQUIN, *Summa contra Gentiles*, IV, c. 22.

[128] Vgl. *Du régime temporel* 327: «Le monde de la liberté suppose nécessairement le monde de la nature.»

[129] Inwieweit diese Tendenz sich mitteilen und vom Verstand erfaßt werden kann, wird uns bei der Untersuchung der konnaturalen Erkenntnis noch weiter beschäftigen.

Aktes, während die Wahlfreiheit in sich nur die materielle Voraussetzung dafür bildet.[130]

Aus diesem Grund ist es völlig konsequent, wenn denen die größte Freiheit zugeschrieben wird, die in der Anschauung Gottes stehen. In ihnen kommt die Wahlfreiheit zur Vollendung, da der Wille das subsistierende Gut besitzt. «Wie noch wählen, wenn man endlich besitzt, was man allem voran erwählt hat?»[131] Wenn darum «die Wahlfreiheit einer geistigen Natur, die kraft ihres Verstandes und ihres Willens zum Unendlichen begabt ist, dem Ziel zugeführt ist, zu dem sie erschaffen ist, so ist ihre Aufgabe erfüllt»[132]. Doch wenn die höchste Freiheit in der Wahl des Guten besteht, dann wäre auch die Frage zu stellen, warum Gott nicht den Menschen so geschaffen hat, daß er stets das Gute wählt; in letzter Konsequenz könnte sogar Gott für das Übel verantwortlich gemacht werden.

Auch bei der Verbindung von göttlicher und menschlicher Freiheit bleibt letztlich ein Potenz-Akt-Modell vorherrschend, das die Wirklichkeit des Menschen von seinen Fakultäten her betrachtet. Es wird auch weiterhin nicht völlig einsichtig, wie der Wille oder das *liberum arbitrium* Ausdruck der menschlichen Person sind und wie von ihr als Erstursache konkrete Entscheidungen ausgehen. Maritain hingegen schreibt der Freiheit eine eigene Dynamik zu, die sich zwischen zwei Polen, nämlich der Ausgangs- und der Endfreiheit bewegt.

b) Von der Anfangs- zur Endfreiheit

Den Ausgangspunkt von Maritains Freiheitsverständnis in *Du régime temporel* bildet die theologische Aussage, daß der Mensch seine wahre Erfüllung allein in Gott erfährt. Denn es ist «ein Faktum der Natur, eine ontologische Gegebenheit, daß ein geschaffener Geist [...] seine vollkommene Seligkeit nur finden kann, wenn er Gott von Angesicht zu Angesicht schaut»[133]. Damit läßt Maritain die Theorie des abstrakten *bonum commune* hinter sich und untersucht die Möglichkeit einer Teilhabe des Menschen am göttlichen Leben, indem er die menschliche Freiheit stärker ins Feld führt.

---

[130] *Du régime temporel* 350*f*.: «Elle [la liberté de choix] est la *matière* propre de la moralité, parce que seuls des actes libres sont capables de régulation morale, comme la matière travaillée par le sculpteur ou le musicien est capable des régulations artistiques: et dans les deux cas c'est la raison qui donne la mesure et la forme. [...] La liberté de choix est prérequise à la moralité, elle ne la constitue pas. C'est la régulation vitale de l'acte libre par la raison (par la raison humaine et, plus encore, par la raison éternelle), c'est comme dit saint Thomas, la *consonance avec la raison* qui constitue formellement la moralité.»

[131] *Du régime temporel* 352.
[132] *Du régime temporel* 353.
[133] *Du régime temporel* 336.

Wie kommt es dann aber im Menschen zum Übergang von der natürlichen zur übernatürlichen Ordnung?

Bereits in *Les Degrés* hatte Maritain die Person als metaphysische Wirklichkeit bestimmt, die vor allem durch die Freiheit charakterisiert ist.[134] Ebenso definiert er nun in *Du régime temporel* die Freiheit als die metaphysische Wurzel des Menschen, die – wie seine Personalität – in moralischer und psychologischer Hinsicht wachsen und sich entfalten soll.[135] Ausgangsbasis für mögliche Veränderungen des Menschen ist das *liberum arbitrium*; es ermöglicht dem Menschen als Ausgangs- oder *Anfangsfreiheit*, sich sein letztes Ziel selbst auszusuchen und seine konkreten Akte darauf auszurichten. Wenn dieses Ziel der inneren Natur des Menschen entspricht, sich also auf Gott ausrichtet, kann der Mensch über das Anfangsstadium der reinen Wahlfreiheit hinauswachsen und zu einer von ihm gestalteten Freiheit gelangen. Denn um dieses Ziel, «um die Freiheit der Autonomie oder die *Endfreiheit* [liberté terminale] zu erreichen, hat der Mensch die Wahlfreiheit»[136].

> Le libre arbitre est la racine même du monde de la liberté, c'est une donnée métaphysique, nous le recevons avec notre nature raisonnable, nous n'avons pas à le conquérir: il apparaît comme la liberté *initiale*. Mais cette racine métaphysique doit fructifier dans l'ordre psychologique et moral. [...] Nous devons nous rendre par notre propre effort une personne maîtresse d'elle-même et qui soit à elle-même un tout. Voilà donc une autre liberté, une liberté que nous devons chèrement gagner: liberté *terminale*. [...] Nous pouvons dire que c'est une liberté d'exultation, et, en un sens paulinien, non kantien, une liberté d'autonomie.[137]

Die Endfreiheit ist die Frucht der Liebesvereinigung zwischen Gott und Mensch und wirkt sich auf die beiden Fakultäten des Geistes aus, weshalb Maritain sie noch näher differenziert. Hinsichtlich des Lebens des Intellekts «ist sie Weisheit und freies geistiges Besitzen, *Freiheit des Frohlockens* [liberté d'exultation]». Dabei handelt es sich um ein «lebensvolles und gelöstes Ruhen, das zur Erfüllung des tiefsten und reinsten Verlangens des Intellekts führt»[138] und ihn in Freude und Jubel ausbrechen läßt.[139] Die

---

[134] Vgl. *Les Degrés* 679: «Une personne est un centre de liberté.»

[135] Vgl. *Du régime temporel* 349: «Nous prétendons donc que la liberté de choix, la liberté au sens de *libre arbitre* n'est pas sa fin à elle-même. Elle est ordonnée à la conquête de la liberté d'*autonomie* et d'*exultation;* et c'est dans cette conquête exigée par les **postulations essentielles de la personnalité humaine**, que consiste le dynamisme de la liberté.»

[136] *Du régime temporel* 352.

[137] *Du régime temporel* 348.

[138] *Du régime temporel* 352.

[139] Zum Begriff der «Freiheit des Frohlockens» findet sich bei Maritain keine nähere Erläuterung. Doch trifft wohl J. de FINANCE den Kern von Maritains Absicht, wenn er

Freiheit der Autonomie hingegen bezieht sich auf das Leben des Willens und meint die «Fülle der Liebe»[140], insofern der Mensch frei ist von jeder Knechtschaft der Sünde und nicht mehr gegen, sondern gemäß der natürlichen Richtung seines Willens handelt und damit Gott mit göttlicher Liebe liebt[141].

Die verwandelte oder erhöhte Freiheit ist nicht einfach die Frucht einer Askese oder Willensanstrengung, bei der sich der Mensch mit natürlichen Mitteln selbst vergöttlicht und durch eigene Kraft zum Übermenschen Nietzsches erhebt. Vielmehr meint Überhöhung im christlichen Sinne die Vergöttlichung des Menschen als Geschenk eines transzendenten, freien und personalen Gottes, der den Menschen zu einem «Gott durch Teilhabe» macht. Diese Teilhabe geschieht durch die Einheit der Liebe und führt im letzten zum ausschließlichen Kennen und Wollen des Guten bzw. zur Autonomie gegenüber der Anziehung des Bösen. Insofern fällt die wahre Freiheit in der Tat mit der Heiligkeit zusammen, da sie nur noch das höchste Gut erstrebt und sich allein von ihm anziehen läßt. Somit erreicht die Freiheit der Autonomie ihre Vollkommenheit, wenn sie sich ganz an das *bonum absolutum* hingibt.[142] Doch was geschieht, wenn diese Art der Freiheit nicht erstrebt wird? Ein Stehenbleiben bei der Wahlfreiheit hat zur Folge, daß der Mensch sich nie ganz für eine Sache entscheiden oder engagieren

---

schreibt: «La **libertà di esultanza** è un aspetto e quasi un altro nome della **felicità**. Forse si può dire che questa allude più direttamente al possesso saziante dell'oggetto del desiderio, mentre quella concerne l'attività del soggetto in quanto procedente da esso. Appetito non frustrato, spontaneità non impedita: in ambedue i casi, si tratta della piena 'realizzazione' del soggetto. Comunque, Maritain giustamente osserva che la 'libertà di esultanza' è proprio quella per cui gli uomini lottano e muoiono. Non si muore per il libero arbitrio per la semplice ragione che lo si possiede già e non può venire tolto. È la libertà di esultanza che gli uomini ricercano attraverso le diverse forme di libertà civile e politica.» («I diversi tipi di libertà in Maritain», in *Jacques Maritain protagonista del XX secolo*, Hrsg. R. Carmagnani – P. Rizzuto, Milano 1984, 117).

[140] *Du régime temporel* 352.
[141] Vgl. *Du régime temporel* 355. Vgl. dazu auch die Ausführungen zur Gottesliebe, die den Heiligen erfüllt und die ihm auch die richtige Liebe zu allem Geschaffenen verleiht (*Les Degrés* 864*f*.): «Le saint voit pratiquement que les créatures ne sont rien au regard de Celui qu'il aime et de la Fin qu'il s'est choisie. [...] C'est un mépris d'amoureux à l'endroit de ce qui n'est pas l'être aimé, c'est-à-dire, ici, l'Amour même. [...] Ainsi se comprend ce paradoxe qu'à la fin le saint enveloppe d'un universel amour d'amitié, et de piété – incomparablement plus libre, mais plus tendre aussi et plus heureux que l'amour de concupiscence du voluptueux ou de l'avare, – tout ce qui passe dans le temps.»
[142] Vgl. *Du régime temporel* 351: «Oui, l'homme est appelé à devenir dieu, mais par une participation de grâce à la nature d'un Dieu transcendant, personnel, et libre. [...] Et pendant sa vie terrestre elle-même il peut aussi – déjà – devenir Dieu par participation, du fait de l'union amour avec Dieu. Ainsi c'est avec la sainteté que la parfaite liberté d'autonomie coïncide.»

kann. Da für ihn der Genuß der Ausübung der Freiheit das höchste Gut darstellt, bemüht er sich nicht um eine Ausrichtung auf ein bleibendes letztes Ziel. Vielmehr besteht seine Autonomiefreiheit genaugenommen in seiner Wahlfreiheit, da er sich stets die Möglichkeit offenhält, sich immer wieder für ein anderes letztes Ziel entscheiden zu können.[143]

Maritain fügt in seine Ausführungen bereits erste personalistische Aspekte ein, insofern er auf die vollkommene Gemeinschaft der Trinität verweist, «in der drei gleiche und konsubstantielle Personen als gemeinsames Gut ihre Natur selbst haben und in der jede so viel ist wie alle drei zusammen»[144]; diejenigen Menschen, die vom Heiligen Geist bewegt sind, gehen deshalb «in das Leben der göttlichen Personen selbst ein, Gott liebend, wie er uns liebt und wie er sich liebt». Damit wird nicht nur «das Endziel des Fortschrittes der Seele» erreicht, sondern auch «die Zeit mit der Ewigkeit verbunden»[145]. Andererseits hält er aber auch daran fest, daß Gott «mit keinem Ding eine Verbindung eingehen kann»; er kann «durch sich selbst mit einem Geschöpf nur vereinigt werden entweder als intelligibler Gegenstand in der beseligenden Anschauung (*in ratione puri termini objectivi*), oder als *Person* in der Inkarnation (*in ratione puri termini personalis*)»[146]. So führt auch die *visio beatifica* zur Teilhabe an Gott «durch die Schau des göttlichen Wesens»[147]. Hinsichtlich des Menschen selbst kommt Maritain zur Aussage, daß «die Person von sich aus als eine Ganzheit auf das soziale Leben abzielt; sie ist eine Ganzheit, die danach verlangt, sich mit anderen Ganzheiten in den geistigen Mitteilungen des Intellekts und der Liebe zu verbinden.»[148]

Unter dieser Voraussetzung betrachtet Maritain auch die Frage nach der konkreten Gestaltung und Realisierung der Freiheit, die sich nicht nur auf den einzelnen Menschen bezieht, sondern ebenso durch den Staat geregelt wird. So lassen sich, analog zur geistigen Ebene, auch auf der Ebene des sozialen Lebens drei verschiedene Stufen oder Philosophien der Freiheit unterscheiden. Die erste Form konzentriert sich dabei auf die Wahlfreiheit als Ziel in sich und kann als liberales oder *individualistisches Freiheitsverständnis* bezeichnet werden. Wenn der Einzelne nur seine eigene Wahlfreiheit im Blick hat, strebt er danach, sie wie ein kleiner Gott ohne Einschränkungen ausüben zu können. Ein Staat, der dem absoluten Recht jedes seiner

---

[143] *Du régime temporel* 349f.
[144] *Du régime temporel* 365.
[145] *Du régime temporel* 354. Vgl. dazu auch *Antimoderne* 995: «Ce n'est pas dans la stérilité de l'absolue solitude, c'est dans la fécondité du contact avec l'être [...] que l'esprit a sa liberté.»
[146] *Du régime temporel* 364.
[147] *Du régime temporel* 350.
[148] *Du régime temporel* 365.

Bürger, seine Optionen zu verwirklichen, die Priorität einräumt, gerät schnell in die Situation der anarchistischen Auflösung. Es wird ihm unmöglich, neben der Verwirklichung der individuellen Freiheit auch dem Allgemeinwohl zu dienen. Denn das Gemeinsame besteht im Grunde nur in einer Vielzahl von bürgerlichen Zielen in sich, die den Genuß der schrankenlosen Freiheit von Eigentum und Wirtschaft und die kleinen Freuden des Lebens sichern sollen.

Eine zweite Form ist um eine Zentralisierung bemüht, die sich nach der Endfreiheit ausrichtet. Aber sie überträgt diese autonome Freiheit auf die transitive, produktive und beherrschende Aktion und auf materielle Umsetzung und wird damit zur diktatorischen oder *imperialistischen Freiheit*. Dem kollektiven Gott wird so die Freiheit der Person geopfert, was auf Dauer zur Selbstzerstörung eines solchen Systems führt.

Die dritte Form richtet sich nach den oben dargelegten Prinzipien aus, mit deren Hilfe der Staat nicht zuerst die Wahlfreiheit, sondern ein zeitliches Gemeinwohl anstrebt, das auf die rechte Lebensführung der Menge in materieller wie in moralischer Hinsicht ausgerichtet ist. Dieses Gemeinwohl selbst ist dem überzeitlichen Wohl der Person und der *Erlangung der autonomen Freiheit* untergeordnet. Dieses Gemeinwohl ist als vergängliches Zwischenziel zu verstehen, dessen absolutes Zentrum außerhalb seiner selbst liegt. Es selbst hat nicht die Aufgabe der geistigen Vervollkommnung der Person, ist aber wesentlich darauf ausgerichtet, für die Entwicklung der Milieubedingungen zu sorgen, welche der Menge eine Situation von Frieden und Wohlergehen sichern, so daß für jede Person die Möglichkeit zum fortschreitenden Erlangen der Überhöhungsfreiheit gewährleistet ist. Damit wird ein falscher Heroismus abgewehrt, der nur einigen besonders Begünstigten möglich wäre. Vielmehr sind alle Menschen guten Willens angesprochen und befähigt, zur wahren Freiheit zu gelangen. Auf diese Weise tragen die politische Gemeinschaft und die Familie dazu bei, daß die Person ihre Vervollkommnung als Mitglied einer höheren Gemeinschaft erstrebt.[149]

Insofern für diese politische Philosophie nicht Macht und Entscheidungsfreiheit, sondern Weisheit, Güte und brüderliche Freundschaft entscheidend sind, kann sie durchaus «als gemeinschaftlich und personalistisch bezeichnet werden»[150]. *Gemeinschaftlich* bedeutet dabei, daß das Gemeinwohl etwas anderes ist als die quantitative Summe der Einzelinteressen, und seien sie auch noch so edel; *personalistisch* unterstreicht die Abgrenzung zum Individualismus und die Sondersituation jeder menschlichen Person,

---

[149] Vgl. *Du régime temporel* 357-361.
[150] *Du régime temporel* 363.

die ein eigenes Universum bildet und auf die Subsistenz des Geistes gegründet ist, also nicht nur durch die Materie individuiert wird.

Aus diesem Grund tritt Maritain entschieden für ein Staatswesen ein, dessen Idee vom *bonum commune* nicht auf einem Mehrheitsbeschluß seiner Mitglieder beruht und damit von individuellen und häufig willkürlichen Vorstellungen abhängt, sondern davon, was der Förderung der Personalität des Menschen dient.[151] Deshalb ist für Maritain «das christliche Staatswesen wesenhaft *anti-individualistisch* und wesenhaft *personalistisch*»[152]. Der Mensch ist nicht nur Teil eines Kollektivs und dessen Zielen absolut untergeordnet, sondern der Staat hat auch Verpflichtungen der Person gegenüber, die unantastbar sind und die letztlich in der transzendenten Natur des Geistes bzw. in der Personalität des Menschen gründen. Umgekehrt hat der Mensch als Individuum *und* als Person gegenüber dem Staat sowohl Rechte als auch Pflichten.

Diese Ausführungen lassen einen ersten Wandel in Maritains Personverständnis erkennen. Er verweist nicht mehr allein auf die Fakultäten oder die ontologische Grundlage, sondern auch auf die Besonderheit der Geistseele, die Gemeinschaft und eine Entfaltung ihrer Personalität fordert. Diese kann sich auf die natürliche wie auch auf die übernatürliche Ordnung beziehen, wobei noch zu klären sein wird, wie nun die Verbindung und der Übergang von der natürlichen zur übernatürlichen Ebene stattfindet, wie also die Gemeinschaft von Gott und Mensch personalistisch ausgedrückt werden kann. Verfügt der Wille als Fakultät des Strebens über eine Ausrichtung, die sich nach ihrer Vollendung in Gott sehnt und damit eine eigene Dynamik in sich trägt, oder steht sie im Dienst einer höheren Instanz, die angelegt ist auf die Beziehung mit Gott? Wenn allerdings die Personalität allein in Gott als *actus purus* verwirklicht ist, wie ist dann die menschliche Personalität zu verstehen?

7. Zusammenfassung

Wie bereits das vorige Kapitel hinsichtlich der Gnoseologie zeigte, so bestätigt auch der Blick auf Maritains Personverständnis in der Zeit von 1910

---

[151] Vgl. *Clairvoyance de Rome* 1176f.: «La grâce guérit et rectifie la nature déchue. [...] C'est ainsi que la juste subordination du *politique* au *moral* n'est obtenue de fait que dans la juste subordination du *politique* au *chrétien*. Les vrais ennemis de la nature sont ceux qui refusent à la nature humaine les bienfaits qu'apporte cette subordination. [...] Il est impossible de se détourner de la fin dernière surnaturelle sans se détourner par là-même de la fin dernière naturelle.»
[152] *Trois Réformateurs* 455.

III DIE PERSON ALS *SUPPOSITUM*

bis 1933, wie sehr er unter dem Einfluß der Neuscholastik steht und damit vor allem eine konzeptualistische Position vertritt.[153] Dies demonstriert gerade seine Sicht der eigentlich nicht-intellektuellen Tätigkeit des Willens und des *liberum arbitrium*, insofern er von ihnen aus den Menschen als ein wesentlich potentielles Wesen betrachtet.[154] Dazu wird vor allem das Schema von Potenz und Akt zugrunde gelegt sowie die gegenseitige Kausalität von Wille und Intellekt, die als Fakultäten der Seele zu Operationen fähig sind, die letztlich für die Seele nur Akzidentien darstellen, was gerade hinsichtlich interpersonaler Beziehungen unbefriedigend bleibt. So wird auch die Personalität im Menschen als eine Potenz verstanden, die schrittweise erobert oder aktualisiert werden muß; analog zu ihr wird auch eine doppelte Freiheitsordnung vertreten, die ebenfalls die Frucht von geistigem Ringen und Mühen ist. Die verschiedenen Grade der jeweils erreichten Vervollkommnung spiegeln sich letztlich «im Herzen eines jeden erschaffenen Wesens, besonders aber im menschlichen Wesen wider und haben schließlich ihren Ursprung darin, daß sie im Subjekt **wie Potenz und Akt** angelegt sind»[155].

> La notion de personne est une notion analogique. [...] L'être humain est une personne, c'est-à-dire un univers de nature spirituelle, doué de la liberté de choix et destiné à la liberté d'autonomie: il n'est pas plus *pure personne* qu'il n'est *pure intelligence*. Au contraire, comme il est au plus bas degré dans l'échelle de l'intellectualité, il est aussi au plus bas degré dans celle de la personnalité. [...] C'est en l'homme, parce qu'il est animal et esprit, que la loi typique de l'individuation vient le plus fortement se composer avec celle de la personnalité, et la contrarier; car la racine métaphysique de la personnalité est la subsistence de l'esprit et, chez tous les êtres corporels, celle de l'individuation est la matière. C'est pourquoi la personnalité chez l'homme est précaire et menacée, et doit être progressivement conquise.[156]

In dieser Definition der Person wird ihre Potentialität vor allem von ihrer Geistnatur her betrachtet. Dazu kommt auch die nicht ganz ausgeglichene Beurteilung der Individuation, welche die spirituelle Komponente doch wohl etwas unausgewogen favorisiert. Dies läßt sich andererseits nicht vermeiden, wenn beide Prinzipien vor allem unter der Hinsicht ihrer Potentialität betrachtet werden, der Mensch also in der Spannung steht, den

---

[153] So sagt er von sich selbst 1926 in *Réponse à Jean Cocteau* (723): «Je suis, vous le savez, un disciple, le plus indigne et le plus tard venu, de saint Thomas d'Aquin; que dis-je, un disciple de ses disciples, – un Jacques de Jean [de Saint-Thomas] de Gaëtan de Dominique [Bañez] de Reginald [Garrigou-Lagrange] de saint Thomas, ce qu'il y a de plus byzantin, de plus scolastique, de plus méprisable aux yeux des princes de la Sorbonne.»
[154] Vgl. *Réflexions sur l'intelligence* 380f.
[155] *Du régime temporel* 367.
[156] *Du régime temporel* 363f.

Neigungen der (auf die Materie ausgerichteten) Individualität oder der (auf den Geist bezogenen) Personalität zu folgen. Ähnlich wird bei der Untersuchung der christlichen Mystik deutlich, daß Maritain auch die Beziehung zwischen menschlichem und göttlichem Gegenüber vor allem auf die Vervollkommnung der menschlichen Natur richtet, insofern also das Geschöpf am Wesen des Schöpfers formal Anteil erhalten kann, bevor es in die *visio beatifica* eintritt, wo sich die Teilhabe in der Schau von Gottes Wesen manifestiert.

Zudem ist zu beachten, daß für Gott die Beziehungen zum Menschen nicht ihn selbst betreffen können, da sie ansonsten zu seinem Wesen gehörten und damit notwendig wären. Was heißt das aber für den Menschen, der nach interpersonalem Austausch verlangt? Ist die Wirklichkeit des Geistes nur disponiert für eine ungeschuldete übernatürliche Erhöhung (*potentia oboedientialis*), oder verfügt die menschliche Person über eine bestimmte Neigung, die nicht nur die Gemeinschaft mit ihresgleichen, sondern auch mit Gott unverzichtbar macht, also mehr ist als ein *desiderium naturale visionis beatae*, das auch unerfüllt bleiben kann? Diese Spannungen zeigen sich auch bei der Unterscheidung in eine Anfangs- und eine Endfreiheit. Während das *liberum arbitrium* ontologisch von Anfang an gegeben ist, muß die geistige Freiheit erst in der moralischen und psychologischen Ordnung erworben werden; während das eine die unveränderliche Natur des Menschen betrifft, ist das andere auf seine geistige Ordnung bezogen. Veränderungen in der Ordnung des Geistes betreffen ihn jedoch selbst als Person – und damit auch sein inneres Wesen, seine Substanz, da die Eroberung der Endfreiheit auch zum Wachstum der Personalität führt. Auch daran wird Maritains etwas unausgeglichenes Personverständnis im Sinne eines *sujet d'action* sichtbar und gezeigt, daß eine Metaphysik personaler Freiheit nicht allein durch das Potenz-Akt-Schema dargestellt werden kann.

Der Grund ist dafür wohl vor allem darin zu suchen, daß Maritain in dieser Phase bei der Betrachtung der Wirklichkeit die Frage nach der Existenz eher am Rande behandelt, was zur Folge hat, daß das Handlungssubjekt nur unter dem begrifflich faßbaren Aspekt der Essenz in Erscheinung tritt. Doch wenn die Subsistenz Essenz und Existenz in eine neue Seinsweise erhebt, müssen dann nicht beide Prinzipien wirksam werden? Mit anderen Worten: Meint die besondere Tiefe, die dem konkreten Menschen mit der Subsistenz verliehen wird und über die er frei verfügt, nicht auch eine neue Wirklichkeit, die nicht mehr dem Potenz-Akt-Schema, sondern der Wirklichkeit geistiger Operationen entspricht, die Ausdruck eines *actus perfecti* sind? Diese sind von Natur aus nicht an die Materie gebunden und darum unbegrenzt aufnahmefähig. So ließe sich die unbegrenzte Kapazität des Geistes durchaus im Sinne einer Existenzweise begreifen, deren qualitative Veränderung, die im unerschöpflichen Überströmen des Geistes angelegt ist, sich auf das ganze Subjekt auswirkt.

Den Anfang für derartige Reflexionen macht Maritain mit einer entschiedenen Hinwendung zur Existenzordnung, die sein ganzes Denksystem nach und nach durchdringt. Mit der Betonung der Seinsintuition zeigt er kohärenter als sein Lehrer Bergson, daß sich objektive Wissenschaft und subjektive Erfahrung nicht widersprechen müssen, sondern gemeinsam zu einer Erneuerung der Metaphysik beitragen können.

TEIL B – «Et plus libre sera le jeu»[1] – Maritains Erneuerung des Existentialismus

Kapitel IV: Die existentielle Wende Maritains

1. Einleitung

Der vorausgehende Teil unserer Untersuchung hat gezeigt, daß Maritains Verständnis der ontologischen Grundlagen des Menschen und seiner geistigen Fakultäten in der Zeit von 1910 bis 1933 vor allem die begrifflich unterscheidbare Seite betont. Insbesondere gilt dies für die Betrachtung der Person, die er vor allem von ihrer Natur und deren Potenzen her untersucht. Nach 1933 läßt sich jedoch eine Veränderung in seinem Denken feststellen, da er seine Epistemologie nicht mehr auf die Essenzordnung allein gründet, sondern eine existentielle Erfahrung, nämlich die Seinsintuition, einbezieht. Zu diesem Umschwung trug nicht zuletzt wohl die veränderte Lebenssituation der Maritains bei, die ihnen eine größere geistige Freiheit verschaffte. So erhebt Maritain vom Jahre 1934 an die Seinsintuition zum erklärten Ausgangspunkt seiner Metaphysik und macht sie zur unabdingbaren Prämisse für jeden Philosophen.

Aus diesem Grund sollen im vorliegenden Teil B folgende Linien aufgezeigt werden: in Kapitel vier die Seinsintuition und ihre Implikationen, in Kapitel fünf die Erarbeitung und Unterscheidung der konnaturalen Erkenntnisweisen sowie in Kapitel sechs die beginnende Übertragung dieser Gnoseologie auf die Person selbst. Diese wird nicht mehr allein als Handlungssubjekt, sondern von den Operationen des Geistes her betrachtet, die Ausdruck eines Überströmens sind (*actus perfecti*). Das führt zu einem erneuerten Verständnis von Person wie auch von Freiheit, womit ein dynamisches Verständnis der Person wie auch ihres geistigen Zentrums vorbereitet wird, dem Teil C gewidmet ist.

Das vorliegende Kapitel vier beschäftigt sich nun vor allem mit der Untersuchung der Seinsintuition selbst, da in ihr erneut die Fragen nach dem Zusammenhang von Intuition und Abstraktion, von Begriff und Urteil auftauchen, jetzt aber im Hinblick auf die Grundlage der Wirklichkeit

---

[1] *Réponse à Jean Cocteau* 725.

schlechthin, nämlich das Sein. Neben dem Zusammenhang von Essenz und Existenz geht es dabei auch um die Transzendentalien und die ontologische Begründung von Veränderung und Bewegung. Daran schließen sich einige grundsätzliche Überlegungen zum Wesen der Seinsintuition an, da sie für Maritain ein besonderes Geschenk darstellt, das nicht gemacht, sondern nur empfangen werden kann. Doch allein die Erfahrung der Seinsintuition verleiht den für Maritain unabdingbaren metaphysischen *habitus*, was die Frage nach ihrer wissenschaftlichen Objektivität aufwirft. Zudem wird sie nicht nur in der Philosophie, sondern auch in anderen Bereichen wie z.b. der Poesie angetroffen.

2. Die Erfahrung der Seinsintuition

Was für den Mystiker die übernatürliche Gotteserfahrung bedeutet, also das erfahrungsmäßige oder konnaturale Erkennen Gottes[2], ist für den Metaphysiker die Seinsintuition, die geistige Schau der inneren Wirklichkeit des Seins. So läßt sich wohl die neue Haltung umschreiben, die Maritain mit der Publikation von *Sept leçons sur l'être* aus dem Jahr 1934 vertritt, die auf einer überarbeiteten Vorlesung von 1932/33 beruht. Während er in *Antimoderne* (1922) noch vom Sein der Dinge und der sinnenhaften Wahrnehmung ausging, um durch einfaches diskursives Folgern zur analogen und transzendentalen Struktur des Seinsbegriffs zu gelangen[3], deutet sich bereits ein erster Wechsel mit dem Vorwort zur zweiten Auflage der *Philosophie bergsonienne* an, die im Jahre 1930 erscheint. Dort spricht er erstmals von der Notwendigkeit einer besonderen Seinsintuition, welche die Voraussetzung für die Philosophie bildet. Sie stellt eine direkte oder intuitive Einsicht dar, insofern «sie sich nicht aus einer Denkfolge ergibt»[4]. Sie findet zwar in einem Begriff statt, geht aber seltsamerweise von einer Sinneswahrnehmung aus und gelangt über diese hinaus bis zu der darin enthaltenen analogen und rein geistigen Wirklichkeit, nämlich zum Sein.

> Si l'on appelle intuition une connaissance directe de ce qui est, il y a bien une intuition philosophique, mais c'est dans le concept et par le concept qu'a lieu cette intuition-là [...]. Tous les grands philosophes ont reconnu l'existence et la nécessité d'une intuition, à laquelle est suspendue leur sagesse. [...] C'est une *intuition intellectuelle humaine*,

---

[2] Vgl. *Les Degrés* 728-730.

[3] Vgl. *Antimoderne* 1047: «S'appuyant sur de tels faits [les plus simples et les plus évidents], et s'appliquant à tirer d'eux, à chaque relais de son discours, tout ce qu'ils peuvent donner à l'intelligence, [...] le philosophe part à la conquête des notions fondamentales et des premières vérités dont tout le reste dépend.»

[4] *La Philosophie bergsonienne* 43, Anm. 27.

l'intellection de l'être, qui de soi supra-sensible est saisi directement dans le sensible auquel il est immanent, et poursuivi jusque dans le pur spirituel analogiquement atteint.[5]

Doch der Gedanke dieser besonderen Intuition findet bei Maritain keine direkte Fortsetzung. Denn ähnlich wie in *Antimoderne* scheint auch in *Les Degrés* (1932) die Ausrichtung der Geisteskräfte auf das Sein auszureichen, um zur Einsicht in dessen besondere innere Struktur und in die ersten Prinzipien zu gelangen: «Es genügt, daß ich meine Aufmerksamkeit auf es [das Sein] richte, und ich sehe, daß es zugleich einfach und vielfach ist.»[6]

Es gilt allerdings auch zu berücksichtigen, daß Maritain bis dato vor allem über die intelligible Struktur des Seins reflektiert hatte, also dessen notwendige essentielle Bestimmungen dargelegt hatte. Er sprach von Anfang an über die analoge und polyvalente Struktur des Seins, ging aber nicht näher auf die Konsequenzen, also auf die existentielle Seite des Seins, ein. Doch nun scheint er in *Sept leçons* die vier Jahre zuvor gemachten Andeutungen aufzugreifen und seine Metaphysik nicht mehr auf die Stufen der Abstraktion zu gründen[7], sondern auf eine besondere Einsicht, nämlich die Intuition des Seins. Diese Intuition stellt genaugenommen einen weiteren Sonderfall der in *La Philosophie bergsonienne* gemachten Unterscheidungen dar, denn die Seinsschau meint eine Einsicht, die zwar durch einen Begriff, also abstraktiv, vermittelt wird, und zugleich auf intuitive oder unmittelbare Weise eine *über*begriffliche Wirklichkeit zugänglich macht.[8]

L'être apparaît alors selon ses caractères propres comme transobjectivité consistante, autonome et essentiellement variée, car l'intuition de l'être est en même temps l'intuition de son caractère transcendantal et de sa valeur analogique. Il ne suffit pas de rencontrer le mot être, de dire 'être', il faut avoir l'intuition, la perception intellectuelle de l'inépuisable et incompréhensible réalité ainsi manifestée comme objet. C'est cette intuition qui fait le métaphysicien.[9]

Die Seinsintuition offenbart also die innere Struktur des Seins und ist darum grundlegend für den Metaphysiker. Sie allein eröffnet ihm gleichsam von innen her die Anschauung der Wirklichkeit des Seins und befähigt ihn somit, sich mit dem *ens in quantum ens* intellektuell auseinanderzusetzen.

---

[5] Vgl. *La Philosophie bergsonienne* 43*f.*
[6] *Les Degrés* 646.
[7] S.o. 79-86.
[8] Vgl. J. MARITAIN, *Sept leçons sur l'être*, ŒC Bd. V, 595: «Cette réalité [l'être] est, en tant même que manifestée objectivement par et dans l'idée de l'être, plus riche et plus chargée de valeurs intelligibles que ce que l'idée de l'être à elle seule me découvre immédiatement, – elle demande, en vertu d'une nécessité interne, à déborder en quelque sorte l'idée même où elle s'objective.»
[9] *Sept leçons* 572.

Es reicht darum nicht aus, das Wort «Sein» zu kennen, darüber zu reflektieren oder einzelne Aspekte seiner inneren Struktur herauszugreifen und über sie zu spekulieren, wie es von Mathematik, Logik und Naturwissenschaften betrieben wird.[10] Vielmehr braucht es die Seinsintuition als eine unmittelbare Anschauung, als eine Begegnung zwischen dem Philosophen und dem lebendigen und transzendentalen Sein.

Doch wie kommt der Philosoph zur Seinsintuition? Formal gesehen stellt sie eine Art Begegnung dar, in der das von der Sache ausgehende objektive Licht ihrer Intelligibilität auf das subjektive Licht des erkennenden Intellekts (*intellectus illuminans*) trifft. Beide Aspekte bedingen sich gegenseitig, so daß Maritain diese Wechselbeziehung im Sinne einer gegenseitigen Kausalität versteht.[11] Damit ist gemeint, daß sich der Metaphysiker aktiv nur vorbereitend um das subjektive Licht seines philosophischen *habitus* bemühen kann. Diesen *habitus* selbst kann er nur passiv empfangen durch eine Art Selbstoffenbarung des Seins, die ihm wie ein unverdienbares Geschenk zuteil wird. Erst durch diese Begegnung wird ihm sein eigentlicher *habitus* als Philosoph geschenkt. Diese innere Verschränkung und die Frage, was nun eigentlich Ursache und was Wirkung sei, löst Maritain nicht auf. Er begnügt sich damit, auf die Notwendigkeit *beider* Aspekte hinzuweisen, worin wohl die Unverfügbarkeit wie auch der geheimnisvolle Geschenkcharakter der Seinsintuition zum Ausdruck kommen. Er geht sogar so weit, daß er Kant und anderen Philosophen abspricht, dieses ungeschuldete Geschenk je empfangen zu haben.[12] Doch zumindest läßt er die Möglichkeit bestehen (im Gegensatz zu Heideggers Rede von der Seinsvergessenheit[13]), daß dem Metaphysiker diese Gabe zuteil wird bzw. er prinzipiell dafür offen ist.[14]

---

[10] Zur eingeschränkten Betrachtungsweise besagter Disziplinen vgl. *Sept leçons* 569: «Ce que nous avons rencontré en route ce sont d'abord des formes de l'être qui ne pourraient passer pour l'être objet du métaphysicien qu'au prix d'une contrefaçon: l'être *particularisé* des sciences inférieures à la métaphysique, l'être *vague* du sens commun, l'être *déréalisé* de la logique, et le *pseudo-être* de la logique mal entendu, de la logique dégénérée.»

[11] Vgl. *Sept leçons* 573: «On peut dire ainsi qu'il faut l'habitus métaphysique pour avoir l'intuition de *l'ens in quantum ens*, et que d'autre part c'est cette intuition qui fait, qui cause l'habitus métaphysique. Il y a involution des causes, cela signifie simplement que l'habitus métaphysique [...] naît en même temps que son objet propre et spécificateur se découvre en elle. [...] C'est cette perception de l'être qui détermine le premier instant où naît l'habitus, et c'est en fonction de ce même habitus ainsi développé que l'être objet propre du métaphysicien est de mieux en mieux perçu.»

[12] Vgl. *Sept leçons* 576.

[13] Vgl. M. HEIDEGGER, *Sein und Zeit*, Gesamtausgabe Bd. 2, Frankfurt 1977, 35*f.*

[14] Mit einem zurückhaltenden «vielleicht» leitet V. POSSENTI seine durchaus plausible These ein, daß Maritain mit dem *locus* der Seinsintuition die Frage der Seinsvergessenheit zum Thema machte, noch bevor sie von M. Heidegger explizit formuliert wurde. Damit kann

Nous sommes donc ici en face d'une véritable intuition, d'une perception directe, immédiate [...]. Il s'agit d'une vue très simple, supérieure à tout discours et à toute démonstration, puisqu'elle est à l'origine des démonstrations, il s'agit d'une vue dont aucun mot proféré au-dehors, dont aucun mot du langage ne peut épuiser, ne exprimer adéquatement la richesse et les virtualités, et où dans un moment d'émotion décisive et comme de feu spirituel l'âme est en contact vivant, transverbérant, illuminateur, avec une réalité qu'elle touche et qui se saisit d'elle. Eh bien, ce que nous affirmons, c'est que c'est l'être avant tout qui procure une telle intuition [...] par le moyen d'un concept, d'une idée. Le concept d'être, la notion d'être répond à cette intuition.[15]

Mit anderen Worten geht es nicht um eine rein abstrakte und teilnahmslose Beschäftigung mit dem Seins*begriff*, sondern um eine lebendige intellektuelle Erfahrung des *Seins*. Diese umschreibt Maritain mit Bildern wie «entscheidende Emotion», «geistiges Feuer», «intellektuelles Zusammenprallen» etc., die deutlich machen, daß es sich nicht um eine diskursive oder abgeleitete Einsicht handelt, sondern um eine (später noch eingehender zu untersuchende) konnaturale Erkenntnis. Was sich aus ihr ableiten läßt, sehen wir im folgenden Abschnitt.

3. Unmittelbare Implikationen

Formal gesehen erinnert die Seinsintuition stark an Bergsons Intuition der Dauer, was Maritain ausdrücklich einräumt. Allerdings verweist er auf den entscheidenden Unterschied, daß die Seinsintuition eine intellektuelle Einsicht darstellt.[16] Denn was Bergsons Anti-Intellektualismus zu gelingen schien, nämlich die Befreiung vom Positivismus und der unvermittelte Zugang des Geistes zum Absoluten, hat Maritain nun in *Sept leçons* mit Hilfe des Intellekts gegen alle Vorbehalte des Szientismus vollzogen, und dies gerade nicht durch eine Reflexion, sondern durch die Seinsintuition, also eine spontane, erfahrungshafte und unmittelbare Schau.

Maritain, so Possenti, «dem Kriterium der Seinsvergessenheit einen um einiges genaueren Inhalt zuweisen, ohne die (ziemlich totalitäre, weil Ausnahmen ausschließende) These zu akkreditieren, mit der man sie der ganzen metaphysischen Tradition des Abendlandes zur Last legen wollte. [...] Die Seinsvergessenheit erscheint dann nicht als epochales Schicksal, sondern als Ergebnis einiger intellektueller Verirrungen, die sich in gewisser Weise dahingehend zusammenfassen lassen, daß der eigentliche Gegenstand der Metaphysik nicht in der Existenz selbst gesehen wird, sondern – in verschiedenen Spielarten – im Wesen.» («Identität der Metaphysik und Seinsvergessenheit», FKTh 12 (1996) 98).
[15] *Sept leçons* 574.
[16] Vgl. *Sept leçons* 574. Hierbei scheint Maritain eine existentielle Erfahrung dessen zu machen, was für THOMAS VON AQUIN eine ontologische Grundgegebenheit darstellt (*Summa Theologiae*, I*, q. 8, a. 1): «Esse est illud quod est magis intimum cuilibet, et quod profundius omnibus inest.»

Auslöser dieser Einsicht kann die innere Lebendigkeit des eigenen Ich sein, das vom Nichts ins Sein gesetzt ist, oder der Existenzakt eines anderen Seienden, und sei es ein Grashalm.[17] In dieser Einsicht kommt es in einem bestimmten Moment zur «Offenbarung eines intelligiblen, aber unergründlichen Mysteriums». Dabei kann es sich um «die eigene Existenz oder um das Sein, das selbst die schlichtesten Dinge durchströmt»[18], handeln. Es wird nicht klar ersichtlich, ob die emotionale Komponente nur einen rein begleitenden Charakter hat, oder ob ihr eine auslösende Funktion zukommt.[19] Jedoch ist für Maritain zweifelsohne die unmittelbare, passive und intellektuelle Komponente von großer Bedeutung: unmittelbar, da sie ohne vorausgehende diskursive Tätigkeit entsteht; passiv, da offensichtlich das Sein nicht nur den Gegenstand, sondern auch die Ursache der Erkenntnis bildet[20]; und intellektuell, insofern es sich nicht um ein reines Gefühl handelt, sondern um eine intellektuelle Schau.

Was weiterhin auffällt, ist der geistige Ort, den Maritain der Seinsintuition zuweist. Zwar geht es um eine intellektuelle Schau, doch kommt sie durch den «lebendigen, jeden Begriff übersteigenden und erleuchtenden Kontakt der Seele mit einer Wirklichkeit, die sie berührt, zustande»[21]. So vollzieht sich im Seelengrund oder den «Tiefen des Intellekts eine Begegnung des Intellekts und der Wirklichkeit, die wie durch eine glückliche Fügung in einem *verbum mentale* ein anderes Leben von den Dingen aufsteigen läßt, einen lebendigen Inhalt, eine Welt von transobjektiver und zugleich intelligibler Gegenwart»[22]. Diese Begegnung findet in der ersten Wurzel des geistigen Lebens, also in den Tiefen der Geistseele statt. In ihr scheint die Realität wie eine reine Aktivität auf, lebhaft und unbeständig wie auch wild und ungezügelt. Bei dieser Intuition wird darum offensichtlich nicht allein die Fakultät des Intellekts, sondern etwas Darunterliegendes angesprochen, zumal es nicht zu einer begrifflichen Erkenntnis kommt, sondern zu einer besonderen Erfahrung, in der das Sein des eigenen Selbst oder einer anderen Sache als lebendige Realität entdeckt wird.

---

[17] Vgl. *Sept leçons* 575.
[18] *Sept leçons* 575.
[19] Vgl. *Sept leçons* 591: «Cette intuition est ineffable comme toute expérience [...]. On dira qu'au milieu d'un accompagnement émotionnel plus ou moins intense une perception intellectuelle nous met tout à coup en face de cette réalité 'extraordinaire', 'inimaginable', et comme surgie pour la première fois devant les yeux de l'intelligence.»
[20] Vgl. *Sept leçons* 574: «[L'être est] une réalité qui se saisit d'elle [de l'âme ...] et qui avant tout procure une telle intuition.»
[21] *Sept leçons* 574.
[22] *Sept leçons* 576*f.*

IV DIE EXISTENTIELLE WENDE MARITAINS

> Il s'agit là de quelque chose de premier, de très simple et très riche à la fois, et sil l'on veut d'ineffable, en ce sens que c'est bien ce dont il est le plus difficile de décrire la perception parce que c'est ce qu'il y a de plus immédiat. [...] On peut dire [...] que ce que je perçois alors est comme une activité pure, une consistance, mais supérieure à tout l'ordre de l'imaginable, une ténacité vivace, précaire [...] et farouche en même temps (en moi, hors de moi, monte comme une clameur la végétation universelle), par quoi les choses me jaillissent contre et surmontent un désastre possible, se tiennent là, et par quoi elles ont en elles ce qu'il faut pour cela.[23]

Diese «reine Aktivität», die in der Seinsintuition wahrgenommen wird, verweist nicht nur auf die existentielle Seite des Seinsbegriffes. Vielmehr deutet sich darin auch die entsprechende Befähigung des Geistes an, die Existenz unmittelbar zu schauen, also den Urteilsakt gewissermaßen zu antizipieren; zwar geschieht dies nicht auf begriffliche Weise, doch vermag offensichtlich der Intellekt in seiner geistigen Wurzel die alles durchdringende überbegriffliche Existenz aufzunehmen.[24]

Wie bereits angedeutet wurde, ist Maritain offensichtlich hin- und hergerissen zwischen dem Festhalten an der Notwendigkeit, daß jede Erkenntnis durch ein *verbum mentale*, also einen Begriff, vermittelt ist, und der Unterstreichung der überbegrifflichen Wirklichkeit des Seins, des *actus essendi*, welcher jede konzeptuelle Objektivierung übersteigt. Darum «dient der Seinsbegriff», wie McDermott feststellt, «der die essentielle Ordnung überschreitet und die Existenz selbst berührt, als erstes Analogatum für jegliche begriffliche Erkenntnis der Wirklichkeit»[25]. Wenn es darum möglich ist, einen Seinsbegriff zu bilden (auch wenn er über sich selbst hinaus auf die Existenzordnung verweist), dann ist eine begriffliche Umschreibung *aller* Seienden denkbar. Jedoch muß offensichtlich mit der Bildung des Seinsbegriffs selbst schon die Einsicht in dessen Gehalt gegeben sein, da nur so eine absolute Gewißheit erreicht wird.

Maritain spricht von einer Schau, «deren Reichtum und Wirkungsvermögen kein einziges Wort erschöpfen oder auf angemessene Weise ausdrücken kann». Jedoch geschieht die Einsicht «**vermittels** eines Begriffes, durch eine Idee». Auf der einen Seite will er die absolute Neuheit und Unableitbarkeit der Seinsintuition hervorheben, worauf der Intellekt mit der Bildung des Seinsbegriffs reagiert: «Der Seinsbegriff, die Notion des Seins **antwortet** auf diese Intuition, [...] wenn freilich auch in diesem armen Wort [...] alle Reichtümer ausgeschöpft sind, die in dieser Intuition enthalten

---

[23] *Sept leçons* 581.
[24] Vgl. *Sept leçons* 581: «Nous sommes ici à la racine première, découverte enfin en elle-même, de toute la vie intellectuelle.»
[25] J.M. McDermott, «Maritain on Two Infinities: God and Matter», *IPQ* 28 (1988) 267.

sind.»[26] Es handelt sich um eine originale und urtümliche Gegebenheit, die einem univok-begrifflichen Denken nicht zugänglich ist («essentiellement supra-observable») und «eine Welt einer transobjektiven Gegenwart bildet»[27]. Diese muß eine Entsprechung finden im Begriff «Sein», sobald die authentische metaphysische Intuition «übersetzt» wird.[28] Auf der anderen Seite kann der Intellekt nicht ohne eine innere Bestimmung denken, bedarf also eines *verbum mentale*, um zur Einsicht zu gelangen. Darum betont Maritain, daß es sich eben um eine «eidetische Anschauung **in der Durchlässigkeit** einer Idee oder eines Begriffes»[29] handelt. Er weist zudem darauf hin, daß im betreffenden *verbum mentale* ein lebendiger Inhalt, ein anderes Leben, eine überbegriffliche Präsenz aufsteigt, die aber dennoch eine Welt von Intelligibilität verkörpert.[30]

So steht die von Maritain postulierte Seinsintuition in einer gewissen Spannung, da das Sein den Intellekt eidetisch oder essentiell affiziert und der Seinsbegriff der *erste* aller Begriffe ist, auf den alle anderen wie Bestimmungen bezogen sind.[31] Zugleich aber ist er naturhaft polyvalent, ein «intelligibles Mysterium, das nicht *eine* Sache ist, schlicht und einfach eins, sondern sich überall auf wesentlich verschiedene Weise wiederfindet»[32]. Die Seinsintuition zeichnet sich auch dadurch aus, daß sie nicht allmählich in der Erinnerung verblaßt, sondern in ihrer Schärfe und Tiefe dem Geist beständig verfügbar bleibt, so daß sie vom Intellekt immer neu betrachtet und untersucht werden kann. Deshalb bedarf es der ganzen vergangenen wie auch zukünftigen Metaphysik, um die im Seinsbegriff enthaltenen Reichtümer zu erfassen und zu entbergen.[33] Eine erste Klärung dieser eigenartigen Einsicht versucht Maritain, insofern er sie nicht als einfache Abstraktion, sondern als «*eidetische oder ideenbildende Anschauung* [visualisation eidétique ou idéative]»[34] umschreibt; durch diese Schau wird nicht der Begriff, sondern das Sein selbst als universale und zugleich einfache Realität in ihrer polyvalenten Existenzweise *unum in multis* intuitiv erfaßt.

---

[26] *Sept leçons* 574.
[27] *Sept leçons* 577.
[28] Vgl. *Sept leçons* 582.
[29] *Sept leçons* 589.
[30] Vgl. *Sept leçons* 576f.: «Cette rencontre de l'intelligence et du réel, cette heureuse fortune fait surgir des choses, **dans un verbe mental**, une autre vie, **un contenu vivant** qui est un monde de présence transobjective et d'intelligibilité.»
[31] Vgl. *Sept leçons* 583: «Toutes nos notions, tous nos concepts se résolvent dans celui-là [le concept de l'être]. Il est ainsi le premier de tous nos concepts, dont tous les autres sont des déterminations.»
[32] *Sept leçons* 592.
[33] Vgl. *Sept leçons* 576f.
[34] *Sept leçons* 586. Zur Betonung des Aspekts der *Schau* nennt er nun selbst die beiden *Abstraktions*arten «*visualisation extensive*» bzw. «*visualisation intensive*» (vgl. ebd. 604).

Wie wir gesehen haben, hebt die Seinsintuition den Intellekt über das rein analoge und begriffliche Erkennen hinaus und gewährt ihm eine eidetische Anschauung der existentiellen Seite des Seins. Damit deutet sich eine Veränderung im Denken Maritains an, indem er von seinem etwas einseitigen Festhalten am konzeptuellen Erfassen der objektiven Wirklichkeit abrückt. Er bezieht nun eine existentielle Einsicht ein, die dem erkennenden Geist *geschenkt* werden kann und die über jedem Diskurs und jedem Beweis steht. Zwar muß die Seinsintuition durch den Seinsbegriff vermittelt sein, führt aber den Intellekt zu einer Begegnung mit einer lebendigen und unerschöpflichen Realität, in welcher der Metaphysiker die Welt einer transobjektiven und zugleich intelligiblen Präsenz betritt. Freilich erfaßt der erkennende Geist hierbei nicht etwas völlig Fremdes, sondern gleichsam die dynamische Ergänzung dessen, was er vorher durch den diskursiven Umgang mit dem Sein auf univoke Weise verstanden hatte (*existentia ut significata*).[35] So zeigt sich in der Seinsintuition, daß selbst im Seinsbegriff Essenz und Existenz nicht voneinander getrennt, sondern nur wie Vorder- und Rückseite einer Medaille unterschieden werden können. Wo immer also die Essenz eines Objekts erfaßt wird, ist auch dessen mögliche oder aktuelle Existenz eingeschlossen. Umgekehrt gibt es keine existentielle Schau, ohne daß im Intellekt eine Ähnlichkeit, ein *verbum mentale* erzeugt würde.[36] Essenz- und Existenzordnung machen somit deutlich, daß auch der Seinsbegriff selbst schon eine Bipolarität aufweist, daß er also bereits als allgemeinster Begriff eine Art geeinter Vielfalt darstellt. Doch zur Wirklichkeit des Seins gehören freilich noch weitere Prinzipien.

4. Die Transzendentalien

Bereits in *Les Degrés* ging Maritain auf die innere Struktur des Seins ein und präsentierte die Transzendentalien als *passiones entis*.[37] Doch stellte er diese nur in ihrer Beziehung zum Seinsbegriff und im Zusammenhang mit den ersten Prinzipien dar, ohne näher auf die Frage nach dem *ens in quantum ens* einzugehen. Dies lag wohl auch daran, daß es ihm vor allem um den Aufweis ging, daß durch die Abstraktionsstufen und die *analogia entis*

---

[35] Vgl. *Sept leçons* 587.
[36] Vgl. *Sept leçons* 594: «En vertu de sa structure essentielle elle-même, le concept de l'être enveloppe en lui d'une manière indissociable, à tous les degrés de sa polyvalence et pour tous les types d'être auxquels il peut s'appliquer [...] les deux termes liés et associés de la dualité essence-existence, que l'esprit ne peut pas *isoler* l'un de l'autre dans des concepts séparés: quelque être que je pense, ce double aspect est impliqué dans son concept.»
[37] Vgl. *Les Degrés* 644.

letztlich alles auf den Seinsbegriff zurückgeführt werden kann. Wie deshalb die Metaphysik zeigt, beruhen die begrifflichen Unterscheidungen der Einzelwissenschaften auf gewissen philosophischen Voraussetzungen und auf den inneren Seinsgesetzen, welche sie allein als dazugehörige Wissenschaft zu ihrem Gegenstand erhebt.

In *Sept leçons* hingegen beschäftigt sich Maritain weniger mit der essentiellen Struktur des Seins als mit dessen innerer Dynamik und der Voraussetzung für Veränderung, also mit der existentiellen Seite des Seins oder dem *actus essendi*. Was also in der Seinsintuition aufscheint, ist nicht mehr allein die Schau der ersten Prinzipien oder des Seins*begriffs*, der auf unmittelbare Weise erfaßt wird und alles zusammenhält, sondern der lebendige Akt des Existierens selbst, der von intelligiblen Werten überströmt und zugleich in seiner Einfachheit (alle Dinge haben Anteil am Sein, d.h. existieren) wie auch in seinem unaussprechlichen Reichtum (das Sein ist in allen Dingen essentiell verschieden) unmittelbar erfaßt wird.[38] Doch eine intuitive Schau des Seins wie auch andere vergleichbare Erfahrungen allein reichen nicht aus, wie Maritain am Beispiel verschiedener Philosophen aufzeigt.[39] Sie können nur den Auslöser bilden, dem eine reflexive Vertiefung und eine intellektuelle Erhellung folgen muß, da andernfalls die Gefahr besteht, einer willkürlichen Deutung zu erliegen.[40] Aus diesem Grund sucht er die Implikationen, die sich aus der Seinsintuition ergeben, mit Hilfe des metaphysischen Instrumentariums zu entfalten. Er hält daran fest, daß es beide Momente braucht, nämlich die auslösende Intuition wie auch die diskursive Explikation.

> Si on restait simplement à l'intuition, sans une telle analyse rationnelle, on risquerait d'avoir une intuition non confirmée en raison, dont la nécessité rationnelle ne serait pas rendue manifeste; et si on en restait simplement à l'analyse [...] celle-ci montrerait bien qu'on doit parvenir à l'intuition de l'être.[41]

---

[38] Vgl. *Sept leçons* 581: «Il s'agit là de quelque chose de premier, de très simple et très riche à la fois, et sil l'on veut d'ineffable, en ce sens que c'est bien ce dont il est le plus difficile de décrire la perception parce que c'est ce qu'il y a de plus immédiat.»

[39] Vgl. *Sept leçons* 577-579. Maritain erwähnt H. BERGSON und seine Intuition der Dauer [«Introduction à la Métaphysique» 28*f.*], M. HEIDEGGERS Ek-sistential der Angst des Daseins [*Sein und Zeit* 249-251] sowie die vitale Erfahrung von G. MARCEL hinsichtlich moralischer Werte, z.B. der Treue [*Être et avoir*, Paris 1935, 108-114].

[40] Vgl. *Sept leçons* 580: «L'expérience dont il s'agit n'instruit que sur elle-même, c'est là précisément l'inconvénient de la pure expérience en matière philosophique, et l'écueil de toute métaphysique qui se veut expérimentale; authentique pour le domaine strict où l'intuition en question a eu lieu, cette expérience ne peut s'étendre à un plus vaste domaine intelligible et prendre une valeur explicative que d'une façon arbitraire.»

[41] *Sept leçons* 584.

Was läßt sich nun aus der Seinsintuition für Maritain ableiten? Formal gesehen erwächst dem Metaphysiker aus der Seinsintuition die bleibende Aufgabe, das Geschaute zu analysieren und in Begriffe zu fassen. Dies läßt sich mit Aldrich dahingehend verstehen, daß die Seinsintuition eine Art «geistigen Druck» ausübt, um all den intelligiblen Reichtum entfalten zu können, den der Seinsbegriff in sich birgt. Daraus entsteht eine beständige Schwingung oder Schwebung zwischen dem, was schon explizit im Seinsbegriff erfaßt ist, und dem, was als noch unentfaltetes Intelligibles in der Seinsintuition dem Geist anvertraut wurde. Darauf gründet Maritain seine Metaphysik, analog zur Intuition der Dauer bei Bergson.[42]

Die Ausfaltung zwischen dem essentiell vielfältigen und doch einen Seinsbegriff vergleicht Maritain mit dem Bild eines flüssigen Kristalls[43], der in sich zwar einer ist, aber auf verschiedene Weise das auf ihn treffende Licht zurückspiegelt. Durch die Prismawirkung wird nämlich der eine gebündelte weiße Lichtstrahl gebrochen und damit erst die Vielfalt der einzelnen Farben sichtbar. Die innere Spannung oder Schwebe zwischen Einheit und Vielheit ist ebenso vergleichbar mit den zwei Polen des Denkprozesses, nämlich einerseits der Bewegung, die mit dem Urteil verbunden ist, und der Ruhe oder Anschauung, die dem Begriff und seinem Besitz zukommt, und andererseits der daraus resultierenden Tätigkeit des Intellekts, die vom Begriff zum Urteil fortschreitet und aus letzterem wieder Begriffe für neue *propositiones* bildet. Was bedeutet dies nun inhaltlich?

Neben der Polarität von Essenz und Existenz des Seinsbegriffs sind die *passiones entis,* die Transzendentalien, ein Ausdruck dieser inneren Bewegung des Seins. In ihnen offenbart sich die ontologische Dynamik, welche die innere Neigung und das Sich-Verströmen des Seins unter einem jeweils anderen Aspekt zeigt, ohne dabei dem Sein selbst etwas hinzuzufügen. Es handelt sich darum um konvertible Begriffe, die eine virtuelle Unterscheidung des Seins darstellen, da uns in der Wirklichkeit das Sein nie losgelöst, sondern nur vermittels der Transzendentalien begegnet. Denn stets dreht sich alles um die gleiche außermentale Wirklichkeit des Seins, die bereits dadurch, daß sie ist, eine, wahr und gut ist.[44] Während das *unum* das unge-

---

[42] Vgl. L. ALDRICH, *The Development* 72: «We may say the intuition of being applies a constant pressure on the concept of being to which it gives birth – a pressure to develop all the intelligible richness it implicitly holds. There is then a constant oscillation between what is explicitly grasped in the concept of being, and the not yet explicated super-intelligible content the intuition has delivered to the mind. It is in this tension between intuition and concept that Maritain's metaphysics develops. In a way analogous to Bergson's development of his metaphysics from the intuition of duration, Maritain will derive all his metaphysics from the eidetic intuition of being.»
[43] Vgl. *Sept leçons* 592.
[44] Vgl. *Sept leçons* 596.

teilte Sein in seiner inneren Konsistenz ausdrückt, richtet die Idee des *bonum* den Blick auf das Erstrebt- oder Geliebt-Werden-Können. Denn alles, was ist, ist (metaphysisch, u.U. auch moralisch) gut, kann also Gegenstand einer Liebe werden. Das *verum* bezieht sich auf den erkennenden Geist, insofern es dem Denken durch seine Intelligibilität und seine Konsistenz «antwortet». Eine Sache ist also wahr, insofern sie mit dem übereinstimmt, was sie dem erkennenden Intellekt von sich «mitteilt».[45]

Diese Dispositionen, sich im *verum* mitzuteilen oder als *bonum* erstrebt werden zu können, weisen vom Objekt über sich hinaus auf ein aufnahmefähiges Subjekt, wodurch die Ordnung der Transzendentalien verlassen und die Ordnung des Strebens oder der Neigung betreten wird.[46] Das bedeutet, daß das Seiende kraft seiner inneren Struktur auf das Wollen und Erkennen des Geistes abgestimmt ist, ihm also aufgrund innerster Wesensverwandtschaft zugänglich ist. So findet sich im erkennenden Intellekt die zum *verum* gehörende Aufnahmefähigkeit durch den *appetitus naturalis* des Intellekts.[47] Dieser ist darauf ausgerichtet, in einer ihm eigenen Operation die innere Wahrheit oder Essenz der Sache zu erfassen. Damit stehen sich zwei Tendenzen gegenüber, die einander ergänzen, die aber zugleich auch das Problem von Aktivität und Passivität neu beleben. Noch deutlicher wird die Idee der Neigung im Hinblick auf die Idee des *bonum*, denn alles, was existiert, weist bereits durch seine Existenz eine «anziehende» oder natürliche Güte auf und verdient es somit, erstrebt oder geliebt zu werden.[48]

Somit offenbart die Seinsintuition den dynamischen Charakter des Seins und aller Seienden, der sich aus der Selbstüberschreitung des Seins selbst ergibt. Was ist, ist damit auch metaphysisch gut und aus diesem Grund in sich selbst gerechtfertigt, denn eine gute Sache verdient es, geliebt zu werden. Da das Gute nur verstanden werden kann in Verbindung mit der Liebe, läßt sich dieses Streben zum Guten hin als eine Selbstüberschreitung oder ein Überströmen verstehen, das sich in zwei Richtungen bewegen kann: Entweder in Bezug auf das, was überströmt oder überfließt und einen Überschuß mitteilen möchte, oder in Bezug auf das, was diesen Überschwang empfängt. Dabei handelt es sich um eine direkte Zuneigung (*amour d'affection directe*), wenn die erstrebte Sache vollkommen ist, oder um eine

---

[45] Zur vierten transzendentalen Kategorie, dem *pulchrum*, s.u. 367, Anm. 45.

[46] Vgl. *Sept leçons* 597: «Le caractère dynamique de l'être [concerne] ce fait que je ne peux pas poser cette réalité, saisie dans mon intuition primordiale de l'être en tant qu'être, sans poser de même coup une certaine *tendance*, une certaine inclination.»

[47] Vgl. *Sept leçons* 599: «On dira que la pluie est bonne aux végétaux, que le vrai est bon à l'intelligence, et le désir corrélatif, aussi bien dans les végétaux à l'égard de la pluie que dans l'intelligence à l'égard du vrai, relève de ce que les scolastiques appellent l'*appetitus naturalis*, disons de l'inclination 'naturelle' ou consubstantielle.»

[48] Vgl. *Sept leçons* 595f.

gebrochene oder indirekte Zuneigung (*amour d'affection réfractée*), wenn eine Sache um ihrer vervollkommnenden Wirkung willen, also um eines *bonum utile aut delectabile* willen, und nicht um ihrer selbst willen im Sinne eines *bonum honestum* gewollt wird.[49] Insofern begründet das Gute eine weitere Seinsordnung, da sich in ihm die Dynamik des Sich-Verströmens des Seins ausdrückt: «Bonum est id quod omnia appetunt.»[50] Dieses wechselseitige Erstreben und Verströmen führt zu einer Bewegung, in die alles Seiende einbezogen ist, insofern alles, was ist, für ein anderes gut ist, und insofern alles geschaffene Sein auf das ungeschaffene Sein ausgerichtet ist.[51]

> L'être trop riche pour nous parler seulement par le concept d'être se scinde d'un côté en *agent* (c'est-à-dire l'être même comme capable de surabonder en acte et en bonté, de communiquer de l'acte ou du bien), de l'autre en *bien* auquel l'agent est ordonné et déterminé ou par sa volonté ou par sa nature, et qu'il aime volontairement ou naturellement, – je dis en tant même qu'agent, non pas donc, à ce titre, pour recevoir une perfection, mais pour parfaire activement autrui ou pour surabonder soi-même en perfection. Ces deux aspects sont mêlés dans toute créature; [...] en connaissant et en aimant, l'agent capable d'action immanente reçoit une perfection que lui-même il se donne par sa propre activité.[52]

Die Ordnung des Guten und die daraus resultierende Neigung erreicht freilich eine besondere Qualität, sobald die Ebene der moralischen Güte betreten wird, was nicht nur den geschaffenen Geist, sondern auch seine Freiheit auf den Plan ruft. Auf die Seienden, die nach dem sittlich Guten streben und die zu transitiven wie auch zu immanenten Akten fähig sind, richtet sich nun unser Interesse.

5. Das Strebevermögen der Seienden

In *Sept leçons* beschränkt sich Maritain nicht nur auf die Seinsintuition, sondern gelangt von den Transzendentalien aus und den damit verbundenen ontologischen Neigungen zur Ebene der geistigen Existenzen, bei denen die Neigung des Seins bedeutet, sich in Erkenntnis und Liebe mitzuteilen und dadurch zugleich sich selbst zu vervollkommnen. Dabei erschöpft sich die dazugehörige Operation nicht in der Tätigkeit oder der Aktion selbst, son-

---

[49] Vgl. *Sept leçons* 600f. Zur klassischen Unterscheidung der verschiedenen Güter s.u. 316, Anm. 125.
[50] ARISTOTELES, *Die Nikomachische Ethik*, Kap. 1, nr. 1, 1094a3.
[51] Vgl. *Sept leçons* 598.
[52] *Sept leçons* 653f.

dern führt zu einer neuen intentionalen Existenz, die bereits ein Ausdruck des sich verströmenden Seins und seiner Freigebigkeit ist.

Maritain berücksichtigt also in diesem Zusammenhang nicht allein die Tätigkeit des erkennenden und liebenden Subjekts oder das sich mitteilende Objekt, sondern schaut ebenso auf den Überschwang des alles durchdringenden Seins, das wie eine metaphysische Plattform die ontologische Voraussetzung für diesen Austausch bildet. Denn die Erkennbarkeit drückt bereits die «überströmende» Perfektion eines Seins aus, das auf eine intelligible Weise *existiert* und gleichsam danach verlangt, erkannt zu werden. Der Überschwang der Liebe hingegen manifestiert die Freigebigkeit eines Seins, das auf die ihm eigene Weise auf eine Form des Geliebt- oder Erstrebt-Werdens hin *tendiert*. Was dies für das geistbegabte Subjekt konkret bedeutet, wird uns im nächsten Kapitel näher beschäftigen. Für den Augenblick beschränkt sich Maritain auf den Nachweis, daß diese inneren Tendenzen des Seins als *amor naturalis* in allen Seienden konsubstantial verwurzelt sind und unzählige Formen des Austauschs ermöglichen.[53]

Bei den Seienden nun, die sich selbst und ihre Akte erkennen, kann diese natürliche Eigenliebe vermittels der Selbsterkenntnis zu einer geistigen Neigung oder einem bewußten Erstreben erhoben werden (*amor elicitus*), also zu einer Motivation werden. Das heißt, die Subjektivität liebt sich bereits dadurch, daß sie ist, mit einer natürlichen Eigenliebe, die zu ihrer Substanz gehört. Diese Selbstliebe kann sie auf sich selbst richten, um sich selbst zu vervollkommnen, oder auf ein anderes Gut, das dann aber nicht um seinetwillen erstrebt wird, sondern um des *bonum* willen, das es als Objekt im Subjekt bewirkt. In beiden Fällen steht das eigene Wohl oder das Gut des cisobjektiven Subjekts im Vordergrund, weshalb diese Form von Liebe als *amor concupiscentiae* bezeichnet wird, als ein Empfangen oder eine **Teilhabe** am Gut des anderen.[54] Doch kann diese Teilhabe auch bedeuten, daß durch die eigene Hingabe der Gebende nicht nur auf neue Weise im Empfangenden existiert, sondern der Empfangende in gewisser Weise zum Gebenden *wird* und Anteil an ihm erhält, worin sich das charakteristische Überströmen der Liebe besonders deutlich zeigt. Dies ist möglich, weil die Liebe den Geber zur **Teilgabe** an sich befähigt hat, so daß er sich selbst zur Gabe gemacht hat, wodurch er den anderen nicht nur selbstlos vervollkommnet, sondern in gewisser Weise in ihm existiert.

---

[53] Doch Maritain verweist etwas unvermittelt auch darauf, daß über der Eigenliebe die Liebe zu Gott steht, daß also in ihm alles Streben seine Erfüllung findet. Auf die Frage, wie dieses Streben und das *desiderium naturale videndi Deum* letztlich erfüllt oder mit der Freiheit des geistbegabten Geschöpfes verbunden werden kann, geht Maritain nicht ein, weshalb das Problem für den Moment noch zurückgestellt werden soll.

[54] Vgl. *Sept leçons* 601*f.*

IV DIE EXISTENTIELLE WENDE MARITAINS

Dans le troisième cas (amour d'amitié pour autrui), l'être va à parfaire autrui [...] tout autrement que ne font les agents naturels, car [...] le *don* fait à autrui présuppose qu'on s'est intérieurement donné à lui, ou aliéné en quelque mesure en lui, qu'il est devenu un autre nous-mêmes, et c'est en cela essentiellement que consiste cette surabondance propre à l'amour.[55]

Damit trägt das Sein in seinen vielfältigen Formen letztlich nicht nur Neigungen in sich («Wer Sein sagt, sagt Neigung oder Tendenz!»[56]), sondern ist auch fähig, diesen Raum zu geben und sie zu aktualisieren. Dies meint nichts anderes als Bewegung, denn «diese Wirklichkeit, die ich durch die Sein*idee* erreiche, impliziert auch Bewegung, die sie zu verneinen scheint: Wir haben gesehen, daß jedes Seiende einer Neigung folgt, aber Neigung meint Bewegung zur ersehnten Vervollkommnung hin.»[57] Wo immer es also eine Neigung auf ein Gut hin gibt, das noch nicht real mit dem Subjekt vereint ist, kommt es zu Bewegung und Veränderung. Damit ist die Unterscheidung von aktuellem und potentiellem Sein gemeint, also die reale Fähigkeit oder Möglichkeit eines Subjekts, eine gewisse Bestimmung oder Perfektion zu empfangen. Diese Möglichkeit der Vervollkommnung beleuchtet das Finalitätsprinzip unter zweierlei Hinsicht. Auf der einen Seite im Hinblick auf die Potenz, die auf den Übergang in den Akt ausgerichtet ist: «Potentia dicitur ad actum.»[58] So kann die innere Dynamik des Seins betrachtet werden als ein natürliches Streben der Potenz nach ihrer Aktualisierung. Diese Ordnung der Veränderung nennt Maritain das ontologische Verlangen der Potenz nach dem Akt.[59]

Freilich läßt sich diese Ausrichtung auch unter der Hinsicht des Aktes selbst betrachten, und zwar in der existentiellen Ordnung: «Omne agens agit propter finem.»[60] Damit wird das Sein zum Ausgangspunkt für die Operation, in der sich die Essenz über den eigenen aktuellen Existenzakt hinaus entfaltet.[61] Jede Operation gründet also im Streben nach einem besonderen Gut in der ontologischen Ordnung, so daß die zugrundeliegende Liebe die Ursache der jeweiligen Aktion wird. Das ontologische Verlangen wird somit zur Ursache der Tätigkeit, was die Frage nach der Herkunft dieser Vorbestimmung aufwirft.

---

[55] *Sept leçons* 602.
[56] *Sept leçons* 597.
[57] *Sept leçons* 603.
[58] THOMAS VON AQUIN, *In De Anima*, lib. II, lect. 5.
[59] Vgl. *Sept leçons* 636*f.*
[60] THOMAS VON AQUIN, *Summa Theologiae*, I^a, q. 44, a. 4.
[61] Vgl. *Sept leçons* 642: «L'être est pris ici dans la ligne de l'action ou de l'opération, c'est-à-dire de la position d'un acte terminal (acte second) en lequel l'essence s'achève et fructifie par au-delà le simple fait d'exister, [...] comme tendance à un *bien* auquel est ordonné l'agent comme tel, autrement dit à une *fin.*»

> L'être comme agent EST *ordination ou détermination* à un certain bien, appétit, tendance, désir, poussée vers un surcroît, une surabondance, une gloire, et cette ordination est la raison même de [la position existentielle de] l'opération de l'agent. [...] *L'être est amour du bien, tout être est amour d'un bien*, et c'est la raison même en vertu de laquelle il agit.[62]

Sämtliche inneren Vorbestimmungen der Seienden können also nur von einer metaphysischen Matrix stammen. Von ihr geht jede naturhafte Determination aus, die das *agens* durch eine in ihm angelegte Liebe ein bestimmtes Ziel erstreben läßt. Denn jede Zielstrebigkeit setzt voraus, daß die Aktion oder die Wirkung schon in einer Weise im Subjekt *vor* ihrer Realisierung vorhanden ist. Damit also keine zufällige, sondern eine gerichtete transzendentale Beziehung zwischen zwei Subjekten erfolgen kann, braucht es ein Erkennen und ein Denken, also ein formendes Wort, mit anderen Worten Gott. Ansonsten wären die Dynamik des Seins völlig unintelligibel und die Operationen der Dinge völlig ungeordnet. Nur wenn die Aktion zum Seinsgrund des *agens* gehört, kann sich die Wirkung einstellen, die der inneren Tendenz des *agens* entspricht. Doch ob es sich um ein naturhaftes Streben oder ein bewußtes Erstreben handelt, stets ist die Operation nur als Akzidens zu betrachten und von der Substanz der Sache zu unterscheiden. Dennoch handelt das Subjekt *als Subjekt*, aktualisiert also nicht nur seine Potenzen.[63]

Das Sein kann also sowohl unter der Hinsicht des abstrakten Seinsbegriffs wie auch als *agens* betrachtet werden, in dem sich die Fähigkeit zur Mitteilung eines transzendentalen Gutes oder das Überströmen der eigenen ontologischen Gutheit offenbart. Es geht darin um das *bonum* selbst, auf welches das *agens* hingeordnet ist. Dies kann ihm zuteil werden durch seine Natur oder durch seinen Willen, oder es kann selbst das Gut anderen zukommen lassen. Dieses Angelegtsein auf eine bestimmte Perfektion bedarf der Überführung in den Akt, die das subhumane Subjekt dadurch erreicht, daß es die Ursächlichkeit eines anderen in sich absorbiert, so daß die betreffende Vollkommenheit anschließend nur im Empfänger existiert. Das zu immanenten Akten fähige Subjekt hingegen ist auch in der Lage, sich selbst für die Vervollkommnung eines anderen einzusetzen oder hinzugeben, ohne darin aufzugehen, also gleichzeitig sich selbst und andere zu vervollkommnen.[64] Wie immer darum der geistbegabte Tätige auch handeln

---

[62] *Sept leçons* 644.
[63] Vgl. *Sept leçons* 649-651.
[64] Vgl. *Sept leçons* 653f.: «L'être [...] se scinde d'un côté en *agent* (c'est-à-dire l'être même comme capable de surabonder en acte et en bonté) [...], de l'autre en *bien* auquel l'agent est ordonné et déterminé ou par sa volonté ou par sa nature, [...] – je dis en tant même qu'agent [...] pour parfaire activement autrui.»

mag, stets folgt er einer Tendenz oder Neigung, die aus seinem Sein als Akt oder Form stammt und die Neigung des Seins zur Mitteilung eines Überschusses oder einer Perfektion realisiert (*ad omnem formam sequitur inclinatio*[65], *omne esse sequitur appetitus*[66]).
Wie nun das transzendentale und das moralische Gut miteinander verbunden sind, wird noch näher zu untersuchen sein. Fest steht, daß der Mensch zu Akten fähig ist, die entweder unter dem Vorzeichen des *bonum* oder auch des *malum* stehen können. Die damit verbundene Frage nach der Freiheit, ein eigenes Ziel zu verfolgen und die zugleich allen Aktionen zugrundeliegende Finalität auf das höchste Gut sowie die anderen noch offenstehenden Fragen wird das nächste Kapitel zu beantworten versuchen. Zuvor sei allerdings noch der Hintergrund der Seinsintuition etwas näher beleuchtet.

6. Die Seinsintuition – Metaphysik oder Mystik?

Über die Seinsintuition, die Maritain in *Sept leçons* einführt, ist viel spekuliert worden.[67] J. Owens stellt unzweideutig fest, daß es «im Denken des heiligen Thomas keine Spur einer Seinsintuition zu geben scheint»[68]. J.-H. Nicolas hingegen gibt zwar zu, daß «der heilige Thomas nicht von intellektueller Intuition spricht»[69]. Aber er zeigt auch, daß «der heilige Thomas die metaphysische Methode insofern durch ihren intuitiven Charakter bestimmt», als «die Intuition der 'maxima universalia' der Intuition des *ens in quantum ens* entspricht»[70]. Was darum umso mehr an Maritain erstaunt, ist die Selbstverständlichkeit, mit der er sich auf diese intellektuelle Erfahrung stützt, sie einigen Philosophen abspricht und anderen hingegen in

---

[65] JOANNES A SANCTO THOMA, *Cursus philosophicus thomisticus. Naturalis Philosophiae*, Pars IV, q. 12, a. 1.

[66] CAJETAN, *In I^am*, q. 19, a. 1.

[67] Vgl. u.a. L.F. de ALMEIDA SAMPAIO, *L'Intuition dans la philosophie de Jacques Maritain*, Paris 1963, 73-99; M.F. DALY, *Natural Knowledge of God in the Philosophy of Jacques Maritain*, Roma 1966, 11-61; J. REITER, *Intuition und Transzendenz*, München 1967, 21-38; O. LACOMBE, «Jacques Maritain Metaphysician», *NSchol* 46 (1972) 18-31; A. RIGOBELLO, «L'intuizione intellettuale in Jacques Maritain», *GM* 4 (1982) 433-441; U. PELLEGRINO, «Intuizione, ragione e mistero in Jacques Maritain», in *Jacques Maritain oggi*, Hrsg. V. Possenti, Milano 1983, 547-559; J. ARRAJ, *Mysticism, Metaphysics and Maritain*, Chiloquin (USA), 1993, 31-52.

[68] J. OWENS, «Knowing Existence», *RMet* 29 (1976) 688.

[69] Vgl. J.-H. NICOLAS, «L'Intuition de l'être et le premier principe», *RThom* 47 (1947) 113.

[70] *Ebd.* 129. Nicolas bezieht sich hierbei u.a. auf THOMAS VON AQUIN, *In Boethii de Trinitate*, q. 6, a. 1.

einer anfanghaften oder virtuellen Weise zugesteht. Doch handelt es sich dabei um eine natürliche Erfahrung, oder ist die Seinsintuition nicht letztlich übernatürlichen Ursprungs?

Maritains Ausführungen zu diesem Punkt entbehren letzter Eindeutigkeit[71], da er sowohl von metaphysischer Erfahrung wie auch von aktueller Gnade spricht. Er geht davon aus, daß es sich dabei um ein besonderes Geschenk handelt, das dem Mystiker wie dem Metaphysiker, dem Kind wie dem Poeten zuteil werden kann. So finden sich erste Spuren einer derartigen Erfahrung bereits in Maritains Jugendzeit. Vielleicht kommt darin sein besonders intuitiver und sensibler Charakter zum Ausdruck, vielleicht bildet sie auch die Grundlage dessen, was er später philosophisch deutet und mit Beispielen anderer Personen belegt. Maritain schildert als Siebzehnjähriger 1899 in einem Brief an Ernest Psichari, seinen besten Jugendfreund, ein Erlebnis, das ihn wohl stark beeindruckt hat. Dies wurde ihm während eines Spaziergangs in der Bretagne, wo sie gemeinsam ihre Ferien verbrachten, beim Wandern in der Abgeschiedenheit der felsigen Küstenlandschaft zuteil.

> [C'est un pays] ineffable et tout chargé de mystère et d'ombre divine. Mariage mystique, plein de duels inconnus et intimes, [...] **mystère de la vie et des choses**, lieux où l'on respecte et où l'on aime puérilement, dans la virginité inviolée des espaces et des ciels, où l'on sent toujours qu'il est *quelque chose* qu'on ne comprend pas, qui vous échappe, qui vous fuit, [...] vague aspiration de l'âme vers un meilleur inconnu, essais timides et enthousiastes pour retrouver les traits ensevelis et voilés de quelque lointain Visage, **Visage de bonté et de rédemption**, Visage de pardon et de douce volupté, **qu'on sent partout**, qu'on ne distingue nulle part.[72]

Offensichtlich handelt es sich dabei um eine Wahrnehmung der inneren Lebendigkeit aller Dinge, um die Schau des geheimnisvollen Lebens, das alles Geschaffene erfüllt. So geht Maritain vor seinem geistigen Auge auf, daß offensichtlich alles, was existiert, in unerschöpflichen Wechselbeziehungen steht und etwas wie unsichtbare Zweikämpfe auszufechten hat, wie in einem beständigen Geben und Nehmen. Zugleich taucht darin aber auch verschwommen ein Antlitz auf, das alles in einem Licht von Güte und Erlösung, von Vergebung und süßer Lust erscheinen läßt, ein Antlitz, das hinter allem verborgen bleibt und doch in jedem einzelnen unausweichlich aufstrahlt. Zwar lassen sich keine stringenten Beweise erbringen, doch weist

---

[71] Auch die ansonsten sehr offene und häufig vertrauliche Korrespondenz zwischen Maritain und Journet gibt keinen näheren Aufschluß über eine derartige Erfahrung Maritains in der Zeit zwischen 1925 und 1935. Vgl. *Correspondance Journet – Maritain*, 1920-1939, Hrsg. P. MAMIE – G. COTTIER, Bd. 1-2, Fribourg – Paris 1996-1997.

[72] Brief von J. Maritain an E. Psichari vom 28.7.1899, Archives Psichari, Musée Renan-Shaeffer [zitiert aus J.-L. BARRÉ, *Les mendiants* 59].

zumindest die gewählte Sprache eine frappierende Ähnlichkeit auf, mit der Maritain 1936 von der Seinsintuition spricht, die seiner Auffassung nach eine so fundamentale Rolle für den Philosophen einnimmt. Für ihn ist dieser Moment geistiger Entdeckung dadurch geprägt, daß er ihn das Geheimnis der Realität schauen läßt. Er kann gewissermaßen hinter die äußere Begrenzung der Dinge blicken und dort das sich verströmende Leben in seiner Frische und unendlichen Weite entdecken, das ihn wie ein Gesicht anschaut und sich ihm unvergeßlich einprägt.

> Dans le moments incomparables de **découverte intellectuelle**, où capturant pour la première fois, dans l'ampleur comme infinie de ses possibilités d'expansion une **vivante réalité intelligible**, nous sentons monter et se nouer au fond de nous le verbe spirituel qui nous la rend présente. [...] L'intelligence, dégageant soudain, – en vertu de la lumière active qui est en elle, – de l'expérience et des faits rassemblés, et de tous les contacts sensibles, [voit] la fraîcheur ruisselante de vie d'un nouveau visage du réel, – **elle touche ce visage, elle s'en empare**, c'est lui qu'elle voit, elle l'a fait surgir des choses, c'est à lui que se termine son acte d'intellection, car c'est aux choses que va cet acte, il ne s'arrête pas aux signes ni aux énoncés.[73]

Bereits 1929 verwies Maritain darauf, daß «alle großen Philosophen die Existenz und die Notwendigkeit einer Intuition anerkannt haben, auf der ihre Einsicht beruht»[74]. Eine solche Einsicht läßt unauslöschliche Spuren zurück, da sie etwas ins geistige Leben ruft, das nicht mehr dem Tod des Vergessens anheimfallen kann. Diese Intuition ist wie eine Begegnung mit der Wirklichkeit selbst, nicht mit Worten und Erkenntnismitteln, sondern eine Art geistiges Berührtwerden im eigenen existentiellen Zentrum durch die unbeschreibliche und unsagbare Tiefe der Dinge selbst, ein unmittelbares Hineingenommensein in das Geheimnis ihrer Existenz als der höchsten Wirklichkeit aller Seienden überhaupt.[75] Eine derartige Erfahrung hinterläßt eine Erinnerung wie eine Idee, doch wird kein Begriff und keine abstrakte Darstellung die Schau umschreiben können, die sich in Einfachheit und zugleich in höchster Lebendigkeit des Existierens vollzieht. Die

---

[73] *La Philosophie bergsonienne* 502f. Der Aufsatz «La Métaphysique de Bergson» aus dem Jahr 1936 wurde 1941 als 3. Kapitel in *Ransoming the Time* (New York 1941) veröffentlicht (vgl. *De Bergson* 13), wurde aber für die Gesamtausgabe als Kapitel XVI in *La Philosophie bergsonienne* (495-528) aufgenommen.
[74] *La Philosophie bergsonienne* 43.
[75] C. BLANCHET verdeutlicht anhand weiterer Texte, daß für Maritain die Erfahrung der Geheimnisse von Sein und persönlichem Existieren untrennbar miteinander verbunden sind («La spiritualité de Jacques et Raïssa Maritain», *CJM* 30 (1995) 46): «A la racine du regard spirituel de Jacques Maritain il y a une évidence intellectuelle et spirituelle élémentaire: les choses, le monde dans sa complexité, existent. [...] Et parallèlement ou conjointement chaque homme découvre la merveille de 'l'Exister personnel'.»

Gewißheit, in der sie sich mitteilt, wird keine Schlußfolgerung und keine Beweisführung angemessen wiedergeben können.

> De tels moments nous laissent le souvenir grave de toute naissance, et ce qui naît alors en nous, naît pour toujours. Rien ne remplace ces perceptions, nul discours n'en peut fournir un succédané; ce n'est **pas un mot, mais la réalité la plus tangible** à l'esprit, et la mieux expérimentée, que l'évidence des vérités 'connues de soi'. [...] Au cœur de tout grand système philosophique il y a de même [...] une **vue très simple, et inépuisable qui un jour a comblé l'esprit de certitude**, – et que l'esprit peut bloquer avec des erreurs, mais qui en elle-même ne trompe pas; et je dis que jamais l'esprit n'a été plus formé, plus empli par un verbe: c'est d'une idée qu'alors les mots et les formules n'auront jamais fini de monnayer le contenu.[76]

Weitere Andeutungen finden sich auch in *Les Degrés*, wo Maritain im Kapitel «Mystische Erfahrung und Philosophie» untersucht, ob die Metaphysik als Wissenschaft der dritten (und damit am wenigsten erfahrungshaften) Abstraktionsstufe Erfahrungen jeglicher Art ablehnen müsse. Auf der einen Seite antwortet er auf die Frage, ob «die Einsicht, zu der die metaphysische Anstrengung tendiert, von sich aus eine mystische Erfahrung, ein *pati divina*» erfordere, mit einem klaren «Nein»[77]. Jedoch glaubt er auf der anderen Seite nicht, daß «das Vorhandensein *metaphysischer Erfahrungen*» verneint werden müsse, da es dem Menschen möglich ist, «eine Erfahrung der Dinge des Geistes zu machen, auch dann, wenn wir auf der natürlichen Ebene bleiben». Zur Erläuterung erwähnt Maritain neben Bergson zwei weitere Beispiele, welche die Erfahrung der eigenen Existenz seiner Frau Raïssa sowie die Einsicht von Jean-Paul (Richter), ein eigenständiges «Ich» zu sein, wiedergeben.[78] Doch auch hierbei spricht Maritain von einer übernatürlichen Anregung, die von der ersten Ursache ausgeht. So kann es geschehen, «daß eine Wahrheit der natürlichen Ordnung [...] unter dem Einfluß einer **aktuellen Gnade** die Intensität einer Intuition, einer unmittelbaren Evidenz annimmt»[79]. Und er ergänzt, daß diese Art von Intuitionen keineswegs «unbedingt notwendige Erfordernisse der metaphysischen Wissenschaft sind, [...] sondern außerhalb des eigentlichen Bereichs dieser Wissenschaft stehen». Zudem sind sie nicht auf eine

---

[76] *La Philosophie bergsonienne* 50*f.* (Vorwort zur zweiten Auflage), auszugsweise *ebd.* 503*f.* wiederholt.
[77] *Les Degrés* 761.
[78] Vgl. *Les Degrés* 763*f.* bzw. JEAN-PAUL (RICHTER) [*Ein Lebensroman in Briefen*, Leipzig 1925, 17].
[79] *Les Degrés* 763.

bestimmte Disziplin beschränkt, selbst wenn sie sich, «wie es scheint, am häufigsten noch bei den Dichtern finden»[80].

Auch in den *Sept leçons* hebt Maritain den Geschenkcharakter der Intuitionen hervor, welche den bereits erwähnten drei Autoren, auf die er erneut Bezug nimmt, zuteil wurde. Ob in dieser Erfahrung nun der intelligible Schatz, diese unvergeßliche Transobjektivität durch «die eigene Konsistenz, das *Ich* in ihr, das 'Ich', das sie ist, oder aber das Sein, also das eigene Sein oder das in den Dingen unterschiedene Sein» zum Vorschein kommt, – stets handelt es sich dabei «um eine Gabe, die dem Intellekt zufällt», auch wenn diese nicht notwendig «den Anschein einer **Art von mystischer Gnade** annimmt»[81].

Maritain legt sich in seinem Urteil nicht fest, wer nun letztlich der Urheber dieser besonderen Schau ist. Sie ist nicht machbar, sondern Geschenk, auch wenn es Wege gibt, die zu ihr hinführen. Maritains unklare Formulierung hängt wohl auch damit zusammen, daß er sein Augenmerk auf einen anderen Fragenkomplex lenkt, nämlich auf den der gnoseologischen Möglichkeit einer derartigen Erfahrung. Für ihn spielen weiterhin der Begriff wie auch die begriffliche Erfaßbarkeit der Existenz eine wichtige Rolle. Ebenso fragt er nach der Denkbarkeit einer (fast engelhaften) Schau, die sich in absoluter Einfachheit vollzieht, zugleich aber die höchste Komplexität, die Überfülle der Existenz von innen her erkennen läßt. Dabei kommt der genauen Bestimmung der Mitwirkung der Gnade so lange keine Bedeutung zu, als nur metaphysische Erfahrungen untersucht werden. Sobald aber auch Intuitionen aus dem Bereich der Poesie und der außerchristlichen Mystik einbezogen werden, taucht diese Frage erneut auf. Wie das nächste Kapitel zeigen wird, führen diese zu einer entscheidenden Ergänzung von Maritains Erkenntnistheorie.

Mit R. Mougel können wir darum zumindest festhalten, daß die Seinsintuition zunächst «wie ein Heraustreten aus der intellektuellen Kindheit ist, da [...] unser Intellekt, der die Realität wahrnimmt, gleichsam vor dem Mysterium des Seins, das jedes Ding auf seine Weise besitzt, schläft und Zeit braucht, um den Wert, die Konsistenz und schließlich die Absolutheit des Seins zu entdecken. Das ist es, was die Maritains die Seinsintuition genannt haben.» Es handelt sich dabei also nicht um die Frucht einer

---

[80] *Les Degrés* 764. Ebenso warnt er davor, «daß es höchst unvernünftig ist, vom Sein *per accidens* auf das Sein *per se* zu schließen».Wie sich im Laufe unserer Arbeit noch zeigen wird, wird Maritain auch dieses Urteil revidieren. Er wird die Seins- durch die Existenzintuition ersetzen und in ihr eine Art Gottesbeweis sehen, insofern in ihr neben aller dynamischen Vitalität auch aufscheint, daß die Seienden (Sein-mit-Nichts) auf die Quelle allen Seins (Sein-ohne-Nichts) verweisen bzw. von ihr ausgehen.

[81] *Sept leçons* 576.

Denkfolge, sondern um eine lebendige Erfahrung, die den Intellekt und damit die betreffende Person bleibend prägt, ob es sich um einen Poeten, Metaphysiker oder Mystiker handelt. «Wer einmal das Geheimnis des Seins einer Sache berührt hat, ist offen, es in allen Dingen wiederzufinden.» So kann man nach einer solchen Erfahrung die Dinge nicht mehr wie vorher betrachten, «denn der Blick des Intellekts wurde in seinem Innersten durch das Geheimnis zu existieren erleuchtet»[82]. Eine Erfahrung wie die Seinsintuition ändert also das Verständnis der Metaphysik grundlegend, da sie auf der Vitalität des Seins selbst beruht und nicht auf einer leblosen Ansammlung von Ideen. Sie gleicht nicht einer Art von Ideologie, sondern wird in ihrem Anspruch bestätigt, einen kritischen *Realismus* zu vertreten. Sie ist nicht nur eine Anhäufung von Wissen, sondern eine Qualität, eine Tugend, ein *habitus* im Sinne der Alten, der den Intellekt prägt und ihm eine gewisse intellektuelle Sichtweise verleiht, unter dem das Seinsmysterium, das alle Dinge in sich tragen, in seiner Lebendigkeit spontan wahrgenommen wird.

> On comprend que la métaphysique ainsi entendue rejaillisse sur toute la vie, car ce regard ontologique, ce regard métaphysique qui porte sur l'être, il imprègne toute la vie, il peut habiter et vivifier tout regard, toute connaissance, toute activité où l'intelligence est engagée: il imprègne la poésie de Raïssa Maritain aussi bien que ses écrits spirituels, et c'est lui qui explique, je crois, l'espèce de transparence, de simplicité directe et d'atmosphère de pureté intellectuelle et de vérité qui frappent dans ses écrits.[83]

Und man kann sicher hinzufügen, daß dieser metaphysische Blick nicht weniger für die Werke von Jacques Maritain gilt. So wird verständlich, daß für ihn die Seinsintuition zur unabdingbaren Voraussetzung wird, die den Philosophen vor rein hypothetischen Abstraktionen bewahrt und zu realitätsbezogenen Spekulationen befähigt. Dazu passen auch die Ausführungen zum Mysterium des Seins, die Maritain der Darlegung der Seinsintuition voranstellt. In Anlehnung an Gabriel Marcel[84] unterscheidet er so das Faktum eines Problems von dem des Mysteriums. Das Problem stellt nur «eine intellektuelle Schwierigkeit ohne ontologischen Gehalt» dar, so daß nach der Auflösung des «geistigen Knotens» das Rätsel gelöst «und abgeschlossen ist, es also nichts mehr zu wissen gibt»[85].

Hinter dem Mysterium hingegen steht eine intelligible und unerschöpfliche Welt, die mit dem Geheimnis des menschlichen Erkennens zusammen-

---

[82] R. MOUGEL, «Expérience philosophique, spiritualité et poésie chez Raïssa Maritain», in *Simone Weil e Raïssa Maritain*, Hrsg. M. Zito – R. Laurenti, Napoli 1993, 130.
[83] *Ebd.* 131.
[84] Vgl. G. MARCEL, *Être et avoir* 145*f.* 170*f.*
[85] *Sept leçons* 529*f.*

hängt. So ist «die Objektivität des Intellekts selbst höchst mysteriös»[86], da der Intellekt zum anderen wird und dabei nicht durch den Begriff, sondern durch die Sache selbst bestimmt wird. Das bedeutet, daß «das 'Mysterium', nämlich *das andere*, das er assimiliert, seine Nahrung bildet. Ist darum sein Gegenstand nicht das Sein? Und ist das Sein nicht ein Mysterium, ob nun wegen seiner zu großen Intelligibilität [...] oder da es einen mehr oder weniger großen Widerstand gegen die Erkennbarkeit in sich trägt?»[87] Damit verweist Maritain erneut auf das Sein als eine dynamische Wirklichkeit, die zwar in Begriffe gefaßt werden kann, sich aber nicht darin erschöpft.

> Le 'mystère', c'est une plénitude ontologique à laquelle l'intelligence s'unit vitalement et où elle plonge sans l'épuiser. [...] Le type suréminent du 'mystère', c'est le mystère surnaturel, celui qui est l'objet de la foi et de la théologie. [...] Mais la philosophie aussi, la science aussi, a affaire au mystère, à un autre mystère, celui de la nature et celui de l'être. Une philosophie qui n'aurait pas les sens du mystère ne serait pas une philosophie.[88]

Vielmehr kommt im Sein etwas von der Lebendigkeit und auch von der Überfülle zum Vorschein, die letztlich eine Art transzendenter Quelle erfordert und damit auch auf deren Unergründlichkeit verweist. Denn «wenn wir einem Grashalm oder der kleinsten Ameise ihren ontologischen Wirklichkeitswert zugestehen, können wir nicht mehr der schrecklichen Hand entkommen, die uns geschaffen hat»[89]. Je stärker sich darum die Wissenschaften von der abstrahierenden Methode abwenden und sich der Ontologie zuwenden, desto mehr sind sie mit dem Mysterium des Seins konfrontiert. Ob es sich dabei «um die Geheimnisse des Seins, der Erkenntnis, der Liebe, um die Erstursache (und vor allem um das Innenleben Gottes)», ob es sich um Metaphysik oder Theologie handelt, stets kommt es zu einer echten Vertiefung, zu einem echten Eindringen in den Gegenstand, zu einer immer intensiveren Begegnung «*vehementius et profundius*»[90]. Diesen in die Tiefe wachsenden geistigen *habitus* vergleicht Maritain mit dem beständigen Lesen der Bibel, das «jedes Mal eine neue und tiefere Entdeckung schafft»[91].

---

[86] *Sept leçons* 528.
[87] *Sept leçons* 529.
[88] *Sept leçons* 529.
[89] *Les Degrés* 461.
[90] *Sept leçons* 531.
[91] *Sept leçons* 532.

7. Zusammenfassung

Die Wende Maritains, die im Jahre 1934 mit *Sept leçons* ihren Anfang nimmt, wird auch daran sichtbar, daß er erstmals «die thomistische Metaphysik eine existentielle Metaphysik»[92] nennt. Er will damit betonen, daß der Thomismus durchaus objektive, unveränderliche Erkenntnisprinzipien und subjektive Erfahrungen, die aus einer lebendigen Beziehung zur Wirklichkeit und zum Mysterium des Seins stammen, in sich vereint. Doch nur wenn die beiden Elemente gebührend berücksichtigt werden, kann der Gefahr widerstanden werden, weder in idealistische oder nominalistische Spekulationen noch in einen empirischen Subjektivismus abzugleiten. Die Seinsintuition stellt eben nicht einfach ein besonderes emotionales Erleben oder Fühlen dar[93], sondern ist nur der Ausgangspunkt für eine weiterführende rein eidetische und nicht erfahrungshafte Anschauung; sie macht aus dem Thomismus «eine Weisheit, die auf intellektuelle Weise entsteht und den reinen Anforderungen des Intellekts sowie der ihm eigenen Intuitivität Genüge leistet»[94].

Mit der Seinsintuition setzt Maritain in gewisser Weise fort, was Bergson mit der Intuition der Dauer begonnen hatte. Doch Maritain sieht in dieser Schau nicht nur eine begrifflich ausdrückbare Erfahrung, sondern die Einsicht in das *ens in quantum ens* schlechthin. Diese vitale Erfahrung vermittelt nicht nur die Evidenz der ersten Prinzipien, sondern läßt auf unsagbare Weise die innere Intelligibilität des Seins aufscheinen. Zwar kommt hierbei auch die Schwierigkeit zum Tragen, daß der Intellekt zwar über der Zeit steht, seine Operationen sich aber in der Zeit vollziehen und darum – wie die Sprache selbst – einer Zeitenfolge unterworfen sind; der Intellekt kann also in einem Moment durchaus mehr erfassen als er auszudrücken in der Lage ist. Dennoch vermag Maritain nicht völlig einsichtig zu machen, wie einerseits der Seinsbegriff alles vermittelt, und es andererseits nicht zu einer Abstraktion, sondern zu einer Visualisation kommt, in der offensichtlich die erste und zweite Operation des Denkens gleichzeitig stattfinden. Offenbar ist für Maritain entscheidend, daß die höchste Wirklichkeit, das Sein, mit der Essenz- und Existenzordnung bereits in sich eine besondere Struktur aufweist, die als geeinte Verschiedenheit zu verstehen ist. Diese ist die Ursache für eine innere Dynamik und Lebendigkeit der Seienden, die für eine existentielle Sicht der Realität typisch sind.

Zusammenfassend läßt sich also festhalten, daß Maritain mit *Sept leçons* einen neuen Weg einschlägt. Vieles ist zwar nur keimhaft erwähnt, wird

---

[92] *Sept leçons* 590.
[93] Vgl. *Sept leçons* 587-589, Anm. 3.
[94] *Sept leçons* 590.

aber innerhalb von gut zehn Jahren mit dem *Court traité* eine erste Systematisierung finden. So lassen sich drei Linien betrachten, die in *Sept leçons* auftauchen und dann systematisch vertieft werden, weshalb sie auch den Gegenstand der folgenden Kapitel bilden. Erstens eine eingehendere Untersuchung der konnaturalen Erkenntnisarten, die eine unmittelbare und un- oder überbegriffliche Einsicht vermitteln. Wie die Seinsintuition einerseits eine nicht in Begriffe zu fassende intellektuelle Erfahrung darstellt, so ist sie andererseits doch auch auf eine geistige Vermittlung, ein «substantiales Wort» oder «eine *species impressa* in den Tiefen des Geistes»[95] angewiesen. Dieser besonderen geistigen Wirklichkeit oder Entität wird Maritain auch in anderen Bereichen begegnen.

Zweitens behauptet Maritain, daß es Bewegung gibt, wo immer konkrete Seiende vorhanden sind. Dies kommt in besonderer Weise bei den geistbegabten Subjekten zum Vorschein, insofern sie nach dem Guten in Freiheit streben. Mit anderen Worten: Sie sind fähig, das konkrete Gut selbst auszuwählen; dies kann der Ordnung des Schöpfers entsprechen, kann aber auch ein egoistisches Scheingut darstellen. Somit führt Maritain die Überlegungen zur Freiheit und ihrer Vervollkommnung aus seiner ersten Phase fort, stellt aber ebenso die Frage nach der Wirkweise des Bösen. Schließlich wird er dazu gelangen, daß in der Seinsintuition auch die Wirklichkeit der natürlichen Liebe aufscheint. Diese impliziert nicht nur ein dynamisches Überströmen und Bewegung, sondern verweist auch auf die Quelle allen Seins; darin kommt die Berufung des Menschen zum Ausdruck, aufgrund seiner Freiheit sich der wahren Liebe zu öffnen und dieser ontologischen Wirklichkeit immer mehr Raum zu geben.

Drittens deutet sich in *Sept leçons* an, daß für Maritain die Seinsintuition in den Tiefen der Seele oder des Intellektes stattfindet, wo die Fakultäten auf besondere Weise verbunden sind. Wie die Geistseele dabei tätig ist und in ihr sich ihr Träger ausdrückt, das bedarf noch einiger Klärung und wird sogar zur Revision von Maritains Subsistenzverständnis führen. Zunächst sollen jedoch die unbegrifflichen Erkenntnisformen angegangen werden.

---

[95] *Sept leçons* 575f.

Kapitel V: Die Erkenntnis durch Konnaturalität

1. Einleitung

Der erste Teil unserer Untersuchung hat gezeigt, daß Maritain den Menschen vor allem von seinen Fakultäten her betrachtet. Er verweist auf die wechselseitige Kausalität von Intellekt und Wille und versteht beide vor allem als Potenzen der Geistseele, die einerseits passiv sind und andererseits über eine besondere Eigentätigkeit verfügen. Beide Fakultäten sind in den Tiefen der Geistseele miteinander verbunden und scheinen in direktem Austausch zu stehen, so daß ihr Bezug zum *suppositum* und dessen Einfluß nicht klar ersichtlich werden. Das führt zur Sichtweise der konkreten Person, die offen ist für eine Entwicklung hin zur Personalität oder zur Individualität. Damit wird die Person von ihrer Natur her betrachtet, die sich wie eine Potenz in die eine oder andere Richtung aktualisieren kann. Die damit verbundene Spannung tritt 1935 klarer zutage, als Maritain im spanischen Vorläufer von *Humanisme intégral* darauf anspielt, daß es im Menschen «eine menschliche Natur gibt, die als solche unveränderlich ist. Aber genaugenommen ist dies eine in Bewegung befindliche Natur, die Natur eines fleischlichen Wesens, das nach dem Bild Gottes gemacht ist»[1]. Kann unter der Hinsicht einer Natur die Wirklichkeit des Menschen angemessen zum Ausdruck gebracht werden?

Diese beinahe univoke Sicht von Natur und Person tritt noch deutlicher bei der Frage nach der menschlichen Freiheit hervor, da einerseits der Mensch seiner Natur mit Notwendigkeit folgt, andererseits aber als geistbegabtes Subjekt sich selbst bestimmen kann. Wie also hebt sich die konkrete Person von ihrer Natur ab? Dieser «Konflikt» des Menschen im Zeichen der Natur bzw. der Person wird Maritain immer bewußter, wie er 1936 auf einer Konferenz in Buenos Aires zu verstehen gibt.[2] Doch wer erleidet oder erfährt diesen Konflikt? Wie läßt sich dieses «Mehr» im Menschen, das diese Aspekte nicht nur in sich vereint, sondern um sie weiß und sie bewältigt, positiv bestimmen?

Wie wir in der Hinführung gesehen haben, kommt es durch die Fülle der Ereignisse in der Zeit von 1927 bis 1932 nicht nur zu einer Neuorientierung

---

[1] J. MARITAIN, *Humanisme intégral*, ŒC Bd. VI, 358.
[2] Vgl. J. MARITAIN, *Du savoir moral*, ŒC Bd. VI, 946: «On pourrait dire qu'il y a dans l'homme et dans l'ange une sorte de conflit entre le signe de la *nature* (qui se réfère à l'univers de la création comme œuvre de l'art divin) et le signe de la *personne* (qui se réfère à l'univers de la liberté).» Dieser Artikel entspricht dem zweiten Kapitel der auf spanisch erschienenen *Para una filosofia de la persona humana*, Buenos Aires 1937.

von Maritains politischer Philosophie, sondern auch von seiner Metaphysik, besonders seiner Epistemologie. Unter dem «Primat der Freiheit» macht er deshalb in den folgenden Jahren nicht nur die Seinsintuition zum Ausgangspunkt seiner Philosophie, sondern wendet sich auch weiteren speziellen Erkenntnisformen zu, u.a. der poetischen Erfahrung. In ihr manifestiert sich nicht nur eine besondere Sensibilität des Dichters, sondern auch seine eigene Subjektivität.[3] Maritain beschreibt eine solche Erfahrung 1938 in *Situation de la Poésie* auf folgende Weise:

> L'expérience poétique [...] est ordonnée à dire le sujet, elle éveille la subjectivité à elle-même pour qu'elle se profère en tant même que transparente à quelque rayon de l'être et en acte de communication avec le monde. [...] Il y a une connaissance poétique du monde, mais elle n'est pas pour connaître ni pour connaître le monde, elle est pour révéler obscurément à lui-même et féconder dans ses sources spirituelles le sujet créateur. [...] A vrai dire vous n'avez pas la *notion* des choses, mais l'expérience d'elle en vous et de vous en elles. Elles ne deviennent pas éternelles en vous, c'est plutôt vous qui devenez visible en elles.[4]

Was hat es nun mit dieser Subjektivität auf sich? Maritain stellt zunächst eine Definition vor, in der er eine Reihe von Aspekten anklingen läßt. Er weist darauf hin, daß die Subjekthaftigkeit «in der Personalität ihren Ausgang nimmt und sich mit ihr gewissermaßen vermischt, da sie an deren Privilegien der Geistigkeit und der Selbst-Immanenz gebunden ist». So läßt sich die *Subjektivität* umschreiben als «eine geistige und darum wesenhaft aktive Subsistenz und Existenz, eine überexistierende Quelle von Erkenntnis und Liebe; [...] sie erscheint als ein Zentrum oder ein Universum in sich von produktiver Vitalität und geistiger Emanation.»[5] Auf diese Definition der Subjektivität wird später noch zurückzukommen sein. Für den Moment beschränken wir uns auf die Tatsache, daß Maritain von einem existentiellen und subsistierenden Zentrum im Inneren des Poeten ausgeht. Dieses teilt sich in immanenten Akten mit, emaniert in Erkenntnis und Liebe und ist darum auch zu existentiellen Einsichten, näherhin der poetischen Erfahrung, fähig.

In ihr nun manifestiert sich eine intellektuelle Wahrnehmung, die nicht durch Notionen vermittelt wird. Sie «kann *nicht auf den Begriff gebracht* werden, so daß der *Modus* der Erfahrung als rein existentiell» zu betrachten ist. Zwar bezieht sich die Erfahrung des Poeten «auf ein reelles *quid*», doch

---

[3] Der Begriff «Poet» soll sich im weiteren Verlauf der Arbeit nicht speziell auf den Dichter, sondern auf den Künstler schlechthin beziehen, welcher mit seinen jeweiligen Mitteln der ihn erfüllenden Poesie, also der das Kunstwerk auszeichnenden Schönheit, Ausdruck verleiht.

[4] J. MARITAIN, *Situation de la poésie. L'expérience du Poète*, ŒC Bd. VI, 884f.

[5] *Situation de la poésie* 878.

wird nicht dessen Essenz erfaßt, sondern es scheint gleichsam ein Seinsstrahl auf, der nicht zur rationalen Erkenntnis führt und dessen Erfassen «einer mysteriösen Verzauberung gleicht»[6]. Es findet also eine Einsicht statt, die nicht der abstraktiven Ordnung angehört, sondern in einer Intuition oder Emotion wird etwas erfaßt, das der Seele «eine Bestimmung in der Weise eines Keimlings»[7] verleiht. Dieser Keim entsteht zwar wie eine *species impressa* im Inneren des Geistes, ist aber «von innen her vollkommen bestimmt»[8], so daß er wie eine *species expressa* nach einer Ausdrucksform *ad extra* drängt. Die Erfüllung dieses Strebens führt zur Bildung des Kunstwerks. In ihm findet sich somit ein doppelter Gehalt, denn die poetische Anregung «erweckt die Subjektivität sich selbst gegenüber», und darin «wird sie transparent für einige Seinsstrahlen, die mit der Welt in Kommunikation stehen»[9].

Dieser Vorblick in die poetische und damit konnaturale Erkenntnis berührt eine Reihe von Fragen, die in den nächsten Abschnitten eingehender betrachtet werden. Sie zeichnen den Weg vor, auf dem sich Maritain allmählich Bahn bricht und auf dem er sein bisheriges Denken immer wieder ergänzt und revidiert. Dazu gehören sein frühes Verständnis von nichtrationalen Einsichten, das sich in erster Linie an seine Unterscheidungen zur Intuition anschließt; dann die Frage nach der existentiellen Erkenntnis in Verbindung mit der Subjektivität oder dem Selbst des konkreten Erkennenden; des weiteren eine systematische Unterscheidung von konnaturalen Erkenntnisweisen, die von affektiven und intellektuellen Faktoren bestimmt sind. Ebenso findet sich eine erste Abgrenzung des Vorbewußtseins, das von der Vernunft bestimmt ist, von einem Unterbewußtsein, das die Triebe und Instinkte integriert. Im Anschluß an diese hilfreiche und originär maritainsche Sicht schließt sich die Frage nach der Natur dieses Vorbewußtseins und dessen Strebungen an, in welchen sich die Offenheit der menschlichen Person für das Unendliche bzw. die Ewigkeit manifestiert. Nun aber zu den einzelnen Phasen.

---

[6] *Situation de la poésie* 883.
[7] *Situation de la poésie* 888.
[8] *Situation de la poésie* 882.
[9] *Situation de la poésie* 884.

2. Maritains erste Überlegungen zu nicht-rationalen Einsichten

a) Intuitionen im weitesten Sinn

Kehren wir nochmals zu Maritains zweitem Stadium und zu seiner Erstveröffentlichung zurück. Bereits in *Philosophie bergsonienne* finden wir erste Überlegungen zur konnaturalen Erkenntnis. Wie wir gesehen haben, erweitert Maritain in der Auseinandersetzung mit seinem Lehrer Bergson das klassische Verständnis von Intuition im Kontext der intellektuellen Einsicht. Dabei unterscheidet Maritain einerseits den *Vorgang* der intellektuellen Perzeption und weist auf vier Möglichkeiten intuitiver Erkenntnis hin.[10] Andererseits erwähnt er auch die Intuition im landläufigen Sinn, worunter er die besondere Entstehung[11], also den *Modus*, wie auch den *Gehalt* unmittelbarer Eingebungen versteht.[12]

Diese vorwissenschaftliche Art von Einsicht schreibt er einer Erkenntnis durch *Konnaturalität* oder durch Neigung zu. Unter Konnaturalität ist dabei die Anpassung von Objekten an die geistige Natur des Intellekts zu verstehen. Dies bedeutet eine Vergeistigung, da die Objekte mit dem Erkennenden «konnaturalisiert» werden, dabei aber nur ihre Existenzweise, nicht aber ihre intelligible Bestimmung verändern.[13] Unter Bezug auf P. Claudel spricht er darum später auch von der *co-naissance*, dem Mit-Geborenwerden des Intellekts mit dem Objekt, da ersterer in sich ja eine lebendige Ähnlichkeit hervorbringt, durch die er zum erkannten Gegenstand *wird*.[14] Bei dieser spontanen oder instinktiven Erkenntnis geht es nicht um eine Konklusion oder philosophische Erkenntnis, sondern um eine passende Idee oder ein richtiges Urteil *ohne* vorausgehende Reflexion. Diese «Herzensintuitionen» oder Vorahnungen sind vor allem interessant wegen der Spontaneität ihres Auftretens. Freilich stammen auch sie aus dem Intellekt und bezeugen seine spontane Tätigkeit unter dem Einfluß bestimmter Ursachen, vor allem durch seine lebendige Verflechtung mit der Vorstellungskraft. Gerade diese spontanen Eingebungen helfen häufig bei der intellektuellen Untersuchung eines Problems weiter und lassen die Lösung voraussagen, wenngleich sie nicht über eine wissenschaftliche Beweiskraft verfügen. So bilden vielfach solche Einsichten oder Intuitionen den Anfang einer großen geistigen Errungenschaft, sind also nicht etwa mit rein sinnenhaften Instinkten zu verwechseln, sondern fester Bestandteil der Tätigkeit des Intellekts.

---

[10] Vgl. *La Philosophie bergsonienne* 241-245.
[11] Vgl. *La Philosophie bergsonienne* 239f.
[12] S.o. 60f.
[13] Vgl. *La Philosophie bergsonienne* 398.
[14] Vgl. *Les Degrés* 731.

L'intelligence, en pareil cas, produit son acte sans y avoir été amenée par son mode normal d'avancer, par le raisonnement ou le discours. C'est le jaillissement spontané de cet acte qui lui donne son aspect 'divinatoire' [...]. On ne saurait trop insister sur cette spontanéité foncière de l'intelligence, et sur l'importance de semblables 'intuitions' [...]. Mais loin qu'il s'agisse d'actes étrangers ou contraires à l'intelligence, il s'agit d'actes intellectuels.[15]

Eine derartige intuitive und spontane Tätigkeit des Geistes, die aus seinem Inneren aufsteigt und ohne Denkfolge zu einer Einsicht kommt, deutet darauf hin, daß die Seelenfakultäten nicht nur auf rationale Weise in den Besitz der Wahrheit gelangen können. Vielmehr verweisen sie einmal mehr auf die innere Verbindung der verschiedenen Seelenpotenzen, welche die jeweiligen Einsichten dem Intellekt als der Fakultät der Wahrheit übermitteln und womit sie eingesehen werden können. Neben den Sinneswahrnehmungen verweist Maritain erläuternd auf die natur- oder instinkthafte Fakultät (*cogitativa*), die spontane Urteile im Sinne von Sympathien und Antipathien fällt. Derartige (Vor-)Urteile werden dem Intellekt weitergeleitet, beruhen aber in der Regel nicht auf diskursivem Denken, sondern sind Frucht einer Konnaturalität unserer sinnenhaften Organe mit den materiellen Objekten, mit denen sie in Verbindung treten.[16]

Maritain sieht zwar das Faktum dieser nicht-diskursiven Einsichten, gesteht ihnen aber keine besondere Bedeutung zu, da die konnaturalen Einsichten ohne reflexive Beweiskraft und ohne das Licht der Evidenz auskommen müssen.[17] Für ihn sind alle nicht-rationalen Erkenntnisformen unwissenschaftlich, weshalb er die unbegriffliche oder konnaturale Erkenntnisweise als «*vulgaire*»[18] bezeichnet und in ihr den Ausdruck einer «Philosophie derjenigen, die überhaupt keine Philosophie treiben»[19], sieht. So sehr er die spontane Tätigkeit des Intellekts und die Bedeutung aller Arten von Intuitionen auch hervorhebt[20], so stellt er unmißverständlich klar, daß ohne die bewußte Tätigkeit des Intellekts – und damit ohne Begriffe – letztlich keine ernsthafte Erkenntnis möglich ist. Darum haben «die Vernunft und der Verstand allein die Fähigkeit, über die verschiedenen Einsichten durch Neigung zu urteilen»[21].

---

[15] *La Philosophie bergsonienne* 263*f*.
[16] Vgl. *La Philosophie bergsonienne* 264-267.
[17] Vgl. *La Philosophie bergsonienne* 263 bzw. 272.
[18] *La Philosophie bergsonienne* 263.
[19] *La Philosophie bergsonienne* 54.
[20] Vgl. *La Philosophie bergsonienne* 263: «On ne saurait trop insister sur cette spontanéité foncière de l'intelligence, et sur l'importance de semblables 'intuitions' qui, plus ou moins confuses, précèdent et accompagnent toujours l'élaboration intellectuelle.»
[21] Vgl. *La Philosophie bergsonienne* 272*f.*

Wenn deshalb Maritain auch die Existenz und die Notwendigkeit der Intuitionen sehr betont, so stellt er doch eindeutig die begriffliche über die nicht-reflexive Einsicht. Darum läßt sich mit A. Caspani festhalten, daß Maritain in dieser zweiten Phase auf der natürlichen Ebene die Erkenntnis durch Konnaturalität der begrifflichen Erkenntnis völlig unterordnet.[22] Dies hindert ihn nicht, deren Bedeutung für das Alltagsleben zuzugeben, in dem sie nicht nur häufig vorkommen, sondern auch eine große Rolle spielen.[23]

b) Die Liebe als konnaturales Erkenntnismittel

Maritain beschäftigt sich zu Beginn seiner philosophischen Karriere freilich nicht allein mit der Frage nach Intuitionen im Sinne von (Vor-)Ahnungen. Vielmehr zeigen seine Vorüberlegungen zur konnaturalen Erkenntnis, daß er in seiner zweiten Phase zwar primär die geistigen Fakultäten des Menschen im Auge hat, diese aber über sich hinaus auf ihr Zentrum oder die Subjektivität verweisen, selbst wenn er auf diese (noch) nicht explizit eingeht. So sieht er in *La Philosophie bergsonienne* den Intellekt als die «Fakultät der Wahrheit», die nicht nur durch eine völlige Passivität charakterisiert ist, sondern zugleich über einen «natürlichen *appetitus* für das Sein und die Wahrheit» verfügt.

Während nach scholastischer Auffassung das Strebevermögen allein dem Willen zukommt, gilt dies für Maritain analog auch für den Intellekt. Je stärker darum dessen *appetitus* wird, desto vollkommener ist die Operation des Intellekts als der Tätigkeit der zugehörigen Potenz. Dieser *appetitus* kann nun auch durch den Willen verstärkt werden, wie dies der Fall ist bei der übernatürlichen Mystik, deren Schau vom Willen ausgeht, in dem Liebender und geliebtes Objekt verbunden sind. Darum kann auf der Ebene des Glaubens ein glühender Wille in seiner Liebe zur ungeschaffenen Wahrheit auch den *appetitus* des Intellekts nach dem *verum* verstärken und tiefer in die Mysterien und Wahrheiten des Glaubens einführen. So erweist sich auf dieser Ebene die Liebe «als Anstoß oder Elan», der den Besitz des geliebten Gutes ersehnt, das in ihm gewissermaßen *lebt* und nicht nur «rein intellektuell als Bild oder geistige Ähnlichkeit»[24] im Liebenden existiert.

---

[22] Vgl. A.M. CASPANI, «Per un'epistemologia integrale: La conoscenza per connaturalità in Jacques Maritain», *DoC* 35 (1982) 46: «Le conclusioni poi [...] non differiscono nel punto cardine: la subordinazione totale sul piano naturale della conoscenza per connaturalità alla conoscenza concettuale.»

[23] Vgl. *Réflexions sur l'intelligence* 131*f.*: «Il est un domaine où ce jugement par mode d'inclination a sa place naturelle et normale: c'est le domaine de la connaissance pratique du singulier. [...] Le jugement par mode d'inclination, par *instinct de vertu*, est appelé de fait à tenir une place considérable dans la saine direction de nos actes.»

[24] *La Philosophie bergsonienne* 269.

Wird damit die Fähigkeit des Strebens auf Willen und Intellekt verteilt, oder deutet Maritain darin implizit eine besondere innere Verbundenheit der beiden Fakultäten an, die zugleich über beide hinausgeht? Maritain richtet seinen Blick allerdings nicht direkt auf diese Frage, sondern auf die Funktion der Liebe. Ihr kommt eine doppelte Rolle zu, insofern sie nicht nur den Willen auf die geliebte Sache ausrichtet, sondern auch den Intellekt vermittels einer wachsenden Vertrautheit immer besser, beinahe instinktiv, das Geliebte erkennen läßt, noch *vor* jedem bewußt gefällten Urteil. Dabei handelt es sich eben nicht um eine neue Einsicht, sondern um ein *Wieder*erkennen, da die aus dem Willen stammende Liebe den Intellekt aktiviert, so daß er auf konnaturale Weise die geliebte Sache unmittelbar wahrnimmt und darum wiedererkennen kann. Bei einer beständigen Liebe kommt es deshalb im Intellekt sogar zur Bildung eines *habitus*, der das Auftreten von spontanen Urteilen erleichtert.

Die Bedeutung der Liebe vertieft Maritain in *Réflexions sur l'intelligence* dahingehend, daß sie eine größere Einheit von Subjekt und Objekt bewirkt als die rein rationale Erkenntnis, da sie Wille *und* Intellekt erfüllt. Während die Erkenntnis zwar eine völlig immaterielle Aufnahme und Innerlichkeit bewirkt, in der der Intellekt zum Objekt *wird*, bleibt dabei der Wille unbeteiligt. Zwar stammt jeder Begriff, den das erkennende Subjekt selbst bildet, aus der lebendigen *Erkenntnis*beziehung mit dem Objekt, beschränkt sich aber in der Regel auf eine abstrakte geistige Ähnlichkeit. Die Liebe hingegen führt zu einer Einheit, die über die begrifflich-intentionale Aufnahme hinaus den Liebenden in seinem entitativen Sein bestimmt und auf das geliebte transobjektive Subjekt ausrichtet. So kommt es neben der entsprechenden intellektuellen Einsicht zu einer lebendigen existentiellen Erkenntnis*beziehung*, da der Wille von einem extramentalen Seienden angezogen und damit das ganze Subjekt involviert wird.[25]

> *L'amour est plus unitif que la connaissance* parce que [...] la chose au-dehors de nous devient pour nous comme nous-mêmes, à ce caractère propre de nous attirer à la réalité concrète elle-même de la chose aimée, d'aspirer l'âme – *amor ecstasim facit* – vers cette chose telle qu'elle existe en soi. Et ainsi l'union affective, *unio secundum affectum*, qui est l'amour lui-même, est un poids qui porte l'âme à une union proprement 'réelle', *unio secundum rem*, – procurée non par l'amour lui-même, mais par la présence effective et la possession de la chose selon son être même à elle, – et qui est *l'effet* de l'amour.[26]

Durch die verbindende Liebe kommt es zu einer realen Gegenwart und Wirkmächtigkeit des geliebten Objekts im Liebenden: einerseits wird das Subjekt zum «Besitzer» des Objekts, andererseits nimmt das geliebte

---

[25] Vgl. *Réflexions sur l'intelligence* 143f.
[26] *Réflexions sur l'intelligence* 144f.

Objekt im liebenden Subjekt einen derartigen Raum ein, daß es dessen Willen mehr beeinflußt und in ihm über mehr Gewicht verfügt als dieser selbst. Dadurch vollbringt der Liebende eben das, was dem Willen des Geliebten und nicht dem eigenen Willen entspricht.[27] Auch in diesem Kontext blickt Maritain allein auf die Fakultäten, die zwar von Liebe erfüllt sind, aber dennoch über die Person selbst nichts aussagen. Es kommt zwar zu einer extremen gegenseitigen Beeinflussung, aber nicht das Subjekt, sondern die Seelenpotenzen vollbringen das, was sie als das vom Geliebten Bevorzugte erkennen. Dies wird besonders in *Les Degrés* deutlich, wo Maritain die mystische Erfahrung als konnaturale Erkenntnis darstellt.[28] Durch die Gnade und die Gaben des Heiligen Geistes wird nicht das Subjekt erhoben, sondern seine Fakultäten, durch die es zu einer realen Beziehung mit Gott kommt.

> On aperçoit ainsi la merveilleuse unification que la contemplation mystique apporte à l'âme: un seul et même acte infus, pacifiant l'âme entière, est, sous la motion et l'illumination du Saint-Esprit, produit à la fois par l'intelligence et par la volonté, par la foi, la charité et la sagesse: par la foi quant à son objet essentiellement divin; par la charité quant à son moyen formel; par le don de sagesse quant à son mode expérimental.[29]

Auch dabei reicht es nur zu einem dunklen oder begrifflosen Erkennen Gottes, da der Mensch im Willen Gott ähnlich wird und von dorther eine Ausweitung auf den Intellekt stattfindet, wie Maritain unter Berufung auf Johannes von Sankt Thomas feststellt: «Et sic affectus transit in conditionem objecti.»[30] So werden die göttlichen Dinge aus dem Dunkel des Glaubens und der Erfahrung der Liebe heraus erreicht. Wenn sie auch nur mittelbar in Begriffe gefaßt werden können, vollzieht sich das Begreifen dieser Erfahrung doch vor allem mit Hilfe des Intellekts in den Tiefen der Seele.[31]

---

[27] Vgl. THOMAS VON AQUIN, *Summa contra Gentiles*, IV, c. 19: «Unde etiam hinc oritur omnis inclinatio voluntatis, quod per formam intelligibilem aliquid apprehenditur ut conveniens vel afficiens. Affici autem ad aliquid, inquantum huiusmodi, est amare ipsum. [...] In voluntate autem amantis est sicut terminus motus in principio motivo proportionato per convenientiam et proportionem quam habet ad ipsum. [...] Sed quia amatum in voluntate existit ut inclinans, et quodammodo impellens intrinsecus amantem in ipsam rem amatam.»

[28] Vgl. *Les Degrés* 298 sowie 749: «Connaturalité veut dire convenance en la même **nature**. Or, Dieu est le surnaturel subsistant; et il est absurde de supposer que nous puissions être connaturalisés au surnaturel subsistant sans être d'abord surnaturalisés nous-mêmes.»

[29] *Les Degrés* 1075.

[30] JOANNES A SANCTO THOMA, *Cursus theologicus*, in I^{am}-II^{ae}, q. 68-70, disp. 18, a. 4, nr. 11 bzw. *Les Degrés* 732, Anm. 41.

[31] Vgl. *Les Degrés* 732*f.*, Anm. 41: «Nous disons que sous l'inspiration spéciale du Saint-Esprit l'amour passe ainsi du côté de l'objet, ou revêt une condition objective, non pour être lui-même objet connu, mais bien moyen de connaissance ou *objectum quo*. [...] Les mystiques, parlant des plus hauts degrés de l'expérience de l'union, peuvent décrire celle-ci

Es kommt also zu einer konnaturalen Erkenntnis, die Maritain vor allem auf die Natur der Seelenfakultäten, nicht aber auf deren Träger bezieht. Freilich ist zu berücksichtigen, daß Maritain in seiner zweiten Phase nur wenige Beispiele anführt, die nicht der übernatürlichen Ordnung angehören, um den Einfluß der Liebe auf den Verstand zu beleuchten. Einen Fall finden wir in der Frage nach der Wahrnehmung der eigenen Existenz, die der nächste Abschnitt behandelt.

c) Das intuitive Erfassen des Existenzaktes der eigenen Seele

Angeregt durch die Studien von A. Gardeil zur Selbsterkenntnis der Seele[32] präsentiert Maritain in *Les Degrés* einen weiteren Fall konnaturaler Erkenntnis, also einer Einsicht, die nicht das Ergebnis einer diskursiven Reflexion ist. Dabei geht es um die Frage, wie die Seele sich selbst und ihre Existenz erkennen kann. Wenn man sie *ut mens* betrachtet, stellt man fest, daß sie von sich als Geist eigentlich keine Erkenntnis haben kann, die sich direkt auf ihre Substanz als Essenz bezieht. Zwar kann die Seele über sich selbst reflektieren, aber diese Erkenntnis bleibt eingeschränkt durch ihre Einheit mit dem Leib; sie kann also nicht einfach von ihrer konkreten Existenz abstrahieren oder diese direkt erfassen, sondern nur durch ihre Operationen. Andernfalls würde die Seele in der aktuellen Erkenntnisbewegung sowohl diese vollziehen als auch sich über diese erheben und sie damit quasi aus der Entfernung (*vis a fronte*) betrachten.[33] Dies ist schlichtweg unmöglich. Welche Art von Erkenntnis ist dann also denkbar?

Es kommt zwar nicht zu einer begrifflichen Erkenntnis, aber durch ihr Selbstbewußtsein erfaßt die Geistseele den Existenzakt als ihren eigenen und den ihr zugehörigen, erhebt also diese Erfahrung zum Denkgegenstand.[34] Es ist die Erfahrung des Bei-sich-selbst-Seins und der *eigenen* Operationen, insofern auf reflexive Weise «der Akt der direkten Erkenntnis, wenn er reflexiv erfaßt wird (und in seiner Konnaturalität erlebt wird mit all dem, was die Seele schon zuvor von sich erfahren hat), zuerst der Seele als

---

comme 'des touches substantielles' et comme 'un attouchement de substances nues, c'est-à-dire de l'âme et de la divinité.»

[32] Vgl. A. GARDEIL, «A propos d'un cahier du R.P. Romeyer», *RThom* 29 (1929) 520-532. Eine erste Anspielung findet sich bereits in der ebenso 1929 erscheinenden Zweitauflage und dort eigens eingefügten Fußnote von *La Philosophie bergsonienne* (242*f.*, Anm. 8).

[33] Vgl. *Les Degrés* 1064-1066.

[34] In *La Philosophie bergsonienne* (242*f.*, Anm. 8) spricht Maritain «von der nach innen gewandten Perzeption des Ich», so daß «durch eine spontane Reflexion die Existenz der den Erkenntnisakt vollziehenden Geistseele erfaßt wird».

der *ihrige* erscheint oder als derjenige, der aus ihr emaniert und dessen Existenz sie reflexiv erfährt, indem sie sich auf diesen Akt zurückbeugt»[35].

Der eigene Existenzakt kann damit immerhin mittelbar durch die sich vollziehenden geistigen Operationen erfaßt werden, die durch diese Tätigkeit wahrgenommen werden. Diese Wahrnehmung deutet ihrerseits (*vis a tergo*) auf das eigene Selbst und dessen Tätigkeit hin. Für Maritain kann dies jedoch nicht ohne geistige Ähnlichkeit geschehen, so daß er «die Wahrnehmung der Wahrnehmung» als konkretes *quid* bezeichnet. Darin wird der eigene Existenzakt, das *quia est*, aktuell wahrgenommen, insofern er das Prinzip der eigenen Operationen ist. Mit anderen Worten wird der eigene Existenzakt oder das *Ego sum* intrinsisch mit der Selbstreflexion des *Ego cogito* verbunden. Dies führt zwar nicht zur Bildung einer Essenz, erlaubt aber immerhin eine *existentielle Wahrnehmung* der Operationen der Seele, die bei ihrer Emanation aus der jeweiligen Fakultät reflexiv wahrgenommen werden.

> Dans ce flux de phénomènes plus ou moins profonds qualifiant et notifiant le soi, dans ce *quid* empirique est saisie immédiatement, comme détenue et vécue en acte, l'*existence,* le *quia est* de l'âme principe de ces opérations. L'*ego sum* est inséparablement donné dans l'*ego cogito*, c'est la même perception réflexe. [...] Ma connaissance expérimentale de mon âme (ou plutôt de ma substance, qui de fait est âme et corps, mais qui est saisie par le moyen d'une activité spirituelle, d'une activité de l'âme seule) reste ainsi d'*ordre purement existentiel,* et n'implique d'autre *quid* présenté à l'esprit que mes opérations réflexivement saisies dans l'émanation de leur principe.[36]

So erkennt die Geistseele reflexiv, *daß* sie Seinsträger ist und existiert, indem sie aktuell tätig ist. Dies bleibt eine rein existentielle Erfahrung, die unmittelbar und damit zuverlässig von ihrer Existenz ausgeht, wie ihre Operationen manifestieren. Diese Form der geistigen Selbstwahrnehmung bildet für Maritain eine weitere Erkenntnisart, mit der die Wirklichkeit auf unmittelbare oder intuitive Weise, «freilich nicht als eine Intuition im strengen Sinn»[37] erfaßt wird. Da seine Unterscheidungen der konnaturalen Erkenntnis noch ausstehen, spricht Maritain von einer *erfahrungshaften Erkenntnis*, die zur Bildung einer besonderen geistigen Wirklichkeit führt und die uns als «geistiger Keimling» wiederum bei der poetischen Intuition begegnen wird.

Doch selbst in diesem besonderen Fall der unbegrifflichen Erkenntnis muß es nach Maritain eine geistige Entität von der Art einer *species impressa* geben, die das Erfassen des eigenen Existenzaktes ermöglicht.

---

[35] *Les Degrés* 1066.
[36] *Les Degrés* 1067.
[37] *Les Degrés* 1068.

Entsprechend seinem konzeptualistischen Vorverständnis spricht er von einer *species*, die direkt aus den Akten der Seele stammt «und welche als unmittelbar bezeichnet werden kann, weil die Wirklichkeit, die sie erreicht, durch keine andere Vermittlung als durch die eigene Aktuation erkannt wird». Das verweist auf die *species* als einen Erkenntnisgegenstand, der dem Geist die Wahrnehmung seiner eigenen vitalen Tätigkeit ermöglicht und darum eigentlich die abstrakte Natur des Begriffes übersteigt. Darum bezeichnet Maritain diese *species* als ein «concept *expérimental*», das heißt als einen Begriff, der nicht durch Abstraktion, sondern durch die «*echte* Erfahrung der einzigartigen Existenz unserer Seele»[38] entsteht. Dieser besondere Begriff entsteht nicht nur auf unmittelbare Weise, sondern verfügt auch über einen besonderen, nämlich erfahrungshaften oder existentiellen Gehalt.

An diesem Punkt wird das Problem der menschlichen Erkenntnisweise noch akuter, denn welche Idee soll ein erfahrungshafter Begriff vermitteln können? So ist es nicht weiter verwunderlich, daß sich die Frage nach dem Zueinander von Begriff und Urteil, von Intuition und Abstraktion in ihrer ganzen Schärfe im Kontext der Seinsintuition bemerkbar macht, die Maritain zwei Jahre später in *Sept leçons* präsentiert. Dabei geht es nicht allein um das begriffliche Erfassen der Existenz, sondern ebenso um sein Festhalten an der Notwendigkeit einer begrifflichen Vermittlung. Er schließt nicht aus, daß im Intellekt die erste (Intuition und Abstraktion) und zweite (Urteil) Operation des Geistes in einem Zug vereint werden und zu einer *direkten Erkenntnis* gelangen, auch wenn dies dem üblichen Schema des Diskurses nicht entspricht.[39]

Auch hinsichtlich der Umschreibung des Menschen deutet sich zuvor bereits in *Les Degrés* ein neuer Schritt an. Auf der einen Seite wird die Geistseele weiterhin im Blick auf ihre Natur betrachtet, welche als die Essenz dem *suppositum* die Existenz verleiht.[40] Doch auf der anderen Seite spricht Maritain dabei erstmals auch vom Subjekt, das sich in der existentiellen Erkenntnis als *Ich* oder als *Selbst* begreift.[41] Die Frage nach der Selbstwahrnehmung taucht auch in ersten Fragen zur natürlichen Mystik

---

[38] *Les Degrés* 1069.
[39] S.o. 147-150 sowie bereits *Les Degrés* 1066: «On comprend dès lors que l'acte de **connaissance directe**, quand il est **saisi réflexivement** (et dans sa connaturalité vécue avec tout ce que l'âme a déjà préalablement expérimenté d'elle-même) apparaisse **du premier coup** à l'âme comme *sien*.»
[40] Vgl. *Les Degrés* 1068: «En effet par la *species* de l'objet connu et par l'acte d'intellection l'intelligence et l'âme sont elles-mêmes en acte, et donc intelligibles en acte, éclairées, – la première quant à son existence et à son essence [...], la seconde quant à son existence seulement et en ordre á cet acte, – par la lumière même de l'opération intellective.»
[41] Vgl. *Les Degrés* 1066*f.*

auf, bei der Maritain die Überlegungen über das Erfassen des eigenen Existenzaktes zugute kommen. Die existentielle Erkenntnis vollzieht sich dabei «am Rand des Unbewußten, [...] in der Hoffnung, die sich verflüchtigende Erfahrung der reinen und begrifflich unausdrückbaren Existenz der Substanz der Seele machen zu können»[42]. So kommt mit der Frage nach der existentiellen oder konnaturalen Erkenntnis unweigerlich auch die Frage nach dem Träger der Seelenpotenzen ins Spiel. Dazu untersucht er eingehender das Phänomen, das sich bei der Erfahrung des Poeten einstellt. Damit schließen wir Maritains Vorüberlegungen aus seiner Anfangs- und Übergangszeit ab und kehren zu seiner dritten Phase zurück.

3. Subjektivität und poetische Erfahrung

a) Die Aktivierung des kreativen Zentrums im Poeten

Im Anschluß an die Untersuchung der übernatürlichen Liebesbeziehung zwischen Schöpfer und Geschöpf sowie des Erfassens des eigenen Existenzaktes wendet sich Maritain 1935 ausdrücklich einer weiteren nichtrationalen Erkenntnisweise zu, nämlich der poetischen Erfahrung. Bereits 1926 weist er mit dem Aufsatz *Frontières de la poésie* auf die Analogie zwischen Metaphysik und Poesie hin. Beide beziehen sich auf das Sein und versuchen, es auf ihre eigene Weise auszudrücken. Maritain definiert Poesie darum als ein «Erahnen des Geistigen im Sinnenhaften, welches sich selbst wieder im Sinnenhaften ausdrücken wird»[43]. Daraus läßt sich ihre innere Beziehung zur Seinswirklichkeit ableiten, weshalb Maritain in ihr zu Recht eine Art von Ontologie[44] sieht. Unter dieser Hinsicht ist es ihm möglich, die Poesie der Metaphysik gegenüberzustellen, da beide auf ihre Weise nach dem Geistigen suchen.

Dabei will die Metaphysik die Wahrheit erkennen und der natürlichen *contemplatio* Raum geben, die Poesie hingegen verfolgt mit der ihr eigenen *actio* das Ziel, die Schönheit der geistigen Wirklichkeit in einem Kunstwerk auszudrücken. Während erstere in Ideen das Geistige erfaßt und durch sie Zugang zu den ewigen Regionen sucht, vollzieht letztere dies mittels der

---

[42] Vgl. *Les Degrés* 1068.
[43] J. MARITAIN, *Frontières de la poésie*, ŒC Bd. V, 699. Sehr aufschlußreich ist auch die Definition, die uns Raïssa MARITAIN 1937 in *Poèmes et essais* (ŒC Bd. XV, 680) gibt: «La poésie est le fruit d'un contact de l'esprit avec la réalité en elle-même ineffable et avec sa source.»
[44] Vgl. *Frontières de la poésie* 694, Anm. 9, wo Maritain sich auf Ch. Maurras beruft: «Poésie est Théologie, affirme Boccace. [...] Ontologie serait peut-être le vrai nom, car la Poésie porte surtout vers les racines de la connaissance de l'Être.»

sinnenhaften Wahrnehmung, die von kontingenten und individuellen Gegebenheiten ausgeht. Die eine jagt nach der Natur der Dinge, nach Essenzen und Definitionen, die andere strebt nach vergänglichen Formen und nach jedem Strahl, der im konkret Existierenden die unsichtbare Ordnung aufleuchten läßt. So isoliert und analysiert die Metaphysik das Mysterium, um es zu verstehen, die Poesie hingegen bedient sich seiner als einer unerkannten Macht, um es kunstvoll darzustellen.[45]

An diese Gegenüberstellung beider Erkenntnisweisen knüpft Maritain neun Jahre später mit seinem Artikel *La Clef des Chants*[46] wieder an, freilich nicht ohne das fortzuführen, was er mittlerweile in *Sept leçons* begonnen hat. Es geht ihm nicht mehr um eine abstrakte Darstellung einer Theorie der Kunst[47], sondern vor allem um den Aufweis, daß die existentielle der essentiellen Erkenntnis gleichrangig gegenübersteht. Erstere verweist darüber hinaus auf das existentiell-kreative Zentrum der Geistseele oder der Subjektivität, von deren Sensibilität die Größe des Poeten abhängt. Mit anderen Worten: Die geistige Größe des Künstlers besteht darin, wie tief die kreative Intuition in seinen Seelengrund eindringt und wie intensiv sich die Schöpfung auf den verschiedenen Ebenen in der geistigen Substanz der Seele festmacht oder verknotet.[48] Das Verständnis der Seele als Knoten der verschiedenen Fakultäten, das Maritain bereits in *Les Degrés* anklingen läßt[49], wird hiermit weitergeführt, indem es nun nicht mehr einfach auf nicht näher bestimmte Weise alle Seelenkräfte vereint, sondern in der Tiefe der Seele auch das Selbst oder die Subjektivität des Poeten miteinbezieht (oder «einbindet»). Auf diese Weise ist es denkbar, daß in der kreativen Emotion «das Selbst des Künstlers als verborgene Substanz und als tätige Person» zutage treten können. So manifestiert die Poesie das Ich des Künstlers «als die substantielle Tiefe der lebendigen und liebenden Subjektivität, ein Subjekt als Akt [sujet-acte]»[50].

Noch deutlicher wird die Beteiligung der Subjektivität des Poeten in *Situation de la poésie* entfaltet, die im Jahr 1938 erscheint. Dabei betrachtet

---

[45] Vgl. *Frontières de la poésie* 699f.
[46] Diesen Aufsatz verfaßte Maritain eigens für den Sammelband *Frontières de la poésie*, der seinen Titel von dem ersten darin aufgeführten Artikel erhielt.
[47] So umschreibt Maritain zumindest sein Anliegen im Jahr 1920, da er mangels einer expliziten Kunstphilosophie der Alten zumindest die Grundzüge einer Theorie der Kunst darlegen möchte, wie auch der Titel selbst vorwegnimmt: *Art et scolastique* (J. MARITAIN, ŒC Bd. I, 619f.)
[48] Vgl. *Frontières de la poésie* 796f.: «La création se noue à des niveaux différents dans la substance spirituelle de l'âme, chacun en cela avoue ce qu'il est, et plus le poète grandit, plus le niveau de l'intuition créatrice descend dans l'épaisseur de son âme.»
[49] Vgl. *Les Degrés* 852.
[50] *Frontières de la poésie* 794.

Maritain eingehend den Kontext der poetischen Erfahrung und versucht ihrer Eigenart als nicht-rationaler Einsicht in die Welt des Geistes gerecht zu werden. Dies führt ihn einerseits (wie wir im nächsten Paragraphen sehen werden) zu einer Systematisierung der Arten der konnaturalen Erkenntnis; andererseits betrachtet er die verschiedenen Komponenten, die bei der Erfahrung des Poeten eine Rolle spielen. Dazu gehören das auslösende Objekt und die kreative Subjektivität, die zusammen eine geistige Entität hervorbringen, welche nach der Bildung des Kunstwerks strebt und in der untrennbar beide an seiner Entstehung beteiligten Faktoren aufscheinen. Wie läßt sich das im einzelnen denken?

Maritain vergleicht die poetische Erfahrung (ganz ähnlich wie die Seinsintuition) mit einer Begegnung, in welcher ein Objekt die Subjektivität als kreatives Zentrum anregt, so daß dieses eine Art *species impressa* bildet. Dabei wird einerseits die Substanz des Subjekts zu einer geistigen Emanation aktiviert, die als *effiziente* Ursache unbewußt eine geistige Entität bildet. Andererseits bildet das auslösende Objekt die *formale* Ursache für etwas, das nicht dazu dient, «erkannt, sondern in einem Kunstwerk ausgedrückt und ins Sein geworfen zu werden». Darum kann seine intentionale Existenz auch nicht als *verbum mentale* im herkömmlichen Sinn verstanden werden, sondern gleicht eher «einem *Erfaßten* oder *Erworbenen*»[51] im Sinne eines besonderen geistigen Keimes.

Damit verzichtet Maritain nicht auf eine formale Bestimmung des Geistes, spricht aber nicht mehr von einem «*concept expérimental*», sondern von einem Erfaßten («saisie») mit einer «wesentlich unbewußten Erkenntnis; einer Einsicht, die auf der untersten Stufe der Erkenntnis steht, aber auf der höchsten Stufe von keimhaft-virtuellem Gehalt»[52]. Dies zeigt, daß er seinen Blick nicht mehr allein auf den Intellekt und dessen konzeptuelle Operationen, sondern auf die produktive und damit existentielle Subjektivität der Seele richtet.[53] So gleicht die poetische Erfahrung einer Befruchtung der Seele und einer Anregung der vitalen Quelle des Geistes, also nicht nur der Fakultäten, sondern auch des sie besitzenden Selbst.

Mais qu'une expérience de soi par soi saisisse le *sujet en tant même que sujet*, c'est-à-dire en tant même qu'il est radicalement et en acte vécu principe de vitalité productive et d'émanation spirituelle, une telle expérience sera par là même comme une fécondation de

---

[51] *Situation de la poésie* 878.
[52] *Situation de la poésie* 879.
[53] Vgl. dazu bereits auch *Frontières de la poésie* 794: «L'émotion créatrice n'est pas matière mais *forme* de l'ouvrage, ce n'est pas une émotion-chose, c'est une émotion intuitive et *intentionnelle*, qui porte en soi beaucoup plus qu'elle-même. C'est le soi de l'artiste en tant que substance secrète et personne en acte de communication spirituelle qui est le contenu de cette émotion formatrice.»

cette productivité. [...] Voilà l'expérience poétique ou la connaissance poétique où la subjectivité n'est pas saisie comme objet par une réflexion explicite, mais comme source et *in actu exercito*, dans la saisie même des choses par résonance dans le sujet; [...] expérience à la fois du monde et de la subjectivité, et dont [...] le saisi le plus immédiat est le monde, le saisi *le plus principal* (et le plus caché) est la subjectivité.[54]

In der poetischen Intuition wird sozusagen wie in einer Art Melodie die Resonanz der Erfahrung eingefangen, die zwischen der Welt und dem erkennenden Subjekt entsteht. Dieser Gleichklang ist die Poesie selbst, die aus einem gemeinsamen Schwingen von konkreter Wirklichkeit und den Tiefen der Subjektivität entsteht. Die gemeinsame Schwingung oder Harmonie aktiviert die existentielle und aktive Quelle des Poeten, in der sich seine Personalität ausdrückt und in der ebenso zum Vorschein kommt, was es heißt, als ein geistbegabtes subsistierendes Subjekt zur Überexistenz in Erkenntnis und Liebe fähig zu sein. Während bei dieser Aktivität alle konkret-formale Bestimmung vom Objekt kommt, so stammt alle Vitalität und schöpferische Aktivität aus den Tiefen der Personalität, die wie ein eigenständiges Universum zur geistigen Produktivität und Ausstrahlung fähig ist.[55]

Darin zeigt sich, daß die schöpferische Tiefe der Subjektivität in direkter Beziehung zum Ich des Poeten steht, so daß sich dieses in der existentiellen Erkenntnis dunkel und implizit manifestiert. Damit läßt Maritain die Vorstellung einer reinen Interaktion der verschiedenen Seelenfakultäten hinter sich und zeigt deren Verbundenheit mit der existentiellen Quelle oder dem verborgenen Selbst des Künstlers auf. Über dieses Zentrum läßt sich freilich noch mehr sagen.

b) Der Seelengrund des Poeten

Zwar hält Maritain nach wie vor an der Möglichkeit fest, daß der Geist fähig ist, alle Seienden vermittels einer essentiellen Bestimmung irgendwie zu erfassen. Aber wie er in *Situation de la poésie* darlegt, folgt aus der poetischen Erfahrung, daß die Geistseele auch zu einer Art von Einsicht gelangen kann, indem sie in ihrer Tiefe als existentiell-schöpferisches Zentrum des Subjekts angeregt wird. Durch dieses Zentrum kommt es zu einem Widerhall auf der existentiellen Ebene zwischen dem konkreten Subjekt,

---

[54] *Situation de la poésie* 879. Inwieweit Maritain dabei von Pierre Rousselot beeinflußt wurde, der die ästhetische Erfahrung des Poeten «als Vibrieren im Einklang zwischen den Fakultäten und dem Objekt» beschreibt, so daß dessen «schöpferische Erkenntnis das Objekt als solches ohne die Einschränkung unserer begrifflichen Erkenntnis in sich aufnimmt», wäre einer eingehenden Untersuchung wert (vgl. P. ROUSSELOT, «Amour spirituel et synthèse aperceptive», *RevPhil* 16 (1910) 234).
[55] Vgl. *Situation de la poésie* 878.

dem Poeten, und der realen Wirklichkeit. So kann im Künstler ein Aspekt des ontologischen und dynamischen Fließens der Dinge aufsteigen und diese Erfahrung oder Ekstase durch die Bildung der poetischen Emotion vergeistigt werden. Dieses Fließen ist die sich verströmende Existenz, die alles durchdringt und erfüllt und sowohl alle Seienden unter sich als auch mit dem *summum esse subsistens* in Beziehung setzt. Diese Verbindung führt in den kontingenten Seienden (im Gegensatz zum *actus purus*) zu einem unaufhörlichen Wechselspiel, zu einem beständigen Hin- und Herschwingen zwischen ihren beiden Ursprüngen, nämlich dem unerschöpflichen und ewig sich verströmenden Sein und dem Nichts. Beide wirken in allen geschaffenen Seienden wie zwei Pole. Darüber hinaus macht sich im geschöpflichen Sein auch eine naturhafte Anziehungskraft des subsistierenden Seins bemerkbar, die stärker ist als die ontologische Liebe der geschaffenen Seienden zu sich selbst. Sie läßt sich vergleichen mit der Sehnsucht des Teils nach dem Ganzen.

> Les choses ne sont pas seulement ce qu'elles sont; elles passent sans cesse au-delà d'elles-mêmes, et donnent plus que ce qu'elles ont, parce que de toutes parts elles sont parcourues par l'influx de l'Existence en acte pur et aiment celle-ci plus qu'elles-mêmes. Elles sont meilleures et pires qu'elles-mêmes, parce que l'être surabonde et parce que le néant attire ce qui vient du néant. Ainsi communiquent-elles dans l'exister, sous une infinité de modes et par une infinité d'actions et de contacts. [...] Cette communication dans l'exister et dans le flux spirituel dont l'exister procède [...] le poète reçoit et pâtit, et saisit sans le connaître, ou connaît comme inconnu.[56]

So läßt sich festhalten, daß die poetische Erfahrung Ausdruck der lebendigen Resonanz des Objekts im Subjekt ist; ebenso präsentiert sie sowohl die eigentliche Natur des Geistes, nämlich seine Überexistenz in Erkenntnis und Liebe, wie auch seine lebendige Beziehung und Teilhabe am sich verströmenden Sein in der ontologischen Ordnung.[57] Im Rückgriff auf die Erfahrung seiner Frau umschreibt Maritain darum diese poetische Erfahrung näher: Ausgangspunkt ist der Seinsstrom, der durch die Tiefen des Geistes hindurchfließt und der auf unsagbare Weise vom Poeten wahrgenommen wird. Er stellt eine «tiefe, authentische und zugleich für Formeln nicht zugängliche Wirklichkeit dar, die in diesen 'Minuten der Hingabe an verborgene Kräfte' wahrgenommen wird, die beleben» und «einer natürlichen Ekstase» gleichen; dabei «taucht die Seele gleichsam in die sie

---

[56] *Situation de la poésie* 885*f.*

[57] Vgl. *Situation de la poésie* 873-875 sowie 887: «L'émotion ou l'inclination y devient une saisie du réel, non comme moyen d'un habitus ou d'une énergie de l'esprit (de la foi par exemple) tendant déjà vers un objet, [...] mais bien comme portant le réel qui émeut l'âme, le monde qui l'affecte et qu'elle pâtit, au sein de la subjectivité vitalement productive.»

durchströmende lebendige Quelle ein und geht aus ihr erneuert und gestärkt hervor»[58]. Diese einzigartige Erfahrung, diese kreative Intuition, verweist somit nicht allein auf die Quelle der Existenz im Zentrum der Seele des Poeten. Von ihr gehen auch die geistigen Energien aus, wie eine derartige Einsicht offenbart.

Zugleich zeigt diese schöpferische Intuition, daß der Poet an dieser unendlichen existentiellen Kommunikation der Seienden Anteil hat, freilich auf unbegriffliche Weise, indem er sie also nicht erkennt, sondern in seinem Inneren *erleidet*. Dieses Faktum zeigt aber nicht nur die existentielle und ebenso kreative Seite des geistigen Zentrums, sondern auch seine Verbindung mit der Vernunft. Damit «stehen wir hier einem Unbewußten besonderer Art gegenüber, [...] nämlich dem Seelengrund [esprit en source]»[59]. Maritain differenziert dabei erstmals vorsichtig die Tiefen des Geistes, die dem Bewußtsein nicht zugänglich sind. Er weist darauf hin, daß es ein besonderes Unbewußtes gibt, das der schöpferischen Natur des Menschen entspricht und Ausdruck seiner geistigen Natur ist. Dieses Unbewußte verbindet in sich alle höheren Potenzen und Tätigkeiten des Geistes; es steht im Gegensatz zu den niedrigen geistigen Fakultäten, die in unmittelbarer Nähe zur animalischen Seite des Subjekts stehen. Diese zweite Seite des Unbewußten bringt Maritain in Verbindung mit dem Unterbewußten im Sinne von S. Freud, das in sich das Reich der Instinkte und Bilder vereint. Maritain klammert diesen Bereich des Menschen und dessen Einflüsse keineswegs aus, doch sieht er darin nicht das Zentrum des geistbegabten *suppositum* oder der menschlichen Person. Denn wenn die kreative Subjektivität Ausdruck der Personalität ist, muß in diesem Zentrum eine gewisse Freiheit und nicht die Abhängigkeit von blinden Instinkten gegeben sein.[60] Diese anfänglichen Überlegungen wird Maritain in seinem Hauptwerk über die kreative Intuition entscheidend vertiefen.

Noch ein weiterer Aspekt unterstreicht Maritains Entwicklung. Formal geht die poetische Erkenntnis vom Kontakt mit einem Gegenstand aus. Diese Begegnung regt in den geistigen Tiefen, im Seelengrund, die Kreativität der Geistseele an und führt zur Bildung eines geistigen Keimes, wel-

---

[58] *Situation de la poésie* 860f. Vgl. auch die poetische Darstellung von R. MARITAIN, *Poèmes et essais. Toute Beauté recèle un chant*, 553f.: «Toute beauté recèle un chant / Et le poète qui l'entend / Avec piété veut le redire. / Par quels chemins viens-tu au cœur / Mélodie – léger délire / Toi par qui Orphée est vainqueur. / [...] Qui voile plus qu'il ne révèle / La réalité essentielle / Au-dessus de tout sentiment / Et fait rêver d'une patrie / Identifiée à notre sang / Et d'une amplitude infinie.»

[59] *Situation de la poésie* 870.

[60] Vgl. *Situation de la poésie* 870: «Nous sommes ici en face d'un inconscient de type spécial, et avant tout spirituel: c'est, comme nous le notions plus haut, l'inconscient de l'esprit *en source*. Tout autre chose que l'inconscient freudien des images et des instincts.»

chen die Alten als Idee bezeichneten. Dieser Keim ist aber für Maritain mehr als nur eine Idee, birgt er doch in sich die essentielle Bestimmung des *verbum mentale* wie auch die existentielle Einheit, die ansonsten dem Urteil zukommt. So betrachtet er diesen geistigen Keim als eine Gegebenheit, in der bereits alles enthalten ist, obwohl sie für den spekulativen Intellekt noch unzugänglich ist.

> Voilà une connaissance bien différente de ce qu'on appelle couramment connaissance; une connaissance qui n'est pas exprimable en idées et en jugements, mais qui est plutôt expérience que connaissance, et expérience créatrice, car elle veut s'exprimer, et elle n'est exprimable que dans une œuvre. Cette connaissance n'est pas préalable ni présupposée à l'activité créatrice, mais inviscérée dans celle-ci, consubstantielle au mouvement vers l'œuvre, et c'est là proprement ce que j'appelle *connaissance poétique* [...]. La *connaissance poétique* est ainsi la secrète vertu vitale de ce **germe spirituel** que les anciens appelaient l'idée de l'œuvre, l'idée ouvrière ou artisane. Elle a pris conscience d'elle-même en même temps que la poésie.[61]

Es geht in diesem Zusammenhang also nicht um die Formung des Geistes durch ein außermentales Objekt (*adaequatio rei et intellectus*), um dieses dann zu erkennen, sondern um die Formung einer Sache außerhalb des Geistes, deren Existenz im «geistigen Unbewußten»[62] ihren Ursprung hat und durch das poetische Schaffen zur aktuellen Existenz gelangt, gleichsam «ins Sein geworfen wird»[63].

Somit bezeugt die poetische Erkenntnis, daß es in den Tiefen des Geistes zur Bildung von geistigen Keimen kommt, die über das Verständnis von Idee im klassischen Sinn hinausgehen. Da nämlich die schöpferische Idee bereits alles in sich birgt, also vor jeder geistigen Operation alle Bestimmungen in sich vereint und nicht der ersten und zweiten Operation des Intellekts bedarf, manifestiert sie die Fähigkeit des Seelengrundes, seine Existenz nicht nur durch ein «*concept expérimental*»[64] mittelbar zu erfassen, sondern auch weiterzugeben und in einem transitiven Akt *ad extra* umzusetzen. Das heißt, die Tätigkeit des Seelengrundes kann sowohl vermittels des abstrahierenden Intellektes ein *verbum mentale* bilden als auch aus seinem schöpferischen Zentrum einen geistigen Keim hervorbringen, der seine Fähigkeit zur geistigen Überexistenz in Erkenntnis und Liebe offenbart. Mit anderen Worten ist bei der poetischen Erkenntnis im geistigen Keim «das Objekt, *das vollendete Werk*, das Gedicht, das Gemälde, die Symphonie» bereits «virtuell vollständig vorhanden», so daß es «die Rolle

---

[61] *Situation de la poésie* 854f.
[62] *Situation de la poésie* 886.
[63] *Situation de la poésie* 878.
[64] *Les Degrés* 1069.

des *verbum mentale* und des *Urteils* in der spekulativen Erkenntnis spielt»[65].

Mit dieser inneren Verbundenheit von erster und zweiter Operation des Geistes rückt Maritain die kreative Intuition in große Nähe zu der Seinsintuition, bei der ebenfalls das Erfassen von Essenz und Existenz zusammenfallen und beide unmittelbar geschaut werden. Auf die Konsequenzen werden wir später noch näher eingehen.

Wir haben also gesehen, daß die schöpferische Intuition in der kreativen Eigentätigkeit des Seelengrundes die Subjektivität aufscheinen läßt. Damit zeigt sich letztere von ihren vitalen geistigen Quellen her, welche zur existentiellen Ordnung gehören. So stellt sich einmal mehr die Frage, wie Konnaturalität letztlich zu verstehen ist, wo sich also die Aufnahme des Objekts vollzieht und es zu einer wahren *co-naissance*, zu einem Mit-Geborenwerden von dessen Natur im erkennenden Subjekt kommt.

4. Formen natürlicher und übernatürlicher Konnaturalität

a) Die Arten der konnaturalen Erkenntnis

Aufgrund seiner unvoreingenommenen Untersuchung der poetischen Erkenntnis überarbeitet Maritain sein Verständnis von Konnaturalität. Während er sie in *Philosophie bergsonienne* vor allem im Kontext der Spontaneität bestimmter Ahnungen betrachtet und als «nicht mehr philosophisch, sondern gewöhnlich [vulgaire]»[66] bezeichnet, stellt er in *Réflexions sur l'intelligence* die konnaturale Erkenntnis positiver dar. Dennoch bleibt sie auch dort der Metaphysik untergeordnet und gilt als «wesenhaft unvollkommen und mangelhaft, wesentlich unfähig zur Begründung dessen, was es [das Urteil durch affektive Konnaturalität] behauptet, wesentlich *niedrigstehender* als die *Wissenschaft*»[67]. Sein Urteil ändert sich jedoch deutlich, sobald er erkennt, daß in der poetischen Erkenntnis der geistige Keim nicht nur eine diffuse Emotion hervorruft, sondern bereits eine vollkommene essentielle Bestimmung virtuell in sich trägt. Damit geht es nicht mehr allein um die Spontaneität einer subjektiven Erfahrung, sondern um den darin eingebetteten objektiven Gehalt. Deshalb ist er bemüht, in *Situation de la poésie* seine Erkenntnisordnung diesem Faktum anzupassen. Er

---

[65] *Situation de la poésie* 869: «Dans une telle connaissance c'est l'objet créé, *l'œuvre faite*, le poème, le tableau, la symphonie, qui joue le rôle du verbe mental et du *jugement* dans la connaissance spéculative.»
[66] *La Philosophie bergsonienne* 398.
[67] *Réflexions sur l'intelligence* 134.

räumt ein, daß die poetische Erkenntnis eine *reale* Erkenntnis darstellt, selbst wenn sie als existentielle Erkenntnis zu bewerten ist.

> Bref la poésie *est* connaissance, incomparablement: connaissance-expérience et connaissance-émotion, **connaissance existentielle**, connaissance germe d'une œuvre (et qui ne se sait pas, et qui n'est pas *pour* connaître).[68]

Damit vollzieht Maritain einen wichtigen Schritt, da nun nicht mehr allein die essentielle Ordnung und ihre begrifflich-abstraktive Erkenntnis die geistige Wirklichkeit erschließen und ihre objektive Wahrheit gewährleisten. Vielmehr unterscheidet er nun die wichtigsten Erkenntnisformen auf dem Hintergrund der Konnaturalität und dem geistigen Einswerden bzw. Einssein von Objekt und Subjekt. Auf diese Weise kommt dem *esprit en source*, dem Seelengrund, die entscheidende Rolle zu, da er sowohl den Intellekt als auch die anderen Fakultäten der Seele in sich integriert und sie von ihm her ihre Bestimmung empfangen. Das bedeutet, daß die geistigen Operationen nicht mehr (wie noch in *Les Degrés*) einfach aus Wille und Intellekt der Seele wie einer gemeinsamen Wurzel entstammen, sondern daß alle Fakultäten in den vorbewußten Tiefen des Subjekts mit dessen Selbst oder seiner kreativ-vitalen Subjektivität in Verbindung stehen, weshalb sie als eine in Erkenntnis und Liebe überströmende geistige Quelle betrachtet wird. Sie ist somit in der Lage, den jeweiligen Erkenntnisarten und deren essentiellen und existentiellen Schwerpunkt aufgrund ihrer geistig-personalen Natur Rechnung zu tragen, weshalb Maritain nun dazu übergeht, die rein abstraktive Erkenntnisordnung durch drei Arten konnaturaler Erkenntnis abzulösen.

Die erste Form meint dabei die Erkenntnis durch *intellektuelle* Konnaturalität; in ihr wird das transobjektive Subjekt mit Begriffen erfaßt und dem menschlichen Intellekt angepaßt. Diese Erkenntnis geht Hand in Hand mit dem dazugehörigen *habitus*, der Frucht *und* Voraussetzung der Seinsintuition ist; in dieser Intuition zeigt sich unter anderem, daß der essentielle vom existentiellen Aspekt des Seins nicht getrennt werden kann.[69] Die intellektuelle Konnaturalität vollzieht sich durch Intuition und Abstraktion und drückt ihr Resultat in einem intelligiblen Begriff aus, bewegt sich also vor allem auf der konzeptuellen Ebene, bezieht sich durch die zweite Operation des Geistes, das Urteil, aber auch auf die existentielle Ordnung.

Als zweite Möglichkeit ist die Erkenntnis durch *affektive* Konnaturalität zu betrachten. Sie entsteht durch eine Begegnung mit der Wirklichkeit im erkennenden Subjekt selbst. Sie ist nicht in Begriffe zu fassen, da sie in den

---

[68] *Situation de la poésie* 873.
[69] Vgl. *Sept leçons* 594.

kreativen Tiefen des Subjektes eine existentielle Konsonanz zwischen der Wirklichkeit und dem Subjekt als Subjekt hervorruft. Beispiel dafür ist die poetische Erkenntnis, die nicht auf das intellektuelle Erkennen, sondern auf die operative Umsetzung in ein Kunstwerk abzielt. Sie aktiviert die schöpferischen Tiefen des Subjekts, die wie ein Zentrum von produktiver Vitalität und geistiger Emanation einen geistigen Keim bilden, der in sich nicht die Bestimmung zur Erkenntnis durch einen *ad intra* gerichteten Begriff, sondern zu einem Kunstwerk *ad extra* trägt. Diese Art von Konnaturalität ist Ausdruck der geheimnisvollen Kommunikation und Gemeinschaft der Dinge untereinander und ihrer Resonanz mit dem erkennenden Subjekt, in der sich zugleich die Subjektivität manifestiert. Sie bezieht sich also primär auf die existentielle Ordnung.[70]

[C'est] une connaissance par connaturalité affective à la réalité comme non conceptualisable parce qu'éveillant à elles-mêmes les profondeurs créatrices du sujet. [...] C'est la connaissance poétique: radicalement factive ou opérative, puisque, inséparable de la productivité de l'esprit (du fait que la connaturalité qui l'éveille actue le sujet comme sujet, ou comme centre de vitalité productive et d'émanation spirituelle).[71]

Die dritte Form meint eine Verbindung von *intellektueller und affektiver* Konnaturalität. Sie stammt aus der kontemplativen Erkenntnis und bezieht sich auf eine begrifflich nicht faßbare Erfahrung. Dabei kann es sich um eine natürliche Kontemplation handeln, also um eine über- oder parakonzeptuelle Einsicht in eine transzendente Wirklichkeit, die als solche in einem menschlichen Wort nicht ausgedrückt werden kann. Oder es geht um eine übernatürliche Kontemplation, in der durch die Einheit in Erkenntnis und Liebe die göttliche Wirklichkeit zwar erfahren wird, aber in keinem geschaffenen Wort ausgesagt werden kann. Damit ist auch hier nicht mehr der Wille die allein vermittelnde Fakultät (*affectus transit in conditionem objecti*), sondern in den Tiefen der Seele wird deren «Instinkt der Poesie» geweckt. Aus diesem Grund nehmen die Mystiker häufig die Poesie zu Hilfe. Sie verleihen nämlich einer Erfahrung Ausdruck, die «in den Tiefen ihrer Subjektivität hervorgerufen wird und deren aktuelle poetische Erkenntnis von den mystisch erlebten Realitäten stammt». Das bedeutet, daß «sie [die mystische Erfahrung] sich durch das Überströmen und den Über-

---

[70] Vgl. *Situation de la poésie* 870f. Vgl. auch H.L. BAUER, *Schöpferische Erkenntnis. Die Ästhetik Jacques Maritains*, München – Salzburg 1968, 69: «In stärkerem Maße als bei den anderen Bereichen der konnaturalen Erkenntnis, der mystischen und der moralischen, handelt es sich bei der poetischen um eine Erfahrung der Subjektivität als solcher und weniger um eine subjektive, existentielle Erfahrung eines Objektes. Das Selbstbewußtsein ist hier, eben weil es zur Produktion führt, am intensivsten.»
[71] *Situation de la poésie* 871.

schuß einer vollkommenen Aktuierung geschenkhaft, ohne die mindeste operative Anspannung, in Worte ergießt, die reicher an Poesie sein können als das Werk eines Dichters, und die dennoch, hypothetisch betrachtet, nicht aus einer poetischen Erkenntnis stammen, sondern aus dem Überschwang einer besseren Erfahrung»[72].

Mit dieser Dreiteilung der Konnaturalität, welche die innere Verbindung der essentiellen mit der existentiellen Erkenntnisordnung aufzeigt, kann Maritain nun weitere Phänomene untersuchen. Ermöglicht werden solche Einsichten im Menschen durch die innere Vereinigung der geistigen Fakultäten im Zentrum der kreativen Subjektivität, das beide Ebenen umfaßt.

b) Die Voraussetzungen natürlicher kontemplativer Konnaturalität

Bereits ein Jahr nach Erscheinen von *Situation de la poésie* wendet Maritain seine Dreiteilung auf ein Beispiel an, bei dem es sich um eine Einsicht von affektiver *und* intellektueller Konnaturalität handelt. Es stellt sich für ihn nämlich die Frage nach dem Gegenstand der natürlichen mystischen Erfahrung, die nicht-christlichen Asketen zuteil wird. Noch in *Les Degrés* konzentrierte sich Maritain auf übernatürliche mystische Erfahrungen und verstand diese als ein «erfahrungsmäßiges Erkennen der Tiefen Gottes»[73]. In *Quatre essais sur l'esprit*, die er 1939 veröffentlicht, räumt er hingegen die Möglichkeit ein, daß es auch zu einer natürlichen mystischen Erfahrung kommen kann, selbst wenn in ihr nicht auf positive, sondern auf negative Weise die Gegenwart einer *immensité*, einer unfaßbaren Weite, erfahren wird.[74] Dieser Erfahrung paßt er seine neue Definition an, nach der die *natürliche* mystische Erfahrung «eine Erfahrung des Verkostens des Absoluten»[75] meint. Das Subjekt macht dabei eine Erfahrung, die es einerseits völlig übersteigt. Andererseits kann es ohne Gnadenhilfe nicht die Ebene des Ungeschaffenen erreichen, sondern höchstens dessen Auswirkungen oder Ausfluß in die Schöpfung. Diese Erfahrung bleibt also auf einer Art von Zwischenebene, wie sie den Transzendentalien eigen ist. Allerdings führt diese naturhafte Erfahrung in gewisser Weise die Überlegungen aus *Les Degrés* fort, die auf die eigentümliche Welt des Seelengrundes verweisen, der sich zwar über die geschaffene Welt erhebt, aber dennoch über keine formale Teilhabe an der Gottheit verfügt.[76]

---

[72] *Situation de la poésie* 872.
[73] *Les Degrés* 707.
[74] Vgl. J. MARITAIN, *Quatre essais sur l'esprit dans sa condition charnelle*, ŒC Bd. VII, 184-186, Anm. 19.
[75] *Quatre essais* 160.
[76] Vgl. *Les Degrés* 722f.

Um die ungewöhnliche, aber noch natürliche Erfahrung der nicht-christlichen Mystik näher beschreiben zu können, ergänzt Maritain seine Unterscheidungen der konnaturalen Erkenntnis, wie er sie bereits in der *Situation de la poésie* vorgestellt hat. Dadurch bekräftigt er zugleich seine neue Haltung, derzufolge *alles* Erkennen auf einer Form von Konnaturalisierung zwischen Subjekt und Objekt beruht. So zählt er zur *affektiven* Konnaturalität, die er bisher nur unter dem Aspekt des *factibile* sah, also hinsichtlich der kreativen Intuition und Produktivität zur Schaffung eines Kunstwerks, auch die konnaturale Erkenntnis, die sich auf die praktische und ethische Ordnung bezieht und sich in Vorahnungen und instinktiven Entscheidungen im Sinne der praktischen *prudentia* ausdrückt.[77] Die Erkenntnis durch affektive Konnaturalität berücksichtigt damit auch den Aspekt des *agibile*[78] im Sinn der moralischen Freiheit des Menschen. Auf diesen Bereich wird Maritain nach der Erneuerung von seinem Freiheits- und Personverständnis noch zurückkommen.

Des weiteren präzisiert er die Erkenntnis durch intellektuelle Konnaturalität dahingehend, daß sie auf den Bereich des Intellekts beschränkt bleibt und allein das intellektuelle Streben nach der Erkenntnis der ersten Ursache umfaßt. Dieses Streben geht nicht über die Vernunft hinaus, auch wenn es auf dieser Ebene zu einer Kontemplation kommen kann, welche die Dinge *per modum cognitionis* erkennt. Durch sie kann das Gefühl der Gegenwart Gottes als Ersturzache der geschaffenen und erkannten Dinge entstehen, ohne daß darin der verborgene Gott selbst und sein inneres Leben durch eine übernatürliche mystische Vereinigung erfahren werden.[79] Die Grenzen dieser rein intellektuellen Kontemplation werden allerdings leicht überschritten, sobald im Menschen die tiefere, radikalere und letztlich religiöse Sehnsucht angesprochen wird, also analog zur poetischen Erfahrung das Selbst in seiner vorbewußten Tiefe berührt wird. Dessen *desiderium naturale* betrifft deshalb nicht nur eine Fakultät, sondern umfaßt Leib und Seele,

---

[77] Vgl. *Quatre essais* 160*f.*: «C'est la connaissance par connaturalité affective ou tendancielle *aux fins de l'agir humain*, qui est au coeur de la connaissance *prudentielle*. Car les vertus morales étant connexes entre elle [...] il faut qu'il [le prudent] juge des choses [...] aussi par mode d'instinct ou d'inclination, et en consultant sa pente intérieure, – ces habitus mêmes de tempérance ou de justice qui sont là, en lui, et qui sont lui-même ou quelque chose de lui-même. Cette connaissance des choses de la vie humaine par mode d'instinct ou d'inclination couvre un domaine immense.»
[78] Vgl. *Quatre essais* 167.
[79] Vgl. *Quatre essais* 164: «De soi la contemplation des philosophes s'arrête à un sentiment de présence qui, si élevé, si puissant, si illuminateur qu'il puisse être, ne concerne encore que le Dieu cause des choses atteint à distance dans le miroir de celles-ci et comme présent à elles, non le Dieu caché atteint dans sa vie incommunicable par l'expérience de l'union.»

also die ganze menschliche Person, welche sich danach sehnt, zu ihrem Ursprung und zu ihren Quellen vorzudringen und sich mit ihnen zu vereinen.[80] Was das bedeutet, werden wir am Ende dieses Kapitels näher erörtern.

Die radikale Sehnsucht nach dem alles umfassenden Ganzen betrifft freilich nicht mehr allein die intellektuelle Ebene, sondern gehört zur Mischform von affektiver und intellektueller Konnaturalität, die Maritain hier als *kontemplative Konnaturalität* umschreibt. Für sie ist charakteristisch, daß das Subjekt sein Objekt nicht in einem Begriff oder einem menschlichen *verbum mentale* ausdrücken kann. Dies gilt sowohl für die bereits beschriebene übernatürliche mystische Erfahrung, die auf der Liebeseinheit zwischen menschlichem und göttlichem Subjekt und auf den Gaben des Heiligen Geistes aufbaut, wie auch für eine unpersönliche oder negative Erfahrung des Absoluten, die für Maritain den entscheidenden Kern der natürlichen Mystik darstellt. Damit hat er einen Erkenntnisrahmen geschaffen, der alle Formen mystischer Schau berücksichtigt. Dabei stellt sich allerdings die Frage, wie es überhaupt zu einer «negativen» Erfahrung kommen kann und was dabei erfahren wird.

Bereits im Jahre 1936[81], also drei Jahre vor Erscheinen von *Quatre essais*, setzt sich Maritain in *Questions de conscience* mit dieser Problematik auseinander. Dabei stellt er fest, daß die natürliche Kontemplation, wie sie vor allem im Brahmanismus anzutreffen ist, auf eine Weise erreicht wird, die der menschlichen Natur zuwiderläuft und ein Unterdrücken oder Zum-Erliegen-Bringen der natürlichen und spontanen Geistestätigkeit bedeutet. Vermittels menschlicher Technik und Methode werden die geistigen Energien konzentriert, von Zerstreuungen gereinigt und können so in einer aufsteigenden Linie zu den Quellen des Seins in der eigenen Seele vordringen. Die Seele eignet sich dabei freilich eine Methode an, durch die sie lebendig in den Tod eintritt, der nicht als Hingabe im Sinn des Evangeliums, sondern als metaphysischer Tod zu verstehen ist, da in ihm die geistige Tätigkeit vom Leib getrennt werden soll.[82]

---

[80] Vgl. *Quatre essais* 166: «C'est le désir naturel non d'une faculté spéciale, mais de tout l'homme, corps et âme; c'est croyons-nous, le désir essentiel à toute créature de joindre *ses* sources et le principe de *son* être singulier, autrement dit cet amour naturel de la partie pour son Tout.»

[81] Vgl. J. MARITAIN, *Questions de conscience*, ŒC Bd. VI, 641.

[82] Vgl. *Questions de conscience* 699f., bes. Anm. 29. Im Unterschied dazu erhält die Seele in der *übernatürlichen* Mystik nicht durch Technik, sondern durch Gottes ungeschuldete Gabe in einer von ihm her absteigenden Linie Anteil an seiner Liebe und kann sich so mit der gleichen, Gott konnaturalen Liebe verströmen und verlieren. Sie erreicht dadurch Gott als die Quelle des Seins und hat Anteil am ewigen Sich-Verströmen des ungeschaffenen Lebens.

Dans la contemplation naturelle, lorsqu'elle arrive à des degrés transcendants et qu'elle passe le seuil du grand silence, on peut croire que ce que l'homme atteint, grâce aux techniques par où la nature remonte vers l'esprit à contre-pente d'elle-même, et disjoint en quelque sorte son propre fond métaphysique, ce sont les sources de l'être en son âme. Dans la contemplation surnaturelle, – et par le don reçu, non par la technique, – ce sont les sources de l'être en Dieu même, dans le jaillissement éternel de la vie increée.[83]

All diese Vorüberlegungen, nämlich die konkrete Erfahrung der hinduistischen Asketen, die Möglichkeit einer indirekten Gotteserfahrung vermittels einer kontemplativen Konnaturalität, die einer Art religiöser Sehnsucht nach der Erfahrung der Seinsquellen der eigenen Existenz entspricht, faßt Maritain nun in den *Quatre essais* zusammen. In seiner theoretischen Betrachtung der natürlichen Kontemplation greift er auch auf die Reflexionen von *Les Degrés* zurück, welche die Erfahrung des eigenen Existenzaktes durch ein *concept expérimental* erläutern und sie (vergleichbar der Erfahrung des Poeten) als eine existentielle Erkenntnis betrachten. Wie schon zuvor bekräftigt Maritain, daß mit dieser Erfahrung nichts «von dem, was unsere Seele ist, von ihrer Essenz oder ihrer Washeit» ausgesagt ist.[84] Doch wie es scheint, geht er einen Schritt weiter und räumt ein, daß sich die Erfahrung der Yogis nicht nur auf die Existenz der eigenen Seele bezieht, sondern auch auf deren Beziehung zu ihrer ersten Quelle.

c) Die natürliche Mystik als konnaturale Erkenntnis

Mit den dargelegten Vorüberlegungen schafft Maritain die Voraussetzungen, um in *Quatre essais* die natürliche mystische oder meta-philosophische Erfahrung in sein System der Konnaturalität einzuordnen und als weiteres Beispiel existentieller Erkenntnis anführen zu können. Er stellt sich dazu die Frage, ob es möglich ist, «von der gewöhnlichen Erfahrung der Existenz der eigenen Seele aus» durch ein außergewöhnliches Privileg «den Abgrund der eigenen Subjektivität zu überwinden [...] und über das eigene Ich hinaus das absolute *Selbst* zu erreichen»[85]. Es geht also nicht mehr allein um den eigenen Existenzakt, sondern um dessen Verbindung mit seiner transzendenten Quelle. Meister darin sind die hinduistischen Yogis. Sie behaupten, durch ein bewußtes und systematisches Leeren der Seele von jeder Vielheit an Ideen und Operationen «auf negative Weise vermittels der Leere und des Beseitigens von jedem Denkakt und -gegenstand ihr eigenes substantiales *esse* zu erreichen»[86]. Dieses nennen sie *âtman*, welches «sowohl das

---

[83] *Questions de conscience* 700*f*.
[84] *Quatre essais* 175.
[85] *Quatre essais* 177.
[86] *Quatre essais* 179.

menschliche Selbst wie auch das höchste Selbst bezeichnet»[87]. Wie ist dieser Anspruch zu beurteilen?

Nach Maritain ist besagte Erfahrung durchaus möglich. Für ihn führt der Verzicht und das Befreien von jeglicher Vorstellung gerade nicht zum Nichts, sondern diese widernatürliche Aktivität geht von der normalen geistigen Tätigkeit des Menschen aus, in der ein unbegrenztes Universum von psychischen Aktivitäten in seiner unendlichen Vielheit tätig ist. Durch die Reduktion dieser Vielheit konzentriert sich die Seele einzig auf die ontologische Quelle ihrer Existenz. Paradox ist dabei das Streben des Geistes, das vom Willen ausgeht, aber das erklärte Ziel hat, dieses aktive Streben überflüssig zu machen und in die totale Passivität zu versinken. Auf diese Weise wird alle Aufmerksamkeit und Energie auf das innere Leben, näherhin auf den Ursprung und die Quelle der eigenen Existenz ausgerichtet.[88] Dann kann es zur besagten negativen oder apophatischen Erfahrung kommen, die als rein existentielle Erfahrung para- oder überbegrifflich ist, entsprechend der transzendenten und polyvalenten Struktur der Existenz. Dabei wird das Durchströmtsein der Seele von der Existenz in und durch die Wirkung, die es erzielt, wahrgenommen, indem der Mensch seine Konzentration auf die Quellen des Seins in seiner Seele, also sein substantiales *esse*, richtet. Diese Erfahrung entspricht in gewisser Weise der natürlichen Ordnung der Dinge, die von sich aus danach streben, ihre Quellen und ihr Seinsprinzip zu erreichen.[89] Jedoch wird hier auf eine widernatürliche Weise vorgegangen, welche die menschliche Erkenntnisordnung verkürzt. Denn während im Normalfall die Erkenntnisbewegung vom Intellekt ausgeht und über die sinnliche Wahrnehmung der Dinge zur Erkenntnis kommt, will besagte Strömung der natürlichen Mystik den zweiten Schritt, die Beziehung zur Außenwelt und deren intentionale Existenz im Intellekt aufheben, um so die Aufmerksamkeit des Intellekts auf sich selbst zu richten und seine Quellen wahrzunehmen.

Für Maritain entspricht diese negative Erfahrung deshalb einer *indirekten* Erfahrung Gottes. Durch die geistige Leere entsteht eine unüberwindbare Nacht der Begrifflosigkeit, in welcher der eigene Existenzakt und dessen Quelle, also der Urheber der lebendigen existierenden Natur, erfaßt werden. Es kommt dabei allerdings nur zu einem negativen und völlig

---

[87] *Quatre essais* 186.
[88] Vgl. *Quatre essais* 179-181.
[89] Vgl. *Quatre essais* 184: «On peut comprendre que cette expérience négative, en atteignant l'*esse* substantiel de l'âme, atteigne à la fois, et cette existence propre de l'âme, et l'exister dans son ampleur métaphysique, et les sources de l'exister, selon que l'existence de l'âme [...] est quelque chose d'émanant et de parcouru par un influx dont il tient tout. Cet influx n'est pas expérimenté en lui-même, certes, mais bien l'effet qu'il produit. [...] Ce sont les sources de l'être en son âme que l'homme atteint ainsi.»

unbestimmten Eindruck der Unermeßlichkeit des Schöpfers, nicht aber zu einer positiven Erfahrung von ihm selbst.

> Dieu [...], étant connu 1° par et dans l'*esse* substantiel de l'âme, atteint lui-même immédiatement et négativement par le *medium formale* du vide; 2° dans l'expérience négative elle-même de cet *esse* substantiel [...], – nous pensons qu'il est licite de parler en pareil cas d'un 'contact' avec l'absolu, et d'une expérience improprement 'immédiate' (c'est-à-dire enveloppé dans l'acte même d'expérience immédiate du soi) de Dieu créateur et auteur de la nature. [Il se trait ...] d'une expérience négative de la *présence d'immensité* elle-même. Une expérience positive de la présence d'immensité supposerait une expérience de la Déité même et est par nature impossible.[90]

Allerdings ist die Erfahrung der Präsenz der göttlichen Unermeßlichkeit eine reduzierte Erfahrung. Sie entstammt zwar einer objektiven Einheit zwischen Erkennendem und Erkannten und kann das Gefühl auslösen, in der Gegenwart der Unendlichkeit zu stehen. Dieses Gefühl bleibt aber völlig unbestimmt, da sich der Intellekt aller Begriffe entledigt hat und darum nicht mehr in der Lage ist, zwischen den drei möglichen *absoluta*, nämlich dem lebendigen *esse* oder Selbst der Seele, dem sie erfüllenden und zugleich übersteigenden (durchströmenden) Existenzakt sowie seiner ersten Quelle rational zu differenzieren. Freilich bedeutet die Erfahrung der Gegenwart einer Unermeßlichkeit, gleichsam eines grenzenlosen und dunklen Horizonts nicht, daß alle objektiven Unterschiede aufgehoben werden. Das Verschmelzen aller beteiligen Elemente bezeugt vor allem die subjektiv reduzierte Unterscheidungsfähigkeit und dessen Offenheit für eine Erfahrung des Absoluten.[91]

Darum ist das Phänomen der Leere oder geistigen Nacht sorgsam von der christlichen Tradition zu unterscheiden. Während die Nacht der Sinne nach dem Verständnis von Johannes vom Kreuz eine Durchgangsstufe auf dem Weg der Vereinigung mit Gott bildet und die Verwandlung der Natur durch die Gnade anzeigt, ist die Leere oder Nacht der natürlichen Mystik eine Form von intellektueller Anstrengung, die um ihrer selbst willen erstrebt wird und das formale Mittel der Selbsterfahrung darstellt. Diese Leere zielt durch eine widernatürliche Askese nach der Angleichung der Sinne an den Geist, nicht nach der Erhebung des Geistes über sich hinaus.[92]

---

[90] *Quatre essais* 185*f.*, Anm. 19.
[91] Vgl. *Quatre essais* 169*f.*
[92] Vgl. *Quatre essais* 194. Trotz dieser strikten Unterscheidung will Maritain das Wirken und die Möglichkeiten der Gnade nicht vorschnell eingrenzen. So weist er darauf hin, daß es durchaus auch Formen von natürlicher Mystik gibt, die nicht in erster Linie um der Selbsterfahrung willen, sondern aus Gründen der Pietät und Frömmigkeit ausgeübt werden. Dazu gehört die indische Tradition der Bhakti, die der Liebe eine große Rolle zugesteht. Sie führt über die intellektuelle Einheit hinaus «zumindest teilweise zu einer Liebeseinheit mit dem

Doch diese Leere birgt auch eine Fülle von Gefahren in sich, die über die Verzweiflung hinaus bis zur Zerstörung der Sinne, zum Wahnsinn oder zur Magie, ja bis zum moralischen oder physischen Selbstmord führen können.

Zusammenfassend läßt sich sagen, daß die natürliche Mystik vermittels der *via negationis* zu einer Erfahrung gelangt, in welcher der eigene vitale Existenzakt erreicht wird. Diese Form von negativer intellektueller Konnaturalität wird möglich durch die Leere, welche die Voraussetzung und zugleich das formale Mittel der mystischen Erfahrung bildet: «*Abolitio, denudatio transit in conditionem objecti.*»[93] In dieser Form von existentieller Erkenntnis tauchen für Maritain nun nicht mehr allein «der Grund und die Seinsquellen der Seele»[94] auf, wie er in *Questions de conscience* behauptete, sondern nun scheinen im Existenzakt oder im substantiellen *esse* der Seele zugleich auch deren erste Quellen bzw. Gott als das göttliche Absolute *inquantum infundens et profundens esse in rebus* auf.[95] Aus diesem Grund kann *âtman* durchaus als menschliches wie auch als höchstes Selbst bezeichnet werden. Damit zeigt sich nochmals von einer anderen Seite her die lebendig pulsierende Wirklichkeit der existentiellen Ordnung, an der alle Seienden teilhaben. Eine privilegierte Rolle kommt dabei dem Menschen als einem geistbegabten Subjekt zu, da sein Seelengrund ihm die Möglichkeit gewährt, die existentielle Ordnung auf unterschiedliche Weise auszudrücken und geistig in sich aufzunehmen und festzuhalten. Dies kann durch schöpferische Anregung im Sinne der poetischen Erkenntnis, durch natürliche Kontemplation, die vor allem intellektuell verkostet, oder durch übernatürliche *fruitio* oder *experientia* in intellektuell-affektiver Konnaturalität geschehen.

Noch ein Weiteres deutet sich dabei an. Der Seelengrund, in dem sich die schöpferisch-produktive Subjektivität ausdrückt, wird angesichts der verschiedenen Weisen von Konnaturalität zu einem geistigen Zentrum, das mit seinem ganzen *esse*, also mit Existenz und Essenz, in Beziehung zur Wirklichkeit steht und von dorther auf verschiedene Weise den Intellekt

---

Allerhöchsten, von dem die Seele die entsprechende Gnade erhält, und welche die Selbsterfahrung überschreitet». Freilich fehlt dabei die «explizite Kenntnis der Geheimnisse der Inkarnation und der Erlösung wie auch der Gaben des übernatürlichen Lebens» (*ebd.* 192). Doch durch die Möglichkeit einer «vormystischen Kontemplation» (*ebd.* 191) läßt Maritain den nötigen Freiraum für das Wirken der Gnade und für eine Form von Kontemplation, die auf intellektueller und affektiver Konnaturalität beruht und aufgrund des Liebesaktes der Seele über sich selbst und die rein natürliche Ordnung hinausgehoben wird. Wie weit dies nun in die übernatürliche Mystik hineinragt oder ihr entspricht, läßt sich kaum näher bestimmen.

[93] *Quatre essais* 181.
[94] *Question de conscience* 700*f.*
[95] Vgl. *Quatre essais* 184*f.*

aktiviert. Bereits im Zusammenhang mit der Poesie sprach Maritain von einer «aktiven Spitze der Seele», die wie ein «geistiger Instinkt mit dem Himmel der Transzendentalien in Verbindung steht»[96]. Analog dazu manifestiert die Erfahrung der Yogis, daß es sich dabei um die ontologische Spitze der Seele handelt, die sowohl über ihre eigenen Quellen verfügt, zugleich aber, da es sich um eine lebendige Wirklichkeit handelt, am dynamischen Fluß des polyvalenten Seins teilhat. Diese Teilhabe am überschwenglichen Verströmen kann die poetische Intuition ermöglichen, indem sie dem Poeten Einsichten oder Ideen vermittelt, in denen eben diese Verbindung und geistige Kommunikation der Dinge untereinander oder zwischen ihnen und seinem Selbst auf unbegriffliche Weise erfaßt und künstlerisch ausgedrückt wird.[97] Und darüber hinaus kommt darin auch die Quelle allen Seins dunkel zum Vorschein, insofern das sich verströmende Sein auch als ungeschaffene Quelle unbegrifflich erfahren werden kann. Freilich stellt sich dabei auch die Frage, wie im Subjekt selbst Ruhe und Bewegung, Essenz und Existenz zusammengehalten werden. Noch deutlicher zeigt sich die Problematik hinsichtlich existentieller Erfahrungen, in denen der lebendige Existenzakt der Seele und das sich verströmende Sein miteinander im Austausch stehen. Wie können zwei fließende Wirklichkeiten auseinandergehalten werden? Ist hier nicht eine Geordnetheit des Seins nötig, wie sie in der Seinsintuition aufscheint und neben der Bewegung auch eine Struktur aufweist?

Mit der Frage nach der konnaturalen Erkenntnis tritt von Anfang an das Selbst oder das geistige Unbewußte in den Blick. Damit ist es für Maritain unumgänglich, sich mit den zu jener Zeit überall grassierenden und viel Verwirrung stiftenden Theorien von Sigmund Freud[98] näher auseinanderzu-

---

[96] Vgl. *Frontières de la poésie* 715: «Mais si la pointe active de l'âme, cet instinct spirituel en contact avec le ciel des transcendantaux, [...] n'est pas émue en nous par quelque impulsion spéciale issue de la première Intelligence, la mesure de la raison restera mesquine.»

[97] Vgl. *Situation de la poésie* 885f.: «Cette communication dans l'exister et dans le flux spirituel dont l'exister procède [...] le poète reçoit et pâtit, et saisit sans le connaître, ou connaît comme inconnu.»

[98] Vgl. neben der Vielzahl von Werken zur Tiefenpsychologie und der Psychoanalyse bzw. -therapie dessen religionspsychologische Schriften wie *Totem und Tabu* (Wien 1913), *Die Zukunft einer Illusion* (Wien 1927) sowie *Der Mann Mose und die monotheistische Religion* (Wien 1937); diese enthalten freilich, wie A. GÖRRES bemerkt, «phantasiereiche Hypothesen über das Entstehen der Religion, die auf einem dogmatischen Atheismus aufgebaut sind» («Freud, Sigmund», in *LThK*, Hrsg. J. Höfer – K. Rahner, Bd. 4, Freiburg ²1960, Sp. 360).

setzen[99], zumal R. Dalbiez, ein guter Freund Maritains, sich bereits mit ihnen beschäftigt hatte[100] und ihm somit weiterführende Überlegungen erleichtern konnte. So sollen nun die Anfänge von Maritains Psychologie und vor allem seine Interpretation von Freuds Theorien vorgelegt werden.

5. Die Tiefen der Seele nach Maritain und Freud

Die Untersuchung der poetischen Erkenntnis führt Maritain bereits in *Situation de la poésie* zu ersten Andeutungen über den Seelengrund und das geistige Unbewußte.[101] Diese vertieft er bereits 1939, ein Jahr später also, in *Quatre essais sur l'esprit*, wo er sich mit Freuds Forschungen über das Unbewußte auseinandersetzt.[102] Dabei finden dessen Äußerungen nur in einigen Punkten Maritains Zustimmung. Er beurteilt zwar Freuds psychoanalytische Methode als genial, die damit verbundene Psychologie hingegen als von einem radikalen Empirismus und einer abwegigen Metaphysik verdorben, da sie davon ausgeht, daß das Unbewußte nicht nur unerreichbar für den Willen ist, sondern primär und unvermeidbar den Menschen und sein Tun bestimmt. Dadurch entsteht der Anschein des Pharisäertums, da letztlich jedem geistigen und moralischen Streben eine unbewußte Motivation unterstellt wird, die nichts anderes als die Kompensation eines Triebes darstellt.[103]

Diese negative Sicht des Menschen wird vollends deutlich in der Philosophie Freuds, welche die Freiheit und die Spiritualität des Menschen vehement leugnet, was Maritain für inakzeptabel hält. Er stimmt Freud zwar in seiner Ablehnung des Idealismus zu, für den es in allem, was der Mensch

---

[99] Bereits in *Les Degrés* (532, Anm. 25) hatte Maritain summarisch geäußert: «La psychologie (empiriologique) de Freud est elle-même contaminée par une philosophie générale fondamentalement erronée.»

[100] Vgl. R. DALBIEZ, *La Méthode psychanalytique et la doctrine freudienne*, Paris 1936. Wie weit Maritain die Ergebnisse seines Freundes übernimmt, ist zwar eine interessante, aber unsere Thematik überschreitende Aufgabe.

[101] Vgl. *Situation de la poésie* 870 u. 886.

[102] Vgl. *Quatre essais* 62-65. Vgl. dazu auch die systematische Darstellung von V. POSSENTI, «La vita preconscia dello spirito nella filosofia della persona di J. Maritain», in *Jacques Maritain oggi*, Hrsg. V. Possenti, Milano 1983, 228-242.

[103] Noch schärfer formuliert Maritain seine Kritik in *Humanisme intégral* 328: «Le centre de gravité de l'être humain est ainsi descendu si bas qu'il n'y a plus, à proprement parler, de personnalité pour nous, mais seulement le mouvement fatal des larves polymorphes du monde souterrain de l'instinct et du désir, [...] et que toute la dignité bien réglée de notre conscience personnelle apparaît comme un masque menteur. En définitive, l'homme n'est que le lieu de croisement et de conflit d'une libido avant tout sexuelle et d'un instinct de mort. [...] Il est saccagé, il devient un monstre, un cher monstre à lui-même.»

denkt, redet, ersehnt und tut, nichts als das bewußte Leben des Geistes gibt. Für Maritain wie für Freud hingegen gibt es ein reiches psychisches Leben, das sich dem Bewußtsein entzieht und das einen großen Einfluß auf die Person ausübt. Damit stehen beide im Gefolge des Aquinaten, der bereits von einer Fülle von Tendenzen, Fakultäten, Mechanismen und schließlich von einer ganzen Welt in der menschlichen Seele spricht, die nur in ihren Wirkungen ins Bewußtsein aufsteigen und nicht willentlich hervorgerufen werden können. Jedoch verabsolutiert Freud einen Teil dieses Reiches des Unbewußten, da er seinen Blick auf eine Reihe verschiedener, teilweise antagonistischer Kräfte fixiert. Folglich erscheint ihm das Unterbewußtsein wie eine Art innerer Hölle, das von Monstern der Verdrängung wimmelt und die es zu therapieren gilt. Diesen Teilaspekt mit dem Unbewußten gleichzusetzen, führt unweigerlich zu der Schlußfolgerung, daß sich im Inneren des Menschen eine Bestie verbirgt, die von der Vernunft weder beeinflußt noch kontrolliert werden kann, sondern mehr oder weniger offen ihr Unwesen treibt.

Il [Freud] a inventé un puissant instrument d'exploration de l'inconscient, et reconnu le monde redoutable, l'enfer intérieur des monstres refoulés dans l'inconscient: il confond l'inconscient lui-même avec cet enfer, qui n'en constitue qu'une partie. Et parce qu'il la *sépare* de la vie de la raison et de l'esprit, il fait de l'instinctivité tout entière [...] une pure bestialité tapie au fond de l'homme. Refoulé, actif, bestial, infantile, alogique, sexuel, c'est par ces six notes que Jones caractérise l'inconscient selon Freud.[104]

Freud trennt also nicht nur das Leben des Unbewußten von dem des Geistes und der Vernunft, sondern schließt auch die Möglichkeit einer Kontrolle des triebhaften Teiles der Seele durch den Willen völlig aus. Für ihn besteht auch über den Willen keine Möglichkeit, das unbewußte Leben dem Bewußtsein zugänglich zu machen, weshalb er den Begriff «Vorbewußtsein» kategorisch ablehnt. Seltsamerweise setzt sich Freud selbst über diese Vorstellung hinweg, denn seine Therapie beruht gerade darauf, krankhafte Veränderungen des Unterbewußtseins ins Bewußtsein zu rufen, um dann mit Hilfe des Intellekts und der Bewußtmachung der kausalen Zusammenhänge die psychologischen und neurotischen Störungen zu überwinden. Damit wird aber sowohl ein möglicher Übergang der unbewußten Aktivitäten ins Bewußtsein eingestanden wie auch eine ordnende und damit *über* dem Unterbewußten stehende Kraft des Intellekts.[105]

Maritain hingegen ist zwar bezüglich der willentlichen Beeinflussung des Unterbewußten ebenfalls recht zurückhaltend, aber er schließt die Möglichkeit nicht kategorisch aus, sondern weist auf die Fälle hin, in denen

---

[104] *Quatre essais* 91*f.*
[105] Vgl. *Quatre essais* 69*f.*

Elemente der unbewußten geistigen Tätigkeit ins Bewußtsein eintreten, weshalb man unter dieser Hinsicht auch vom «Vorbewußten» reden kann.[106] Für ihn steht außer Frage, daß es neben dem trieb- und instinktbestimmten Bereich der Seele noch eine weitere vorbewußte Zone geben muß, in welcher die geistigen Aktivitäten ihren Ursprung haben und sich die geistigen Keime der poetischen Erkenntnis ausbilden.

Damit macht sich erneut die Bedeutung des Seelengrundes bemerkbar, da er zum einen die innere Einheit der unbewußten geistigen Tätigkeiten gewährleistet, deren Trennung Maritain Freud gerade zum Vorwurf macht. Zum anderen stellt er eine schöpferisch-vitale Quelle dar, von der alles ausgeht und in der sich die Subjektivität mitteilt. Sie verbindet entweder beide Formen des Unbewußten in sich oder steht am Ursprung des höheren geistigen Unbewußten. Denn nur wenn es eine Vorrangstellung der höheren gegenüber den niedrigeren unbewußten geistigen Tätigkeiten gibt, kann neben einem gegenseitigen Austausch auch eine Steuerung der letzteren stattfinden.

6. Person und Unsterblichkeit

a) Das unvergängliche Selbst und seine transnaturalen Aspirationen

Die unterschiedlichen Möglichkeiten konnaturaler Erkenntnis und die Frage nach der Struktur des Seelengrundes werfen auch die Frage nach dessen geistigem Strebevermögen auf. Damit setzt sich Maritain neben anderem in seinem Werk *De Bergson à Thomas d'Aquin* auseinander, das er 1944 herausgibt und das eine Sammlung verschiedener Artikel enthält, die er bereits Anfang der vierziger Jahre verfaßte. Ein Kapitel bildet dabei eine erneuerte Untersuchung des Seelengrundes und seiner *appetitus*, näherhin die Sehnsucht des Menschen nach Unsterblichkeit.[107] Schon das Faktum selbst drückt eine erweiterte Erkenntnisfähigkeit der Seele aus, da die Seele darin ein Wissen über sich selbst erlangt, das weder intuitiv noch abstraktiv, sondern *instinktiv* zustande kommt; es handelt sich dabei auch nicht um das Erfassen des eigenen Existenzaktes, der über sich hinaus verweist, sondern um ein dunkles Wissen des Menschen um die Folgen seiner geistigen Natur, das nicht durch Prinzipien der Vernunft oder durch Reflexionen gewonnen wird. Dieses Wissen ist vielmehr Teil der ontologischen Struktur des Men-

---

[106] Vgl. *Quatre essais* 62.

[107] Der Artikel «L'immortalité de l'âme» erschien 1941 in *RP* (3 (1941) 411-427) und wurde dann unter dem Titel «L'Immortalité du Soi» in *De Bergson à Thomas d'Aquin* (New York 1944, 123-150) veröffentlicht.

schen und schlägt sich in einer natürlichen oder instinktiven Erkenntnis, die allgemein und dunkel bleibt, im Intellekt nieder.

> Il y a dans l'homme une connaissance naturelle, instinctive, de son immortalité. Cette connaissance n'est pas inscrite dans l'intelligence de l'homme, elle est inscrite dans sa structure ontologique; elle n'est pas enracinée dans les principes du raisonnement, mais dans notre substance elle-même. [...] La **connaissance instinctive** dont nous parlons est une connaissance commune et obscure [... qui] se répercute naturellement dans sa raison.[108]

Dieses instinkthafte oder dunkle Wissen führt wie jede konnaturale Einsicht nicht zu einer begrifflichen Erkenntnis, sondern läßt die (existentielle) Substanz und ontologische Struktur des Menschen aufscheinen, indem sie von innen her spontan in sein Bewußtsein aufsteigt. Wohl mit gutem Grund kann hierbei eine gewisse Analogie zur poetischen Erfahrung konstatiert werden. So lehnt sich Maritain äußerlich an die Begrifflichkeit an, die er bereits in der *Situation de la poésie* verwandt hat. Dort sprach er wiederholt vom Widerhall und der Melodie, welche die konkrete Sache in den Tiefen des schöpferischen Geistes bildet. Der dabei entstehende Gleichklang führt in den vitalen Tiefen des Geistes zur Bildung des geistigen Keimes, der sich nicht in begrifflicher Erkenntnis im Sinne intellektueller Konnaturalität niederschlägt, sondern in einer Erfahrung affektiver Konnaturalität, deren zielgerichtete geistige Emotion oder Energie in der Bildung des Kunstwerkes umgesetzt wird.[109]

Im Unterschied zur Erfahrung des Poeten ist freilich zu berücksichtigen, daß die formale Ursache besagter natürlicher Erkenntnis nicht außerhalb, sondern innerhalb des Subjektes selbst liegt. Darum sieht Maritain in ihr auch eine Analogie zum Verhalten der Tiere, das durch deren Instinkt und damit durch ihre geistige Substanz ausgelöst wird. Ähnlich weiß der Mensch in seinem Inneren mit instinktiver Gewißheit um seine Unsterblichkeit, auch wenn er diese existentielle Erkenntnis nicht begrifflich und durch die Sicherheit eines rationalen Urteils belegen kann. Vielmehr geht es um eine innere Erfahrung, die im Gegensatz zur poetischen Erfahrung auf die innere Natur des Bewußtseins hinweist, nicht aber auf eine besondere

---

[108] J. MARITAIN, *De Bergson à Thomas d'Aquin*, ŒC Bd. VIII, 48*f*.

[109] Die in *De Bergson* (49) verwendete Formulierung *répercussion* kommt der *résonance* sehr nahe, von der Maritain in *Situation de la poésie* 869, 879 und 882 spricht. Deutlicher wird dies noch, wenn von der inneren Melodie die Rede ist (*ebd.* 855): «Dans ce sens ou cette mélodie, l'œuvre et les profondeurs [Druckfehler «prodonfeurs» wird wohl in der nächsten Auflage korrigiert] de l'existence et du sujet, le signifiant et le signifié communiquent, sont deux en une même chant et en une même intentionalité.»

Begegnung mit einem Objekt. Das führt Maritain zur Unterscheidung von zwei Arten von Bewußtsein, die dem Intellekt vorgelagert sind.

Da ist zum einen das bekannte *explizite Bewußtsein*, das einen besonderen reflexiven Akt der erkennenden Geistseele erfordert. In diesem Akt beugt sich der Geist auf sich selbst zurück und bringt Begriffe und Urteile hervor über das, was sich in ihm befindet. Zum anderen gilt es, das davon völlig verschiedene begleitende oder *spontane Bewußtsein* zu berücksichtigen. In ihm kommt die Selbstinnerlichkeit des menschlichen Geistes zum Ausdruck, da es das diffuse Licht der lebendigen und sich aktuell vollziehenden (und der nicht begrifflich erfaßten) Reflexivität manifestiert, in deren Innerem jede geistige Operation der Seele stattfindet und worin sich deren Selbstand offenbart. In diesem spontanen Bewußtsein ist es möglich, von den inneren Akten des Geistes bis zu seinem Ursprung, also bis zur Wurzel und zum Zentrum der geistigen Operationen vorzustoßen. Dies ist nun nicht mehr der Knoten der geistigen Fakultäten, sondern das **überphänomenale Selbst**, in dem die Subjektivität des geistbegabten *suppositum* ihrer selbst inne wird. Bei dieser dunklen Einsicht handelt es sich um das Zentrum, das alle Tätigkeit des Geistes übersteigt und seinen Operationen transzendent ist. In ihm vereint sich sowohl der Seelengrund im Sinne der Wurzel aller geistigen Fakultäten, als auch die Selbst-Innerlichkeit oder das Sich-selbst-gewahr-Sein des Geistes, weshalb es Maritain als das *überphänomenale* Selbst bezeichnet. Wie läßt sich dieses Selbst nun charakterisieren?

Es kann nicht nur die eigene Existenz erkennen, sondern es erfaßt auch seine Beständigkeit. In der Erfahrung des spontanen Bewußtseins wird es wie ein Zentrum wahrgenommen, das alle vergänglichen Phänomene beherrscht und zugleich über ihnen wie auch über der Folge und den Bildern der Zeit steht. Wenn daher das Selbst den Punkt bildet, der nicht nur über den phänomenologischen, sondern auch über den zeitlichen Abfolgen steht, die vergänglich sind und sich wie Träume im Schlaf verflüchtigen können, dann bedeutet dies, daß es selbst unvergänglich ist. Es ragt gewissermaßen über die Zeit hinaus und unterliegt zugleich den Gesetzen von Zeit und Raum. So gesehen stellt auch der Tod, vergleichbar dem Schlaf, nur ein Ereignis in der Zeit dar, über das hinaus das Selbst existiert, was auf seine Unsterblichkeit schließen läßt, da es von seiner Substanz her in die Ewigkeit hineinragt.[110]

> Une telle conscience spontanée, passant de nos actes intérieurs à leurs principes, s'étend de proche en proche jusqu'au principe même et à la racine de toutes nos opérations mentales, elle atteint cette racine comme quelque chose d'inconnu dans sa nature, connu

---

[110] Vgl. *De Bergson* 48-53.

seulement – et cela suffit, au surplus – **comme transcendant toutes les opérations et les phénomènes psychiques** qui procèdent d'elle. Le **Soi supraphénoménal** est ainsi atteint obscurément mais certainement par la conscience spontanée, – dans la nuit au regard de toute notion ou conceptualisation, avec certitude au regard de l'expérience. Cette expérience d'un Soi supraphénoménal [...] est le roc de la conscience spontanée. [...] L'intelligence humaine connaît aussi, de la même manière obscure, que ce Soi supra-phénoménal vitalement saisi par la conscience spontanée ne peut pas disparaître, – précisément parce qu'il est saisi comme un **centre** qui domine tous les phénomènes qui passent, toute la succession des images du temps. En d'autres termes, le Soi, le Connaissant capable de connaître sa propre existence, est **supérieur au temps**.[111]

Mit diesen Überlegungen wendet Maritain die Möglichkeiten konnaturaler Erkenntnis erstmals ausdrücklich auf die Subjektivität selbst und nicht auf die Seele und ihren Existenzakt an. So kann durch das begleitende Bewußtsein etwas erfaßt werden, das nicht nur alle Operationen und Fakultäten untereinander verbindet, sondern sie und alle ihre Tätigkeiten transzendiert. Es handelt sich einerseits um den Ursprung und die Wurzel aller Seelenpotenzen, die jedoch nicht in ihnen aufgeht, sondern sie wie ein Zentrum in sich birgt, ohne mit ihnen identisch zu sein. Dieses Zentrum ist eine rein geistige Wirklichkeit, die nicht nur über den Phänomenen, sondern auch über der Zeit steht und sich auf existentielle Weise wahrnimmt, sich also in ihrer Subjekthaftigkeit erfährt. Als solche trägt sie in sich eine Neigung zur Unsterblichkeit, da sie in ihrer Einfachheit nicht ein kontingentes, vergängliches Phänomen darstellt.[112] Fällt dieses Selbst nun mit der Person zusammen, oder wie sind sie voneinander abzugrenzen?

Maritain versucht hierbei einer besonderen Spannung gerecht zu werden, da er einerseits in der Person selbst kein *desiderium naturale* annehmen möchte, da dies wie ein *appetitus* wirken und eine Erfüllung fordern würde (*desiderium naturale videndi Deum non potest esse inane*); andererseits blickt er nicht mehr nur auf die Natur und ihre Fakultäten im Sinne eines Strebens von Intellekt und Wille, die ihrer Natur gemäß in der Schau des *summum bonum* bzw. *summum esse* erfüllt werden. So verweist Maritain zuerst auf die Person als spirituelle Ganzheit, als ein Universum in sich, das in sich steht und nicht wie ein Teil in Bezug zu seinem Ganzen gesehen werden kann, sondern als überphänomenales Selbst alles überragt. Darauf aufbauend führt Maritain eine neue Unterscheidung ein, derzufolge die Unsterblichkeit von Natur aus dem Menschen nur seine Seele betreffend

---

[111] *De Bergson* 52*f.*
[112] Maritain scheint in diesem Kontext das *Selbst*, das *menschliche Selbst* und die *Person* synonym zu gebrauchen, da er wiederholt die Begriffe recht unvermittelt wechselt. Vgl. *ebd.* 53 sowie 54*f.*: «La mort, la destruction du **Soi**, n'est pas tant pour le **Soi humain** une chose effroyable qu'une chose incompréhensible [...]. N'être pas est un non-sens pour la **personne**.»

zukommt, die einfach und unveränderlich sowie als substantiale Form von der Materie unabhängig ist. Ob ihrer rein geistigen Natur verfügt sie über ein ihr *konnaturales* Verlangen nach Unsterblichkeit, das zu ihrer ontologischen Natur gehört und darum nicht enttäuscht werden kann.[113]

Eine davon verschiedene Hinsicht bildet die Seele als Koprinzip der menschlichen Person, die aus der Leib-Seele-Einheit besteht und deren Sehnsucht nach Unsterblichkeit nicht unbedingt erfüllt werden muß, weshalb Maritain hier von einer «*transnaturalen* Sehnsucht» spricht. Maritain will damit ein Streben ausdrücken, das zwar über sich hinausweist, ohne allerdings schon zur übernatürlichen Ebene zu gehören. Ebenso vermeidet er es, von einer «personalen Sehnsucht» zu sprechen, da sonst die Freiheit des Menschen eingeschränkt wäre. Dennoch betrifft diese transnaturale Sehnsucht die Person in ihrer Ganzheit, die ein Universum[114] von Erkenntnis, Liebe und Freiheit bildet, also eine eigene Vollkommenheit darstellt.[115] Diese Sehnsucht wurde in *Quatre essais* als Verlangen nach der Schau der ersten Quelle, dem Ursprung des eigenen individuellen Seins, ausgedrückt. Wie läßt sich nun philosophisch diese seltsame Sehnsucht verstehen, die über sich hinausweist, sich aber nicht aus eigener Kraft erfüllen kann? Wonach trachtet die transnaturale Sehnsucht des überphänomenalen Selbst, das einerseits offen ist für eine übernatürliche Erfüllung, andererseits aber nicht als eine Potenz zu betrachten ist, welche ohne Aktualisierung unbefriedigt bliebe?

Maritain bietet eine zurückhaltende Doppelantwort an. Er verweist zum einen darauf, daß die Philosophie vor allem die menschliche Seele betrachtet, aber zu den Aspirationen der menschlichen Person (im Sinne der Einheit aus Leib und Seele) nach Unsterblichkeit «hat die philosophische Betrachtungsweise nur sehr wenig zu sagen»[116], was eingehender im nächsten Abschnitt untersucht wird. Zum anderen kann jedoch die jüdisch-christliche Tradition weiter gehen, da sie eine neue, nämlich die vertikale oder übernatürliche Dimension erschließt und von einer Vollendung der Zeit ausgeht (im Gegensatz zur hinduistischen Tradition, die einem ewigen horizontalen Kreislauf ausgeliefert ist). Dabei gründet sie sich auf die Offenbarung und die Möglichkeit der gnadenhaften Teilhabe am inneren

---

[113] Vgl. *De Bergson* 54.

[114] Bereits in *Les Degrés* hatte Maritain von der menschlichen Seele als einem eigenen Universum gesprochen, das als eigene Ordnung weder zur geschaffenen Welt noch zur übernatürlichen Wirklichkeit Gottes gehört. Vgl. *ebd.* 722*f.*

[115] Vgl. *Quatre essais* 166: «C'est le désir naturel non d'une faculté spéciale, mais de tout l'homme, corps et âme; c'est croyons-nous, le désir naturel à toute créature de joindre *ses* sources et le principe de *son* être singulier, autrement dit cet amour naturel de la partie pour son Tout.»

[116] *De Bergson* 61.

Leben Gottes, der *das* Leben, *die* Wahrheit und *die* Liebe in Person ist. So läßt die Theologie auch die transnaturalen Aspirationen des ganzen Menschen in einem anderen Licht erscheinen und eröffnet eine positive Antwort.[117] In dieser kommt das Mysterium von Christi Tod und Auferstehung zum Tragen, das jedem Menschen die Hoffnung auf ein neues Leben in Unsterblichkeit eröffnet, ein Leben in einem neuen, unvergänglichen Leib.

> Cette aspiration ne restera pas insatisfaite, l'âme et le corps seront réunis, cette même personne, cette identique personne humaine que nos avons connue et aimée dans le flux de l'impermanence reprendra forme un jour; ce tout substantiel indivisé, où l'invisible forme le visible et que nous appelons d'un nom d'homme périra pour un temps, oui, et connaîtra la pourriture, mais en réalité et à la fin des fins triomphera de la mort et durera éternellement. Et cette immortalité de l'Homme, ou plutôt ce défi à la mort et ce triomphe sur la mort auquel il est appelé, est inextricablement engagé et enveloppé dans le drame du salut et de la rédemption.[118]

Auf der natürlichen Ebene versucht Maritain zumindest eine philosophische Lösung, indem er die menschliche Personalität oder Personhaftigkeit als eine transzendentale Vollkommenheit betrachtet. Somit stellt sie eine analoge Wirklichkeit dar, die in sich selbst schon eine Perfektion von unüberbietbarem Wert bildet.[119] Sie existiert in absoluter Perfektion in Gott (*actus purus*), während sie sich im Menschen auf der untersten, gleichsam embryonalen Stufe[120] befindet und zu ihrer Entfaltung noch unterwegs ist, da sie ständig den Gefahren und der Vergänglichkeit seiner kontingentmateriellen Natur ausgesetzt ist. Was dies philosophisch bedeutet, wird uns der folgende Abschnitt näherbringen.

b) Die Person und ihre transzendentale Sehnsucht

Bereits in der *Situation de la poésie* hatte Maritain festgestellt, daß sich die Transzendentalien auf alle Seienden beziehen, unabhängig von der Intensität, mit der sie in der jeweiligen Spezies verwirklicht sind. Die Transzendentalien lassen sich daher als eine Art transzendentaler Energie verstehen, die zwar über sich hinausweist und offen ist für ein Maximum, jedoch nicht aus sich heraus zu diesem vordringt, sondern dazu anderer Impulse bedarf; aber ebensowenig bleibt in ihr ein unerfüllter Rest, wenn dieses Maximum nicht erreicht wird. Ihre analoge Seinsweise ist nicht an bestimmte Essenzen gebunden und kann deshalb in einem mehr oder weniger vollkommenen

---

[117] Vgl. *De Bergson* 65*f.*
[118] *De Bergson* 67.
[119] Vgl. *De Bergson* 48.
[120] Vgl. *De Bergson* 54*f.* sowie 84: «Si Dieu est la personnalité en acte pur, la personne humaine, elle, est à vrai dire un embryon de personne.»

Zustand existieren, ohne ihr Wesen oder Sosein zu verlieren.[121] In seinem Artikel über *Spontanéité et Indépendance* aus dem Jahr 1942[122] führt Maritain diese Überlegungen fort und verweist auf die Natur einer Spezies, die innerhalb ihrer Art und dadurch innerhalb bestimmter Grenzen nach Vollkommenheit strebt. So will eine Pflanze nicht zu einem Tier oder ein Hund gar zu einem Pferd werden; vielmehr kommt jedem Seienden eine natürliche Sehnsucht zu, sein eigenes *esse* zu vervollkommnen und zugleich zu bewahren, da die Aufnahme in eine andere Natur, und sei sie auch höherer Art, das Ende seiner Existenz wäre.[123]

Davon hingegen sind die Transzendentalien zu unterscheiden, die nicht auf eine Spezies beschränkt sind, sondern als eine transzendentale Perfektion in ihrer metaphysischen Linie zu betrachten sind. Das heißt, sie sind weder als eine Art von Naturen zu verstehen, die nur zu einer begrenzten Vollkommenheit fähig sind, noch als Potenzen, die nach ihrer spezifischen Aktualisierung drängen und keine Nichterfüllung zulassen. Vielmehr kann man sie begreifen als eine Art von Aspiration, deren maximale Realisation nichts weiter als eine Möglichkeit oder ein Verlangen darstellt. Als Beispiele für derartige transzendentale Perfektionen führt Maritain Wissen, Liebe sowie Personalität an. Diese gehen nicht zugrunde, wenn sie eine höhere Seinsstufe erreichen, sondern gewinnen an «Seinsmächtigkeit» oder Qualität, da sie somit ihr inneres Angelegtsein noch besser realisieren; jedoch gleichen sie auch nicht einem unerfüllten Potential, wenn sie keine höhere Seinsstufe erlangen.[124]

> Un transcendantal n'est pas enfermé dans une espèce et dans un genre, il ne perd pas son être, il ne perd pas son exister en passant aux degrés de ses analogués supérieurs: à le considérer, par abstraction, dans sa ligne métaphysique propre, il est de plus en plus lui-même et il passe à son exister le plus parfait à mesure qu'il passe à des degrés supérieurs. Loin de perdre son être, il le sauve, il l'accroît ainsi. [...] L'intelligence, l'amour, la personnalité ne s'anéantissent pas en passant d'un degré inférieur á un degré supérieur de

---

[121] Vgl. *Situation de la poésie* 874, Anm. 18: «Les perfections d'ordre transcendantal, n'étant pas enfermées dans une espèce et un genre, ne perdent pas leur être quand elles passent, de ce qu'elles sont dans une espèce inférieure, à ce qu'elles sont dans une espèce supérieure; elles se rapprochent au contraire de leur 'maximum' d'être. C'est pourquoi il est possible que dans une nature donnée une **énergie d'ordre transcendantal** aspire d'une manière inefficace à passer en quelque façon à ce qu'elle est dans une nature supérieure, et surtout dans l'*Ipsum esse subsistens*.»

[122] Bevor dieser Artikel in *De Bergson à Thomas d'Aquin* (New York 1944, 179-201) erschien, wurde er unter dem gleichen Titel in *MS* (4 (1942) 23-32) veröffentlicht.

[123] Vgl. *De Bergson* 107 sowie THOMAS VON AQUIN, *Summa Theologiae* I^a, q. 63, a. 3.

[124] Vgl. *De Bergson* 108 sowie 54: «La personnalité est une perfection analogique et transcendantale, qui n'est pleinement et absolument réalisée qu'en Dieu, l'Acte Pur.»

l'être. Loin de s'anéantir, ces perfections transcendantales sont alors davantage ce qu'elles sont.[125]

Das bedeutet ein Doppeltes: Zum einen findet sich die höchste Vollkommenheit nur in Gott; auf ihn richten sich alle Formen von Aspirationen und Strebungen, da sie in ihm eminent realisiert sind. Dazu gehört auch die Höchstform der Freiheit, nämlich die *autarkeía* oder Selbständigkeit, deren Bedeutung uns im nächsten Kapitel noch näher beschäftigen wird.[126]

Zum anderen erscheint die Personalität damit nicht als eine Natur, die über ein spezifisches und damit genau eingegrenztes *desiderium* nach Perfektion verfügt; vielmehr manifestiert sie sich als Entität, die offen ist für Erhöhung, ohne diese Erhöhung erreichen zu müssen. Sie bildet bereits ein Universum in sich, das über eine besondere Freiheit im Sinne einer möglichen Selbstbestimmung verfügt. Diese trägt in sich die Möglichkeit, sich der höchsten Aktualisierung von Personalität, nämlich Gott, anzunähern, indem sie an Gottes Natur und Leben Anteil erhält und somit gewissermaßen selbst zu Gott wird. Dies setzt aber die gnadenhafte Selbstmitteilung Gottes voraus, da die Aspiration des Menschen nur eine innere Offenheit bedeutet. Sie gilt gewissermaßen nur unter Vorbehalt, da sie bereits in sich eine unverfügbare und unvergängliche Vollkommenheit darstellt und nichts in der Welt einen größeren Wert darstellt.

Mais précisément parce que ces aspirations à dépasser la condition humaine ne sont pas des aspirations de notre nature spécifique, mais seulement d'un **élément transcendantal** en nous, elles restent inefficaces et conditionnelles. Elles n'ont aucun droit à être exaucées; si elles sont exaucées en quelque mesure, ce sera par grâce.[127]

Damit stehen wir nun vor der Frage, welche Neigung in der konkreten Person vorliegt. Maritain betont die Aspiration der abstrakten Personalität, die in der Person embryonenhaft und damit virtuell, nicht aber als eine auf Aktualisierung drängende Potenz konzipiert ist. Somit schränkt er ihren Erfüllungsanspruch angesichts der konkreten Person ein, um die völlige Ungeschuldetheit ihrer Erhöhung aufrechtzuerhalten. In diesem Sinne verfügt die Personalität über eine Aspiration wie ein *desiderium naturale*, das aber in der Leib-Seele-Einheit nur ein *transzendentales Element* bildet; dort weist es über die menschliche Natur hinaus, hat in sich aber keine Kraft, sich zum transzendenten Ziel aufzuschwingen.

Doch dies ist nicht die einzige Neigung im Menschen. Die Offenheit des Geistes, dem als einer transzendentalen Vollkommenheit eine Aspiration

---

[125] *De Bergson* 108.
[126] Vgl. *De Bergson* 103f.
[127] *De Bergson* 108.

nach höchster Erfüllung zukommt, ist zugleich getragen vom *esse* selbst, das über ein wahres *desiderium* nach der ersten Quelle des Seins verfügt. De Finance umschreibt dies «als eine Art Heimweh des unendlichen *esse* im endlichen *esse*». Allerdings muß nach ihm der Unterschied zwischen beiden berücksichtigt werden, da das endliche *esse* kein reines *esse* ist, weshalb «seine metaphysische Aspiration sich nicht in einem authentischen *desiderium* ausdrückt, das von der Natur bestimmt und geleitet wird»[128], wie es in Gott der Fall ist. Die innere Tendenz oder metaphysische Neigung des *esse* kann also im Menschen nicht gleichgesetzt werden mit den Strebungen der konkreten Person, weshalb es weder auf Erfüllung bestehen noch sie aus eigenen Kräften erreichen kann. Was ergibt sich daraus?

Wir erinnern uns an die innere Dynamik des Seins, die uns bereits in *Sept leçons* begegnet ist. Darin kommt ein explizit dynamisches Verständnis des Existenzaktes zum Ausdruck, das vom *actus essendi* ausgeht. Darauf aufbauend bezieht Maritain die Aspirationen des Seins geschickterweise nicht auf die konkrete menschliche Person, sondern auf das zugrunde liegende *esse*. «Nicht ich verlange nach dem *esse divinum*», sondern «das *Sein* in mir strebt nach dem *esse divinum*», nach seinem Maximum, nach dem *summum esse subsistens*. Aus diesem Grund trachten weder Engel noch Menschen danach, wie Gott selbst zu sein (*ut Deus per aequiparantiam*), sondern vielmehr danach, auf ihnen angemessene Weise an Gott teilzuhaben und ihm ähnlich zu werden (*ut Deus per similitudinem*)[129]. Somit durchzieht die transnaturale Aspiration alle Seienden und erklärt nicht nur die Dynamik ihrer Natur, nach der sie ontologisch gesehen Gott mehr als sich selbst lieben. Das heißt für die «Personalität aufgrund ihrer ontologischen Urbestimmung (ich sage nicht meine Person, ich sage die Personalität in mir), daß sie nach einer Existenz verlangt, die in sich eine Existenz von Einsicht und Liebe ist und welche über den reinen Selbstand der Existenz von Erkenntnis und Liebe verfügt»[130]. Mit anderen Worten findet dieses Verlangen seine Erfüllung in Gott, in dem höchste Erkenntnis und höchste Liebe, völliger Selbstand und völlige Hingabe in der subsistierenden Personalität vereint sind. Damit impliziert die transnaturale Aspiration eine positive Offenheit für übernatürliche Gaben und Gnaden, auch wenn diese zu einer anderen Ordnung gehören. Denn alle Seienden der Natur trachten nach einer transzendenten Erfüllung, auch wenn dieser gegenüber ihre eigenen Kräfte völlig unzureichend sind.

---

[128] J. de FINANCE, «L'ontologia della persona e della libertà in Maritain», in *Jacques Maritain oggi*, Hrsg. V. Possenti, Milano 1983, 162.
[129] Vgl. *De Bergson* 108.
[130] *De Bergson* 109.

Worauf verweisen nun aber die Person und ihre Natur, in welcher Weise kommt das transnaturale Streben von *esse* und Personalität in der Person zum Vorschein? Eine erste Antwort, die uns bereits zum nächsten Kapitel führt, finden wir in der Zusammenfassung, die Maritain bereits 1939 bei einem Vortrag in Oxford vorlegte[131]. Dabei wird klar, daß die Person *als Person* nicht allein zur Gemeinschaft befähigt ist, sondern nach interpersonalen Beziehungen **verlangt**, in denen sie die transnaturalen Aspirationen ihres Seins in Akten der für sie typischen Überexistenz, nämlich in Erkenntnis und Liebe, entfalten kann.

> Elle [la personne] **demande** cela [à vivre en société ...] en tant même que personne, autrement dit en vertu des *perfections* mêmes qui lui sont propres et de cette ouverture aux communications de la connaissance et de l'amour [...] et qui **exigent** l'entrée en relation avec d'autres personnes [...]. Prise sous l'aspect de sa générosité radicale, la personne humaine tend à surabonder dans les communications sociales, selon la loi de surabondance qui est inscrite au plus profond de l'être, de la vie, de l'intelligence et de l'amour.[132]

Diese Akte geistiger Überexistenz sind für die Person nicht nur notwendig, sondern sind angelegt für eine übernatürliche Erfüllung in Gott, denn die Gemeinschaft mit ihm ist zugleich Teilhabe an der höchsten Personalität. Die Neigungen aller Geschöpfe, die ihre erste Ursache von Natur aus mehr als sich selbst lieben, kommt in der menschlichen Person dadurch zur Erfüllung, daß er «in den Zustand des Geliebten einzutreten»[133] vermag. Dies entspricht dem Bedürfnis des Menschen, da er «über eine transnaturale Forderung verfügt, die im Sein der Person selbst verborgen ist». Dieses Postulat ist als solches nur unter Vorbehalt wirksam, da es auf die Hilfe von oben angewiesen ist. Es wird allerdings «auf übernatürliche Weise erfüllt in den Geschöpfen [...] gemäß dem intentionalen Sein, sobald sie zur Anschauung Gottes gelangen, da in der Schau der göttlichen Essenz das Geschöpf intentionaliter zum *Ipsum esse subsistens* wird»[134]. Das heißt, nach der Interpretation von de Finance, daß dieses «intentionale Einswerden mit der Ursache seines Seins zum Anhangen des Geschöpfs an die

---

[131] Der Vortrag wurde zuerst als Kleinschrift (*La Personne humaine et la Société*, Paris 1939) und schließlich leicht erweitert in *La Personne et le Bien commun* (Paris 1947, 41-78) veröffentlicht. In den Œuvres Complètes bildet es unter dem Titel *La Personne et le Bien commun. Personne et société* ebenfalls das vierte Kapitel (197-226). Zur Datierung vgl. *ebd.* 169.

[132] J. MARITAIN, *La Personne et le bien commun*, ŒC Bd. IX, 197. Ähnliche Aussagen finden sich auch schon 1933 in *Du régime temporel* (365) sowie in einem Vortrag von 1934 (*Réflexions sur la personne humaine et la philosophie de la culture*, ŒC Bd. VI, 911).

[133] Vgl. *De Bergson* 106*f.*

[134] *De Bergson* 106.

schöpferische Liebe führt, wodurch es seinen Seinsgrund durch Verinnerlichung erreicht und gewissermaßen, durch Gott vermittelt, *causa sui* wird»[135]. Das meint nichts anderes als die Erfüllung seiner Aspirationen, die ihn zugleich zur höchsten Freiheit führt.

Mit den Unterscheidungen in trans- und konnaturale Aspirationen rückt Maritain vom Akt-Potenz-Denken ab und findet auch in der Frage nach der Offenheit des Menschen für Gott eine Antwort, die über die Vorstellung der *potentia obœdientialis* hinausgeht. Nicht mehr die Natur und ihre Erhöhung durch die Gnade bestimmen sein Denken, sondern die Personhaftigkeit und ihre Freiheit, denn «in jedem von uns reifen die Personalität und die Unabhängigkeit [liberté d'indépendance] gemeinsam heran»[136]. Eine nähere Untersuchung beider Komponenten erwartet uns im nächsten Kapitel.

7. Zusammenfassung

Die Ergebnisse des aktuellen Kapitels, das sich vor allem auf die ersten sieben Jahre nach Maritains Wende (1935-1942) erstreckt, lassen sich in drei Bereiche gliedern: Erstens schafft Maritain mit der Untersuchung besonderer epistemologischer Phänomene die Voraussetzung, seine Erkenntnisordnung wesentlich auszuweiten. Diese ist nun nicht mehr allein auf die Abstraktionsstufen gegründet, sondern auf die Arten konnaturaler Erkenntnis; sie können mehr die intuitive oder abstraktive Seite des Intellektes oder seine Beteiligung bei affektiv oder existentiell geprägten Operationen betonen. Sie können sich im Zusammenhang mit der Kontemplation auch auf einen transzendentalen Gegenstand beziehen, der weder begrifflich noch durch eine andere geschaffene Wirklichkeit wiedergegeben werden kann. Damit ergänzt er sein vorher einseitig essentielles Verständnis mit der Möglichkeit von existentiellen Erkenntnisweisen, die ebenso zuverlässig sind und objektive Gültigkeit beanspruchen können.

Zweitens verweisen die konnaturalen Erkenntnisweisen nicht allein auf die Seelenfakultäten, sondern auf das Zentrum der Seele, in dem Existenz empfangen wird und jedem Element des menschlichen Leibes mitgeteilt wird. Auf dieser Ebene läßt sich die Seele als das erste Lebensprinzip oder als Entelechie verstehen, d.h. als die immaterielle *Komponente* oder *forma substantialis* der Leib-Seele-Einheit.[137] Doch die Seele läßt sich auch unter der Hinsicht ihrer Geistnatur betrachten, die *das Ganze*, den konkreten Menschen umfaßt und ebenso unabhängig vom Leib existieren und leben

---

[135] J. de FINANCE, «L'ontologia della persona» 163.
[136] J. MARITAIN, *Principes d'une politique humaniste*, ŒC Bd. VIII, 190.
[137] Vgl. *De Bergson* 58*f.*

kann. Dabei kommen ihre Unabhängigkeit von der Materie bzw. ihre völlig immaterielle Existenz zum Vorschein, ebenso ihre Möglichkeit zu geistigen Operationen wie Freude, Liebe, Kontemplation, intellektueller Erkenntnis, Entscheidungsfreiheit etc. – kurzum zu allen Tätigkeiten, welche für die Subjektivität typisch sind und auf ihre Selbstinnerlichkeit verweisen. Darum läßt sie sich durchaus umschreiben als ein Universum in sich, das sich wie eine aktive und in Erkenntnis und Liebe überexistierende Quelle manifestiert und wie ein Zentrum von produktiver Vitalität und geistiger Emanation tätig ist.[138] Doch damit nicht genug. Die Möglichkeit der existentiellen Erkenntnis eröffnet auch die Erfahrung dieses geistigen Zentrums in Form des *überphänomenalen Selbst*, das als personales Zentrum der menschlichen Person in absoluter Selbstinnerlichkeit sowohl über den geistigen Operationen steht und zugleich so mit den Fakultäten verbunden ist, daß sie in ihm wie in einer Wurzel vereint sind. So emanieren die geistigen Operationen nicht nur aus den Fakultäten, sondern aus dem Zentrum und involvieren die Tätigkeit der Seelenpotenzen wie auch das Selbst oder die Subjektivität.

Dabei soll freilich auch die damit verbundene Spannung nicht übersehen werden, insofern die menschliche Person einerseits aus der Leib-Seele-Einheit besteht, andererseits aber offensichtlich auch die Seele alles umfaßt bzw. als Wurzel alles in sich birgt. Worin besteht dann aber letztlich das Selbst des Menschen? Wenn es das innere Beziehungsgefüge und das Miteinander der Seelenfakultäten umfaßt, bleibt die Art ihrer Kommunikation noch näher zu klären. Maritain selbst läßt noch offen, ob für ihn die konkrete Person und das überphänomenale Selbst identisch sind. Wie könnte ansonsten aus letzterem die Sehnsucht nach Unsterblichkeit entstammen, wenn das *desiderium (con)naturale* sich einerseits allein auf die Seele bezieht, welche die Existenz verleiht, sich im menschlichen Kompositum hingegen in eine transnaturale Sehnsucht verwandelt und als solche in der Geistseele erfahren wird?

Drittens manifestieren die verschiedenen Formen der Konnaturalität, daß die Wirklichkeit nicht nur über eine essentielle, sondern auch über eine existentielle Intelligibilität verfügt. Dies gilt für die Seinsintuition[139], für die poetische Erfahrung[140] und ebenso für die Erfahrung der natürlichen Mystik[141]. Mit anderen Worten zeigt sich darin die berechtigte Forderung Maritains nach einem erneuerten Existentialismus, der auf der einen Seite an der intelligiblen Struktur und der prinzipiellen Erkennbarkeit der

---

[138] Vgl. *De Bergson* 54 u. 60 sowie *Situation de la poésie* 878.
[139] Vgl. *Sept leçons* 581.
[140] Vgl. *Poèmes et essais* 680.
[141] Vgl. *Quatre essais* 185, Anm. 19.

geschaffenen Wirklichkeit festhält. Auf der anderen Seite gilt es aber auch, den konzeptualistischen Anspruch zu überwinden, der den unerschöpflichen, lebendigen Reichtum der *supposita* und ihrer Aktionen ausschließlich in Begriffen erfassen will. Denn wie die erwähnten Erkenntnisweisen zeigen, geht der Gehalt der jeweiligen *species* oder erfahrungshaften Begriffe letztlich über ihre Bedeutung hinaus (wie auch die existentielle Wirklichkeit durch Essenzen strukturiert, aber nicht erschöpfend ausgedrückt ist). Diese ontologische Betrachtung der Realität gilt in besonderer Weise für den Menschen, da spezifisch personale Erfahrungen nicht allein durch Kausalzusammenhänge dargestellt werden können. Das heißt, daß die geistbegabten Geschöpfe eine eigene Ordnung bilden, deren Spezifikum auf existentieller Ebene Natur von Person, ontologische von personaler Kommunikation, naturhaftes Erstreben des Guten von freier Selbsthingabe aus Liebe unterscheiden. Dabei geht es nicht mehr allein um die Distinktion zwischen Essenz und Existenz, sondern um einen qualitativen Sprung, der die konkret existierende Person und die ihr eigene Freiheit ausmacht.

Bevor Maritain diese Fragen in einer konsistenten personalistischen Sicht harmonisiert, beschäftigt er sich eingehend mit moralischen Fragen aus philosophischer Perspektive. Dabei zeigt sich, daß er im Anschluß an eine erneuerte Epistemologie auch die moralische Verantwortung der menschlichen Person auf das Zentrum der Seele, auf das Selbst in seiner Entscheidungsfreiheit, gründet, das im Spannungsfeld von Freiheit und Notwendigkeit steht.

Kapitel VI: Die Person in der Verantwortung ihrer Freiheit

1. Einleitung

Die Untersuchung der konnaturalen Erkenntnisformen hat uns vor Augen geführt, daß Maritain in seiner zweiten Phase zunehmend der Möglichkeit unbegrifflicher und existentieller Einsichten Rechnung trägt. Hinzu kommt, daß er auch die menschliche Person deutlicher als zuvor von ihrem vitalen existentiellen Zentrum her betrachtet. Das meint, daß ihre Seele nicht allein als *suppositum* oder Handlungssubjekt fungiert, das unterschiedliche Fakultäten in sich vereint, sondern sich darüber erhebt und als ein eigenes unverfügbares Universum zu verstehen ist. Dieses weiß um sich selbst, ist wie eine Quelle zur geistigen Überexistenz in Erkenntnis und Liebe fähig, trachtet aufgrund seiner transnaturalen Aspirationen nach Seinssteigerung und lebt in der Hoffnung auf Unsterblichkeit. Diese reiche Tätigkeit des Geistes bleibt zwar häufig im Unbewußten verborgen, verweist jedoch auf die besondere Struktur des Seelengrundes, durch dessen Tätigkeit die individuelle Subjektivität und das Selbst aufscheinen. Darum soll nun aufgezeigt werden, wie Maritain seine existentielle Betrachtungsweise der vielfältigen geistigen Aktivitäten auch auf den Zusammenhang von Personalität und Freiheit überträgt. Denken und Handeln sind nicht nur Ausdruck der individuellen Kreativität, sondern betreffen auch die moralische Verantwortung des Menschen und damit seine positive oder negative Entfaltung. Wie kann also die Person philosophisch gedacht werden, da sie abhängig ist von ihrer Natur, zugleich aber ihr gegenüber auch frei ist? Wenn moralische Verantwortung den rechten Umgang mit diesem Spannungsfeld bedeutet, verfügt auch diese über eine innere Struktur?

Im ersten Abschnitt soll darum nochmals auf Wille, Intellekt und die Wahlfreiheit sowie deren Aspirationen eingegangen werden, bevor dann im folgenden Paragraphen die Neigungen der Person als Personalität und die Potentialität ihrer Geistseele hinsichtlich deren Überexistenz betrachtet werden. Dabei wird auch die Situation der Person in ihrer Abhängigkeit und gleichzeitigen Verfügungsgewalt über ihre Natur deutlich. Daran schließt sich drittens die Frage nach der Freiheit der Person an, die nicht allein zur Hingabe in Liebe, sondern auch zum Bösen fähig ist. Das bedeutet einen Mißbrauch der kreatürlichen Freiheit, die einerseits das mögliche Gute nicht vollbringt und dennoch von Gott als Ersturache in ihrem «seinsmindernden Tun» gehalten ist. In beiden Paragraphen zeigt sich allerdings auch, daß Maritains Verständnis des Zueinanders von Person und Natur noch unausgereift ist. Das wird auch sichtbar in Zusammenhang mit der ersten bewußten freien Entscheidung und deren Konsequenzen, die den vierten Paragraphen bilden und die eine weitere Form existentieller Erkenntnis, nämlich einer impliziten Gotteserkenntnis, manifestieren. Ähnliches finden wird im fünften Paragraphen, in dem die Existenzintuition nicht nur den *actus existentiae*, sondern auch die sich darin manifestierende Grundstruktur der Liebe offenlegt. Den Abschluß bildet der Versuch, die Person aufgrund der vorausgehenden Reflexionen von ihren ontologischen Grundlagen her in ihrem existentiellen Selbstand und der daraus resultierenden existentiellen Freiheit zu sehen und dabei deren Vollendung, nämlich die sich aus Liebe verschenkende Freiheit, zu betrachten.

2. Geistige Freiwerdung und Liebe

a) Der Wille im Dienst der Person

Die bereits angedeutete zunehmende Betonung der existentiellen Ordnung schlägt sich auch in der Psychologie Maritains nieder. Er behält – auf der Linie von Garrigou-Lagrange – das Modell der gegenseitigen Kausalität von Wille und Intellekt weiterhin bei, insofern letzterem die formale und finale, dem Willen hingegen die materielle und effiziente und damit die letztlich entscheidende Ursache zukommt. Dieser konzeptualistische Hintergrund macht sich auch in *Sept leçons* noch bemerkbar, wo Maritain von der «Überfülle der Bestimmung» spricht, die dem Willen entstammt und von ihm aus auf den Intellekt überströmt; denn dabei handelt es sich um «die Fülle **intelligibler** Determination»[1]. Woher der Wille die Intelligibilität seiner Motivation bezieht, bleibt offen; doch sieht Maritain in der geistigen Tätigkeit eine besondere Ausdrucksweise der existentiellen Wirklichkeit des Subjekts[2].

Daß es sich beim Willen letztlich um die existentielle Ordnung handelt (gegenüber dem der essentiellen Ordnung zugewiesenen Intellekt), kommt klarer in *Du régime temporel* zum Vorschein. Damit erhält der Wille die Rolle, dem vom Intellekt vorgelegten Urteil die Energie zuzuführen, die er für die Zustimmung und Ausführung desselben benötigt. Er läßt dabei in gewisser Weise den eigenen existentiellen Überschuß durch seine Ausrichtung auf das universale Gute auf das vorgelegte konkrete Gute übergehen

---

[1] *Sept leçons* 634.
[2] Vgl. *Sept leçons* 643*f.*: «Dans le cas des opérations supra-végétatives, il s'agit d'une communication d'actualité faite par le sujet à lui-même, d'une communication d'actualité dans l'ordre [...] de cet être selon lequel une chose est plus qu'elle même, existe en plus de sa propre existence.»

und so an seiner eigenen Aktualität teilhaben, was die Voraussetzung zur Realisierung bildet.³

> L'acte libre apparaît alors comme le fruit commun de l'intelligence et de la volonté s'enveloppant vitalement l'une l'autre: le jugement lui-même [...] spécifie et détermine l'acte du vouloir, c'est la volonté qui lui donne sa valeur d'**efficacité existentielle**, en déversant pour ainsi dire sur le bien particulier en question le trop-plein de motivation dont sa détermination par le bien infini la fait regorger; en telle sorte que le sujet devenant ainsi volontairement proportionné en acte à ce bien particulier. [...] C'est ainsi qu'en aimant les choses la volonté se les rend décidément aimables.⁴

Maritain vertieft nun systematisch diese Überlegungen vor allem in zwei Artikeln aus dem Jahr 1939, nämlich in *L'Idée thomiste de la Liberté* sowie in *La conquête de la liberté*⁵. Dabei greift er auf die Unterscheidung der kon- und transnaturalen Aspirationen zurück und betrachtet die Struktur sowie das Zusammenspiel von Wahl- und Autonomiefreiheit. Er geht von der Natur des Willens aus, die auf das *absolute Gut* hingerichtet ist und deren Haupttätigkeit in der Liebe besteht. Diese Ausrichtung meint ein Doppeltes: Zum einen erstrebt der Wille notwendig, d.h. seiner Natur gemäß (konnatural) das Gut *als Gut*, zum anderen trachtet er dabei implizit nach dem *absoluten Gut*. Dies tut er freilich unter Vorbehalt und transnatural, da dieses absolute Gut die natürlichen Grenzen des Menschen überschreitet und demzufolge übernatürlichen Ursprungs ist.⁶ Mit diesem impliziten Streben, das der Ausrichtung des Willens auf das *bonum universale* entspricht, versucht Maritain, in jedem Willensakt eine implizite Ausrichtung auf Gott zu sehen.

---

[3] Vgl. dazu die Position von Maritains Freund Y. SIMON, der besagten Zusammenhang noch klarer formuliert (*Freedom of Choice*, New York 1968, 150): «It is in the will that we find the energy that the object lacks. In stopping the deliberation, in bringing it about that such a judgment is last, the will acts according to the actuality which its adherence to the universal of the good confers on it.»

[4] *Du régime temporel* 330f.

[5] Aus der *Bibliographie des Œuvres de Jacques Maritain 1939-1945* (9 bzw. 19) wird ersichtlich, daß Maritain im Sommer 1939 den im Vorjahr in Chicago gehaltenen Vortrag über das thomistische Freiheitsverständnis für eine Veröffentlichung in der *RThom* (45 (1939) 440-459) nochmals überarbeitete, während er gleichzeitig den Artikel über das Erringen der Freiheit für einen Sammelband verfaßte (*Freedom, Its Meaning*, Hrsg. R.N. Anshen, New York 1940). Ersterer erschien in *De Bergson à Thomas d'Aquin* (New York 1944, 153-176), während letzterer in *Principes d'une politique humaniste* (New York 1944, 5-27) aufgenommen wurde.

[6] Vgl. *De Bergson* 74: «Nous voulons nécessairement et naturellement le *bonheur absolu*, – comme *bonheur*, de par un désir de nature connaturel et *inconditionnel*, tendant à quelque chose d'exigé par les capacités de notre essence; comme *absolu*, de par un désir de nature transnaturel et *conditionnel*, tendant à quelque chose d'au-delà de nos limitations naturelles, et du constitutif de laquelle, par conséquent, la nature ne peut pas avoir l'idée.»

Aus diesem Grund wird in der Anschauung Gottes diese transnaturale Aspiration nach dem höchsten Gut nicht nur erfüllt, sondern übererfüllt werden, so daß der Wille und der Träger der geistigen Fakultäten, die menschliche Person, nichts anderes mehr ersehnen werden.[7] Doch bis dahin lebt die Person in einer ihr eigenen Spannung, nämlich der notwendigen oder konnaturalen Ausrichtung des Willens auf Gott als das höchste Gut und ihrer transnaturalen und damit freien personalen Entscheidung für die Annahme oder Ablehnung dieses Gutes. Maritain umschreibt dieses Faktum als scheinbares Paradox, da die Person neben einer naturgemäßen Liebe für Gott offensichtlich durch eine freie Option zu einer gegenteiligen Entscheidung fähig ist, in der sie sich nicht nur gegen Gott, sondern auch gegen ihre eigene geschöpfliche Natur richtet. Sie ist demnach frei, zwischen einem selbstsüchtigen Eudämonismus und einer Ethik der Liebe zu wählen. Sie kann nach dem absoluten Gut verlangen und es unverdient empfangen, oder sie kann ein relatives Gut verabsolutieren, dadurch aber eine angemessene Erfüllung ihrer unbegrenzten Sehnsucht verhindern. Im Idealfall liebt der Mensch also Gott um seiner selbst willen, womit er zugleich seiner eigenen Natur gerecht wird.

> Par un apparent paradoxe [...] nous voulons nécessairement le bien absolu, [...] et pourtant Dieu, ce Dieu caché qui est le bien absolu [...] et qui est aimé naturellement [...] nous ne le voulons comme étant lui-même la fin de notre vie [...] qu'en vertu d'une option libre, d'une option qu'il reste en notre pouvoir de récuser.[8]

Dreh- und Angelpunkt dieser Spannung zwischen Freiheit und Notwendigkeit scheint der Wille zu sein. Einerseits ist seine Natur unwandelbar und notwendig auf das höchste Gut ausgerichtet, andererseits ist der Wille auf eine doppelte Weise unbestimmt und frei. Er unterliegt zum einen einer *passiven* Unbestimmtheit, die auf sein Zusammenwirken mit dem Intellekt verweist, da er nur das Gut erstreben kann, welches der Intellekt als gut erkannt hat und ihm als solches vorlegt. Zum anderen verfügt der Wille aber auch über eine *aktive* und zur Herrschaft fähige Unbestimmtheit, in der er über das konkrete praktische Urteil entscheidet, da er durch kein geschaffenes Gut notwendig bestimmt oder angezogen wird. Das heißt, daß im Willen die anstehende Aktion in Beziehung gesetzt wird zum letzten Ziel und aktuellen Wollen des Subjekts und dabei auch die konkreten Umstände

---

[7] Vgl. *De Bergson* 73-75, bes. 75: «Quand l'intelligence humaine verra Dieu, non seulement elle saura qu'il est pour nous la béatitude [...] mais elle le saisira, elle le verra et le possédera actuellement comme tel et comme comblant actuellement à saturation et sursaturation toutes les possibilités de désir de la personne humaine.»

[8] *De Bergson* 76.

berücksichtigt.[9] Doch woher nimmt der Wille seine geistige Energie, seine «existentielle Wirksamkeit»[10], wie kann in ihm das freie wie auch das naturhafte Wollen des Subjekts vereint sein?
Maritain verweist dazu erstmals in aller Klarheit auf den Träger des Willens, auf die Person, aus deren Tiefen das praktische *fiat* aufsteigt und damit das Geschöpf in besondere Nähe zum Schöpfer bringt. Es ist damit letztlich die Personalität oder das Subjekt, aus dem die *erste* Bestimmung stammt und das sich in der konkreten Entscheidung mitteilt.

> La volonté triomphe de cette indétermination de l'intelligence, elle *se* détermine [...]. C'est elle qui intervient, par un acte sorti des **profondeurs de la personnalité**, par un acte *de la personne en tant même que personne*, et où le *fiat* pratique atteint chez la créature à la plus grande ressemblance possible au *fiat* créateur.[11]

Damit wird der Kern des Problems der Wahlfreiheit berührt, nämlich der Hintergrund des *liberum arbitrium*. Der Wille verleiht dem anstehenden Urteil die notwendige existentielle Bestimmung, die nach Maritain einem geistigen Fluß vergleichbar ist, der in der Quelle «angestaut» ist und sich nicht nur verströmen, sondern auch sein Flußbett schaffen will. Im Bild käme es dabei dem Willen zu, frei zwischen verschiedenen Formen eines möglichen Flußbettes zu «wählen». Hat er sich für eine Form entschieden und dieses praktische Urteil gefällt, wird im gleichen Moment, in dem das Wasser der Quelle entspringt und sich der Strom ergießt, auch das Flußbett geschaffen.[12] Doch wie läßt sich philosophisch dieses schöpferisch-regulierende Vermögen des Willens einordnen?

Während für den heiligen Thomas der Wille dafür zuständig ist, daß er in der Seele eine Art geistiger Gewichte schafft, die sie anziehen[13], spricht Maritain in diesem Zusammenhang vom geistigen Zentrum des Menschen als einem «immateriellen Knoten der Energien der Seele»[14], in dem alle Potenzen und Fakultäten der Seele vereint werden. Dazu gehören neben

---

[9] Vgl. *De Bergson* 78. Es fällt in diesem Zusammenhang auf, daß Maritain deutlicher als bisher die scholastischen Begriffe in Klammern verwendet und ansonsten immer wieder in der ersten Person spricht oder auch die menschliche Person als letztes Einheitsprinzip präsentiert. Erste Anzeichen eines zunehmend personalistischen Denkens?
[10] *De Bergson* 80.
[11] *De Bergson* 79.
[12] Vgl. *De Bergson* 80*f.* sowie *ebd.* 81*f.*: «La liberté rencontre bien des obstacles dans l'homme, elle admet toutes sortes de degrés, [...] en tout cas c'est sur un monde puissant de tendances et de courants donnés et déterminés sans elle qu'elle a à exercer son ultime actuation décisive: pour autant qu'il y a réellement liberté, pour autant il y a indétermination active et dominatrice.»
[13] Vgl. THOMAS VON AQUIN, *Summa Theologiae*, I^a-II^ae, q. 10, a. 1 bzw. *De Bergson* 73.
[14] *De Bergson* 161.

Wille und Intellekt auch der riesige und komplexe Dynamismus der Instinkte, Tendenzen, psychisch-physischen Dispositionen, der erworbenen Tugenden, der Erblasten etc. So ragt diese häufig unbewußte und vor allem durch die Leibdimension bestimmte Wirklichkeit in die Welt des Geistes hinein und übt einen nicht geringen Einfluß auf die Wahlfreiheit aus, deren Aufgabe darin besteht, all den Neigungen und Anstößen der leib-seelischen Natur die entscheidende Wirkfähigkeit zu verleihen oder sie zu verweigern.[15]

Damit zeigt sich, daß der im letzten Kapitel untersuchte geistige Seelengrund des Menschen nicht nur die geistigen Fakultäten, sondern auch den instinkthaft-animalischen Dynamismus in sich vereint (das sog. Unbewußte der Triebe im Sinne Freuds[16]) und unter dessen Einfluß seine geistigen Energien steuert. Auf diesem Hintergrund ist es nur allzu verständlich, daß Maritain das Zusammenspiel von Intellekt und Wille nun nicht nur im Sinne einer gegenseitigen Bestimmung versteht, die gemeinsam, als Koprinzipien, den ihnen zugehörigen Beitrag für das konkrete Urteil leisten. Das heißt, daß zwar dem Intellekt die formal-extrinsische (oder essentielle), dem Willen hingegen die effiziente oder existentielle Kausalität zukommt, beide aber derartig miteinander verwoben sind, daß das praktische Urteil aus einem einzigen und von beiden gemeinsam bestimmten Akt hervorgeht.

> L'acte libre apparaît comme le fruit commun de l'intelligence et de la volonté s'enveloppant vitalement l'une l'autre, dans une seule et même **co-détermination instantanée**: l'intelligence déterminant la volonté dans l'ordre de la causalité objective ou formelle-extrinsèque, la volonté déterminant l'intelligence dans l'ordre de la causalité efficiente; autrement dit la *spécification* (par l'intelligence) dépendant elle-même ici de l'*exercice* (de la volonté). Le jugement lui-même qui, en tant qu'efficacement porté, spécifie et détermine l'acte du vouloir, c'est la **volonté** qui lui donne sa **valeur d'efficacité existentielle**, en déversant pour ainsi dire sur le bien particulier en question le trop-plein de motivation dont sa détermination par le bien infini la fait regorger.[17]

Diesen Gedanken finden wir bestätigt bei Joseph de Finance, für den es keine andere Möglichkeit der Einheit von Intellekt und Wille gibt, außer in

---

[15] Vgl. *Principes* 185*f.*: «Le libre arbitre dans l'homme n'exclut pas, il suppose l'immense et complexe dynamisme des instincts, des tendances, des dispositions psychophysiques, des habitudes acquises et des charges héréditaires, et c'est à l'extrême pointe par où ce dynamisme émerge dans le monde de l'esprit que la liberté de choix s'exerce, pour donner ou non efficacité décisive aux inclinations et aux poussés de la nature.»
[16] Vgl. *Quatre essais* 62-65.
[17] *De Bergson* 80.

ihrem Ursprung, weshalb sie einer gemeinsamen Quelle bedürfen, die nicht mit ihnen zusammenfällt, sondern sich ihrer bedient.[18]

Aus diesem Grund kann man sagen, daß im konkreten Tun die *ganze* Person handelt und sichtbar wird. In jedem Akt offenbart sich die Person frei und unvorhersehbar *als* Person, also in ihrer Ganzheit und nicht nur aufgrund der Tätigkeit der beteiligten Fakultäten. Doch da nicht allein Faktoren der Vernunft und des Bewußtseins involviert sind, offenbart sich die Person auch *vor sich selbst*.[19] Nicht nur aufgrund der zahlreichen und vielfach unbewußten Einflüsse auf die konkrete Entscheidung ist jeder konkrete Akt nicht von der Natur ableitbar und von einer völligen Unvorhersehbarkeit bestimmt. Weder äußere Umstände noch innere Dispositionen, weder intellektuelle Einsichten noch affektive Neigungen, weder Gottes Gnade noch natürliche Leidenschaften lassen mit Sicherheit voraussagen, wie sich der einzelne Mensch entscheiden wird, wie er seine Wahlfreiheit einsetzen wird. Ja sogar für die Person selbst bleibt dieser Vorgang ein Geheimnis, solange sie nicht die konkrete Entscheidung getroffen hat.

Voraussetzung für eine derartig komplexe Entscheidungsfindung ist das alle Faktoren von innen her einigende Zentrum. So läßt sich der Seelengrund gewissermaßen als *Kommandobrücke aller geistigen Energie* des Menschen verstehen, die alles koordiniert; doch auch diese entsteht nicht aus sich selbst, sondern empfängt sich vom höchsten Sein. Die geistige Energie, die aus den Tiefen der Personalität stammt, von individuellen Dispositionen beeinflußt und vom Willen weitergegeben bzw. «kanalisiert» wird, ist letztlich ein «empfangenes und aktivierendes Einwirken der ersten Ursache». Und wie sollte man sich vorstellen, daß «dieser aktivierende Einfluß, der dem Leben als *actus purus* entstammt, die im Menschen zur Herrschaft fähige Tätigkeit des Willens beeinträchtigen oder gar zerstören würde, und zwar gerade in dem Moment, in dem er [der göttliche Einfluß] sie [die Willenstätigkeit] aktuiert und belebt»?[20]

---

[18] Vgl. J. de FINANCE, *Essai sur l'agir humain*, Paris ²1996, 187*f.*: «La volonté, ou plutôt le sujet voulant, est donc, après la Cause première, la seule raison absolument déterminante de son acte. [...] L'intellection et la volition bien que distinctes par leurs structures intentionnelles, ne forment cependant qu'une même totalité psychique, un même événement concret. [...] L'acte libre n'est ni la juxtaposition ni même la composition de deux actes indépendants et parfaits. [...] **Si on ne pose l'unité au principe, on ne la retrouvera jamais.**»

[19] Vgl. *De Bergson* 82: «Mais prévoir *avec certitude* ce que *cet homme-là singulièrement pris* va faire après réflexion intérieure et délibération, et en exerçant son libre arbitre, cela, non vous ne le pourrez pas. C'est son secret absolu à cet personne, et c'est un secret pour lui-même [...]; l'acte libre est non seulement l'acte de la personne comme telle, mais – et c'est peut-être la même chose – la révélation de la personne à elle-même.»

[20] *De Bergson* 83.

Wenn sich also im Wollen die konkrete Person manifestiert, dann kommt darin nicht nur ihre Fähigkeit zur Selbstmitteilung zum Ausdruck, sondern auch ihr Vermögen, nach Vervollkommnung zu streben. Diese betrifft wiederum nicht nur die Fakultäten, sondern gerade auch deren Träger. Wie kann sich aber die Person unter ontologischer Hinsicht steigern? Dazu sei nun der Unterschied zwischen Person und Personalität näher erläutert.

b) Person und Personalität

Die Möglichkeit der Vervollkommnung des Menschen impliziert offensichtlich eine Reihe von Problemen. Maritain berücksichtigte dazu in seiner zweiten Phase vor allem die Aspekte des *suppositum* und die Fakultäten der substantialen Seele, mußte aber die Spannung des Willens stehen lassen, der als ein *desiderium naturale* oder gar als *appetitus* eine angemessene Erfüllung implizierte und damit über die rein natürliche Ordnung bereits hinausragte. Nun aber wendet er sich deutlicher der Person unter analoger Hinsicht zu und untersucht sie als eine transzendentale Vollkommenheit. Sie ist mehr als eine Substanz und verfügt über sich und ihre Entwicklung auf eine Weise, die einem *actus perfecti* entspricht. Die Voraussetzung zur Veränderung des Menschen sieht Maritain daher in der Potentialität sowohl der Freiheit als auch der Personalität, die beide untrennbar miteinander verbunden sind und deren Aktualisierung vor allem der Ausübung der Wahlfreiheit oder der Tätigkeit des Willens obliegt. So verweist er in einem Artikel über die menschliche Person aus dem Jahr 1934 bereits darauf, daß der Mensch sich erst in der moralischen Ordnung verdienen muß, was ihm auf ontologischer Ordnung zwar unverlierbar, aber nur anfanghaft geschenkt ist, nämlich seine Personalität und Freiheit. Doch impliziert diese Erhöhung Verzicht, Schmerz und die Bereitschaft zu Beherrschung der Sinne und der Leidenschaften.

> **L'homme doit réaliser**, par sa volonté, ce que sa nature est en ébauche. Il doit, selon un lieu commun [...] devenir ce qu'il est. Et cela avec risque et douleur, à un prix douloureux et avec des risques redoutables; il doit gagner dans l'ordre éthique et moral, **sa personnalité et sa liberté**, imprimer lui-même sur sa propre vie le sceau de sa radicale unité ontologique. [...] La personnalité inamissable en tant que propriété métaphysique, subira bien des échecs dans le registre psychologique et moral.[21]

Dies sah Maritain auch bereits in seiner konzeptualistischen Phase, allerdings mit primärer Berücksichtigung der an der freien Entscheidung betei-

---

[21] *Réflexions sur la personne* 902f. Eine fast identische Aussage findet sich bereits in *Les Degrés* 681.

ligten Fakultäten.[22] Gleichzeitig sah er die Potentialität nur im Blick auf eine mögliche Veränderung in Richtung Personalität oder Individualität. Mit anderen Worten: Die Wahlfreiheit ermöglichte eine Vervollkommnung des Subjektes, die seine materielle oder seine geistige Natur förderte.[23]

In *De Bergson* hingegen nimmt Maritain weniger die abstrakte Dynamik der Freiheit als deren Konsequenzen für das konkrete Subjekt in den Blick; er unterscheidet zwar weiterhin Anfangs- und Endfreiheit, aber er bringt sie in direkte Verbindung mit dem Menschen selbst, insofern er die Wahlfreiheit oder Freiheit der Indifferenz von der Freiheit der Autonomie oder Selbsttätigkeit abgrenzt. Beide Formen der Freiheit gehen vom einen Handlungssubjekt aus, ob nun hinsichtlich «der menschlichen Person, insofern sie menschlich ist», oder insofern sie «an der untersten Schwelle der Personalität steht». So qualifiziert das Erreichen einer bestimmten Freiheitsform vor allem ihren Träger selbst, denn «der Dynamismus der Freiheit besteht in dieser Eroberung [der Freiheit der Autonomie], welche zu den Grundanforderungen der menschlichen Personalität zählt »[24].

Maritain unterstreicht nicht nur den Zusammenhang von Person und Freiheit, sondern unterscheidet auch konsequenter als zuvor zwischen Person und Personalität.[25] Er betrachtet mit dieser Unterscheidung den konkreten Menschen in seiner individuellen Situation und als Leib-Seele-Einheit oder einzelne *Person*. Doch sobald es sich um seine allgemeine universale Seite handelt, spricht er von *Personalität*, was das Person-sein oder die Personhaftigkeit umschreibt. Dabei bildet die Personalität die ontologische Grundbestimmung des Menschen und muß sich nicht in sich, sondern im Menschen entfalten. Zur Erreichung dieses Ziels bedarf es der Zeit, womit Maritain auf Geschichtlichkeit der Menschen anspielt.[26] Darüber hinaus bedeutet Personalität, daß der Mensch seine Personhaftigkeit nicht verlieren kann, daß sie aber zugleich offen ist für eine unbegrenzte Erhöhung. Unter dieser Hinsicht kann der Personbegriff (wie jede transzendentale Perfek-

---

[22] Vgl. z.B. *Du régime temporel* 363: «L'être humain est une personne, c'est-à-dire un univers de nature spirituelle, doué de la liberté de choix et destiné à la liberté d'autonomie [...]. Comme il est au plus bas degré dans l'échelle de l'intellectualité, il est aussi au plus bas degré dans celle de la personnalité.»
[23] Vgl. *Du régime temporel* 349.
[24] *De Bergson* 85f.
[25] Vgl. *De Bergson* 109: «Je ne dis pas ma personne, je dis la personnalité en moi.»
[26] Vgl. *De Bergson* 84f.: «La personne humaine! Cet être malheureux que l'univers entier menace et semble prêt à écraser, c'est lui qui se prétend un tout et une personne; et il l'est! Il l'est dans la racine métaphysique de la personnalité. Mais pour des sujets aussi corporels que spirituels, et qui se partagent une même nature spécifique, et qui sont opaques à eux-mêmes, et dont le mouvement est la condition propre, cette racine métaphysique, enfouie au fond de l'être, ne se manifeste que par une conquête progressive de soi par soi, accomplie dans le temps. L'homme doit gagner sa personnalité comme sa liberté, il la paie cher.»

tion) analog verstanden und zugleich für Gott wie auch für den Menschen angewandt werden. Ausgangspunkt und höchste Erfüllung dieser transzendentalen Vollkommenheit ist Gott selbst. Was läßt sich daraus für die Personalität ableiten, wie läßt sich ihr Wesen bestimmen?

Zur Personhaftigkeit gehört der Vollzug geistiger Akte, also die Möglichkeit, erkennen und lieben zu können. Da Gott aber erste Ursache und Quelle allen Seins ist, ist er auch das höchste Gut, weshalb er sich um seiner selbst willen liebt.[27] Daß es sich dabei nicht um die selbstische Liebe einer Monade handelt, ist Gegenstand der christlichen Offenbarung, was Maritain schon in *Les Degrés* erwähnte[28] und nun in seine Überlegungen aufnimmt. Daraus ergibt sich, daß Gott als höchste Personalität, als «die Wahrheit und als die subsistierende Liebe»[29] notwendig eine Gemeinschaft von Personen darstellt[30], wie er in *Sept leçons* formuliert.

> Dieu est Dieu cela veut dire (ce qui est connaissable à la raison): son être n'est pas seulement d'être et pas seulement de connaître, mais aussi d'aimer; et cela veut dire (ce qui n'est connaissable que par la révélation): il est un et incommunicable mais selon une générosité essentielle qui **exige** en lui-même **la Trinité des Personnes** et qui rend possible l'Incarnation: Dieu est Trinité de Personnes, c'est la vie intime de Dieu, et Dieu est accessible à la nature humaine jusqu'à pouvoir être la Personne en qui subsiste la nature d'un homme.[31]

Hier kommt zum Mysterium des Seins noch das Mysterium der Liebe hinzu, das nicht nur Freiheit und Selbstbesitz als Voraussetzung zur Selbsthingabe impliziert, sondern auch die lebendige Kommunikation mit seinesgleichen, wie Maritain bereits 1933 schreibt: «Die Person selbst strebt von sich aus nach einem sozialen Leben. Sie ist ein Ganzes [tout], das danach **verlangt**, sich mit anderen Ganzheiten in geistigen Mitteilungen des Intel-

---

[27] Vgl. *Principes* 190: «Au sommet de l'être, Dieu est la personnalité en acte pur et la liberté d'indépendance en acte pur, il est tellement personnel que son existence est son acte même de connaître et d'aimer, et il est tellement indépendant que causant toutes choses il est lui-même absolument sans cause, son essence étant son acte même d'exister.»

[28] Vgl. *Les Degrés* 684f.: «La métaphysique sait donc démonstrativement que l'essence divine subsiste en elle-même, comme infinie personnalité (et la foi tient de la révélation qu'elle subsiste ainsi en trois Subsistence relatives ou Personnalités relatives, réellement distinctes les unes des autres mais non de l'essence divine elle-même; en sorte qu'en la déité il y a tout ensemble trinité de personnes et communauté parfaite et sans partage de la même nature individuelle).» Ähnliches findet sich auch später in *La Personne et le bien commun* (204) unter Bezug auf THOMAS VON AQUIN (*Summa Theologiae*, I^a, q. 30, a. 1).

[29] *Les Droits de l'homme* 645.

[30] Vgl. dazu die theologischen Hintergründe bei G. GRESHAKE, *Der dreieine Gott. Eine trinitarische Theologie*, Freiburg – Basel – Wien 1997, bes. 172-216.

[31] *Sept leçons* 628.

lekts und der Liebe zu verbinden.»[32] Das gilt umso mehr für das innertrinitarische Leben, wie er in *De Bergson* hervorhebt. Wenn darum für Maritain «das göttliche Existieren ein eminentes und unendlich personales Existieren ist»[33], heißt dies, daß das göttliche Leben dessen, der die Liebe ist, eine (Liebes-)Gemeinschaft von Personen impliziert. Das heißt aber auch, daß das Wesen der höchsten Freiheit, also der Selbstbestimmung im Sinne der *autarkeía*, nicht höchste individualistische Unabhängigkeit meint, zugleich die höchste Form der Selbstverfügung darstellt, nämlich die Ganzhingabe seiner selbst.[34] Die Freiheit steht damit im Dienst der Liebe, ist also eine Qualität von ihr. Das wird im Fall Gottes mit seiner Aseität ausgesagt, d.h. mit seiner völligen Einfachheit und seinem Freisein von jeglicher Fremdbestimmung und der gleichzeitigen gegenseitigen innertrinitarischen Hingabe oder Perichorese. Das schließt sowohl eine völlige Freiheit oder Autonomie als auch ein Sich-Selbst-Verströmen ein, eine ekstatische *communio* (*amor ecstasim facit*[35]) oder eine dynamisch geeinte Vielheit.[36]

So ist auch die menschliche Person nur «relativ unabhängig». Sie steht «in einer direkten Beziehung mit dem Absoluten, in dem allein sie ihre volle Erfüllung finden kann». Doch eben nur dadurch, «daß sie sich selbst besitzt und über sich verfügen kann, ist sie [...] zur Überexistenz [...] in Erkenntnis und Liebe fähig» und kann nicht nur etwas, sondern «sich selbst hingeben»[37]. Damit findet einerseits die Personalität durch das Erreichen der Freiheit der Autonomie ihre Erfüllung, und andererseits erreicht das Wesen der Person seine höchste Vervollkommnung durch die interpersonale Liebesgemeinschaft. Diese schließt einen lebendigen und unerschöpflichen Dynamismus ein, zeigt aber auch das Potential der Freiheit, über das der Mensch selbständig verfügt.

c) Die doppelte Freiheit als Potential der Personalität

In Gott fallen höchste Notwendigkeit und höchste Freiheit, völliger Selbstbesitz und totale Hingabe zusammen, so daß «in ihm die Unendlichkeit der Notwendigkeit und die Unendlichkeit im Sinne der selbsttätigen, unabhän-

---

[32] *Du régime temporel* 365.
[33] *De Bergson* 115.
[34] Vgl. *De Bergson* 103.
[35] THOMAS VON AQUIN, *Summa Theologiae*, I^a-II^{ae}, q. 28, a. 3.
[36] Aus diesem Grund betont Maritain bereits in *Les Degrés* im Anschluß an den heiligen Thomas, daß es im Zusammenhang der übernatürlichen mystischen Erfahrung zu einer realen Gegenwart *aller drei* göttlichen Personen in der Tiefe der menschlichen Seele kommt. Diese werden nicht direkt, sondern durch die davon bewirkte Erhebung erkannt. Vgl. dazu *Les Degrés* 726f. unter Bezug auf THOMAS VON AQUIN, *Summa Theologiae*, I^a, q. 43, a. 3.
[37] *La Personne* 191-193.

gigen und erhöhten Freiheit par excellence gegeben sind»[38] und die drei Personen gemeinsam eine Natur besitzen können. Gott existiert notwendigerweise, er liebt sich notwendigerweise, und diese unendliche Notwendigkeit ist zugleich die höchste Form des Selbstandes oder der Aseität, wie Maritain in *De Bergson* hervorhebt.[39] Das hat für den Menschen und seine Geschöpflichkeit zweierlei Konsequenzen.

Erstens bedeutet die Tatsache, daß Gott allein die absolute Perfektion der Personalität darstellt, daß der Mensch stets dahinter zurückbleibt. Was meint dann aber, daß er ihn nach seinem Bild und Gleichnis geschaffen hat? Maritain weist darauf hin, daß die menschliche Person als Geschöpf zwischen Gott und dem Nichts steht. Als kontingentes Wesen ist sie nicht *causa sui*, sondern wird von ihren beiden Ursprüngen, nämlich Gott und dem Nichts, bestimmt.[40] Das heißt, daß sie zwar durch ihre Geistbegabung eine unverlierbare Personalität besitzt, diese aber nur unvollkommen in ihr existiert. «Wenn Gott die Personalität im *actus purus* ist, dann ist die menschliche Person wahrhaft ein Embryo an Person.» Doch betrifft diese Unvollkommenheit nicht die Person in sich, sondern «das transnaturale Verlangen der Person in der reinen Linie ihrer Personalität»[41]. Diese Folge der Geschöpflichkeit impliziert nun, daß die Person *als Kreatur* Gesetzen, Regeln und Handlungsnormen untersteht, die sie nicht selbst entworfen hat, sie ihnen gegenüber also nicht autark ist. Ebenso ist sie auch durch ihre *Leib-Seele-Einheit* eingeschränkt, so daß sie einer Reihe von Bestimmungen der materiellen Natur unterliegt, die auf ihr wie ein nicht abschüttelbares Joch lasten.[42] Darin kommt erneut die Unterscheidung zwischen der materiell bestimmten Individualität und der metaphysisch-universalen Personalität zum Vorschein, doch auch ihre den Menschen charakterisierende innere Verbundenheit. So betrifft die Förderung des einen oder anderen Aspekts die Potentialität der Personalität, da der Mensch stets Individuum *und* Person ist[43]. «Denn **der Gleiche**, der eine Person ist und als eine Ganzheit durch die Subsistenz seiner Seele subsistiert, ist ebenso ein Individuum seiner Gattung und ein Staubkorn im Winde.»[44]

---

[38] *De Bergson* 110.
[39] Vgl. *De Bergson* 92.
[40] Vgl. *De Bergson* 91-93.
[41] *De Bergson* 84.
[42] Vgl. *De Bergson* 84: «La personne humaine est engagée dans toutes les misères et les fatalités de la nature matérielle, des servitudes et des besoins du corps, de l'hérédité, de l'ignorance, de l'égoïsme et de la sauvagerie des instincts.»
[43] Vgl. *Les Droits de l'homme* 628-631 wie auch *Pour une philosophie de l'éducation* 807.
[44] *De Bergson* 85.

Die zweite Folge, die sich aus Gottes Selbstand für die menschliche Freiheit ergibt, bezieht sich auf das Tun des Menschen. Dieses bildet eine eigene Ordnung und spielt sich auf zwei aufeinander aufbauenden, aber voneinander unterschiedenen Ebenen ab, wie Maritain in *Principes d'une politique humaniste* darlegt.[45] Die erste Ebene umfaßt die menschliche Natur; über diese ist der Mensch nicht Herr, sondern er findet sich in ihr vor. Er ist nicht seine eigene Ursache, sondern entdeckt sich als Verursachter, dem durch das Naturgesetz ein Handlungs*rahmen* vorgegeben ist. Dieser Rahmen schreibt aber in keinster Weise die konkreten Handlungen vor, sondern eröffnet einen bestimmten Handlungsspielraum. Die innerhalb dieser vorgegebenen Grenzen existierende Handlungsfreiheit bezeichnet Maritain als *liberté de choix*, als *Wahlfreiheit*. Sie bezieht sich auf die Natur des Menschen und umfaßt den Willen und sein Koprinzip, den Intellekt; beide werden durch das *liberum arbitrium* koordiniert und eröffnen dem Subjekt die Möglichkeit, seine Handlungsfreiheit in konkreten Entscheidungen auszuüben, also zu handeln oder auch nicht. Freiheit auf dieser Stufe meint die Abwesenheit von jeglichem Zwang und das Freisein von jeder äußeren wie inneren Determination, weshalb sie auch Freiheit der Indifferenz genannt wird.[46]

Von dieser äußeren Handlungsfreiheit verschieden ist die *liberté de spontanéité*, die *Freiheit der Selbständigkeit*. Sie impliziert nicht die Abwesenheit von Notwendigkeit, sondern allein das Freisein von Zwang. Sie bezieht sich auf die Qualität des Handelns, insofern jede Operation der eigenen Natur, ihren Bestimmungen und Neigungen folgt oder ihr widerspricht. Dies bedeutet im Fall des Menschen nicht allein Selbsttätigkeit, sondern eröffnet ihm als Geistträger eine besondere innere Unabhängigkeit als Person (*liberté d'indépendance*). Diese meint die Fähigkeit, nicht einfach den Neigungen der Natur unwiderstehlich folgen zu müssen, sondern sich selbst in die Hand nehmen zu können. Die jeweiligen Operationen sind deshalb nicht nur Auswirkungen eines von seiner Natur determinierten *suppositum*, sondern in ihnen drückt sich die Person als eigenständiges Ganzes aus, prägt also unabhängig und nach eigenem Wollen allem Tun gewissermaßen den Stempel der eigenen Einmaligkeit auf. Das heißt umgekehrt

---

[45] Während Maritain in *Du régime temporel* (342-344) von drei Ordnungen (Natur, Freiheit und Gnade) sprach, die in der menschlichen Seele irgendwie verbunden sind, sieht er nun auf die Person, die über sich und ihre Natur verfügt.
[46] Vgl. *Principes* 184-186 sowie 189: «Le libre arbitre [est] un pouvoir de choisir qui transcende toute nécessité, même intérieure, et tout déterminisme.»

auch, daß das Handeln auf seinen Träger zurückfällt und entweder seine Unabhängigkeit mitsamt seiner Personalität fördert oder sie einschränkt.[47]

> La liberté de spontanéité [...] n'implique pas l'absence de nécessité, mais seulement l'absence de contrainte. C'est le pouvoir d'agir en vertu de sa propre inclination interne, et sans souffrir de coaction imposée par un agent extérieur. [...] Quand la liberté de spontanéité franchit le seuil du monde de l'esprit, [...] elle devient à proprement parler liberté d'indépendance: pour autant elle ne consiste pas seulement à suivre l'inclination de la nature, mais à être ou se rendre activement soi-même le principe suffisant de son opération, autrement dit à se posséder, se parfaire et s'exprimer soi-même comme un tout indivisible dans l'acte qu'on produit.[48]

Die Ebene der Unabhängigkeit überschreitet die Ebene der Natur, insofern das Handeln des Menschen, d.h. die Resultate seiner Wahlfreiheit, nicht unverbundene einzelne Akte darstellen, sondern Ereignisse, welche zur Person gehören und sie selbst wie auch ihre Umgebung prägen.[49] Mit anderen Worten ermöglicht die Wahlfreiheit dem Menschen, zu handeln oder nicht zu handeln, während die Unabhängigkeit meint, gut oder schlecht zu handeln. Gutes Handeln meint diesbezüglich nicht nur die Aktuierung einer Potenz, sondern betrifft die Ordnung des Geistes, die moralischer Art ist. Letztlich wird also die Person um so freier, je mehr sie das Gute tut, und sie wird dadurch um so unabhängiger gegenüber unvollkommenen Gütern, die nur versklaven.

---

[47] Vgl. *De Bergson* 84f.: «L'homme [...] n'est une personne dans l'ordre de l'agir que si les énergies rationnelles et les vertus et l'amour donnent un visage à la torrentielle multiplicité qui l'habite, impriment sur lui librement le **sceau de sa radicale unité ontologique**. En ce sens-là, l'un connaît la vraie personnalité et la vraie liberté, l'autre ne les connaît pas.» Damit stellt Maritain die Formulierung, die er bereits in *Les Degrés* (681) gewählt hatte, in einen erweiterten Kontext.

[48] *Principes* 189.

[49] Bereits in einem Artikel aus dem Jahr 1934 verweist Maritain auf die Herkunft des Begriffes *persona* und die damit verbundene eigene Ordnung (*Réflexions sur la personne* 902f.): «L'homme [...] parce qu'il est doué d'une raison qui s'élève au-dessus des phénomènes sensibles, pour atteindre l'être et dépasser le monde matériel, peut revenir sur ses propres actes, sur son jugement, se dégager des suggestions de la sensibilité, découvrir des motifs supérieurs et introduire dans le monde une série de faits qui ne résultent pas nécessairement des antécédents posés. L'homme, s'il sait vouloir, peut jouer un rôle dans le monde, il est une personne.» Damit bringt Maritain den ursprünglichen Doppelsinn des Begriffes *persona* zum Tragen, da dieser sowohl die Maske der Schauspieler als auch deren Rolle meinen kann, insofern sich diese durch besonders markante Zeichen ihrer jeweiligen Maske unterscheiden. Somit sind Maske und Rolle in ihrer inneren Verbindung zu verstehen, aber auch in ihrer Absetzung von anderen Maskenträgern und den dazugehörigen Rollen. Zum Bedeutungswandel von *persona* als veränderlichem Accessoire hin zum Inbegriff des für den einzelnen Menschen Wesentlichen vgl. R. KONERSMANN (*Person*, Stuttgart 1991), der darum sogar von «Bedeutungsverkehrung» (*ebd.* 202) spricht.

Aus diesem Grund läßt sich mit P. Viotto Maritains Freiheit der Unabhängigkeit auch als «*moralische Freiheit*» definieren, insofern sie nichts anderes meint als «die Fähigkeit [der Person], sich selbst zu sein gemäß der Wahrheit des eigenen Existierens, gemäß der Bedeutung und den Zielen der eigenen Existenz. Aus diesem Grund [...] gibt es immer ein *Kriterium der Wahl*, eine Regel, ein Gesetz, das für die laizistische Position die *Vernünftigkeit*, für die Sozialisten die *Solidarität*, sowie für die Gläubigen die *Religiosität* darstellt, welche die vorausgehenden Ebenen nicht aus-, sondern einschließt und nicht fehlen kann»[50]. Die Frage nach der Regel und ihrer Einhaltung werden wir im folgenden Kapitel vertiefen; für den Moment allerdings lassen sich drei Aspekte unterstreichen.

Erstens meint gutes Handeln auch die Selbstüberschreitung in Liebe auf die subsistierende Liebe, auf Gott hin, der liebt, weil er sich selbst besitzt, und der sich innertrinitarisch in Liebe hingibt, um sich wieder neu zu empfangen. Darum spricht Maritain beim Menschen von einer Freiheit des Frohlockens im Sinne der *erhöhten* Freiheit (oder vielleicht besser: seiner geistigen Freiwerdung), die nicht einfach ein Ausdruck seiner Natur, sondern Ergebnis und Frucht eines geistigen Strebens ist. «Gott ist die subsistierende Freiheit, während der Mensch nicht frei geboren wird, außer in den wesentlichen Potenzen seines Seins: Er *wird* frei.»[51] Aus diesem Grund kann er auch beschrieben werden als ein «Seiendes in Bewegung», dessen «ganze Geschichte an Elend und Größe nichts anderes ist als die Geschichte der Anstrengung, mit seiner eigenen Personalität seine Unabhängigkeit zu erringen»[52]. Dies setzt freilich eine personale Entscheidung voraus, da auf dem zu beschreitenden Weg letztlich nur zwei Möglichkeiten bleiben: Entweder verfällt der Mensch der univozistischen und immanentistischen Täuschung, die weder unterschiedliche Grade an Freiheit noch eine wahre Transzendenz Gottes eingesteht. Oder die Eroberung der Freiheit beruht auf einer Philosophie der Seinsanalogie und der göttlichen Transzendenz, welche gemäß dem Selbstverständnis des kritischen Realismus Gottes absolute und eminente Freiheit anerkennt, während der Mensch von Gott eine relative und geschenkte Freiheit empfängt.[53]

Zweitens kann das Streben der menschlichen Person nach Exultationsfreiheit nichts anderes bedeuten als eine *freiwillige* Annäherung oder Teilhabe an der subsistierenden Freiheit, die in der höchsten Personalität, also in Gott, verwirklicht ist.

---

[50] P. VIOTTO, «Democrazia e educazione in Maritain», *Itinerari* 36 (1997) 110*f.*
[51] *Principes* 193.
[52] *Principes* 190.
[53] Vgl. *Principes* 191*f.*

La transcendance divine n'impose pas violence et contrainte aux créatures, mais infuse au contraire à toutes la bonté et la spontanéité, et est plus intime à elles qu'elles-mêmes. L'autonomie d'une créature intelligente ne consiste pas à ne recevoir aucune règle ou mesure objective d'une autre soi-même, mais à s'y conformer volontairement parce qu'on les sait justes et vraies, et parce qu'on aime la vérité et la justice.[54]

Die Möglichkeit dieser freiwilligen Angleichung an das, was im Intellekt als gerecht und wahr (an)erkannt und vom Willen durch sein Streben nach Gerechtigkeit und Wahrheit gewollt wird, entspricht dem Wesen der menschlichen Person, ist ihr also konnatural. Ebenso muß freilich eingeräumt werden, daß sich der Mensch damit beständig einem einzigen Ziel zuwendet, also seine Wahlfreiheit im Sinne seiner existentiellen Entscheidungsfreiheit einsetzt und seine Potenzen und geistigen Fakultäten auf ein Gut ausrichtet, frei von allem inneren und äußeren Zwang. Einerseits schränkt er damit seine Wahlfreiheit ein, da er nur noch das Gute tut und freiwillig darauf verzichtet, anderes zu wählen. Doch damit erreicht er paradoxerweise die wahre Unabhängigkeit, da er allein im Tun des Guten sich vervollkommnet. Wenn das Wesen der Person in der wahren Liebe besteht, dann findet sie ihre Erfüllung einzig in der Teilhabe an der subsistierenden Liebe, ist also umso freier, je enger sie an Gott gebunden ist, «denn lieben heißt, sich binden»[55].

Hiermit kommt drittens die Eigendynamik der Liebe ins Spiel. Das heißt, daß «die höchste Freiheit und die höchste Unabhängigkeit des Menschen gewonnen werden durch die höchste geistige Verwirklichung seiner Abhängigkeit von einem Sein, welches das Leben selbst ist und das Leben schenkt, und welches die Freiheit selbst ist, die alle freimacht, die an seinem Wesen teilhaben». Diese freiwillig gewählte Abhängigkeit ist nun gerade nicht mit einem äußeren Zwang zu verwechseln, sondern meint vielmehr die Teilhabe an der Freiheit Gottes selbst, die sich in seiner Liebe offenbart. Mit anderen Worten: Die höchste und absolute Freiheit wird von der subsistierenden Freiheit dem Geschöpf geschenkt und entspricht «der wahren Vergöttlichung des Menschen». Sie führt zu einer Offenheit «für die Gabe des Absoluten, in welcher er sich selbst gibt, und für das Herabsteigen der göttlichen Fülle in die geistbegabte Kreatur. Das heißt, daß hier alles das Werk der Liebe ist, [...] durch die es zur Befreiung von jeder Art von Knechtschaft kommt»[56].

Mit diesen Überlegungen führt Maritain die beiden Linien zusammen, die er in *Du régime temporel* und in *Les Degrés* aufgezeigt hatte. Dort war er von einer Anfangs- und einer Endfreiheit ausgegangen, hatte sich bei

---

[54] *Principes* 192f.
[55] *Du régime temporel* 350.
[56] *Principes* 203.

seinen Überlegungen aber vor allem an die *visio beatifica* angelehnt. Nun betrachtet er die Freiheit wie auch die Personalität als transzendentale Vollkommenheit und kann damit sowohl verschiedene Stufen ihrer Realisierung annehmen als auch die Möglichkeit einer Unerfülltheit im Sinne einer nicht aktualisierten Potenz ausschließen. Sie stellen damit gewissermaßen zwei Dimensionen im Menschen dar, die auch die Frage nach dem *desiderium naturale* in einen anderen Zusammenhang stellen. Personalität und Freiheit werden nicht mehr im Sinne des Potenz-Akt-Schemas verstanden, sondern als eine nach oben, also zur Unendlichkeit hin offene Möglichkeit der Erfüllung der kon- und transnaturalen Aspirationen der Person. Dieses Verlangen wird sichtbar gerade auch in den dem Geist eigenen Akten, da dieser zu einer besonderen Überexistenz fähig ist.

d) Die personale Überexistenz

Die Frage nach der Vervollkommnung der Person und ihrer Freiheit führt uns einmal mehr ihr besonderes Wesen vor Augen. Denn hierbei geht es um die ontologische Grundlage jeglicher Verwandlung, die sowohl den Aspekt des Kontinuums wie auch den eines Novums einschließt. Bereits im ersten Teil unserer Arbeit wurde deutlich, daß die Neuscholastik die Tätigkeit des Intellekts stark auf die essentielle Ordnung reduzierte, wodurch weniger die vervollkommnende Wirkung als die Gewährleistung objektiver Erkenntnis in den Blick kam. Nun aber betrachtet Maritain das Subjekt der geistigen Tätigkeit, das im Geist empfängt und sich verwandelt, das sich aber ebenso in Erkenntnis und Liebe mitteilt und verströmt. Dadurch kommt seine besondere geistige Natur zum Vorschein, die nicht ein materielles und damit sich erschöpfendes Weitergeben im Sinne eines transitiven Aktes, sondern das Überströmen des Geistes ausdrückt. Diese Überfülle gewährleistet der menschlichen Person sowohl eine unbegrenzte passive Aufnahmefähigkeit aller Seienden wie auch ein aktives In-Besitz-Nehmen und die Schaffung einer Einheit von innen her. Ebenso kann die Person etwas von sich, ja sogar sich selbst, mitteilen, ohne sich darin zu verlieren oder sich in einem solchen Akt zu erschöpfen. Vielmehr ist sie ob ihrer Geistbegabung in der Lage, ihre Freiheit im Rahmen ihrer Natur beständig zur Vollbringung moralisch, künstlerisch u.a. wertvoller Akte einzusetzen.

Bereits in *Questions de conscience* aus dem Jahre 1936 untersucht Maritain diese Grundwirklichkeit der Person und ihr ontologisches Fundament. Dabei unterscheidet er noch nicht zwischen der Person als dem geistigen Zentrum und der Seele als dem Träger der Seelenfakultäten. Vielmehr hebt er die besondere Würde und Größe hervor, die in der *aktiven geistigen*

Überexistenz[57] besteht. Werden nun christliche Maßstäbe angelegt, dann steht (im Gegensatz zur Vorstellung der Griechen) die Liebe über der Erkenntnis, da sie die Dinge nicht nur entsprechend der Existenzweise des Erkennenden in seiner Seele existieren läßt, sondern jene «durch die Liebe von ihnen [den Dingen] gemäß *ihrer* Existenzweise und der ihnen eigenen Würde angezogen wird. Deshalb ist es besser, die über dem Menschen stehenden Dinge zu lieben als sie zu erkennen». Dies gilt gerade für Gott, aber auch für die Mitmenschen, die in sich «das Geheimnis der Gottesebenbildlichkeit tragen». Da also die *caritas* nicht nur zur moralischen, sondern zur ontologischen Ordnung gehört, «gibt es in der menschlichen Seele und im Engel nichts Ausgezeichneteres und nichts Vollkommeneres als sie»[58], nämlich *amor caritatis* oder *amor amicitiae*.

> L'activité immanente est [...] l'activité caractéristique de la vie et de l'esprit; ici l'agent a en lui-même sa propre perfection d'agent, il s'élève lui-même dans l'être, l'action immanente est une *qualité* auto-perfectionnante; l'acte de **connaître** et l'acte d'**aimer**, non seulement ils s'accomplissent au-dedans de l'âme, mais encore il sont pour l'âme comme une **surexistence active**, meilleure que le simple fait physique d'exister, et par laquelle l'âme, quand elle connaît, devient elle-même les choses autre qu'elle; quand elle aime, tend intérieurement vers autrui comme vers un autre soi-même.[59]

Bei dieser Betrachtung zeigt sich einmal mehr die Position Maritains kurz nach seiner Wende, die noch vor allem die Tätigkeit der Seelenfakultäten reflektiert, nicht aber in der Person den Ausgangspunkt sieht. Doch schon fünf Jahre später setzt sich Maritains erneuerte Sicht auch in diesem Zusammenhang durch. Ja, er sieht nicht nur die Person in ihrer Ursächlichkeit, sondern auch die transzendentale Begründung ihrer Überexistenz, wie sein Vortrag in Princeton 1941 mit dem Titel *L'Humanisme de saint Thomas d'Aquin* zeigt.[60] Dabei hebt er besonders den existentialistischen Zug des Thomismus hervor, der «nicht auf die Essenzen, sondern auf die Existenz, auf das mysteriöse Hervorsprudeln des Existenzaktes ausgerichtet ist. In ihm aktualisieren und bilden sich alle Qualitäten und Naturen heraus, die in ihrer geschaffenen Teilhabe die transzendente Einheit des subsistierenden Seins selbst widerspiegeln und vervielfältigen, gemäß der analogen

---

[57] Den Begriff der *surexistence active* benutzt Maritain erstmals 1929 im Vorwort zur zweiten Auflage von *La Philosophie bergsonienne* (46) und erneut in *Les Degrés* (467).
[58] *Questions de conscience* 684.
[59] *Questions de conscience* 681.
[60] Dieses Referat wurde ebenfalls in den Sammelband *De Bergson à Thomas d'Aquin* (New York 1944, 247-269) aufgenommen, nachdem es bereits unter dem gleichen Titel in *MS* (3 (1941) 174-184) veröffentlicht worden war.

Verschiedenheit der Seinsstufen. Aus diesem Grund versteht das Denken des heiligen Thomas das Sein von Anfang an als *überströmendes Sein*».[61] Dieses Überströmen des Existenzaktes macht sich in der geschaffenen Wirklichkeit durch seine Hingabe und durch die *Aktion* bemerkbar, durch die alle Seienden in einer unerschöpflichen Interkommunikation stehen. Darin sind sowohl die transitiven wie auch die immanenten Akte eingeschlossen, da in beiden die innere Struktur des Seins zum Ausdruck kommt, nämlich seine ihm eigenen Neigungen und deren Erfüllung in den konkreten Seienden. Das Fundament dafür liegt freilich in der ersten Quelle allen Seins; diese ist keine monadenhaft-egomane Selbstbezogenheit, sondern hat sich in Jesus Christus als trinitarisch-interpersonales Mysterium offenbart.

> Au-dessus du temps, dans la **Source première** et transcendante, c'est la surabondance de l'exister divin, surabondance en acte pur qui se manifeste en Dieu même, comme la révélation nous l'apprend, par la **pluralité des Personnes divines**, et, comme la raison à elle seule est apte à le savoir, par le fait que l'existence même de Dieu est Intelligence et est Amour, et par le fait qu'elle est librement créatrice. Et cette divine plénitude ne donne pas seulement, elle se donne, et c'est pour se donner à des esprits capables d'elle qu'en définitive elle a créé le monde.[62]

Damit erhält die Liebe als Selbsthingabe ein transzendentes Fundament. Urfundament jeder Liebe ist die innertrinitarische *communio*, die sich als *circumincessio* in gegenseitiger Liebe in einem beständigen Sich-Verschenken und Sich-Empfangen vollzieht. An dieser Wirklichkeit kann und soll der Mensch teilhaben, in ihr finden seine kon- und transnaturalen Aspirationen ihre Übererfüllung. Auf die Liebe als interpersonale Wirklichkeit soll am Ende dieses Kapitels nochmals eingegangen werden; für den Augenblick hingegen soll primär der Aspekt der Überexistenz berücksichtigt werden.

So entwickelt Maritain ein System, bei dem der subsistierende Existenzakt eine echte Überexistenz in Erkenntnis und Liebe *ist*.[63] Gott ist also höchste Personalität, da er über sich in höchster Freiheit verfügt und da seine Existenz von absoluter Selbstbestimmung wie von absoluter Notwendigkeit geprägt ist. Doch Gottes Sein ist kann auch charakterisiert werden

---

[61] *De Bergson* 158f.
[62] *De Bergson* 159.
[63] Bereits in einer Ergänzung aus dem Jahre 1925 zu ihrem ersten Gemeinschaftswerk *De la vie d'oraison* (ŒC Bd. XIV, 57) weisen J. und R. Maritain darauf hin, daß sie von Erkenntnis und Liebe im Hinblick auf die Kontemplation als deren Höchstform sprechen. Denn da «der Heilige Geist die Liebe ist, so wird die Seele ihm besonders ähnlich durch die Gabe der Liebe [charité]. [...] Dem Sohne wird sie besonders gleichförmig durch die Gabe der Erkenntnis, die aufbricht in die Liebe. Denn der Sohn ist das *Wort*, nicht irgendein Wort, sondern das *Wort*, das die *Liebe* haucht.»

als «immaterielle Überexistenz von Einsicht und Liebe», in der sich Erkenntnis- und Liebesakt identifizieren, da er sich selbst erkennt und hingibt. So werden in Gott Existenz und Essenz, Freiheit und Notwendigkeit vereint. Doch damit nicht genug! Wie Maritain in seinem Vortrag über den Selbstand aus dem Jahr 1942 präzisiert, gehört dazu auch, daß «das göttliche Existieren ein eminentes und unendlich personales Existieren ist»[64], in dem die der Personalität konnaturale Aspiration nach Unabhängigkeit übererfüllt wird. Da aber Gott als die subsistierende Liebe eine Gemeinschaft von drei Personen bildet, ist das personale Existieren ein sich hingebendes oder sich verströmendes Überexistieren, so daß Selbstbesitz wie auch Selbsthingabe das göttliche Existieren bestimmt. Wenn darum der Mensch als *imago Dei* verstanden wird, dann meint Person ein subsistierendes Ganzes, das zwar ontologisch auf unabhängige Weise existiert, aber seine personale Erfüllung nur in der Liebe und damit in der freiwilligen Abhängigkeit und Hingabe findet.

e) Die Person zwischen Natur, Freiheit und Liebe

Was ergibt sich nun aus diesen Vorüberlegungen zur geistigen Überexistenz? Maritain definiert die menschliche Person in *De Bergson* als einen Mikrokosmos, als ein Universum in sich, das durch seine Überexistenz über sich selbst verfügt und aus diesem Selbstbesitz heraus sich in Freiheit vervollkommnen kann. Dabei kommt es zu einer Seinssteigerung, die die Personalität wie auch die Freiheit betrifft. In diesem Kontext nun weitet unser Autor auch den Naturbegriff aus, auch wenn dieser sich in der untermenschlichen Ordnung nach wie vor im aristotelischen Sinn der *physis* verstehen läßt. Sobald aber die Ordnung des Geistes betreten wird, ist der Begriff der Natur in einer verfeinerten Weise zu verstehen, so daß er «in Wirklichkeit nicht mehr als eine analoge Gemeinschaft»[65] darstellt, da es sich hierbei um ein ontologisches oder intelligibles Konstitutivum handelt, ohne über eine sinnliche oder vorstellbare Entsprechung zu verfügen. Damit wird freilich noch nicht die (übernatürliche) Ebene der Theologie, sondern vielmehr das supra- oder *meta*physische Universum betreten, «wo es Naturen, Strukturen und Essenzen gibt, die nicht mehr als eine analoge Gemeinsamkeit mit der physischen und materiellen Natur aufweisen»[66].

Somit ist auch die Person nicht einfach durch die Natur ihrer Fakultäten bestimmt, sondern hat deren Potentialität gleichsam in der Hand. Die Person verfügt allerdings über ihre Natur und ihre Fakultäten nicht in einer

---

[64] *De Bergson* 115.
[65] *De Bergson* 100.
[66] *De Bergson* 101.

äußerlichen Beziehung wie ein Arbeiter über seine Werkzeuge, sondern sie bedient sich ihrer und wird von ihnen gleichsam bedient. Diese gegenseitige Interaktion meint eine enge Verbundenheit, sagt aber ebenso eine Verschiedenheit zwischen der Person und ihrer Natur aus, welche eine Art Abstand zum Vorschein bringt.[67] Diese Distanz ermöglicht der Person einen besonderen Selbststand, der das geheimnisvolle Universum ihrer freien Akte umfaßt und in denen sie sich über ihre Natur erhebt.[68]

> Enfin on peut dire qu'il y a comme une **sorte de conflit** chez nous **entre personne et nature**, j'entends entra la ligne métaphysique de la personne et la ligne métaphysique de la nature; [...] la nature implique des structures constitutives *reçues* et déterminées *ad unum*; [...] notre intelligence a une nature (supra-physique), notre volonté aussi; elles sont ainsi, en tant que puissances ou facultés, distinctes de cette actuation immatérielle de surabondance, de ce feu actuel qui est leur opération, et qui, comme tel, émane de la personne et marque l'épanouissement de sa spontanéité.[69]

Die Person definiert sich also vor allem durch ihre (relative oder relationale) Unabhängigkeit, in der sie über ihre geistigen Fakultäten verfügen kann. Diese sind ihrer Natur nach nicht von der Person bestimmt. Die Person aber ist dazu befähigt, sich selbst in ihnen auszudrücken, da der Mensch nicht nur ein materielles Individuum ist, sondern sich durch Intellekt und Willen in der Hand hat. Durch diese kann er seiner geistigen Überexistenz in Erkenntnis und Liebe Ausdruck verleihen. Er ist in der Lage, sich «durch die Liebe ganz und gar hinzugeben an Seiende, die für ihn wie andere 'Seinesgleichen' sind; für diese Beziehung läßt sich unmöglich etwas Vergleichbares in der physischen Welt finden». Nur so ist es vorstellbar, daß die menschliche Person einerseits für sich selbst ein Ganzes bildet und darum «der Begriff der Personalität den der Totalität und der Unabhängigkeit in sich einschließt»[70].

Andererseits ist die Person eben nicht in sich verschlossen, sondern ihre Unabhängigkeit ermöglicht ihr eine besondere Form der Hingabe, die von ihrem Innersten ausgeht.[71] Dies führt im Höchstfall zur mystischen Einheit

---

[67] Darauf verweist auch R. SPAEMANN (*Personen*, Stuttgart 1996, 260), insofern «es die Eigentümlichkeit der menschlichen Natur ist, auf personale Weise gehabt zu werden», d.h. die Person kann eine Distanz zu sich und ihrer Natur herstellen und sich in ein Verhältnis zu dem, was sie betrifft, setzen.

[68] Dazu bemerkt J. de FINANCE (*Essai sur l'agir humain* 200): «Et cependant il [le sujet spirituel] ne coïncide pas purement et simplement avec elle [sa nature]. Il y a entre eux une distinction subtile, un intervalle où se concentre le mystère de la liberté.»

[69] *De Bergson* 105.

[70] *Principes* 188. Vgl. auch *De Bergson* 103: «Wer Person sagt, sagt damit Unabhängigkeit.»

[71] Vgl. *De Bergson* 102*f.*: «La nature supra-physique de l'intelligent et de l'aimant comme tel s'épanouit en lui dans une activité de surabondance, libre de toute contrainte

im Sinn der von Maritain so häufig zitierten Formel von «zwei Personen in einem Geist und einer Liebe». Auf dieser übernatürlichen Ebene ist letztlich alles Geschenk und «das Werk der Liebe»[72]. Wie Maritain zutreffend bemerkt, ist im Rahmen der Überexistenz zwar «der Erkennende er selbst und die Dinge auf eine über-subjektive Weise». Noch mehr aber ist es derjenige, der liebt, denn er «existiert auf eine **bessere** Weise als seine entitative Existenz, nämlich im Modus der Gabe»[73]. Dabei beschränkt sich diese geistige Liebesfähigkeit nicht nur auf den sakralen Raum, sondern kann gerade im profanen Bereich viele Formen annehmen und sich bis zum Heroismus steigern, der die Tiefen der Welt verwandelt und sie durch eine selbstlose Nächstenliebe heiligt.[74]

Mit der geschaffenen Person wird also eine besondere Ordnung der Freiheit, nämlich die der Moralität erreicht. Diese Ordnung transzendiert in gewisser Weise das *suppositum* und seine Natur, da letztere nur das Medium mit einer entsprechenden Struktur darstellt, durch das sich die konkreten Akte zwar vollziehen, ohne jedoch von ihm ausgelöst zu werden. Dies obliegt der Person und ihrer Freiheit, insofern sie sich selbst ihre Ziele zu setzen und ihre Strebungen zu realisieren vermag. So gesehen steht der Mensch aufgrund seiner Personalität über seiner Natur und bedient sich ihrer. Damit verweist einerseits die menschliche Person über sich hinaus auf Gott als die vollkommene Personalität, gleichzeitig kommt durch die Natur, die das Handeln bestimmt sowie durch die individuelle materielle Existenz (die Individuation) ein Moment der Determination und Endlichkeit ins Spiel, welches das Subjekt bindet.

Diese Vorgabe zeigt sich zwar bei allen Tätigkeiten, doch bewahrt das Ich der Person seinen Selbstand. Bei allem, was die Person tut (ich arbeite, ich lese), erschöpft sie sich nicht in ihren Operationen. Dies ist möglich durch das *aktive* Verfügen der Person über ihre geistige Überexistenz, worin sich eine ontologische Freiheit manifestiert. Denn dieses Überströmen in den immanenten Akten steht im Dienst einer eigenen unerschöpflichen Dimension, die zu qualitativer Bestimmung fähig ist. Diese Dimen-

---

extérieure, et même – si on peut ainsi parler – de cette sorte de contrainte intérieure que constitue pour chaque être créé sa nature, sa structure constitutive [...]. Dans l'intelligent et l'aimant comme tel [...] toute la réalité extérieure s'intériorise au sein de cette activité immatérielle et intentionnelle qui est sienne et procède de lui.»

[72] *Principes* 203.
[73] *De Bergson* 106.
[74] Vgl. dazu die Zusammenfassung von 1941 in J. MARITAIN, *Messages. La conquête de la liberté*, ŒC Bd. VIII, 398: «La liberté spirituelle [...] vit d'une contemplation qui, parce qu'elle précède de l'amour, surabonde en action et pénètre dans les profondeurs du monde. L'héroïsme qu'elle implique ne se retire pas dans le sacré; il se répand sur le profane et il le sanctifie, il éveille de proche en proche la bonne volonté et l'amour fraternel.»

sion, welche die Person darstellt, ist wiederum offen für vielfältige Formen von Bereicherung aufgrund der grenzenlosen Potentialität des Geistes.[75] Doch worin besteht nun letztlich die entscheidende Vollkommenheit der Person? In *Pour une philosophie de l'éducation* gibt Maritain 1943 folgende Antwort.

> La perfection de l'homme consiste en la perfection de l'amour, et ainsi elle est moins la perfection de la personne que celle de son amour, où le 'soi' est en quelque façon perdu de vue. Et avancer dans cette perfection personnelle n'est pas copier un idéal. C'est vous laisser conduire, par un autre, là où vous ne voulez pas aller, et laisser l'Amour divin, qui appelle chacun par son nom, vous modeler et faire de vous une personne, un original, non une copie.[76]

Wie ist dabei die Unterscheidung von Natur und Übernatur gewährleistet? Maritain scheint allmählich die Vorstellung einer rein hypothetischen *natura pura* beiseite zu legen und die personale Wirklichkeit des Menschen in den Vordergrund zu rücken. Dabei wird deutlich, daß der Mensch schon aufgrund seiner Geistnatur auf Gott bezogen ist, insofern er nur anfanghaft, aber unverlierbar eine Personalität wie Gott bildet. Diese ist dazu geschaffen, in Freiheit oder Unabhängigkeit zur wahren Liebe zu gelangen, denn neben der Intuition gibt es «für das menschliche Leben nichts Größeres als die Liebe»[77]. Um allerdings zur wahren Liebe und zur echten Freiheit (oder Unabhängigkeit) zu gelangen, muß die transzendentale Vollkommenheit der Personalität von der Seite des Schöpfers her erhöht werden. Damit sind dessen Freiheit und seine freiwillige Unterstützung oder Gnadenhilfe angesprochen, die der Mensch zwar nicht einklagen kann, die aber mit der Erlösungsordnung bereits eine definitive Form erreicht haben und in denen Gott seinen absoluten Heilswillen manifestiert hat.

Jedoch ist die Geschichte von Gott und seinen geschaffenen Ebenbildern nicht nur von Liebe geprägt. Vielmehr trägt die Freiheit zur Liebe stets das Risiko ihres Mißbrauchs im Sinne einer egoistischen (Schein-)Liebe in sich.

---

[75] J. de FINANCE formuliert die Spannung zwischen der Unbestimmtheit des Geistes und seiner Fähigkeit zur Selbstbestimmung aufgrund seiner freien Überexistenz in Erkenntnis und Liebe mit folgenden Worten (*Essai sur l'agir humain* 208): «C'est à sa nature ouverte et infinie que le sujet doit, non seulement son indétermination mais la *possibilité* de la lever; puisqu'il s'agit d'une indétermination par excès et que, dans cet excès, le sujet possède déjà en quelque façon, quoique non déterminément, la détermination qu'il se donnera. Mais d'autre part, dès là que la nature spirituelle existe, elle n'est plus simplement indéterminée: elle est la nature de ce sujet; elle est accomplie dans la ligne de la subsistance, dans la ligne du 'soi'; un principe d'actualité et, radicalement, d'activation est en elle qui permettra de lever *effectivement* – selon le *quod* – l'indétermination.»
[76] *Pour une philosophie de l'éducation* 809.
[77] *Pour une philosophie de l'éducation* 795.

Dem aufmerksamen Leser wird sicher nicht entgangen sein, daß bislang nur von der positiven Entfaltung der Freiheit und Personalität die Rede war. Entsprechend ging es um die dazugehörige Ausrichtung der geistigen Überexistenz zur Selbsthingabe. Dies stellt allerdings nur die eine Seite der Medaille dar; deren Rückseite meint den negativen Umgang mit der Freiheit zur Selbstbestimmung, also den Mißbrauch der Freiheit zum Bösen und zur Sünde. Diesen Aspekt der Anthropologie werden die folgenden Paragraphen zu erhellen versuchen.

3. Die ontologische Freiheit des Menschen zum Nichts

a) Der Mensch zwischen Gut und Böse

Die Reflexionen über den Selbstand des geistbegabten Subjektes und seine Überexistenz haben gezeigt, daß die menschliche Person kraft der Natur ihres Willens nach dem absoluten Guten strebt. In der Wahl der Mittel und der endlichen Güter ist sie allerdings auf das Urteil ihres *liberum arbitrium* angewiesen. So steht die Person in der doppelten Spannung, einerseits ihre Freiwerdung und damit ihre Personalität erst erobern zu müssen.[78] Andererseits ist die Tatsache, überhaupt «in Freiheit zwischen Gut und Böse wählen zu können, Kennzeichen ihrer Unvollkommenheit als Geschöpf»[79], wie Maritain in einem Vortrag aus dem Jahr 1942 erwähnt[80]. Diese Unvollkommenheit macht sich auf verschiedene Weise bemerkbar. Dazu zählt die Tatsache, daß der Mensch als geschaffene Person nicht *causa sui* ist, sondern sich aus der Hand des Schöpfers empfängt und somit Gesetzen und Realitäten unterworfen ist, über die er nicht verfügen kann. Es kann so zu einer Art Konflikt zwischen der vorgegebenen Natur und der über sie verfügenden Person kommen, die ihre Freiheit ausübt und nach Selbstand strebt.[81] «Darüber hinaus ist die menschliche Person in das Elend und Mißgeschick des materiellen Naturgeschehens verstrickt, ist ihrem Körper und dessen Bedürfnissen unterworfen, nämlich der Vererbung, der Unwissenheit, dem Egoismus und der ungezähmten Wildheit der Instinkte.»[82] Alle diese Faktoren, die empfangene Natur sowie die beständigen Einflüsse der sie umgebenden Umwelt, wirken auf den Menschen ein und fordern ihn zu

---

[78] Vgl. *Principes* 189f.
[79] *Du régime temporel* 345f.
[80] Auch dieses Referat wurde unter seinem Ursprungstitel «Saint Thomas d'Aquin et le problème du Mal» in den Sammelband *De Bergson à Thomas d'Aquin* (New York 1944, 219-244) aufgenommen.
[81] Vgl. *De Bergson* 105.
[82] *De Bergson* 84.

einem verantwortlichen Umgang damit auf. Dieser ist freilich immer ein Ausdruck der Freiheit der menschlichen Person und damit nicht statistisch ableitbar oder vorhersehbar. So bleibt die freie Tat auch für die betreffende Person selbst bis zu ihrer Ausführung ein Geheimnis und offenbart in ihrer Neuheit auch das schöpferisch-individuelle Innere der Person.[83]

Dabei kommt freilich die doppelte Herkunft des Menschen zum Tragen, da er «notwendigerweise zwei Ursprünge hat, Gott und das Nichts; und der heilige Thomas erinnert uns daran, daß 'die Dinge, die aus dem Nichts gemacht sind, von sich aus zum Nichts hintendieren'»[84]. Das hat für die menschliche Freiheit weitreichende Konsequenzen. Denn wenn mit der Freiheit die moralische Ebene betreten wird, stellt sich unmittelbar die Frage nach dem Zusammenhang von Freiheit und Liebe, Sünde und Schuld. Doch so drückend die geschöpfliche Unvollkommenheit auch sein mag, «eine freie Kreatur, die von Natur aus nicht sündigen könnte, wäre ein viereckiger Kreis»[85]. Damit ist ausgesagt, daß Gott allein der vollkommen Gute, ja das Gutsein schlechthin ist, die geistbegabten Geschöpfe aber wegen ihrer Kreatürlichkeit notwendig unvollkommen sind und deswegen fallen oder sündigen *können*. So bedürfen sie von Natur aus zur Vollbringung des Guten einer besonderen Hilfe.

Maritain erklärt in Anlehnung an die Theologie ohne Umschweife, daß «Gott die Natur nicht geschaffen hätte, wenn er sie nicht auf die Gnade ausgerichtet hätte»[86]. Freilich hat die thomistische Tradition stets von Konvenienzgründen gesprochen, wenn es um die Erhöhung der Natur durch die Gnade ging. Dies ist noch keine innere Notwendigkeit, verweist aber auf den inneren Zusammenhang und das Angelegtsein der Natur auf die Gnade.[87] So zeigt die christliche Offenbarung, daß die Unvollkommenheit des Geschöpfs, Sünde, Schmerz, Leid und jede Art von Mißbrauch der geschaffenen Freiheit nicht einfach zum unabwendbaren Schicksal des Menschen gehören, sondern Ausdruck eines geheimnisvollen Liebeswerkes sind, das die Welt übersteigt. Es sind Gottes Güte und der Kosmos der göttlichen Gnade, die das Universum der Schöpfung transzendieren und die Erhebung der gefallenen Person zur göttlichen Liebe ermöglichen.

---

[83] Vgl. *De Bergson* 82.
[84] *De Bergson* 92. Vgl. THOMAS VON AQUIN, *De Veritate*, q. 5, a. 2.
[85] *De Bergson* 135.
[86] *De Bergson* 136.
[87] Vgl. *De Bergson* 131-133 sowie 134: «Mais selon saint Thomas pourquoi Dieu a-t-il permis le péché d'Adam, sinon pour le Christ, pour le rachat de l'homme et pour l'Incarnation? Et alors on pourrait dire que comme le péché d'Adam a été permis pour l'Incarnation rédemptrice, de même la liberté faillible a été créée pour l'amour de charité entre Dieu et la créature.»

Gerade in der Untreue des Menschen konnte sich Gottes unfaßbare Liebe offenbaren, da Christus die Sünde des Menschen auf sich genommen und sie durch seine Hingabe am Kreuz überwunden hat. So ist sie zum Kaufpreis und Lösegeld der Herrlichkeit des göttlichen Lebens geworden. Der Mensch steht also in seiner fehlbaren Freiheit nicht allein oder einer gleichgültigen ersten Ursache gegenüber, sondern findet sich einem Gott gegenüber vor, dessen Wunsch es ist, mit einer freien Freundschaftsliebe ersehnt und geliebt zu werden. Das bedeutet, daß Gott sich auf personale Weise verschenken und die geschaffene Person an seiner Freude teilhaben lassen kann. Dafür ist Gott das Wagnis der Sünde eingegangen, denn nur fehlbar freie Geschöpfe können ihn in Freiheit lieben.

> La peccabilité de la créature est ainsi la rançon de l'effusion même de la Bonté créatrice, qui pour *se donner personnellement* au point de transformer en elle un autre qu'elle, doit être *librement aimée d'amitié*, et qui pour être librement aimée d'amitié doit faire des créature *libres*, et qui pour les faire libres doit les faire *failliblement* libres. Sans liberté *faillible*, pas de liberté créée; sans liberté *créée*, pas d'amour d'amitié entre Dieu et la créature; sans *amour d'amitié* entre Dieu et la créature, pas de transformation surnaturelle de la créature en Dieu, pas d'entrée de la créature dans la joie de son Seigneur. Et il était bon que cette suprême liberté fût librement conquise. Le péché, – le mal, – est la rançon de la gloire.[88]

In dieser Wechselbeziehung von menschlicher Natur und göttlicher Gnade wird einmal mehr das Miteinander von geschaffener und ungeschaffener Freiheit sowie die Größe von Gottes zugleich allmächtiger wie auch schwacher Liebe sichtbar.[89] Während wir bisher vor allem die Möglichkeit eines fruchtbaren Miteinanders und einer Vervollkommnung der Personalität durch das Tun des Guten betrachtet haben, richten wir nun den Blick auf den negativen Umgang mit der Freiheit. Damit stellt sich die Frage nach einer genaueren Bestimmung des Bösen sowie nach seiner Entstehung im Zusammenhang mit der Freiheit der geschaffenen Geister.

Maritain betont in Anlehnung an Augustinus und Thomas, daß das *malum* nur als reine Abwesenheit oder Negation zu verstehen ist. Es drückt den Mangel eines *bonum* aus, das in einer Sache existieren könnte oder sollte. «Das Böse ist real, es existiert auf reale Weise wie eine Verwundung oder Verstümmelung des Seins. Es ist jedes Mal wirklich da, wo einer Sache [...] ein Sein oder ein Gut, das es haben sollte, entzogen wird.»[90] Da das Böse keine eigene Kausalität besitzt, handelt es durch das Gute hindurch und hat an dessen Mächtigkeit Anteil. Es wirkt also nicht selbst, sondern

---

[88] *De Bergson* 136*f.*
[89] Vgl. *De Bergson* 131.
[90] *De Bergson* 128 bzw. THOMAS VON AQUIN, *Summa Theologiae*, I^a, q. 48, aa. 2-3.

verwundet oder vermindert das Gute. Verständlich wird dies an körperlichen Leiden, so z.B. der Taubheit. Sie ist nicht als solche im Gehör zu finden, sondern drückt vielmehr eine Beeinträchtigung oder eine gestörte Funktionsfähigkeit des Hörsinns aus. Die Taubheit «existiert» also nur, insofern sie am Gut des funktionierenden Organismus als ein Mangel erscheint.[91] Darin, daß das *malum* nicht einmal über ein eigenes Sein, eine Essenz oder Bestimmung verfügt, zeigt sich einmal mehr seine metaphysische «Monstrosität». So gleicht die gesamte Schöpfung gewissermaßen einem Schauspiel oder «einer Prozession von Gütern, die vom Nichtsein verletzt sind und die ihrerseits endlos sich vergrößernde Massen an Sein und Gut anstecken, in denen dieser Prozeß weitergeht. So wird sich, solange die Welt existiert, das Nichtsein und das Böse in ihnen immer weiter und weiter fortpflanzen.»[92]

b) Die Willensfreiheit und das moralische Übel

Wie ist es nun möglich, daß das geistbegabte Geschöpf das Böse vollbringt? Maritain unterscheidet in *De Bergson* zwei Arten von Übel, nämlich das *Übel der Tat*, das die Operation des betreffenden Seienden schädigt, und das *Übel des Seins*, welches das Sein des *agens* selbst beeinträchtigt. Für gewöhnlich ist das Übel der Tat die Frucht eines Übels im Sein oder in den Potenzen des Handelnden. Denn die Tätigkeit der Seienden auf rein materieller Ebene ist auf transitive Akte begrenzt, die darum *immer* gut sind, selbst wenn das Gut des einen häufig zu einem Mangel des anderen führt. Die geistige Welt der freien Akte hingegen verfügt über eine eigene moralische Qualität, derzufolge ihre Subjekte bewußt das Gute *oder* das Böse wählen können.

Auf der Ebene der Tat ist das Übel die Frucht eines freien und gewollten Aktes. Dieser Akt kann allerdings nicht in der Natur oder dem Sein des Handelnden begründet sein, da dieser sonst keine andere Möglichkeit hätte als schlecht zu handeln. Während der Löwe nur überleben kann, wenn er die Gazelle frißt und damit seinem Instinkt folgt, muß der Mensch beispielsweise nicht einem blinden Selbsterhaltungstrieb folgen, sondern kann frei entscheiden, ob er sich seine Nahrung durch Diebstahl oder etwa durch

---

[91] Vgl. dazu *Les Degrés* 506: «Le mal est un être de raison en ce sens que pour penser la carence du bien qui devrait être dans un sujet je suis forcé de concevoir celle-ci comme quelque chose. Mais le mal existe très réellement et très positivement en ce sens que le sujet en question est bien privé ou mutilé du bien qui devrait être en lui. Le médecin ne trouve pas la surdité dans l'oreille [...] pourtant c'est quelque chose de bien réelle que d'être privé du sens de l'ouïe. [...] Le mal, la surdité [...] sont, en tant qu'objets posés devant l'esprit à la manière d'une substance ou d'une qualité, des non-êtres.»

[92] *De Bergson* 128*f.*

ehrlichen Erwerb verschafft. Darum kann die Natur oder das Sein des Willens nicht in sich gut oder schlecht sein, sondern der Wille vermag zwischen einer guten und einer schlechten Tat zu wählen. Das Übel eines freien moralischen Aktes besteht also nicht im Übel des Seins des Verursachers, sondern im Übel der Aktion.[93] Wie kann es dazu kommen?

> Partout où il y a une chose qui règle et mesure et une chose qui doit être réglée et mesurée, le bien dans ce qui est réglé et mesuré provient du fait que cela est réglé conformément à la règle et à la mesure, le mal provient du fait que cela n'est pas réglé ou mesuré selon la règle. [...] Que la volonté *n'use pas* de la règle de la raison et de la loi divine [...] voilà donc en quoi consiste l'absence ou le défaut préexistant [...]. Et de cette absence même ou de ce manque qui consiste à ne pas user de la règle [...] il n'y a pas lieu de chercher une cause, parce qu'à cela suffit la liberté même de la volonté, par laquelle le pouvoir lui appartient d'agir ou de ne pas agir.[94]

Grundsätzlich wird die Wechselwirkung eines Seienden auf ein anderes von Regeln oder Richtlinien bestimmt, die seiner Natur entsprechen. Die Einhaltung dieser Regeln entspricht darum dem Gut, ihre Mißachtung oder Verletzung dem Übel des Subjekts, wie Maritain im Anschluß an den Aquinaten festhält.[95] Dies gilt auch für das geistbegabte Subjekt, dessen Freiheit eben nicht eine völlige Selbstbestimmung oder ein Freisein von allen äußerlich-objektiven Vorgaben (ob nun hinsichtlich der eigenen Natur oder der moralischen Ordnung) meint. Vielmehr ist damit ein Handlungsspielraum umschrieben, innerhalb dessen sich das Subjekt für eine Annahme oder Ablehnung der entsprechenden Regeln entscheiden kann.[96] Die Entscheidung vollzieht sich über den Willen, der aufgrund seiner inneren Freiheit und doppelten Unbestimmtheit einerseits passiv bestimmt wird und sich andererseits entscheiden kann, zu handeln oder nicht zu handeln, die Anregung oder Regel zu beachten oder sich über sie hinwegzusetzen.[97]

Ontologisch sind dabei zwei Momente zu unterscheiden, nämlich die Nichtbeachtung der Regel und der darauf folgende Wahlakt bzw. die konkrete Entscheidung oder Tat. Der erste Aspekt betrifft den Willen. Dieser ist nicht dazu geschaffen oder gar dazu verpflichtet, sich beständig die

---

[93] Vgl. *De Bergson* 137-139.
[94] *De Bergson* 140*f*.
[95] Vgl. THOMAS VON AQUIN, *Summa Theologiae*, I^a, q. 49, a. 1, ad 3^m; I^a-II^{ae}, q. 75, a. 1.
[96] Vgl. *Principes* 193: «L'autonomie d'une créature intelligente ne consiste pas à ne recevoir aucune règle ou mesure objective d'une autre soi-même, mais à s'y conformer volontairement parce qu'on les sait justes et vraies, et parce qu'on aime la vérité et la justice.»
[97] Vgl. *De Bergson* 78: «Il y dans la volonté humaine une indétermination passive [et ...] une indétermination *active et dominatrice*. C'est cette indétermination-là qui constitue la liberté elle-même. La liberté consiste dans *la maîtrise de la volonté sur le jugement pratique lui-même qui la détermine.*»

VI DIE PERSON IN DER VERANTWORTUNG IHRER FREIHEIT 239

Regel vor seinem «geistigen Auge» präsent zu halten. Aus diesem Grund muß sie ihm nicht stets gegenwärtig sein, weshalb auch ihre Nichtbetrachtung in sich keine Sünde darstellt. Denn die einfache Abwesenheit oder das Beiseitelassen der Regel ist nichts anderes als die *negatio* gegenüber einer Vorgabe der Vernunft oder des göttlichen Gesetzes. Hingegen wird diese *negatio* zur *privatio*, also zum schuldhaften Fehlen und Mangel, wenn der Wille aktiv Operationen auslöst und sich dabei über die Richtlinie hinwegsetzt. Dies ist möglich, indem der Wille nicht betrachtet, was nun in der konkreten Situation gut und richtig wäre, sondern eine willkürliche Wahl vollzieht. Dazu kann er die Tätigkeit des Intellekts beeinträchtigen, indem er den Vorgang der Urteilsfindung beliebig abbricht, oder er kann sich selbst von einem subjektivistischen Gut anziehen lassen.[98] Während also im ersten Moment der Entscheidung der Wille nur eine Abwesenheit der Regel duldet, was noch keinen Fehler in sich darstellt, wird die darauf folgende Aktion, die ohne die Beachtung der Regel durchgeführt wird, mangelhaft und moralisch schlecht. Unklar bleibt bei diesen Ausführungen Maritains allerdings nach wie vor, wie der Wille einerseits blind ist und vom Intellekt «erleuchtet» wird, sich dann andererseits aber doch über die Regel hinwegsetzen kann – aus welchen Gründen auch immer.

Diese Spannung zeigt sich auch darin, daß sich nach Maritain die Freiheit des Willens entscheidend in der Be- oder Mißachtung der Regel widerspiegelt. Das Übel, das durch die Nichtbeachtung vorbereitet wird, beruht dabei nicht auf einer positiven Willensentscheidung, die das Böse will, sondern es wird um eines (wenn auch unvollkommenen) *bonum* willen gewollt. Der Wille läßt einen Mangel zu, durch den nicht dem *bonum*, sondern seiner Abwesenheit, dem Nichts, Raum gegeben wird. So kommt es nach Maritain einerseits zu einer Abwesenheit oder dem Nicht-Vorhandensein der Regel, was andererseits durch ein aktives Beiseiteschieben der Regel mittels einer «Initiative» des Willens entsteht. Wie kann dann aber der Wille überhaupt «wissen», was er wählen sollte, wenn er die Regeln nicht differenzieren kann?

Wie dem auch sei, Maritain hält daran fest, daß der Wille zwar weiß, welches *bonum* er wählen sollte, er aber trotzdem einem minderwertigeren oder scheinbaren Gut den Vorzug gibt. Damit wird das realisierbare Gut nur unvollkommen getan, also reduziert oder «verstümmelt» und mit einem Mangel versehen («mit dem Nichts angereichert»), wie das Beispiel der

---

[98] Vgl. *De Bergson* 142: «La faute de la volonté ne consiste pas en ceci qu'elle ne fait pas attention en acte à la règle de la raison ou de la loi divine, mais en ceci, que tandis qu'elle ne regarde pas la règle elle procède à l'acte de choix. Sa faute consiste en ceci que sans considérer la règle, – *absence* de regard dont sa liberté seule est cause, – *elle procède à l'acte de choix*, qui dès lors est *privé* de la rectitude qu'il devrait avoir.»

Taubheit gezeigt hat. Hierbei wird die Grenze der sprachlichen Ausdrucksfähigkeit erreicht, da unsere Worte immer etwas Seiendes, nie aber den Mangel selbst darstellen können.[99] Diese Unvollkommenheit des möglichen Guten umschreibt Maritain mit der Formel der «zerbrechlichen Anregung», da sie von Gott als transzendenter erster Ursache ausgeht und die Freiheit des Geschöpfes berücksichtigt. An letzterem liegt es darum, die Anregung zum Guten als solche zu erkennen und sie ihr Ziel erreichen zu lassen. Doch ebenso ist es möglich, daß die Anregung am Menschen scheitert und keine Frucht bringt.

> Il y a un moment de nature, non de temps, où la créature n'a encore rien fait, où il n'y pas encore d'élection faite [...], et où cependant elle a déjà *fait le rien*, en ce sens qu'elle n'a pas considéré sa règle, et cela librement et volontairement. [...] Si nous parlions de langage moderne, nous dirions [...] que la volonté *nihilise*, qu'elle *néante*. [...] Elle se dérobe [...] à l'influx porteur d'être et de bonté de la cause première, elle s'y dérobe en tant que cet influx, atteignant la zone libre comme telle, comporte en lui la possibilité d'être rendu vain (motion divine 'brisable').[100]

Auf diese Weise gelingt es Maritain, allein im Geschöpf die Ursache des Übels oder der Sünde zu sehen. Es ist frei, das «Nichts» zu vollbringen, das Gott weder will noch verursacht, sondern allein zuläßt. Die von Gott ausgehende Bewegung wird als eine Anregung verstanden, die am Willen der geschaffenen Person zerbrechen oder scheitern kann, wenn dieser sie nicht unter Beachtung der Regel und in Zusammenarbeit mit dem Schöpfer fortführt und ihrem «natürlichen» Verlauf Raum gibt, sondern sie «nihiliert». Diese Asymmetrie der Möglichkeiten von Mensch und Gott spiegelt den Unterschied zwischen dem Schöpfer und dem Geschöpf deutlich wider. Gott ist die erste Ursache allen Seins und jeglichen Guts in den Dingen, der Mensch hingegen steht in seiner Freiheit vor der Entscheidung, sich diesem Gut und der Gnade zu öffnen oder sie zu behindern und ihre Wirkung zu «nichtigen».

Wenn er sich für ersteres entscheidet, geht nach Maritain die *zerbrechliche* göttliche Anregung in eine *unzerbrechliche* (oder vielleicht besser: nicht gescheiterte) Anregung über und bringt die vom Schöpfer vorgesehene Frucht. Oder, um es in theologischen Termini auszudrücken: Die *gratia sufficiens* erreicht ihr Ziel und geht in die *gratia efficax* über. Dabei erwirbt sich das Geschöpf allerdings keinerlei Verdienst, da es selbst keinen positiv-schöpferischen Akt vollzieht, sondern dem Übergang von der zer-

---

[99] Vgl. *De Bergson* 146. Später wird Maritain sogar zugeben, daß hierbei den Worten Gewalt angetan wird, da sie im Dienst des Seins stehen, nun aber paradoxerweise das Nichts zur Sprache bringen müssen. Vgl. *Court traité*, ŒC Bd. IX, 92.
[100] *De Bergson* 147*f.*

brechlichen zur unzerbrechlichen Anregung Gottes keinen Widerstand entgegensetzt.[101]

Damit führt Maritain einerseits stringent die Überlegungen fort, die dem Willen eine existentielle Wirksamkeit zugestehen, welche aus dessen überströmender Motivation und seiner Ausrichtung auf das unendliche Gut stammen.[102] Denn die existentielle Wirkmächtigkeit des Willens verdankt sich unmittelbar dem göttlichen Einströmen, das als erste aktivierende Ursache dem Willen eine Handlungsfreiheit ermöglicht. Andererseits kommt darin einmal mehr die geschöpfliche Situation des Menschen zum Vorschein, der aus sich allein das Sein im Sinne des moralischen Guts nur mindern, nicht aber aus sich hervorbringen kann.[103] Maritain sieht diese Überlegungen bestätigt, indem er die neutestamentliche Stelle *Joh* 15,5 (Ohne mich könnt ihr nichts tun!) übersetzt mit «Ohne mich könnt ihr das Nichts tun!». Danach hat der Mensch nur zwei Möglichkeiten: Entweder erkennt er seine geschöpfliche Wirklichkeit an und ordnet sich Gott als höchstem Gesetzgeber unter, so daß er mit ihm als erster Ursache des Guten zusammenwirkt. Oder er lehnt die vorgegebene Ordnung und Regelung ab und handelt auf eigene Faust, folgt also seiner negativen Anlage und tut das «Nichts». Darin sündigt er sowohl gegen seine Natur als auch gegen seinen Schöpfer, da er sein will wie er. So schlägt er nicht nur Gottes Einladung zur Freundschaftsliebe und Teilhabe an seinem Leben aus, also die Erfüllung der ihm eigenen Aspirationen, sondern wählt auch die Einsamkeit, denn im Vollbringen des Bösen ist der Mensch einsam, im Vollbringen des Guten nie.[104]

Für Maritain ist «Nicht-Beachtung» nicht gleichzusetzen mit «Nicht-Erkennen». Maritain weiß sehr wohl, daß die Sünde durchaus mehr ist als nur ein Übersehen einer Leitlinie, aber ihm ist auch klar, daß das Wissen um die Regel noch lange nicht ihr Einhalten impliziert. Aus diesem Grund zieht

---

[101] In dieser Phase läßt Maritain nur zwei Möglichkeiten gelten, nämlich die Beachtung oder das Übertreten der Regel, während er später auch Beeinträchtigungen der göttlichen Anregung zugesteht, die nicht zu ihrem Scheitern führen.
[102] Vgl. *De Bergson* 80.
[103] S.o. 126-131, wo bereits die Spannung zwischen der geschaffenen und der ungeschaffenen Freiheit zur Sprache kam. Einerseits ist Gott die erste Ursache der geistbegabten Geschöpfe, andererseits verleiht er ihnen eine eigenständige und unverletzliche Freiheit. Vgl. *Du régime temporel* 345*f.*: «Il [Dieu] domine, il transcende à la fois l'ordre de la nécessité et l'ordre de la contingence; [...] c'est en tant même que je suis une cause libre et maîtresse de son action que son influx me pénètre, causant, à titre de cause première, en moi cause seconde libre, le mode lui-même de mon acte et sa perfection propre d'acte librement produit.»
[104] Vgl. *De Bergson* 148*f.*, v.a. Anm. 12.

er das Beispiel der Unterlassungssünde heran, bei deren Betrachtung er sich auf die Reflexionen des Aquinaten[105] stützt.

> La volonté peut être condamnée sans avoir agi et pour n'avoir pas agi; la volonté peut pécher sans agir, si elle n'agit pas au moment où elle pourrait et devrait agir. Mais la libre et volontaire non-considération de la règle, ce *non-acte* de considération [...] ne constitue pas un péché, tant [...] qu'en vertu de cette non-considération le *non-agir* lui-même de la volonté ne prend pas place au lieu de l'action due. *Alors* la libre et volontaire non-considération de la règle devient un péché d'omission, impliqué au surplus dans tout péché quel qu'il soit d'omission ou de commission.[106]

Das Ignorieren kann sich demnach sowohl auf das praktisch-praktische Urteil wie auch auf das praktisch-spekulative Urteil richten, also das Unterbleiben einer genaueren Erwägung dessen, was zu tun oder zu unterlassen ist, ob es sich nun um einen Appell von außen oder den Umgang mit den inneren, teilweise eben triebhaften Impulsen handelt.

Schwierig bleibt aber nach wie vor die Frage, wie der Wille durch «Nichtstun» schuldig werden kann, wenn die göttliche Anregung von ihm nichts anderes als ein rein passives Durchlassen verlangt. Wenn darum der Wille zum Guten keine Eigeninitiative erbringen muß, wie soll dies dann vom Nichtstun oder der Nicht-Beachtung der Regel unterschieden werden, wodurch dem Willen eine Negativ-Tätigkeit zugestanden wird, die eine «nichtigende» Wirkung hat? Umgekehrt ließe sich nämlich auch fragen, ob er nur zum Tun des *bonum* oder auch zum Nicht-Vollbringen des *malum* der Gnadenhilfe bedarf. Zwar werden die dazugehörigen *gratiae actuales* auch als natürliche Hilfen von Gott gedeutet, selbst wenn sie in der aktuellen Ordnung übernatürlich sind; jedoch bleibt der Wille von sich aus auf natürlicher Ebene zu keiner guten Tat fähig, sondern kann nur etwas Gutes erreichen, wenn er von Gott dazu bewegt wird.

Eine Hilfe zu dieser Problematik findet sich in der Unterscheidung zwischen der Natur des Willens und der Verfügungsgewalt des Subjekts über seine konkrete Wahl. Dabei spielt auch die natürliche und die übernatürliche Ebene eine Rolle, was besonders bei den Engeln zutage tritt.

c) Die Freiheit der Engel

Seltsamerweise bestimmen eine Reihe von Spannungen hinsichtlich der göttlichen Anregung zum Guten und der geschöpflichen Freiheit nicht nur in *De Bergson* Maritains Denken, sondern bleiben bis zum Ende unverbunden nebeneinander stehen. Darum sollen nun die zwei Spätwerke zu dieser

---
[105] Vgl. THOMAS VON AQUIN, *Summa Theologiae*, I^a-II^{ae}, q. 6, a. 3.
[106] *De Bergson* 147, Anm. 11.

Thematik aus den Jahren 1956 und 1963 bereits an dieser Stelle untersucht werden, in denen sich Maritains Position kaum verändert und die er in seine Weiterentwicklung offensichtlich nicht integriert. Die damit verbundenen Unstimmigkeiten sollen dann im Anschluß an die Vorstellung der beiden Werke aufgezeigt werden.

Maritain legt den Aspekt der geschöpflichen Entscheidungsfreiheit nochmals ausführlicher in einem 1956 erschienenen Aufsatz dar, der den Sündenfall der Engel behandelt.[107] Darin kommen auf besondere Weise «das Wesen des *liberum arbitrium* sowie die Beziehung des geistbegabten Geschöpfes zu seinem letzten Ziel»[108] zur Sprache. Den Zusammenhang zwischen der Entscheidungsfreiheit und der Beachtung oder Mißachtung der Regel versteht Maritain in Anlehnung an den heiligen Thomas[109] weder im Sinne eines Irrtums noch einer mangelnden Erkenntnis, sondern als Frucht des praktisch-praktischen Urteils, da das willentliche Ignorieren der Regel nicht das Gleiche ist wie ihr einfaches Nicht-Kennen.[110] Somit meint die Sünde der reinen Geister letztlich eine «willentliche Nicht-Berücksichtigung der Regel»[111], da es im Geist des Engels keine Verdunkelung des Intellekts gibt. Er durchschaut Dinge und Handlungen in ihrer Motivation bis auf den Grund, so daß er «das Böse im vollen Bewußtsein, durch einen reinen Willensakt wählen kann, ohne daß zuvor der Intellekt einem Irrtum zum Opfer gefallen ist»[112]. Seine Sünde besteht also darin, daß er «etwas in sich Gutes auf maßlose Weise begehrt und liebt»[113].

> L'esprit pur choisit ainsi le mal avec une souveraine liberté, sans qu'aucune lumière au monde puisse l'en détourner en le convainquant d'ignorance ou d'erreur, en lui montrant qu'il se trompe. [...] Il sait parfaitement qu'il constitue son bien dans un acte mauvais, et s'élève contre l'ordre établi par la Vérité subsistante – sans excuse à invoquer ni merci à demander – simplement parce qu'il *aime mieux* cela [...]. Il veut être mauvais, c'est tout. [...] Tout en sachant avec pleine évidence qu'il doit vouloir avec mesure sa propre grandeur, il la veut sans mesure. Cela ne veut pas dire qu'il veut le mal en tant même que mal, ce qui est impossible. Mais il suffit du

---

[107] Damit greift Maritain teilweise wörtlich Überlegungen auf, die er bereits 1949 bei einer Vorlesung darlegte und 1951 in den *Neuf leçons sur la philosophie morale* (ŒC Bd. IX, 875-879) veröffentlichte.
[108] J. MARITAIN, *Le péché de l'ange*, ŒC Bd. X, 975.
[109] Vgl. THOMAS VON AQUIN, *De Malo*, q. 1, a. 3.
[110] Vgl. *Le péché* 1014f.: «Détourner volontairement son regard d'une chose parfaitement vue et connue (*to ignore*) n'est nullement ignorer (*to be ignorant of*). Comment l'inconsidération volontaire de la règle pourrait-elle avoir rang d'ignorance au sens propre du mot, alors que de soi elle n'est en aucune manière une privation? [...] Elle ne devient une privation que dans le quelque chose d'existant, l'opération libre elle-même qui émane du vouloir avec la déformation due à cette inconsidération.»
[111] *Le péché* 976.
[112] *Le péché* 978f.
[113] *Le péché* 979.

néantement qu'est l'inconsidération volontaire de la règle pour qu'à ce moment d'inconsidération volontaire il trouve bon, – bon pour lui, – d'agir mal.[114]

In dieser Art der Wahlfreiheit kommt im letzten die geheimnisvolle Macht des Geschöpfes zum Ausdruck, sich der Güte Gottes zu widersetzen und damit eine schlechte Initiative auszulösen. Doch bei den geschaffenen reinen Geistern sind damit weitreichende, ja unwiderrufliche Konsequenzen verbunden, da es im wahrsten Sinne des Wortes um Himmel oder Hölle geht. In ihrem Freiheitsakt kommt sowohl die Unterscheidung wie auch die innere Verbindung ihrer natürlichen und übernatürlichen Vervollkommnung in Gott zum Tragen. Beide Aspekte sind insofern voneinander zu unterscheiden, als theoretisch eine rein natürliche Schau Gottes für Engel denkbar wäre. Diese wäre zwar unendlich von der *visio beatifica* unterschieden, da nur letztere die übernatürliche Seligkeit zu erwecken vermag. Zugleich sind in der konkreten Gnadenordnung beide Aspekte verbunden, da Gott den Engel so geschaffen hat, daß er sich in Freiheit *für* Gott entscheiden kann, wodurch «das Geschöpf vergöttlicht wird», indem es «Gott besitzen und ihn schauen darf, wie er sich schaut»[115]. Doch damit es zu dieser unverlierbaren Schau Gottes kommen kann, bedarf es der individuellen Antwort jedes Engels auf das Liebesangebot Gottes. Diese Möglichkeit erreicht über kurz oder lang bei allen Geschöpfen einen endgültigen Zustand, ob dieser nun, wie beim Menschen, im Augenblick der Trennung von Seele und Leib eintritt, oder im Moment, in dem der Engel seine Wahl trifft.[116] Wie läßt sich dieser für den Engel alles entscheidende Moment nun genauer fassen?

Ausgangspunkt ist wie beim Menschen eine natürliche Sehnsucht oder Aspiration nach der Seligkeit. Diese ist vom Schöpfer vorgegeben und gehört notwendig zur Natur des Geschöpfes, worin zugleich die Grundlage für dessen Antwort liegt. So unterscheidet Maritain vier analoge Arten der Ausrichtung des geschaffenen Geistes auf das höchste Gut, wobei die jeweilige Form der «Liebe» im weitesten Sinne zu verstehen ist. Die erste Art meint die natürliche ontologische Liebe. Sie richtet sich auf das höchste Ganze und gehört zu den Grundneigungen jedes Seienden. Diese ontologische Liebe zu Gott, die ihn über alles liebt, entstammt keinerlei Erkenntnis, sondern ist vom Schöpfer unveränderlich und unverlierbar ins Geschöpf hineingelegt und äußert sich in der Ausrichtung des Willens auf das Gute.

Zu dieser ontologischen Liebe kommt die notwendige Liebe zur eigenen Natur hinzu. Diese Art von «instinkthafter Liebe zum Wohl der eigenen

---

[114] *Le péché* 981.
[115] *Le péché* 983.
[116] Vgl. *Le péché* 984.

Natur» umfaßt die geistbegabten wie geistlosen Geschöpfe. In ihr wird im konkreten Gut das höchste Ganze, auch wenn es nicht gekannt wird, unter dem Aspekt des allgemeinen oder alles umfassenden Guts erstrebt. Diese instinkthafte oder spontane Liebe umfaßt eine ausdrückliche Liebe (*amor elicitus*) zum eigenen Wohl, ist darin aber implizit auf Gott ausgerichtet (*amour ontologique intraélicite*). Auch diese Liebe ist notwendig, unverlierbar und subsistiert selbst in der Hölle. Freilich kommt hierin eine besondere «Überfinalität» zum Ausdruck, da das Geschöpf sein eigenes Ziel erstrebt *aufgrund* seiner Liebe zum höchsten Ziel. Maritain vermeidet den Begriff des *desiderium naturale*, verweist aber auf die Spannung oder besondere Finalität, die aus der impliziten Ausrichtung auf das höchste Gut entsteht, da das geistbegabte Subjekt in sich eine Sehnsucht vorfindet, die nicht ohne eigenes Zutun erfüllt, deren Erfüllung aber auch nicht beansprucht werden kann.

> Car l'élan de l'agent créé vers sa fin propre et son élan vers Dieu étant un seul et même élan, il va – sous le rapport de l'intensité de l'exercice – d'abord á Dieu (d'une priorité de nature), et ensuite à la fin propre de l'agent; bien que sous le rapport de la spécification par l'objet il aille d'abord à la fin propre de l'agent créé, et par au-delà, à Dieu.[117]

Davon verschieden ist drittens die ausdrückliche Liebe (*amor elicitus*), bei der freilich zwei Momente zu unterscheiden sind: Zum einen die spontane Reaktion des Willens und dann die vom Subjekt ausgehende freie Antwort. Zu einer ersten unmittelbaren Bewegung des Willens kommt es, sobald der Intellekt mit der Existenz des Ursprungs alles Guten, mit dem subsistierenden Gut, konfrontiert wird. Denn der Wille ist nicht nur für die Wahl zuständig, sondern fungiert ebenso als Strebevermögen. Das heißt, daß es nicht nur auf der Ebene der Sinne, sondern auch auf der Ebene des Wollens zu spontanen Regungen kommen kann, gerade angesichts des Schönen oder des Guten. Maritain begründet diese Auffassung mit einem weiteren Hinweis auf den Aquinaten, nach dem der Geist selbst zwar keine Passionen besitzt, aber Liebe, Freude, Furcht, Bewunderung usw. erfährt «secundum quod nominant simplices actus voluntatis»[118]. Diese spontanen Willens- oder Gemütsregungen können aber, im Gegensatz zu den beiden ersten Formen der Liebe, unterdrückt werden, da sie indirekt und extrinsisch vom *liberum arbitrium* abhängen. Auch kann sich diese Liebe beim Menschen auf ein allgemeines Wollen oder Erstreben des höchsten Ganzen beschränken. Beim Engel freilich ist vom ersten Augenblick seiner Erschaffung an

---

[117] *Le péché* 988.
[118] THOMAS VON AQUIN, *Summa Theologiae*, I\ua, q. 64, a. 3.

aufgrund seines eingegossenen Wissens die Erkenntnis seines eigenen Wesens mit der Schau Gottes als der Quelle alles Guten verbunden.

> Il y aussi en lui [l'ange] un amour-de-nature élicite de Dieu par-dessus tout qui au premier instant jaillit de la nature nécessairement (quant à son mode d'émanation) mais en pouvant de soi être empêché par la liberté [...]. Cet amour-de-nature élicite du Tout suprême par-dessus tout est enveloppé dans l'amour-de-nature par lequel l'Ange s'aime soi-même.[119]

Auch diese spontane Liebe kann also unterdrückt werden, weshalb sie bei den gefallenen Engeln nicht mehr existiert. Grund dafür ist aber ein zweites Moment, nämlich die freie Entscheidung für oder gegen Gott, womit wir beim vierten oder letzten Aspekt sind. Maritain weist darauf hin, daß in jeder geistbegabten Natur eine natürliche Neigung vorhanden ist, das höchste Ganze mehr als sich selbst mit einer ausdrücklichen Liebe aufgrund einer *freien Option* zu lieben. Diese naturhafte Neigung stellt freilich für den Willen keine Notwendigkeit oder vorgegebene Bestimmung dar, sondern eine Disposition. Diese Inklination richtet sich auf Gott nicht nur, «weil er das höchste Ganze und das *bonum commune* darstellt, sondern auch, weil er unendlich von allem getrennt ist im Mysterium seines Wesens»[120]. Jeder freie Liebesakt geht deshalb zum einen positiv und direkt aus der Freiheit des Geschöpfes hervor, da es ihn durchaus verweigern könnte. Zum anderen ist die ursprüngliche Neigung im Menschen nicht unversehrt erhalten, so daß er aufgrund der Erbsünde faktisch nicht in der Lage ist, ohne die Mithilfe der Gnade Gott über alles und mehr als sich selbst zu lieben.[121]

Hieran nun wird Maritains Position vollends deutlich: Einerseits kann nichts ohne die Gnade und ohne übernatürliche Mitwirkung geschehen, andererseits kommt dem Geschöpf eine besondere Freiheit zu, da die Akte des *liberum arbitrium* nicht zu dieser Welt gehören. Sie sind weder aus der Natur ableitbar noch durch Gottes Willen vorbestimmt. So bleiben sie auch der Einsicht der Engel verborgen und werden erst im Moment ihrer Ausführung als freie Tat offenbar. «Das *liberum arbitrium* übersteigt [transcende] die Welt der Schöpfung und kann darum einen Akt hervorbringen, der Gott über alles auf direkte und unvermittelte Weise liebt; in ihm geht die Person über diese Welt hinaus und überwindet ohne Vermittlung den Abgrund

---

[119] *Le péché* 990.
[120] *Le péché* 991.
[121] Vgl. *Le péché* 991: «Car l'inclination dont nous parlons à aimer Dieu par dessus tout [...] existe chez l'homme dans l'état de nature déchue comme chez toute créature, – mais si affaiblie et si contrariée chez lui que sans la grâce il ne peut pas, de fait, aimer Dieu plus que lui-même.»

zwischen dem Geschaffenen und dem Ungeschaffenen, um sich dem Ungeschaffenen hinzugeben.»[122]

Während also in einem ersten Moment (dritter Fall) die Natur von der Gnade erhöht und somit die erste spontane Reaktion des Engels von der Gnade *vollbracht* wird, kommt der zweite Moment, der Augenblick der eigentlichen Freiheit, nur unter der *Begleitung* der Gnade zustande.[123] So gibt es im ersten Moment sowohl die anfangshafte Freiheit des Willens als auch die durch die Einwirkung der Gnade hervorgebrachte Notwendigkeit, aufgrund derer die Natur Gott ersehnt.[124] Im zweiten Moment hingegen (vierter Fall) kommt die Freiheit vollends zum Vorschein. Darin bestätigt der Engel durch einen freien Liebesakt (*caritas*) die spontane Bewegung und den intrinsisch nicht freien Akt.

> L'Ange confirme librement, par un acte de charité, le mouvement spontané et l'acte non intrinsèquement libre (mais empêchable par le libre arbitre, quoique non empêché de fait), l'amour-de-nature élicite (surélevé par la grâce) qui le portait à Dieu aimé plus que lui-même. Il ne bouge pas. Il s'enfonce et se fixe librement dans le bien.[125]

Zusammenfassend läßt sich deshalb sagen, daß Maritain die Freiheit der geschaffenen Person von zwei Momenten bestimmt sieht: Einerseits von der eigenen geistbegabten Natur, die die Berufung in sich trägt, in der Anschauung des höchsten Gutes ihre Vollendung zu finden, und andererseits die Freiheit, dieser Berufung ein endliches Gut vorzuziehen, also das «Nichts» zu tun.[126] Dies schließt, wie wir gesehen haben, die Mithilfe der Gnade keineswegs aus. Verdeutlicht wird dies nochmals durch Maritains Überlegungen zum Engel im theoretischen Zustand der reinen Natur. Er wendet sich dabei gegen Dominique Bañez und die Schule von Salamanca, da ihm die Vorstellung einer geschaffenen und zugleich zur Sünde nicht

---

[122] *Le péché* 995f.

[123] *Le péché* 1018f.: «Chez l'ange créé en état de grâce le premier instant est par excellence l'*instant de la nature* (**achevée** par la grâce) de l'élan naturel (surélevé), tandis que le second instant est par excellence l'*instant de la liberté* (**assistée** par la grâce).»

[124] Vgl. *Le péché* 1029.

[125] *Le péché* 1033. Vgl. die ähnliche Formulierung in *De Bergson* 150: «Quand la créature n'a pas 'néanté' sous la grâce (ce qui n'est pas un mérite de sa part, ni un acte, ni un choix, ni un apport quelconque, car ne pas prendre l'initiative du néant n'est pas faire quelque chose, c'est seulement ne pas bouger sous l'action divine), la motion divine ou la grâce [...] fructifie.»

[126] Daran knüpfen die «Ideen» oder «Träumereien» des späten Maritain mit einer gewissen inneren Schlüssigkeit an, nach denen er es durchaus für möglich hält, daß Gott in Verbindung mit dem Jüngsten Gericht das reine Wunder seiner Barmherzigkeit vollbringt und den gefallenen Engeln einen «natürlichen Glückszustand» ermöglicht, sie also von den wohlverdienten Höllenstrafen dispensiert, ohne sie an der übernatürlichen Schau teilhaben zu lassen. Vgl. *Approches sans entraves. Idées eschatologiques*, ŒC Bd. XIII, 474f.

fähigen Kreatur unhaltbar erscheint.[127] Mit Thomas betont er: «Alle geschaffenen geistbegabten Substanzen tragen darum in sich die Möglichkeit, in ihrer Willenstätigkeit fehlzugehen.»[128] Wie er hält Maritain an der inneren Freiheit der Engel fest, da «weder seitens des Willens noch des Intellekts im Zustand der reinen Gnade die natürliche Vollkommenheit des Engels seine Unfähigkeit zur Sünde zur Folge gehabt hätte»[129]. Das bedeutet, daß selbst im Zustand der reinen Natur bei einem Akt der freien Liebe zu Gott als dem höchsten Gut nicht ausgeschlossen werden kann, «der Möglichkeit der Versuchung und des Falls ausgesetzt zu sein beim Überschreiten des Abgrundes, der das Geschaffene vom Ungeschaffenen trennt, [...] und dadurch in sich selbst einen Sieg des Letzteren über das Erstere zu erringen»[130].

Was also für den hypothetischen Zustand der reinen Natur gilt, ist umso mehr für den Zustand der Gnadenordnung anzunehmen, nämlich die Möglichkeit eines freien Liebesaktes Gott gegenüber. Darin würde die geschaffene Freiheit einen Sieg über ihre Eigenliebe davontragen und in einem freien Liebesakt Gott mehr als sich selbst lieben. Allerdings ist das Geschöpf ohne die Unterstützung der Gnade nicht in der Lage, seine Selbstliebe zu überwinden und Gott über alles zu lieben.

A l'instant de l'option l'Ange, dans l'état de nature pure comme dans l'état de grâce, aurait pu, au lieu d'aimer Dieu par-dessus tout, se tourner par un acte de vouloir démesuré vers la perfection et la beauté de sa propre nature aimée par-dessus tout, en sachant qu'il fait mal et en voulant faire mal.[131]

Die Notwendigkeit der Gnadenhilfe für das geistbegabte Geschöpf unterstreicht einmal mehr Maritains Auffassung von der Asymmetrie göttlicher und kreatürlicher Wirkursächlichkeit, derzufolge die geschaffene Person als Erstursache allein eine Minderung des Guten bewirken kann. Allerdings zeigt die Art, wie Maritain natürliche und übernatürliche Ordnung unterscheidet, daß die Person des Engels über seine Fakultäten und damit über seine Natur hinausgeht. Denn nach Kajetan ist der Engel eine vollkommene

---

[127] Vgl. THOMAS VON AQUIN, *Summa contra Gentiles*, III, c. 109: «In Deo igitur peccatum voluntatis esse non potest. In quocumque autem alio volente, cuius proprium bonum necesse est sub ordine alterius boni contineri, potest peccatum accidere voluntatis, si in sua natura consideratur. [...] Relinquitur igitur suo arbitrio quod propriam perfectionem in superiorem ordinet finem.»
[128] THOMAS VON AQUIN, *Compendium Theologiae*, I, c. 113 bzw. *Le péché* 1001.
[129] *Le péché* 1002.
[130] *Le péché* 1004.
[131] *Le péché* 1010.

Form, die in reiner Selbsterkenntnis alles mit völliger Klarheit erfaßt.[132] Doch wenn der Wille dem Intellekt folgen müßte, dann gäbe es keinen natürlichen Grund und noch weniger eine natürliche Möglichkeit zu sündigen. Für eine unvollkommene Einsicht des Engels und ein daraus resultierendes falsches Wollen wäre darum letztlich Gott verantwortlich, da er es dem Engel gegenüber an der notwendigen Gnade hätte fehlen lassen. Maritains Ausführungen hingegen machen deutlich, daß es im Engel, insofern er nicht Gott ist, eine Potenz oder einen existentiellen Mangel gibt, der ihn zwar auf Gott ausrichtet, aber Raum läßt für die Sünde. Damit bewegt sich Maritain einerseits in der existentiellen Ordnung und zeigt die Unzulänglichkeit des natürlichen Intellekts, alles von sich aus zu bestimmen. Andererseits zeigt sich auch, daß für ihn der Engel mehr als nur reine Form oder reine Natur ist, sondern über ein darüber hinausgehendes Zentrum verfügen muß. Es muß in ihm also auch in der natürlichen Ordnung eine Art von Potentialität geben, so daß er zu Veränderungen fähig und damit frei ist.

So lassen Maritains Überlegungen zur Fallibilität des Engels zumindest erkennen, daß er den Akzent stärker auf die existentielle Ordnung legt. Im Hintergrund steht dabei das Bemühen Maritains, um jeden Preis die Unschuld Gottes am Bösen zu bewahren. Dies wird deutlich in einem Vortrag, den er sechs Jahre nach *Le péché* hält.

d) Gottes Unschuld an der Schuld des Geschöpfes

Im Jahre 1962 hält der mittlerweile achtzigjährige Maritain in Toulouse einen Vortrag über die Zulassung des Bösen durch Gott.[133] Dabei greift er erneut die Frage nach dem Zusammenhang der Freiheit des Menschen mit ihrem Gehaltensein durch Gott auf. Es geht ihm vor allem um die Aufrechterhaltung der «absoluten Unschuld» Gottes, wozu er sich einmal mehr wie der heilige Thomas gegen die direkte oder indirekte Verursachung der Sünde durch Gott verwehrt.[134] Er wendet sich damit explizit gegen die Auffassung von Bañez, Johannes von Sankt Thomas sowie der Schule von Salamanca, die zwar nicht von der Vorherbestimmung zur Sünde sprechen, dafür aber den Begriff des *decretum permissum antecedens* einführen. Damit ist ein der Sünde vorausgehender Ratschluß Gottes gemeint, der die zureichende, aber nicht die wirksame Gnade gewährt und somit die Sünde

---

[132] Vgl. CAJETAN, *In I^{am}*, q. 63, a. 1, nr. V: «Angelus in puris naturalibus, respectu objectorum naturalium, non potest deficere.»
[133] Der Vortrag erschien mit zwei weiteren unter dem Titel *Dieu et la permission du mal* (Paris 1963).
[134] Vgl. THOMAS VON AQUIN, *Summa Theologiae*, I^a-II^{ae}, q. 79, a. 1: «Deus non potest esse directe causa peccati vel sui vel alterius. [...] Similiter etiam neque indirecte. [...] Et sic patet quod Deus nullo modo est causa peccati.»

ermöglicht, ohne sie direkt zu verursachen. Da aber ohne die wirksame Gnade das Geschöpf zum Guten nicht fähig ist, ist Gott und nicht der Mensch aufgrund nicht ausreichend gewährter Gnadenhilfe für die Sünde verantwortlich.[135] Maritain hingegen vertritt die Auffassung, daß Gott nicht nur ein bedingtes Gnadenangebot macht, sondern alle Gnadenhilfe anbietet, damit das Geschöpf das Gute vollbringen kann. Es *braucht* dann nichts weiter tun als seinen freien Willen der ungeschuldeten Anregung Gottes zum Guten zu überlassen. Das ist für Maritain mit der «Unschuld Gottes» gemeint, die alles tut, um dem Menschen das Vollbringen des Guten zu ermöglichen.

Zugleich hält Maritain auch zu L. Molina Abstand, der eine Erstursächlichkeit für das Gute im Menschen annimmt.[136] Für Maritain jedoch ist die asymmetrische Kausalität von Schöpfer und Geschöpf zu betonen, nach der für die Sünde und das unvollkommene Gute der Mensch allein verantwortlich ist, während alles Gute seine Erstursache allein in Gott hat. Beide Freiheiten werden respektiert, da im Normalfall die Anregungen Gottes an der Willensfreiheit des Geschöpfes scheitern können: «Eine *zerbrechliche* göttliche Anregung ist genau das, was einer *fehlbaren* menschlichen Freiheit entspricht.»[137] Wird diese Anregung vom Geschöpf nicht behindert, bringt sie von sich aus Frucht, ohne weiterer Bestimmungen oder Ergänzungen von Seiten des Geschöpfes zu bedürfen. Diese nicht-scheiternden Anregungen bedeuten, daß «das Geschöpf frei und unfehlbar in seinem Tun die Regel beachtet und diejenige gute Tat vollbringt, zu der es durch Gott angeregt wurde»[138]. An diesen Anregungen sind im Normalfall auch konkrete psychologische Faktoren beteiligt, so z.B. das tiefere Erfassen einer Wahrheit, eine kluge Überlegung, eine natürliche oder übernatürliche Inspiration, eine besondere Anziehungskraft durch den Willen, eine Liebe oder eine Sehnsucht, eine besondere Anziehung oder ein Anstoß des Unbewußten, oder ebenso ein guter Ratschlag, ein Beispiel, eine Lektüre. «Alle diese Dinge können unter göttlichem Einfluß eine bestimmte Tendenz oder Bewegung zum Guten hin, also die Ausführung einer guten Option hervorru-

---

[135] Vgl. J. MARITAIN, *Dieu et la permission du mal*, ŒC Bd. XII, 29: «On inventait un *décret permissif antécédent* qui précédait cette défaillance [coupable de la créature], et en vertu duquel l'acte mauvais arrivait [...]. Dieu n'avait qu'à *ne pas donner* sa grâce efficace: la créature, qui gardait le *pouvoir* de bien faire apporté par la grâce suffisante, de fait n'exerçait pas ce pouvoir, du moment qu'elle se trouvait privée de la grâce efficace.»

[136] Vgl. *Dieu et la permission* 28: «Molina [...] attribuait à l'homme *dans la ligne du bien* les initiatives premières qu'il n'a que dans la ligne du mal. En d'autres termes il méconnaissait lui aussi le principe de la dissymétrie entre la ligne du bien et la ligne du mal.»

[137] *Dieu et la permission* 48.

[138] *Dieu et la permission* 49.

fen.»[139] Wie also ein bestimmter Impuls einer konkreten Tat vorausgeht, so bedient sich auch Gott nicht einer unbestimmten Anregung, sondern eines gezielten Anstoßes zu einem ganz speziellen Gut.

> Dans la ligne du bien l'idée d'une *motion* divine indéterminée ou indifférenciée, qu'il dépendrait de la liberté créé de compléter ou terminer dans un sens ou dans l'autre, est une idée irrecevable [...]. Mais dans la ligne du mal une *permission* (je ne dis pas une motion) [...] divine *indéterminée* est un concept valable et nécessairement requis.[140]

Der geordneten Anregung von Gott her steht also im Fall der Sünde eine ungeordnete «Nichtigung» gegenüber, wodurch es zu einer unvollkommenen, mangelhaften Operation kommt. Doch muß nicht in jedem Fall der Wille des Geschöpfes über den Schöpfer siegen. So gesteht Maritain einerseits durchaus die Möglichkeit zu, «daß Gott einzelnen [Menschen] nichtscheiternde Anregungen von Anfang an gibt»[141]. Dabei wird die fehlbare Freiheit nicht aufgehoben, sondern auf göttliche Weise vor ihrer eigenen Schwachheit geschützt, so daß es nicht zu einer Nicht-Berücksichtigung der Regel kommen kann. Nichtsdestoweniger ist ein solcher Fall «eher eine Ausnahme und etwas Übermenschliches und gehört zu den Mysterien der freien Bevorzugungen Gottes»[142].

Doch wesentlich «wunderbarer» ist für Maritain der Umstand, daß Gott, wie schon der heilige Augustinus formulierte, «das Böse nie zulassen würde, wenn er nicht mächtig und gütig genug wäre, um selbst aus dem Übel Gutes hervorzubringen»[143]. Das heißt, daß Gott das Übel nur um eines größeren Gutes willen geschehen läßt, daß letztlich also seine Allmacht immer wieder dem Guten zum Sieg verhilft.

> Dieu laisse normalement, par son décret permissif conséquent, s'accomplir au fond du cœur l'option ou élection mauvaise, ce même décret permissif conséquent ne laisse cependant les actes d'exécution s'accomplir dans le monde que dans la mesure et selon la manière qui convienent aux divins desseins du bien; et le cours des choses [...] reste ainsi toujours plastique sous la main divine.[144]

---

[139] *Dieu et la permission* 64.
[140] *Dieu et la permission* 49f. Maritain geht hiermit auch auf die berechtigte Kritik von J.-H. NICOLAS («La permission du péché», RThom 60 (1960) 195f.) ein, derzufolge in *Court traité* nicht explizit von einer differenzierten göttlichen Anregung die Rede war. So gibt Maritain ehrlich in einer erweiterten Fußnote der zweiten Auflage von *Court traité* 1964 zu, daß ihn «die lange Diskussion überhaupt nicht befriedigte», weshalb er hofft, daß seine Position in seinem Werk *Dieu et la permission du mal* (v.a. 63f.) nun «präzisiert, erhellt und auf vollständigere Weise vertreten sei» (*Court traité* 96, Anm. 9).
[141] *Dieu et la permission* 48.
[142] *Dieu et la permission* 49.
[143] AUGUSTINUS, *Enchiridion*, Kap. III, 11. Vgl. *Dieu et la permission* 69.
[144] *Dieu et la permission* 90.

Das bedeutet, daß «Gott jedes Mal, wenn ein freies Geschöpf von seiner Seite her das Werk Gottes beschädigt, es wieder herstellt, und dazu noch besser als es zuvor war, und es höheren Zielen zuführt». Je mehr darum die «irdischen Götter Grauen und Übel wuchern lassen, desto mehr lassen die Heiligen in ihrer Liebe die Großartigkeit des Guten überströmen, indem sie ergänzen, was am Leiden Christi noch fehlt»[145].

Mit diesen Überlegungen mag es Maritain durchaus gelingen, Gottes Unschuld und zugleich seine Barmherzigkeit und Güte aufrechtzuerhalten. Jedoch beschränkt sich dabei der Anteil des Menschen auf eine rein passive Tätigkeit, wie er bis zuletzt immer wieder betont. Denn die göttliche Anregung nicht zu vereiteln oder zu nichtigen, also nicht die Initiative zur Nicht-Beachtung der Regel zu ergreifen, «ist eine rein *materielle Bedingung*, durch die das Geschöpf ohne jeglichen eigenen Beitrag die Liebe Gottes nicht behindert»[146]. Wie er allerdings ein Jahr später im Vorwort zur dritten Auflage von *Dieu et la permission* nochmals präzisiert, gibt es nicht nur die Reinformen von Beachten und Nichtbeachten der Regel, sondern eine weite Spanne, in der die mögliche Fülle des Guten mehr oder weniger stark eingeschränkt wird. Maritain vergleicht diese Verminderung mit einem Strom, der zwar gleichmäßig dahinfließt und nicht ernsthaft behindert wird, der aber immer wieder auf kleine Hindernisse stößt, die zu einem Energieverlust führen. Analog dazu wird die hemmbare Aktion in eine ungehemmte Aktion übergehen, wobei gewisse Abschwächungen sie zwar in ihrer Wirkung beeinträchtigen, sie aber nicht ernstlich gefährden oder gar zu einer zerschellten Aktion machen.[147]

---

[145] *Dieu et la permission* 92.

[146] Vgl. *Dieu et la permission* 111*f.*: «Ne pas néanter, ne pas prendre l'initiative de ne pas considérer le règle, est une pure *condition matérielle* [...]. En d'autres termes, *ne pas me 'discerner' ou discriminer moi-même pour le mal* et dans la ligne du mal ou non-être (en ne prenant pas l'initiative d'un néant), ce n'est en absolument aucune manière *me 'discerner' ou discriminer moi-même pour le bien*, et dans la ligne du bien ou de l'être; c'est seulement ne pas bouger sous la grâce.»

[147] Vgl. *Dieu et la permission* 121*f.*: «La motion brisable serait [...] exposée à deux sortes de néantement provenant d'une première initiative de l'agent libre créé: ou bien un néantement pur et simple, par lequel elle est *brisée*, ou bien un néantement *secundum quid* et seulement rémissif par lequel elle-même et l'objet (acte bon) quel elle fait tendre sont *abaissés*. [...] Si la motion brisable *n'est pas* abaissée tout le mérite de la créature se déterminant à cet acte proviendra de Dieu et de la grâce divine comme cause première, et pas un atome de bien ou de mérite provenant de l'initiative créée comme cause indépendante et positivement déterminante n'aura été introduit dans l'être.»

e) Bleibende Ungereimtheiten

Maritains Überlegungen zum negativen Gebrauch der geschaffenen Freiheit sind nicht ganz frei von Spannungen. So gelingt ihm zwar, wie McDermott bemerkt, auf der einen Seite «eine brillante und tiefe Synthese von Molina und Bañez»[148], die Gottes Unschuld aufrechterhält, indem sie die Asymmetrie von der Vollbringung des Guten *mit Gott* und der einsamen Reduzierung seiner Anregungen durch das Geschöpf betont. Auf der anderen Seite aber ist auch festzustellen, daß sein Modell einen etwas mechanistischen Eindruck[149] erweckt und das Zusammenwirken mit Gott auf ein Stillhalten beschränkt, das rein äußerlich dem gleicht, was beim Tun des Bösen geschieht.[150] Doch nicht nur dies. Drei Aspekte fallen diesbezüglich ins Auge, nämlich hinsichtlich des Zusammenwirkens von Wille und Intellekt, der inneren Verbindung der Seelenpotenzen und ihrem Träger sowie in Bezug auf die Frage, wie schöpferisch-existentielle Freiheit und reine Passivität beim Tun des Guten verbunden werden können.

Es fällt zunächst auf, daß Maritain in dem einen Werk *De Bergson* eine Reihe von kaum miteinander versöhnten Positionen vertritt. Zwar handelt es sich dabei um die Ergebnisse zweier Artikel, die Maritain im Abstand von drei Jahren veröffentlichte, jedoch vor der gemeinsamen Publikation nochmals redigierte.[151] So haben auch wir im ersten Teil dieses Kapitels gesehen, daß Maritain in *De Bergson* erstmals die Seelenfakultäten wie Wille und Verstand von ihrer inneren Verbindung her betrachtet. Er versteht sie als Koprinzipien, die sich hinsichtlich formaler und effizienter Kausalität gegenseitig bestimmen und beeinflussen. Dabei liegt zwar beim Willen die existentielle Wirksamkeit, aber zugleich ist dieser vom Intellekt hinsichtlich des praktischen Urteils abhängig.[152] Hingegen in der Untersuchung der Freiheit zur Sünde scheint nur der Aspekt des Willens auf; es entsteht sogar der Eindruck, als ob alles von ihm abhinge. So blendet Maritain die Frage nach der Erkennbarkeit der Regel oder moralischen Norm beim Menschen

---

[148] J.M. McDermott, «Metaphysical Conundrums at the Root of Moral Disagreement», *Gr.* 71 (1990) 729.
[149] Vgl. *ebd.* 732: «One sees the diverse, legitimate points which Maritain wanted to maintain with all his distinctions, but one wonders whether he was not forced to try to reduce the mysterious act of freedom to an almost mechanistic schema in order to preserve the structure of his metaphysics based on natures with their 'necessities'.»
[150] Vgl. *ebd.* 731: «While this non-doing has become positive, man's initiative in resisting grace is conceived of as a 'nihilating' or a 'doing nothing'. So in the former case the decision to do nothing is conceived positively, in the latter case the human initiative of 'doing nothing' is conceived negatively.»
[151] Vgl. dazu *Bibliographie des Œuvres de Jacques Maritain 1939-1945* 59.
[152] Vgl. *De Bergson* 80 sowie *Principes* 187: «La volonté est une énergie spirituelle originale et de capacité infinie.»

völlig aus. Es bleibt unklar, wie der Intellekt eine Regel erkennen kann, diese dann aber durch den Willen nicht eingehalten wird. Doch wenn der Wille blind ist, nach welchen Kriterien befindet er über die Miß- oder Beachtung der Regel?[153]

Eine zweite Schwierigkeit findet sich in den Ausführungen zum Verhältnis von Seelenfakultäten und ihrem Träger. So betont Maritain einerseits, daß das konkrete Willensurteil den Tiefen der Personalität entspringe und sich in ihm die Person als Person manifestiere bzw. engagiere. Damit ist nicht der Wille, sondern die konkrete Person in ihrer Einmaligkeit Ursache der freien Taten.[154] Dies kann sogar so weit gehen, daß es zwischen der Person und ihrer Natur zu Konflikten kommen kann und der relative Selbstand beider versöhnt werden muß.[155] Bei der Untersuchung der Problematik des Bösen hingegen taucht der Begriff der Person nur andeutungsweise auf. So ist es der Wille, der über den Umgang mit der Regel entscheidet. Ebenso findet die göttliche Anregung nicht im Seelengrund, sondern durch den Willen ihre freie Entfaltungsmöglichkeit bzw. ihre Nichtigung. Es ist damit der Wille, der für das Scheitern oder Gelingen der göttlichen Anregung verantwortlich ist.[156]

Analoges gilt für den Engel, bei dem Maritain zwar allein die Tätigkeit des Willens betrachtet, der aber ebenso für dessen Träger steht. Denn wenn der reine Geist bei vollem Bewußtsein das Übel als Gut wählt, und zwar «weil er schlecht sein will» und «im Moment der Nicht-Berücksichtigung der Regel es für gut hält, gut für sich selbst, schlecht zu handeln»[157], dann kann dies kaum allein der Wille sein. Insofern der Engel vermittels des Intellekts genau weiß, worum es sich handelt, hat er keinen Grund, den Intellekt von der Regel abzuwenden. Entweder muß darum der Wille blind und rein willkürlich handeln, wodurch keine freie und vernünftige Tat möglich wäre, oder es geht eben doch um den Träger des *liberum arbitrium*, wie hier angedeutet wird. Ebenso kann es auch nicht nur der Wille sein, sondern *der Engel*, der «durch einen Liebesakt den spontanen Akt frei

---

[153] Vgl. *De Bergson* 140-142.
[154] Vgl. *De Bergson* 79.
[155] Vgl. *De Bergson* 105.
[156] *De Bergson* 140f. 147. Diesbezüglich gesteht auch J. de FINANCE («L'ontologia della persona» 171) offen sein Erstaunen ein: «Devo confessare qui la mia perplessità. Poiché, o sono consapevole di non dovere agire nello stato di non-considerazione, o non lo sono. [...] Forse siamo qui davanti a un tentativo o una tentazione di indole intellettualistico-riduzionistica, riguardo alla originalità irriducibile dell'atto libero e all'irrazionalità inspiegabile del male morale.»
[157] Vgl. *Le péché* 981: «Il veut être mauvais, c'est tout. Ce moment d'inconsidération volontaire il trouve bon, – bon pour lui, – d'agir mal.»

bestätigt [...], in dem er Gott mehr als sich selbst liebt»[158]. Auch wenn dies nur ein Stillhalten unter der Gnade bedeutet, so muß dieser Akt, in dem sich der Engel fallen läßt und frei an das Gute bindet, wohl von ihm als Person ausgehen, kann also nicht nur von dessen Willen oder seiner Natur bestimmt sein.[159]

Einen dritten Problemkreis sehen wir in der Frage nach der Reichweite der geschöpflichen Freiheit. So gesteht Maritain auf der einen Seite ein praktisches *fiat* ein, durch welches das Geschöpf in die Nähe des Schöpfers rückt.[160] Darin zeichnet sich eine schöpferisch-existentielle Freiheit ab, in der sich Maritain der Position der jesuitischen Schule um L. Molina anzunähern (ohne sie zu vertreten!) scheint. Während jedoch für Molina alles vom freien Willen abhängt, nimmt Maritain eine Art göttlicher Anregung an, deren Wirksamkeit insofern den Willen einbezieht, als der Mensch die Anregung abbrechen oder weiterleiten kann.

Auf der anderen Seite hingegen wird Maritain nicht müde, die absolute Passivität der geistbegabten Kreatur unter der göttlichen Anregung zu wiederholen. Wenn also der Wille die Anregung der Gnade nicht nichtet, stellt dies seltsamerweise «weder ein Verdienst, noch einen Akt, noch eine Wahl oder einen wie auch immer gearteten Beitrag dar, denn die Initiative zum Nichts nicht zu ergreifen heißt eben nicht, etwas zu tun, sondern meint nur, unter der Anregung Gottes stillzuhalten»[161]. Damit stellt sich Maritain in die dominikanische Tradition des Neo-Bañezismus, in welcher die Rolle des Menschen in der Durchlässigkeit besteht, die Gottes Anregungen zum Guten völlige Freiheit gewährt.

Die erwähnten Problemfelder zeigen Maritains Ringen um ein Verständnis der Person und ihrer Akte, das sich sowohl der thomistischen Tradition verpflichtet weiß als auch für Entwicklungen offen ist. So hält er mit Thomas daran fest, daß es für jede Tat eine Regel geben muß, die der Intellekt erfassen kann, doch ebenso vermag der Wille sich darüber hinwegzusetzen und anders zu entscheiden. Doch nach welchen Kriterien geht der Wille vor, was leitet ihn? Einerseits deuten Maritains Überlegungen auf den Träger des *liberum arbitrium*, auf die Person hin. Doch andererseits bleibt Maritain auch wieder bei den Fakultäten stehen, so daß er für kurze Zeit,

---

[158] *Le péché* 1033.
[159] Vgl. *Le péché* 1033: «L'Ange confirme librement, par un acte de charité, le mouvement spontané [...] qui le portait à Dieu aimé plus que lui-même. Il ne bouge pas. Il s'enfonce et se fixe librement dans le bien.»
[160] Vgl. *De Bergson* 79.
[161] Vgl. *De Bergson* 150: «Quand la créature n'a pas 'néanté' sous la grâce (ce qui n'est pas un mérite de sa part, ni un acte, ni un choix, ni un apport quelconque, car ne pas prendre l'initiative du néant n'est pas faire quelque chose, c'est seulement ne pas bouger sous 'action divine), la motion [...] brisable fructifie d'elle-même en motion divine *imbrisable*.»

wie wir im Folgenden sehen werden, sogar von einer «willenhaften Erkenntnis [connaissance volitionnelle]»[162] spricht, was allerdings nur eine konsequente Fortsetzung des Freiheitsverständnisses von *De Bergson* ist: «Die Freiheit besteht in der aktiven und zur Herrschaft fähigen Unbestimmtheit des Willens, in der Verfügung des Willens über das Urteil.»[163]

Dazu kommt noch die bereits mehrfach erwähnte Frage nach dem Zusammenwirken von göttlicher und menschlicher Ursächlichkeit. So läßt sich einerseits ein mechanistisches Verständnis Maritains konstatieren, während er andererseits doch immer wieder die Transzendenz der göttlichen Erstursache betont und in ihr das aktivierende Einströmen der ersten Ursache[164] sieht. Zu einer befriedigenderen Lösung wird es darum erst kommen, wenn er eine dynamische Verbindung der Seelenfakultäten mit ihrem Zentrum gewährleisten kann, was auch die Frage nach der menschlichen und göttlichen Ursächlichkeit etwas erhellt.

Gänzlich offen muß wohl die Frage nach der Bestimmung des *malum* bleiben, da die Auffindung einer Ursache zugleich Notwendigkeit impliziert, was aber der Freiheit widerspräche. Die Problematik bleibt auch deshalb unlösbar, da Gott sowohl die Ursache der menschlichen Freiheit als auch der menschlichen Kontingenz und Sündbarkeit ist, also beide in sich vereint. So zeigt sich für Vittorio Possenti in der Erlösungsordnung auch eine gewisse «Ohnmacht» Gottes gegenüber dem Bösen und der Sünde, weshalb wohl nicht deren Erklärung, sondern vielmehr ihre Überwindung in der Freiheit der Kinder Gottes das Denken bestimmen sollte. Darum müßte sich ein Antwortversuch wohl in folgende Richtung bewegen:

> Gewissermaßen liefert nicht einmal das Christentum eine vollständige Erklärung des *malum*, das eine Dunkelzone bleibt in der Verbindung zwischen der Notwendigkeit der Fallibilität, wie sie jeder endlichen Freiheit innewohnt, und der Kontingenz des Übels, die dem freien Akt zukommt. Die Hauptaufgabe des Christentums ist vielmehr, ihn zu

---

[162] J. MARITAIN, *Raison et raisons*, ŒC Bd. IX, 339.

[163] *De Bergson* 83. Dies wird auch deutlich an Maritains Festhalten am *Limbus puerorum*. Da nämlich die ungetauft verstorbenen Kinder «keinen bewußten Willensakt gesetzt haben [...] werden sie nicht zur *visio beatifica* auferstehen, sondern zu einem naturhaften Leben und Glück» (*Approches sans entraves* 457*f.*). Zwar ändert Maritain diese Position noch ein halbes Jahr vor seinem Tod, kann diese Korrektur aber nicht mehr auf das zugrunde liegende Personverständnis übertragen (vgl. *ebd.* 459-461, Anm. 14).

[164] Vgl. *De Bergson* 83: «La liberté consiste dans l'indétermination active et dominatrice, dans la maîtrise de la volonté sur le jugement. Comment cette maîtrise et cette activité si haute s'exercerait-elle en moi sans l'influx activant de la Cause première sur moi? Et comment cet influx activant, descendant de la Vie en acte pur, détruirait-il ou diminuerait-il en moi cette activité dominatrice dans l'instant même où il l'actue et la vivifie? C'est une grande folie de chercher la liberté de notre vouloir, qui est un sommet d'activité, dans je ne sais quel *a parte* nous isolant de Celui sans qui nous ne pouvons rien faire, sinon le mal et le néant.»

befreien und zu erlösen. [...] Darum ergibt sich als die einzige dem Neuen Bund angemessene Haltung das *contra malum cum Deo et in Deo*, welches sowohl die atheistische (*contra malum sine Deo*) wie auch die antitheistische (*contra malum, contra Deum*) Position überwindet.[165]

Nach diesen Ausführungen über das Mysterium von *malum* und geschöpflicher Freiheit können wir nun im nächsten Schritt auf eine konkrete Form moralischer Freiheit eingehen. Dabei untersucht Maritain zwar vor allem die implizierte konnaturale Erkenntnis, doch ihre Frucht, die Ausrichtung auf das Gute im Sinne einer Fundamentaloption, läßt sich durchaus als eine nicht gescheiterte göttliche Anregung verstehen, da sie als absoluter Anfang in der Ausübung der moralischen Freiheit einen prägenden Charakter besitzt. Wie es dazu kommt und welche Implikationen damit verbunden sind, bildet unser nächstes Thema.

4. Der erste freie moralische Akt und seine Implikationen

a) Die gelebte Entscheidung für das Gute

Nach dem Vorblick auf die gleichbleibende Linie von Maritains Position hinsichtlich der göttlichen Erstursächlichkeit können wir nun zu Maritains Denken der ersten Hälfte der vierziger Jahre zurückkehren. Die Überlegungen zum Verhältnis von Freiheit und Personalität haben uns bereits auf ein geistiges Zentrum aufmerksam gemacht, das Maritain immer wieder andeutet, ohne es eingehender zu bestimmen. Ähnlich verhält es sich auch in den nun folgenden Reflexionen, die weiterführende Überlegungen Maritains zur konnaturalen oder existentiellen Erkenntnis bieten. Dabei zeigt sich, daß solche Einsichten die Geistseele nicht nur als Trägerin der geistigen Fakultäten involvieren, sondern daß sie das personale Zentrum betreffen, in dem die ganze Wirklichkeit von Leib und Seele ihre Dynamik entfaltet. Nur so ist es verständlich, daß in der Ausübung der menschlichen Freiheit die Person selbst tätig ist, und daß umgekehrt alle Akte des Menschen auf sein geistiges Zentrum und sein *Selbst* zurückfallen und dort ihre Spuren hinterlassen.

Für Maritain hat die Entwicklung der Freiheit der menschlichen Person einen konkreten und prägenden Ausgangspunkt. Dieser besteht im ersten bewußt gefällten moralischen Akt, den bereits der heilige Thomas untersuchte[166] und dessen Reflexion Maritain (mittlerweile zum Botschafter Frankreichs am Hl. Stuhl avanciert) 1945 in Rom in einem eigenen Artikel

---

[165] V. POSSENTI, *Dio e il Male*, Torino 1995, 59*f.*
[166] Vgl. THOMAS VON AQUIN, *Summa Theologiae*, I^a-II^{ae}, q. 89, a. 6.

vertieft.[167] Darin geht es um einen Akt, der für gewöhnlich im späteren Kindesalter gefällt wird und nicht zu verstehen ist als die erste freie oder moralische Tat des Kindes überhaupt.[168] Denn dieser gehen sicher schon viele andere Operationen voraus, an denen das *liberum arbitrium* beteiligt war, doch früher oder später kommt es zu diesem besonderen Akt, der moralischerseits einen absoluten Anfang darstellt. In ihm «setzt die Person das ganze Gewicht ihres Seins und ihres Wollens ein, entscheidet über den Sinn ihres Lebens sowie für oder gegen das *bonum honestum*, und im gleichen Zug wählt sie Gott als letztes Ziel ihrer Existenz oder lehnt ihn ab»[169].

Der Gegenstand dieses ersten Freiheitsaktes muß nicht einmal etwas völlig Außergewöhnliches darstellen. Es reicht, wenn das betreffende Kind unter den gegebenen Umständen beispielsweise nicht lügt. Vielleicht sagte es bis dahin immer die Wahrheit, weil es Angst davor hatte, das göttliche Gebot «Du sollst nicht lügen!» zu übertreten, oder weil es sich vor möglichen negativen Konsequenzen seitens seiner Eltern fürchtete. Im ersten bewußten Freiheitsakt nun lehnt das Kind die Möglichkeit zu lügen ab, weil es in seinem Innersten spontan erfaßt, daß es *in sich* schlecht wäre zu lügen. In diesem Fall geht es also nicht mehr um eine wie auch immer konditionierte Entscheidung, sondern um eine freie Antwort gegenüber dem Guten und seinem Anspruch. In einer Art von Geistesblitz erfaßt das Kind seine innere Freiheit gegenüber dem rechten und angemessenen Gut, dem *bonum honestum*, und in diesem spontanen Geistesakt, der dem Kind nicht notwendig in seiner ganzen Tragweite bewußt sein muß, entscheidet es sich für dieses konkrete moralische Gut. Darin ist auch eine Entscheidung des Kindes über den Sinn seines Lebens impliziert, da es seine Freiheit verantwortlich einsetzt und sich für ein Gut entscheidet bzw. für eine Ordnung engagiert, nach der es sein Leben auszurichten bereit ist.

> Quand il [l'enfant] pense: ce ne serait pas *bien* de faire ça, c'est le bien moral avec tout le mystère de ses exigences et en face duquel il est lui-même et tout seul, qui se découvre à lui confusément, dans un éclair d'intelligence. Et c'est la première fois qu'il règle lui-même son comportement pratique, en être humain, d'après cette mesure. [...] Il ne s'est pas agi là d'une découverte philosophique de son moi, mais d'une réflexion spontanée engagée dans un processus pratique dont l'objet n'a rien extraordinaire et d'exceptionnel

---

[167] Der Artikel «La dialectique immanente du premier acte de liberté» erschien in *NV* (20 (1945) 218-235), bevor er erneut von Charles Journet zusammen mit anderen Aufsätzen Maritains unter dem Sammeltitel *Raison et raisons* (Fribourg – Paris 1947, 131-165) herausgegeben wurde.

[168] *Raison et raisons* 323*f.*, v.a. Anm. 2: «L'expression 'premier acte de liberté' n'a donc pas dans ces pages le même sens que 'premier acte où le libre arbitre entre en jeu'.»

[169] *Raison et raisons* 346.

[...]; de plus, l'acte produit alors, tout en étant conscient et délibéré, a jailli des profondeurs inconscientes de l'esprit en source.[170]

Es geht bei diesem ersten freien moralischen Akt also weniger um einen Akt der Selbsterkenntnis oder um tiefe Einsichten in das moralische Gesetz, sondern um einen spontanen geistigen Vollzug, welcher der vorbewußten Tiefe des Geistes, dem Seelengrund, und damit dem personalen Zentrum entspringt.[171] Dieses Erwachen des moralischen Lebens findet also nicht aufgrund philosophischer Reflexionen statt, sondern hat seine Grundlage im Bereich des Vorbewußten.

Damit bereitet Maritain eine weitere Weise der konnaturalen Erkenntnis vor, nämlich die des Naturrechts oder der moralischen Ordnung. Wie schon bei der natürlichen Mystik und der poetischen Erfahrung, so erscheinen auch hier die Tiefen der Seele als der Ort, an dem die moralische Entscheidung gefällt wird. Zwar ist sich der Intellekt der konkreten Entscheidung bewußt, aber deren Tragweite scheint dem rationalen Bewußtsein entzogen zu sein. Da es sich aber nicht um eine willkürliche oder unintelligible Entscheidung handelt, muß dieser erste Akt den Intellekt und den Willen einbeziehen, so daß dieser Akt über eine «untrennbare Lebendigkeit, zugleich willentlich und intellektuell»[172], verfügt, bei der drei verschiedene Momente beteiligt sind. Zum einen «erkennt der Intellekt das Gute als solches und weiß, daß das Gute zu tun ist, weil es gut ist». Doch zum anderen erhebt dieses formale Motiv des Guten zugleich einen Anspruch, der auf eine objektive Ordnung verweist, die hinter allen Konvenienzgründen und empirischen Neigungen aufscheint. Damit wird implizit ein transzendentes Gesetz wahrgenommen, welches «das betrifft, was *sein soll*». So wird drittens im Tun des Guten die Existenz einer «idealen und unveränderlichen Ordnung» impliziert, in der «unser Handeln mit unserer Essenz übereinstimmt» und in der es «ein Gesetz der menschlichen Akte, das jede praktische Ordnung übersteigt»[173], gibt.

Nun kann dieses Gesetz oder diese Ordnung nichts anderes sein als die subsistierende Güte selbst (*bonum separatum*), da sie sonst keinen existentiellen Anspruch stellen könnte. Damit wird das Vollbringen des konkreten guten Aktes zugleich zu einem Streben nach Konformität mit dem *bonum separatum*, welches sich das Subjekt zu eigen macht. Das heißt freilich, daß das höchste Gut nicht nur erkannt, sondern auch anerkannt und gewollt

---

[170] *Raison et raisons* 324*f.*
[171] Vgl. *Situation de la poésie* 878*f.*
[172] *Raison et raisons* 326.
[173] *Raison et raisons* 326*f.* Auch in diesem Zusammenhang verwendet Maritain (wie schon zuvor) «le Bien», «le Bien séparé» sowie «Dieu» synonym (vgl. *ebd.* 327-330).

wird, was einen Akt des Willens impliziert. Während nun also in diesem ersten moralischen Akt der Intellekt über eine lebendige Erkenntnis verfügt, die er in einem praktischen Begriff intuitiv erfaßt, wird der Wille vom Gut selbst angezogen und damit von einer Bewegung ergriffen, die über das unmittelbare Objekt hinaus reicht. Dies reißt wiederum den Intellekt mit und führt zu einer Erkenntnis in einer begrifflosen Nacht, jenseits der Schwelle des Bewußtseins, zu einer Konformität mit einem transzendenten und analogen Objekt, nämlich dem *bonum separatum*.

> L'intelligence a de Dieu une connaissance vitale et non conceptuelle enveloppée dans la notion pratique, confusément et intuitivement saisie, mais avec sa pleine force intentionnelle, du bien moral comme motif formel du premier acte de liberté, et dans le mouvement de la volonté vers ce bien, et du même coup vers le Bien. En d'autres termes, la volonté [...] se porte au *par-delà* de l'objet immédiat (bien moral en tant même que bien) de la connaissance consciente et explicite, et entraîne avec elle, jusqu'à ce par-delà, l'intelligence, qui démunie de ses armes propres ne peut, là, être en acte qu'au-dessous du seuil de la conscience, dans une nuit sans concept et sans connaissance exprimable. La conformité de l'intellect avec cet objet transcendant et analogiquement atteignable: le Bien séparé, est opérée par la volonté, dont la rectitude est dans l'ordre pratique la mesure de la vérité de l'intelligence.[174]

Diese Art der Erkenntnis findet also nicht durch eine intellektuelle Reflexion statt, sondern durch die Zuwendung zum konkreten moralischen Gut, für das sich das Kind entscheidet. Indem das Kind das Gute wählt, *weil es gut ist*, kommt es durch die Tätigkeit des Willens zu einer besonderen Form von Einsicht, in der «Gott auf natürliche Weise erkannt wird, ohne bewußtes Urteil, im Elan des Willens auf das *bonum separatum* hin, dessen Existenz implizit im praktischen Wert durch die Anerkennung des moralischen Gutes enthalten ist»[175]. Diese praktische Gotteserkenntnis kann durchaus mit einer theoretischen Unkenntnis Gottes koexistieren. Doch handelt es sich dann um eine Gotteserkenntnis?

b) Die moralische Erstentscheidung und ihre Gotteserkenntnis

Im gleichen Essay geht Maritain auch der Frage nach, wie weit besagte Erstentscheidung auch eine Form von Gotteserkenntnis bewirkt oder voraussetzt. Im Anschluß an den Aquinaten beschränkt er die Voraussetzungen für den heilsnotwendigen Glaubensakt auf das Minimum der *credibilia*. Diese Grundlage kann auch dem *homo silvestris* zuteil werden «durch innere Erleuchtung, welche die für den Glaubensakt notwendigen Dinge

---

[174] *Raison et raisons* 328f.
[175] *Raison et raisons* 329.

offenbart»[176], insofern nämlich Gott als höchstes Gut und als Retter anerkannt wird. Maritain läßt zwar keinen Zweifel daran, daß jede Gnade allein durch Jesus Christus vermittelt wird[177], jedoch besteht für ihn die entscheidende darin, wie es zu einer aktuellen Erkenntnis kommen kann, die den Intellekt zu einer existentiellen Einsicht führt. Auch wenn es sich dabei nicht um eine begriffliche Zustimmung zu den *credibilia* handelt (auch nicht implizit), sondern vielmehr um ein *gelebtes* «Ich glaube», so erscheint ihm das ausreichend für das Heil des Betreffenden. Wie kann nun in der Wahl des Guten, die immer schon von der Gnade umfangen ist[178], Gott im Elan von Intellekt und Willen als Retter anerkannt werden?[179]

Indem sich der Intellekt mit der Willensbewegung, die sich auf das höchste Gut ausrichtet, konformiert, wird in den unausdrückbaren Tiefen des Geistes Gott selbst erfaßt und unter dem Einfluß der Gnade existentiell als Retter angenommen.[180] Bei der inneren Zustimmung, daß das vom Willen erstrebte höchste Gut auch fähig ist, das Subjekt zu retten, handelt es sich freilich «um eine mysteriöse Wirklichkeit, die der übernatürlichen Ordnung angehört». Diese erfahrungsmäßige Erkenntnis «offenbart unter göttlicher Inspiration, durch und in der Idee des Heils, die aus den Tiefen des moralischen Bewußtseins aufsteigt und durch die Gnade überhöht wird», eine neue Einsicht, in welcher Gott «im Begriff des *bonum*, durch das ich gerettet werde», d.h. als «*Dieu sauveur*», bejaht wird. So wird der *appetitus* nach dem Guten zum Ort der Gegenwart oder der Einwirkung des höchsten Guts (*appetitus transit in conditionem objecti*).

Dieses Anerkennen Gottes als «geheimnisvollen Verursacher, den das Gut voraussetzt, 'durch das ich gerettet werde'», ist nun kein begriffliches, sondern ein konnaturales Verstehen, eine *co-naissance*, die «ohne *verbum mentale* und ohne affektive Erfahrung jenseits der Bewußtseinsschwelle bleibt», aber dennoch «real und in die lebendigen Tiefen des Geistes eingebunden ist»[181]. Doch damit ist nach Maritains Auffassung die Dynamik des ersten freien moralischen Aktes noch nicht beendet, sondern sie beginnt erst ihre eigentliche Wirkung zu entfalten. Denn diese «willentliche und ausschließlich praktische» bzw. «existentielle Erkenntnis» ist eine «unbewußte

---

[176] Vgl. *Raison et raisons* 342 bzw. THOMAS VON AQUIN, *De Veritate*, q. 14, a. 11, ad 1^m.

[177] Daß die Gnade unabdingbar ist, um das Gute zu tun, steht für Maritain außer Zweifel. Vgl. *Raison et raisons* 335: «Sous quelques cieux qu'il soit né, de quelque tradition qu'il ait reçu l'héritage, qu'il connaisse ou non le Christ, un enfant d'homme n'inaugure droitement sa vie morale que dans la grâce de Jésus-Christ.»

[178] Vgl. *Raison et raisons* 335.

[179] Gott als Retter anzuerkennen, wurde seit Thomas von Aquin als das Minimum des übernatürlichen Glaubens angesehen.

[180] Vgl. *Raison et raisons* 343.

[181] *Raison et raisons* 345.

und ebenfalls existentielle Erkenntnis Gottes»[182]. Was bedeutet dies im einzelnen? Die gewollte erste Ausrichtung des eigenen Tuns am moralischen Gesetz, also das bewußte Vollbringen des Guten, ist mehr als eine einmalige Annäherung an das höchste Gut. In diesem Akt wird das *bonum* zugleich zum letzten Ziel des Lebens erkoren, ob die betreffende Person nun um diese tiefere Ausrichtung weiß oder nicht. Entscheidend ist allein die konkrete gute Tat, die nicht nur virtuell, sondern auch *in actu exercito* formal auf das Gute und damit implizit auf Gott als letzte Vollendung und als Quelle des Guten hingeordnet wird.[183] Da diese Orientierung von den Tiefen der Seele ausgeht, hinterläßt sie in ihnen eine Prägung oder existentielle Ausrichtung. So schafft sie eine Art instinktiver und unbewußter Disposition in der Seele, die ein spontanes und vorphilosophisches Wiedererkennen des *bonum separatum*, das sich unter dem Schauspiel der sichtbaren Dinge und in der konkreten Wahlfreiheit gegenüber dem *bonum honestum* immer wieder neu manifestiert. Diese neue Disposition oder «Infrastruktur der Seele» ist zwar keine mystische Erfahrung Gottes, kann aber die dunkle Vorbereitung oder einen geheimen Appell sowohl zur natürlichen religiösen Erfahrung und Entfaltung des moralischen Lebens wie auch zur übernatürlichen mystischen Schau Gottes bilden.[184]

Außerdem wird in diesen Ausführungen sichtbar, daß Maritain nun noch stärker den Seelengrund als das personale Zentrum des Menschen versteht, das in Wille und Intellekt emaniert, beide zusammenhält und so deren gegenseitige Beeinflussung als Koprinzipien ermöglicht. Denn allein so ist es denkbar, daß die erste freie moralische Entscheidung nicht einer bewußten diskursiven Operation und damit einer Tätigkeit des Intellekts entspringt, sondern «den Quellen meines moralischen Lebens entstammt, wo das *Selbst* sich in der Hand hat, um sich in einer Reihe weiterer Akte, deren Ausgang ungewiß sein kann, selbst zu entwerfen»[185]. Nur so kann das zunehmende geistige Freiwerden einer «fortschreitenden Eroberung des Selbst *durch das Selbst*» gleichkommen und damit der «ungeordneten inneren Vielfalt in Freiheit das Siegel der radikalen ontologischen Einheit eingeprägt werden»[186].

---

[182] *Raison et raisons* 338 bzw. 344.
[183] Vgl. *Raison et raisons* 326 sowie 327: «Cet acte a pour objet immédiat le bien moral connu en tant même que bien, mais il en est ainsi parce qu'il tend du premier coup, par au-delà son objet immédiat, à Dieu comme Bien séparé dans lequel, qu'elle le sache ou non, la personne agissante constitue son bonheur et sa fin. Ordination [...] formelle, [...] en acte vécu.»
[184] Vgl. *Raison et raisons* 344-346.
[185] *Raison et raisons* 323.
[186] *De Bergson* 84f.

Im konkreten praktisch-praktischen Urteil kommt also die Dynamik von Person, Intellekt und Wille zum Tragen, und zwar in einem einzigen vitalen Akt «von untrennbarer Lebendigkeit, willentlich und intellektuell **zugleich**»[187], indem ebenso die menschliche Person bzw. das Kind «sich selbst in die Hand nimmt, sein *Selbst* vom Hintergrund des Determinismus, unter dem es bis dahin gelebt hat, befreit oder freimacht, und zum moralischen Leben vorstößt, indem es frei über den Sinn seines Lebens entscheidet». Damit manifestiert sich der Seelengrund einmal mehr als einheitsstiftendes Zentrum, in dem sich das geistige Leben der Person vollzieht und die geistigen Fakultäten des Menschen in Interaktion stehen. In ihm wirken aber ebenso Natur und Gnade, Geschöpf und Schöpfer zusammen.

Es scheint, als ob die lebendige Einheit von Intellekt und Wille gerade auch beim ersten frei gewählten moralischen Akt auf ein personales existentielles Zentrum hinweist. Denn nicht anders ist die besondere, nämlich existentielle Erkenntnis des Intellekts denkbar. Allein auf diese Weise kann dieser den Willen beeinflussen und ihn fördern, das konkrete Gut wegen seiner Rückbindung an das höchste Gut zu wählen und zu vollbringen, da dieses Gut zugleich wahrgenommen wurde als *der Gute*, der allein rettet. Damit tritt auch der Beitrag des Intellekts bei der konkreten Wahl deutlicher hervor, insofern die existentielle Erkenntnis dem Willen eine Art von Motivation liefert. Nachdem Maritain nachgewiesen hat, daß es sich bei der ersten Entscheidung für das Gute durchaus um eine echte, wenn auch eine *implizite* Gotteserkenntnis oder eine Art Gotteserfahrung handelt, kann er nun diese Möglichkeit auch auf einen anderen Bereich übertragen, nämlich auf die Intuition des Existenzaktes.

5. Die Existenzschau als Basis einer erneuerten Zivilisation

a) Die Intuition der Existenz

Auch die Darstellung der Intuition in die Wirklichkeit des *ens in quantum ens* wird von Maritain allmählich vertieft. Während er in *Sept leçons* noch von der *Seins*intuition[188] ausgeht und sie zur *conditio sine qua non* für den Metaphysiker erklärt, verdeutlicht er 1941 in besagter Untersuchung über den Humanismus des heiligen Thomas, daß die eigentliche Größe des kritischen Realismus nicht im Sein, sondern in dessen Sichtweise der *Existenz* besteht. Damit betont er noch stärker als bisher den dynamischen Aspekt des *esse* und zeigt auch die Konsequenzen für einen christlichen Humanis-

---

[187] *Raison et raisons* 326.
[188] Vgl. *Sept leçons* 572.

mus auf, da «das Menschliche in der Existenz verborgen ist»[189]. Nachdem Maritain mit der Unterscheidung der konnaturalen Erkenntnisweisen der existentiellen Einsicht den ihr gebührenden Platz zuweisen kann, steht damit nicht mehr allein die Begriffsbildung, sondern ebenso das Faktum der Konsonanz des Existenzaktes von Subjekt und Objekt im Mittelpunkt.

In diesem Zusammenhang spricht Maritain vom «wahren Existentialismus»[190], den er par excellence in Thomas von Aquin als dem «existentiellsten Philosophen» verwirklicht sieht und nach dessen Verständnis «die Erkenntnis in der Existenz badet»[191]. Aus diesem Grund steht am Beginn der metaphysischen Erkenntnis die Offenbarung der im Wort «Sein» verborgenen Wirklichkeit, die «wie eine unfaßbare Herrlichkeit [...] in einer einfachen Sache den **Existenzakt**, den diese ausübt, aufscheinen läßt»[192]. Für diesen Anspruch des Existentialismus ändert auch Maritain sein Vokabular und spricht nun nicht mehr von der Seins-, sondern von der *Existenz*intuition. Diese Schau des Existenzaktes läßt die Lebendigkeit der existierenden Subjekte in ihrem Selbstand wie auch in ihrer vielfältigen Verbundenheit aufscheinen und manifestiert damit (essentielle) Ruhe und zugleich (existentielle) Bewegung. Im Kontext seiner Überlegungen zu den Gottesbeweisen, die er 1945 kurz nach Kriegsende in seinem Artikel *Une nouvelle approche de Dieu* vorlegt[193], greift er auf die bereits erarbeitete Möglichkeit existentieller oder konnaturaler Erkenntnis zurück. Dazu stellt er die Existenzintuition oder die Schau des Existenzaktes als die grundlegende Wirklichkeit aller Seienden in den Mittelpunkt. Hatte er bis dahin von verschiedenen Seiten die Größe und die Implikationen der thomisti-

---

[189] *De Bergson* 154.
[190] Vgl. *De Bergson* 158. Damit versucht Maritain wohl auch, der Vereinnahmung des Begriffs «Existentialismus» entgegenzutreten, die von S. Kierkegaard, M. Heidegger, J.P. Sartre, F. Nietzsche u.a. ausging. Vgl. die explizite Kritik Maritains an den betreffenden Denkern in *Court traité* 17-19. 125-130. Für eine gelungene Übersicht über den Existentialismus und dessen Vertreter vgl. G. SANTINELLO, «Esistenzialismo» (in *Dizionario Enciclopedico di Filosofia*, Hrsg. Centro di studi filosofici di Gallarate, Bd. 3, Firenze 1982, Sp. 227-237); dort heißt es (Sp. 228): «L'esistenzialismo ha, come tratto comune, un atteggiamento polemico verso la ragione, cioè verso quel metodo che conduce la propria ricerca con procedimenti analitico-deduttivi e determina l'essere attraverso la mediazione dei concetti.» Daß Maritain mit einer derartig anti-intellektuellen Philosophie (wie schon bei Bergson) nicht einverstanden sein konnte und sich zugleich gegen eine Uminterpretation metaphysischer Begriffe entschieden zur Wehr setzte, war gleichermaßen konsequent wie erfolglos; denn wer heute von Existentialismus spricht, denkt kaum an Thomas oder Maritain, sondern fast automatisch an Heidegger, Sartre etc.
[191] *De Bergson* 156.
[192] *De Bergson* 157.
[193] Dieser erschien unter dem gleichen Titel in *NV* (21 (1946) 280-295) und wurde ein Jahr später in den Sammelband *Raison et raisons* (Fribourg – Paris 1947, 167-195) aufgenommen.

schen Tradition präsentiert, so kann er nun den theoretischen Unterbau vorlegen. Was heißt das?

Maritains Anliegen richtet sich vor allem darauf, eine «Versöhnung zwischen der Wissenschaft und der Weisheit, nach welcher der menschliche Geist dürstet, zu versuchen. Denn das, was eine erneuerte Zivilisation erwartet, ist eine Wiederentdeckung des Seins und im gleichen Zug eine Wiederentdeckung der Liebe»[194]. Das heißt nichts anderes, als daß für ihn «der Akt des Existierens das Objekt jedes vom Intellekt vollzogenen Aktes» darstellt, ob er sich nun auf intellektuelle Urteile oder praktische Entscheidungen, auf ein schöpferisches *fiat* der Welt gegenüber oder auf die Wirklichkeit, die die Tiefen unseres Denkens erfüllt, bezieht. Er möchte also die Implikationen eines integralen Humanismus darlegen, der in sich die Züge eines kritischen Realismus wie auch eines existentialistischen und personalen Humanismus im Sinne des Aquinaten bewahrt.[195]

Freilich möchte Maritain auch jeden Verdacht eines Ontologismus[196] vermeiden, der abstraktes und göttliches Sein gleichsetzt; deshalb findet für diesen alle menschliche Erkenntnis in Gottes Wesenheit statt und wird somit als eine unmittelbare Teilhabe an Gott verstanden. Maritain hingegen unterscheidet drei Momente auch innerhalb der Existenzintuition, da nur so eine weiterführende konzeptuelle Differenzierung möglich ist und zudem vermieden wird, daß «Gott mit der Gesamtheit aller endlichen Existierenden identifiziert wird»[197]. Mit anderen Worten: Auch in der Existenzintuition zeigt sich, daß geschaffenes und ungeschaffenes Sein nicht gleichgesetzt, sondern nur eine Seinsanalogie ausgesagt werden kann. Es kommt nicht einfach zu einer Auflösung der intelligiblen Strukturen, so daß alles nur noch hinsichtlich der «Existenz» betrachtet würde, sondern Maritain hält weiterhin am Seinsbegriff und damit an einer intelligiblen Struktur der Seienden fest.[198] Für ihn bildet der Existenzakt den Grund und das intelli-

---

[194] *Raison et raison* 354.
[195] Vgl. *De Bergson* 32.
[196] Dessen wird Maritain auch heute noch bezichtigt, so von G. CAVALCOLI («Il problema del 'preconscio' in Maritain», *DT* 97 (1994) 102), der Maritains Erwägungen zur natürlichen Mystik als einen «direkten Sprung in den völligen Idealismus und Ontologismus» bezeichnet. Letzterer wurde u.a. 1861 vom Lehramt im Sinne einer unmittelbaren und habituellen Anschauung Gottes, die zum Wesen des menschlichen Intellektes gehöre, als nicht mit der katholischen Glaubenslehre vereinbar erklärt. Vgl. *DH* 2841.
[197] J.M. MCDERMOTT, «Maritain on Two Infinities» 264.
[198] Vgl. J.B. LOTZ, «Existenzphilosophie», in *Philosophisches Wörterbuch*, Hrsg. W. Brugger, Freiburg – Basel – Wien [14]1988, 106*f.*: «Die Existenzphilosophie hat darin recht, daß der Mensch nicht bloß vorhanden, sondern Existenz ist; das heißt er gewinnt sich selbst erst in der Entscheidung, mit der er die Fülle seines Seins umfaßt und verwirklicht. Damit rücken Wille und Freiheit, überhaupt das Tun in die Mitte; persönliches Ergriffensein, existentielles Ernstmachen werden gefordert. Ebenso tief gesehen ist, daß diese Verwesentli-

gible Zentrum der Wirklichkeit sowie die Ursache jeder Tätigkeit und Dynamik der Natur.[199] Wenn dieser darum in einer besonderen Intuition in seiner ganzen Lebendigkeit und Tragweite geschaut wird, kommt darin das auslösende Objekt, das erkennende Subjekt sowie die Quelle aller Existenz in einer einzigen Anschauung zum Vorschein. Dabei stellt das erkennende Subjekt fest, wie es selbst mit allen Existierenden verbunden ist und sich vom subsistierenden Existenzakt empfängt.

> Ces trois bonds, – par où l'intelligence se porte à l'existence actuelle comme s'affirmant indépendamment de moi; et de cette pure existence objective à ma propre existence menacée; et de mon existence habitée par le néant à l'existence absolue, – sont accomplis à l'intérieur de la même et unique intuition, que les philosophes expliqueraient comme étant la perception intuitive du contenu essentiellement analogique du premier concept, le concept de l'Être.[200]

Diese besondere Intuition entspringt einer spontanen und natürlichen Denkbewegung, in der nicht nur ein gegebenes Seiendes dahingehend erfaßt wird, daß es «existiert und die höchste Tätigkeit, das Sein ausübt»[201]. Vielmehr nimmt darin das erkennende Subjekt auch die eigene Existenz und seine kontingente Situation wahr, und zwar als ein (wie alles Geschaffene) Sein-mit-Nichts. Doch in der Anschauung des eigenen Seins ist wiederum impliziert die Existenz der absoluten Existenz als Sein-ohne-Nichts, das aus sich und in sich existiert und die anderen Seienden aktiviert. Hierin liegt der erste neue Aspekt der Existenzintuition, da ihre innere Dynamik zeigt, wie die absolute Existenz die gesamte Natur transzendiert und damit den Menschen mit Gottes Existenz konfrontiert.[202] Nicht um eine Einsicht

---

chung in der Transzendenz, in der Bindung an ein irgendwie Überweltliches gründet. Doch zeigt gerade die Verschleierung, die das Transzendente umgibt, die Grenzen der Existenzphilosophie. Mit dem idealistisch übersteigerten Allgemeinen wird das Allgemeine überhaupt verdächtig; zugleich erwacht das Mißtrauen gegen alles Denken, das über das Erfahrene oder phänomenologisch Aufweisbare hinausgeht. Hierin liegt die Gefahr, daß alles nur in seiner Existenzbezüglichkeit gesehen und so auf Existenzialien des Menschen zurückgeführt wird oder nur 'ist', insoweit er es als verschiedene Seiten seines Existierens entwirft. Dieser Gefahr muß die Existenzphilosophie keineswegs erliegen», wie wohl auch Maritains Ansatz zeigt.

[199] Zum Existenzakt kann man bei Raïssa Maritain Folgendes lesen (*Poèmes et essais. L'acte d'être* 579): «Arbre patriarche / Au léger feuillage / Tu as le langage / Les murmures les silences / D'une foule qui rêve / Je vois le bruissement dont tu trembles / Le dessin de tes subtils mouvements / Et ton éventail de lumière et d'ombre / Sur la tapisserie du gazon / Rare est la grâce de l'ordre indécis / Qui est danse et symphonie / Secret accord de ta multitude innombrable / Arbre infini.»

[200] *Raison et raisons* 356f.
[201] *Raison et raisons* 356.
[202] *Raison et raisons* 357.

in Gottes Wesen geht es dabei, sondern um das «geistige Erfassen der Notwendigkeit vom Sein-ohne-Nichts»[203]. So scheinen «in der Transzendenz des *actus purus* und des Absoluten zwar das Sein, die Vernunft und Gott als eine einzige Realität» auf; wenn darin Gottes Sein auch «unabwendbar erfaßt wird», so bleibt sein Wesen doch «enigmatisch verborgen»[204]. Damit gleicht die Einsicht im Sinne der intellektuellen Konnaturalität fast einer natürlichen mystischen Erfahrung, da sie die erste Quelle des Seins indirekt miterfaßt. Andererseits kann die Erfahrung der Existenzintuition in Begriffen wie Sein und Gott ausgedrückt und damit begrifflich unterschieden werden. Doch die Existenzintuition erschöpft sich nicht in der Schau der subsistierenden Seinsquelle.

b) Die (Neu-)Entdeckung der Liebe

Die Erneuerung des Thomismus in Sinne eines realistischen Existentialismus wirkt sich allmählich auch auf Maritains Anthropologie aus. So beschränkt er sich in *Raison et raisons* nicht nur auf die Existenzintuition, sondern versucht mit diesem Ansatz seinen integralen und damit theozentrischen Humanismus[205] zu beleben. Dieser will der *geschöpflichen* Wirklichkeit des Menschen sowie seiner unverlierbaren Würde gerecht werden, weshalb er auch das Faktum der Offenbarung berücksichtigt und somit als christlicher Humanismus zu bezeichnen ist.[206] Auf diesem Hintergrund «bedeutet die Wiederentdeckung des Wertes der Existenz nicht nur die Wiederentdeckung Gottes, sie bedeutet auch die Wiederentdeckung der Liebe»[207]. Wie ist dies möglich, wie kann vom Sein auf die Liebe geschlossen werden? Für unseren Philosophen ist mit der Existenzschau noch eine weitere Einsicht verbunden, die ebenfalls in drei Momente unterteilt ist. Auch dabei möchte er wohl jeglichem ontologistischen Mißverständnis vorbeugen. Allerdings läßt er wie schon zuvor offen, wie er trotz der Dreiteiligkeit von einer einzigen Intuition sprechen und unbeirrt an ihr als einer Intuition *ohne* Denkfolge festhalten kann. Was birgt nun besagte Intuition noch in sich?

Maritain verweist nochmals auf den ersten Akt der Freiheit und dessen Eigendynamik. In ihm wird aus Liebe zum Guten das konkrete Gut gewählt, und damit wird implizit das eigene Leben auf das *bonum absolutum* ausgerichtet, was ebenfalls einer unbewußten Gotteserkenntnis gleichkommt. Damit hat nicht nur der spekulative Verstand, sondern auch das Bewußtsein

---

[203] *Raison et raisons* 359.
[204] *Raison et raisons* 355.
[205] Vgl. *Humanisme intégral* 325f.
[206] Vgl. *De Bergson* 154.
[207] *Raison et raisons* 360.

mit seiner praktischen Intuition des moralisch Guten seinen eigenen Zugang zu Gott.[208] Damit ist die intellektuelle und die affektive Erkenntnis durch Konnaturalität, die Maritain einige Jahre zuvor untersuchte, auf eine existentielle Gotteserkenntnis übertragen und zugleich ihre objektive Gültigkeit nachgewiesen.[209] Auf der Grundlage dieser praktischen Einsicht präsentiert er nun den zweiten Aspekt der Existenzschau, der über alle Charakteristika der intellektuell-affektiven Konnaturalität verfügt. Wie manifestiert sich dies?

Wir haben gesehen, daß in der Existenzintuition der eigene Existenzakt geschaut wird, was nichts anderes meint als die Schau des «Ich» unter ontologischer, nicht unter «psychologisch-oberflächlicher Hinsicht»[210]. Darin wird der tatsächliche Abgrund der eigenen Subjekthaftigkeit wahrgenommen, welcher zugleich die radikale Freigebigkeit der Existenz entdecken läßt. Es geht nicht mehr einfach um eine wahl- und ziellose Interkommunikation der Existierenden, sondern die Existenz wird von ihrer ersten Quelle her als sich verschenkende und als die alles gründende Liebe erfahren. Es wird dem Subjekt also klar, «daß die Liebe nicht nur ein vergängliches Vergnügen oder eine mehr oder minder starke Emotion ist, sondern die wesenhafte Tendenz und den Urgrund bildet, der in sein Sein eingeschrieben ist und durch den es am Leben ist»[211]. So wird Gott als die *Urquelle* von Existenz und Liebe wahrgenommen und als die «absolute ontologische Freigebigkeit und die subsistierende Liebe erkannt. Eine solche Liebe transzendiert jede Ursache, da sie das Innere jeder Kreatur durchdringt und aktiviert, welche im Gegenzug Gott mehr als sich selbst liebt, und zwar auf eine Art, daß dieser natürliche und universale Eros die Kraft selbst und die intimste Lebendigkeit darstellt, in der alle Seienden streben und lieben, handeln und kämpfen.»[212]

Bei diesen Überlegungen wird allerdings nicht völlig einsichtig, wie Maritain nun letztlich die Liebe versteht. Bezieht er sie auf den «natürlichen Eros», also die ontologische Liebe, mit der alles Geschaffene nach seinem Schöpfer strebt wie der Teil zum Ganzen, oder will er damit auch die personale Liebe ansprechen, die dem geistbegabten Subjekt zu eigen ist und die seine besondere Würde ausmacht? Oder läßt Maritain diese Frage bewußt offen, da sich gerade in dieser Hinsicht Theologie und Philosophie

---

[208] Vgl. *Raison et raisons* 360. Hierin findet sich die Parallele zur affektiven Konnaturalität, die an die Disposition der unbewußten schöpferischen Tiefen des Subjekts *in actu exercito* anknüpft und sich auf eine Tat *ad extra* bezieht.
[209] Vgl. *Situation de la poésie* 870f.
[210] *Raison et raisons* 360.
[211] *Raison et raisons* 361.
[212] *Raison et raisons* 361f.

überschneiden, daß also Gott als Urgrund allen Seins auch erste Quelle ontologischer *und* personaler Liebe ist und damit letztere in der ersten begründet liegt?

Maritain gibt keine direkte Antwort, sondern verweist auf die analoge Struktur zwischen Gott und dem Menschen, da letzterer sich in der Existenzintuition ebenso als eine Quelle geistiger Existenz erfährt. Dabei verbindet sich mit der «Intuition meiner eigenen Existenz oder des Ich die Intuition der Subjektivität als Subjektivität». Es geht nicht einfach um einen Denkgegenstand, sondern um «die Quelle allen Denkens», also um «ein tiefes, unerkanntes, lebendiges Zentrum»[213]. In ihm erfaßt sich das Ich «nicht nur als ein materielles Individuum, sondern auch als geistige Person, insofern es sich selbst besitzt und über sich verfügt, da es geistig und frei ist». Doch damit nicht genug! Das Ich erfährt neben seiner Selbstinnerlichkeit auch seine Freiheit zur geistigen Überexistenz, welche die Subjektivität charakterisiert. Und wie schon in der Seinsintuition dessen Neigung, sich zu verströmen, erfaßt wurde, so kommt nun die personale Komponente zum Vorschein, nämlich «in der Liebe die höchste Existenzform zu erreichen, nämlich eine Existenz, die sich hingibt». Es geht also nicht mehr allein um ein anonymes Verströmen, sondern um eine personale Hingabe, in der die Subjektivität und damit das Ich «auf geistige Weise im Sinne einer Gabe existiert». Somit bildet die Selbstverfügung der Menschen die Voraussetzung, sich in Liebe zu verschenken. Denn wozu «besäße er sich selbst, wenn nicht dazu, was in aller Wahrheit und aufs Ganze gesehen *besser ist*, als sich selbst hingeben zu können?»[214] Wie ist diese Hingabe nun möglich?

Die Frage nach der geistigen Überexistenz haben wir bereits zu Beginn dieses Kapitels erörtert. Dabei sprach Maritain noch allgemein von der Seele, die zu geistiger Überexistenz fähig ist.[215] Nachdem er dann aber Gottes Überexistenz betrachtet und sie mit der Vielheit der göttlichen Personen begründet[216], hat er die Voraussetzung geschaffen, auch im Menschen deutlicher die entsprechende Analogie bzw. Ebenbildlichkeit zu sehen. Wie bereits gezeigt führt dies dazu, daß er in der menschlichen Person nicht nur die zur Überexistenz fähigen Fakultäten betrachtet, sondern sie mit ihrem Zentrum verbindet, weshalb er letztlich auch einen Konflikt zwischen der konkreten Person und ihrer Natur nicht ausschließt.[217] Positiv gewendet bedeutet dies, daß sich in den geistigen Fakultäten das Ich oder

---

[213] *Raison et raisons* 360.
[214] *Raison et raisons* 361.
[215] Vgl. *Questions de conscience* 681.
[216] Vgl. *De Bergson* 159.
[217] Vgl. *De Bergson* 105.

die Subjektivität mitteilt, indem sie sich ihrer bedient und über sie verfügt. Ebenso ist dieses vitale und dynamische Zentrum aber auch Empfänger vermittels seiner Fakultäten, die nicht um ihrer selbst willen tätig sind, sondern im Dienst ihrer geistigen Mitte stehen. Während die Subjektivität also durch den Intellekt bereichert wird und Außermentales empfängt (durch eine Überexistenz in Erkenntnis), verschenkt sie sich durch den Willen (durch eine Überexistenz in Liebe). Gerade in diesem lebendigen Austausch erreicht das Ich seine eigentliche Perfektion, da die Selbstverfügung als Person die Basis bildet für eine interpersonale Liebe im Sinne geistiger Selbsthingabe.[218]

> La **Subjectivité** [est] un **centre profond, inconnu, et vivant**, qui surabonde en connaissance et surabonde en amour. [...] Ce **centre essentiellement dynamique, vivant et ouvert, donne et reçoit tout ensemble.** Elle reçoit par l'intelligence, en surexistant en connaissance, elle donne par la volonté, en surexistant en amour, c'est-à-dire en ayant au-dedans d'elle d'autres êtres comme attraits intérieurs à surabonder vers eux et se donner soi-même à eux, et en existant spirituellement à la manière d'un don. [...] L'existence spirituelle d'amour est la suprême révélation de l'existence pour le Moi.[219]

Maritain geht in seinen Überlegungen zur Existenzintuition noch weiter und reflektiert auch über deren Bedeutung für die Gemeinschaft von Personen. Dabei entfaltet er, was er zuvor von der Struktur der einzelnen Person aussagte, insofern zu ihr wesentlich die Gemeinschaft mit anderen Personen gehört und sie Austausch in Erkenntnis und Liebe braucht. Darum sollen nun noch die kulturellen und gesellschaftlichen Implikationen betrachtet werden, welche die Tragweite der Existenzintuition und ihre Relevanz für das Personverständnis verdeutlichen. Sie bilden die Grundlage für einen erneuerten, nämlich personalistischen *und* gemeinschaftlichen Humanismus.

c) Der theozentrische Humanismus

Die dritte Phase von Maritains philosophischem Denken ist nicht nur von einer Erneuerung des Existentialismus geprägt, sondern bemüht sich auch um einen kritischen Realismus. Doch bleibt er nicht bei den damit verbundenen ontologischen und epistemologischen Aspekten stehen, sondern erstellt auch den Rahmen der dazugehörigen politischen und soziokulturellen Implikationen. Diese lassen sich unter dem Stichwort des «theozentrischen

---

[218] Hatte Maritain noch in *Pour une philosophie de l'éducation* Personalität und Individualität als zwei Pole des Menschen gesehen und mit dem Ich bzw. dem Selbst gleichgesetzt (*ebd.* 778), so nimmt er nun klar das Ich als Zentrum heraus, das über den besagten Polen steht und sie in sich vereint.
[219] *Raison et raisons* 360f.

Humanismus» zusammenfassen. So verweist er besonders nach der Katastrophe des Zweiten Weltkrieges in *Raison et raisons* auf die Zusammenhänge, die sich aus der Existenzintuition ergeben. Diese Erfahrung der subsistierenden Existenz und Liebe wird dem theozentrischen Humanismus den Weg bereiten, «falls die Zivilisation gerettet werden sollte»[220]. Vier Aspekte hebt er dabei hervor, ohne allerdings darauf einzugehen, wie diese Intuition eine entsprechende Verbreitung erfahren wird.

Erstens wird die Existenzintuition den «neuen Menschen» nachhaltig prägen und aus ihm einen «zugleich ontologischen und erotischen Menschen»[221] machen: Ontologisch, da er um die innere Wirklichkeit und die unerschöpfliche Dynamik des Kosmos weiß, und erotisch, da er die Liebe als «Urgrund» der Wirklichkeit schaut, die in sein eigenes Sein eingeschrieben ist und Gott als subsistierende und damit sich auch an den Menschen verschenkende Liebe zeigt. Dabei erfährt sich der Mensch nicht nur als Gegenüber eines fernen Gottes, sondern als einer, der immer schon von der göttlichen Liebe gehalten ist und sich aus ihr empfängt.

Zweitens wird die innere Dynamik des Existenzaktes eine doppelte Bewegung aufscheinen lassen: eine absteigende, in der «die göttliche Fülle und die erste Quelle aller Existenz in die menschliche Wirklichkeit hinabsteigt, um sie zu durchdringen und zu beleben. Denn Gott gießt jedem Geschöpf zugleich mit dem Sein die Güte und Liebenswürdigkeit ein, so daß ihm bei jeder guten Tat die *erste* Initiative zukommt. [Dazu kommt] eine aufsteigende Bewegung, welche die Antwort des Menschen ist und durch welche die menschliche Realität die *zweite* Initiative ergreift und sich selbst aktiviert hinsichtlich der Ausrichtung ihrer Energien und hinsichtlich Gottes.»[222]

Drittens wird darin deutlich, daß der erste entscheidende ontologische Schritt zum Guten nicht vom Menschen stammt. Vielmehr gehen Gottes Anrede und der Anspruch seines Wortes der Antwort des Menschen voraus. Deshalb wird der erneuerte Mensch begreifen, daß er zu seiner Fülle aufsteigt und zur wahren «Selbstverwirklichung» gelangt, wenn er sich «der absteigenden Bewegung der ungeschaffenen Liebe anvermählt, um darin zu geben, was er ist und besitzt»[223]. Er kann demütig und frei eingestehen, daß er letztlich beständig alles empfängt.

Daraus leitet Maritain viertens eine Prognose ab, die für ihn die neue Epoche kennzeichnen wird, nämlich «die Heiligung des profanen oder

---

[220] *Raison et raisons* 363.
[221] *Raison et raisons* 361.
[222] *Raison et raisons* 366.
[223] *Raison et raisons* 367.

weltlichen Lebens»[224]. Denn während die Antike den Bereich des Heiligen oder Sakralen streng von dem des Profanen trennte, hat das Evangelium dem Gläubigen aufgetragen, nach einer inneren Vervollkommnung zu streben, gerade auch durch die Heiligung des Profanen oder Alltäglichen. Unter diesen Voraussetzungen wird die erneuerte Zivilisation auch einen «neuen Stil der Heiligkeit, eine neue Etappe in der Heiligung des weltlichen Lebens»[225] erreichen. Wie wird dies aussehen?

Wenn der zugleich ontologische und erotische Mensch sich um Heiligkeit bemüht, wird er weder einem stoischen Athletentum noch einer Anwendung menschlicher Rezepte zur Heiligkeit entsprechen. Vielmehr wird die Liebe im Mittelpunkt stehen, die «von der Liebe zwischen dem geschaffenen und dem ungeschaffenen Ich ausgeht» und an der Liebe zum Nächsten ihren Prüfstein findet. Diese Liebe fordert «eine ständige Bereitschaft, zu geben, was man hat, und letztlich auf die eine oder andere Weise zu sterben für die, die man liebt»[226]. So manifestiert sich nach Ansicht Maritains die Wahrheit des Evangeliums, insofern es das menschliche Dasein an die göttlichen Lebensformen gewöhnt. Der Mensch wird erst dann seine innere Einheit finden, wenn er bereit ist, sich selbst im Sinne der Liebe des Evangeliums zu verlieren und dieser Selbsthingabe den Vorzug zu geben. Dies bedeutet eine Absage sowohl an die Vorstellung einer rationalistischen Selbstverwirklichung, die nichts anderes ist als eine Illusion, als auch die Ablehnung einer irrationalen Verwirklichungsidee des Ich, die in Verzweiflung und Absurdität mündet. Damit wird das geistige und moralische Leben «auf die Ebene des Herzens» gegründet, «auf das Geheimnis der unsichtbaren Beziehungen zwischen göttlicher und menschlicher Personalität»[227].

Bereits zu Beginn dieses Kapitels wurde die Person von Gott her definiert, insofern in ihm höchste Freiheit und höchste Personalität, Selbstbesitz und Selbsthingabe vereint sind. Ebenso wurde deutlich, daß das Wesen der Person im Austausch von Erkenntnis und Liebe besteht, weshalb sie in der innergöttlichen *communio* Ursprung und letztes Ziel hat. Daran knüpft Maritain nun an, wenn er behauptet, daß die Vervollkommnung des Menschen und seiner Freiheit in der interpersonalen Liebe besteht, also in einer Relation und einer Kommunikation unter Personen, allen voran zwischen der Person des Menschen und derjenigen Gottes. Diese Gemeinschaft befreit den Menschen nicht nur von einer selbstgenügsamen Eigenliebe, sondern hält ihn dazu an, den anderen mehr als sich selbst zu lieben.

---

[224] *Raison et raisons* 374.
[225] *Raison et raisons* 375.
[226] *Raison et raisons* 375.
[227] *Raison et raisons* 374.

Aus gutem Grund betont deshalb der Thomismus die «theozentrische Wiederherstellung der Würde des Geschöpfs in Gott und für Gott». Nur in ihrer Beziehung mit Gott können die menschliche Person und das menschliche Leben respektiert und geschützt werden. Von ihm erhalten sie alles, so daß nach Maritain ein erneuertes Christentum wohl von einem theozentrischen Humanismus auszugehen hat, von einem «Humanismus der Inkarnation». Das meint nichts anderes als eben die naturhafte Liebe der geistbegabten Geschöpfe zu ihrem Schöpfer von der Gnade verwandeln zu lassen, denn «das menschliche Geschöpf fordert das Recht ein, geliebt zu werden. Es kann freilich allein in Gott wahrhaft und wirksam geliebt werden.»[228] Wie wir noch sehen werden, hängt dies nicht allein von der Kenntnis des Gesetzes ab, da das Neue Testament kein geschriebenes, sondern ein ins Herz eingegossenes Gesetz ist; damit sind auch die Tugenden der Ungetauften zwar unvollkommene, aber auf der Ebene der Natur echte Tugenden, die von der Gnade nicht ersetzt, sondern erhöht und verstärkt werden wollen.

Zwar weiß Maritain von Anfang an, daß die Umsetzung der ontologischen Grundlagen in die moralische Ordnung kein einfaches Unterfangen ist[229], was ihn jedoch nicht davon abhält, immer wieder zu einem «heroischen Humanismus»[230] aufzurufen. Dieser versteht Gott als Zentrum von Welt und Mensch und Geschichte überhaupt, in der nach dem Vorbild des Evangeliums «eine Gemeinschaft der menschlichen Person mit anderen realen und konkreten Menschen sowie mit Gott»[231] ermöglicht, das christliche Ideal von Nächstenliebe zu leben, und den Menschen zu echtem Heroismus führt. Vor diesem Hintergrund soll nun eine genauere Bestimmung personaler Existenz versucht werden, insofern sie auf Gemeinschaft und Liebe angelegt ist.

6. Personale Existenz als Selbstbesitz und Selbsthingabe

Die auf- und absteigende Linie zwischen göttlicher Anregung und menschlicher Antwort umschreibt auf personale Weise das, was sich auf ontologischer Ebene im *actus existentiae* vollzieht, nämlich eine Fülle von Wechselbeziehungen, welche das lebendige Universum der Seienden charakterisiert. Voraussetzung dafür sind freilich Subjekte, die aufeinander einwirken

---

[228] J. MARITAIN, *Pour la justice. Crise de civilisation*, ŒC Bd. VIII, 722*f.*
[229] Vgl. *Les Degrés* 679-681 bzw. *Du régime temporel* 348.
[230] *Humanisme intégral* 304 wie auch J. MARITAIN, *Christianisme et démocratie*, ŒC Bd. VII, 757-762.
[231] *Humanisme intégral* 301*f.*

können. Dabei wird mit den geistbegabten Subjekten eine besondere Ordnung eröffnet, da sie zu freien Akten in Erkenntnis und Liebe fähig sind. Im letzten Abschnitt haben wir dazu die Freiheit zur Überexistenz betrachtet, die von der Subjektivität oder dem Ich ausgeht. Zwar bleibt vorläufig noch unklar, wie ontologische und personale Ebenen unterschieden werden können, doch zeigt sich auch, daß Maritain zunehmend das Wesen der Person *als Person* und ihre ontologischen Fundamente in Augenschein nimmt.

Dazu greift er in seinem Werk *Les Droits de l'homme et la loi naturelle*, das er 1942 erstellt, einige Vorüberlegungen aus *De Bergson*[232] sowie aus *Principes*[233] auf, indem er nun die Implikationen der menschlichen Person als soziales Wesen untersucht. Ausgangspunkt ist dabei die menschliche Personalität, die wie ein eigener «Mikrokosmos» ein «großes Mysterium» darstellt. Ihre Würde und unverlierbare Rechte basieren gerade darauf, daß sie «nicht nur auf physische Weise existiert, [...] sondern auf geistige Weise in Erkenntnis und Liebe überexistiert»[234]. Diese Überexistenz drückt ein Doppeltes aus:

Einerseits verfügt die menschliche Person aus Fleisch und Knochen «über eine Seele, die ein Geist ist und mehr als das gesamte materielle Universum wert ist». So sehr sie darum auch von den kleinsten Störungen ihrer Materie abhängen mag, so sehr «existiert sie aufgrund der Existenz ihrer Seele, welche die Zeit und den Tod beherrscht. Darum ist der Geist die Wurzel der Personalität»[235]. Diese unmitteilbare Seele macht aus der Person «ein Ganzes unter Ganzen [...]. Sie ist ein Ganzes an Freiheiten, da die Person als solche Selbstherrschaft oder Unabhängigkeit bedeutet»[236].

Andererseits kann die Person, «absolut gesprochen, nicht allein sein. Das, was sie weiß, will sie sagen; und sie will sich selbst mitteilen – und an wen, wenn nicht an andere Menschen?» Aus diesem Grund läßt sie sich als ein Ganzes definieren, «aber sie ist nicht ein verschlossenes Ganzes, sondern ein *offenes* Ganzes, sie ist nicht ein kleiner Gott ohne Türen und Fenster wie die Monade des Leibniz [...]. Sie erstrebt von Natur aus ein soziales Leben und die Gemeinschaft.»[237] Dies hat eine metaphysische Ursache.

Il en est ainsi non seulement à cause des besoins et des indigences de la nature humaine [...], mais aussi à cause de la générosité radicale inscrite dans l'être même de la personne,

---

[232] Vgl. dazu und zur Datierungsfrage die *Bibliographie des Œuvres de Jacques Maritain 1939-1945* 36 bzw. 59.
[233] Vgl. *De Bergson* 86f. sowie *Principes* 191.
[234] J. MARITAIN, *Les Droits de l'homme*, ŒC Bd. VII, 620.
[235] *Les Droits de l'homme* 621.
[236] *Les Droits de l'homme* 623.
[237] *Les Droits de l'homme* 622.

à cause de cette ouverture aux communications de l'intelligence et de l'amour qui est le propre de l'esprit, et qui exige l'entrée en relation avec d'autres personnes.[238]

Ontologische Grundlage des Bedürfnisses nach Austausch ist die Dynamik des Seins, das Neigung und Streben impliziert, sich gemäß der Natur des existierenden Seienden zu verströmen. Diese wesenhafte Freigebigkeit des Seins drückt sich in der Person in ihrer Selbstmitteilung aus und vollzieht sich durch Erkenntnis- und Liebesakte, in der sie sich selbst überschreitet. Anders ausgedrückt: Die Natur des Geistes impliziert die Möglichkeit zur Ausübung seiner Überexistenz, während die Person nach Beziehungen und Kommunikation mit anderen Personen *verlangt*. Es gehört also zum Wesen der Personhaftigkeit, einen Dialog zu fordern, in dem die Personen wahrhaft miteinander kommunizieren. Auch dafür bildet die göttliche Wirklichkeit den Ausgangspunkt. Bereits in den *Sept leçons* weist Maritain darauf hin, daß die innergöttliche Wirklichkeit nicht einfach ein anonymes *summum esse subsistens* im Sinne einer ersten Seinsquelle oder den *actus purus* einer Monade meint. Vielmehr wissen wir aufgrund der Offenbarung, daß Gott eine Gemeinschaft von drei Personen ist, die den Urgrund von jeglicher geistiger Überexistenz bildet, wie wir bereits gesehen haben.[239]

Doch damit nicht genug! Maritain präzisiert in seinem Vortrag über den Selbstand aus dem Jahr 1942, daß «das göttliche Existieren ein eminentes und unendlich personales Existieren»[240] ist, in dem die der Personalität konnaturale Aspiration nach Unabhängigkeit übererfüllt wird – und zugleich ihre gegenseitige Hingabe ihre Existenz bestimmt. Aus diesem Grund betrachtet die metaphysische Tradition des Westens zuerst die Selbstverfügung, aus der sich die Freiheit zur Selbsthingabe ergibt. Sie «sieht in Gott die höchste Personalität, da Gottes Existenz selbst in einer reinen und absoluten Überexistenz an Erkenntnis und Liebe besteht». Und daraus abgeleitet betrachtet vor allem die abendländische Philosophie auch die Person «als eine Realität, die geistigerweise subsistiert und ein Universum in sich, ein (relativ) unabhängiges Ganzes konstituiert». Freilich ist dies kein verschlossenes, sondern ein offenes Ganzes, das einerseits «dem Ganzen des Universums sowie dem transzendenten Ganzen, nämlich Gott, gegenübersteht»[241].

---

[238] *Les Droits de l'homme* 622.
[239] Vgl. *Sept leçons* 628.
[240] *De Bergson* 115.
[241] *La Personne* 191. Mit dieser Umschreibung definierte er schon in *Les Degrés* die Person als «ein Zentrum der Freiheit, das den Dingen, dem Universum und Gott gegenübersteht, mit einer anderen Person in Dialog tritt sowie erkennend und liebend mit ihr in Verbindung steht» (*ebd.* 679). Dabei erwähnt er allerdings nicht die Selbstinnerlichkeit, son-

Gerade darin kommt die Spannung von geschaffener und ungeschaffener oder endlicher und unendlicher Wirklichkeit besonders deutlich zum Vorschein. Denn ihre Fähigkeit zur Überexistenz verdankt die geschaffene Person nicht sich selbst. Vielmehr steht sie immer schon «in einer direkten Beziehung zum Absoluten», empfängt also sich und ihre Freiheit von ihm. Darauf verweist sie ebenso die ganze Schöpfung und die ihr innewohnende Dynamik der Transzendentalien wie auch ihre Freiheit zu sittlichem Tun.[242] Freilich ist die menschliche Person aufgrund der ihr innewohnenden Freiheit in der Lage, abzulehnen oder anzuerkennen, daß sie allein in der direkten Beziehung zum Absoluten «ihre volle Erfüllung finden kann». Wie immer sie sich auch entscheiden mag, ihre unverlierbare Würde und ihre Rechte werden dadurch nicht berührt, da sie «der Ordnung der Dinge entstammen, die von Natur aus sakrosankt sind, die das Abbild des Vaters der Seienden tragen und in ihm das Ziel ihrer Bewegung finden»[243]. Es entspricht also ihrer Natur, nach Gemeinschaft mit «personalen Gütern» zu suchen, das heißt, mit ihresgleichen zu kommunizieren. Das ist gemeint, wenn Maritain sie als «ein offenes und freigebiges Ganzes»[244] definiert. Denn gerade im Erkennen und Lieben erfüllt die Person ihre innerste Sehnsucht und ihre eigentliche Größe. Denn diese besteht letztlich gerade darin, mit anderen Personen in Austausch treten und in bleibender Gemeinschaft stehen zu können, wodurch allein die wesenhafte Freigebigkeit, die in ihr personales Sein eingeschrieben ist, zur Entfaltung kommen kann.

Maritains Überlegungen zur menschlichen Person finden im Jahr 1945 noch eine weitere Ergänzung. So hält er noch im November jenes Jahres in Rom einen Vortrag, der die Person und das Allgemeinwohl zum Gegenstand hat.[245] Die dabei vertiefte Unterscheidung von Individualität und Personalität ist uns freilich nicht unbekannt. Neu ist vielmehr, daß er die innere Verbindung der Personalität und der Liebe aufzeigt, womit der Gang unserer Überlegungen nochmals einen Schritt weitergeführt wird. Gegen Pascal behauptet Maritain, daß sich die Liebe «nicht auf Qualitäten, Naturen oder

---

dern präsentiert die Subsistenz als ein ontologisches Siegel, das die Einheit und den Selbstbesitz der Personalität gewährleistet.

[242] In seiner Erziehungsphilosophie aus dem Jahre 1943 (*Pour une philosophie de l'éducation* 777f.) führt Maritain alle Kategorien an, an denen die Person teilhat: «Une personne possède une dignité absolue parce qu'elle est en relation directe avec le royaume de l'être, de la vérité, de la bonté, de la beauté, et avec Dieu; et c'est seulement par là qu'elle peut arriver à son entier accomplissement. Sa patrie spirituelle consiste dans l'ordre entier des choses qui ont une valeur absolue, et qui reflétant en quelque manière un absolu divin supérieur au monde, ont en elles la capacité d'attirer vers cet absolu.»

[243] *Les Droits de l'homme* 621.
[244] *Les Droits de l'homme* 626.
[245] Vgl. *La Personne* 169, Anm. 1.

Essenzen bezieht, sondern auf *Personen*». Wie lassen sich diese definieren? Maritain versteht darunter ein «metaphysisches Zentrum, das tiefer ist als alle Qualitäten und Essenzen, die ich im Geliebten entdecken und aufzählen kann»[246]. Der Liebende richtet also seine Liebe nicht auf die Akzidentien, sondern «das, was ich im geliebten Gegenüber liebe, ist die substantielle und verborgene Grundwirklichkeit, die am intensivsten existiert, [...] dieser an Existenz, Güte und Tätigkeit gewissermaßen unerschöpfliche Mittelpunkt, der fähig ist, zu geben und *sich selbst zu geben*. Und er selbst vermag [...] nicht nur diese oder jene Gabe eines anderen, sondern den anderen selbst als Gabe, als ein sich verschenkendes Selbst zu empfangen»[247].

Hierin unterscheidet sich dieses Zentrum nicht nur grundlegend von jeder Essenz oder Qualität, sondern darin kommt auch die Gottesebenbildlichkeit der Person zum Ausdruck, da es gerade deren Proprium ist, ein subsistierender Erkenntnis- und Liebesakt zu *sein*. Gott läßt sich als «ewiger in sich subsistierender Liebesakt» definieren, so daß sein «Erkenntnis- und Liebesakt mit seinem Existenzakt zusammenfallen und absolut mit seiner Essenz identisch sind»[248]. Darum ist die Existenz im Sinne der Hingabe nicht nur eine moralisch höherstehende Seinsstufe[249], sondern die göttliche Wirklichkeit selbst, da das Leben der drei göttlichen Personen nicht nur die transzendentalen Vollkommenheiten von Sein und Liebe, sondern auch der Personalität in eminenter Weise realisiert.

Insofern also auch die geschaffene Person zur Selbsthingabe fähig ist, setzt dies eine Form von Selbstverfügung voraus, durch die sie sich «kraft einer geistigen Existenz selbst in der Hand hält, sich vermittels Intellekt und Freiheit ausdrückt und in Erkenntnis und Liebe überexistiert»[250]. Ontologisch gesehen heißt dies, daß die Personalität die Subsistenz einer geistbegabten Seele bildet. Durch die Subsistenz wird der Einfluß des Schöpfers, unter dem sie steht, dahingehend besiegelt, daß die Existenz, welche die betreffende Natur empfängt, zu deren Eigentum und Perfektion wird. Wie durch ein Siegel wird damit von innen her die Voraussetzung dafür geschaffen, die eigene Existenz zu besitzen und sich frei zu vervollkommnen und hinzugeben.

Métaphysiquement considérée, la **personnalité** [...] est la 'subsistence', – cet ultime achèvement par lequel l'influx créateur scelle en elle-même une nature face à tout l'ordre de l'existence, de manière que l'existence qu'elle reçoit soit *son* existence et *sa* perfec-

---

[246] *La Personne* 190. Und mit einem Hauch von Romantik fügt Maritain noch hinzu: «C'est pourquoi ces sortes d'énumérations n'en finissent pas dans la bouche des amoureux.»
[247] *La Personne* 190*f*.
[248] *De Bergson* 115.
[249] Vgl. *De Bergson* 106.
[250] *La Personne* 191.

tion, – la personnalité est la 'subsistence' de l'âme spirituelle communiquée au composé humain; étant en ma substance une signature ou un sceau qui la met en état de posséder son existence et de se parfaire librement et de se donner librement, elle atteste en nous la générosité ou l'expansivité d'être qui tient à l'esprit dans un esprit incarné, et qui constitue, **dans les profondeurs secrètes** de notre structure ontologique, **une source d'unité dynamique et d'unification** par le dedans.[251]

Darum «bedeutet die Personalität auch Selbstinnerlichkeit», aufgrund derer das geistbegabte Subjekt sich als Subjekt erfaßt und um sich als ein eigenes Universum weiß – «im Gegensatz zur Pflanze und zum Tier». Doch dieses Wissen um sich selbst und die Fähigkeit zur Überexistenz ist weit von jeder Vorstellung im Sinne einer abgekapselten, sich selbst genügenden und in sich verschlossenen Monade entfernt. Vielmehr *fordert* die Person unter dem Aspekt ihrer Subjekthaftigkeit «den Austausch in Erkenntnis und Liebe. Allein aufgrund der Tatsache, daß ich eine Person bin und ich zu mir selbst *Ich* sage, verlange ich danach, mit *anderem* und *den anderen* auf der Ebene von Erkenntnis und Liebe in Verbindung zu stehen»[252].

Die Person gleicht also einem «lebendigen und offenen Mittelpunkt»[253] sowie einer «geheimnisvollen Tiefe und Quelle dynamischer Einheit», worum sie aufgrund ihrer «Selbstinnerlichkeit»[254] weiß. Damit läßt sich die Person zum einen von ihrer **Subjektivität** aus bestimmen, also der freien Ausrichtung ihrer *geistigen Überexistenz*, die nach Gemeinschaft und *Austausch mit ihresgleichen* verlangt. Zum anderen ist die menschliche Person eine **Personalität**. Sie ist damit ein *subsistierender inkarnierter Geist*, der seinem Träger einen relativen (oder relationalen) Selbstand vermittelt und ihn befähigt, seine *Existenz frei auszuüben*. Beide Aspekte machen gewissermaßen die Vorder- und Rückseite der menschlichen Person aus, nämlich die Personhaftigkeit, die aufgrund ihres Selbstandes offen ist für den Austausch mit anderen Personen. Dazu kommt die Subjekthaftigkeit, in der sich die Person auf unverwechselbare Weise selbst mitteilen und Akte moralischer Qualität hervorbringen kann, die über ihre Natur hinausgehen. Beide Seiten gehören untrennbar zusammen[255] und bilden die Komponenten des geschaffenen Ich, das sich in ihnen erfährt und ausdrückt.

Damit wird deutlich, daß die Person nicht bestehen kann, wenn sie nicht in lebendige Gemeinschaft mit anderen Personen, allen voran Gott, eintritt. Daraufhin ist sie geschaffen, denn ihr ist die besondere Berufung anver-

---

[251] *La Personne* 192.
[252] *La Personne* 192.
[253] *Raison et raisons* 361.
[254] *La Personne* 192.
[255] Vgl. dazu schon die erste Definition in *La Situation de la poésie* 878, in der Maritain zumindest alle notwendigen Aspekte anklingen läßt.

traut, die bereits vorgängige ontologische Partizipation in eine personale Liebesgemeinschaft verwandeln zu können. Aus diesem Grund spricht Maritain nicht nur davon, daß «die Person in einer direkten Beziehung mit dem Absoluten steht, in dem allein sie ihre volle Erfüllung finden kann»; vielmehr ist sie durch ihre Geistseele Abbild Gottes und damit befähigt, «zu erkennen, zu lieben und durch die Gnade erhoben zu werden, um an Gottes Leben selbst teilzuhaben und ihn schließlich zu erkennen und zu lieben, wie er selbst sich erkennt und sich liebt»[256].

Wenn nun die übernatürliche mystische Erfahrung Teilhabe am Leben der drei göttlichen Personen ist[257], dann leuchtet ein, daß in ihr die Seele gleichsam über die Zeit hinaus erhoben wird und wie in «Augenblicken der Ewigkeit» in eine «Einheit des Geistes» eintritt, die eine intentionale interpersonale Gemeinschaft ermöglicht. Auf diese Weise wird nicht nur ein Vorgeschmack der Ewigkeit, nämlich die Erfahrung Gottes und seiner Liebe, gewährt, sondern umgekehrt wird auch die irdische Zeit mit der Ewigkeit verbunden.[258] So erhält der Liebende bereits am göttlichen Leben Anteil. Er empfängt, indem er sich gibt, und er will sich verschenken, weil er sich von Ewigkeit her als geliebt erfährt.[259]

7. Zusammenfassung

Wie bereits eingangs erwähnt wurde, versteht es Maritain in der Zeit von 1939 bis 1945 zunehmend, die verschiedenen Bereiche der Person von ihrer existentiellen Seite her darzustellen. Dazu geht er weniger von den Fakultäten und stärker als bisher von der Geistnatur der Person aus, deren Kern die Personalität ausmacht. Dabei lenkt er den Blick auf die Tatsache, daß die Person auf ihre Natur verwiesen ist, aber auch in Distanz zu ihr steht, was besonders hinsichtlich der Verfügungsgewalt über den Willen einsichtig wird. Die menschliche Person ist stets *mehr* als ihre Akte und ihre Fakultäten, sie ist ein Universum oder eine Perfektion in sich, die sie nicht verlieren kann. Sie ist als solche eine transzendentale Vollkommenheit, die auf unterschiedlich intensive oder qualitative Weise existieren kann. Das bedeutet, daß die konkrete Existenz der menschlichen Person auf ihre Verantwortung verweist, die vor allem auf der Ebene der moralischen Freiheit in Erscheinung tritt. Wie darum die Geistnatur als solche zur Überexistenz befähigt ist, die ihre ontologische Existenz nicht beeinträchtigt, so wirken

---

[256] *La Personne* 193.
[257] Vgl. *Les Degrés* 952 wie auch *Du régime temporel* 354.
[258] Vgl. *De Bergson* 91.
[259] Diese Erfahrung ließe sich wohl auch umschreiben mit der Formel «amor, ergo sum».

sich auch ihre moralischen Akte nicht auf ihren Selbstand aus, sondern auf dessen Qualität. Mit anderen Worten steht der Mensch vor der Lebensaufgabe, sich beständig zwischen Materie und Geist, zwischen Böse und Gut, zwischen Anregungen zur selbstlosen Liebe und egoistischem Begehren entscheiden zu müssen. Seine Antworten bleiben freilich nicht ohne Wirkung, sondern hinterlassen in ihm eine Prägung, wie gerade die moralische Erstentscheidung zeigt. Gleichzeitig kommt dabei ein Dreifaches zum Vorschein:

Zum einen zeigt sich die Freiheit des Menschen, dem Bösen Raum zu geben, indem das Gute in seiner Seinsmächtigkeit verringert wird. Diese Freiheit betrifft das Subjekt wie seine Umwelt und verweist auf seine negativ-schöpferische Macht. Der steht diesbezüglich die Ohnmacht des Schöpfers gegenüber, der das Geschöpf nicht zwingen kann, ihn zu lieben. Damit sind wir beim zweiten Punkt, nämlich dem Mysterium der geschöpflichen Freiheit. Einerseits sieht Maritain im Willen die Instanz, die den Übergang der göttlichen Anregungen von zerbrechlicher zu unzerbrechlicher *motio* regelt. Doch andererseits spricht er von der Subjektivität oder dem Ich als der ersten Quelle jeder Tätigkeit, aus der das geschöpfliche *fiat* hervorgeht. Wenn zudem der Wille auf die Existenzordnung bezogen ist, dann muß auch das Zentrum des Subjekts über diese Ordnung verfügen und muß darum über die (abstrakte) Essenz der Seele hinausgehen. Der dritte Punkt betrifft das Personverständnis aus philosophischer wie auch aus theologischer Sicht. Denn aufgrund der Offenbarung wissen wir, daß nicht das Sein als ontologische Wirklichkeit die Voraussetzung für die personale Wirklichkeit bildet, insofern Gott nicht nur *summum esse subsistens*, sondern auch dreipersönliche subsistierende Liebe ist. Daraus ergibt sich für die menschliche Realität eine Reihe von Folgerungen.

Die Person ist als Personalität auf Gemeinschaft mit ihresgleichen angelegt. Sie ist ein offenes und freigebiges Universum, *fordert* aber von ihrem Wesen her den Dialog mit ihresgleichen. Darum ist Anfangs- und Endpunkt dieses personalen Verlangens die göttliche Gemeinschaft der drei Personen in einer Natur. In dieser *communio* kommt das Streben des Seins wie auch der Liebe zur höchsten Erfüllung. Das heißt hinsichtlich des Menschen, daß er aufgrund seiner Natur sowohl auf ontologischer Ebene in einer schon vorgängigen direkten Beziehung mit Gott steht[260] als auch mit Hilfe der Gnade in eine personale Gemeinschaft mit Gott als der subsistierenden Liebe einzutreten vermag. Die Liebe schafft also die Verbindung, mit der die Einheit in Verschiedenheit nicht aufgehoben, sondern als Reichtum erlebt wird. Darum ermöglicht allein die Liebe, die göttliche Wirklichkeit,

---

[260] Vgl. *Les Droits de l'homme* 621.

die Menschen untereinander in die gleiche Liebesbeziehung eintreten zu lassen, wie die, die sie mit Gott vereint.[261]

Auf dieser Grundlage kommt dem Menschen die Aufgabe zu, die Wirklichkeit zu gestalten und mit sich selbst auch die Welt zu verwandeln, ja sogar Zeit und Ewigkeit zu verbinden. Das heißt nichts anderes, als einem neuen integralen Humanismus den Weg zu bereiten, in dem der Mensch sich seiner wahrhaft ontologischen und zugleich erotischen Berufung bewußt wird. Diese Herausforderung bestätigt auch die Existenzintuition, da sie ihm die lebendige Wirklichkeit aller Existierenden, ihre innere Verbindung, aber auch ihren Selbstand offenlegt. Er entdeckt sich in einer bereits vorgängigen dynamischen Interkommunikation, die nicht von außen an ihn herantritt, sondern zu seinem Wesen gehört. So wie er intuitiv schaut, daß «Gott absolute ontologische Freigebigkeit **und** die subsistierende Liebe ist», so wird ihm auch klar, daß «eine derartige transzendente Liebe von innen her jedes Geschöpf verursacht, durchdringt und aktiviert»[262].

Damit wird offenkundig, daß die Person von ihrer Natur her schon in einem Beziehungsgeflecht steht. In diesem findet sich das Ich des Subjektes mit seiner personalen Freiheit vor und kann sich all seine Tendenzen, Neigungen und Anlagen zu eigen machen und damit seine Erfüllung als Seiendes, als Person und als Geschöpf, ja, im Hinblick auf die Erlösungsordnung, auch als Kind Gottes finden, nämlich *höchste Freiheit in völliger Selbsthingabe*.[263] Dabei hilft dem Menschen seine Fähigkeit zur existentiellen Erkenntnis, durch die er auch Normen und moralische Maßstäbe in der konkreten Situation richtig erfassen und anwenden kann. Im letzten kommt dabei seine Verantwortung zum Vorschein, über sein Leben zu entscheiden. Er gehört als Person mit seiner Würde und Freiheit zur «Ordnung der Dinge, die von Natur aus heilig sind». Diese «tragen das Abbild des Vaters der Seienden» in sich, doch es liegt an ihnen selbst, ob sie «in ihm [Gott] das Ziel ihrer Bewegung finden»[264].

Diese Überlegungen verweisen uns auf das nächste Kapitel, das sich mit Maritains kohärentem Personalismus besonders in moralischer Hinsicht auseinandersetzt. Von neuem wird es um die Frage gehen, wie der sittliche Anspruch erkannt und zugleich die Freiheit des Geschöpfes bewahrt wird.

---

[261] Vgl. *De Bergson* 169.
[262] *Raison et raisons* 361*f.*
[263] Darum gilt für den, der liebt, daß er «auf eine *bessere* Weise als seine entitative Existenz, nämlich im Modus der Gabe, existiert» (*De Bergson* 106). Das heißt, der ontologische Selbstbesitz bildet das Fundament für die personale Liebeshingabe seiner selbst.
[264] *Les Droits de l'homme* 621.

TEIL C – «La personne ne peut pas être seule»[1] – Maritains kohärenter Personalismus

Kapitel VII: Die Person und ihr Tun aus personalistischer Sicht

1. Einleitung

Wie wir gesehen haben, richtet sich Maritains Blick zunehmend auf die existentielle Seite des Seins. Daß er dabei von der thomistischen Philosophie ausgeht und sie als eine «existentielle Metaphysik»[2] bezeichnet, hindert ihn freilich nicht daran, einen erneuerten Existentialismus zu fordern. Dieser wird, so Maritains Hoffnung, nicht nur zu einer Wiederentdeckung des Seins, sondern auch der Liebe führen und damit gerade auch die Sehnsucht einer neuen Zivilisation erfüllen. Dazu wird ebenso die Versöhnung der neuen Wissenschaften mit der Metaphysik gehören, vor allem durch die Erarbeitung einer brauchbaren Naturphilosophie.[3] Maritain selbst versucht, ausgehend von der Existenzintuition[4], einen neuen dynamischen Entwurf vorzustellen. Dazu betrachtet er die Wirklichkeit als *actus existentiae*, hält aber ebenso am Seinsbegriff und damit einer intellektuellen Struktur aller Seienden fest. Dadurch können von dieser Intuition aus die verschiedenen Seinsstufen aller existierenden Subjekte Gegenstand philosophischer Reflexion wie auch existentieller Erfahrung werden.

Damit legt er keineswegs einen völlig neuen Ansatz vor, sondern führt denkerisch mit größerer Konsequenz durch, was er bislang unermüdlich betonte, daß nämlich allein das Denken des Aquinaten einen wahren Existentialismus ermöglicht[5], welcher wiederum die Voraussetzung eines

---

[1] *Les Droits de l'homme* 622.
[2] *Sept leçons* 590.
[3] Vgl. *Raison et raisons* 354.
[4] Vgl. *Raison et raisons* 356f.
[5] Vgl. *De Bergson* 154-156: «Je suis persuadé que saint Thomas d'Aquin est [...] le plus *existentiel* des philosophes. [...] Il n'y a que saint Thomas pour respecter vraiment la vie humaine et les profondeurs de l'homme, en allant par l'*intelligence* même à l'*existence* même. [...] C'est cet univers existant, posé sur les faits premiers qu'il faut constater, non déduire, et parcouru par tous les influx producteurs d'être qui le vivifient et l'unifient.»

kohärenten Personalismus[6] bildet.[7] Nicht um eine begrifflich-statische Systematisierung wie noch in *Les Degrés*, sondern um die vitalen Weisen der Teilhabe an einer personal-existentiellen Interkommunikation geht es ihm dabei. Nicht mehr die Stufen abstrakter Erkenntnis, vielmehr die Arten konnaturaler Einsicht machen dies möglich. Für Maritain ist es dabei völlig selbstverständlich, den subsistierenden Existenzakt mit Gott gleichzusetzen und ohne Bedenken Offenbarungswahrheiten in seinen Entwurf zu integrieren. Gerade durch seinen analogen und theologisch geprägten Personbegriff gelingt es ihm, Endliches und Unendliches in Beziehung zu setzen.[8] Während in diesem Kapitel vor allem die ontologischen Aspekte von Maritains Personalismus erarbeitet werden, wird das Kapitel acht auf sein dynamisches Seelenmodell eingehen. Weitere Ausfaltungen der personalistischen Anthropologie des späten Maritain und den Versuch ihrer Synthese wird das Kapitel neun vorlegen. Den Abschluß bildet die Konklusion mit einer systematischen Gesamtschau der Dissertation sowie mit Anregungen zu einer möglichen Weiterführung und Vertiefung.

Im vorliegenden Kapitel geht es also um die ontologischen Grundlagen und deren Verbindung mit gnoseologischen, interpersonalen sowie moralischen Aspekten von Maritains Personalismus. Die Darlegung dieser Ver-

---

[6] Zur Entwicklung des von Charles Renouvier ausgehenden Personalismus und seiner Rezeption bei Maritain und E. Mounier vgl. G. GALEAZZI, *Personalismo*, Milano 1998 sowie A. DANESE (Hrsg.), *La questione personalista. Mounier e Maritain nel dibattito per un nuovo umanesimo*, Roma 1986. Zu Hintergrund und Geschichte des Personalismus vgl. L. STEFANINI («Personalismo» in *Dizionario Enciclopedico di Filosofia*, Hrsg. Centro di studi filosofici di Gallarate, Bd. 6, Firenze 1982, Sp. 449-468); dort wird der Personalismus wie folgt definiert (Sp. 449): «In senso lato è personalistica ogni filosofia che rivendichi la dignità ontologica, gnoseologica, morale, sociale della persona, contro le negazioni materialistiche o immenentistiche. In senso rigoroso si dice filosofia personalistica o personalismo la dottrina che accentra nel concetto di persona il significato della realtà.»

[7] So schreibt H.J. JOHN in *The Thomist Spectrum* (New York 1963, 30): «Maritain, in his treatment of personality as in his intuition of being and in his 'existential' interpretation of Thomist metaphysics, manifests once more the consistent and rich development of a metaphysics centered upon the intelligibility of essences into a total philosophical vision of remarkable range and perspective.»

[8] Ohne das Ergebnis der ff. Ausführungen vorwegnehmen zu wollen, sei auf V. POSSENTI verwiesen, der Maritains Personalismus wie folgt charakterisiert (*Una filosofia per la transizione*, Milano 1984, 236): «Il personalismo di Maritain è un personalismo tomista e quindi un personalismo metafisico, che si radica nella ontologia della filosofia dell'essere, ma che insieme accoglie le luci della Rivelazione biblica, compiendosi come personalismo religioso-cristiano. La metafisica della persona di Maritain si costruisce perciò secondo il metodo della filosofia cristiana, che procede a porre in fecondo dialogo ragione e fede, e si elabora come intrinsecamente aperta al soprannaturale. È bene infine richiamare che la personalità è per Maritain una perfezione trascendentale, e come tale analogicamente applicabile all'uomo, alle realtà spirituali create a lui superiori, a Dio stesso. In tal senso la metafisica della personalità è una via aperta verso Dio e un ponte gettato tra il finito e l'infinito.»

bundenheit wird die beiden folgenden Paragraphen bestimmen. Darauf folgt im vierten Paragraphen erneut die Frage nach der schöpferischen Freiheit des Menschen in moralischer Hinsicht. Paragraph fünf wird die Existentialisierung des Naturgesetzes im sittlichen Akt und die transzendente Verankerung des Naturgesetzes präsentieren. Diese Grundlegung bedeutet letztlich nichts anderes als die Voraussetzung für eine interpersonale Beziehung mit dem Urheber der Moral, womit sich der sechste Paragraph befaßt.

2. Der *actus existentiae* als vorgängige Wirklichkeit

a) Das intuitive Erfassen der Existenz

Ein wichtiger Anstoß für Maritains erweitertes existentielles Denken bildet die Neuherausgabe der handschriftlichen Kommentare des heiligen Thomas «*In Boethii de Trinitate*». L.-B. Geiger, der diese Neuherausgabe 1942 eingehend untersucht, weist nach, daß nach Auffassung des Aquinaten die dritte Stufe der metaphysischen Abstraktion nicht durch eine höhere begriffliche Abstraktion (*abstractio formalis*), sondern durch eine *separatio*, also ein Urteil, zustandekommt.[9] Da sich Maritain während des Krieges vor allem auf die zeitbedingten Schwierigkeiten und Kriegswirren einläßt[10] und so nur einige Vorarbeiten für seine Änderungen erstellen kann, geht er erst 1947 in seinem Werk *Court traité* ausdrücklich auf Geigers Forschungsergebnisse ein. Sie stellen Maritain einmal mehr vor die Schwierigkeit, an der unmittelbaren Entstehung des Seinsbegriffs und zugleich an der eidetischen Schau festzuhalten, die ansonsten dem Urteil zukommt. Für ihn ist darum die Seinsintuition eine *separatio*, die sich «nicht in der Linie einer einfachen Aufnahme von Essenzen vollzieht», vielmehr «*ist* diese 'Trennung' die analoge Abstraktion des Seins selbst»[11]. Während Maritain bis dahin am Primat des Begriffes festhielt und aus diesem Grund in der Abstraktion den entscheidenden Schritt sah, geht er nun durch die Unterscheidung von sechs Momenten dazu über, daß in der Intuition des metaphysischen Seinsbegriffs *gemeinsam* Existenz und Essenz erfaßt werden. Bereits in *De Bergson* erwähnt er, daß die Erkenntnis, die durch das (Existenz-)Urteil zustande kommt, viel mysteriöser ist als das, was die Begriffe in sich bergen, da der Existenzakt eben nicht in einem Konzept,

---
[9] Vgl. L.-B. GEIGER, *La participation dans la philosophie de saint Thomas d'Aquin*, Paris 1942, 318*f.*
[10] Mit mehr als 100 Radioansprachen und Kurzartikeln kommentierte Maritain das Zeitgeschehen zwischen 1941 und 1945 als katholischer Laie und Philosoph. Vgl. J. MARITAIN, *Messages* sowie *Pour la justice*, ŒC Bd. VIII.
[11] J. MARITAIN, *Court traité de l'existence et de l'existant*, ŒC Bd. IX, 37*f.*, Anm. 14.

sondern im *Akt* des Bejahens oder Verneinens erfaßt wird. Und zugleich hält er an der Priorität des Seinsbegriffs fest, da für ihn nach wie vor ohne Begriffe keine Einsicht denkbar ist.[12]

Freilich kommt Maritains Umschwung nicht völlig überraschend. So findet sich eine gewisse Vorarbeit bereits 1945 in *Raison et raisons*, wo er die Schau des Existenzaktes beschreibt. Wie wir gesehen haben, scheinen darin dem menschlichen Subjekt zwei Aspekte besonders auf, nämlich das Begreifen der Liebe als Grundstruktur der Wirklichkeit sowie die innere Verbundenheit aller Seienden mit der ersten transzendenten Quelle der Existenz.[13] In dieser geistigen Schau, die sich in drei Momenten vollzieht, zeigt sich, daß die Existenz die grundlegende Wirklichkeit darstellt, welche die sinnenhafte und intellektuelle Erkenntnis ermöglicht. Selbst wenn der Existenzakt jeglichen Begriff übersteigt, so ist er doch den Tiefen des Denkens vertraut und ermöglicht nicht nur jegliche geistige Tätigkeit, sondern auch das schöpferische Wirken des Menschen, betrifft also den Intellekt ebenso wie den Willen, der dem Menschen eine existentielle Wirkmächtigkeit *ad extra* verleiht.[14]

> L'acte en vertu duquel j'existe et les choses existent, transcende les concepts et les idées, c'est un mystère pour l'intelligence. Mais l'intelligence vit de ce mystère, j'entends dans son activité la plus naturelle, qui est aussi ordinaire, journalière, et vulgaire, que le manger et le boire: l'acte d'exister est, à vrai dire, l'objet même de tout acte achevé de l'intelligence [...]. Il est perçu par cette intuition intellectuelle [...] qui est le trésor commun [...] de toute cette mystérieuse activité par laquelle nous déclarons, ou bien *ita est*, ou bien *fiat!*[15]

Was in dieser Intuition aufscheint, wird nun von Maritain in *Court traité* systematisch umgesetzt. Neben dem Aspekt des (vor allem moralischen) Tuns, worauf wir noch eingehen werden, betont er erneut, wie wichtig diese besondere Schau, die Intuition des *ens secundum quod est ens*, für den Metaphysiker ist. Durch sie wird auf dem Höhepunkt einer eidetischen Anschauung «der Intellekt in seinen Tiefen geweckt und übererleuchtet durch den Zusammenprall mit dem Existenzakt, der in den Dingen erfaßt wird». Dieses besondere Licht ist eben nicht die Frucht einer rationalen Analyse oder eines deduktiven, induktiven oder syllogistischen Vorgehens, sondern entstammt einer besonderen Berührung, in der die Kräfte des Intellekts den Existenzakt in einem intelligiblen Licht erfassen können. Dies

---

[12] Vgl. *De Bergson* 157 sowie *Raison et raisons* 357.
[13] Vgl. *Raison et raisons* 356f.
[14] Vgl. *De Bergson* 80.
[15] *Raison et raisons* 354f.

vollzieht sich «in diesem selben Lichte des Existenzaktes»[16] und ist darum eine «Angelegenheit von Glück oder Geschenk, oder vielleicht von Folgsamkeit hinsichtlich des Lichts»[17], das über die gewöhnliche Tätigkeit hinaus den Geist intensiv erleuchtet. Es geht eben nicht um ein «knowledge about», um «ein einfaches empirisches Faktum, sondern um eine urtümliche Gabe an den Geist selbst, die ihm ein unendliches und über jede Beobachtbarkeit hinausgehendes Feld erschließt».[18]

Bereits 13 Jahre hatte Maritain in *Sept leçons* die *Seins*intuition ähnlich präsentiert. Dabei hatte er vor allem auf die emotionalen Begleiterscheinungen wie auch auf die Schau der inneren Struktur des Seins im Sinn der ersten Prinzipien, Transzendentalien und der daraus resultierenden Tendenzen und Bewegungen verwiesen. Ebenso hatte er in diesem Zusammenhang die innere Untrennbarkeit von Essenz und Existenz, die jedes *ens* wie zwei Pole bestimmen, erwähnt.[19] Dennoch hatte er die betreffende Schau primär auf die analoge und polyvalente Struktur des Seins bezogen, insofern also auch im Seinsbegriff bereits geeinte Verschiedenheit herrscht und er von der begrifflich umschreibbaren essentiellen Seite ebenso wie von der überbegrifflichen existentiellen Seite her betrachtet werden kann.[20]

In *Court traité* hingegen bildet nicht mehr die unmittelbare Schau der umfassendsten Idee, nämlich des Seinsbegriffs (*ens in quantum ens*) und der ersten Prinzipien das Zentrum von Maritains Interesse. Vielmehr betont er die innere Dynamik des metaphysischen Existentialismus, welche er durch die Vorstellung des *actus essendi* gewährleistet sieht. Dabei werden die Akthaftigkeit und die Vitalität des Seins als *Existenzakt* oder als Realität erfahren, die «alle Grenzen und die Bedingungen der empirischen Existenz sprengt und darum in der unbegrenzten Ausdehnung ihrer Intelligibilität»[21] geschaut wird. Damit wird der Seinsbegriff nun nicht mehr primär von seiner essentiellen Bestimmbarkeit, sondern ebenso von der lebendigen Existenz her gesehen. Diese wird nicht nur als die dynamische und alles durchdringende erste Realität präsentiert, sondern paradoxerweise auch als «die erste und überintelligible Quelle der Erkennbarkeit»[22]. Somit ist das, was ist oder existiert, auch erkennbar, ja, die Existenz bildet durch ihre notwendige essentielle Bestimmtheit die Voraussetzung für jegliche (konna-

---

[16] *Court traité* 35.
[17] *Court traité* 31.
[18] *Court traité* 30f.
[19] Vgl. *Sept leçons* 593f.
[20] Vgl. *Sept leçons* 574f.
[21] *Court traité* 39. Vgl. auch ebd. 30: «L'essentiel est [...] de délivrer dans une authentique intuition intellectuelle le sens de l'être, le sens de la valeur des implications de l'acte d'exister.»
[22] *Court traité* 30.

turale) Erkenntnis; denn «wenn ein Mensch von der Realität der Existenz aufgeweckt wurde», dann nimmt er darin auch «den intelligiblen Wert des Seins»[23] wahr.

> L'existence est le terme en fonction duquel elle [la métaphysique] connaît tout ce qu'elle connaît – je dis l'existence réelle, soit actuelle soit possible, l'existence non comme donnée singulière du sens ou de la conscience, mais comme dégagée du singulier par l'intuition abstractive, [...] libérée dans cette ampleur intelligible qu'elle possède comme acte de ce qui est, et qui donne prise aux certitudes nécessaires et universelles d'un savoir proprement dit.[24]

Damit legt Maritain gewissermaßen das Fundament für ein kohärentes Denksystem, in welchem er vom *actus existentiae* aus alle Bereiche, nämlich das Sein, das Tun, die existierenden und näherhin die freien Subjekte in ihrer vitalen inneren Verbundenheit betrachtet. Zwar hält Maritain weiterhin am Seinsbegriff fest, doch verlegt er den Schwerpunkt auf ontologischer wie auch auf epistemologischer Ebene auf die Existenzordnung. Die (eigentlich überbegriffliche) Existenzebene ist damit nicht nur die vorgängige Wirklichkeit vor jeder Einsicht, sondern auch der Garant für die notwendigen und universalen Sicherheiten oder ersten Prinzipien, ohne die kein Wissen möglich ist.

Maritain erstellt dazu eigens ein Schema von sechs Etappen, die deutlich machen, daß alle Erkenntnis von der Existenz ausgeht und daß die gewöhnliche Tätigkeit des Geistes das Fundament der geschenkhaften Existenzintuition bildet.[25] Den Auslöser bildet die sinnliche Wahrnehmung eines konkreten Seienden, welches gewissermaßen blind als ein «potentieller Schatz an Intelligibilität» in seiner konkreten Existenz erfaßt wird. Darum nennt Maritain diese Vorstufe der intellektuellen Erkenntnis ein Urteil im uneigentlichen Sinn, da es nichts anderes aussagt als «*das* existiert».

Daran schließt sich zweitens unmittelbar eine doppelte Tätigkeit an, nämlich die Bildung einer Idee, bei der es um «*diese Sache*» geht, und die Bildung eines Urteils, in dem der betreffende Denkgegenstand mit dem Existenzakt verbunden wird, so daß beide Momente zusammen zu dem Urteil führen: *Diese Sache existiert*. Indem nun der Intellekt dieses Urteil bildet («Diese Sache existiert.»), erkennt er nicht nur das Subjekt als einzelnes (indirekt und durch die *conversio ad phantasma*), sondern er bejaht auch, daß dieses individuelle Subjekt den Existenzakt ausübt. Mit anderen Worten: Der Intellekt vollzieht einen Akt, in dem er intentionaliter die Existenz der Sache sieht. Dabei handelt es sich nicht nur um den gleichen

---

[23] *Raison et raisons* 356.
[24] *Court traité* 39*f.*
[25] Vgl. zum Folgenden *Court traité* 35*f.*, Anm. 13.

Inhalt wie beim vorausgehenden uneigentlichen Urteil, sondern gerade in und durch dieses Urteil und die «Intuition der Sinne» kommt es zur Entmaterialisierung des Gegenstandes und damit zur möglichen Erkennbarkeit. Das heißt, daß vermittels der sinnenhaften Perzeption im Urteilen der *actus essendi* sowie die Essenz bei der Ideenbildung erfaßt werden.

Da bereits im ersten Urteil die Seinsidee im Sinne von «Das, was existiert oder existieren kann» gebildet wurde, bedient sich der Intellekt drittens des Existenzaktes, der im ersten Existenzurteil bejaht wurde, um diesen zum Denkgegenstand zu erheben. Daraus bildet er einen Begriff (*existentia ut significata*), der freilich nur das «vage Sein» darstellt.

Daran schließt sich in einer vierten Etappe (hiermit wird das Feld des «vagen Seins» verlassen und das der Metaphysik und der Existenzintuition betreten) die entscheidende Intuition der ersten Prinzipien an. Diese werden im Zusammenhang mit der Schau des Seins nicht durch rationale Beweisführungen, sondern aufgrund ihrer unmittelbaren Intelligibilität und Selbstevidenz erfaßt; so z. B. das Identitätsprinzip, das Kausalitätsprinzip etc.

Erst danach wird sich der Intellekt in einem fünften Schritt durch eine explizite Reflexion seines Existenzaktes bewußt, der Existenz, die er als das denkende Subjekt selbst ausübt und in dem das eigene *cogito* nicht nur geschaut wird, sondern sich kraft seiner Tätigkeit selbst ausdrückt. Ergänzend dazu kommt es sechstens zum expliziten Erkennen des Seins und der Existenz in ihrer außermentalen Wirklichkeit, die faktisch schon erfaßt, in ihrer Intelligibilität allerdings noch nicht zugänglich waren.

Damit wird dargelegt, daß die Schau der Existenz eine besondere Einsicht darstellt und die derartig bejahte und intentional erlebte Existenz den Vollzug und die Erfüllung der Intelligibilität bedeutet. Diese Einsicht antwortet auf den Existenzakt, den die Dinge ausüben und der unvergleichlich mehr darstellt als eine einfache Setzung, nämlich «den Akt oder die Energie par excellence»[26]. Darum ist die Intelligibilität um so größer, je mächtiger der Existenzakt einer Sache ist. Doch wie kann letzterer überhaupt begrifflich erfaßt werden, wenn er die geistige Energie oder lebendige Wirklichkeit eines Subjektes darstellt?

b) Die Existenz in Intuition und Urteil

Mit der Existenzintuition eng verbunden ist die Frage nach einer Idee oder einem Begriff der Existenz, um deren wie auch immer geartete Erkennbarkeit zu gewährleisten. Daß Maritain die existentielle gleichberechtigt neben die essentielle Erkenntnis stellt, haben wir bereits gesehen. Doch damit ist noch nicht das «Paradox» geklärt, inwieweit «die Existenz keine Essenz ist

---

[26] *Court traité* 28.

und sich völlig von der Ordnung der Essenz abhebt. Wie kann sie Gegenstand des Intellekts, ja sogar sein höchstes Objekt bilden und [... wie können] wir von einem Begriff oder der Idee der Existenz sprechen?»[27] Damit sind wir erneut auf die je eigene Operation von Abstraktion und Urteil verwiesen.

Maritain geht in *Court traité* von einer doppelten Existenzidee aus, insofern sie sich nämlich auf das allgemeine *vage* Sein wie auch auf die Schau des Existenz*aktes* in der Seinsintuition beziehen kann. Letzere läßt nicht nur die essentiell analoge Realität des Seins aufscheinen, sondern zeigt auch die besondere Größe und Anschauungsfähigkeit des Intellekts. Das allgemeine Sein hingegen verkörpert eine besondere Idee, die auf der Tatsache beruht, daß sie «nicht ganz allein, losgelöst, isoliert, von der des Seins getrennt, ins Auge gefaßt werden kann». Das bedeutet und «führt wieder darauf zurück, daß der Begriff der Existenz von dem Begriff der Essenz nicht losgelöst werden kann»[28]. Was beinhaltet dann aber dieser Existenzbegriff im vagen Sinn?

In seiner Antwort verweist Maritain auf den ersten Erkenntnisakt des Menschen als solchen. In ihm «erfaßt und urteilt er [der Intellekt] gleichzeitig, indem er irgend etwas von der Erfahrung Gegebenes für sich ausdrückt; er bildet seine erste Idee (die des Seins), indem er sein erstes Urteil (das der Existenz) fällt, und er fällt sein erstes Urteil, indem er seine erste Idee bildet [...]. Er bemächtigt sich so des Schatzes, der eigentlich dem Urteil gehört, um ihn in das einfache Erfassen selbst einzuhüllen.»[29] Mit anderen Worten: Im ersten Erkenntnisakt kommt es nicht nur zum Prozeß des einfachen Erfassens einer Essenz, sondern ebenso zum Erfassen des Daseinsaktes, den der Intellekt von dem Moment an, in dem er urteilt, bestätigt. Wie darum die Existenz nicht ohne intelligible innere Struktur sein kann, so kann auch die Essenz nur als Bestimmung dessen, was ist oder sein kann, fungieren. Auf diese Weise kann also die Existenz zum Denkgegenstand werden, aber in dem höheren und analogen Sinn, wie sie dem Urteil zukommt. Ein eigenartiges Konzept bemächtigt sich dabei dessen, was keine Essenz ist. Dieses «Überintelligible» wird damit dem Geist beim Vollzug seiner Tätigkeit übergeben und das er jedesmal, wenn er urteilt, einbezieht – von seinem ersten Urteil an.

> Ainsi l'existence est faite objet, mais [...] en un sens supérieur et analogique, qui résulte de l'objectivation d'un acte transobjectif et qui se réfère à des sujets transobjectifs qui exercent ou peuvent exercer cet acte; un concept se saisit de ce qui n'est pas une essence,

---

[27] *Court traité* 31.
[28] *Court traité* 33.
[29] *Court traité* 32.

mais un intelligible en un sens analogique et supérieur, un surintelligible, livré à l'esprit dans l'opération même qu'il accomplit chaque fois qu'il juge et dès son premier jugement.[30]

Damit hebt Maritain unmißverständlich hervor, daß der Intellekt die Existenz erfassen kann durch ein ganz besonderes Konzept. Dessen Beschaffenheit läßt sich, da es ein Überintelligibles ist, nicht näher erläutern. Aber er hält implizit daran fest, daß ohne Begriff oder Idee, und sei sie noch so privilegiert, keine Erkenntnis möglich ist. So bestätigt sich, daß eben die Realität der Existenz nicht vom Seinsbegriff abgeschnitten werden kann, da beide untrennbar zusammengehören. Ursache ist der wesenhaft analoge Seinsbegriff, welcher «der erste von allen ist und von dem alle anderen Begriffe Varianten oder Determinationen sind, weil er im Geiste beim ersten Erwachen des Denkens aufspringt»[31]. Zu diesem Begriff gehört auch die Existenz oder das Existieren, das nicht isoliert und getrennt, sondern nur im und durch den Seinsbegriff geschaut werden kann.

Diese innere Verschränktheit von intelligiblem *ens* und überintelligiblem *esse* versucht Maritain bei der Bildung des Existenzbegriffes mit einer gegenseitigen Kausalität zu umschreiben. Das Erfassen des Begriffs geht dem Urteil voraus, so daß die Erkenntnis «das existiert» auf einem schon vorhandenen Seinsbegriff aufbaut, der folglich in einem Urteil als Existenzakt erfaßt werden mußte. Im allgemeinen folgt das Urteil auf die einfache Aufnahme, aber hier, beim ersten Erwachen des Denkens, hängt offensichtlich das erste von dem zweiten ab und das zweite vom ersten. Aus diesem Grund schreibt Maritain der Seinsidee eine Priorität über das Existenzurteil hinsichtlich der materiellen oder subjektiven Kausalität zu. Das Existenzurteil hingegen geht der Seinsidee im Sinne der formalen Kausalität voraus.

> Dans l'instant que le doigt désigne ce que l'œil voit, dans l'instant que le sens perçoit, à sa manière aveugle et sans verbe mental ni intellection: *ceci existe*, l'intelligence dit à la fois (dans un jugement): *cet être est ou existe*, et (dans un concept): *l'être*. Il y a là mutuelle involution des causes, priorité mutuelle de ce concept et de ce jugement l'un sur l'autre dans un ordre différent. Pour dire: 'cet être est ou existe', il faut avoir l'idée de l'être. Pour avoir l'idée de l'être, il faut avoir affirmé et saisi l'acte d'exister dans un jugement.[32]

Auf diese Weise stellt Maritain die Priorität des Begriffes zurück und hebt die Bedeutung des Urteils stärker hervor. Für ihn kann die Existenz nicht isoliert betrachtet und vom Sein getrennt untersucht werden. Darum muß

---

[30] *Court traité* 32.
[31] *Court traité* 33.
[32] *Court traité* 34.

der Seinsbegriff der erste aller Begriffe und Konzepte sein, um eine Erkennbarkeit der Wirklichkeit zu gewährleisten. Doch letztlich kann es für den geschaffenen Geist keine Schau der reinen Existenz geben, sondern er benötigt eine wie auch immer geartete konzeptuelle Vermittlung und eine Einsicht, die derjenigen des Urteils gleicht.[33]

Bisher war nur die Rede vom vagen Sein, über das das Urteil im Sinne einer besonderen Idee verfügt. Läßt sich die Erklärung einer gegenseitigen Kausalität aber auch auf die *Intuition* des Seins übertragen? Und wie läßt sich dies zugleich mit den Studien von Geiger verbinden, nach denen Thomas von Aquin die metaphysische Seinserkenntnis nicht als eine *abstractio* dritten Grades, sondern als eine *separatio* und damit als ein (negatives) Urteil, verstand?

Maritain rückt auch hier vom Verständnis der Intuition im Sinne einer besonderen Abstraktion, wie er sie noch in *Sept leçons* umschrieben hatte, deutlich ab. Dort schlug er vor, «anstatt *Abstraktion* [...] *eidetische Anschauung* [visualisation eidétique] zu sagen»[34]; er ließ dabei jedoch offen, wie in der Abstraktion als der ersten Operation des Geistes bereits schon die zweite, das Urteil, enthalten sein kann. Nun aber trägt Maritain den Hinweisen von Geiger Rechnung, insofern er stärker die Bedeutung des Urteils hervorhebt. Denn wenn die Einsicht dem entspricht, was dem Urteil zukommt, sich also auf den Existenzakt bezieht und nicht auf die Abstraktion einer Essenz, dann muß auch die Seinsintuition im Sinne eines Urteils verstanden werden.

> L'abstraction propre à la métaphysique [l'intuition de l'être] ne précède pas d'une 'simple appréhension' ou d'une visualisation eidétique d'un universel plus universel que les autres, elle procède de la **visualisation eidétique** d'un transcendantal qui imbibe tout, et dont l'intelligibilité enveloppe une irréductible proportionnalité ou analogie [...] parce qu'il est cela même que découvre le **jugement**: l'actuation d'un être par l'acte d'exister, – saisi comme débordant les bornes et les conditions de l'existence empirique, et donc dans l'amplitude illimitée de son intelligibilité.[35]

Diese Ausführungen zeigen den wichtigen Wechsel, den Maritain vollzieht. Er versteht nun die ideenbildende Anschauung nicht mehr im Sinne einer intuitiven Abstraktion, sondern als intuitives oder unmittelbares Urteil.[36]

---

[33] Vgl. *Court traité* 33.
[34] *Sept leçons* 586.
[35] *Court traité* 38f.
[36] J.-H. NICOLAS («L'Intuition de l'être» 128) kommt zu folgender Begründung: «Le prédicat est l'être considéré comme la perfection totale, la détermination intelligible complète; le sujet est l'être encore, mais considéré comme réel et réalisant en soi cette perfection, cette détermination. Grâce à cette diversité fonctionnelle l'être peut être pensé comme un

Wie kommt aber dieses unmittelbare Urteil zustande? Welche Art von Einsicht kann es vermitteln, wenn nicht zuvor ein Intelligibles im Sinne einer Essenz gebildet wurde? Maritain geht im Anschluß an Geigers Untersuchung des Aquinaten[37] davon aus, daß der metaphysische Seinsbegriff «eine eidetische Anschauung des Seins ist, das im Urteil, in der *secunda operatio intellectus* erfaßt wird». Das Eigentümliche des Seinsbegriffs besteht nun gerade darin, daß es sich in einer Abstraktion im Sinne der Loslösung von der Materie *secundum hanc secundam operationem intellectus* vollzieht. Wenn der Seinsbegriff darum «von der Materie durch die Operation des (negativen) Urteils getrennt werden kann, heißt das, daß er sich in seinem Inhalt auf den Existenzakt bezieht, der durch das (positive) Urteil bezeichnet wird, das die Grenze der materiellen Essenzen überschreitet, die konnaturaler Gegenstand der einfachen Aufnahme sind»[38].

Damit werden zwei Aspekte des Existenzurteils unterschieden, nämlich ein negativer, der sich auf die Abstraktion von der Materie bezieht, und ein positiver, der auf den Existenzakt ausgerichtet ist, zugleich aber über die rein materiellen Essenzen hinausgeht. Doch nach Maritain will der heilige Thomas mit dem Begriff der *separatio* nur betonen, daß «der Intellekt durch ein Urteil erklärt, daß das Sein *nicht* notwendig weder an die Materie noch an andere ihrer Konditionen gebunden ist, indem der Intellekt das Sein von jeder Materie abstrahiert und den metaphysischen Seinsbegriff des *ens in quantum ens* bildet». Der letzte Grund für die Unterscheidung des Aquinaten in *abstractio* und *separatio* ist in der Abgrenzung zu den anderen Wissenschaften zu suchen. Es soll deutlich werden, daß «die Dinge, die Gegenstand der Metaphysik sind, [...] von jeder materiellen Bedingung getrennt sind oder getrennt werden können in der Existenz, die sie außerhalb des Geistes ausüben». So können beispielsweise «die Transzendentalien getrennt von der Materie existieren, jedoch die Universalien und die mathematischen Entitäten können es nicht»[39].

---

sujet. [...] En ce jugement primordial s'achève l'intuition de l'être qui n'était qu'ébauchée, que préparée, dans la simple appréhension de l'être.»

[37] Vgl. L.-B. GEIGER, *La participation* 318*f.* in Bezug auf THOMAS VON AQUIN, *In Boethii de Trinitate*, q. 5, a. 3.

[38] *Court traité* 37, Anm. 14.

[39] *Court traité* 37*f.*, Anm. 14. Vgl. auch *ebd.* 40: «Et son objet lui-même la métaphysique le saisit dans les choses: c'est l'être des choses sensibles et matérielles, l'être du monde de l'expérience [...]; avant de s'élever aux existants spirituels c'est l'existence empirique, l'existence des choses matérielles qu'elle tient sous ses prises, – non comme empirique et matérielle, mais comme existence.»

> Ils [ces textes] ne signifient nullement que la *separatio* en question devrait se substituer à l'"abstraction dite analogique" (troisième degré d'abstraction intensive) [...]. Cette *separatio*, puisqu'elle aboutit à une idée, et à une idée dont le signifié est le plus séparé de la matière [est] une abstraction au sens général ou plutôt proportionnel du mot [...]. Cette 'separatio' *est* l'abstraction analogique de l'être.[40]

Was damit für Thomas hinsichtlich des dritten Grades der Abstraktion gilt, überträgt Maritain auch auf den Sonderfall der Seinsintuition, denn auch bei ihr fallen der abstraktive und judikative Aspekt gewissermaßen in einem einzigen Akt zusammen.[41]

Alle anderen Wissenschaften sind also in der Lage, mit ihren Begriffen die jeweiligen Essenzen auszudrücken. Die Metaphysik hingegen verwendet einerseits den (vagen) Existenzbegriff, in dem «die Existenz *ut significata* verstanden wird»[42], also hinsichtlich dessen, was die Existenz für den Geist im Sinne einer Essenz bezeichnet. Doch bleibt die Metaphysik andererseits nicht beim Begriff stehen, sondern will zur Wirklichkeit der Sachen selbst gelangen, was sie mit der Idee des *actus existentiae* zu umschreiben versucht. Das heißt letztlich, daß einerseits die Existenz (*esse*) vom Sein (*ens*) wie auch vom Wesen (*essentia*) unterschieden werden kann. Da aber «das Konzept der *essentia* eine Beziehung zum *esse* aussagt, sind wir berechtigt zu sagen, daß die Existenz die erste Quelle der Intelligibilität ist». Als Quelle ermöglicht die Existenz darum eine unbegrenzte Art von Erkenntnis, weshalb sie «ein Überintelligibles»[43] ist.

> Quand nous disons que l'être est *ce qui existe ou peut exister, ce qui exerce ou peut exercer l'existence*, un grand mystère est contenu dans ces quelques mots: dans le sujet *ce qui*, nous tenons [...] une essence ou un intelligible; dans le verbe *existe*, nous tenons l'acte d'exister, ou un surintelligible. Dire *ce qui existe*, c'est joindre un intelligible à un surintelligible, c'est avoir devant les yeux un intelligible investi et parfait par une surintelligibilité.[44]

Indem Maritain den Existenzakt als Quelle aller Erkenntnis präsentiert, verweist er auch auf die existentielle Verbundenheit der Seienden. Diese können darum sowohl in ihrer essentiellen Unterschiedenheit, ebenso aber auch hinsichtlich ihrer ontologischen Verbundenheit durch die Existenz

---

[40] *Court traité* 38, Anm. 14.
[41] Vgl. *Court traité* 29f.: «C'est l'être ainsi atteint ou perçu au sommet d'une intellection abstractive [...] qui n'est si illuminatrice et si pure que parce que l'intelligence, un jour, a été éveillée dans ses profondeurs et transilluminée par le choc de l'acte d'exister saisi dans les choses et parce qu'elle s'est élevée jusqu'à le recevoir ou l'écouter en elle, dans l'intégrité intelligible et surintelligible du son qui lui est propre.»
[42] *Court traité* 41.
[43] *Court traité* 42.
[44] *Court traité* 42.

erfaßt werden. Die Existenz bildet die Voraussetzung des vielschichtigen Beziehungsgeflechtes der Subjekte untereinander sowie der Bezogenheit auf die erste transzendente und sich verströmende Quelle, was nicht nur die Existenzintuition, sondern auch die poetische Erfahrung bestätigt. Während bisher die Intelligibilität im Mittelpunkt stand und untersucht wurde, wie der Intellekt «in einer Idee die erste seiner Ideen, den Existenzakt, erfaßt», handelt es sich im Folgenden «nicht mehr um den Existenzakt, sondern um den, der ihn ausübt»[45]. Damit zeigt sich erneut, daß für Maritain der kritische Realismus sich daran zu bewähren hat, daß sich seine Erkenntnisordnung auch auf die Anthropologie übertragen läßt.

3. Die Person – das Erhabenste der Natur

a) Suppositum *und* Persona

Maritains wachsendes existentielles Verständnis des Thomismus zeigt sich auch darin, daß er sich in *Court traité* gegen eine Philosophie des Seins verwehrt, die nur eine «Philosophie von Essenzen» oder eine «Dialektik der Essenzen» sein möchte. Er postuliert einen existentialistischen Realismus, der von der Vorstellung des Existenzaktes ausgeht, welcher mit Hilfe des Intellekts untersucht werden kann.[46] Mit dem heiligen Thomas unterstreicht er, daß nur individuelle Subjekte den Existenzakt ausüben und dabei, wie wir gesehen haben, am subsistierenden Existenzakt teilhaben. Die Essenz bestimmt das, *was* eine Sache ist, während das Subjekt das ist, was über einen eigenen Existenzakt verfügt und ihn ausübt. Der Existenzakt ist für die existierenden Subjekte nicht ein äußerer Zusatz im Sinne einer abschließenden Perfektion, die Gott hinzufügt, sondern mit ihrer Erschaffung stehen die Subjekte unter dem göttlichen Einwirken und erhalten so ihre Existenz und intelligible Bestimmung.[47]

Während bisher nach der zentralen Stellung und der Erkennbarkeit des Existenzaktes gefragt wurde, soll nun der Blick auf den Träger oder das Subjekt desselben gerichtet werden. Hatte Maritain in *Les Degrés* die Rolle der Subsistenz als die Nicht-Mitteilbarkeit der Existenz umschrieben[48], so geht er zwar nun nicht explizit die Subsistenzdiskussion ein. Doch er ver-

---

[45] *Court traité* 66.
[46] Vgl. *Court traité* 14.
[47] Vgl. *Court traité* 69: «Dieu crée des sujets ou des suppôts existants qui subsistent dans la nature individuelle qui les constitue et qui tiennent de l'influx créateur leur nature comme leur subsistence et leur existence et leur activité, et qui ont une essence, et qui s'épanchent en action.»
[48] Vgl. *Les Degrés* 1032-1034.

weist auf den Kontext, insofern im Subjekt paradoxerweise die Existenz die Essenz nicht auf der ihr eigenen Ebene ergänzt, sondern sich gegenseitig im Subjekt terminieren. Hierbei läßt sich eine Erweiterung erkennen, insofern er den Blick auf das Subjekt selbst lenkt, das sich dadurch auszeichnet, nicht nur die Existenz zu empfangen, sondern den eigenen Existenzakt *ausüben* zu können.[49] Hatte Maritain bisher die Aspekte von Subjektivität und Personalität verschiedenerorts angeführt, so stellt er nun beide zusammen, indem er darauf hinweist, daß «allein individuelle Subjekte den Existenzakt ausüben können. Das, was wir *Subjekt* nennen, nannte der heilige Thomas 'Darunterstehendes', *suppositum*.»[50] Doch für die Ausübung des Existenzaktes muß das Subjekt oder die individuelle Natur «anders existieren, als sie es als Denkgegenstand tut, und eine höchste Erfüllung umfassen, die ihr nichts in ihrem Rang als Essenz hinzufügt [...], sondern sie in eben diesem Rang *terminiert*, sie abschließt oder sie bestimmt. [Diese Erfüllung] konstituiert sie [die individuelle Natur] als ein *In-Sich* oder eine Innerlichkeit hinsichtlich der Existenz, so daß sie sich diesen Existenzakt, für den sie geschaffen ist und den sie transzendiert, zu eigen machen kann»[51]. Wie kann diese Selbstinnerlichkeit näher bestimmt werden?

Die zentrale Stellung des Existenzaktes bedeutet für das menschliche Kompositum, daß die Seele die einzige Form der menschlichen Substanz bildet. Sie verleiht ihr nicht nur die intelligiblen Bestimmungen, sondern impliziert eine Beziehung zur Existenz, empfängt also in ihren eigenen Ursachen die existentielle Aktuation und gibt sie dem menschlichen Kompositum weiter. Wie also die geistbegabte Seele den ganzen Menschen als Form durchdringt, so erhält alles von ihr als dem subsistierenden Prinzip seine Existenz.[52] Dennoch ist damit das menschliche Subjekt nicht vollständig erfaßt, gerade wenn Essenz und Existenz zu zwei verschiedenen Ordnungen gehören. Somit stellt er von dieser Warte aus die Frage nach der Subsistenz und definiert sie als besondere Erhöhung des Existenzakts. Sie ist «zugleich von der Essenz und der Existenz verschieden» und läßt sich umschreiben als ein «*modus substantialis*»[53]. Durch diesen Modus gehen Essenz und Existenz eine derartige Verbindung ein, daß sie in einer

---

[49] Vgl. *Court traité* 66: «Maintenant il ne s'agit plus de l'acte d'exister, mais de ce qui exerce cet acte.»
[50] *Court traité* 65.
[51] *Court traité* 67.
[52] Vgl. *Court traité* 46: «Dans une perspective essentialiste, l'âme intellective est seulement ce par quoi je pense, et l'étendue (ou telle autre forme matérielle) est ce par quoi j'ai un corps; mais dans une perspective existentialiste l'âme intellective est ce par quoi l'existence m'investit tout entier avec mon corps et mes sens comme avec ma pensée, et ce par quoi la matière première elle-même qu'elle informe est tenue dans l'existence.»
[53] *Court traité* 66.

substantialen (Seins-)Weise vereint sind, was «die Eigenheit des Subjektes als Subjekt» ausmacht. Damit sind nicht einfach die erkennbaren Komponenten eines Denkgegenstandes in ihm vereint, sondern es bildet ein eigenes Universum, «welches das ganze Universum der Objekte transzendiert oder, besser noch, an Tiefe überragt»[54].

Mit anderen Worten: Die Subsistenz ist die Seinsweise des Subjekts und macht aus ihm eine Substanz, die über eine innere Einheit wie auch über ihre Existenz verfügt. Damit stellt das Subjekt nicht nur eine Verbindung von Existenz und Essenz dar, sondern ein individuell-selbständiges Existierendes, eine lebendige Quelle existentieller Tätigkeit, «eine individuelle Sache, die sich in der Existenz, diesem höchsten Konkreten, hält» und im Besitz einer «unableitbaren Originalität»[55] ist. Mit wachsender innerer Komplexität wächst auch die Individualität und deren Einbindung, so daß das Tun eine größere Selbständigkeit aufweist. Diese reicht von den transitiven Akten über die unterschiedlichen Stufen immanenter Tätigkeit bis hin zu deren höchster Stufe, nämlich dem intellektuellen Leben. Dabei wird nicht nur die Schwelle der Wahlfreiheit überschritten, sondern auch eine Unabhängigkeit im Sinne der Autonomie erreicht, so daß das *suppositum* zur Person wird.

> A ce dernier degré [de la vie intellective] le seuil de la liberté de choix est passé, et du même coup de l'indépendance proprement dite, si imparfaite soit-elle, et de la personnalité: avec l'homme la liberté de spontanéité devient liberté d'autonomie, le *suppositum* devient *persona*, – un tout qui subsiste et existe de par la subsistence et l'existence mêmes de son âme spirituelle, et qui agit en se donnant à lui-même ses fins, un univers à soi-même [...]. La personne seule est libre, elle seule a au sens plein de ces mots une intériorité et une subjectivité, parce qu'elle se contient et se parcourt elle-même.[56]

Worin zeichnet sich nun die Person als solche aus? Sie kann frei ihre Ziele wählen und über sich verfügen, sie weiß um sich selbst bzw. ist sich ihrer Subjekthaftigkeit bewußt und ist deshalb ein wahres Subjekt, das «Ich» sagt. Da sie sich also selbst umfaßt und geistig durchdringt, verfügt sie über eine größere ontologische Dichte oder Qualität als das ganze Universum, weshalb sie Maritain wie der heilige Thomas als das Edelste und Erhabenste in der ganzen Natur bezeichnet.[57]

---

[54] *Court traité* 67 [N.B.: Die aktuelle Fußnote dieser Seite (Anm. 1) stammt von der zweiten Auflage aus dem Jahr 1964, während die Fußnote der ersten Ausgabe ein Zitat aus *Les Degrés*, Annexe IV, 1032-1034 enthält.].
[55] *Court traité* 66.
[56] *Court traité* 70.
[57] Vgl. *Court traité* 70 bzw. THOMAS VON AQUIN, *Summa Theologiae*, I[a], q. 29, a. 3: «Persona significat id quod est perfectissimum in tota natura, scilicet subsistens in rationali natura.»

War im Vorfeld schon die Unterscheidung zwischen Personalität und Subjektivität nicht völlig konsequent beibehalten worden, so scheint Maritain nun noch freier mit diesen Begriffen umzugehen. Entweder setzt er mittlerweile Personalität und Subjektivität gleich, oder er versteht erstere eher dahingehend, wie sich die Person als Subjekt, also im Sinne ihrer *Subjekthaftigkeit*, wahrnimmt. Hatte er bisher die Person quasi von außen umschrieben, so geht er nun auf ihre Selbsterfahrung ein, die recht eigentümlicher Natur ist. So besteht «das Paradox des Bewußtseins und der Personalität darin, daß sich jeder von uns genau *in der Mitte* dieser Welt befindet». Doch in dieser Erfahrung des «denkenden Selbst erfährt es sich selbst nicht als Objekt, sondern als Subjekt inmitten aller Subjekte, die es als Objekte erkennt». Dies meint die «Erfahrung der Subjekthaftigkeit [subjectivité] als Subjekthaftigkeit»[58].

Es scheint dem Verfasser plausibel, daß Maritain hier die vorher unterschiedenen Begriffe nicht äquivok gebraucht, sondern ihren Sinn stärker auf das Subjekt bezieht, was darum mit Persönlichkeit (oder auch mit Personhaftigkeit) und Subjekthaftigkeit übersetzt wird.[59] So zeigt auch dieser Perspektivenwechsel, daß Maritain nun stärker die (existentielle) Selbstwahrnehmung des Menschen in den Vordergrund stellt. Ein solche Erkenntnis bedeutet, daß sich die Person selbst als Subjekt erfaßt, das wahrnimmt und leidet, liebt und erkennt. Doch darüber hinaus ist es auch möglich, durch die Seinsintuition einen besonderen Einblick in das Universum der Existenzen zu erhalten. Was das heißt, wird uns der kommende Abschnitt nahezubringen versuchen. Neu an Maritains Sichtweise ist dabei allerdings, daß es nicht nur zur Intuition des Seins und der Liebe kommt, sondern auch die Subjektivität als solche perzipiert wird. Damit wird sich dann der übernächste Abschnitt auseinandersetzen.

b) Die Priorität des Existenzaktes und ihre Implikationen

Es wurde bereits darauf hingewiesen, wie Maritain in *Court traité* die Notwendigkeit und Intelligibilität des Seinsbegriffs und zugleich auch die Überintelligibilität der Existenz betont. Sie ist die höchste Vervollkommnung einer Essenz, da sie nur durch den Existenzakt «aus dem Zustand der reinen Möglichkeit herausgenommen» und ihr erst so «der Akt par excel-

---

[58] *Court traité* 71.
[59] Die Annahme einer bewußten Akzentverschiebung wird auch dadurch gestützt, daß Maritain weiterhin an seinen Distinktionen festhält. So greift er wörtlich (*Court traité* 82) auf eine Formel aus *La Personne* (192) zurück, in der Personalität mit Subsistenz umschrieben und damit ihr Selbstand hervorgehoben wird. Und um dieses Faktum weiß allein die Person, was sich in der Wahrnehmung ihrer Subjekthaftigkeit, also in ihrer Selbsterfahrung als Subjekt oder ihrer Selbstinnerlichkeit äußert.

lence»⁶⁰ verliehen wird. Ebenso wurde deutlich, daß Essenz und Existenz durch den substantialen Modus der Subsistenz miteinander verbunden sind. Dabei ist das Subjekt freilich nicht *causa sui*, sondern ist eine geschaffene Teilhabe am subsistierenden Sein.

Potentia dicitur ad actum; la cognoscibilité ou l'intelligibilité, l'essence s'entend par rapport à l'exister. L'infinitude analogique de l'*exister* est une participation créée de l'infini parfaitement un de l'*Ipsum esse subsistens*, infinitude analogique qui se diversifie selon les *possibilités* d'exister et par rapport à laquelle ces possibilités d'exister elles-mêmes, les essences, sont connaissables ou intelligibles.⁶¹

Wenn also der Existenzakt die höchste Vollkommenheit darstellt, da er vom personalen subsistierenden Existieren ausgeht, und wenn alle Stufen von Seienden, Vollkommenheiten und Existierenden am höchsten Sein teilhaben sowie unter seiner Anziehungs- und Aktivierungskraft stehen, dann kann die Seinsphilosophie nur als eine Philosophie der Dynamik des Seins verstanden werden, die sich mit dem Mysterium der Existenz, der Aktion und der Bewegung beschäftigt.⁶² Dies haben wir bereits im vorausgehenden Kapitel untersucht, insofern in der Existenzintuition nicht nur das Mysterium des *actus existentiae*, sondern auch der Liebe aufstrahlte. Dabei erhebt Maritain den Existenzakt zum Mittelpunkt seines Denkens, zumal auf ihn «die Metaphysik des heiligen Thomas zentriert ist». Wo immer also das Sein überströmt, «verschwendet es sich in Gabe und Frucht». Hier auf der Erde geschieht dies durch eine «Interkommunikation, in der unter dem göttlichen Einfluß alle Seienden in einer Welt von kontingenter Existenz und unvorhersehbarer Zukunft sich in jedem Augenblick untereinander austauschen, sich verbessern oder verschlechtern, untereinander der Fruchtbarkeit des Seins helfen oder sie verraten – und dies alles im Strom der göttlichen Leitung, der niemand sich entziehen kann»⁶³.

Umgekehrt kommt dem Existenzakt eine besonderer Verweischarakter auf das höchste Sein zu, auf Gott oder das «durch sich selbst subsistierende Existieren», das «als das unendliche Existieren die erste Ursache aller Existenz bildet»⁶⁴. Diese erste Ursache steht wie eine transzendente Quelle über der Zeit, die sich ontologisch als das Überströmen der göttlichen Existenz manifestiert, damit aber nur (wie uns die Offenbarung mitteilt) auf die Pluralität der göttlichen Personen verweist, die nicht etwas, sondern sich

---

⁶⁰ *Court traité* 44.
⁶¹ *Court traité* 43f.
⁶² Vgl. *Court traité* 49-51.
⁶³ *Court traité* 49.
⁶⁴ *Court traité* 45.

selbst aneinander und an die dazu befähigten Geschöpfe verschenken.[65] Damit sind sowohl die natürliche wie auch die übernatürliche Liebe gerechtfertigt, da sie ein Koprinzip der Existenz verkörpern und sich mit ihr verbreiten, was auf allen Seinsstufen zu unauslöschlichen und vielfältigen Formen von Strebungen führt.

So findet sich auch der Mensch in dieser doppelten ontologischen Bewegung des Sich-Empfangens und Sich-Verströmens vor. Er bildet aufgrund seiner Selbstinnerlichkeit eine eigene Ordnung, ein Universum für sich, in dem er in seiner Freiheit fähig ist, die ontologische Ebene in personaler Weise zu erleben, also nicht nur etwas zu verströmen, sondern sich zu verschenken und zur Gabe zu machen. Dazu stehen dem Menschen zwei Richtungen, nämlich die horizontale und die vertikale offen, so daß sein Tun nicht nur eine Bewegung, sondern die Möglichkeit zu einer dynamischen Vervollkommnung eröffnet. Er ist frei, den Ursprung seines Seins als das höchste personale Prinzip jeden Existierens zu lieben, indem er sich dessen herabströmender Liebe öffnet, seine Güte weiterschenkt und damit das Werk der Ewigkeit in die Zeit umsetzt.[66]

> Pour saint Thomas d'Aquin le sommet de la sagesse et de l'humaine perfection était d'aimer d'amour le principe souverainement personnel de tout exister, c'est-à-dire en étant aussi et d'abord aimé de lui, en s'ouvrant à la plénitude de son amour descendant en nous, et débordant de nous pour nous faire continuer dans le temps son œuvre et communiquer sa bonté.[67]

Doch wie schon in *Raison et raisons* läßt Maritain auch hier offen, wie der Übergang von der ontologischen zur personalen Ebene gedacht werden kann. Denn wenn in Gott auch Sein und Liebe subsistieren, hat der Mensch an der göttlichen Liebe oder am interpersonalen Leben Gottes nicht von Natur aus Anteil, sondern allein durch die Gnade. Ansonsten würde nicht nur dem Ontologismus das Wort geredet, sondern es bliebe auch unverständlich, warum sich in der Inkarnation Gott geoffenbart und einen neuen und unüberbietbaren Bund besiegelt hat. Es stellt sich deshalb erneut die Frage, wie nun im Menschen beide Ordnungen verbunden sind, wenn er seine eigene Existenz ausübt, die aber nicht nur zu seiner Natur, sondern zu seiner Personalität gehört. Dies verweist uns weiter auf die Theorie der

---

[65] Vgl. *Court traité* 49*f*.: «C'est la surabondance de l'exister divin, surabondance en acte pur qui se manifeste en Dieu même [...] par la pluralité des Personnes divines et [...] par le fait que l'existence même de Dieu est Intelligence et est Amour [...]. Et cette divine plénitude ne donne pas seulement, **elle se donne**, et c'est pour se donner à des esprits capables d'elle qu'en définitive elle a créé le monde.»
[66] Vgl. *Court traité* 49*f*.
[67] *Court traité* 50.

Freiheit, die dem Willen eine existentielle Wirkfähigkeit zugesteht. Der Wille ist offen für göttliche Anregungen, und gleichzeitig wird er vom Subjekt bestimmt. So empfängt der Mensch seine Existenz beständig von Gott als Erstursache, während dessen besondere (übernatürliche) Anregungen offensichtlich eine eigene Ordnung betreffen.[68]

Die Spannung zwischen der Ordnung von Natur und Gnade zeigt sich auch darin, daß wir bisher von der Erkenntnisordnung auf die Person geschaut haben. Dies manifestierte sich in den Fragen nach der Erkennbarkeit der Existenz, nach der zentralen Stellung des Existenzaktes sowie vor allem in der Untersuchung des *suppositum*, das ein subsistierendes und in sich geeintes Subjekt bildet. Darauf aufbauend konnte die Person als ein Subjekt definiert werden, das um seine Selbstinnerlichkeit und damit um seine Subjekthaftigkeit weiß, die vor allem in der Freiheit, die eigene Existenz ausüben und sich eigene Ziele setzen zu können, sichtbar wird. Durch die Existenzintuition nun wurde deutlich, was das bedeutet, daß nämlich die Ausübung des Existenzaktes nicht einem isolierten, sondern vielmehr einem ontologisch schon in Verbindung stehenden Subjekt zukommt, das sich nicht nur in einer Interkommunikation des Seins, sondern auch der natürlichen Liebe befindet. Somit ist das Subjekt von der transzendierenden Liebe bereits durchdrungen und zur Antwort aufgerufen. Diese soll nichts anderes tun, als «der Liebe zu Gott, diesem natürlichen und universalen Eros» Raum zu geben, da diese Liebe «die Kraft selbst und die innerste Vitalität aller Seienden»[69] bildet. Doch geht es dabei um einen Appell des persönlichen Gottes, um eine von ihm ausgehende Anregung zu einer sittlich wertvollen Tat? Letztlich scheint in dieser Frage erneut die Spannung auf, wie naturhafte Liebe vom Menschen gelebt und in personale Liebe übersetzt werden kann.

c) Die Kommunikation subsistierender Subjekte

Neben der Betonung des Existenzakts richtet sich Maritains Blick in *Court traité* auch stärker als zuvor auf das *suppositum* und dessen Tätigkeit. Ausgehend von der Existenzintuition, in der die lebendige und unerschöpfliche Wirklichkeit des Existenzaktes geschaut wird (was besonders in der poetischen Intuition als die Interkommunikation der Seienden aufscheint), weist Maritain nun auf die Subjekte und ihre Operationen hin. Sie bilden gleichsam eine Welt, die sich zwischen Natur und Abenteuer, zwischen den Gesetzen von Notwendigkeit und kontingenten Zufällen abspielt.

---

[68] Vgl. *Court traité* 46-48.
[69] *Raison et raisons* 361*f.*

> Dans le monde de l'existence il n'y que des sujets ou des suppôts, avec ce qui émane d'eux dans l'être, c'est pourquoi c'est un monde de nature et d'aventure, où il y a des événements de la contingence et du hasard, et où le cours des événements est flexible et muable tandis que les lois des essences sont nécessaires.[70]

Zu dieser Welt der Abenteuer hat der Mensch einen doppelten Zugang: Er ist *agens* oder mitwirkendes Subjekt in dieser lebendigen und unerschöpflichen Interkommunikation[71], und zugleich ist er ob seiner Geistbegabung in der Lage, die abenteuerlichen und unerschöpflichen Wechselbeziehungen der Seienden zu verobjektivieren, sie also geistig zu erfassen. Allerdings bleibt diese Tätigkeit fragmentarisch, denn der Intellekt kann nur zur Erkenntnis gelangen, indem er das transobjektive Subjekt in den Zustand immaterieller Existenz überführt. Doch auch dann erkennt er das Subjekt nicht als solches, sondern gewinnt von «diesem oder jenem Subjekt nichts weiter als Ansichten oder besser *Einsichten*»[72]. Dies ist nicht weiter erstaunlich, da schon die Existenz selbst ein Überintelligibles darstellt. Wieviel mehr gilt dies für ein subsistierendes und darum über eine unerschöpfliche Tiefe verfügendes Subjekt!

Dieser Überintelligibilität steht die begrenzte Erkenntnisfähigkeit des Menschen selbst gegenüber. Seine «Subjektivität ist *als Subjektivität* begrifflich nicht faßbar, sie ist ein unbegreifbarer Abgrund, unbegreifbar im Sinne von Konzepten, Begriffen oder Abbildungen»[73]. Nichtsdestoweniger weiß der Mensch um sich selbst als Subjekt und um seine existentielle Seele durch eine erfahrungshafte und unmitteilbare Erkenntnis. Er *erfährt* sich als eine einzelne Existenz, die aufgrund ihrer Subjekthaftigkeit reflektiert und liebt, aber auch leidet. Wird ihm dann noch das Geschenk der Seinsintuition zuteil, dann kommt darin nicht nur die Wirklichkeit des Seins zum Vorschein, sondern es «strahlt in ihm blitzartig und unverlierbar die Gewißheit auf, daß *Er ein Ich ist*, wie Jean-Paul sagt»[74].

Freilich handelt es sich dabei um eine existentielle und unmitteilbare Schau, da nur so das Subjekt als Subjekt erschlossen werden kann und da jede Begriffsbildung notwendigerweise zur Verobjektivierung führt. Doch zwischen den Polen begrifflicher und unbegrifflicher Erkenntnis gibt es

---

[70] *Court traité* 69. Den Gedanken des Abenteuers verwandte Maritain bereits 1932, als er schrieb (*Les Degrés* 318): «Toute chose existante a sa nature ou essence, mais la position existentielle des choses n'est pas impliquée dans leur nature, et il y a entre elles des rencontres qui elles-mêmes ne sont pas des natures et dont aucune nature ne portait d'avance, inscrite en soi, l'exigence. La réalité existante est ainsi composée de *nature* et d'*aventure*.»
[71] Vgl. *Court traité* 49.
[72] *Court traité* 71.
[73] *Court traité* 72.
[74] *Court traité* 71.

noch zwei weitere Kategorien der Selbstwahrnehmung, nämlich erstens diejenige des begleitenden Bewußtseins, das «*in actu exercito* unsere innere Welt umfaßt, insofern sie an der lebendigen Tätigkeit unserer geistigen Fakultäten beteiligt ist»[75]. Dazu kommt zweitens die ganze Palette konnaturaler oder neigungshafter Erkenntnis. Ob es sich dabei um moralisch-praktische, poetische oder mystische Erkenntnis handelt – immer manifestieren sich in ihr mittelbar die eigene Subjektivität und ihr reiches Innenleben. Zu dieser Subjektivität gehört einerseits der Selbstand (Subsistenz), andererseits die Notwendigkeit, mit anderen Personen zu kommunizieren und mit ihnen eine personale Beziehung einzugehen. Diese geht über die reine Erkenntnisebene hinaus und erstreckt sich auf die Person als solche, nicht nur auf ihren Intellekt. Das gilt auch für die übernatürliche Ebene, für Gott.

Hatte Maritain in *Les Degrés* noch klar Stufen des rationalen bzw. suprarationalen Wissens unterschieden, so stellt er in *Court traité* auf einer knappen Seite fest, daß die philosophische Ordnung sich zu Recht auf die begriffliche Erkenntnis stützt und damit auch die Grenze zwischen der Welt der Philosophie und der Welt der Religion markiert. Erstere kann zwar zu Gott als der Ursache des Seins gelangen und mit Hilfe von ananoetischen Einsichten Aussagen über das göttliche Selbst fällen, die freilich «nichtenthaltende und unumschriebene Analogien»[76] sind. So wichtig und richtig diese Aussagen auch sein mögen, so abstrakt und fremd bleiben sie. Denn sie verlieren aus dem Blick, daß ihr Gegenstand nicht nur das höchste Sein, sondern die *höchste Subjektivität* darstellt, ein personales «transzendentales Ich, unerschöpflich in seinem Sein und seiner Güte, seiner Freiheit und seiner Herrlichkeit, dem alle intelligenten 'Ichs', die es erkennen, Gehorsam und Anbetung **schulden**»[77]. Aus diesem Grund sieht sich die geschaffene Subjektivität, sobald sie eine existentielle Perspektive einnimmt, mit der lebendigen Wirklichkeit der transzendenten Subjektivität konfrontiert, die sie einlädt und auffordert, mit ihr eine lebendige interpersonale Beziehung einzugehen. Wie kann der Mensch aber um diese Aufforderung wissen?

C'est quelque chose de *savoir* que Dieu est un *Soi transcendant* et souverain, mais c'est une tout autre affaire d'**entrer soi-même**, avec tout son bagage et sa propre existence et sa chair et ses os, **dans la relation vitale** où la subjectivité créée est confrontée à cette subjectivité transcendante [...]. C'est l'affaire de la religion. Celle-ci est essentiellement ce que nulle philosophie ne peut être: **relation de personne à personne**. [...] Et cette relation même de sujet à sujet demande que dans la connaissance que la subjectivité

---

[75] *Court traité* 72.
[76] *Les Degrés* 670.
[77] *Court traité* 74f.

créée a de la subjectivité incréée passe quelque chose de ce que celle-ci est *comme subjectivité*, ou dans le mystère de sa vie personnelle.[78]

Die Voraussetzung für eine angemessene Antwort des Menschen wurde freilich erst durch die Offenbarung in Jesus Christus geschaffen, die dem Menschen das Mysterium und die Wahrheit der dreifaltigen göttlichen Subjektivität erschlossen hat. In dieser Offenbarung bleibt Gottes Wesen zwar wie in einem Spiegel verhüllt, doch kann sie sich – im Gegensatz zur philosophischen Erkenntnis – der Überanalogie des Glaubens und parabelhafter Begriffe bedienen, die Gott selbst gewählt hat, wie Maritain bereits in *Les Degrés* hervorhob.[79] Dem gegenüber betont er allerdings in *Court traité*, daß es sich hierbei gerade nicht um ein «*knowledge about*» handelt, sondern um den existentiellen Anruf Gottes, der einer Einladung gleichkommt, am Geheimnis des personalen Lebens der ungeschaffenen Subjektivität teilzuhaben. Daraus lassen sich drei fundamentale Punkte hinsichtlich der Kommunikation subsistierender Subjekte ableiten:

Zum einen findet sich das menschliche Subjekt in einer Gemeinschaft mit gleichartigen Subjekten vor, die ebenso auf die transzendente Subjektivität ausgerichtet sind, welche alle mit der gleichen personalen Liebe umfängt und allen an seinem göttlichen Leben Anteil verleihen möchte. Diese Sichtweise vermeidet nicht nur jede Vorstellung von Konkurrenz, sondern «offenbart die Liebenswürdigkeit der anderen in Gott und durch Gott, die mit mir ein 'Wir' bilden, das berufen ist, sich an seinem Leben zu erfreuen»[80].

Zum zweiten findet sich (neben der Entdeckung dieser Berufung zur gemeinsamen Teilhabe an Gott) das Subjekt in einer Situation vor, in der es «hin- und herschwankt [oscille]». Einerseits weiß sich der Mensch als Zentrum der Welt («es gibt mich – und alle anderen»[81]), andererseits stellt er bei objektiver Betrachtung fest, daß er zur Herde gehört und sein Schicksal eines von vielen ist, ja sogar ohne sein Dasein dem Universum nichts Wesentliches fehlen würde. So bleibt entweder ein Hin- und Herschwingen zwischen einer egoistisch-selbstherrlichen Grundhaltung und einer verzweifelten anonymen Selbstaufgabe, oder der Mensch richtet seinen Blick nach oben, auf Gott, der als Zentrum jedem Subjekt den rechten Platz zuweist, der ihm als Geschöpf zukommt. Das bedeutet nun nicht nur ein ausgeglichenes Selbstverständnis, sondern auch ein Erkannt-Sein und Sich-

---

[78] *Court traité* 75.
[79] Vgl. *Les Degrés* 700*f.*
[80] *Court traité* 78.
[81] *Court traité* 77.

Verstanden-Wissen von ihm, ohne zugleich verobjektiviert werden zu müssen.

Denn wie wir gesehen haben, ist es für gewöhnlich den Menschen nicht vergönnt, einander in ihrer unverwechselbaren Subjektivität zu erkennen, das heißt, ihren einzigartigen inneren Reichtum sowie die komplexe innere Disposition ihrer einzelnen Handlungen wahrzunehmen.[82] Nicht einmal sich selbst gegenüber gelingt dies, da auch die oben erwähnten Formen von existentieller Selbsterkenntnis immer sehr rudimentär bleiben, ja «je mehr ich meine Subjektivität verstehe, desto dunkler erscheint sie mir»[83]. Muß sich darum das menschliche Subjekt ewig unverstanden fühlen und einer verzweifelten Einsamkeit verfallen? Auch hier kommt die Befreiung durch den Blick auf Gott, da er allein die verborgenen Tiefen und geheimen Winkel des Menschen kennt und ihr damit gerecht werden kann. Mehr noch, er versteht und durchschaut jeden einzelnen, angefangen von den Fehlern und Sünden bis hin zu den Funken guten Willens und den Mühen einer recht ausgeübten Freiheit. Und auf dem Hintergrund der christlichen Offenbarung weiß der Mensch, daß «die erschöpfende Erkenntnis Gottes eine liebevolle Erkenntnis ist. Zu wissen, daß man von Gott durchschaut ist, kommt nicht nur einer Erfahrung von Gerechtigkeit, sondern auch einer Erfahrung von Barmherzigkeit gleich».[84]

Zum dritten ist es einem geistbegabten Subjekt nicht völlig unmöglich, ein anderes Subjekt in seiner Subjektivität zumindest vorübergehend zu erfassen. Das Stehen vor dem Schöpfer als gemeinsames «Wir» und die Einladung an jeden einzelnen zu einer personalen Liebesgemeinschaft ist nicht exklusiv zu verstehen. Allein aus der Perspektive des «Vaters der Seienden»[85] erscheint der Andere in seiner Liebens*würdig*keit[86]. Diese vertikale Perspektive ist nicht allein die Grundlage für jede «horizontale» zwischenmenschliche Beziehungsebene. Vielmehr ist im Menschen selbst eine Neigung in Form einer personalen Sehnsucht nach interpersonaler Gemeinschaft in Erkenntnis und Liebe vorhanden. Er kann nicht als autistische

---

[82] Vgl. *Court traité* 78: «Je suis connu des autres hommes. [...] Ma subjectivité comme telle, ils l'ignorent: non seulement sa profondeur inépuisable, mais cette présence du tout à chacune de ses opérations, cette complexité existentielle de circonstances intérieures, de données de nature, de choix de liberté, d'attraits, de faiblesses, de vertus peut-être, d'amours et de douleurs, cette atmosphère de vitalité immanente qui seule donne leur sens à chacun de mes actes.»
[83] *Court traité* 79.
[84] *Court traité* 80.
[85] *Principes* 189.
[86] Vgl. *Court traité* 78: «Je lui [le Sujet divin] importe à lui, et non seulement moi, mais toutes les autres subjectivités, dont en lui et pour lui l'amabilité se révèle.»

Monade existieren, sondern hat ein radikales Bedürfnis nach geistigem Austausch und affektiven Beziehungen.[87]

Wie bereits negativ formuliert wurde, meint jede objektive Erkenntnis eine Abstraktion von der Existenzordnung.[88] Daraus läßt sich wohl der Umkehrschluß ziehen, daß eine Erkenntnis auf der existentiellen Ebene das Subjekt als Subjekt erkennen läßt, was bei Personen nichts anderes meint als die existentielle Wirklichkeit der Liebe. Durch sie ist es nun möglich, den anderen als Subjekt zu erkennen und in seiner Subjekthaftigkeit anzunehmen. Nur die selbstlose Liebe vermag den Intellekt und seine auf Verobjektivierung ausgerichtete Tätigkeit gleichsam auszuschalten, so daß der geliebte Andere nicht auf begriffliche, sondern vermittels der Liebeseinheit auf existentielle Weise in den Liebenden eintritt. So kann es gelingen, daß der Geliebte zwar existentiell-dunkel, aber gerade so in seiner Subjektivität erkannt wird. Das heißt für ihn, als Subjekt auf- und angenommen zu sein, was ihn in einem gewissen Grad von seiner Einsamkeit heilt und ihn für den Augenblick, in dem er als der, der er ist, erkannt wird, Geborgenheit und Heimat schenkt.

> Et par l'amour enfin est brisée cette impossibilité de connaître autrui sinon comme objet [...]. L'union d'amour fait de l'être que nous aimons un autre nous-mêmes pour nous [...]. Nous avons de l'être que nous aimons une obscure connaissance semblable à celle que nous avons de nous-mêmes, nous le connaissons dans sa subjectivité même, du moins dans une certaine mesure, par l'**expérience de l'union**. Et lui-même est alors, dans une certaine mesure, guéri de sa solitude; il peut, inquiet encore, se reposer un moment dans le nid de la connaissance que nous avons de lui **comme sujet**.[89]

Diese Erfahrung der Einheit verdeutlicht zwei Dinge: Erstens betrachtet Maritain erstmals neben der geistigen Existenzweise des Liebenden, der sich zur Gabe macht, die Seite des *Geliebten*. Dabei geht es nicht mehr allein um dessen intentionales Existieren als geistiges Gewicht im Liebenden, sondern um dessen Erfahrung, als Subjekt erkannt und aufgenommen zu werden. Nicht mehr allein auf die Wirkung als geistiges Prinzip im Liebenden wird verwiesen, sondern auf die Bedeutung, sich von dessen

---

[87] Vgl. *Court traité* 83: «La subjectivité de la personne exige comme son plus intime privilège les communications de l'intelligence et de l'amour; ils ne voient pas qu'avant même l'exercice de la liberté de choix et pour la rendre possible le besoin le plus radical de la personne est de communiquer avec l'*autre* par l'union d'intelligence et avec *les autres* par l'union affective.»

[88] Vgl. *Court traité* 69*f*.: «Dans le monde de l'existence il n'y a que des sujets. [...] Nous ne les connaissons pas comme sujets, nous les connaissons en les objectivant, en prenant sur eux des vues objectives et en en faisant nos objets, car l'objet n'est rien d'autre que quelque chose du sujet transféré dans l'état d'existence immatérielle de l'intellection en acte.»

[89] *Court traité* 85.

personaler Liebe erfassen zu lassen und sich in ihr geborgen zu wissen. Dies ist kein statischer Zustand, sondern eine lebendige interpersonale Beziehung, ein beständiges Hin und Her, gewissermaßen eine bleibende Schwebe, da sich in der gemeinsamen Liebe jeder Partner sowohl als Liebender wie auch als Geliebter weiß. Es kommt also zu einer geistigen Einheit von Person zu Person, zu einem Dialog von zwei Naturen in einer gemeinsamen Liebe, oder, wie Maritain erstmals mit seiner eigenen Begrifflichkeit hinsichtlich der Fähigkeit zur geistigen Überexistenz ergänzt, zu einer *einzigen Überexistenz gemeinsamer Liebe*, in der sich der liebende Gegenüber verschenkt und zugleich als geliebter Partner empfängt.[90]

Zweitens ist damit Maritains Vorstellung überholt, daß die Liebe das wie auch immer objektivierbare Medium darstellt, durch das der Intellekt zu seiner Erkenntnis gelangen kann. Nicht mehr ein verobjektivierter Zustand (die Liebe) aktiviert den Intellekt, damit dieser (nicht die Person!) zur Einsicht kommt (*amor/affectus transit in conditionem objecti*), sondern es kommt gleichsam zu einem «Herz an Herz» von zwei Subjekten; dies gilt sogar für das personale Verhältnis zwischen Gott und Mensch, bei dem «die Beziehung selbst von Subjekt zu Subjekt erfordert, daß [...] von der ungeschaffenen Subjektivität etwas von dem, was diese *als Subjektivität* ist»[91], die geschaffene Person erreicht.

> L'amour, [...] cette perfection [...] consiste dans la plénitude et la délicatesse du dialogue et de **l'union de personne à personne**, jusqu'à la transfiguration qui, comme dira saint Jean de la Croix, fait de l'homme un dieu par participation: 'deux natures en un seul esprit et amour', en **une seule surexistence spirituelle d'amour**.[92]

Die vorgängige Interkommunikation auf der Existenzebene kann also vom geistbegabten Subjekt auf eine personale Ebene erhoben werden, indem die sich liebenden Personen in eine gemeinsame Überexistenz eintreten. Die sich in Liebe verschenkende Person verliert dabei ihren ontologischen Selbstand nicht, sondern setzt ihre Freiheit ein, um zur wahren Gemeinschaft zu gelangen.[93] Hier zeigt sich die Umsetzung dessen, was wir im letzten Kapitel bereits sahen, daß nämlich Personhaftigkeit nicht nur Autonomie impliziert, sondern auch Offenheit und Sehnsucht nach Gemein-

---

[90] In *Journal de Raïssa* (302) schreibt Maritains Gattin zum Wesen der Liebe: «L'essence de l'amour est dans la communication de soi, avec plénitude d'allégresse et de délices dans la possession du bien-aimé.»
[91] *Court traité* 75.
[92] *Court traité* 55.
[93] Dies finden wir mit ähnlichen Worten in *Journal de Raïssa* (304), wo es heißt: «L'amour demande non seulement *l'union* des volontés, mais encore *la distinction* des personnes.».

schaft meint[94], die in einer gemeinsamen geistigen Überexistenz in Liebe ihre echte Erfüllung findet und dem Subjekt gerecht wird. Mit anderen Worten: Zwei Personen, die sich gegenseitig ihre Liebe schenken, geben sich geistig einander hin. Sie machen sich selbst zur Gabe, um sich dadurch erneut zu empfangen. Dies bedeutet nicht nur, daß sie als Subjekt An- und Aufnahme finden. Vielmehr entdecken sie dabei auch sich selbst, da sie ihrer individuellen und unverwechselbaren Art zu lieben Ausdruck verleihen. Dabei bedienen sie sich ihrer geistigen Überexistenz in Liebe und gestalten sie mit schöpferischer Freiheit als Subjekt.

4. Die Person und ihre moralische Freiheit

a) Die Erkennbarkeit moralischer Werte im Gewissen

Die Untersuchung der Person hat uns nicht nur ihre freie Verfügungsgewalt über ihre geistige Überexistenz gezeigt, sondern auch ihr Bedürfnis, mit anderen Personen in einen lebendigen Austausch zu treten. Nur Subjekte, die sich ihrer Subjekthaftigkeit bewußt sind, sind auch zu einer personalen Liebesbeziehung fähig. Daran knüpft die theologische Aussage an, daß die Vervollkommnung des menschlichen Lebens in der wahren Liebe (*amor caritatis*) besteht. Doch dieses Ziel setzt zweierlei voraus: Einerseits das menschliche Streben nach dem Guten, was die Ablehnung des Bösen impliziert, und andererseits die Erkennbarkeit des Guten, die Bildung eines richtigen praktischen Urteils angesichts konkreter Entscheidungssituationen. Nachdem bisher das ideale Ziel betrachtet wurde, nämlich «der Austausch und die Einheit von Person zu Person [...] in einer einzigen geistigen Überexistenz»[95], ebenso aber auch die Freiheit des Menschen, das «Nichts» zu tun, wird der Blick nun auf konkrete Schritte gerichtet, die den Menschen in einer Welt von Abenteuern, Zufällen und Kontingenzen[96] seinem Ziel, der *caritas*, näherbringen. Damit wird, ausgehend von der spekulativen Philosophie, das Terrain der Ethik oder der praktischen Philosophie betreten. Mit dieser Perspektive rückt Maritain einmal mehr das Subjekt und dessen moralische Verantwortung in den Mittelpunkt. Worauf stützt er sich dabei?

In *Court traité* deutet er die Rolle des Willens, die schöpferische Neuheit oder die Notwendigkeit der Individualisierung des Gesetzes im sittli-

---

[94] Vgl. *Raison et raisons* 361: «La Subjectivité [est] un centre profond, inconnu, et vivant, qui surabonde en connaissance et surabonde en amour. [...] Ce centre essentiellement dynamique, vivant et ouvert, donne et reçoit tout ensemble.»
[95] *Court traité* 55.
[96] Vgl. *Court traité* 69.

chen Akt an. Diese Seiten werden von ihm erst in den folgenden Jahren systematisch vertieft, aber der erste Wurf läßt vermuten, daß er sich schon von Anfang an über die Grundlinien im klaren war. Jedenfalls erweist sich der Existentialismus des Aquinaten auch im Bereich der Ethik als hilfreich, da für ihn auch das moralische Urteil auf intelligiblen Prinzipien beruht. So versucht Maritain auf spekulative Weise einen Bereich zu durchdringen, der eigentlich einen praktischen Gegenstand, nämlich das moralische Verhalten, zum Gegenstand hat.

Grundsätzlich gilt es beim moralischen Tun zwei Faktoren zu berücksichtigen, nämlich das Wesen des allgemeinen Gesetzes sowie die Suche nach dessen konkreter Anwendung, was von Fall zu Fall stets neu zu prüfen ist. So steht beispielsweise auf der einen Seite das absolute Tötungsverbot, auf der anderen Seite hingegen wird die Tötung im Falle der Selbstverteidigung gerechtfertigt, während im Falle der Prüfung Abrahams sogar die Aufforderung Gottes an ihn ergeht, seinen Sohn zu opfern (vgl. *Gen* 22,1-19). Aus diesem Grund reicht für sittliches Handeln die Kenntnis der moralischen Normen nicht aus, sondern es bedarf einer angemessenen Berücksichtigung objektiver *und* subjektiver Faktoren. Schließlich ist (im Gegensatz zur abstrakten Erkenntnis) «das Ziel nicht mehr, das zu erkennen, was ist, sondern das entstehen zu lassen, was noch nicht ist»[97]. Das heißt für den Aquinaten wie für Maritain, daß in der moralischen Ordnung die Wahrheit nicht in der *adaequatio rei et intellectus* besteht, sondern in der «rectitudo appetitus per respectum ad finem»[98].

> L'acte de choix moral est tellement individualisé, à la fois par la singularité de la personne dont il émane et par celle du contexte de circonstances contingentes dans lequel il prend place, que le jugement pratique dans lequel il s'exprime et par où je me déclare à moi-même: voilà ce qu'il me faut.[99]

Hierzu bringt nun Maritain erstmals das geheimnisvolle Zentrum, den Seelengrund, ausdrücklich mit dem Gewissen in Verbindung. In ihm wird die entscheidende Vorarbeit geleistet: Einerseits stellt es die Verbindung des universalen moralischen Gesetzes mit der konkreten sittlichen Entscheidungssituation her. Denn es handelt sich nicht um einen einfachen Syllogismus, bei dem Ober- und Untersatz zur gleichen Ebene gehören. Vielmehr betrifft der Obersatz mit seiner allgemeinen Regel den Verstand, während sich der Unter- und Schlußsatz auf das ganze Subjekt bezieht, also

---

[97] *Court traité* 56.
[98] THOMAS VON AQUIN, *In VI Ethicorum Aristotelis*, lect. 2, nr. 1131 bzw. *Court traité* 56.
[99] *Court traité* 56.

auf Fähigkeiten seines Begehrens, die aufgrund seiner Freiheit wiederum seinen existentiellen Zielen unterworfen sind.

> Aucune casuistique, aucun enchaînement de pures déductions, aucune science ne peut me dispenser du **jugement de conscience**, et, si j'ai quelque vertu, de l'exercice de la vertu de prudence, où c'est la droiture de mon vouloir qui devra modeler la justesse de ma vision.[100]

So sorgt das Gewissen dafür, daß im sittlichen Akt das allgemeine Gesetz «durch die Individualität der Person und durch das Geflecht der zufälligen Umstände völlig individualisiert wird»[101]. Damit werden die objektiven *und* subjektiven Umstände angemessen berücksichtigt, weshalb sich «im freien Akt die Person als Person ausdrückt»[102]. Doch das Urteil des Gewissens entspricht nicht immer der Tat, die das Subjekt ausführt. So fragt sich Maritain, welcher Erkenntnis es bedarf, damit vom Subjekt die allgemeinen Normen in der konkreten Entscheidung auch eingehalten werden. Denn um sie zu befolgen, «dürfen sie im Moment der Versuchung in seinem Kopf nicht wie einfache allgemeine Regeln widerhallen, die genügen, um ihn zu verdammen, nicht aber, um ihn zu bewegen». So spielt für den sittlichen Akt gerade «der unvorhersehbare Schwung der unerforschlichen Subjektivität, der oft für den Verstand des Subjektes selbst verwirrend ist, die wesentliche Rolle»[103]. Dazu gehören seine geheimen Fähigkeiten und sein innerstes Sehnen, seine moralischen Stärken und Schwächen.

> C'est de tout l'inconnu réel que le sujet porte en lui, de ses secrètes capacités, de ses aspirations radicales, de la force ou de la fragilité de sa substance morale, de ses vertus s'il en a, de l'appel obscur de sa destinée, que le jugement de sa conscience doit aussi tenir compte dans l'instant qu'il est librement porté.[104]

Diese vielfältigen Formen der Beeinflussung aus den Tiefen der Subjektivität auf das konkrete sittliche Urteil kann das Gewissen nicht begrifflich formulieren. «Aber der dunkle Instinkt, den das Subjekt im Gewissen von sich selbst hat», erkennt sie «auf konnaturale Weise». Und so sind es gerade unbewußte Faktoren (des noch näher zu untersuchenden Werturteils oder) der «Wertschätzung, die – begrifflich unausdrückbar – für die praktische Richtigkeit der Entscheidung, die das Subjekt trifft, am meisten bedeuten,

---

[100] *Court traité* 57.
[101] *Court traité* 56.
[102] *De Bergson* 79.
[103] *Court traité* 58.
[104] *Court traité* 58*f.*

wenn sein Wille dieses oder jenes objektive Motiv, das sich lebenswichtig auf diese ganze innere Welt bezieht, entscheidend wirksam macht»[105].

Die Frage nach den subjektiven Faktoren verweist in Anlehnung an den heiligen Thomas ebenso auf den «voluntaristische Zug dieser existentiellen Ethik»[106]. Denn das praktische Urteil, «durch das ich mir selbst eine Erklärung gebe: das muß ich tun, kann nur recht sein, wenn tatsächlich, *hic et nunc*, der Dynamismus meines Wollens recht ist und nach den wahren Gütern des menschlichen Lebens strebt»[107]. Das bedeutet, daß neben der Findung der angemessenen Entscheidung auch die Situation der Person berücksichtigt werden muß, die unter der Erbsünde steht und häufig nicht das Gute tut, das sie eigentlich möchte, sondern das Böse, das sie an und für sich ablehnt.

Dies führt uns zur Frage, wie es im Menschen zu einem derartigen Konflikt kommen kann und welche Faktoren daran beteiligt sind. Wir haben bereits gesehen, daß die Person im Gewissen erkennen kann, was moralisch gut und richtig ist, und daß sie andererseits im Willen über eine existentielle Selbstbestimmung verfügt, die durchaus ein falsches Gut begehren kann. Was geschieht dann? Wie kommt es zu einem Urteil, wenn Erkennen und Wollen nicht auf das gleiche Ziel ausgerichtet sind? Zwar «hängt die Richtigkeit des Verstandes von der Rechtschaffenheit des Willens ab»[108], was einmal mehr die Vorherrschaft des Willens über den Verstand beim praktischen Urteil verdeutlicht. Schließlich ist es der Wille, der sich diese oder jene Motivation zu eigen macht. Wofür sich der Wille letztlich in der konkreten Situation entscheidet, liegt aber in der unerforschlichen Freiheit des Subjektes begründet, da es auf der einen Seite nicht nur vom Willen und vom Intellekt, sondern von einer Reihe unbewußter Faktoren bestimmt werden kann. Und auf der anderen Seite sind auch Intellekt und vor allem der Wille nicht feste, unveränderliche Orakel, sondern auch selbst formbare und zu formende Fakultäten.

Aus diesem Grund bedarf der Mensch der Tugend der praktischen Weisheit, der *prudentia*, da sie beide Seiten, nämlich Freiheit des Willens und Erkennen des Gesollten im konkreten Wollen und Tun verbindet. Dann kann in der jeweiligen Situation dem Wollen guten Gewissens Folge geleistet werden, da der «von den konkreten Umständen bestimmte Wille»[109]

---

[105] *Court traité* 59.
[106] *Court traité* 53.
[107] *Court traité* 56.
[108] *Court traité* 56. Vgl. dazu die Formulierung bei THOMAS VON AQUIN, *Summa Theologiae*, I^a-II^{ae}, q. 57, a. 5: «Verum autem intellectus practici accipitur per conformitatem ad appetitum rectum.»
[109] *Court traité* 102.

nicht ein beliebiges Gut, sondern das moralisch Richtige erstrebt. Die *prudentia* hilft also nicht nur zu unterscheiden, ob der Wille auf das rechte Ziel ausgerichtet ist, sondern auch wie er darauf aufbauend einen guten Akt vollbringen kann.

Das verweist uns auf den weiten Bereich der Erziehung und sozialgesellschaftlichen Formung, dem Maritain wenige Jahr zuvor zwei eigene Werke gewidmet hatte, deren Einbeziehung freilich den Rahmen unserer Untersuchung sprengen würde.[110] Wenn jedoch das Ziel der Erziehung in einer sittlichen Reife besteht und dem «Erlangen einer inneren und geistigen Freiheit durch die individuelle Person oder, anders gesagt, in der Freilegung dieser durch Erkenntnis und Weisheit, durch guten Willen und Liebe»[111], dann erfordert dieser Prozeß ein lebenslanges Bemühen. Diese Herausforderung gleicht «einer Art von schmerzvoller Arbeit der innerlichen Auseinandersetzung und des Nachdenkens über sich selbst», in welcher der Mensch sich Rechenschaft gibt über «sein ganz individuelles persönliches Begehren» und damit das Persönlichste, nämlich «die Ziele, an die er sein Leben gehängt hat»[112], vor sich selbst bekennt. Doch durch einen solchen geistigen Reifeprozesses wächst im Subjekt die praktische Weisheit, und es sieht in der Erfüllung der Norm in kontingenten Umständen ein erstrebenswertes Ziel. Dabei reicht eben nicht ein rationales Einsehen, sondern es bedarf der Einübung der Wertschätzung der betreffenden Norm, was nichts anderes meint als die Einübung einer Tugend. Eine erworbene Tugend ließe sich darum umschreiben als die existentielle Wertschätzung eines selbstgewählten Zieles, die sich auf der vorbewußten Ebene in der Bereitschaft ausgewirkt hat, sich von diesem erstrebenswerten sittlichen Ziel beständig anziehen zu lassen.[113] Damit sind wir erneut bei der Frage nach der Wirkmächtigkeit des Willens und seines Trägers, was uns zum nächsten Abschnitt führt.

b) Die Person in der Freiheit zur Wert-setzung und Wertschätzung

Bereits im letzten Kapitel wurde deutlich, daß die Wahlfreiheit der Person gewissermaßen einen freien Umgang mit ihrer Natur ermöglicht. Sie ist zu

---

[110] Vgl. J. MARITAIN, *Christianisme et démocratie* sowie *Pour une philosophie de l'éducation*, die beide aus dem Jahre 1943 (ŒC Bd. VII) stammen und worauf 1944 *Principes d'une politique humaniste* folgt. Für eine Gesamtschau auf Maritains pädagogische Ausführungen sei auf das umfassende Werk von P. VIOTTO verwiesen (*Per una filosofia dell'educazione secondo J. Maritain*, Milano 1985).

[111] *Pour une philosophie de l'éducation* 780.

[112] *Court traité* 58.

[113] Vgl. dazu D. HAGGERTY, *Jacques Maritain* 352 sowie zur grundsätzlichen Frage der vorbewußten Prägung und ihres Einflusses auf moralisches Handeln *ebd.* 349-359.

Entscheidungen fähig, deren Resultat unvorhersehbar ist. Gleichzeitig bietet Maritain mit der *motion brisable* eine Unterscheidung an, die Gottes absoluter Erstursächlichkeit gerecht zu werden versucht. Danach bestünde der Beitrag des Menschen allein darin, unter der göttlichen Anregung zum Guten stillzuhalten, so daß diese von einem zerbrechlichen in einen unzerbrechlichen guten Akt übergehen kann. Auf die daraus entstehenden Unklarheiten haben wir bereits hingewiesen, zumal im gleichen Werk auch vom Willen und seiner geistigen Energie, die sich in einer «existentiellen Wirksamkeit» ausdrückt, die Rede ist. Und damit nicht genug. Die Tätigkeit des Willens wird dort präsentiert als ein Akt, der aus den Tiefen der Personalität aufsteigt und in dem die Person ein derartiges *fiat* ausspricht, daß es die größtmögliche Nähe zum *fiat* des Schöpfers erreicht.[114] Es bleibt letztlich die Frage, was die Entscheidungsfreiheit in der existentiellen Ordnung bedeutet, insofern der Mensch, der das Gute tut, dieses zwar nicht ontologisch neu schafft, aber doch etwas Neues bewirkt, das dem Proprium der Person entstammt. Dies wurde gerade auch in der Untersuchung der moralischen Erstentscheidung bestätigt.[115]

So finden wir in Maritains Denken zwei Linien, die sich hinsichtlich der Tragweite menschlicher Freiheit gerade im moralischen Bereich unterscheiden. Die gleichbleibende Linie der absoluten Erstursächlichkeit Gottes in Maritains Denken haben wir bereits aufgezeigt. Ebenso kann aber auch (wie die folgenden Ausführungen verdeutlichen) eine Fortsetzung der Sichtweise konstatiert werden, die von einer relativen Freiheit des Menschen zum schöpferischen *fiat* ausgeht. Diese Linie entfaltet Maritain in einem 1949 bei Paris abgehaltenen Kurs, der 1951 unter dem Titel *Neuf leçons sur la philosophie morale* veröffentlicht wurde. Darin hebt er hervor, daß sich in der Entscheidung zur Beachtung oder Nichtbeachtung der Regel die *Person* als Urheber einer neuen und unableitbaren Initiative offenbart. Nicht äußere Faktoren, sondern das *Ich* ist Autor und Ursache der betreffenden Tat. Ebenso ist die Person auch fähig, zwischen einem guten und einem schlechten Akt zu unterscheiden, so daß ihre Handlung «nicht einfach als eine **Reaktion** auf eine Reihe innerer oder äußerer Anstöße», sondern «als eine mir eigene **Kreation**, als ein Ausdruck meiner selbst, den ich in der Welt schaffe»[116], zu verstehen ist.

---

[114] Vgl. *De Bergson* 79: «La volonté triomphe de cette indétermination de l'intelligence, elle *se* détermine [...]. C'est elle qui intervient, par un acte sorti des **profondeurs de la personnalité**, par un'acte *de la personne en tant même que personne*, et où le *fiat* pratique atteint chez la créature à la plus grande ressemblance possible au *fiat* créateur.»

[115] S.o. 257-263.

[116] J. MARITAIN, *Neuf leçons sur les notions premières de la philosophie morale*, ŒC Bd. IX, 775.

> L'action humaine est introduite dans le monde comme le résultat d'une libre détermination, comme quelque chose qui dépend non seulement de ce tout qu'est le monde, mais de l'**initiative absolue**, – irréductible aux facteurs en interactions dans le monde, – prise par un autre tout, qui est moi-même, **ma propre personne**, en telle sorte que je suis responsable de l'acte en question. Je suis *l'auteur* de cet acte, je suis sa cause.[117]

Nachdem sich Maritain bereits mehrfach mit ethischen Fragen beschäftigt hat, wendet er sich nun umfassend fundamentalmoralischen Fragen zu, indem er rein philosophische Kategorien verläßt und Begriffe des moralischen Denkens wie moralisches Gut, Wert, Ziel usw. aufgreift. Da auch diese Konzepte einer metaphysischen Rechtfertigung bedürfen, bezeichnet er sie als «moralisch-philosophische Notionen»[118]. Auch hier wirkt sich sein Existentialismus aus, denn nur wenn es einen inneren Zusammenhang zwischen der moralischen, der ontologischen und der gnoseologischen Ordnung gibt, kann es zu wahren und objektiven sittlichen Urteilen kommen, in denen nicht nur das Gute und sein moralischer Anspruch, sondern auch dessen objektive oder metaphysische Gültigkeit erkannt wird. Nur so kann der Beliebigkeit eines reinen Subjektivismus und einer pragmatischen Situationsethik[119] begegnet werden.[120] Zunächst sollen jedoch die Voraussetzungen moralischen Handelns untersucht werden, bevor dann die Frage nach der Erkennbarkeit moralischer Normen vertieft wird.

Wie bereits erwähnt wurde, bedeutet die Geistnatur der Person, daß sie zur Überexistenz in Erkenntnis und Liebe befähigt ist. Dies macht sich vor allem in immanenten Akten bemerkbar und nimmt durch den Willen existentielle oder transitive Bedeutung an, da durch ihn die Person konkret handelt. Das heißt, daß der Mensch nicht einfach eine Spur von Ereignissen hinter sich läßt, sondern seinen Operationen einen besonderen Charakter verleiht, der sie als Akte oder Handlungen einer Person qualifiziert. Aufgrund der Wahlfreiheit können die menschlichen Akte gewissermaßen eine zusätzliche, nämlich moralische Prägung empfangen, die sie von ihrer natürlichen Spezifizierung unterscheidet. Damit wird gewissermaßen ein «Universum der Sittlichkeit» betreten, das nicht aus ableitbaren Geschehnissen oder Naturereignissen besteht, sondern in das der Mensch Resultate seiner freien Bestimmung einführt. Diese Ereignisse sind nicht nur auf die verschiedenartigen Wechselwirkungen der Natur zurückzuführen, sondern sind vor allem die Frucht einer absoluten und völlig unvorhersehbaren

---

[117] *Neuf leçons* 774.
[118] *Neuf leçons* 765.
[119] Eine ausdrückliche Kritik dieser Schule findet sich in J. MARITAIN, *La Philosophie morale*, ŒC Bd. XI, 918-922. 960, Anm. 44.
[120] Vgl. *Neuf leçons* 782 u. 802.

Erstinitiative, die den Tiefen der menschlichen Person entstammt. Doch wonach werden diese schließlich beurteilt?

Die entscheidende Spezifikation der menschlichen Akte besteht in der Ausrichtung auf das sittliche Gut, das sich in Wert und Ziel unterscheiden läßt.[121] Beide sind im moralischen Gut enthalten, werden aber unter einem jeweils anderen Aspekt erkannt. So kommt im Wert die intrinsisch gute Qualität des Aktes zum Vorschein; er macht also die *formale Kausalität* des Aktes aus, indem er diesen auf der Ebene der Essenz spezifiziert. Im Ziel hingegen drückt sich die *finale Kausalität* aus, insofern darin das erstrebte Gut in den Blick kommt, um dessentwillen die betreffende Aktion in Gang gebracht wird. Im letzten «ist es eine Frage der Perspektive», denn «jeder positive Wert ist ein potentielles Ziel», wie auch «jedes Ziel einen Wert darstellt»[122].

Da sich die moralischen Werte auf die praktische Erkenntnis beziehen, sind sie entweder gut oder schlecht. «Sie werden nicht davon spezifiziert, was eine Sache ist, sondern dadurch, was getan werden soll». Sie sind Gegenstand einer Erkenntnis, die «bestimmt wird durch die Regel oder das Maß, welche die Matrix der auszuführenden Sache und somit ihre Vernunftursache bildet. Die Tatsache, mit dieser Vernunftregel in Einklang zu stehen oder sich von ihr zu entfernen, bildet für die Dinge der moralischen Ordnung das wesentliche Unterscheidungskriterium.»[123]

Während das Sein und das *metaphysisch* Gute als Transzendentalien sich nicht voneinander trennen lassen, bildet das *moralische* Gut eine eigene Ordnung, ein ontologisches Teilgut. Dieses stammt nicht aus einer logischen Ableitung, sondern aus der moralischen Erfahrung, welche die Ebene der menschlichen Existenz und ihrer Freiheit charakterisiert.[124] Was ist nun unter diesem Gut zu verstehen? Die Alten sprechen vom *bonum honestum*, für Maritain hingegen ist der Sachverhalt besser durch *bonum substantiale* definiert. Denn wie die Substanz dazu bestimmt ist, durch sich und in sich zu existieren, so verdient in der moralischen Ordnung das *bonum honestum* alle Liebe, Hoch- und *Wert*schätzung, da es die Seinsfülle

---

[121] Von der Bedeutung des Wertes spricht Maritain eher beiläufig bereits in *Raison et raisons* 326: «La valeur qui imprègne ainsi l'objet moral et l'acte moral est supérieure à tout ce qui est donné dans l'existence empirique.»

[122] *Neuf leçons* 772f.

[123] *Neuf leçons* 776f.

[124] Vgl. *Neuf leçons* 770f. sowie 804, wo Maritain präzisiert, daß in der sittlichen Teilordnung, deren Haupt auch Gott ist, die Möglichkeit besteht, daß der göttliche Plan oder der göttliche Wille nicht erfüllt werden und ein Mensch durch Übertreten des moralischen Gesetzes Gott Widerstand leistet. «Moralische Ordnung als Teilordnung meint darum, daß Gott das Haupt ist; und universale Ordnung bedeutet, daß in ihr der göttliche Wille niemals behindert werden kann.»

des Freiheitsaktes verkörpert. Substantiales Gut meint darum, daß es in Konsonanz mit seiner eigenen Regel steht und in sich einen Wert und ein Ziel darstellt.[125] Nach diesen Vorüberlegungen können wir nun Folgendes festhalten:

Die Neuheit des sittlichen Aktes besteht darin, daß der Mensch in Freiheit einen nicht ableitbaren Akt vollbringt, also eine *Wert*-setzung vollzieht. Darin offenbart er zugleich sein eigenes Wertesystem und seine innersten Ziele, zeigt also, welche Güter sich seiner *Wert*schätzung erfreuen. Dieser neue Akt ist als gut zu beurteilen, wenn er ein substantiales Gut erstrebt und verwirklicht. Dazu ist der Mensch kraft seines Willens befähigt, so daß eine moralische Aktion nicht eine rein natürliche Reaktion, sondern seine persönliche Schöpfung darstellt, in der er sich selbst ausdrückt und die ein ganzes Verhaltensmuster sowie ein System von Zielen umfaßt, die nicht vom Universum, sondern von seiner Person abhängen.

> Tandis que, par rapport à l'ordre de la nature humaine, je rends moi-même mes actes bons ou mauvais, je forme ou je ne forme pas mes actions en accord avec une règle ou une loi que je connais, et à laquelle je me conforme ou ne me conforme pas en vertu de ma volonté, non en vertu de ma nature; [...] c'est comme **une création qui m'est propre**, une expression de moi-même que je crée dans le monde et qui entraîne ou comporte tout un patron de comportement et tout un système de fins qui en définitive dépendent de moi, non de l'univers.[126]

Wenn wir von der zuständigen Fakultät, nämlich dem Willen, ausgehen, dann sehen wir, daß er einerseits durch seine Natur notwendig auf das *ontologische* Gut ausgerichtet ist. Andererseits steht er im Dienste der Person, die frei entscheiden kann, welches Ziel und welche Werte sie durch ihr Tun realisiert. Die Person emaniert zwar ihre Freiheit durch ihre Seelenfakultäten, doch kann es durchaus zu einem Konflikt zwischen der Person und ihrer Natur kommen.[127] Soll darum ein *moralisches* Gut realisiert werden, reicht das naturhafte Streben des Willens nicht aus, sondern es braucht das Wollen seines Trägers, des *suppositum*. Nur wenn die Person *frei* wählt, wirksam das *bonum substantiale* zu erstreben, kann es auch vollbracht werden.

---

[125] Vgl. *Neuf leçons* 777f. Dort erläutert Maritain auch die klassische Unterscheidung des *bonum utile*, das um eines zu erreichenden Zieles willen gut ist; es entspricht dem Mittel oder Zweck einer Tat. Freilich muß auch der Zweck selbst ein Gut darstellen, da ansonsten schlechte Mittel durch ein gutes Ziel gerechtfertigt würden. Zu berücksichtigen ist in der Reihe der Güter auch das *bonum delectabile*, das sich auf den Besitz oder den Genuß eines Gutes bezieht und in den affektiven Potenzen des Subjekts positive Wirkungen auslöst.
[126] *Neuf leçons* 775.
[127] Vgl. *De Bergson* 105.

Letztlich spielt es darum keine Rolle, ob sich das Objekt des moralischen Aktes auf eine äußere Wirklichkeit bezieht, die durch den Willen in die Welt gesetzt wird, oder auf das innere Ziel, um dessentwillen der betreffende Akt gewollt wird. Stets handelt es sich um eine «Wert-setzung», um einen freien Akt der menschlichen Person, der zugleich ein Werturteil und damit eine *Wert*schätzung für das moralische Gut ausdrückt. Zusammenfassend läßt sich darum die Ausgangsfrage derart beantworten, daß die schöpferische Freiheit auf moralischer Ebene eine Mitwirkung des Menschen einschließt. Nicht nur ein Stillhalten, sondern ein ausdrückliches Wollen des Guten ist gefordert, was freilich nicht allein Frucht eines rationalen Urteils, sondern Ausdruck der ganzen Person mit all den unauslotbaren Tiefen ihres Seelengrundes ist. Wie kann nun aber die Person wollen, was sie nur dunkel erkennt, oder gar die Wahl beeinflussen, wenn eine Reihe von Faktoren beteiligt ist, die von ihr nicht bewußt kontrolliert werden können?

c) Die vorbewußten Einflüsse auf das Werturteil

Die Überlegungen in *Court traité* hinsichtlich der konnaturalen Erkenntnis des Gewissens[128] verbindet Maritain in *Neuf leçons* nun mit den Überlegungen zum individuellen Werturteil. Er hebt hervor, daß im Wollen und Tun des Guten Neigungen wirksam werden, die aus dem Vorbewußten stammen und die Voraussetzung für moralisches Handeln bilden. Sie ermöglichen nicht durch Reflexion, sondern *in actu exercito*, also «durch einen psychologischen Prozeß, die natürliche Erkenntnis der sittlichen Werte»[129]. Wie bereits in *Quatre essais*[130] unterscheidet Maritain zwischen dem freudianischen Unbewußten der Triebe und dem Vorbewußten des Seelengrundes. In diesem Vorbewußten vollzieht sich «das Leben von Intellekt und Verstand, da es aus der sinnenhaften Erfahrung eine neue Intuition herauslöst, die noch nicht in ein Konzept verwandelt ist [...] und die den rationalen Erklärungen vorausgeht»[131]. Von besonderer Wichtigkeit sind diese Einsichten nicht nur in Kunst und Poesie, sondern auch in Philosophie und Wissenschaft. Nach Maritains Auffassung ist «die ganze Substanz, das ganze Universum der Tendenzen und Neigungen des *animal rationale* wie gespalten. Die eine Hälfte verbleibt in der Welt der vorausgehenden tierhaften Instinkte, [...] die andere hingegen konstituiert die Welt der eigentlich menschlichen Neigungen, die in der Vernunft verwurzelt sind und sich

---

[128] Vgl. *Court traité* 59.
[129] *Neuf leçons* 793.
[130] Vgl. *Quatre essais* 62-65.
[131] *Neuf leçons* 791.

fortschreitend als wesentlich für unsere Natur entwickeln»[132]. Die typisch menschlichen Neigungen stehen damit unter dem doppelten Einfluß von Natur und Vernunft. Sie strahlen die Inklinationen des Vorbewußten aus und ragen in die Vernunft hinein. Sie spiegeln die innersten, auch tierhaften Neigungen der Subjektivität wider und lassen sich nicht begrifflich, sondern allein *in actu exercito* wahrnehmen.

> Voilà donc dégagées ces inclinations essentielles enracinées dans la raison comme dans la nature, et en quelque sorte nées de la raison [...] comme forme en quelque sorte végétative du dynamisme naturel des tendances et inclinations humaines, et comme centre d'irradiations inconscientes ou préconscientes. Et c'est selon ces inclinations que la raison consciente, la raison fonctionnant comme raison va porter spontanément ses jugements de valeur. Les jugements de valeur [...] sont premièrement et avant tout des jugements *par mode d'inclination*.[133]

Doch worauf bezieht sich die Natur, wenn sie der Vernunft gegenübergestellt wird? Bereits in *Principes* hatten wir gesehen, daß für Maritain zu den «Neigungen und Anstößen der Natur» des Menschen die komplexe Welt seiner Triebe und Bestrebungen gehört, welche «seiner psychisch-physischen Disposition entstammen»[134]. Darunter fällt auch der Einfluß der Materie, dessen Gesetzen der Mensch ob seiner Leib-Seele-Einheit unterliegt. Darum hatte Maritain auch in *La Personne* deutlich darauf hingewiesen, daß der Mensch als Person wie auch als Individuum betrachtet werden könne. Letzteres heißt nichts anderes, als daß «die Individualität der Dinge ihren Ursprung in der *Materie* hat, insofern diese den Anspruch stellt, im Raum eine Position einzunehmen, die von einer anderen verschieden ist. Die Materie selbst ist eine Art von Nicht-Sein, eine einfache Potenz an Empfänglichkeit und substantieller Wandelbarkeit.» In jedem materiell Seienden trägt diese reine Potenz darum «den Abdruck einer metaphysischen Energie, – 'Form' oder 'Seele', – die mit ihr eine substantielle Einheit bildet». Während die Form darum die Materie informiert, verleiht letztere dem Geistprinzip eine räumliche Bestimmung. Das heißt für die menschliche Seele, daß sie «mit der Materie, die sie informiert, eine einzige Substanz begründet, die zugleich fleischlich und geistig ist»[135].

Diese beiden Komponenten bilden nun im Menschen «zwei Koprinzipien eines einzigen substantiellen Seins, einer einzelnen und einzigartigen

---

[132] *Neuf leçons* 795. Dort heißt es auch: «Dans le cas que nous avons choisi, l'inclination animale préexistante serait l'inclination à la vie grégaire, et l'inclination typiquement humaine qui en est une transmutation serait l'inclination à la vie proprement sociale, et à la justice.»
[133] *Neuf leçons* 795f.
[134] *Principes* 185f.
[135] *La Personne* 188.

Realität, [...] da jede Seele eine substantielle Beziehung zu einem besonderen Leib hat oder besser eine substantielle Beziehung *ist*». Aus diesem Grund sind für alle körperhaft Seienden «ihre spezifische Form und ihre Essenz nicht durch sich selbst individuell, sondern sie sind individuiert durch ihre transzendentale Relation zur Materie, insofern diese eine Bestimmung im Raum impliziert»[136]. Damit deutet Maritain mit der Spannung zwischen Natur und Vernunft letztlich auf die Frage nach der Verbindung von Geist und Materie oder Leib und Seele hin, welche die menschliche Situation prägt. Machen sich dabei die materiellen Einflüsse im geistigen Vorbewußten bemerkbar und sind der animalischen Seite zuzuordnen, oder braucht es noch eine tiefergehende Einheit im Menschen, die in der Leib-Seele-Einheit zwar postuliert, aber nicht näher expliziert wird?

Diese Fragen müssen für den Moment noch offen bleiben. Jedoch läßt sich zumindest sagen, daß sich für ein natürliches oder spontanes Werturteil der Intellekt auf eine unbegriffliche und implizit rationale Einsicht bezieht, die den eigenen inneren Neigungen (materieller und geistiger Natur) entstammt und gewissermaßen das innere Wertesystem manifestiert. Dies geschieht weder im Sinne einer bergsonschen «moralischen *Intuition* nach der Art eines sechsten Sinnes, noch gibt es ein sittliches *Gefühl* im Sinne einer Offenbarung der Natur, wie es gewisse englische Moralisten glaubten» und wie es wohl auch der Vorstellung des Wertfühlens von Max Scheler[137] entspricht. Umgekehrt ist auch die positivistische Haltung der Soziologen abzulehnen, die im Werturteil nichts anderes als «einfache emotionale Faktoren» sehen und damit die Werte auf «subjektive Gefühle reduzieren, die durch soziale Prägung entstehen und bar jeglichen intelligiblen Gehaltes sind», mit anderen Worten «jeder Möglichkeit beraubt sind, wahr oder falsch zu sein»[138]. Vielmehr handelt es sich nach Maritain um Urteile, die in der Vernunft verwurzelt sind, auf vorbewußte Weise wirken und konnatural erfaßt werden. Diese Zusammenhänge zu entdecken und zu vertiefen, ist Aufgabe der philosophischen Reflexion, vor allem aber der Moraltheologie, auch wenn beim konkreten Urteil nicht die theoretische Wissenschaft, sondern einzig «diese **Neigungen** den normalen, ja den *einzigen Weg* der Erkenntnis sittlicher Werte verkörpern»[139].

Entscheidend ist in diesem Zusammenhang für Maritain, daß die Erfahrung *vor* der begrifflichen Erfassung steht. Daß unser Autor hierbei an die Frage des Seinsbegriffs und der Existenzintuition anknüpft, ist durchaus

---

[136] *La Personne* 189.
[137] Vgl. M. SCHELER, *Der Formalismus in der Ethik und die materielle Wertethik*, Halle ³1927, 260-278.
[138] *Neuf leçons* 801.
[139] *Neuf leçons* 800.

wahrscheinlich. Auffällig ist jedenfalls die klare Aussage, daß für ihn das unbegriffliche oder existentielle Werturteil dem bewußten sittlichen Urteil vorausgeht. Dieses ist wiederum selbst Quelle von neuen Neigungen und weiteren Tendenzen, so daß sich der Dynamismus der Inklinationen zunehmend, ja lawinenartig anreichert, gerade auch durch die Erfahrung von Werturteilen, die sich in Lob und Tadel, Zustimmung oder Ablehnung ausdrücken können.[140] Dadurch kommt ein Prozeß in Gang, in dem sich vorbewußte Neigungen oder Motivationen und rationale Urteile gegenseitig vertiefen und verstärken und so zu einem wahrlich tugendhaften Leben entfalten können. Dabei kann die Vernunft auch diese instinkthaften Tendenzen wie eine Form umgestalten und erneuern und ihnen eine spezifisch menschliche Ausrichtung verleihen, wodurch diese «im unbewußt tätigen See des Intellekts»[141] eine neue Finalität erhalten. Mit diesem Hintergrund kann die natürliche Erkenntnis eben nicht im Sinne einer moralischen Intuition oder eines sechsten Sinnes verstanden werden. Vielmehr ist sie von Anfang an in der Vernunft verwurzelt oder wird von ihr veredelt, weshalb sie auch offen ist für eine wachsende Vervollkommnung.[142]

In der Dynamik der Perfektion kommt auch die doppelte Bedeutung des guten Aktes zum Vorschein. Dieser schafft nämlich als Frucht einer freien Wahl und Ausführung des substantialen Guten nicht nur das Gute an sich, sondern trägt auch zur wachsenden Gutheit des Ausführenden bei. So fällt letztlich die Liebe zur guten Tat ob ihrer Güte mit dem Wunsch zusammen, den das Subjekt in der Wahl ausdrückt, nämlich selbst gut zu sein.[143]

Dabei ist natürlich nicht ausgeschlossen, daß einzelne instinkthafte Inklinationen zuweilen zur Bildung von Neurosen oder Perversionen führen können, doch Gleiches gilt auch für die typisch menschlichen vorbewußten Tendenzen. Zudem können diese beiden Dimensionen des Unterbewußtseins leicht in Konflikt geraten, wobei nicht immer feststeht, daß die aus der Vernunft stammenden Neigungen die animalischen überwinden müssen.

---

[140] Vgl. *Neuf leçons* 797: «[Il y a] une notion préconsciente [...] des inclinations naturelles sur lesquelles des jugements moraux seront fondés. Après cela, une fois ces jugements moraux consciemment portés, ils seront source d'inclinations et de tendances secondaires; le dynamisme des inclinations s'enrichira progressivement; on verra surgir de nouvelles tendances typiquement morales.»
[141] *Neuf leçons* 791*f.*
[142] Vgl. *Neuf leçons* 801*f.*
[143] Vgl. *Neuf leçons* 779: «Si je veux, je choisis *librement* de tendre d'une manière efficace au bien moral, au bien honnête, c'est-à-dire à ce qui [...] mérite premièrement la qualification de bien. Ainsi le bien (le bien honnête) est aimable et désidérable *pour l'amour de lui-même*. En outre il est aimable aussi et désiral *pour l'amour de moi* [...] en ce sens qu'il me rend bon; et je veux être bon parce que je m'aime moi-même; cet amour de moi-même est nécessairement impliqué dans l'amour du bien pour lui-même. Car l'action bonne, par définition, rend l'agent qui le produit bon.»

Wie die instinkthaften Inklinationen, die von der biologischen und tierhaften Natur des Menschen stammen, nicht von Anfang an festgelegt sind, sondern sich erst allmählich fixieren, so sind auch die typisch menschlichen Neigungen nicht in sich unveränderlich. Vielmehr hängen sie vom Bildungsgrad des Intellekts als auch von sozialen Gewohnheiten ab, die beide nicht gegen Fehler gefeit sind. Damit tritt die kultur- und moralgeschichtliche Komponente auf den Plan, insofern auch sie eine fortschreitende Bewußtwerdung erfährt und sich primär der natürlichen und nicht der philosophischen Werterkenntnis verdankt.[144]

5. Die «Existentialisierung» des Naturgesetzes

a) Gewissensurteil und rechtes Wollen

Wie wir bereits im *Court traité* gesehen haben, ist die Freiheit des Menschen eine Freiheit zur *Wert*-Schöpfung. Das heißt, alles menschliche Handeln hat einen besonderen, weil personalen Charakter, ist also ein *wert*volles Tun. Das bedeutet freilich nicht, daß der Mensch moralische Werte selbst «erfindet», sondern daß er sie in der konkreten Situation vorfindet und inkarniert. Es geht also in seinem sittlichen Tun um die Erkenntnis und Umsetzung allgemeiner Normen in seine individuelle Wirklichkeit. So wird die Schwelle moralischen Handelns überschritten, indem das allgemeine Gesetz im «Dynamismus des individuellen Subjekts [...] lebendig verinnerlicht, einverleibt und zur Existenz wird»[145]. Für diese Verinnerlichung oder Existentialisierung genügt allerdings nicht ein einziger Willensentschluß, sondern die Fülle der Faktoren[146], die das Wollen beeinflussen und die Person als Person bestimmen, müssen immer wieder auf das gleiche Ziel ausgerichtet werden. In *Court traité* wies Maritain darum auf eines der Proprien der menschlichen Person hin, nämlich «sich selbst Ziele vorgeben zu können»[147]. Hinsichtlich deren Realisierung unterschied Maritain dazu in *Neuf leçons* zwischen den tierhaften und den menschlichen Neigungen, die miteinander teilweise im Widerstreit liegen und einer Veredelung bzw. einer bleibenden Ausrichtung auf menschliche Ziele bedürfen.[148]

---

[144] Vgl. *Neuf leçons* 799f.
[145] *Court traité* 62.
[146] Vgl. *Principes* 185f.: «Le libre arbitre dans l'homme n'exclut pas, il suppose l'immense et complexe dynamisme des instincts, des tendances, des dispositions psycho-physiques, des habitudes acquises et des charges héréditaires.»
[147] *Court traité* 70.
[148] Vgl. *Neuf leçons* 801.

Diese moralphilosophischen Reflexionen vertieft Maritain weiter im Sommer des Jahres 1950 in einem Kurs mit dem Titel *La loi naturelle ou loi non écrite*, in dem er eingehender die Entstehung des sittlichen Aktes betrachtet. Dazu gehören die verschiedenen Stufen des Gewissensurteils bis hin zur konkreten Entscheidung, in der das Wollen und die geheimen Ziele, aber auch die Faktoren zutage treten, die das Subjekt unbewußt beeinflussen. Er beschäftigt sich erneut mit der Frage, wie das natürliche Sittengesetz, das selbst Ausdruck des ewigen unveränderlichen Gesetzes ist, erkannt und inkarniert werden kann. Zudem versucht er zu klären, ob die Freiheit (oder Existenz) nun durch die Fakultäten oder das über ihnen stehende Subjekt ausgeübt wird. Wie sich allerdings zeigen wird, springt Maritain dabei zwischen den einzelnen Aspekten hin und her.

Entscheidend ist nun, daß in der konkreten Wahl die *angemessene* allgemeine Norm zur Anwendung gebracht und mit der naturhaften und freien Ausrichtung des rechten Willens verbunden werden soll. Dabei zeigt sich, ob und wieweit wesentlich menschliche Ziele in den Tiefen der Personalität verinnerlicht und damit wirksam sind, inwiefern also das Wollen der Person auf humane Werte ausgerichtet ist. Denn für alle Tendenzen, die in den Tiefen der Subjektivität wirken (ob nun animalischer oder geistiger Herkunft), stellt der Intellekt eine «Form» dar. Durch ihn ist es möglich, daß das «innere Universum» auf unbegrifflich-konnaturale Weise erfaßt wird, wobei im konkreten Fall durchaus gegenläufige Neigungen auftreten können. Welcher ist dabei dann Folge zu leisten? Oder allgemeiner formuliert: Nach welchen Maßstäben soll das Subjekt schlußendlich handeln?

Wie wir bereits gesehen haben, bedarf die Befolgung des Gesetzes einer Verinnerlichung, in der es nicht nur gekannt, sondern gewollt wird und damit die Wirkung einer Motivation entfaltet. Darüber hinaus braucht es aber auch ein Wissen um die eigene Situation, wozu Maritain nochmals auf die konnaturale Erkenntnis verweist. In ihr nimmt einerseits der Intellekt auf dunkle und instinkthafte Weise die inneren Regungen, die vom Subjekt ausgehen, wie eine Melodie wahr, um dann zu einem Urteil zu kommen, in dem er die Übereinstimmung mit der eigenen Disposition ausdrückt.[149] Zugleich läßt Maritain keinen Zweifel daran aufkommen, daß andererseits

---

[149] Vgl. J. MARITAIN, *La loi naturelle ou loi non écrite*, Hrsg. G. Brazzola, Fribourg 1986, 28*f.*: «La raison humaine ne découvre pas les régulations de la loi naturelle d'une manière abstraite et théorique. [...] C'est une connaissance obscure, non systématique, vitale, par mode d'instinct ou de sympathie, et dans laquelle l'intellect, pour former ses jugements, consulte les pentes intérieures du sujet, l'expérience qu'il a de lui-même, prête l'oreille à la mélodie produite par la vibration des tendances profondes rendues conscientes dans la subjectivité, tout cela pour aboutir à un jugement, non pas à un jugement fondé sur des concepts, mais à un jugement qui n'exprime que la conformité de la raison aux tendances auxquelles elle s'accorde.»

die konnaturale Erkenntnis des allgemeinen Gesetzes keinerlei Produktivität von seiten des Geschöpfes einschließt. Vielmehr «prägt die göttliche Vernunft ihr Licht durch den Kanal der natürlichen Inklinationen in die menschliche Vernunft ein. Aus diesem Grund ist die Vorstellung der neigungshaften Erkenntnis fundamental für das Verständnis des natürlichen Sittengesetzes. Denn sie beseitigt, ja, sie fegt förmlich jeden Eingriff der menschlichen Vernunft im Sinne eines kreativen Faktors im natürlichen Sittengesetz hinweg.»[150]

Auf der Grundlage der bisherigen Erwägungen gelingt es Maritain schließlich, allen erwähnten Aspekten Rechung zu tragen. Für den konkreten sittlichen Akt lassen sich demnach fünf verschiedene Phasen unterscheiden, in denen sich der Übergang vom intellektuellen Einsehen bis zum Erstreben des Guten vollzieht, so daß ich nicht nur weiß, «was ich tun **soll**, sondern was ich tun **will**»[151]. Ein erster Schritt bildet das Vernehmen der allgemeinen Gesetze, die beispielsweise aus dem Dekalog abgeleitet werden können, was zu einem «*Gewissensurteil im losgelösten Zustand* führt, also getrennt von den konkreten und individuellen Bedingungen».

Daran schließt sich zweitens die rationale Untersuchung der Umstände des konkreten Falls an, womit ein «Prozeß der Verinnerlichung des Naturgesetzes oder der Individualisierung des Gewissensurteils, das sich nicht mehr in losgelöstem Zustand, sondern im *die Umstände berücksichtigenden Zustand* [*l'état circonstancié*] befindet, eingeleitet wird». Dabei befindet man sich immer noch in einem «Fragezustand», insofern hier «das Gewissensurteil ein spekulativ-praktisches Urteil darstellt [...] und das Naturgesetz nur unvollständig spezifiziert wurde»[152]. Denn neben der objektiven Betrachtung der Umstände ist nun ebenso die subjektive Situation zu untersuchen. Mit anderen Worten: Es braucht eine «völlig individualisierte Steuerung», in der «die zu fällende Entscheidung ganz die *meine* ist, die meine ganze Personalität in ihrer Unmitteilbarkeit einbindet». Damit der anstehende Akt sittlich gut ist, reicht es nicht aus, daß er der Vernunft entspricht, sondern er muß auch «mit dem inkarnierten Maßstab in den Tiefen meiner Subjektivität konform gehen, was meinem eigenen Willen entspricht, insofern dieser Wille richtig ist»[153]. Die sittliche Qualität, das *bonum substantiale*, meint darum die *adaequatio ad appetitum rectum*, die Anpassung der Entscheidung an das eigene und zugleich richtige Wollen.

Darauf folgt drittens das *völlig konkretisierte Gewissensurteil*, in dem eine vollkommene «Individualisierung oder Existenzialisierung» der allge-

---

[150] La loi naturelle 43.
[151] La loi naturelle 71.
[152] La loi naturelle 68.
[153] La loi naturelle 69.

meinen Prinzipien in Bezug auf die Rechtschaffenheit des Wollens erreicht wird. Um also gut oder recht zu sein, muß diese letzte Phase des Gewissensurteils mit «dem rechten Willen wie auch mit der Endrichtschnur der Vernunft konform gehen». Erst hier tritt die Person als solche in Aktion, denn besagter Maßstab existiert «in den Tiefen, im Innersten des Subjekts selbst und entspricht seinem eigenen Wollen, insofern dieses recht ist»[154].

Diese Stufe, die den ganzen Menschen in seiner Selbstbestimmung betrifft, bildet die Vorstufe für den vierten Schritt, nämlich das praktisch-praktische Urteil oder die *freie Entscheidung*. Diese wiederum ist recht, wenn sie in Übereinstimmung mit dem Gewissensurteil gefällt wird und sich auf das bezieht, «was ich *hic et nunc* bin, hinsichtlich meiner Freiheit, meines Freiseins, von dem ich selbst der Urheber bin im Moment der freien Entscheidung»[155]. Abgeschlossen wird fünftens der geistig-moralische durch den *äußeren Akt*, den die ausführenden Potenzen vollziehen.

> Afin d'être bon ou droit, le jugement de conscience finalement concrétisé [...] doit se conformer à la volonté droite comme à la mesure finale de la raison. Cette mesure qui existe dans les **profondeurs, au sein même du sujet** et qui est son propre vouloir, pour autant qu'il est lui-même droit, joie un rôle décisif dans le dynamisme moral. [...] Le jugement pratico-pratique, qui ne fait qu'un avec la décision libre, est droit s'il est conforme à des jugements de conscience droits ou présumés tels.[156]

Ein tugendhafter Mensch zeichnet sich also dadurch aus, daß er seine Gewissensurteile respektiert und sie im konkreten freien Akt befolgt. Sowohl der spekulativ-praktische als auch der praktisch-praktische Teil des Urteils stehen dabei unter dem Einfluß des Willens. Während somit bei ersterem die *natürliche* Ausrichtung des Willens auf das Gute ihre Tätigkeit entfaltet, ist bei letzterem die *freie* Rechtschaffenheit des Willens gefordert. Beide werden darum beim tugendhaften Menschen in einer Linie stehen, beim unsittlichen Menschen aber einander widersprechen, «denn die natürliche Tendenz zum Guten reicht nicht aus zum guten Handeln, [...] da sie durchkreuzt werden kann durch andere Tendenzen, durch Leidenschaften, durch Laster»[157]. Diese können auf jeder der fünf betrachteten Stufen auf das jeweilige Urteil einwirken und so ein falsches oder irriges Urteil herbeiführen. Ein solcher Fehlschluß wird zwar vom Subjekt gewollt und ausgeführt, ist aber die Folge einer falschen Situationsanalyse, des Einflusses irriger Prinzipien, oder einfach von ungeordneten Begierden und Passionen. In diesem Fall steht der konkrete Akt nicht im Einklang mit dem, was nach

---

[154] *La loi naturelle* 70.
[155] *La loi naturelle* 71.
[156] *La loi naturelle* 70f.
[157] *La loi naturelle* 73.

dem Naturgesetz in der konkreten Situation hätte getan werden *sollen* und was gemäß der menschlichen Natur hätte möglich sein *können*. Doch wann ist der Mensch völlig frei von jeder Unkenntnis und rein von jeglicher Passion, wann verfügt er über einen völlig ungetrübten Blick und eine makellose Rechtschaffenheit des Willens?

Denn da die «Rechtschaffenheit des Willens ein existentielles Faktum ist», läßt sie sich nicht in Begriffe, sondern nur als eine Neigung fassen. Darum ist der Wille, der ansonsten blind ist, auf das Gewissensurteil angewiesen, in das die betreffenden Prinzipien sowie die objektiven und subjektiven Aspekte eingehen. Aus gutem Grund bleibt dem Willen auch immer eine gewisse Unsicherheit oder gar Ängstlichkeit, da er nie mit rationaler Beweiskraft von seinen Motiven Rechenschaft geben kann.[158] Selbst im Moment der konkreten Wahl weiß er nicht mit mathematischer Sicherheit, ob er das Rechte will, ob er «Liebe oder Haß verdient»[159]. Zwar ist der Gehorsam dem Gewissen gegenüber ein zulässiges Anzeichen für den Willen, aber auch das Gewissen kann durch eigene Schuld verfälscht oder beeinträchtigt sein.[160] Wie können im geistigen Vorbewußten die animalischen von den rationalen Neigungen unterschieden werden, wie also ist es dem Gewissen möglich, egoistische von altruistischen, geistige von materialistischen Impulsen zu unterscheiden und somit ein ethisches Handeln zu gewährleisten?

Neben diesen Fragen fällt auf, daß Maritain nicht das Subjekt und die Tiefen seines Selbst als letzte Instanz sieht, sondern gleichberechtigt neben die Tätigkeit der geistigen Fakultäten von Wille und Verstand bzw. Intellekt stellt. Macht sich hierbei erneut die Spannung bemerkbar, die uns auch schon im letzten Kapitel beschäftigte, insofern Maritain teilweise die Ursächlichkeit des Geschöpfes, teilweise die absolute Erstursächlichkeit Gottes betont? Wie lassen sich beide versöhnen, wenn die freien Akte der Person ihren Ursprung in den Tiefen ihres Seelengrundes haben? Dazu kommt die Problematik nach der Individualisierung der allgemeinen Normen. Woher «weiß» das Gewissen, welches Naturgesetz jeweils zu befolgen ist, und wie kann es ohne rational-syllogistische Reflexion zu einer richtigen Konklusion kommen?

---

[158] Vgl. *La loi naturelle* 69: «C'est parce que la raison connaît la vraie fin de l'existence humaine, la vraie fin des vertus, que la volonté peut tendre droitement à ses vraies fins. La volonté, à elle seule, est aveugle et présuppose une connaissance de la raison.»

[159] *La loi naturelle* 78.

[160] Vgl. *La loi naturelle* 70: «À supposer que j'obéisse à ma conscience, j'ai par là même un certain signe valable que ma volonté est droite à cet instant; pourtant c'est encore un signe incertain parce que ma conscience a pu être gauchie ou obscurcie par ma propre faute. J'ai confiance que mon vouloir est droit, mais je n'en ai pas une certitude infaillible, mathématique. Ainsi la rectitude de mon vouloir est un fait existentiel, une donnée que je suppose.»

b) Das Naturrecht als dynamischer Entwurf

Ein erhellender Antwortversuch auf die Frage nach der Erkenntnis des Naturgesetzes findet sich in einer Vorlesungsreihe des Jahres 1949 in Chicago, die Maritain 1951 in *L'Homme et l'État* veröffentlicht. Darin stellt er erstmals seine Idee der «dynamischen Schemata» oder flexiblen Vorlagen vor. Mit ihnen versucht er, sowohl das Wesen des Naturrechts als auch dessen Erkennweise zu bestimmen, geht es doch einmal mehr um die Unterscheidung und Verbindung von ontologischer und gnoseologischer Ordnung. Maritain greift seine Bestimmung der Person wieder auf, insofern sie sich selbst Ziele vorgibt, «es also an ihr liegt, sich selbst den Zielen anzupassen, die von ihrer Natur notwendig gefordert sind». Das bedeutet nichts anderes, als daß es aufgrund der menschlichen Natur selbst eine Ordnung oder Disposition gibt, welche die menschliche Vernunft erkennen kann, «nach welcher der menschliche Wille handeln muß, um sich den wesentlichen und notwendigen Zielen des Menschseins anzugleichen»[161]. Aber ist der Mensch dann überhaupt noch frei?

Alles, was existiert, hat sein Naturgesetz, das heißt «die 'normale Funktionsweise', also die ihm eigene Art, mit der es aufgrund seiner spezifischen Struktur und seiner spezifischen Ziele die für es typische Seinsfülle hinsichtlich seines Wachstums und seines Verhaltens erlangen 'muß'»[162]. Dieses «Muß» ist zuallererst im metaphysischen oder universalen Sinn zu verstehen, wie beispielsweise ein gesundes Auge eine bestimmte Buchstabenfolge auf einer Tafel in angemessenem Abstand sehen können *muß*. Für den Menschen allerdings, der über einen gewissen Selbstand verfügt, nimmt die Ordnung des Naturgesetzes den Charakter eines moralischen Gesetzes an. Schließlich kann der Mensch frei diesen Gehorsam leisten oder ihn verweigern, weshalb das menschliche Verhalten «von der allgemeinen Ordnung des Kosmos nicht ableitbar ist und auf ein letztes Ziel hinstrebt, das einem kosmosimmanenten Gemeingut überlegen ist»[163].

Diese eigene Ordnung hat nun eine normale oder ideale Funktionsweise, die sich wie in einem Schaubild der Algebra in einer Kurve darstellen läßt. Doch aufgrund seiner Freiheit ist der Mensch in der Lage, den Verlauf der Kurve selbst zu bestimmen. Denn auf der einen Seite steht die ideale Ordnung hinsichtlich der menschlichen Taten, die «von der menschlichen Natur oder Essenz abhängt und von den unveränderlichen Notwendigkeiten, die darin verwurzelt sind». Dieser idealen oder universalen Ebene steht die konkrete Person gegenüber, die über ihre Existenz verfügt und sie frei und

---

[161] *L'Homme et l'État* 579.
[162] *L'Homme et l'État* 579.
[163] *L'Homme et l'État* 581.

kreativ ausübt, denn «die menschlichen Situationen sind etwas Existentielles. Weder sie noch die ihnen angemessene Regulation ist im voraus in der Essenz des Menschen enthalten.»[164] So gehört beispielsweise das Recht auf Leben von Anfang an unverlierbar zur menschlichen Natur, weshalb Mord mit der menschlichen Natur theoretisch nicht kompatibel ist, selbst wenn er praktisch nicht verhindert werden kann, wo eine Person ihn sich zum Ziel setzt.[165]

Damit stehen wir erneut vor der Spannung im Menschen zwischen seiner Natur und der über sie verfügenden Person. Wenn die Natur auch den allgemeingültigen, ontologischen und idealen Anteil ausdrückt, so «existiert sie doch nicht getrennt, sondern in jedem menschlichen Wesen, [...] im Sein aller existierenden Menschen also»[166]. Aus diesem Grund können naturhaftes und moralisches Gesetz nicht im Widerspruch stehen, sondern müssen miteinander koexistieren. Die Person hingegen steht vor der Aufgabe, dieses ungeschriebene Naturgesetz erkennen und sich zu eigen machen zu sollen, denn «nur in dem Maße, in dem das Naturrecht erkannt und in Aussagen von der praktischen Vernunft formuliert ist, kann es den Geltungsanspruch eines Gesetzes erheben»[167]. Diese Erkenntnis nun ist keine begrifflich-theoretische, sondern eine praktisch-konnaturale oder existentielle Erkenntnis. Sie erinnert in ihrer Entstehung stark an die poetische Erfahrung, die sich ebenfalls durch die Resonanz einer Wirklichkeit im Inneren der Subjektivität des Poeten bemerkbar macht.[168]

Le *mode même* selon lequel la raison humaine connaît la loi naturelle n'est pas celui de la connaissance rationnelle, mais celui de la connaissance *par inclination*. [...] C'est une connaissance obscure, non systématique, vitale, qui procède par 'connaturalité' ou sympathie et dans laquelle l'intellect, pour former un jugement, écoute et consulte l'espèce de chant produit dans le sujet par la vibration de ses tendances intérieures.[169]

Selbst wenn die konnaturale Erkenntnis des Naturgesetzes geschwächt und für eine Reihe von Irrtümern und Verirrungen anfällig ist[170], so läßt sich doch eine wachsende Bewußtwerdung im Laufe der Geschichte feststellen, die nicht zuletzt 1948 in der Verabschiedung der Menschenrechtserklärung durch die Vereinten Nationen, für die Maritain wichtige Vorarbeit geleistet

---

[164] *L'Homme et l'État* 580.
[165] Vgl. z.B. die Geschichte von Kain und Abel in *Gen* 4,1-16.
[166] *L'Homme et l'État* 582.
[167] *L'Homme et l'État* 585.
[168] Vgl. *Situation de la poésie* 879: «Voilà l'expérience poétique [...] dans la saisie même des choses par résonance dans le sujet; [...] expérience à la fois du monde et de la subjectivité.»
[169] *L'Homme et l'État* 585f.
[170] Vgl. *L'Homme et l'État* 583.

hatte, eine wichtige Stufe erreicht. So kann man sagen, «daß die menschliche Erkenntnis des Naturgesetzes fortschreitend gebildet und ausgeprägt wurde durch die Neigungen der menschlichen Natur»[171]. Diese Inklinationen «sind im Sein des Menschen verwurzelt, insofern sie vom vorbewußten Leben des Geistes durchdrungen sind» und «im Laufe der unermeßlichen Menschheitsgeschichte die menschliche Vernunft bei der Bewußtwerdung ihrer selbst Schritt für Schritt geführt haben». Grund für diese wachsende Lichtung der menschlichen Natur sind ihre Ausdrucksformen «in den Arten von sozialen Vorschriften und Verboten sowie in personalen Urteilen»[172].

Das bedeutet, daß sich im Menschen (auf eine noch näher zu bezeichnende Weise) seine Natur in Neigungen bemerkbar macht, indem sie auf sein Vorbewußtes Einfluß nimmt. Hier nun kommen erneut Maritains konsequenter Existentialismus und sein existentialistischer Personalismus zum Vorschein. Denn die Voraussetzung für moralisches Handeln im Menschen sieht er in «*dynamischen Grundentwürfen* des Naturgesetzes», auch wenn diese auf den ersten Blick als «Gegenstand einer recht oberflächlichen Erkenntnis» erscheinen mögen. Zudem stellt man bei näherem Hinsehen fest, daß es «einen immensen Teil an Relativierbarkeit und Veränderlichkeit hinsichtlich [moralischer] Regeln, Gebräuche und Standards» gibt, in denen «die Vernunft bei allen Völkern der Erde ihre Grundansichten des Naturgesetzes ausgedrückt hat». Diese flexiblen Skizzen moralischen Verhaltens entstammen den konkreten Entscheidungen der Einzelpersonen. «Sie werden auf konnaturale Weise erfaßt und anfangs über einfache Formen oder allgemeine Rahmen von Neigungen, also [...] über dynamische Entwürfe moralischer Regulationen, festgehalten.»[173]

Doch auf diese Weise kommt es nicht nur zu einem wachsenden Fortschritt im moralischen Leben des Einzelnen, sondern auch zu einer sich vertiefenden Bewußtwerdung der menschlichen Natur und der ihr angemessenen Neigungen, was man als geistiges Erbe der Menschheit bezeichnen könnte. So läßt sich eine innere Struktur des Naturgesetzes konstatieren, die gerade auch in den letzten Jahrhunderten sichtbar wird. Hatte in der Antike und im Mittelalter die *Pflicht* und ihre Erfüllung einen großen Stellenwert, so nahm mit der Neuzeit, vor allem im 18. Jahrhundert, die Freiheit im Sinne der *Rechte* des Menschen einen besonderen Raum ein. Notwendig wäre allerdings für eine authentische und verständliche Sicht die Berücksichtigung *beider* Aspekte, also der Rechte *und* Pflichten, die das Naturgesetz in sich birgt. Diese dynamische Entwicklung des Naturgesetzes steht in Proportion zur moralischen und sozialen Erfahrung sowie zur persönlichen

---

[171] *L'Homme et l'État* 586.
[172] *L'Homme et l'État* 587.
[173] *L'Homme et l'État* 588.

Reflexion. Darum muß es sich um eine dynamische Wirklichkeit handeln, die in sich die wesenhaften Neigungen des Seins, der lebendigen Natur und der Vernunft verbindet.

> La loi naturelle est une loi non écrite; [...] la connaissance que nous en avons n'est pas l'œuvre d'une libre conceptualisation, mais résulte d'une conceptualisation *liée* aux inclinations essentielles de l'être, de la nature vivante, et de la raison qui sont à l'œuvre dans l'homme, et parce qu'elle se développe d'une manière proportionnelle au degré d'expérience morale et de réflexion personnelle, et aussi d'expérience sociale.[174]

Damit können wir festhalten, daß im Menschen und in seinem Unbewußten nicht nur Impulse und Neigungen am Werk sind, die von seiner materiellen und animalischen Natur herrühren. Ebenso machen sich auch Einflüsse bemerkbar, die seiner Natur als Mensch und deren Eigengesetzlichkeit entstammen. Sie gehören zur Geistnatur des Menschen, sind also auf die eine oder andere Weise der Vernunft zugänglich. Selbst wenn diese Einflüsse nicht durch eine begriffliche, sondern durch eine konnaturale Erkenntnis erfaßt werden, so gleichen sie doch nicht einer einfachen Emotion, sondern einem dynamischen Entwurf. Sie tragen eine intelligible Form mit einer inneren Struktur in sich, die auf eine umzusetzende Ordnung im Sinne der normalen Funktionsweise hindeutet.

Diese intelligible Struktur verweist über sich hinaus auf den, welcher der Schöpfer dieser Ordnung ist. Mit anderen Worten: «Es gehört zum Wesen des Gesetzes, eine *Vernunft*ordnung zu sein.» Diese deutet auf den Ursprung aller Seienden und ihrer Natur hin, nämlich auf den *actus purus*. Wie darum jede «gerechte Autorität im Gewissen verpflichtet kraft des ersten Ursprungs aller Seienden, nämlich der reinen Weisheit, so wird auch jedes Recht, das dem Menschen zukommt, von ihm kraft des Rechtes besessen, das Gott als der reinen Gerechtigkeit zukommt». Das bedeutet, daß «die Ordnung der göttlichen Weisheit in den Seienden einfordert, mit aller Einsicht respektiert, befolgt und geliebt zu werden»[175].

> La loi naturelle, ou la normalité de fonctionnement de la nature humaine, connue par voie de connaissance par inclination, n'est *loi* obligeant en conscience que parce que la nature et les inclinations de la nature manifestent un ordre de la raison, à savoir de la *Raison divine*. La loi naturelle n'est loi que parce qu'elle est une participation de la Loi éternelle.[176]

---

[174] *L'Homme et l'État* 589.
[175] *L'Homme et l'État* 591.
[176] *L'Homme et l'État* 591.

Die Ordnung der Schöpfung verweist somit auf ihren Urheber, den Ursprung aller Seienden und der reinen Weisheit. Zudem wird einsichtig, daß jedes aus dieser Ordnung abgeleitete Gesetz nur Anspruch auf Beachtung erheben kann, wenn es einen transzendenten Urheber hat. Bestimmte Rechte also wie «das Leben, die Arbeit, die Freiheit sind der menschlichen Person geschuldet aufgrund ihrer Natur als eines Existierenden, das mit einer Geistseele und einem *liberum arbitrium* begabt ist». Über diese Rechte hat keine irdische Autorität zu verfügen, da diese Rechte «nicht *zuzugestehen*, sondern *anzuerkennen* sind». Hierin liegt das Problem jeder immanentistischen Philosophie, da sie nur «das Faktum der menschlichen Rechte anerkennen»[177], es aber nicht begründen kann.

Aus diesem Grund «wäre die Tatsache, daß die Dinge an einer idealen Ordnung teilhaben, die ihre Existenz übersteigt und den Anspruch stellt, sie zu leiten, nicht möglich, wenn das Fundament dieser idealen Ordnung, wie das Fundament der Essenzen selbst und der ewigen Wahrheiten, nicht in einem getrennten Geist, in einem über der Welt stehenden Absoluten existierte – was die *philosophia perennis* das ewige Gesetz nennt». Damit schließt sich der Kreis hinsichtlich der menschlichen Freiheit, denn «wie kann man den Anspruch auf Rechte erheben, wenn man nicht an Werte glaubt? Wenn die Bejahung des intrinsischen Wertes und der intrinsischen Würde des Menschen ein *non-sens* ist, dann ist die Bejahung der Naturrechte des Menschen ebenso ein *non-sens*.»[178]

Darauf aufbauend können wir noch einen Schritt weitergehen, denn «das Naturgesetz strahlt auf die Rechte und Pflichten aus, die sich *notwendig* an das erste Prinzip anschließen, nämlich 'Das Gute zu tun und das Böse zu meiden'»[179]. Während allerdings das Naturgesetz auf konnaturale Weise erkannt wird, ist das *positive Recht* die Frucht einer rationalen Erkenntnis, die sich auf konkrete kulturelle und soziologische Situationen bezieht, damit aber zugleich eine gewisse Kontingenz einschließt.

> La *loi positive*, ou l'ensemble des lois en vigueur dans un groupe social donné, a trait aux droits et aux devoirs qui se rattachent au premier principe mais d'une façon *contingente*, en vertu des règles de conduite qui dépendent de la raison et de la volonté de l'homme quand elles établissent les lois ou donnent naissance aux coutumes d'une certaine société

---

[177] *L'Homme et l'État* 592. Zu dieser Problematik bemerkt R. SPAEMANN (*Personen* 264) mit Recht: «Es kann und darf nur ein einziges Kriterium für Personalität geben: die biologische Zugehörigkeit zum Menschengeschlecht. Darum können auch Anfang und Ende der Existenz der Person nicht getrennt werden vom Anfang und Ende des menschlichen Lebens. Wenn 'jemand' existiert, dann hat er existiert, seit es diesen individuellen menschlichen Organismus gab, und er wird existieren, solange dieser Organismus lebendig ist.»
[178] *L'Homme et l'État* 592f.
[179] *L'Homme et l'État* 593.

VII DIE PERSON UND IHR TUN AUS PERSONALISTISCHER SICHT 331

donnée, et décident ainsi d'elle-même que dans le groupe particulier en question certaines choses seront bonnes et permises, certaines autres mauvaises et non permises.[180]

Wenn das positive Recht die Verlängerung des Naturgesetzes ist, dann hat es auch an dessen Anspruch Anteil und kann das Gewissen verpflichten. Diese Ausweitung ist zwar eine Verobjektivierung des Naturgesetzes, aber es «verlangt von sich aus danach, daß alles, was es unbestimmt läßt, eingehender determiniert wird». Dabei kann es sich um ein Recht oder eine Pflicht handeln, die alle Menschen betrifft und die davon «nicht auf neigungshafte Weise, sondern durch die begriffliche Vernunft Kenntnis nehmen». Ebenso kann es sich um Rechte oder Pflichten für eine bestimmte Gruppe von Menschen handeln, die aufgrund kontingenter Reglements zu einer bestimmten sozialen Gruppe gehören. Entscheidend ist dabei, daß es «unwahrnehmbare Übergänge gibt (hinsichtlich der historischen Erfahrung) zwischen dem Naturgesetz, dem Völkerrecht und dem positiven Gesetz. Es gibt einen Dynamismus, der das Naturgesetz antreibt, sich ins menschliche Gesetz auszuweiten und dieses auf dem Feld seiner kontingenten Bestimmungen immer vollkommener und gerechter zu machen.»[181] Diese Ausweitungen nehmen in der Gesellschaft politische und soziale Formen an. Ob es dabei um das Existenzrecht, das Recht auf persönliche Freiheit oder das Recht auf freies Streben nach moralischer Vervollkommnung geht: alle stammen sie strenggenommen vom Naturgesetz ab.

Damit kommt ein Doppeltes zum Vorschein: Einerseits trägt die Natur des Menschen selbst, also seine intelligible Struktur, eine innere Dynamik in sich, die auf eine Ausweitung abzielt. Dies gilt sowohl für die Einzelperson wie auch für die Bewußtwerdung des Naturgesetzes in der Geschichte der Menschheit. Somit enthält es nicht nur eine universelle Bestimmung, sondern ragt auch in die existenzielle Ordnung hinein. Dies wird auch deutlich durch Maritains Idee von den dynamischen Schemata, die offensichtlich nicht starren Essenzen im Sinne von verobjektivierten Normen, sondern flexiblen Entwürfen gleichen, welche die lebendige innere Struktur des Menschen im Sinne von ihm zugehörigen Neigungen oder Verhaltensmustern bestimmen. Aus diesem Grund können sie sowohl den konkreten Menschen in seinem Tun beeinflussen, aber auch begrifflich erfaßt und in objektiven Gesetzen ausgedrückt werden. Wie Maritain daran festhält, daß die Existenz und ihre Intuition begrifflich umschrieben werden können, so muß dies auch für die existenziellen und moralischen Neigungen im Menschen möglich sein. Denn nur was in Begriffen erfaßbar ist, kann auch einen Anspruch auf objektive Gültigkeit erheben.

---

[180] *L'Homme et l'État* 595.
[181] *L'Homme et l'État* 596.

Andererseits zeigt sich in diesem Werk erneut, wie Maritain seinen Existentialismus systematisch umsetzt. So greift er zwar in *L'Homme et l'État* auf eine Reihe von Überlegungen aus *Les Droits de l'homme* (teilweise sogar wörtlich[182]) zurück. Dabei wird sichtbar, wie er in seinem Werk von 1942 vermeidet, nach der Erkennbarkeit des Naturgesetzes zu fragen, und sich auf die Aussage zurückzieht, daß es «ins Herz des Menschen eingeschrieben ist»[183]. Denn wenn das Naturgesetz von der Natur ausgeht, wie kann sich das Subjekt gegen sie entscheiden? Wenn es aber von der Person stammt, wie kann es abstrakt oder universal verstanden werden, wenn schon die Person nicht in Konzepten faßbar ist?

Durch eine Reihe von Untersuchungen zur konnaturalen Erkenntnis, über die er schon 1938 einen ersten Überblick[184] vorgelegt hatte, kommt er allmählich zur Überzeugung, daß es sich auch bei der Erkenntnis des Naturgesetzes um eine konnaturale Erkenntnis handelt, die sich sogenannter flexibler Formen oder Verhaltensmuster bedient. Aus diesem Grund präsentiert er 1951 einen erweiterten Überblick über die konnaturalen Erkenntnisformen, zu denen er auch die eben beschriebene hinzufügt.

c) Vom Naturgesetz zum Gewissensimpuls

Im Frühjahr 1951 stellt Maritain in einem Vortrag nochmals die konnaturalen Erkenntnisarten zusammen. Zu ihnen zählt er nun auch «das am meisten verbreitete Beispiel der Erkenntnis durch Konnaturalität, nämlich die moralische Erfahrung»[185]. Dabei hebt er erneut den objektiven Anspruch des Naturrechts hervor, aber dieser wird in seiner praktischen Anwendung nur konnatural erfaßt, also auf subjektiv-unbegriffliche Weise. Zwar kann die Moralphilosophie durch rationale Analysen das jeweilige praktische Urteil kritisch beleuchten, gleicht damit aber einer nachträglichen Erkenntnis. Die Moralphilosophie kann nicht die Anforderungen des Naturgesetzes für den konkreten Einzelfall vorlegen, sondern sie untersucht Verhaltensregeln und Verhaltensnormen auf ihre Übereinstimmung mit dem Naturgesetz, deren Gültigkeit schon vorher auf unbeweisbare und unbegriffliche Weise entdeckt wurde.[186] Aus diesem Grund ergänzt Maritain seine Definition des Naturrechts mit dem Hinweis, daß darin nicht nur die normale Funktionsweise der menschlichen Natur ausgedrückt wird, «sondern es auch auf

---

[182] Vgl. *Les Droits de l'homme* 657f. bzw. *L'Homme et l'État* 577f. zur Umschreibung des Naturgesetzes sowie *Les Droits de l'homme* 660-665 bzw. *L'Homme et l'État* 593 zum Verhältnis von Naturgesetz, Völkerrecht und positivem Gesetz.
[183] *Les Droits de l'homme* 659.
[184] Vgl. *Situation de la poésie* 870f.
[185] Vgl. J. MARITAIN, *De la connaissance par connaturalité*, Œ C Bd. IX, 993.
[186] Vgl. *De la connaissance par connaturalité* 999.

natürliche Weise erkannt wird, das heißt durch Neigung oder Konnaturalität, nicht durch begriffliche Erkenntnis und durch Schlußfolgerungen»[187].

Doch Maritain geht noch weiter und erläutert auch die Funktion des Gewissens näher, die er bereits im *Court traité* angesprochen hatte.[188] So spricht er nun nicht mehr von geheimen Fähigkeiten und dem Verlangen der moralischen Substanz, sondern bezieht sich konkret auf die Dispositionen der jeweiligen Subjektivität, also auf ihre Wünsche und Hoffnungen, auf ihre Leidenschaften und Ängste, auf ihre oberflächlichen Vorlieben wie auf ihre Fundamentaloptionen. Das bedeutet, daß jede freie Entscheidung nicht allein durch objektiv erkannte Gesetzesvorgaben oder habituelle Voraussetzungen zustandekommt, sondern ebenso durch die subjektive innere Disposition des Menschen bestimmt wird, also durch all das, was er ist, was ihn anzieht und seine Neigungen bestimmt.

> C'est par connaturalité que la conscience morale parvient à connaître, de manière inexprimable en termes de concept, les dispositions les plus profondes – aspirations, craintes, espoirs o désespoirs, amours et options primordiaux – enveloppées dans la nuit de la subjectivité. Quand un homme prend une libre décision, il tient compte, non seulement de tout ce qu'il possède en fait de science morale et d'information positive et qui lui est manifesté par des concepts et notions, mais aussi de tous les éléments secrets d'évaluation, qui dépendent de ce qu'il est, et qui lui sont connus par inclination, par ses propres tendances actuelles et ses propres vertus, s'il en a.[189]

Damit erweitert Maritain das traditionelle Verständnis der moralischen Erkenntnis beträchtlich. Denn das moralische Gewissen verbindet nicht nur den objektiven Anspruch des Naturgesetzes mit der subjektiven Disposition, sondern berücksichtigt auch den Zustand des Subjekts hinsichtlich seiner konkreten moralischen Situation. So wird bereits in den vorbewußten Tiefen des Subjekts eine Art von Ausgleich hergestellt, der den objektiven Anspruch des Naturgesetzes und das aktuelle subjektive moralische Vermögen berücksichtigt und darauf aufbauend das konkrete moralische Erkennen und Tun bestimmt. Darin kommt dem Subjekt eine kreative und dynamische Freiheit zu, die hin- und herschwingt zwischen den Anforderungen des allgemeinen Naturgesetzes und dessen aktueller Umsetzung in der konkreten Situation, auf die nicht allein geantwortet werden kann mit dem Appell, das Gute sei zu tun und das Böse zu unterlassen.

---

[187] *De la connaissance par connaturalité* 993. Vgl. THOMAS VON AQUIN, *Summa Theologiae*, I^a-II^{ae}, q. 94, a. 2: «Omnia illa ad quae homo habet naturalem inclinationem, ratio naturaliter apprehendit ut bona et per consequens ut opere prosequenda, et contraria eorum ut mala et vitanda.»
[188] Vgl. *Court traité* 58*f.*
[189] *De la connaissance par connaturalité* 993.

Doch zugleich hat das Gewissen auch eine prägende Funktion auf das Subjekt selbst. Es verbindet nicht nur objektive und subjektive Gegebenheiten, sondern hinterläßt seine Spuren in der Subjektivität, da es im Normalfall positive Neigungen begünstigt, Tugenden unterstützt und das konnaturale (Wieder-)Erkennen des moralisch Guten erleichtert. Hierin liegt wohl der Ausgangspunkt der freien Wahl von Zielen begründet, da das Gewissen sowohl Fundamentaloptionen berücksichtigt wie auch bestimmte Neigungen fördert, die in die gleiche Richtung weisen. Nur so ist es denkbar, daß «die menschliche Erkenntnis des Naturgesetzes sich fortschreitend entwikkelt hat und fortfährt, sich zu entfalten»[190]. Damit ist zwar noch nicht die Ausführung des Gewissensurteils gewährleistet, aber zumindest ist eine entsprechende existentielle Disposition geschaffen. Doch wie kann nun das Naturgesetz auf unbegriffliche Weise zu konkretem Handeln animieren?

Konnaturalität bedeutet in diesem Zusammenhang, daß die Urteile, in denen sich das Naturgesetz manifestiert, nicht allein Frucht einer diskursiven oder begrifflichen Tätigkeit des Intellekts sind, sondern auch durch intuitive und implizite Tendenzen zustande kommen. Darin wird das als gut erfaßt, was in Konformität oder *Konsonanz* zu den eigenen naturhaften Neigungen steht, und das als schlecht wahrgenommen, was in *Dissonanz* zu besagten Neigungen steht. Damit lehnt sich Maritain erneut an die poetische Erfahrung an, nämlich an die Anregung des Subjekts als Subjekt in seinem geistigen Vorbewußten. Die solcherart wahrgenommenen Vorschriften des Naturgesetzes sind nicht beweisbar, was nicht selten zu der Schwierigkeit führt, moralische Überzeugungen überhaupt in Worte fassen oder rechtfertigen zu können. Darin scheint aber keinesfalls deren Irrationalität, sondern im Gegenteil deren Natürlichkeit und *übermenschliche* Rationalität auf.[191]

Darüber hinaus unterstreicht Maritain erneut die Objektivität des Naturgesetzes. Es ist nicht nur Ausdruck der göttlichen Weisheit, insofern die ungeschaffene Vernunft sein Urheber ist. Vielmehr macht allein die göttliche Weisheit es bekannt, indem sie die natürlichen Neigungen im Menschen, auf welche die menschliche Vernunft hört, entsprechend anregt. Da also das Naturrecht nur von der göttlichen Vernunft abhängt, ist sein *sakrosankter* Charakter anzuerkennen, der den Menschen in seinem Gewissen verpflichtet und der das erste Fundament des menschlichen Gesetzes bildet. Zugleich kommt darin auch ein direktes Mitwirken Gottes zum Vorschein, da die Inklinationen zur existentiellen Ordnung gehören.

---

[190] *De la connaissance par connaturalité* 995.
[191] Vgl. *De la connaissance par connaturalité* 995-997.

Il s'ensuit que la Raison incréée [...] est la seule raison en jeu, non seulement dans l'*établissement* de la loi naturelle [...] mais en la *faisant connaître*, par les inclinations de cette nature, que la raison humaine écoute quand elle connaît la loi naturelle. Et c'est précisément parce que la loi naturelle dépend de la *seule* raison divine qu'elle est investie d'un caractère naturellement sacré et lie l'homme en conscience.[192]

In der Differenz zwischen konnaturaler Erkenntnis und handelndem Subjekt scheint erneut die Unterscheidung von Natur und Person auf. Zwischen beiden setzt die Freiheit des Menschen an. Denn der Mensch bewahrt gegenüber dem Einfluß seiner subjektiven Dispositionen und Gewissensurteile eine gewisse letzte Entscheidungsfreiheit, insofern im Gewissen zwar der Ausgleich zwischen dem objektiven Soll- und dem subjektiven Ist-Zustand zustandekommt. Über dieses Gewissensurteil entscheidet dann aber das Subjekt oder das Ich, insofern es die Vorlage des Gewissens annimmt oder sie ablehnt. Allerdings bleibt auch hierin unklar, wie das Gewissen nun zu einem sicheren Urteil kommen kann, da das Subjekt häufig von Ängsten, Wünschen und Leidenschaften etc. geplagt und damit in seiner Freiheit beeinträchtigt ist. Wie kann zudem das Gewissen nicht nur gute Neigungen von schlechten, sondern auch gute Anregungen von besseren unterscheiden?

Maritain verweist darauf, daß auch die animalischen Instinkte im Menschen «wesentlich menschlich sind und deshalb Neigungen sind, die von der Vernunft durchdrungen sind»[193]. Zudem sind diese Neigungen entwicklungsfähig, so daß sie sich im Laufe der Geschichte des Individuums wie auch der Menschheit immer klarer herauskristallisieren und beständigere Formen annehmen. Darauf hatte Maritain bereits im Jahr 1950 in *La loi naturelle* verwiesen, indem er diese Neigungen, die er in *L'Homme et l'État* als dynamische Entwürfe vorgestellt hatte, näher umschrieb. So können sie «als gleichbedeutend mit allgemeinen Prinzipien verstanden werden»[194]. Da aber die menschliche Natur durch die Subsistenz bestimmt ist, die Essenz und Existenz dynamisch miteinander verbindet und das Subjekt «Ich» sagen läßt, kann es nicht allein um essentielle Vorgaben gehen. Vielmehr sind damit dynamische Neigungen angedeutet, die in der existierenden Natur des Menschen am Werk sind – und damit auf existentielle Weise im Sinne von Neigungen wirken.[195] Wie kommen diese nun zum Vorschein?

---

[192] *De la connaissance par connaturalité* 997.
[193] *De la connaissance par connaturalité* 995.
[194] *La loi naturelle* 141. Maritain gibt zu, daß der Begriff «schéma dynamique» zwar von Bergson stammt (*L'Énergie spirituelle*, Genève 1946, 145-176), von ihm aber mit neuem Sinn gefüllt wurde (*La loi naturelle* 192).
[195] Vgl. J.M. MCDERMOTT, «Moral Systems: Maritain and Schüller Compared», *DT* 38 (1985) 11: «On the whole, however, Maritain wishes to preserve the consistency of the

> Il s'agissait moins d'une énonciation sous la forme d'une proposition affirmative que d'une sorte d'**avertissement**, de signal, comme le langage moderne nous en fournit des exemples dans certaines propositions incomplètes, plutôt exclamatives qu'affirmatives: Danger! Travaux! Par là on ne veut pas indiquer une chose particulière à faire, [...] mais la communication d'une information destinée à **susciter une certaine attitude**: Route glissante! Pièges à loups![196]

Bei der konnaturalen Erkenntnis des Naturgesetzes geht es also nicht um konkrete Handlungsanweisungen, sondern um eine Information, die eine bestimmte Grundhaltung erwecken möchte. Ein «polyvalenter Handlungskodex» bedeutet also nicht einfach die «Aufforderung 'Du sollst nicht töten!' als vielmehr den Hinweis 'Das Leben eines Menschen!', der eine gewisse geistige und moralische Haltung auslöst, ohne einen streng bestimmten begrifflichen Inhalt zu implizieren»[197].

Maritain läßt damit genügend Spielraum für die Freiheit der Person, die in ihrem Verstand zwar das positive Gesetz «Du sollst nicht töten!» kennt, damit aber noch kein Urteil fällen kann, das ihrer subjektiven Situation gerecht wird. Dies kann nur eine Abwägung aller beteiligten Faktoren, die einerseits objektives *Sollen* und menschliches *Können* (gemäß dem Naturrecht) verbindet und dieses Urteil nochmals der Person vorlegt, die dieses vorläufige Urteil als ihr eigenes *personales Wollen* annehmen und ein dementsprechendes *Handeln* veranlassen kann. In diesem Zusammenhang versucht Maritain, die Verbindung von Person und ihrer Natur zu konkretisieren und mit dem Begriff des *Herzens* im biblischen Sinn zu umschreiben.

Hatte er acht Jahre zuvor einfach darauf hingewiesen, daß das Naturrecht «dem Menschen ins Herz eingeschrieben ist»[198], so vergleicht er nun das Herz mit dem Zentrum, in dem Unzivilisiertheit der menschlichen Natur eine sprichwörtliche Verhärtung bewirken kann, das aber «in Beziehung steht zum von Gott geoffenbarten moralischen Gesetz» und ebenso empfänglich ist «für die innere übernatürliche Hilfe, welche die Gnade der menschlichen Natur anbietet». Unter dieser Hinsicht erscheint die Verhärtung des Herzens als «etwas Naturhaftes und in sich nicht Schuldhaftes»[199], bringt aber zugleich ihre Offenheit für eine Verwandlung zum Ausdruck. Schließlich ist die Roheit nicht vom Willen abhängig, sondern zeigt einen unvollkommenen Status an. So kann das moralische Gewissen durchaus

---

transobjective real, knowable in concepts, without forcing human life into a conceptual strait jacket. The flexibility for adapting the norms to difficult cases and changing circumstances is given in the appeal to the existential order.»

[196] *La loi naturelle* 193.
[197] *La loi naturelle* 193.
[198] *Les Droits de l'homme* 659.
[199] *La loi naturelle* 194.

rein und rechtschaffen sein, selbst wenn es von schlechten Leidenschaften und Gewohnheiten verdorben ist oder wenn es unter dem Einfluß einer mangelhaften oder irrigen Erkenntnis des Naturgesetzes steht.

> La *conscience morale* peut être pure et droite avec une *connaissance défectueuse* ou imparfaite de la loi naturelle, puisque l'imperfection même de cette connaissance dans la perspective qui est la nôtre, n'est pas volontaire, même si elle est due soit à l'ignorance, soit à la rudesse, étant des perversions, dues soit aux erreurs intellectuelles ou aux fausses convictions dont parle saint Thomas, soit à l'endurcissement de la conscience causé par les passions et les habitudes perverses.[200]

Damit sieht Maritain offensichtlich im Herzen das Zentrum der Person, da dort die geistigen Fakultäten mit allen anderen, auch den vorbewußten, Faktoren verbunden werden. Deren vorläufiges Urteil muß allerdings dann vom Subjekt durch sein *personales Wollen* übernommen oder gleichsam approbiert werden. So müssen einerseits ein falsch geleiteter Wille oder intellektuelle Mängel nicht unbedingt schuldhaft sein. Andererseits wird in der Regel das *personale Wollen* vor einer Reihe von Alternativen stehen, die zwar durch die Einschränkungen der menschlichen Natur, durch Unkenntnis oder verirrte Leidenschaften unvollkommen sein können. In ihnen können aber ebenso sittliche *habitus* zum Tragen kommen und damit mögliche Mängel ergänzen, so daß das Herz, d.h. das Subjekt, dennoch zum rechten Urteil findet und dieses sich im *personalen Wollen* zu eigen macht.[201]

In diesen Reflexionen kommt nochmals zum Vorschein, daß die normale Funktionsweise der Natur eine ideale ist. Diese wird im konkreten Fall häufig unvollkommen sein, ohne daß dies in der moralischen Verantwortung des Subjektes läge. Die Person ist also von ihrer Natur zu unterscheiden, selbst wenn sie nur durch diese agieren kann. Beide sind durch das Gewissen verbunden, das im Vorbewußten naturhafte und bereits erworbene personale Neigungen im Sinne von Tugenden verbindet und der Person vorlegt. Wie beide Ebenen freilich aufeinander einwirken können, bleibt noch offen. Unklar ist auch, wie die göttliche Weisheit, die das Naturgesetz bekannt macht, zum einen die geschaffene Freiheit respektiert,

---

[200] *La loi naturelle* 194f.
[201] R. SPAEMANN schreibt zu dieser Problematik (*Personen* 29f.): «Im Unterschied zur Vernunft, die per definitionem vernünftig, aber manchmal eben unaufgeklärt und dann zu schwach zur Herrschaft ist, regiert das Herz immer, aber es entscheidet selbst, von wem es sich regieren lassen will. Aufgrund wovon entscheidet es? Aufgrund seines Soseins, seiner 'Natur', für die es nichts kann? Nein, das Herz in diesem Verständnis ist nicht Natur. Es gibt kein Sosein, keine qualitative Bestimmtheit, die der Grund für die Abwendung vom Guten wäre, für die Liebe zur Finsternis. **Das Herz ist ein grundloser Grund.** [...] Dieser Begriff des Herzens ist nun der Begriff, der dem späteren der Person zugrundeliegt.»

zum anderen aber die geistigen Tiefen des Menschen anregt und damit einen sakrosankten Anspruch stellt.

d) Moralisches Handeln unter göttlichem Anspruch

Im Jahre 1952 publiziert Maritain *Quelques remarques sur la loi naturel.* In diesem Artikel nimmt er weitere Präzisierungen des bisher Gesagten vor.[202] So hebt er einerseits hervor, daß die Neigungen im Menschen nicht auf diskursive oder rationale, sondern auf konnaturale Weise erfaßt werden. Darum «bleiben sie immer mehr oder weniger begrifflich unbeschreibbar und im lebendigen und erfahrungshaften Dynamismus von Tendenzen und Neigungen verborgen. Sie beziehen alle ihre Kraft nicht aus der Vernunft oder der Beweiskraft des *logos*, sondern von der Natur und ihren Urneigungen.» Diese Neigungen nun sind *menschliche* Neigungen und vereinen in sich alles «Untermenschliche», analog zur menschlichen Seele, die auch im Sinne der Entelechien der Tiere und Pflanzen auf ihren Leib einwirkt. Im Menschen spiegeln sie sich «in seinem un- oder vorbewußten Leben im Kristall der Vernunft wider»[203] und bilden gleichsam die Form seiner psychologischen Energien.

> Les inclinations dont je viens de parler ne sont pas les instincts animaux, en tant qu'animaux, mais les inclinations – ontologiques, animales et rationnelles – de l'être humain *pour autant que ces inclinations sont humaines*, ou pour autant qu'elles sont vitalement enracinées dans la vie non conceptuelle de l'intellect, c'est-à-dire dans la raison comme 'forme' ou entéléchie de nos énergies psychologiques (une fonction de la raison qui s'accomplit d'une manière préconsciente).[204]

Allerdings bleibt damit nach wie vor offen, wie gerade auch animalische Neigungen «erhöht» sein können und allein deshalb von den wahrhaft menschlichen Bestrebungen unterschieden werden können. Zwar trägt alles die Handschrift seines göttlichen Autors, was aber nicht impliziert, daß es gemäß seiner normalen Funktionsweise tätig ist. Es wird nicht völlig einsichtig, wie die persönliche und auch die allgemeine «Geschichte des menschlichen Bewußtseins die authentischen von den falschen oder verkommenen Neigungen unterscheidet»[205]. Diese Spannung wird erst zu einer Lösung kommen, wenn Maritain ein Jahr später das Zentrum des Menschen von seiner besonderen Einigungskraft her betrachten wird.

---

[202] Vgl. J. MARITAIN, *Quelques remarques sur la loi naturelle* (ŒC Bd. X, 955-964), wo er weite Passagen wörtlich aus *L'Homme et l'État* (579-581. 586-588) und aus *De la connaissance par connaturalité* (993-995) zitiert.
[203] *Quelques remarques* 957.
[204] *Quelques remarques* 957.
[205] *Quelques remarques* 958.

Für den Moment bleibt noch ein anderer Punkt festzuhalten, nämlich der Verpflichtungscharakter des Naturgesetzes. Wir haben bereits gesehen, daß es der göttlichen Vernunft entstammt und darum der menschlichen übergeordnet ist. Andererseits ist die menschliche Natur von der Person zu unterscheiden, weshalb das (moralische) Handeln der Person nicht immer der normalen oder idealen Funktionsweise der Natur entsprechen muß. So steht die menschliche Person dem göttlichen Urheber gegenüber, dessen Anspruch sie in ihrem Gewissen erkennen kann und dessen bewußte und gewollte Ablehnung einer Verweigerung Gottes gleichkommt. Dieses moralische Ungenügen wird darum als Sünde bezeichnet, da der Mensch dem göttlichen Gesetzgeber verpflichtet ist und den sakrosankten Charakter im Sinne seiner Teilhabe am ewigen Gesetz anzuerkennen hat.[206]

Freilich ist der Begriff des ewigen Gesetzes nicht nur ein theologischer Begriff, sondern auch «der Philosoph kann mit seinen eigenen Mitteln zu ihm gelangen und ihn aufstellen». Gott existiert als Erstursache aller Seienden, und «er handelt durch seinen Intellekt und seinen Willen, woher der Begriff der Vorsehung kommt. Die gesamte Gemeinschaft des Universums wird also von der göttlichen Vernunft geleitet.»[207] Darum kann man mit dem heiligen Thomas sagen, daß «das ewige Gesetz in untrennbarer Einheit steht mit der ewigen Weisheit Gottes und seiner göttlichen Essenz selbst»[208]. Aus diesem Grund steht die geistbegabte Natur in besonderer Weise unter der göttlichen Vorsehung, da sie an ihr teilhat und sich selbst um ihr eigenes Wohl und das der anderen kümmern kann. Die vernünftige Kreatur hat aufgrund ihrer Vernunft Anteil an der ewigen Vernunft, «und durch eine derartige Teilhabe besitzt diese Kreatur eine natürliche Neigung zu Taten und Zielen, die ihr entsprechen»[209], welche nichts anderes sind als die von Maritain beschriebenen Neigungen, die «in der Vernunft verwurzelt sind». So steht außer Frage, daß «Gott allein der Urheber des Naturgesetzes ist», welches die menschliche Vernunft «durch neigungshafte Erkenntnis wahrnehmen kann, nicht durch die ihr eigene rationale Anstrengung»[210].

C'est par le canal des inclinations naturelles que la raison divine imprime sa lumière dans la raison humaine. C'est pourquoi la notion de connaissance par inclination est fondamentale pour comprendre la loi naturelle: parce qu'elle met de côté, elle balaie toute intervention de la raison humaine comme facteur créatif dans la loi naturelle. [...] C'est

---

[206] Vgl. *De la connaissance par connaturalité* 997.
[207] *Quelques remarques* 959f.
[208] *Quelques remarques* 960.
[209] THOMAS VON AQUIN, *Summa Theologiae*, I^a-II^{ae}, q. 91, a. 2.
[210] *Quelques remarques* 961.

de la raison divine qu'elle tient son caractère rationnel, par conséquent c'est d'elle qu'elle tient sa véritable nature de loi et son caractère obligatoire.[211]

Entscheidend ist, daß Gott nicht nur als der Urheber des Naturgesetzes, sondern als Schöpfer des ganzen Universums verstanden wird. Darum erweist sich die von Grotius aufgestellte Hypothese als unhaltbar, nach der das Naturgesetz auch Geltung hätte ohne Gottes Existenz. Denn nur wenn das Naturgesetz Anteil hat am ewigen oder göttlichen Gesetz, kann es auch einen moralischen Anspruch erheben und das Gewissen verpflichten. Nur dann erscheint es sinnvoll, den inneren Neigungen des Menschen die gleiche Bedeutung zuzugestehen wie den rationalen Erwägungen, die das moralische Urteil begleiten und die sich auf die natürlichen Neigungen gründen, die der Schöpfer, der zugleich auch der Urheber des Naturgesetzes ist, in ihnen angelegt hat.

Damit betrachtet Maritain freilich nur eine Fakultät des Menschen, seine Vernunft, durch die das Naturgesetz erkannt wird. Sie steht dem Naturgesetz auf eine doppelte Weise gegenüber: Sie ist sowohl eine «*mensura mensurans*», hat also einen eigenen Anteil bei der Erfassung und Festlegung der jeweiligen subjektiven Gültigkeit des Naturrechts. Ebenso «ist sie aber auch *mensura mensurata*, denn die menschliche Vernunft ist nicht der höchste Maßstab von Gut und Böse»[212]. Somit kann der Mensch das Naturgesetz nur von der göttlichen Vernunft entgegennehmen und es anerkennen oder ihm zuwider handeln, aber er kann nicht inhaltlich bestimmen, worin die normale Funktionsweise der menschlichen Natur besteht. Dennoch leistet die Vernunft im Vorbewußten die entscheidende Vorarbeit für das Gewissensurteil, dem nicht nur eine rezeptive, sondern auch eine kreative Rolle zukommt, da es um die Vermittlung des objektiven Anspruches des Naturgesetzes wie auch um die angemessene Berücksichtigung der Disposition des Subjektes geht.

Letztlich kommt dadurch eine doppelte Spannung in den Blick: Einerseits stehen wir vor der Verbindung von allgemeinem Naturgesetz und individueller Umsetzung, andererseits geht es darin auch um das Verhältnis der konkreten Person und ihrer Freiheit gegenüber ihrer universalen und damit notwendigen Natur sowie deren Autor. Eine erste Verbindung schafft Maritain mit den «dynamischen Schemata», die sowohl die essentielle wie auch die existentielle Ordnung umfassen und darum nur konnatural erfaßt werden können. Sie gleichen nicht einer starren Regel, sondern einer offenen Aufforderung, die es dem betreffenden Subjekt überläßt, wie es seine Reaktion gestalten möchte. Es wird damit eine absolute Geltung der allge-

---

[211] *Quelques remarques* 962.
[212] *Quelques remarques* 955.

meinen moralischen Normen aufrechterhalten, die keine beliebige Verfügung über moralische Werte im Sinne der Situationsethik gestattet, aber dennoch die Situation des Subjekts in die konkrete Anwendung der Werte einbezieht. Das verweist uns auf die innere Struktur des Menschen, in dem diese dynamischen Entwürfe existieren und auf konnaturale Weise erfaßbar sein müssen.

Hinsichtlich der inneren Verbindung von Person und Natur meint dies, daß die Natur gewissermaßen ihre normale Funktionsweise im Sinne von «Vorschlägen» oder Anregungen unterbreitet, dann aber der Person die Freiheit läßt, darüber zu entscheiden, ob sie dem eigenen Wesen gemäß in Konsonanz mit ihrer Natur handelt und damit eine objektiv gute Operation vollbringt, ob sie sich dagegen entscheidet und Böses tut. Gibt es dazu noch weitere Alternativen, die vielleicht nicht dem Gesetz der Natur, sondern dem Geheimnis selbstloser Liebe entsprechen? Die innere Freiheit der Person zeigt sich auch daran, daß sie über eine «flexible Struktur» verfügt, die nicht nur zu einer Bewußtwerdung des Naturgesetzes, sondern zu einer nachhaltigen Prägung ihrer selbst führt. Dabei verändert sich nicht nur sie selbst, sondern auch ihre Beziehung zum Urheber des Naturgesetzes. Dieser macht gewissermaßen durch die intelligible Struktur des Naturgesetzes auf die dahinterstehende subsistierende Weisheit und Vernunft und damit auf sich selbst als einen personalen Gott aufmerksam. Er leitet in seiner Vorsehung nicht nur alle Geschöpfe, sondern möchte mit denen in eine personale Beziehung eintreten, die er nach seinem Bild und Gleichnis geschaffen hat. Wie sich dieser Übergang vollziehen kann, zeigt uns der nächste Paragraph.

6. Moralisches Handeln als schöpferische Antwort auf Gottes Liebe

a) Die moralische Ordnung als potentieller Ausdruck personaler Beziehung

Unsere Frage nach dem Übergang von der ontologischen zur personalen Ebene findet erste Anhaltspunkte bereits im *Court traité*. Dort schon weist Maritain auf die konnaturale Erkenntnis des Naturrechts hin und geht der Frage nach, wie universale moralische Prinzipien auf individuelle Situationen übertragen werden können. Es kann nicht um einen einfachen Syllogismus gehen, da ansonsten menschliches Handeln ableitbar und damit notwendig wäre. Vielmehr «vollzieht sich niemals derselbe sittliche Fall zweimal auf der Welt, [...] jedes Mal befinde ich mich in der Lage, **etwas Neues zu schaffen**, einen in der Welt einmaligen Akt ins Dasein zu setzen, der mit dem moralischen Gesetz übereinstimmen muß. [... Dazu] wird man vergebens das Lexikon der Gewissensfälle durchblättern.»[213] An welchem Maßstab aber kann sich dann eine richtige Entscheidung orientieren, wenn sie zugleich einzigartig ist? Wie kann sie einem objektiven Anspruch Genüge tun und damit eine gewisse Intelligibilität besitzen und gleichzeitig etwas völlig Neues darstellen? Gibt es einen Mittelweg zwischen Willkür und Notwendigkeit?

Wir haben bereits gesehen, daß es eine Individualisierung der allgemeinen Prinzipien braucht und daß zum Gewissensurteil und zur Ausführung das ganze Subjekt involviert sein will und muß. Es reicht also nicht, die objektiven Bestimmungen des Naturgesetzes, die sittlichen Normen, nur im Intellekt zu kennen, sondern sie müssen auch *von Herzen* gewollt werden. Zudem hat sich gezeigt, daß es im Menschen konnaturale Anstöße gibt, die ihn anregen, entsprechend seiner Natur zu handeln. Doch auch diesen Neigungen gegenüber ist die Person frei. Worin besteht nun die entscheidende Motivation, was leitet «die tiefsten Geheimnisse des sittlichen Lebens», so daß «die Individualität des moralischen Aktes ihre höchsten Dimensionen gewinnt»[214] und moralisch wert-voll wird? Gibt es auch diesbezüglich ein konkretes und erkennbares Gesetz, oder ist der Mensch sich selbst überlassen, so daß er mit der Tat auch deren Maßstab schafft?

Wie so häufig knüpft Maritains Antwort an die christliche Offenbarung an. Er stellt sich die Frage, wer der Urheber des Natur- und Sittengesetzes letztlich ist und in welcher Beziehung er zum Menschen steht. Eine Illustration bieten die herausragenden Beispiele der Taten von Heiligen. Sie haben «einen Maßstab, der nur für jeden Einzelnen von ihnen gilt». Dieser kommt nicht nur durch natürliche Faktoren zustande, sondern «durch die innere Anregung des Heiligen Geistes in den Tiefen ihrer unmitteilbaren Subjektivität und richtet sich über den Maßstab der Vernunft hinaus auf ein höheres Gut, das von ihnen allein deutlich gesehen wird und von dem sie berufen sind, Zeugnis abzulegen». Darum sind die Taten der Heiligen «zwar bewundernswert, aber nicht nachzuahmen: Man kann sie nicht verallgemeinern, man kann sie nicht universal machen. Sie sind gut, es sind die besten aller sittlichen Akte, aber sie sind jeweils nur für den allein gut, der sie vollzieht.»[215]

Diese Sicht der individuellen Einmaligkeit moralischer Akte wird von S. Kierkegaard[216] überbetont, da er nach Maritain versucht, «die Welt der All-

---

[213] *Court traité* 56.
[214] *Court traité* 59.
[215] *Court traité* 60.
[216] Vgl. S. KIERKEGAARD, *Furcht und Zittern*, dt. Übers. E. Hirsch, Düsseldorf – Köln 1950, 72: «Die Geschichte von Abraham enthält also eine teleologische Suspension des Ethischen. Er ist als Einzelner höher geworden als das Allgemeine. Das ist das Paradox, das

gemeinheit oder das allgemeine Gesetz vom einzigartigen, vor der Vernunft der Menschen nicht zu rechtfertigenden Zeugnis des 'Ritters des Glaubens' zu trennen und sie wie zwei heterogene Welten einander gegenüberzustellen». Demzufolge wäre moralisches Handeln nicht ableitbar und stünde mit dem allgemeinen Gesetz in keinerlei Beziehung. Während deshalb für Kierkegaard die individuelle Entscheidung im Hinblick auf die universalen Prinzipien wie ein Paradox erscheint, beide also wie durch eine unüberwindbare Kluft getrennt sind, stehen für Maritain «in Wirklichkeit diese beiden Welten in einem inneren Zusammenhang». Beide bilden einen Teil des Universums der Ethik, das von der Zone der Ethik des animalischen Menschen bis zu der des geistigen Menschen reicht, von Oberflächlichkeit und äußerlicher Gesetzestreue bis hin zum Leben eines «*spiritualis homo*, der alle Dinge richtet und von niemandem gerichtet wird (1 *Kor* 2,15)»[217].

Ebenso verwehrt sich Maritain gegen das Festhalten an objektiven Normen, an Pflichten und Regeln im Sinne der Lehre vom «kantischen Allgemeinen und von der Sittlichkeit, die durch die Möglichkeit bestimmt wird, die Maxime eines Aktes zum Gesetz für alle Menschen zu erheben»[218]. Nach Maritain kann das abstrakte Gesetz nicht über dem personalen und lebendigen Gott stehen. Wenn nämlich das Kriterium allen sittlichen Strebens nur in der «logischen Subsumption eines besonderen Falles unter ein allgemeines Gesetz» besteht, dann geht es letztlich nur um «einen anonymen Akt, in dem sich irgendein '*man*' einer Regel unterwirft, die sagt, woran jeder sich zu halten hat»[219].

Mit anderen Worten gibt es drei Sichtweisen des moralischen Gesetzes: Die letztgenannte Richtung sieht darin nichts weiter als ein Weltengesetz, das für alle den gleichen Geltungsanspruch erhebt und damit die Tendenz zum Legalismus, zur Erfüllung des Gesetzes um seiner selbst willen, in sich trägt. Die Position von Kierkegaard hingegen lehnt ein allgemeines Sittengesetz ab und steht damit in der Gefahr des Subjektivismus und der völligen Willkür. Eine dritte Möglichkeit sieht im moralischen Tun eine Antwort auf das Naturgesetz, das objektiv gültig und zugleich (als Ausdruck der göttlichen Vernunft und Weisheit) existentiell lebendig ist. Damit steht nicht die Erfüllung des abstrakten Gesetzes im Zentrum, sondern der Gehorsam gegenüber Gottes Willen. Zwar ist auch damit die Gefahr des Legalismus nicht gänzlich beseitigt, aber diese Position läßt zumindest die Möglichkeit

---

keine Vermittlung duldet. [...] Verhält es sich mit Abraham nicht so, dann ist er noch nicht einmal ein tragischer Held, sondern ein Mörder. [...] Tragischer Held vermag der Mensch aus eigener Kraft zu werden, Glaubensritter aber nicht.»
[217] *Court traité* 61.
[218] *Court traité* 60.
[219] *Court traité* 62.

offen, in eine besondere Beziehung mit dem Autor des Naturgesetzes zu treten. Ausgehend von dieser dritten Sichtweise lassen sich wiederum drei Grundhaltungen ethischen Handelns feststellen:

Eine erste Einstellung findet sich im Menschen, der zwar Gott anerkennt, aber «als **Sklave des Gesetzes** handelt». «Er wollte zwar einen bösen Akt», zieht es dann aber vor, dem Gesetz zu gehorchen, da er «vor der Hölle und dem Zorn Gottes mehr Angst hat». Diese seine Angst veranlaßt ihn, «das aufgewühlte und rebellische *Selbst* des konkreten Menschen, der er ist, mit dem *Jedermann* [*tout homme*], der dem allgemeinen Gesetz unterworfen ist, gleichzusetzen»[220]. Er handelt also, wie *man* allgemein zu handeln pflegt, fragt also nicht einmal nach dem, wonach sein eigenes *Ich* verlangt.

Eine zweite Haltung ist bei jenem Menschen zu konstatieren, der «als **Gesetzestreuer** dem Gesetz gehorcht». Dieser will mehr als alles die Gerechtigkeit, so daß «sein eigenes Verlangen nach den Zielen, die er allem voran für sich will, seinen Willen [...] auf das Gut abstimmt und ihn dazu bringt, sein *Ich* mit dem *Jedermann*, der dem universalen Gesetz unterworfen ist, zu identifizieren»[221]. Dieser Typ handelt nicht aus Furcht, sondern sein *Ich* hat den inneren Wert des Gesetzes erkannt und will sein Handeln an ihm ausrichten. Jedoch fragt er nicht weiter nach dem Autor des Gesetzes und dessen konkreter Absicht in der individuellen Situation, sondern begnügt sich mit der Interpretation, die ihm genehm ist und seinen eigenen menschlichen und rationalen Vorstellungen entspricht.

Zur dritten und wahrhaft christlichen Grundhaltung ist der Mensch gelangt, der «als **Freund des Gesetzes** dem Gesetz gehorcht». Dabei wird das Gesetz nicht mehr wie eine universale Norm angewandt, sondern als Ausdruck dessen verstanden, auf den der Mensch bereits seine ganze Liebe richtet. Das *Ich* ist darum in seiner Einmaligkeit auf den Urheber des Gesetzes ausgerichtet und weiß sich umgekehrt von ihm angesprochen und mit Namen gerufen. Es steht mit seiner moralischen Freiheit in nackter Einsamkeit vor Gott, will aber dessen Willen, der im Gesetz zum Ausdruck kommt, aus freier Liebe annehmen. Deshalb «muß der Mensch bei jedem echten sittlichen Akt, bei dem er das Gesetz anwendet, das Allgemeine in seiner besonderen Existenz, in der er allein Gott gegenübersteht, erfassen und inkarnieren»[222].

> L'Esprit de Dieu le rend un seul esprit et amour avec le Principe de la loi, et faisant de lui-même ce que la loi commande il n'est plus sous la loi, c'est **son amour** à lui, souverain et souverainement libre maintenant, de son Dieu et son Tout, qui lui fait **suivre**

---

[220] *Court traité* 62.
[221] *Court traité* 62.
[222] *Court traité* 62f.

la loi devenue sa loi, devenue l'**appel personnel** par lequel l'atteint la parole de Celui qu'il aime, – une loi à l'égard de laquelle il n'est plus désormais un *moi* à identifier à *tout homme*, mais *cet homme* lui-même, cet homme nommé par son nom, à laquelle elle s'adresse, dans sa pure solitude avec Dieu.[223]

Mit diesen Überlegungen weist Maritain einem besonderen Prinzip, nämlich der Liebe, die entscheidende Stellung innerhalb des moralischen Gesetzes zu. Wir haben bereits gesehen, daß sich die Freiheit der Person auf verschiedene Ebenen erstreckt. So empfängt sie im Gewissensurteil von ihrer Natur Anregungen, die ihrem Wesen entsprechen, die sie aber auch ablehnen kann. Zumindest verfügen diese Impulse über eine intelligible Struktur, die auf natürliche oder konnaturale Weise erfaßt und realisiert werden kann. Auf einer anderen Ebene kann die Person über ihre geistige Überexistenz frei verfügen, kann also als Gabe existieren und damit ihrer Würde als Person sowie der inneren Struktur des Seins Ausdruck verleihen. Darüber hinaus kann die geschaffene Freiheit von der Gnade erhöht werden und der Mensch am interpersonalen Leben Gottes teilhaben. Was heißt das für die konkrete moralische Tat?

Im Glauben ist es dem Menschen möglich, dem Autor des Natur- und Sittengesetzes zu begegnen. Dies schließt einerseits eine Erhöhung durch die Gnade ein, befähigt also zu einer Liebe, die nicht mehr rein rationalen oder anderen menschlichen Maßstäben entspricht. Es geht so nicht einfach um die buchstäbliche Anwendung von Regeln oder Normen, sondern um die Suche nach dem «Geist des Gesetzes» und nach der in der Vorschrift ausgedrückten Absicht ihres Urhebers. Diese Übersetzungsarbeit ist freilich nicht durch syllogistische Deduktion zu leisten, sondern kann nur aus beständiger Zuwendung und einer tiefen Kenntnis des Gegenübers entstehen, welche ihre Höchstform in der gegenseitigen Liebe findet. Damit steht keine intelligible, sondern eine *überintelligible* Ursache hinter dem, was das Geschöpf aus Liebe tut und was dem schöpferischen *fiat* der Liebe entspringt. Es wird gewissermaßen der Freiheit jeder Person anheimgestellt, den Freiraum zwischen dem allgemeinen Gesetz und der konkreten Entscheidung so zu nutzen, daß sich darin seine Freiheit zur Überexistenz in Liebe mit der (durch die Gnadenhilfe erhöhten) Fähigkeit verbindet, den Willen oder die Erwartungen des Gesetz*gebers* zu erfassen und in freier Liebe zu erfüllen, den Freiraum gleichsam schöpferisch mit Liebe «anzufüllen». Darum kann es keine rationale Vorschrift geben, sondern die dem Subjekt zukommende souveräne Liebesfähigkeit ermöglicht ihm, nicht blind oder willkürlich, sondern aus dem Wissen als Liebender heraus

---

[223] *Court traité* 62*f.*

(«überrational») das eigene Wollen mit dem Willen des anderen zu verbinden.

Zunächst gilt es, die Frage zu vertiefen, wie der Gehorsam aus Liebe mit der schöpferischen Neuheit der Liebe verbunden ist. Wird der Wille des einen zum Handlungsprinzip des anderen (vgl. Abraham gegenüber Gottes Aufforderung, Isaak zu opfern), oder bestimmt nicht vielmehr die gegenseitige Liebe die Beziehung und das Handeln der Partner, so daß der Liebende versucht, auf immer neue und kreative Weise dem Geliebten seine schöpferische Liebe zu bezeugen?

b) Wachstum in Sein und Liebe

In *Neuf leçons* weist Maritain auf die personalen Konsequenzen der Freiheit hin, insofern der Mensch als ein eigenständiges Ganzes der Welt und dem Naturgesetz gegenübersteht. Aufgrund seiner Geistbegabung kann der Mensch das natürliche Sittengesetz erkennen, als «eigenes freies Universum» kann er die Regel und damit die Normen der göttlichen Weisheit respektieren oder sie ablehnen. Doch darin erschöpft sich die Ordnung der Moralität nicht. Allem voran geht es zwar darum, «daß die menschlichen Akte moralisch gut oder schlecht sind (mit der Vernunft konform gehen oder nicht)»[224]. Aber zugleich ist der moralische Akt offen dafür, mit der Vernunft *und* der Liebe übereinzustimmen. Wenn «Gott das Haupt dieser besonderen, nämlich der moralischen Ordnung ist, der höchste Maßstab dieser Ordnung aber nicht [...] das allgemeine und dem Universum *immanente* Gut ist», dann bedarf es einer besonderen transzendenten oder überintelligiblen Regel, die sich «auf das höchste ewige Ziel bezieht» und in der es «um eine Beziehung von Person zu Person» geht. Diese Relation zwischen dem freien Handelnden und Gott «übersteigt das ganze Universum der Natur» und zugleich «steht der Mensch in einer direkten, unmittelbaren Beziehung zum transzendenten Alles». Damit ist nicht mehr allein die Umsetzung des Naturgesetzes entscheidend, sondern der freie moralische Akt ist offen für eine besondere interpersonale Qualität, nämlich für die Liebe. Deshalb impliziert der freie Akt «eine Beziehung zwischen dem frei Handelnden und Gott, die zu einer anderen Ordnung gehört als die Ordnung des Universums der Schöpfung»[225]. Da es um eine Freundschafts- oder Liebesbeziehung geht, hat sie ihre eigenen Maßstäbe, die nicht allein mit

---

[224] *Neuf leçons* 809f.
[225] *Neuf leçons* 810.

der Vernunft erfaßt werden können.[226] Erfahrbar wird diese interpersonale Beziehung freilich nur auf der Ebene des Glaubens. Gerade der Aspekt des Glaubens macht die Spannung zwischen schöpferisch freier Liebe und Gehorsam aus Liebe wieder sichtbar. Von der negativen Seite her betrachtet heißt dies, daß moralisches Handeln aufgrund einer lebendigen Glaubensbeziehung nicht auf einem rein subjektivistischen und damit irrationalen oder willkürlichen Empfinden beruht. Vielmehr ist die mangelnde Konformität mit der Norm oder die moralische Verfehlung eine objektive Vereitelung[227] von Gottes Plan und Willen, der sich im Naturgesetz und den Vorschriften ausdrückt. Positiv gesehen liegt es einerseits am Menschen, «seine Freiheit in Richtung des moralisch Guten auszuüben», so daß «die authentische Initiative ihm zukommt». Doch andererseits bleibt Gott stets die transzendente Erstursache, die überhaupt erst den «Menschen als Zweitursache zu guten Taten befähigt»[228].

Mit diesen Überlegungen berührt Maritain eines der metaphysischen Grundprobleme: Einerseits ist Gott Urheber und Fülle allen Seins, und doch hat der Mensch die Freiheit, durch moralische Verfehlungen das Sein der Schöpfung zu mindern und somit gewissermaßen etwas «negatives Neues» zu schaffen. Gilt das auch positiv? Zwar betont Maritain unaufhörlich, daß der Mensch nur Zweitursache sein kann, doch zugleich geht es nicht einfach nur um eine logische Deduktion oder ein passives Geschehenlassen, sondern um ein aktives Mitwirken aus seiner schöpferischen Freiheit heraus.

Bereits in *De Bergson* wurde diese Spannung sichtbar, da das Geschöpf einerseits unter Gottes aktivierendem Einfluß steht, andererseits aber gerade die Herrschaft über seine Aktivitäten erhält und zur Selbstbestimmung befähigt wird. Deshalb wäre es «ein großer Wahn» anzunehmen, daß «dieser aktivierende Einfluß, der vom Leben im reinen Akt herabsteigt, die Selbständigkeit [des Geschöpfes] im Moment ihrer Aktuation zerstören würde»[229]. Läßt sich daher annehmen, daß Gott als transzendente Erstursache zwar alles umfaßt, daß er aber nicht als starrer *actus purus* unbeweglich

---

[226] Vgl. *Neuf leçons* 810: «La suprême mesure de cet ordre n'est pas, comme pour l'ordre universel, le bien commun immanent de l'univers et le plein déploiement ontologique des richesses de la création, c'est la conformité avec la raison et la sagesse éternelles et l'obtention d'une fin suprême éternelle, dans une relation de personne à personne. [...] Un acte libre, en tant que tel, implique une relation entre l'agent libre et Dieu qui est d'un autre ordre que l'ordre de l'univers de la création.»
[227] Vgl. *Neuf leçons* 814: «La faute morale [...] restera éternellement un mal (bien qu'elle puisse être réordonnée à un bien plus grand); mais en elle-même [...] c'est un élément de la tragédie du monde.»
[228] *Neuf leçons* 815.
[229] *De Bergson* 83. Vgl. auch *Court traité* 49.

in sich steht, sondern sich dynamisch als erste Quelle allen Seins und Lebens verströmt (etwa im Sinne der theologischen Rede von der innertrinitarischen *circumincessio*)? Verströmen freilich schließt eine Art von Geben und Nehmen ein, so daß es zu einer gemeinsamen Überexistenz in einer Liebe kommt, in der die beteiligten Subjekte nicht etwas, sondern sich selbst verschenken. Kommt hierbei nicht der menschlichen Person eine besondere Freiheit und geistige Kreativität und eben darum eine moralische Verantwortung zu?

Diese Aussage scheint uns nicht völlig unbegründet, da Maritain in *Neuf leçons* den Blick nochmals auf die Seinsebene richtet. Waren in der Existenzintuition nicht nur das Sein, sondern auch die naturhafte Liebe als zwei Koprinzipien erschienen, so weist er nun umgekehrt auf die ontologischen Konsequenzen der personalen Liebe hin. Zwar ist das moralische Gut «nicht koextensiv mit dem Sein wie das metaphysische Gut, aber es stellt eine gewisse Seinsfülle [...] auf der Stufe des spezifisch Menschlichen dar, nämlich derart, daß das moralische Gut dem transzendentalen Reich des Seins verwandt bleibt». Wenn darum der Mensch seine Freiheit auf das Gut hin ausrichtet, gilt das auch für sein Tun. In dem Maße also, in dem er selbst gut ist, «wird er durch den universalen Einfluß der Erstursache mitgerissen, die das Sein und die Güte allen Dingen eingießt. Er wird der Ordnung der Expansion und der Freigebigkeit des Seins folgen, was schließlich bedeutet, daß das Fruchtbringen an guten Taten auf den Menschen selbst zurückströmt, [...] da ihm die authentische Initiative für die guten Taten zukommt, die er in die Welt streut.»[230]

Hatte Maritain bis dahin von einer einfachen und unerschöpflich scheinenden geistigen Überexistenz gesprochen, so weist er nun auf ein notwendiges Gleichgewicht hin, das «zwischen dem großen Ganzen oder dem Universum und dem kleinen Ganzen oder dem frei Tätigen besteht, das zur universalen Ordnung gehört und aufrechterhalten werden muß»[231]. Damit geht er von einer Art Kreislauf aus, der nicht nur die Interkommunikation der Seienden impliziert, sondern eine reale **Interaktion** im Sinne von Wachstum und wechselseitigem Austausch. Einerseits ist der Mensch, der moralisch gut handelt, Ursache für ein ontologisches Seinswachstum im Universum, weshalb das Universum andererseits ihn selbst wieder wachsen läßt, indem das Gut auf ihn zurückströmt und der ontologischen Vollendung im Sinne einer qualitativen Vervollkommnung seines eigenen Seins dient.

---

[230] *Neuf leçons* 815.
[231] *Neuf leçons* 815.

Aufgrund dessen ist der moralisch frei Handelnde zugleich verströmender wie auch anziehender Mittelpunkt.[232]

> En jetant un acte bon dans l'univers, un agent libre accroît l'être de l'univers; alors l'univers accroîtra l'être de cet agent libre pour que la balance entre eux demeure stable. Le bien dont l'agent libre est l'origine, – le bien moral (c'est-à-dire la plénitude de l'être le plus invisible mais aussi le plus personnel et le plus important de l'homme), – doit se reverser sur lui comme un accomplissement (ontologique) de son propre être. Ainsi on pourrait dire que le circuit de l'être est bouclé: l'agent libre étant à la fois centre d'émanation et centre d'attraction.[233]

Wie aber soll dieser Seinskreislauf, diese «Ordnung der 'Seinsexpansion'»[234] verstanden werden? Geht es um ein echtes Seinswachstum, bei dem es zu einer Art von Wechselwirkung zwischen entitativem und intentionalem Sein des Menschen kommt? Oder meint die Zunahme der personalen Seinsfülle nicht eher die Fähigkeit, seinen freien Taten einen moralischen Wert zu verleihen, den Seinskreislauf gleichsam mit neuen wertvollen Initiativen anzureichern? Würde damit das Entscheidende bei der gemeinsamen Überexistenz in Liebe nicht eine quantitative Zunahme, sondern eine qualitative Bereicherung und Neuschöpfung für die Beteiligten?

Bereits die Untersuchung der Existenzintuition verdeutlichte, daß einerseits eine unermeßliche Interaktion und Interkommunikation der Seienden untereinander und mit ihrem Ursprung geschaut wird, und damit auch das innere Prinzip, nämlich die natürliche Liebe. Dabei war die Rede allein von Subjekten, während die erste Quelle nicht näher bezeichnet wurde. Nun aber weist Maritain deutlich darauf hin, daß Gott als erste Ursache der universalen Ordnung Haupt der natürlichen wie auch der moralischen (oder personalen) Ordnung ist. Zudem unterscheidet er die Welt der Natur nicht sofort von derjenigen der Übernatur, sondern verweist auf die Welt der Freiheit als Zwischenordnung, die sich in moralisches Gut und Übel unterteilt.[235] Damit kommt eine weitere Differenzierung ins Spiel, nämlich das universale Naturgesetz und die konkrete einzigartige moralische Tat. Ihr

---

[232] Dieser positiven Entfaltung steht ein negativer Gebrauch der Freiheit gegenüber, bei dem das Übel, das der frei Tätige vollbringt, auf ihn zurückfällt, wie jedes Böse Ursache von weiterem Übel und Leid ist. Um des Ausgleichs willen bedeutet dies, daß die seinsmindernde Tätigkeit seinen Autor «hinsichtlich des Universums zu groß» erscheinen läßt, weshalb es keine andere Möglichkeit gibt, als auch ihn auf seine «eigentliche Größe [...] auf angemessene Weise zu reduzieren». Darum wird das Übel, «dessen Ursprung ich bin, auf mich unter der Form von ontologischem Übel oder Leid zurückströmen» (*Neuf leçons* 816).
[233] *Neuf leçons* 815.
[234] *Neuf leçons* 815.
[235] Vgl. das Schema in *Neuf leçons* 817.

gegenüber kann Gott als Quelle allen Seins, als höchster Gesetzgeber (*mensura mensurans*) wie auch als dreipersönlicher Gott betrachtet werden. Diese verschiedenen Ordnungen bauen nicht nur aufeinander auf, sondern sie sind füreinander offen, wobei die übernatürliche Ordnung der christlichen Offenbarung das umfassendste Deutungsmodell liefert und darauf auch seinen Wahrheitsanspruch gründet.

Der Aufweis der inneren Verbindung dieser unterschiedlichen Ordnungen ist Maritains Anliegen. So zeigt er in *La loi naturelle* den allmählichen Übergang von der äußeren Gesetzeserfüllung zur interpersonalen Beziehung auf. Die bereits vorgängige Beziehung auf der ontologischen Ebene wird sich dabei mit zunehmendem moralischen Einsatz in eine personale Beziehung verwandeln, in der das moralische Gesetz als Ausdruck des Willens der transzendenten Personalität Gottes verstanden wird.

> La présence dans les profondeurs de la personnalité humaine de la source première de l'être qui l'habite, et la relation impliquée par cette présence avec la personnalité transcendante de Dieu, même si l'homme en est inconscient, est enveloppée dans la réalité du processus de la vie morale; et plus cette relation devient expérimentée, plus l'homme en prend conscience, plus la loi devient personnelle puisque finalement elle exprime le rapport d'une personne à l'autre.[236]

Damit zeigt sich die innere Anlage des Menschen für eine Inkarnation und «Personalisierung» des Naturgesetzes. Der Mensch kann als ein subsistierender Existenzakt betrachtet werden, der offen ist für eine wachsende Bewußtwerdung der vorgängigen ontologischen Beziehung zur ersten Quelle des Seins. Die Beachtung des Naturgesetzes führt nicht nur zu dessen zunehmender Verinnerlichung im Subjekt, sondern auch zu einer wachsenden Beziehung zu ihrem Urheber. Denn als dynamischer Entwurf ist das Naturgesetz nicht ein abstraktes allgemeines Prinzip, sondern Ausdruck des Willens des transzendenten Gesetzgebers. So führt die Einhaltung dieses Willens zu einer inneren Bindung an den transzendenten Gott. Je mehr sich darum der Mensch auf das moralisch Gute ausrichtet, um so mehr erfüllt er damit nicht nur das Gesetz, sondern erkennt dessen persönlichen Ursprung und wird zum «Freund des Gesetzes». Indem er es in sich aufnimmt, nähert er sich sowohl seiner eigenen Natur und ihrer idealen Funktionsweise und ebenso deren Autor an. Und mit Hilfe des Glaubens erfährt der Mensch, daß die Quelle allen Seins und der natürlichen Liebe nicht ein monadenhaftes Haupt der moralischen Ordnung, sondern die subsistierende

---

[236] *La loi naturelle* 76.

Liebe und ein dreipersonaler Gott ist, der sich danach sehnt, ihn an seiner Liebe teilhaben zu lassen.[237]

Je mehr darum der Mensch nach dem Naturgesetz handelt, desto mehr tragen seine konkreten Akte nicht nur den «unmitteilbaren Charakter, *mein zu sein und meine ganze Personalität einzubeziehen*». Vielmehr kommt darin zum Ausdruck, wie sehr die moralische Tat von der Vernunft und dem Naturgesetz durchdrungen ist. Denn im sittlichen Handeln zeigt sich, wie sehr dieses «durch meinen innersten Willen bestimmt ist, insofern er nach meinen wahren Zielen strebt, nach dem, was es an Innerstem in meiner verborgenen Beziehung mit dem Ursprung des Seins gibt»[238], wie weit also diese Beziehung personalen Charakter trägt und damit von gegenseitiger Liebe geprägt ist.

Eben darum ist es «trügerisch, das universale Gesetz und das persönliche Gebot einander entgegenzusetzen», worum gerade Kierkegaards Denken kreist. Vielmehr gibt es einen normalen und notwendigen Prozeß der «Verinnerlichung oder Subjektivierung»[239] des allgemeinen Gesetzes, in dem dieses «als individuelles Gesetz meiner persönlichen Entscheidung, ihrer Durchführung und ihrer sittlichen Lebendigkeit [...] in meinem geheimsten Ich» fungiert und worin ich hoffe, «recht zu sein [...] und daß mein Wille auf rechte Weise den wahren Zielen des menschlichen Lebens zustrebt»[240]. Nur so kann diese anfangs äußerliche Befolgung des Gesetzes zu einer personalen Beziehung wachsen, in der nicht mehr Furcht oder selbstgerechte Gesetzestreue, sondern gegenseitige Liebe das moralische Handeln prägt. Damit wird die Moral gewissermaßen hinfällig bzw. übererfüllt, da sie ihr Ziel erreicht hat, nämlich die Bildung einer interpersonalen Relation oder Freundschaft mit dem Urheber ihrer selbst. Wie Maritain einige Jahre später sagt, bedeutet dies, daß «die vollkommene Individualisierung, die Kierkegaard in der Beziehung zwischen Gott und der Subjektivität suchte, aus der Liebe hervorgeht [...]. Deshalb handelt es sich auf dieser Ebene um nichts anderes als zu lieben, und dem zu gehorchen, was die Liebe erbittet»[241]. Auf einige weitere ontologische Präzisierungen

---

[237] Zum Verhältnis von Gesetz und Liebe finden wir bei Raïssa in *Chant mineur* (*Poèmes et essais* 539f.) folgende bewegenden Worte: «Nous ne devons jamais confondre / Avec l'amour – la Loi / Dieu est amour et c'est son ombre / Que l'ordre de la Loi / Ombre divine et lumineuse / Qui guérit les pécheurs / Quand la charité gracieuse / Y répand sa douceur / Ô Loi très bonne et salutaire / Nous devons t'observer / Si tu condamnes Loi sévère / L'amour peut nous sauver.»
[238] *La loi naturelle* 77f.
[239] *La loi naturelle* 71.
[240] *La loi naturelle* 78.
[241] *La Philosophie morale* 1005.

werden wir im neunten Kapitel näher eingehen. Für den Moment soll das Gesagte nochmals zusammengefaßt werden.

7. Zusammenfassung

Wenn wir auf die Zeit von 1947 bis 1952 schauen, stellen wir fest, daß Maritain zielstrebig an einem systematischen Personalismus arbeitet, indem er die ontologischen Grundlagen seines erneuerten Existentialismus auf sein Personverständnis überträgt. Hatte er sich zuvor vor allem auf metaphysische Probleme konzentriert, so rückt er nun stärker moralphilosophische Fragen und besonders das Subjekt in den Mittelpunkt. So könnte seine Ausgangsüberlegung gelautet haben: Wenn das alles durchdringende Sein als *actus existentiae* zu verstehen ist, dann müssen auch alle *supposita* oder alle existierenden Subjekte eine entsprechende Struktur aufweisen. Ist also die Bildung eines Seinsbegriffs möglich, dann müssen auch alle Seienden über eine intelligible Struktur verfügen, sich also in Essenz und Existenz unterscheiden lassen. Für die menschliche Natur bedeutet dies, daß sie als subsistierender Existenzakt beide Komponenten in sich vereint und eine intelligible und zugleich unerschöpfliche dynamische Tiefe erhält. Zugleich kommt dem menschlichen *suppositum* eine besondere geistige Überexistenz zu und die Möglichkeit, nach seinem eigenen Willen zu handeln. Diese Selbstbestimmung oder Wahlfreiheit ist freilich nicht absolut, sondern bewegt sich innerhalb eines gewissen Handlungsrahmens. Dieser wird durch die innere Struktur oder die Essenz des *suppositum* vorgegeben und ist auf eine Erfüllung angelegt, die im Befolgen des eigenen Naturgesetzes besteht, das nichts anderes meint als die normale «Funktionsweise» seiner Natur.

Von dieser naturhaften Ebene läßt sich die Ordnung der Person unterscheiden, die über eine Autonomie- oder Handlungsfreiheit verfügt, da sie ihre Ziele *als Person* selbst bestimmen kann. Das bedeutet, daß sie dafür ein geschaffenes Gut erwählen kann, oder aber, entsprechend ihrer personalen Natur, das höchste Gut zu ihrem persönlichen Gut erwählt. Diese Entscheidung wird sich auch in den Akten ihrer Selbstbestimmung, also bei der *Ausübung* ihrer Wahlfreiheit, widerspiegeln. Allerdings führt die bewußte Annahme des Naturgesetzes nicht nur zu einer Vervollkommnung der Natur, sondern auch der Person, da diese nach interpersonaler Kommunikation in Erkenntnis und Liebe verlangt. Die Freiheit der Person, die Selbstbestimmung, bewegt sich darum auf der Ebene der Sittlichkeit, da personales Handeln offen ist für wert-volle oder wert-lose qualitative Prägung. Das bedeutet nichts anderes, als daß die Person in Freiheit handeln kann und zugleich ihr moralisches Tun über eine intelligible Struktur verfügt. Dies setzt wiederum die Erkennbarkeit wie auch die Umsetzbarkeit moralischer Werte voraus. Doch wie kann das Naturgesetz erfaßt werden?

Die Person muß auf eine Weise das Naturgesetz vernehmen können, die ihrem Wesen entspricht, sie aber als Person nicht zwingt. Dazu verhilft ihr auf subjektiver Seite das Urteil des Gewissens, das alle ihre un- und vorbewußten Neigungen aufnimmt und miteinander in Beziehung setzt. Das Gewissen urteilt freilich nicht nur über das individuelle *Können*, sondern auch über das *Sollen*, den objektiven Anspruch des Naturgesetzes, das auf naturgemäße, nämlich konnaturale Weise rezipiert wird. So steht es der Person in ihrer Freiheit offen, sich das Gewissensurteil, das subjektives *Können* und objektives *Sollen* vereint, in einer freien Entscheidung zu eigen zu machen und zum eigenen *Wollen* zu machen – oder dagegen zu handeln.

Freilich stehen die so entstehenden moralischen Akte nicht unverbunden nebeneinander, sondern ermöglichen eine gewisse formale Prägung im betreffenden Subjekt. Dies bedeutet aber darüber hinaus auch eine allmähliche Annäherung an das selbstgewählte Ziel. Stimmt dieses Ziel mit dem Naturgesetz überein, kommt es nicht nur zu einer formalen, sondern auch zu einer personalen Vervollkommnung des Menschen. Wie nämlich das Naturgesetz einem flexiblen Schema gleicht, das allmählich immer klarer wird und im Laufe der Zeit seinen Gehalt offenlegt, so kommt auch der Mensch durch beständiges moralisches Handeln im Licht des Glaubens zur Erkenntnis, daß das Natur- oder Sittengesetz Ausdruck einer höchsten Vernunft und Urweisheit ist. Wie in der Existenzintuition die erste Quelle aller Seienden und damit mittelbar Gott geschaut wird, so wird auch hier allmählich der Autor des ewigen Gesetzes immer klarer als die höchste Personalität erkannt, weshalb moralisches Handeln die Offenheit der einzelnen Ebenen für eine jeweils höhere Ordnung bezeugt und eine vielschichtige Verwandlung der geschaffenen Person bedeutet. Diese Veränderung läßt sich in vier Aspekte unterteilen:

Erstens kommt es zu einer **Personalisierung** *der Motivationen und der Beziehung mit dem höchsten Gesetzgeber* selbst. Durch ein moralisches Handeln in Verbindung mit einer christlichen Grundhaltung wird das Wissen um den Urheber des Naturgesetzes zu einer Erfahrung des Hauptes der moralischen Ordnung. Der Gehorsam verwandelt sich immer mehr in eine interpersonale Beziehung mit Gott als der subsistierenden Liebe. Darum ist es nicht mehr Furcht oder äußere Treue, sondern eine innere persönliche Sehnsucht, den Willen des «göttlichen Freundes» zu erfüllen, mit dem der Mensch in einer Freundschaftsliebe verbunden ist.

Daraus ergibt sich zweitens eine **Individualisierung des Naturgesetzes**, da es in der Seele des Menschen nicht als starres Gesetz angenommen wird, sondern als «persönlicher Anruf, durch den ihn das Wort dessen, den er liebt, erreicht»[242]. So erscheint Gott sowohl als Urheber des universalen Naturgesetzes wie auch als persönliches Gegenüber in der konkreten moralischen Tat, in welcher der Mensch in seiner Freiheit und mit Hilfe der Gnade den Willen Gottes erkennt, weil er ihn liebt. In der konkreten Situation richtig zu handeln heißt also, das allgemeine Gesetz so zu kennen und verinnerlicht zu haben, daß es das Wollen und damit die Liebe der Person bestimmt. Nicht mehr eine logische Subsumption, sondern eine kreative Applikation bestimmt die sittliche Tat, die nicht einer intelligiblen Notwendigkeit, sondern dem überintelligiblen Drängen der Liebe entspringt.

Drittens bedeutet diese Verwandlung eine **Expandierung von Sein und Liebe**. Die Freiheit des Menschen zu Überexistenz in Erkenntnis und Liebe bedeutet für ihn nicht nur eine qualitative Erhöhung, sondern führt auch zu einer Expansion des Seins. Damit tritt nun über die in der Existenzintuition geschaute *Interkommunikation* der Subjekte hinaus die ontologische *Interaktion* der Personen auf den Plan[243]. Moralisch gutes oder schlechtes Handeln führt darum zu Seinswachstum oder Seinsminderung, ist also für den Seinskreislauf und seine Vollendung von großer Bedeutung. Daß im positiven Fall das Gut vom Menschen ausgeht und wieder auf ihn zurückströmt, zeigt nicht nur, daß der moralisch frei Handelnde zugleich verströmender wie auch anziehender Mittelpunkt ist, sondern auch, daß sittliches Handeln seiner Natur in ontologischer Hinsicht entspricht. Mit anderen Worten: Jedes Handeln, das dem Naturgesetz gemäß ist, läßt den Menschen nicht nur an der übernatürlichen und damit personalen Ordnung teilhaben, sondern führt auch auf natürlicher Ebene bei ihm und seiner Umwelt zu einer echten Steigerung an Seinsmächtigkeit. Wer Gutes tut, ist damit nicht nur moralisch, sondern auch ontologisch besser, was nochmals auf die schöpferische Freiheit des Menschen und ihre Tragweite verweist.

Viertens besteht die wahre **Vervollkommnung der Personhaftigkeit** nicht in einer einsamen monadenhaften Perfektion, sondern in einer lebendigen Liebesgemeinschaft – mit Gott wie mit den Mitmenschen[244]. Während die Vervollkommnung der Natur die Aktualisierung ihrer Potenzen bedeutet und damit ein Maximum erreichen kann, geht es bei der Person um die «kreative Verschwendung» ihrer unerschöpflichen Überexistenz. Ihr Wesen *fordert* den Dialog, da nur gegenseitiges Sich-Verschenken und

---

[242] *Court traité* 62.
[243] Vgl. *Court traité* 49.
[244] Vgl. *De Bergson* 169: «Et parce que l'amour est essentiellement surabondance et don de soi, [il ...] demande à surabonder en action [...] en telle sorte que l'homme communique avec les autres hommes dans la même communication d'amour qui l'unit à l'Amour subsistant.»

Sich-Empfangen ihre wahre Erfüllung im Sinne einer gelebten Einheit in Verschiedenheit bedeuten. Diese kennt keine qualitative Begrenzung und kein Ende, sondern verlangt nach Perpetuierung.[245] Keiner der geliebten Partner will mehr alleine existieren und ohne den anderen sein, sich gleichsam nicht aus der geistigen oder realen Umarmung lösen. Keiner möchte existieren, ohne den geliebt-liebenden Partner zu umfangen und von ihm umfangen zu sein. Keiner will sich (um im Bild zu bleiben) aus der Liebesumarmung lösen, da sie jedem Halt bietet und jeder sich gehalten, aber nicht festgehalten weiß; jeder erfährt sich als liebens-wert wie auch als liebe-voll, da er von Liebe überströmt, die ihn immer wieder neue Weisen ersinnen läßt, der Liebe Ausdruck zu verleihen.[246]

Diese Formen der Verwandlung mitsamt ihren Implikationen verweisen uns auf die Offenheit des Menschen, der sowohl seine Identität bewahrt als auch Veränderungen erfahren kann. Um dieser Lebendigkeit willen bemüht sich Maritain um eine Bestimmung der Person, die ihrer inneren Dynamik im Sinne einer geeinten Vielfalt noch gerechter wird.

---

[245] Vgl. *La Personne* 190*f.*: «[La personne est] un centre, en quelque sorte **inépuisable**, d'existence, de bonté et d'action, capable de donner et de *se donner*, – et capable de recevoir [...] un autre lui-même comme don, un autre lui-même comme se donnant.» Vgl. ebenso *Court traité* 69: «Dans le monde de l'existence il n'y a que des sujets ou des suppôts [...]. Nous connaissons ces sujets, nous n'aurons **jamais fini** de les connaître.»

[246] Vgl. *La Personne* 190: «Ce que j'aime est [...] un centre métaphysique [...] et les essences que je puis découvrir et énumérer dans l'être aimé; c'est pourquoi ces sortes d'énumérations n'en finissent pas dans la bouche des amoureux.»

Kapitel VIII: Die lebendige Struktur des Seelengrundes

1. Einleitung

Im vorausgehenden Kapitel haben wir die existentielle Wirkmächtigkeit des Menschen untersucht. Dabei hat sich gezeigt, daß Maritain die Person vor allem von der moralischen Freiheit her, also hinsichtlich der Verfügungsgewalt über ihre Überexistenz versteht. Somit kommt der Person eine echte schöpferische Freiheit zu, die sich in Seinswachstum oder -minderung auswirkt. Zwar ist dies nur aufgrund der ontologischen Abhängigkeit zu ihrer transzendenten Quelle möglich, doch ist diese vorgängige Relation zugleich offen für eine interpersonale Beziehung. So kann auf moralischer Ebene die Freundschaft mit Gott an die Stelle des Gesetzesgehorsams treten, was sich in einer lebendigen und existentiellen Gemeinschaft in einem Geist und einer Liebe zwischen Gott und Mensch ausdrückt. Dabei bleiben beide in ihrem Selbstand unverändert, so daß es zu einer geistigen Einheit bei Aufrechterhaltung ihrer Verschiedenheit kommt. Diese Problematik vertieft Maritain durch weiterführende Untersuchungen der Erfahrung des Poeten. So gliedert sich das vorliegende Kapitel wie folgt:

Zuerst werden die Ausgangsfaktoren untersucht. Entscheidend ist dabei nicht nur eine Erhellung der Begriffe von Poet und Poesie, sondern ebenso die differenzierte Sicht der Tiefen der Seele, in denen nicht nur die Verbindung von Materie und Geist, sondern auch von Bewußtsein und Unterbewußtsein eine wichtige Rolle spielen. Im Anschluß daran kommt im dritten Paragraphen der Vorgang der schöpferischen Intuition selbst zur Sprache, d.h. ihre Entstehung und ihre Wirkweise im Seelengrund des Poeten, da es nicht um eine intellektuelle, sondern um eine affektive Konnaturalität geht. Das bedeutet eine primär existentiell geprägte Erfahrung oder Einsicht im weitesten Sinn, da der Auslöser, die geistige Frucht (oder der geistige Keim) wie auch die Entfaltung desselben in den diversen Seelenfakultäten, nicht auf eine begriffliche Erkenntnis, sondern auf den Vorgang der Schaffung des Kunstwerks, also einen existentiellen Akt *ad extra* ausgerichtet ist. Das Faktum der kreativen Intuition läßt somit Rückschlüsse auf die lebendige Verbindung der verschiedenen Fakultäten mit ihrem Zentrum zu, womit sich der vierte Paragraph befaßt. Dabei geht es um die Frage nach der Eigentätigkeit der Seele, die gleichsam zwischen zwei Polen hin- und herschwingt, ohne sich darin zu erschöpfen. Hierbei kommt das Mysterium des Zentrums oder der Spitze der Seele zum Vorschein, da in ihm das Selbst nicht nur tätig ist, sondern auch eine Einheit in Verschiedenheit mit allen Ordnungen und Beziehungen, mit denen es verbunden ist, konstituiert.

Darin manifestiert sich einerseits Maritains Festhalten am Begriff, wie G. Cavalcoli[1] nachweist (und damit letztlich am Seins- oder Existenzbegriff), andererseits aber auch seine Vertiefung eines personalen Existentialismus. Dies wird in zwei Punkten sichtbar:

Zum einen in der Sichtweise der Person als Akt und den damit verbundenen Implikationen, nämlich einer Neubestimmung der Subsistenz, die allerdings erst im sechsten und letzten Paragraphen ausführlich präsentiert wird. Zuvor kommt noch in einem fünften Paragraphen die andere Frage, nämlich die Entstehung einer geistigen Entität, wie das Selbst es ist, zur Sprache. Wenn nämlich in der Seelenspitze die völlige Einheit und Selbstinnerlichkeit erreicht wird, dann tritt darin das Selbst bereits irgendwie in die Ewigkeit ein, da das Denken als rein geistiger Akt immateriell und damit überzeitlich ist. Hierin wird deutlich, daß nun nicht mehr die Person von ihrer Natur, sondern von ihrer alle Natur überragenden Würde und Größe her gedacht wird, die nicht nur auf den höchsten Seinsakt, sondern auf eine transzendente Personalität verweist, was Maritain darum als einen sechsten oder existentiellen Gottesbeweis vorlegt.

2. Die Komponenten der poetischen Erfahrung

a) Systematisierende Überlegungen zum Unterbewußten

Im Frühling des Jahres 1952 hält der mittlerweile siebzigjährige Maritain in Washington eine Vorlesungsreihe, die sich mit der schöpferischen Intuition in Kunst und Poesie befaßt. Er vertieft nicht nur seine Überlegungen zur konnaturalen Erkenntnis des Poeten, sondern auch zum Seelengrund als dem Zentrum der Person. Wenn das Ausgangsthema auch nicht im Zentrum der Metaphysik steht[2], so behandelt es doch erneut die schöpferische und kreative Freiheit des Menschen und stellt somit eine weitere wichtige Etappe in der Entfaltung von Maritains Anthropologie dar.

Bereits an anderer Stelle beschäftigt sich der französische Philosoph mit der Struktur der menschlichen Seele und stellte dabei vorbereitende Über-

---

[1] Vgl. G. CAVALCOLI, «Il problema del 'preconscio' in Maritain», *DT* 97 (1994) 106: «Il preconscio [...] *effettivamente esiste* e svolge una funzione importante in *tutti i campi* teorici e pratici dello spirito; tuttavia non si tratta, propriamente, di una 'conoscenza preconcettuale' [...] invece già di conoscenza *concettuale*, ma di tipo '*aurorale*', ancora vaga, imprecisa, oscura, implicita, indeterminata. [...] Negare il concetto vuol dire negare il conscio.»

[2] Über dieses Thema hätte er als Philosoph wohl kaum gesprochen, hätte er sich nicht, wie er selbst sagt, auf die unmittelbare Erfahrung einer Dichterin, nämlich seiner Frau Raïssa, beziehen können. Vgl. J. MARITAIN, *L'intuition créatrice dans l'art et dans la poésie*, ŒC Bd. X, 104.

legungen an. So wies er in *Quatre essais* auf die Einseitigkeit von Freuds Ansatz hin, für den die Wirksamkeit des Bewußtseins «einzig im *Erkannt-Werden* besteht. Das Unbewußte ist darum für ihn [Freud] das Entscheidende im Menschen, wenn nicht das Ganze seiner Energien.»[3] Unter *Vorbewußtsein* hingegen versteht Freud nur einzelne Elemente der Seele, die willentlich erschlossen werden können, während Maritain darin einen Teil der Seele sieht, der die Vorstufe für eine Reihe bewußter Tätigkeiten darstellt.[4] Im Anschluß an den Aquinaten räumt er Freud gegenüber durchaus ein, daß es eine Reihe von «Instinkten, Neigungen, erworbenen Tendenzen, [...] Tugenden und Lastern sowie tiefe Mechanismen des Lebens des Geistes, [...] von denen allein ihre Wirkungen ins Bewußtsein aufsteigen»[5], zu berücksichtigen gilt. Aber ebenso gibt es neben diesen psychischen Operationen auch einen «*rationalen* Teil der Seele, da Urteile des Intellekts und freie Wahlen des Willens notwendig und von sich aus bewußt sind»[6].

In besagtem Werk beschränkte sich Maritain vor allem auf eine Kritik von Freud, untersuchte aber selbst nicht näher die verschiedenen Teile des Bewußtseins. Dies versucht er in *Neuf leçons*, wo er darauf hinweist, daß «der affektive und neigungshafte Dynamismus des Menschen» zum «unbewußten und *versunkenen* Teil der Vernunft»[7] gehört. Es entsteht der Eindruck, «als ob die ganze Substanz, das gesamte Universum der Tendenzen und Neigungen des *animal rationale* gespalten sei und eine Hälfte in der Welt der präexistierenden tierischen Instinkte verbliebe [... und] die andere Hälfte die Welt der eigentlich humanen Neigungen ausmache, die in der Vernunft verwurzelt sind und sich fortschreitend als wesentlich zu unserer Natur gehörend entfalten»[8].

Aufgrund der Schwierigkeit, wie der Einfluß beider unbewußter «Welten» im Gewissen unterschieden werden kann, geht Maritain zwei Jahre später in seinem Artikel über die konnaturale Erkenntnis noch einen Schritt weiter. Denn die Urteile, in denen sich das Naturgesetz manifestiert, entstehen nicht auf begriffliche oder diskursive Weise der Vernunft, sondern durch eine «*Konnaturalität* oder *Konformität*, durch die das, was den wesenhaften Neigungen der menschlichen Natur konsonant ist, durch den Intellekt als gut erfaßt wird». Darum sind für Maritain auch die animalischen Instinkte im Menschen «wesentlich menschlich und deshalb Neigungen, die von der Vernunft durchdrungen sind; es handelt sich also um

---

[3] *Quatre essais* 65.
[4] Vgl. *Quatre essais* 62.
[5] *Quatre essais* 63.
[6] *Quatre essais* 64.
[7] *Neuf leçons* 794.
[8] *Neuf leçons* 795.

Neigungen, die sich im Kristall der Vernunft in dessen unbewußtem oder vorbewußtem Leben widerspiegeln.»[9]

In *L'Intuition créatrice* schränkt Maritain diese Überzeugung etwas ein, da sein dynamisches Seelenmodell eine Verbindung aller Seelenfakultäten bei gleichzeitiger Aufrechterhaltung ihres Wesens ermöglicht. So ist also die animalische Seite des Unbewußten nicht mehr von der rationalen durchdrungen, sondern irgendwie umfangen, da «sie wesentlich unterschieden und völlig verschiedener Natur sind». Beide beeinflussen sich gegenseitig sowohl bei den außergewöhnlichen Operationen des Geistes, wie beispielsweise bei der schöpferischen Intuition, als auch bei den gewöhnlichen und alltäglichen Aktivitäten des Verstandes, so daß keine Seite «handelt, ohne daß nicht auch die andere am Werk ist»[10]. Wie lassen sie sich nun bestimmen?

Maritain unterscheidet zwei große psychologische Tätigkeitsbereiche, die beide dem Zugriff des Bewußtseins entzogen sind, nämlich das musikalische oder *geistige Vorbewußtsein* und das Freudsche oder *automatische Unterbewußtsein*. Letzteres ist ein autonomes und geschlossenes Ganzes, das über eine eigene Dynamik verfügt, die alle untermenschlichen und von der Vernunft unabhängigen Einflüsse umfaßt. Dies reicht von den materiellen Neigungen von Fleisch und Blut bis hin zu den animalischen Trieben und Instinkten, von verdrängten Bildern und Sehnsüchten bis zu Komplexen und traumatischen Erinnerungen.

> Il y a deux sortes d'inconscient, deux grandes domaines d'activité psychologique soustraite à la saisie de la conscience: le **préconscient de l'esprit** dans ses sources vives, et l'inconscient de la chair et du sang, des instincts, des tendances, des complexes, des images des désirs refoulés, des souvenirs traumatiques, selon qu'il constitue un tout dynamique, clos et autonome. Je voudrais appeler la première sorte d'inconscient, inconscient ou préconscient spirituel, ou, pour l'amour de Platon, musical; et le deuxième, **inconscient automatique** ou sourd – sourd à l'intelligence, et structuré en un monde autonome séparé de l'intelligence; nous pourrions dire aussi inconscient freudien, en un sens tout à fait général.[11]

Dem automatischen Unterbewußtsein steht das geistige Vorbewußtsein gegenüber, das die wahrhaft menschliche Natur, nämlich seine Geistbegabung und schöpferische Freiheit in moralischer wie auch in künstlerischer Hinsicht umfaßt. Seine Nacht umhüllt die Quellen der Seelenpotenzen, die dem Licht des Bewußtseins entzogen sind, aber durch die Folgen ihrer Tätigkeit und Operationen in dessen Licht treten, wobei dem *intellectus agens*

---

[9] *De la connaissance par connaturalité* 995.
[10] *L'Intuition créatrice* 218.
[11] *L'Intuition créatrice* 217.

oder *illuminans* eine besondere Rolle zukommt, wie wir noch sehen werden. Aus diesem Grund ist im musikalischen Vorbewußtsein nicht nur die Kreativität, sondern der innere Urgrund personaler Freiheit wirksam. Die schöpferische Tätigkeit umfaßt darum nicht nur die Freiheit der Person, sondern bezieht all das mit ein, was zu ihrer Natur gehört, d.h. all das, was sie befähigt, zu erkennen und zu wirken, wahrzunehmen und sich auszudrücken.

> Bien loin au-dessous de la surface ensoleillé peuplée de concepts [...] se trouvent les sources de la connaissance et de la créativité, de l'amour et des désirs suprasensibles, cachées dans la primordiale nuit transparente de la vitalité intime de l'âme. C'est ainsi qu'il faut reconnaître l'existence d'un inconscient ou **préconscient** qui relève des puissances spirituelles de l'âme, de l'abîme intérieur de la liberté personnelle et de la soif personnelle de connaître et de voir, de saisir et d'exprimer: inconscient **spirituel** ou musical.[12]

Diese differenzierte Sicht des geistigen Unbewußtseins, welches das Vor- und das Unterbewußte umfaßt, ist nach dem Urteil von Y. Floucat ein Novum in Maritains Denken und damit der Anthropologie überhaupt[13], wie auch die kritische Untersuchung von Cavalcoli bestätigt[14]. Sie offenbart ein inneres Universum des Menschen, um das auch der heilige Thomas und die Scholastiker wußten, mit dem sie sich aber nicht näher beschäftigten. Für sie stand die Rolle des *intellectus agens*, des tätigen Intellekts, im Vordergrund, da er an jedem Denkgeschehen, ob nun bewußt oder unbewußt, beteiligt ist und so an der Erkenntnis des Geistes entscheidend mitwirkt. Darauf bezieht sich auch Maritain, für den der tätige oder erleuchtende Intellekt die intelligiblen Keime der sinnlichen Wahrnehmung in Begriffe und

---

[12] *L'Intuition créatrice* 220f.
[13] Vgl. Y. FLOUCAT, *Jacques Maritain ou la fidélité à l'Éternel*, Paris 1996, 229. Die fundamentale Tragweite dieser klareren Unterscheidung erwähnt Maritain selbst knapp 20 Jahre später: «Lorsque j'ai écrit cet essai [*Raison et raisons*], je n'avais pas encore dégagé la notion de supraconscient [...]. C'est dans deux autres livres (*L'Intuition créatrice* et *De la grâce et de l'humanité de Jésus*) que j'ai insisté sur l'essentielle importance du supra-conscient de l'esprit, cette sorte de 'inconscient qui, à la différence de l'inconscient freudien, n'est pas au-dessous mais au-dessus de la pensée consciente.» (*De l'Église du Christ* 174f., Anm. 23). Eine ausführliche Untersuchung der Wirkungsgeschichte von Maritains Unterscheidung findet sich in L. GARDET – O. LACOMBE, *L'expérience du Soi. Études de mystique comparée*, Paris 1981.
[14] Vgl. G. CAVALCOLI, «Il problema del 'preconscio'» 105: «Lo sforzo del Maritain di integrare la teoria del preconscio nella psicologia tomista è certamente encomiabile [...]; per quanto ne so, nessun tomista ha tentato un'operazione del genere, mentre d'altra parte quella nozione di preconscio [...] che oggi è corrente presso molti teologi e moralisti cattolici, è quasi sempre mutuata da Kant o da Heidegger [...] i quali non danno garanzia di rispettare il realismo gnoseologico biblico e cristiano.»

Ideen verwandelt, während er selbst völlig unsichtbar bleibt.[15] So verbindet die geistige Energie des *intellectus illuminans* alle Operationen des Geistes und damit auch beide Bereiche des Unbewußtseins. Sie werden «im Inneren des Intellekts durch das Licht angeregt und aktiviert»[16], das von ihm nur übermittelt wird, da er selbst nicht erkennt.[17] So wissen wir zwar in den meisten Fällen, was wir denken, aber nicht, *wie* wir denken.

Deshalb spielen für Maritain in der Struktur unserer intellektuellen Tätigkeit «zwei Dinge eine wesentliche Rolle: Der *intellectus illuminans* sowie der intelligible Keim»[18]. Letzterem werden wir uns später eingehend widmen, während für ersteren gilt, daß er zwar mitsamt des «Prozesses der Erleuchtung uns unbekannt bleibt und im Unbewußten stattfindet». Doch so ist gleichsam «in den höchsten Regionen unserer Seele, in dieser ursprünglichen und durchlässigen Nacht, wo der Intellekt die Bilder unter dem Licht des *intellectus illuminans* aktiviert, ein Ort vorbereitet, wo die von Platon gesichtete Muse in den Menschen hinabsteigen, in ihm wohnen und echter Bestandteil unseres geistigen Organismus werden kann»[19]. Dieser Ort meint nichts anderes als die Empfänglichkeit für die schöpferische Intuition.

Für H.L. Bauer stellt Maritains Verweis auf den tätigen Intellekt die Betonung «eines überkommenen Begriffes zur 'Erhärtung' seiner Analyse» dar, nämlich der Aktivität des Vorbewußten, mit dem eine Tätigkeit umschrieben wird, die «selbst nicht erkennt, – im Sinne eines kategorialen, begrifflichen Erkennens – , aber als verborgener Grund eben diese Erkenntnis ermöglicht. [...] Das Zurückgreifen auf die Intellectus-agens-Lehre soll zeigen, wie der Begriff des geistigen Unbewußten philosophisch begründet ist: Wenn nun schon vor der abstrahierenden begrifflichen Erkenntnis eine unbewußte, unbegriffliche Aktivität des Geistes steht, wie viel mehr dann erst an der Schwelle zur poetischen Intuition, der exemplarisch unbegriffli-

---

[15] Maritain bevorzugt in diesem Zusammenhang den Begriff des *intellectus illuminans* gegenüber dem *intellectus agens*, da so deutlicher zum Ausdruck kommt, daß der Intellekt nicht nur beständig tätig ist, sondern die Bilder des geistigen Vorbewußten mit seinem Licht durchdringt und ihre potentielle Intelligibilität aktualisiert und erweckt (vgl. *L'Intuition créatrice* 223).

[16] *L'Intuition créatrice* 237.

[17] Vgl. *L'Intuition créatrice* 224: «Le contenu intelligible présent dans les images [...] n'est intelligible qu'en puissance [...] est rendu intelligible en acte [...] dans un germe intelligible (*species impressa*) que l'intellect reçoit des images sous l'activation de l'Intellect Illuminant. Mais cela ne suffit pas encore pour connaître. [...] C'est alors l'intellect lui-même qui, fécondé par la forme imprégnante ou germe intelligible, produit vitalement – toujours sous l'activation de l'Intellect Illuminant – un fruit intérieur (*species expressa*) qui est le concept.»

[18] *L'Intuition créatrice* 225.

[19] *L'Intuition créatrice* 226*f.*

chen Erkenntnis.»[20] Und gerade durch den tätigen Intellekt werden alle Bereiche des Unbewußten und damit alles, was den Menschen ausmacht, verbunden und befähigt, ihren Teil beizutragen bei der Bildung von geistigen Keimen, welche aus den schöpferischen Intuitionen entstehen. Was umfassen nun die Tiefen des Geistes?

b) Das Selbst des Poeten

Neben ersten Überlegungen zum Unbewußten beschäftigte sich Maritain in *Situation de la poésie* vor allem mit dem Phänomen der poetischen Erfahrung. Diese zeigt, daß es dabei zu einer Begegnung des Subjektes *als Subjekt* mit einer konkreten Sache kommt, indem die Tiefen der Existenz und des Subjekts in eine Konsonanz geraten. Der Gleichklang dieser inneren Begegnung führt zur gegenseitigen Durchdringung von cis- und transobjektivem Subjekt in einer existentiellen Erkenntnis.[21] Dabei tritt die Subjektivität im Sinne eines Ursprungs an produktiver Vitalität und geistiger Emanation in Aktion, eben als eine Quelle *in actu exercito*. Aus dieser Begegnung geht eine besondere geistige Entität, ein geistiger Keim hervor, der virtuell bereits das fertige Kunstwerk in sich trägt.[22] Dieser Keim zeigt, daß der menschliche Geist über Tiefen verfügt, die dem bewußten Zugriff des Intellekts entzogen sind, aber in ihrer Tätigkeit eine große kreative Eigenständigkeit besitzen. Darüber hinaus ist in ihnen das Subjekt *als Subjekt* tätig, was auf eine besondere innere Einheit, gewissermaßen auf die Verschmelzung von Person und ihren Fakultäten, also ihrer Natur, hinweist. Nur so ist es denkbar, daß die Seele gleichsam in die sie durchströmende lebendige Quelle eintaucht und aus ihr erneuert und gestärkt hervorgeht.[23] So erscheint das Zentrum der Person wie eine lebendige und überströmende Quelle, von der alle geistigen Energien ausgehen.

Allerdings ging Maritain Ende der dreißiger Jahre nicht näher auf die Implikationen ein, machte die poetische Erkenntnis zum Ausgangspunkt einer systematischen Untersuchung der konnaturalen Erkenntnis. Ende der vierziger Jahre hingegen wendet sich Maritain dem einigenden Zentrum deutlicher zu und unterscheidet zwischen der Person und ihrer Natur, zwischen dem unvergänglichem Selbst und der verbindenden Aufgabe des Seelengrundes. So umschreibt er in *Raison et raisons* die Subjektivität als ein «wesenhaft dynamisches Zentrum, lebendig und offen, das zugleich gibt und empfängt»[24]. Ergänzend betrachtet er in *La Personne et le bien com-*

---

[20] H.L. BAUER, *Schöpferische Erkenntnis* 72.
[21] Vgl. *Situation de la poésie* 853f.
[22] Vgl. *Situation de la poésie* 878f.
[23] Vgl. *Situation de la poésie* 860f.
[24] *Raison et raisons* 361.

mun die Seite der «Personalität als die Subsistenz der Seele». Doch auch diese ist «in den geheimen Tiefen unserer ontologischen Struktur als eine dynamische Quelle der Einheit und der Einheitsstiftung von innen her»[25] tätig. Wie der nächste Paragraph verdeutlichen wird, verweist diese besondere Quelle einerseits auf ein lebendiges und Bewegung implizierendes Zentrum. Andererseits geht es um die innere Einheit des Subjekts als Subjekt, die von neuem auf die Subsistenz und die Selbstinnerlichkeit hindeutet.

Alle diese Aspekte greift Maritain nun in *L'Intuition créatrice auf* und macht mit der schöpferischen Intuition des Poeten anschaulich, wie sowohl Ruhe und Bewegung als auch die Beteiligung des ganzen Menschen (nicht nur einzelner Fakultäten) im Sinne der individuellen Person verbunden und gemeinsam schöpferisch wirksam sind.

> Ce qui nous importe, c'est le mutuel emmêlement de la nature et de l'homme – disons la rencontre du monde et du soi – par rapport à la création esthétique. [...] Il me faut désigner à la fois la singularité et les profondeurs intérieures infinies de cet existant fait de chair, de sang et d'esprit, qu'est l'artiste, et je n'ai pour cela qu'un mot abstrait: le *Soi*. Il me faut désigner les profondeurs secrètes et l'implacable marche en avant de cette armée infinies d'êtres, d'aspects, d'événements, d'enchevêtrements physiques et moraux d'horreur et de beauté – de ce monde enfin, de cet indéchiffrable Autre – auquel l'homme en tant qu'artiste est affronté; et je n'ai pas de mots pour cela, si [...] les *Choses*.[26]

So stellt Maritain die *Dinge* und das *Selbst* einander gegenüber, die auf eine besondere Weise miteinander und durcheinander sichtbar werden. J.G. Trapani verweist darauf, daß Maritain mit dem Begriff des «Selbst» den Personbegriff nicht zurückstellt, sondern vielmehr «die Polarität zwischen der Subjekthaftigkeit des Künstlers und dem Universum der Objekte»[27] hervorheben möchte. Unserer Auffassung nach geht es Maritain nicht allein um die Vermeidung der Person- oder Subjekt-Objekt-Polarität, sondern ebenso um eine offene Begrifflichkeit, die nicht mehr den gnoseologischen Kontext von cis- und transobjektivem Subjekt assoziiert, sondern die lebendige Gemeinschaft und Interkommunikation der existierenden Subjekte ausdrückt, an der die menschliche Person in ihrem Innersten aufgrund ihrer Geistseele teilhat.[28] Außerdem nimmt der Begriff des *Selbst* die auf das Subjekt zentrierten Überlegungen auf, die uns bereits in *Court traité* begeg-

---

[25] *La Personne* 192.
[26] *L'Intuition créatrice* 115*f.*
[27] J.G. TRAPANI, «Fondations of Maritain's Notion of the Artists 'Self'», in *Jacques Maritain. The Man and His Metaphysics*, Hrsg. J.F.X. Knasas, Mishawaka 1988, 176.
[28] Vgl. *L'Intuition créatrice* 259.

nen, bezieht sich also auf den konkreten Menschen und umfaßt alles, was ihn hinsichtlich seiner Person und seiner Natur bestimmt.[29]

Hatte Maritain zuvor schon auf der Seinsebene nur von subsistierenden Subjekten gesprochen, so hebt er nun mit dem Selbst noch die besondere Stellung des Poeten und des Menschen überhaupt hervor. Dazu gehört sozusagen als Rückseite des subsistentiellen Selbstandes nicht allein das Sich-selbst-gewahr-Sein aufgrund der geistbegabten Seele, sondern auch die Einbindung aller Elemente, die Maritain mit «Geist und Blut»[30] zusammenfaßt und die den Menschen in seiner konkreten individuellen Situation als Einheit von materiellem Leib und Geistseele bestimmen.

Diese den ganzen Menschen, also Person und Natur, umfassende Wirklichkeit des *Selbst* wird allerdings nicht als solche, sondern nur mittelbar erfaßt, denn «die Substanz des Menschen bleibt ihm selbst dunkel», wie er auch «seine eigene Subjektivität nicht erkennt». Sie ist «*als Subjektivität* begrifflich nicht erfaßbar, sie ist ein unerkennbarer Abgrund»[31]. Gerade darum ist die Erfahrung des Poeten so aufschlußreich, denn «die schöpferische Intuition ist ein dunkles Wissen des eigenen Selbst und der Dinge, das [...] im geistigen Vorbewußten entsteht und allein im Kunstwerk greifbar wird»[32]. In diesem offenbart sich keine abstrakte Essenz, sondern vielmehr ein lebendiges Zentrum, in dem die entscheidenden Elemente der menschlichen Person in einer besonderen Einheit gemeinsam schöpferisch wirken, ohne zu verschmelzen.

> Je pense à la **subjectivité** dans son sens ontologique le plus profond, c'est-à-dire à cette **totalité substantielle de la personne humaine**, univers à soi-même, que la spiritualité de l'âme rend capable de se contenir elle-même par ses actes immanents et qui, au centre de tous les sujets qu'elle connaît comme objets, se saisit elle seule comme sujet. [...] Le besoin essentiel du poète est de créer; [...] et qu'est-ce qu'un tel acte peut bien exprimer et manifester en produisant l'œuvre, sinon l'être même et la substance de celui qui crée?[33]

---

[29] Unterschied Maritain in *Pour une philosophie de l'éducation* (778) noch im Subjekt 'Ich' und 'Selbst' als Ausdruck der Polarität von Personalität bzw. Individualität, so sieht er in *Raison et raisons* (361) das 'Ich' klar als die alles umfassende Person, die darum irgendwie über aller Verschiedenheit wie ein einigendes Zentrum steht: «Le Moi, étant non seulement un individu matériel, mais aussi une personne spirituelle, se possède lui-même et se tient lui-même en main.»

[30] «Blut» soll dabei wohl nicht nur alternativ zu Fleisch verstanden werden, sondern in seiner Funktion als vitales Transportsystem, das alle Teile des Körpers erreicht. Wenn darum die Schönheit oder die Poesie den Menschen ergreifen, dann «zirkulieren» sie gleichsam in ihm und «dringen gewissermaßen in sein Blut ein und atmen mit ihm seine eigene Sehnsucht» (*L'Intuition créatrice* 110).

[31] *L'Intuition créatrice* 242f.
[32] *L'Intuition créatrice* 244.
[33] *L'Intuition créatrice* 241f.

So bleiben dem Poeten seine Substanz und seine Seele zwar dunkel, aber er kann seine Subjektivität indirekt erfahren, wenn auch «ohne jegliche erfaßbare Form, indem er sie fühlt wie eine gnädige und einhüllende Nacht»[34], oder dadurch, daß «die Dinge in ihm selbst widerhallen, und daß sich in ihm selbst er und sie in einem gemeinsamen Erwachen aus dem gleichen Schlaf erheben»[35]. Das, was in beiden widerhallt oder schwingt, verbindet sie nicht nur, sondern wird im Kunstwerk sichtbar. Es handelt sich um die Poesie, die dem Kunstwerk besonderes Leben oder Glanz verleiht und die etwas vom unerschöpflichen Mysterium der Existenz offenbart.

c) Die Poesie als lebendige Wirklichkeit

In *Frontières de la poésie* definiert Maritain die Poesie als ein «Erahnen des Geistigen im Sinnenhaften, welches sich selbst wieder im Sinnenhaften ausdrücken wird»[36], und seine Frau umschreibt sie zehn Jahre später als «die Frucht eines Kontaktes des Geistes mit der Wirklichkeit, die in sich unaussprechlich ist»[37], weil sie jede begriffliche Objektivierung übersteigt.[38] In *L'Intuition créatrice* sieht Maritain darum den Poeten in seiner besonderen Nähe zu Gott[39] als dem «ersten Poeten», dessen schöpferische Idee «nichts von den Dingen empfängt, zumal sie noch nicht existieren. Sie ist in keiner Weise durch ihr erschaffbares Objekt *gebildet,* sondern sie ist reine *Bildnerin* und *bildend.»* Im Vergleich dazu ist der menschliche Poet natürlich ein «armer Gott», da bei ihm Essenz, Existenz und Erkennen nicht zusammenfallen und er sich selbst nicht kennt. Dennoch kommt ihm eine freie Kreativität zu, die «nur darauf ausgerichtet ist, Schönheit [...] hervorzubringen und die eine Unendlichkeit an möglichen Verwirklichungen und

---

[34] *L'Intuition créatrice* 242. Vgl. dazu auch Maritains Hinweis auf die treffende Formulierung von H. MELVILLE (*Moby Dick,* New York 1926, 53): «Personne ne peut bien sentir sa propre identité sans fermer les yeux, comme si l'obscurité était l'élément naturel de notre essence.»

[35] *L'Intuition créatrice* 243.

[36] *Frontières de la poésie* 699.

[37] *Poèmes et essais* 680.

[38] Und in *Situation de la poésie* (856) umschreiben beide die poetische Erkenntnis als eine unsagbare Erfahrung, die über sich selbst hinausweist: «S'éveille en elle [la connaissance poétique] un désir caché dans sa transcendance et dans sa spiritualité même, une aspiration métaphysique à passer au-delà, à transgresser les limites qui l'enferment dans une nature, à tel degré de l'échelle des êtres.»

[39] Bereits in *Frontières de la poésie* (691) verweist Maritain darauf, daß die Theologen die Ideen Gottes mit denen der Künstler vergleichen, da sie keine «vergegenwärtigende Zeichen sind, die aus den Dingen herausgezogen wurden», sondern «den Dingen vorausgehen und sie schaffen».

VIII DIE LEBENDIGE STRUKTUR DES SEELENGRUNDES

Wahlmöglichkeiten einschließt»[40]. Der Poet ist frei in der Wahl seiner Mittel und insofern frei in seiner Gestaltung, als er nicht etwas völlig Neues schafft, sondern auf kreative Weise dem Ausdruck verleiht, was unabhängig von seinem Tun sein Inneres erfüllt, nämlich die Poesie. In ihr vermag sich der einzigartige Gleichklang zwischen seiner eigenen Substanz und der konkreten Sache zu manifestieren, der durch das Kunstwerk von der geistigen in eine materielle Wirklichkeit übertragen wird. Was geschieht dabei?

Voraussetzung für eine ästhetische Schöpfung ist tiefe *Begegnung* zwischen Natur und Künstler, zwischen dem «Selbst» und «der Welt, diesem unentzifferbaren Anderen», das nicht nur eine leere Wirklichkeit, sondern die lebendigen Dinge der Welt betrifft, welche nach Auffassung der alten Philosophen Ioniens «alle voller Götter sind»[41]. Diese Begegnung führt zu einem echten Austausch, in dem die Natur sich nicht wie ein getrenntes und in sich geschlossenes Ding manifestiert, sondern mit «gewissen inneren Aspekten das Herz der schöpferischen Subjektivität berührt»[42]. Auf diese Weise ist der Künstler nicht einfach aufgefordert, allein den Eindruck der äußeren Schönheit, sondern vielmehr «die geheimen Aspekte und die unendlich vielfältigen Bedeutungen dieser Dinge darzustellen»[43]. In der Präsentation dieser lebendigen Vielfalt scheint deshalb die Poesie auf.

> J'entends par poésie, non l'art particulier qui consiste à écrire des vers, mais quelque chose d'à la fois plus général et plus primordial: cette intercommunication entre l'être intérieur des choses et l'être intérieur du Soi humain qui est une sorte de divination (comme l'Antiquité le savait bien; le *vates* latin était à la fois un poète et un devin). La poésie en ce sens est la vie secrète de chacun des arts et de tous les arts.[44]

Die Poesie ist nicht mit dem Kunstwerk selbst oder dem künstlerischen Schaffen zu verwechseln, und sie bezieht sich auch nicht «auf die gegenseitige Vermischung der Natur und des Menschen im ästhetischen Gefühl oder der Wahrnehmung der Schönheit»[45]. Vielmehr kommt in ihr vermittels

---

[40] *L'Intuition créatrice* 240. Dieser Gedanke der schöpferischen Freiheit tritt erst in *L'Intuition créatrice* so klar zutage, da Maritain zuvor noch stärker von seiner konzeptualistischen Denkweise bestimmt war und eher den produktiv-abbildenden als den kreativ-gestaltenden Aspekt im künstlerischen Schaffen sah. Vgl. *Situation de la poésie* 882: «L'intuition poétique est radicalement **productive**, mais d'un objet intrinsèquement et **parfaitement déterminé**, et en quelque façon nécessaire [...]. L'émotion poétique est souverainement déterminée et individuée.»
[41] *L'Intuition créatrice* 115f.
[42] *L'Intuition créatrice* 140.
[43] *L'Intuition créatrice* 145.
[44] *L'Intuition créatrice* 107.
[45] *L'Intuition créatrice* 115. Das Transzendentale der Schönheit, das *pulchrum*, ist für Maritain «der Glanz aller vereinten Transzendentalien, koextensiv zum Sein, wie die Herrlichkeit des Seins» (*Neuf leçons* 805).

einer besonderen Ahnung die verbindende Interkommunikation zwischen dem inneren Sein der Dinge und dem inneren Sein des menschlichen Selbst zum Vorschein, und zwar als etwas zugleich höchst Allgemeingültiges und zugleich völlig Ursprüngliches und damit einzigartig Individuelles.[46] Die Poesie ist in diesem Sinn das geheime Leben jeder Art von Kunst und meint genau das, was Platon als *mousiké* bezeichnete. Sie ist etwas Dynamisches, was das Geheimnis des Kunstwerks ausmacht und wodurch im Kunstfreund eine «Saite» seiner Seele zum Klingen gebracht wird. Damit dies möglich ist, muß sie vorher vom Poeten selbst vermittelt oder «hineingelegt» worden sein.[47] Besonders deutlich wird dies beim Maler:

> La subjectivité créatrice ne peut s'éveiller à elle-même qu'en communiant avec les Choses. [...] Le peintre (qui dès lors n'est plus rien s'il manque de vision poétique) voit donc plus profondément dans les Choses, bien que ce soit dans l'obscurité des Choses et de son propre Soi. Il saisit énigmatiquement un aspect ou élément du mystère de l'univers de la matière, selon que cet aspect ou élément est appelé à fructifier en une construction de lignes et de couleurs [...]. C'est qui est ainsi cherché dans les Choses visibles doit avoir la même sorte de profondeur intérieure et d'inépuisables potentialités de révélation que le Soi du peintre.[48]

Die Quelle der Poesie liegt freilich im vorbewußten und vorbegrifflichen Bereich des Intellekts. Sie läßt sich als eine Art geistiger Energie verstehen, die den dunklen Tiefen und geheimen Quellen im Innern der Seele entströmt.[49] Dort, im Zentrum der Seele, kann sich in einem Klima der inneren Entspannung und friedvollen Konzentration die Begegnung mit der unaussprechlichen Wirklichkeit eines konkreten Seienden vollziehen. Erst der darauf folgende Schritt ist geprägt vom Enthusiasmus und der inneren Erhebung, welche die Schaffenskraft mobilisieren und danach drängen, die empfangene Intuition ins Werk umzusetzen.[50]

---

[46] Vgl. dazu die Definition von Raïssa Maritain (*Poèmes et essais* 662): «La poésie ne se réfère pas à un objet matériel clos sur lui-même, mais à l'universalité de la beauté et de l'être, perçue chaque fois, il est vrai, dans une existence singulière. Or, c'est par nos puissances spirituelles et intuitives que nous nous référons à l'être.»

[47] Vgl. *L'Intuition créatrice* 260: «Ce qui concerne l'œuvre, elle aussi sera, dans une unité indissoluble [...] révélation à la fois de la subjectivité du poète et de la réalité que la connaissance poétique a fait percevoir à celui-ci.»

[48] *L'Intuition créatrice* 140.

[49] Vgl. *L'Intuition créatrice* 108.

[50] Vgl. *Poèmes et essais* 680f. Diese besondere Einheit zwischen Dichter und Sache drückt auf poetische Weise Raïssa Maritain aus mit ihrem Gedicht *Le Poète* (*Poèmes et essais* 647): «Si ton âme, ô Poète / ne vit pas d'enthousiasme et d'amour, / de passion, de compassion, d'intelligence, / que me font les détours de tes adresses, de tes ruses? / Nécessaire est la science, bénie l'imagination, / et plus encore, dans la quiétude, / l'expérience, / et l'union / à la Création.»

VIII DIE LEBENDIGE STRUKTUR DES SEELENGRUNDES

Die Erfahrung der Poesie manifestiert auch die vielfältige Funktion des Intellekts. Während der theoretische Intellekt durch die *adaequatio rei et intellectus* zur Erkenntnis der Wahrheit gelangt, geht es dem praktischen Intellekt um die Ausführung von Aktionen und die Erfüllung von Aufgaben, die im jeweiligen *appetitus* ihren Ursprung haben. Er «erkennt» nicht um der Erkenntnis willen, sondern um der Aktivität willen. Er ist eingetaucht in die Kreativität und bildet geistig das voraus, was in die Existenz umgesetzt wird. Er urteilt über die Mittel und Ziele und leitet die Fakultäten sowie die konkreten Schritte zur Ausführung. Für ihn hat der *appetitus* nicht nur das Ziel, zur Erkenntnis hinzuführen wie beim spekulativen Intellekt, sondern er ist zugleich mit dem Willen verbunden. Darum ist beim praktischen Verstand nicht die Übereinstimmung von Ding und Vernunft, sondern die zielgerichtete Dynamik des Subjekts in Bezug auf die noch inexistente Sache entscheidend (*adaequatio intellectus et appetitus justi*). Diese vernunftgemäße Ausführung des rechten Strebens kann sich grundsätzlich auf zwei verschiedene Ebenen richten: Entweder führt es zu Operationen, welche die moralische Verantwortung des Subjekts betreffen, oder es drängt zur Bildung von Kunstwerken, zählt also zur künstlerischen Ebene.

Neben der Offenheit für die Poesie bedarf die Künstlerseele einer besonderen Disposition, eines *habitus*. Maritain umschreibt diesen als eine «innere Qualität oder eine bleibende und tief verwurzelte Disposition, welche das Subjekt und seine natürlichen Potenzen auf eine höhere Stufe von lebendiger Gestaltungskraft und Energie erhebt»[51]. Dann meint die Wahrheit des schöpferischen Urteils nicht die Entsprechung zwischen den Regeln der Kunst und dem Kunstwerk selbst, sondern die getreue Überführung der inneren Anregung oder des *appetitus* in das Kunstwerk. Letztlich gibt es nur eine einzige, nämlich «eine himmlische Regel. Sie betrifft das Empfangen des Kunstwerks im Herzen des Geistes selbst, das in die Schönheit umgesetzt werden soll.» Anders ausgedrückt geht es dabei um eine Abwandlung der augustinischen Maxime: «Sei deiner schöpferischen Intuition treu, und tue, was du willst!»[52] Doch woher kommt letztlich die schöpferische Intuition, und wie entfaltet sie sich im Subjekt? Welche Operationen vollziehen sich im Geist, bevor es zur Bildung eines Kunstwerkes kommt?

---

[51] *L'Intuition créatrice* 164.
[52] *L'Intuition créatrice* 179. Dabei geht es einerseits um die Anwendung angemessener Regeln (vgl. *ebd.* 170*f.*, Anm. 6), die aber andererseits selbst immer wieder neu entdeckt und in Verbindung mit der *prudentia* flexibel und dem stets einzigartigen Kunstwerk entsprechend anzuwenden sind (vgl. *ebd.* 175).

3. Die Erfahrung der kreativen Intuition

a) *Der Auslöser der schöpferischen Intuition*

Im Rückgriff auf die Erfahrung seiner Frau umschreibt Maritain in *L'Intuition créatrice* die poetische Erfahrung näher. Ausgangspunkt ist der Seinsstrom, der durch die Tiefen des Geistes hindurchfließt und der aller herkömmlichen menschlichen Aktivität zugrunde liegt. Er stellt eine authentische und zugleich für Formeln nicht zugängliche Wirklichkeit dar und gleicht «in den Minuten der Hingabe an verborgene Kräfte, die beleben [...], einer natürlichen Ekstase». Dabei «taucht die Seele gleichsam in die sie durchströmende lebendige Quelle ein und geht aus ihr erneuert und gestärkt hervor»[53].

Für Maritain kommt der Auslöser dieser kreativen Intuition nicht von einer Reflexion oder dem Erfassen einer Essenz, sondern von einem konkreten Seienden (vergleichbar der Existenzintuition), dessen konkrete individuelle Wirklichkeit in ihrer Vielschichtigkeit weniger geschaut als miterlebt wird. Da es nicht um ein begriffliches Erfassen geht, sondern um eine existentielle Begegnung zwischen dem Selbst und der Sache, wächst die schöpferische Intuition über das konkrete Ding hinaus. Sie entfaltet sich bis ins Unendliche, ja bis zur unendlichen Wirklichkeit, die in die polyvalente Existenz und damit in jedes einzelne Existierende eingebunden ist. Dabei kann es sich um den Existenzakt der konkreten Sache, um seine existentiellen Beziehungen (gewissermaßen seine «Interkommunion») mit den anderen Dingen oder um eine Erfahrung mit der Urquelle des die ganze Welt durchdringenden Seins handeln.

> L'intuition poétique vise l'existence concrète en tant que connaturelle à l'âme transpercée par une émotion donnée: c'est-à-dire qu'elle vise toujours un existant singulier, une réalité individuelle concrète et complexe, prise dans la violence de sa soudaine affirmation-de-soi et dans la totale unicité dans le temps. [...] Précisément parce qu'elle n'a pas d'objet conceptualisé, elle tend et s'étend à l'infini, elle tend vers toute la réalité, la réalité infinie qui est engagée dans tout existant singulier.[54]

Das in der poetischen Erfahrung Wahrgenommene läßt sich deshalb kaum als Idee oder Objekt bezeichnen. Darum spricht Maritain einfach vom «Erfaßten [le saisi]»[55], das begrifflich nicht ausdrückbar ist. Es eröffnet den Blick auf die «unendliche Offenheit der Reichtümer des Seins»[56], welche in

---

[53] *Situation de la poésie* 861 bzw. *L'Intuition créatrice* 239.
[54] *L'Intuition créatrice* 258.
[55] *L'Intuition créatrice* 258.
[56] *L'Intuition créatrice* 259.

der poetischen Intuition durchlässig und lebendig erscheinen. Sie geben den Blick frei auf unendliche Horizonte, und so kann letztlich in der poetischen Erkenntnis das Überquellen der Dinge an Sinn- und Bedeutungsgehalt erfaßt werden. Auch das vollendete Kunstwerk selbst wird letztlich nicht allein als Objekt, sondern ebenso als Zeichen dienen, das entsprechend der auslösenden Intuition «von Bedeutungsschwere überströmen und mehr sagen wird, als es ist, und auf seinem Antlitz dem Geist in einem Blick das Universum erschließen wird». Das Kunstwerk weist gleichsam auf unbegrenzte Weise beständig «in den unendlichen Spiegeln der Analogie»[57] über sich hinaus. Dadurch gleicht das, was in der poetischen Intuition erlebt und erfaßt wird, der Schau «einer Welt in einem Sandkorn»[58].

In der poetischen Erfahrung kommt gewissermaßen auf künstlerische Weise zum Vorschein, was in der Existenzintuition geschaut wird, nämlich die polyvalente und wesenhaft analoge Wirklichkeit des Seins sowie die untrennbare Verbundenheit von Essenz- und Existenzordnung. Offensichtlich werden auch im Zentrum des Poeten beide Aspekte gemeinsam erfaßt, denn nur wenn der Poet in seinem Innersten über die gleiche Struktur verfügt wie das Gegenüber, kann in der individuellen Sache der unfaßbare Horizont des Seins aufscheinen. Mit anderen Worten: Es handelt sich bei der poetischen Erfahrung um eine Erkenntnis durch affektive Konnaturalität. Sie wird ausgelöst durch das geistige Erleben der Existenz des einzelnen Dinges und bringt somit die Subjektivität in ihrer Ganzheit zum Mitschwingen, teilweise mit Vehemenz und Gewalt, teilweise durch eine gleichzeitig gefühlshafte und intellektuelle Begegnung, teilweise auch durch eine einfache erfahrungshafte Wahrnehmung.[59]

Diese Resonanz wird gemäß der Struktur des menschlichen Geistes in eine geistige Entität verwandelt. Dieser geistige Keim besitzt eine eigene Dynamik, weshalb Maritain von einer «geistigen Emotion» spricht. «Emotion» ist dabei nicht als eine subjektive Stimmung oder ein unbestimmtes Gefühl zu verstehen, sondern meint eine innere Anregung, die wie ein Instrument oder Zeichen eine innere Zielgerichtetheit besitzt im Sinne einer Intention auf die Schaffung des betreffenden Werkes hin.[60] Diese Anregung ist eine «Emotion-*Form*, die eine Einheit mit der schöpferischen Intuition bildet und dem Gedicht Form verleiht, eine Ausrichtung wie eine

---

[57] *L'Intuition créatrice* 261.
[58] *L'Intuition créatrice* 253. Maritain übernimmt dieses paradoxe Bild von W. BLAKE, *Auguries of Innocence* (in *The Oxford Book of English Mystical Verse*, Hrsg. D. Nicholson – A. Lee, Oxford ²1932, 105), dessen erste Strophe lautet: «To see a World in a Grain of Sand / And a Heaven in a Wild Flower / Hold Infinity in the palm of your hand / And Eternity in an hour.»
[59] Vgl. *L'Intuition créatrice* 247f.
[60] Vgl. *L'Intuition créatrice* 249f.

Idee hat, aber die in sich unendlich mehr trägt als sie selbst ist»[61]. So kommt es, daß «in der poetischen Erkenntnis die Emotion die Wirklichkeit, welche die Seele erleidet – eine Welt in einem Sandkorn – in die Tiefe der Subjektivität und des geistigen Vorbewußten des Intellekts transportiert»[62] und damit zugleich den tätigen Intellekt involviert. Damit sind wir bei der Frage, wie diese besondere Emotion, die in der Seelenspitze ersteht, in das Bewußtsein übergehen kann.

b) Das Seelenmodell und sein Zentrum

Bereits in *Quatre essais* stellt Maritain die Geistseele ausdrücklich als Zentrum des Menschen vor, aus welchem der Intellekt durch Emanation hervorgeht. Einerseits durchdringen sie sich gegenseitig vollkommen, wie sich beispielsweise auch Proprietäten im strengen Sinne mit ihrer Essenz identifizieren. Andererseits sind sie doch zu unterscheiden, da die Substanz der Seele nicht in ihren Fakultäten aufgeht oder sich in deren Tätigkeiten erschöpft. Vielmehr ist es «der Seele, die mit dem Leib verbunden ist, konnatural, sich nach außen zu kehren, um einen Erkenntnisakt zu vollbringen. Anders gesagt vollbringt sie mit Hilfe der Sinne und der geistigen Bilder den Erkenntnisakt, was aus dem Intellekt eine *tabula rasa* macht, insofern ihn nicht der tätige Intellekt dank der Abstraktion informiert». Dieses Fortschreiten nach außen hin fordert der menschliche Intellekt aufgrund seiner ihm eigenen Schwäche, da er «unvergleichlich mehr unterschiedene und detailliertere Bilder braucht als der niedrigste Engel»[63]. Aus diesem Grund ist es nur zu seinem Besten, daß er mit dem Leib verbunden ist. Denn die vom Leib getrennte Seele wird nur über eine intuitive Erkenntnis ihrer Substanz verfügen, die zwar ihrer Natur als Geistseele entspricht, aber ihrer eigentlichen Bestimmung hinsichtlich des menschlichen Intellekts nicht gerecht wird.

Doch während sich in *Quatre essais* Maritains Interesse vor allem auf die konnaturale Wahrnehmung des Existenzaktes der eigenen Seele richtet, geht es ihm in *L'Intuition créatrice* primär um die von der Seele und dem *Selbst* des Poeten ausgehende einigende wie auch frei *gestaltende* Tätigkeit. Diese offenbart die Struktur der Seele, und darin das innere Gesetz der Freigebigkeit mitsamt der Kreativität des Geistes. Dieses besondere Leben

---

[61] *L'Intuition créatrice* 250. Vgl. dazu bereits auch *Frontières de la poésie* 794: «L'émotion créatrice n'est pas matière mais *forme* de l'ouvrage, ce n'est pas une émotion-chose, c'est une émotion intuitive et *intentionnelle*, qui porte en soi beaucoup plus qu'elle-même. C'est le soi de l'artiste en tant que substance secrète et personne en acte de communication spirituelle qui est le contenu de cette émotion formatrice.»
[62] *L'Intuition créatrice* 253.
[63] *Quatre essais* 173f., Anm. 12.

VIII DIE LEBENDIGE STRUKTUR DES SEELENGRUNDES

ist im geistigen Vorbewußten anzusiedeln und ist frei von Begriffen und abstrakten Ideen, welche das logische Denken und das menschliche Leben ansonsten bestimmen.[64] Bereits der Aquinate hält nicht nur die Seelenpotenzen und die Essenz der Seele auseinander, sondern er versteht die Seele sowohl als Teil wie auch als einigendes Ganzes. Das bedeutet, daß die Seele als Form eine aktuierte Wirklichkeit ist, zugleich aber Trägerin von Vermögen, die in den Akt übergehen können. Darüber hinaus ist die Seele das innere geistige Prinzip des Leibes, welches jedem seiner Teile die Existenz vermittelt, ebenso aber auch der Träger des individuellen Geistes oder der geistigen Individualität selbst, welche den konkreten Menschen vom anderen unterscheidet.[65]

Vor dem Hintergrund dieser Ausführungen stellt Maritain ein Schema[66] vor, mit dem er die innere Verbindung der Seelenpotenzen des Menschen veranschaulicht. Er ergänzt die scholastische Unterscheidung zwischen Essenz und Fakultäten der Seele mit dem bereits dargelegten bewußten, unter- und vorbewußten Bereich. Nach seinem Modell umfassen Intellekt, Vorstellung und äußere Sinne jeweils die darunterliegende Fakultät. Sie sind innerlich miteinander verbunden und gehen auseinander hervor.[67] Jede von ihnen verfügt einerseits über einen vorbewußten Teil, der aber andererseits im Bewußtsein durch Begriffe und Ideen, explizite Bilder sowie in Form von Sinneswahrnehmungen auftaucht. In allen drei Fakultäten gibt es auch einen Bereich, der dem automatischen Unterbewußten angehört. Dieses führt zwar «für sich ein wildes Leben», aber die Fakultäten, die es involviert, also Vorstellung und Sinne, sind nicht vom Intellekt getrennt, sondern «sie sind beim Menschen in einen wahrhaft humanen Zustand erhoben, wo sie auf irgendeine Weise am Intellekt teilhaben und wo ihre Ausübung wie vom Intellekt durchdrungen ist»[68].

Aber «das, was uns interessiert, ist die Tatsache, daß es *eine gemeinsame Wurzel* aller Seelenpotenzen gibt»[69]. Diese hält als der «Mittelpunkt der Seele» alles zusammen und ist zugleich «der einzige Ursprung der Seelenpotenzen»[70]. Bereits Thomas von Aquin spricht von der «Essenz der Seele», insofern im Intellekt alles vereint wird und dieser wie «die Wurzel

---

[64] Vgl. *L'Intuition créatrice* 220f.
[65] Vgl. THOMAS VON AQUIN, *Summa Theologiae*, Iª, q. 77, aa. 4-7.
[66] Vgl. *L'Intuition créatrice* 235.
[67] *L'Intuition créatrice* 234: «Saint Thomas enseigne que selon cet ordre des priorités naturelles, les puissances les plus parfaites émanent avant les autres, et [...] que dans cette procession ontologique une puissance ou faculté procède de l'essence de l'âme *par la médiation ou l'instrumentalité d'une autre* – qui émane avant elle.»
[68] *L'Intuition créatrice* 237f.
[69] *L'Intuition créatrice* 238.
[70] *L'Intuition créatrice* 182.

aller Seelenkräfte»[71] fungiert. Diese Wurzel bildet gewissermaßen die Schaltstelle zwischen den einzelnen Fakultäten der Seele, insofern sie allesamt in ihr wie in einem Gipfel oder einer Spitze zusammenlaufen bzw. aus ihr hervorgehen. Dies bedeutet, daß sie zwar alle untereinander in Verbindung stehen, aber nicht unmittelbar aufeinander einwirken, sondern vermittels ihres Gipfels oder des *apex animae* in einem lebendigen Austausch stehen.[72]

> Il y a **une racine commune des toutes les puissances de l'âme**, racine cachée dans l'inconscient spirituel, et il y a dans cet inconscient spirituel une activité radicale où sont engagées ensemble l'intelligence et l'imagination aussi bien que les puissances de désir, d'amour et d'émotion. Les puissances de l'âme s'enveloppent l'une l'autre, l'univers de la perception sensible est dans l'univers de l'imagination, qui est dans l'univers de l'intelligence. Et elles sont toutes, à l'intérieur de l'intelligence, stimulées et activées par la lumière de l'intellect illuminant.[73]

Die Seelenspitze wirkt somit als der Einheitspunkt, der alles in sich aufnimmt, was ihm durch Intellekt, Vorstellung und äußere Sinne übermittelt wird. Freilich sammelt er dabei nicht nur Daten an, sondern vermittels des *intellectus possibilis* kann er mit allem, was ihm der *intellectus illuminans* vermittelt, intentionaliter völlig einswerden, es vergeistigen und damit vollständig in Besitz nehmen. In diesem Kontext zeigt sich nun die besondere Sensibilität des Poeten. Sein geistiges Vorbewußtsein verfügt gleichsam über «eine Reserve an Vitalität, [...] die frei ist von der Arbeit der rationalen Erkenntnis». Doch dies ist keine zufällige Freiheit, sondern «dieses freie Leben des Intellekts ist ebenso kognitiv wie produktiv. Es gehorcht einem inneren Gesetz von Expansion und Freigebigkeit, welches die Manifestation der Kreativität des Geistes zur Folge hat.» Diese vitale Reserve «wird geformt und bestimmt durch die schöpferische Intuition. In diesem freien Leben des Intellekts, das ein freies Leben der Vorstellungskraft einschließt, an der einzigen Wurzel der Seelenpotenzen sowie im geistigen Vorbewußten, hat die Poesie ihre Quelle.»[74]

---

[71] THOMAS VON AQUIN, *De Virtutibus*, q. 1, a. 4, ad 3ᵐ: «Nam essentia animae est radix potentiarum, [...] ratio est radix omnium virtutum.»
[72] Bereits in *Frontières de la poésie* (714) sprach Maritain von der «aktiven Seelenspitze» als einem «geistigen Instinkt, der in Kontakt mit dem Himmel der Transzendentalien steht und aus dem die Poesie hervorkommt». Und in *Les Degrés* (797) sieht er in der Seelenspitze auch den Ort der mystischen Erfahrung: «En expérimentant Dieu mystiquement, l'âme expérimente de même, à la pointe la plus cachée de son activité sanctifiée, sa propre nature d'esprit.»
[73] *L'Intuition créatrice* 237.
[74] *L'Intuition créatrice* 238.

Die Poesie bezeugt daher «die Freiheit des schöpferischen Geistes», also nicht nur die «des Intellekts oder der Vorstellungskraft allein». Vielmehr impliziert die Poesie eine Ganzheitlichkeit oder Unversehrtheit, welche nur gegeben ist, wenn sie «aus der Ganzheit des Menschen hervorgeht, also Sinne, Vorstellung, Intellekt, Liebe, Sehnsucht, Instinkt, Blut und Geist – alles zusammen» einschließt. Es geht also um die geistige Einheit, «diese Totalität» des Poeten selbst, die sich «am Seelenzentrum [...] im Zustand der schöpferischen Quelle»[75] befindet. Dort werden seine Natur und sein Ich[76], seine Person und ihre Freiheit, die schöpferische Potentialität und die Ressourcen der Seelenfakultäten zusammengehalten. Der *apex animae* offenbart sich somit vermittels der Poesie als der einheitsstiftende Punkt, der alles, was zur Person gehört, und damit alle potentielle Verschiedenheit in sich vereint und von innen her zusammenhält, also *geeinte Verschiedenheit* ist.

Bevor wir uns mit den Implikationen dieser paradox scheinenden Feststellung befassen und diese näher beleuchten, sei das Pendant, die gelebte Unterschiedenheit betrachtet. Beide Momente können nicht allein für sich bestehen, sondern sind wie zwei Pole zu verstehen, welche die dynamische Einheit und Einswerdung des Subjektes ermöglichen und damit eine statische Sicht der Person zu vermeiden helfen. Zu diesem Zweck soll nun die Person nicht zuerst von ihrer Einheit und Selbstinnerlichkeit, sondern von der Verschiedenheit ihrer Seelenpotenzen her betrachtet werden.

c) Die Wirkweise der Seelenfakultäten

Wie Maritain in *L'Intuition créatrice* betont, ist mit dem «Erleiden» einer konkreten Sache in komprimierter Form in der Seelenspitze nur der erste Schritt getan. Der dabei gebildete Keim, die kreative Emotion, wird entfaltet, indem sie von der Seelenspitze in deren Fakultäten weitergeleitet wird, welche wir im Folgenden als «*anima ordinaria*» oder «Seele an sich» bezeichnen wollen. Dabei kommt es unter dem Licht des *intellectus illuminans* zu einer doppelten Wirkung. Einerseits weitet sich die Emotion aus und durchdringt die ganze Seele, indem sie sich dieser konnaturell angleicht. Dabei stößt sie aber andererseits auf die lebendigen Quellen der Seele, zu denen die Vitalität des Intellekts sowie das ganze Universum der Bilder, Erinnerungen, Assoziationen und Gefühle gehören, die bereits in der Subjektivität vorhanden sind.

---

[75] *L'Intuition créatrice* 239.
[76] Vgl. *Poèmes et essais* 664*f.*: «Elle [la poésie] naît dans l'homme en **son moi** le plus profond, là où s'originent toutes ses facultés.»

Et il suffit à l'émotion disposant et inclinant, comme je l'ai dit, l'âme entière d'une certaine manière déterminée, d'être ainsi reçue dans la vitalité et la productivité indéterminées de l'esprit, où elle est pénétrée par la lumière de l'Intellect Illuminateur alors, tout en demeurant émotion, elle devient – à l'égard des aspects des choses qui sont en affinité ou similarité avec l'âme qu'elle imprègne – un instrument de l'intelligence jugeant par connaturalité, et elle joue, dans le processus de cette connaissance par *ressemblance* entre la réalité et la subjectivité, le rôle d'une détermination intrinsèque non conceptuelle de l'intelligence dans son activité préconsciente. Par le fait même elle est transférée à l'état d'intentionnalité objective; elle est spiritualisée, elle devient intentionnelle, c'est-à-dire transmettant, dans un état d'immatérialité, des choses autres qu'elle même.[77]

Die Expansion oder Emanation der kreativen Emotion löst also eine geistige Bewegung aus, welche die bis dato unbestimmte Vitalität und virtuelle Überexistenz des Geistes aktiviert und wodurch eine objektive geistige Ähnlichkeit zwischen der auslösenden Wirklichkeit und der Subjektivität des Poeten entsteht. Das bedeutet, daß die kreative Emotion weiter vergeistigt wird und der auf nicht-rationale Weise aktivierte Intellekt durch diese Ähnlichkeit bestimmt wird. In ihm wird damit die Frucht zwischen der Subjektivität des Poeten und der Wirklichkeit auf die Ebene der Objektivität gehoben und überträgt damit mehr als sich selbst. Sie wird gleichsam für den Intellekt ein bestimmendes oder instrumentales Mittel, wodurch «auf dunkle Weise die Dinge, welche die betreffende Emotion in der Seele ausgelöst haben, erfaßt werden, sowie die anderen, noch tieferen und unsichtbaren Dinge, die in ihnen enthalten sind oder in Verbindung mit ihnen stehen und welche wiederum mit der auf diese Weise berührten Seele eine unsagbare Übereinstimmung, eine Angleichung eingehen und in ihr widerhallen»[78].

Dieser Vorgang der Vergeistigung ist für die Seele nichts Außergewöhnliches. Vielmehr ist auch die «poetische Erkenntnis für den Geist des Menschen ebenso natürlich wie die Rückkehr eines Vogels zu seinem Nest. Und es ist das Universum, welches mit dem Geist zum geheimnisvollen Nest der Seele zurückkehrt, [...] übermittelt durch eine intentionale oder vergeistigte Emotion.»[79] Die Natürlichkeit dieses Vorgangs besteht gerade auch darin, daß er sich der naturhaften Kreativität der Seele bedienen kann. Dies ist der inneren Struktur des Intellekts zu verdanken, den es aufgrund

---

[77] *L'Intuition créatrice* 254.
[78] *L'Intuition créatrice* 255. Dieser Vorgang hat freilich nichts an sich, was die Grenzen der Natur übersteigen würde. Wenn es auch bei der mystischen Kontemplation zu einer analogen Begegnung kommt, so ist diese doch Frucht einer besonderen Inspiration durch den Heiligen Geist, während Modus und Objekt der poetischen Erfahrung rein natürlich erklärbar sind. Vgl. *ebd.* 254f., Anm. 18.
[79] *L'Intuition créatrice* 256. Dieses Bild hatte Maritain bereits in *Situation de la poésie* (882) verwendet.

seiner geistigen Überexistenz danach drängt, sich schöpferisch zu verströmen und damit der menschlichen Natur Ausdruck zu verleihen.[80] Maritain lehnt sich dabei einmal mehr an Johannes a Sancto Thoma an, nach dem die Möglichkeit, die geistige Fruchtbarkeit und den geistigen Besitz offenzulegen, eine besondere Vollkommenheit der geistbegabten Natur darstellt.[81] Deshalb strebt der menschliche Intellekt geradezu voll Ungeduld danach, etwas hervorzubringen. Dabei geht es nicht allein um rein geistige Begriffe, sondern um die Schaffung eines Werkes, das der eigenen Realität entspricht, also zugleich geistig wie auch materiell ist. Dazu bedarf es zwar der Mithilfe des Willens und der dazugehörigen Potenzen, aber diese Tätigkeit tut letztlich nichts anderes als das natürliche Überströmen des Intellekts und die Fähigkeit zur geistigen Überexistenz in Erkenntnis und Liebe[82] in rechte Bahnen zu leiten.

> Elle [l'intelligence] est impatiente de produire, non seulement le verbe intérieur, le concept, qui demeure en nous, mais une œuvre à la fois matérielle et spirituelle comme nous-mêmes, et où passe quelque chose de notre âme. Par une surabondance naturelle l'intelligence tend à exprimer et proférer *au-dehors*, elle tend à chanter, à se manifester dans une œuvre [...]. Ce désir naturel ne peut se réaliser que moyennant le mouvement de la volonté et des puissances appétitives qui font sortir l'intellect de lui-même [...] et qui déterminent ainsi dans son élan originel et d'une façon tout à fait générale la praticité opérative de l'intelligence.[83]

Dank der natürlichen Kreativität der Seelenpotenzen wird eine Übertragung der poetischen Intuition in die konkrete Vorstellung des Kunstwerks gewährleistet, in welcher dann der unerschöpfliche Bedeutungsgehalt aufscheinen kann, sofern das zu Schaffende wirklich Poesie atmet. Die konkrete Schaffung des Kunstwerks führt schließlich, analog zum sittlichen Tun, zu einem Seinswachstum, da die Intuition nicht nur die Seele des Poeten bereichert, sondern ihre Umsetzung ins Kunstwerk auch einem Publikum zugänglich gemacht wird. Das Publikum erhält gleichsam einen Einblick in die unaufhörliche existentielle Interkommunikation der Dinge, wie sie der Poet erlebt. So ist es die Poesie, «welche die geheimen Bedeu-

---

[80] Zugleich kommt darin auch die Eigenart der konnaturalen Erkenntnis zum Ausdruck, die sich «wesenhaft auf die Kreativität des Geistes bezieht und darauf angelegt ist, sich im Kunstwerk auszudrücken». Dabei übernimmt dann «das geschaffene Objekt, ob Gedicht, Bild oder Symphonie, in seiner eigenen Existenz als Eigenuniversum die Rolle, die sonst in der gewöhnlichen Erkenntnis den Begriffen und Urteilen zukommt, die innerhalb des Geistes hervorgebracht werden» (*L'Intuition créatrice* 249f.).
[81] Vgl. JOANNES A SANCTO THOMA, *Cursus theologicus*, In I^{am}, q. 27 bzw. *L'Intuition créatrice* 172.
[82] Vgl. *Court traité* 51-55 oder *Raison et raisons* 361. Ebenso aber auch in *L'Intuition créatrice* 278.
[83] *L'Intuition créatrice* 172.

tungen der Dinge und den noch geheimnisvolleren Sinn der dunkel offenbarten Subjektivität, die alle anderen umfaßt, einfängt, um sie gemeinsam in eine zu formende Materie zu werfen». In dieser, also im konkreten Kunstwerk, manifestiert sich dann «ein vollständiger und vielschichtiger Sinngehalt, durch den das Kunstwerk *existiert*» und welcher «den poetischen Sinn des Werkes konstituiert»[84].

Allerdings geht aus einer einmaligen Ausweitung des geistigen Keimes in die Seelenfakultäten noch nicht die Idee des Kunstwerkes hervor. Es bedarf eines häufigen Hin und Hers, um in kleinen Schritten das ins Bewußtsein zu holen, was im geistigen Vorbewußten schon virtuell schlummert. Umgekehrt tragen natürlich auch die Seelenfakultäten dazu bei, daß das geistige Zentrum immer sensibler und aufnahmebereiter wird und daß das, was letztlich die ganze Seele erfüllt, völlig vergeistigt und damit von der Person in Besitz genommen wird. Näheres dazu bietet uns der folgende Abschnitt.

4. Die lebendigen Tiefen der Person

a) Die Eigendynamik der Seele

Entscheidend für die poetische Intuition ist nach Maritains Auffassung in *L'Intuition créatrice* die Tatsache, daß es in der Seelenspitze zu einer Begegnung zwischen dem Selbst und einer Sache kommt. Dies führt zur Bildung eines geistigen Keimes, der wie eine zielgerichtete Emotion nach Umsetzung ins Kunstwerk drängt. Ein solcher geistiger Keim trägt bereits alles in sich, birgt also zum Beispiel ein Gedicht schon virtuell in sich.[85] Zu dessen Entfaltung strömt das Erfaßte auf die Seelenfakultäten über und aktiviert die Potenzen des Geistes. Allerdings wird er nicht auf einen Schlag freigesetzt, sondern fordert immer wieder ein Zurückkehren zur auslösenden Intuition, ein Überprüfen des auf diese Weise Entstehenden oder bereits anfänglich geschaffenen Kunstwerkes an der kreativen Emotion. Dabei geht es um eine Ausweitung des in der Seelenspitze Erfaßten in die Fakultäten der Seele, aber gerade diese Bewegung führt auch zur Vertiefung der Subjektivität und der Seelenspitze und macht sie noch empfänglicher und sensibler für ihr Innenleben. So kann in absoluter Treue zur schöpferischen

---

[84] *L'Intuition créatrice* 261f.
[85] Vgl. *L'Intuition créatrice* 270: «Dès l'origine l'intuition poétique contient et embrasse virtuellement le poème comme un tout, et demande à passer par lui comme un tout.»

Intuition das Kunstwerk in der alle Potenzen umfassenden Seele vorgebildet werden, bevor es dann extramental Gestalt annimmt.[86] Diese Wechselwirkung zwischen dem *apex animae* und der *anima ordinaria* illustriert Maritain mit dem Bild der Herztätigkeit. Wenn nämlich die poetische Erfahrung oder Intuition auftritt, bündelt sie alle inneren Sinne und Potenzen der Seele.[87] Dies geschieht in einer inneren Ruhe und Konzentration, die nicht mit Anspannung oder Anstrengung verbunden ist, sondern eher mit einem erfrischenden und reinigenden Bad zu vergleichen ist, das neuen Eifer, Enthusiasmus und Schaffenskraft schenkt. Diese geistige Kontraktion oder Systole der Seele *ist* bereits die Inspiration, welche die Seelenspitze erfüllt. Während dabei die äußere Welt und die äußeren Sinne ihren Einfluß auf die Seele verlieren, bleibt das innere Gleichgewicht und die Verbindung der Seelenspitze mit ihren Potenzen unverändert bestehen. In dieser inneren Sammlung trifft die poetische Intuition als einzige «Form» auf den *apex* bzw. ist der Grund für die schweigende und natürliche Bündelung aller seiner Fakultäten.[88]

Dieses affektiv-konnaturale Einswerden von Subjektivität und konkreter Sache in der Seelenspitze kann freilich kein Dauerzustand sein, sondern nur die erste Stufe bilden. Auf sie folgt die Ausweitung oder Expansion der poetischen Intuition. Wie bei der Diastole werden dabei alle Potenzen involviert und sämtliche virtuellen Energien der Seele aktiviert, so daß die poetische Intuition förmlich in die *anima ordinaria* emaniert. Ob nun dieses Überfließen in Form eines kaum wahrnehmbaren Säuselns oder eines gewaltigen Sturmes, eines Gesanges oder eines Wortschwalls erfolgt, – die Frucht ist jeweils die gleiche, nämlich die Weitergabe des poetischen Sinns. So breitet sich die Poesie wie eine innere oder geistige Melodie aus, erfüllt zunehmend die gesamte Geistseele und bildet dabei die geistige Form des entstehenden Kunstwerkes heraus.[89] Für die Verbindung der einzelnen

---

[86] Vgl. *L'Intuition créatrice* 276f.: «Puisque l'intuition poétique naît dans ces recès, où l'intellect, l'imagination, toutes les puissances de l'âme souffrent dans l'unité quelque réalité du monde existant qui leur est apportée par une émotion intentionnelle, elle implique avant tout une certaine alerte réceptivité. Comme le mystique pâtit les choses divines, le poète est là pour pâtir les choses d'ici-bas. [...] Le degré de force créatrice de l'intuition poétique est proportionnel au degré de profondeur d'une telle passivité attentive.»

[87] Vgl. *L'Intuition créatrice* 398: «L'expérience poétique est ainsi, quand elle émerge sur le rebord du préconscient spirituel, un état de connaissance obscure, inexprimée et savoureuse. [...] Dans un tel contact spirituel de l'âme avec elle-même, toutes les sources sont touchées à la fois, et la première obligation du poète est de respecter l'intégrité de cette expérience originelle.»

[88] Vgl. *L'Intuition créatrice* 399.

[89] Vgl. *L'Intuition créatrice* 403. Vgl. auch *ebd.* 477: «Il arrive, parfois, que soit donné en même temps [dès la première phase de l'expression poétique] le premier vers du futur poème.»

Schritte und für die Vergeistigung der kreativen Emotion sorgt der *intellectus illuminans*. Dieser Prozeß bedeutet freilich nicht einfach einen Übergang der *species impressa* zur *species expressa*, sondern erfordert die Treue zur auslösenden Inspiration, will er den «Kontakt mit dem Universum der Intuitivität aufrechterhalten»[90].

> Dans la phase de **systole** et de repos unifiant, toutes les forces de l'âme, rassemblées dans la quiétude, étaient donc dans un état de virtualité et d'énergie dormante. Et l'intuition poétique, encore préconsciente, était le seul acte formé à l'intérieur de la vie préconsciente de l'intellect, et la secrète raison de cette concentration silencieuse. [...] C'est ainsi qu'après le silencieux recueillement un souffle s'élève, venant non pas du dehors, mais du centre de l'âme – quelquefois un souffle presque imperceptible, mais fort et contraignant, par lequel tout est donné dans l'aisance et l'heureuse expansion. [...] Voilà la phase de **diastole**, et d'inspiration, telle qu'elle se manifeste dans ses formes les plus apparentes et les plus habituellement reconnues.[91]

Dieser Wechselvorgang von Kondensation und Expansion führt zu einer Wellenbewegung, die zwischen der Seelenspitze und der Seele als solcher hin- und herschwingt. Auslöser ist die poetische Intuition, die sich mit der Wurzel der Seele in einem Zustand völliger Einfachheit konnatural vereint. Intuition meint aber zugleich Intention oder innere Ausrichtung; sie kommt also nicht eher zur Ruhe, als bis sie wie eine mentale Welle oder Schwingung ihre Dynamik und virtuelle Energie ins materielle Kunstwerk übertragen hat. Aus gutem Grund vergleicht Maritain diese Einzelwellen mit einer «dynamischen Ladung oder einem intuitiven Anstoß»[92], der vom *intellectus illuminans* aufgenommen wird. Dieser wiederum sorgt dafür, daß der Komplex von virtuellen Bildern, Emotionen und Vorstellungen in die Potenzen der Seele expandiert und so seine innere Zielgerichtetheit und Dynamik weitergibt. Dies führt zu einer immer stärkeren Wechselbewegung in der lebendig schwingenden und sich bewegenden Welt der Seele, die sich kreativ und frei entfaltet.[93]

---

[90] *L'Intuition créatrice* 426.
[91] *L'Intuition créatrice* 402f.
[92] *L'Intuition créatrice* 473.
[93] Vgl. *L'Intuition créatrice* 472f.: «D'une côté nous avons un éclair actuel de connaissance – expérience poétique, intuition poétique [...]. D'un autre côté, nous avons un milieu spirituel – une sorte de monde fluide et mouvant, activé par la lumière diffuse de l'Intellect Illuminateur, et en apparence endormi mais secrètement tendu et vigilant – qui est cette vie préconsciente de l'intellect [...], pleine d'images et pleine de mouvements émotionnels [...]. L'intuition poétique s'épand dans ce milieu, et cette expansion se produit dans le temps, onde après onde, [...] bien qu'elle n'use en aucune manière des mots, une expression purement psychique [...]. Tout se passe, me semble-t-il, comme si, dans la relation entre cette indivisible unité de l'intuition poétique et les successives unités partielles de son expansion ou expression dans son propre milieu vital, il y avait à l'état naissant une sorte de musique.»

Da es sich bei diesem Vorgang «nicht um Worte, sondern um rein psychische Ausdrucksformen handelt»[94], nimmt Maritain die Welt der Musik zu Hilfe. Wie sich bereits zeigte, drängt der Intellekt aufgrund seiner natürlichen Überexistenz von sich aus danach, «zu singen und sich im Kunstwerk zu manifestieren»[95]. Dabei ist er offen für die poetische Intuition, die sich «im Status ihrer Entstehung wie eine Art Musik» manifestiert, so daß die von ihr ausgehenden intuitiven Anstöße «nichts anderes darstellen als einen *befreiten Sinngehalt* in einer Bewegung, das heißt eine Art von Melodie, [ausgehend] von ihrem Ursprungszustand, ihrer Urmelodie»[96]. Freilich beziehen sich Musik oder Melodie nicht auf hörbare Klänge. Vielmehr will Maritain damit sagen, daß poetische Intuition oder «poetischer Sinn der inneren Melodie des Gedichts entspricht – wahrnehmbar für den Geist, nicht für das Ohr – , denn auch in der Musik verkörpert die Melodie die lebendige angeborene Kraft, rein und unmittelbar, [...] der poetischen Intuition»[97]. Was geschieht nun bei diesem «Melodietransport»?

Durch eine beständige «wellenartige geistige Herztätigkeit», durch die wiederholte An- und Entspannung kommt es zu einer Ausweitung der poetischen Intuition aus der Spitze in das Milieu der Gesamtseele vermittels besagter dynamischer Schübe. Diese führen zu einer allmählichen Aktivierung von ausdrücklichen Bildern, von zunehmend differenzierbaren Emotionen, also zu einer «Ausweitung von musikalischen Schwingungen in der Seele des Dichters». Dadurch werden diese immer eindringlicher und steigen durch rhythmische und harmonische Wechselbeziehungen zusammen mit der Melodie, aber noch ohne Klang, «ins Bewußtsein auf»[98].

Maritain liegt viel daran, diese zwei Phasen deutlich voneinander zu unterscheiden, nämlich «den vorübergehenden (keimhaften) Ausdruck dieser *natürlichen* Zeichen, also die bild- und gefühlshaften Anstöße [...], sowie die Verkörperung vermittels dieser *sozialen* Zeichen, die die Worte der Sprache bilden». So gibt es letztlich zwei wesentlich verschiedene «Musikarten», nämlich «die Musik der intuitiven Impulse im Inneren der Seele, sowie die Musik der Worte – und der in den Worten enthaltenen Bilderwelt – , die von der Seele nach außen, in die äußere Welt, dringt»[99]. Und obschon «der Intellekt zwar vor der ersten Phase der poetischen Ausdrucksweise auf der Hut ist, so ist er es in Wahrheit doch nur, um zu hören,

---

[94] *L'Intuition créatrice* 472f.
[95] *L'Intuition créatrice* 172.
[96] *L'Intuition créatrice* 473. Vgl. die vorbereitenden Überlegungen dazu in *Situation de la poésie* 855.
[97] *L'Intuition créatrice* 424.
[98] *L'Intuition créatrice* 474. Vgl. dazu auch das erhellende und die Doppelbewegung andeutende Schema *ebd.* 495.
[99] *L'Intuition créatrice* 476f.

um die poetische Intuition zu vernehmen und das, was durch sie gegeben wird, nämlich die Musik und die bild- und gefühlshaften Impulse»[100]. So lassen sich zusammenfassend drei Entfaltungsstadien des Kunstwerkes ausmachen:

Den Ausgangspunkt oder die erste Phase bildet «die schöpferische Nacht des vorbewußten und unbegrifflichen Lebens des Intellekts». Dort befindet sich die «poetische Intuition in einem reinen, ursprünglichen und geburtshaften, in einem unschuldigen und vollständigen Zustand, im Status als göttliche Gabe». Von dort aus schreitet sie in der zweiten Phase «weiter in der 'vierten Dimension', [...] nämlich auf den Stufen qualitativer Verschiedenheit hinsichtlich der spezifischen Perspektive oder des Blickwinkels des Intellekts. Auf diese Weise dringt die poetische Intuition in die Morgendämmerung des Intellekts ein.» Freilich verliert sie damit ihren konnaturalen Zustand mit dem Selbst des Poeten. Diese vorläufige Form intersubjektiver Konnaturalität impliziert notwendig eine «Entpersönlichung», da ihr Ziel in der «Freilegung der in ihr enthaltenen objektiven Virtualität», nämlich der Poesie besteht, wie sie dem «mental erfaßten Kunstwerk, dem Kunstwerk als Denkinhalt»[101] zu eigen ist. Dieser Vorgang der qualitativen Entfaltung der kreativen Emotion findet seinen Abschluß in der dritten Phase, in welcher der Intellekt wie im Tageslicht das auszuführende Kunstwerk unter dem Aspekt der künstlerischen Gesetze schaut. Dabei werden die im poetischen Sinn enthaltenen Virtualitäten belebt und aktualisiert und die Ausführungsstufen erwogen. So geht «die poetische Intuition in das Kunstwerk über vermittels [...] einer harmonischen Expansion»[102].

Bereits zu Beginn dieses Kapitels haben wir gesehen, daß in der Seelenspitze nicht nur die Fakultäten, sondern auch ihr Träger, das Subjekt, welches «Ich» sagt, vereint ist. Dazu kommen auch ontologische Aspekte, da die Geistseele dem Ganzen das Sein verleiht. Darum betreffen die beiden Phasen der Seelentätigkeit und ihre Eigendynamik nicht nur die geistige Natur, sondern die ganze Person und ermöglichen somit ein wahres Seinswachstum, welches sich auf den ganzen Menschen bezieht.

b) Der apex animae *als dynamischer Einheitsstifter* ad intra

Während die vorausgegangenen Überlegungen vor allem die einzelnen Schritte der poetischen Intuition im Blick hatten, sollen nun die aufschlußreichen Einzelaussagen über den Einheitspunkt der Seele zusammengetragen werden. Maritain stellt in seinem Schema in *L'Intuition créatrice* die

---

[100] *L'Intuition créatrice* 477.
[101] *L'Intuition créatrice* 550.
[102] *L'Intuition créatrice* 552.

essentia animae als einen Punkt dar. In ihm gipfeln gleichsam die Seelenpotenzen, so daß er auch als Zentrum der Person verstanden werden kann. Gerade in ihm, in der «Tiefe der Subjektivität», kommt es zur entscheidenden Begegnung zwischen der Sache und dem Selbst, da «**alle** vereinten Seelenpotenzen eine Wirklichkeit der existierenden Welt erleiden»[103]. Die schöpferische Intuition entsteht dort, wo die Selbstinnerlichkeit ihren Sitz hat[104], nämlich «in der einen Wurzel der Seelenpotenzen, wo die ganze Subjektivität in einem wachenden und virtuell kreativen Zustand zusammengezogen ist [...] wie eine natürliche Gnade oder Erstlingsgabe»[105]. So ist es möglich, daß in der jeweiligen Begegnung zwischen der Sache und dem Poeten sämtliche Fakultäten oder «alle Quellen zugleich berührt»[106] und der Poet «*als Person*»[107] betroffen wird.

> Dans l'intuition poétique la réalité objective et la subjectivité, le monde et le tout de l'âme, coexistent inséparablement. Alors le sens et la sensation sont ramenés au cœur, le sang à l'esprit, la passion à l'intuition. Et de par l'actuation vitale quoique non conceptuelle de l'intelligence, toutes les puissances de l'âme sont actuées ainsi par la racine.[108]

Die Untersuchung des Überganges der poetischen Intuition von der Seelenspitze in die Gesamtseele hat klar gezeigt, daß sich beide zueinander wie zwei Pole verhalten, die durch eine mentale Welle oder Schwingung in beständigem Austausch stehen. Die beiden Pole sind Teil der *einen* menschlichen Person oder Subjektivität, die zwischen An- und Entspannung, zwischen Einheit und Verschiedenheit alterniert. Die Phase der Systole oder die Seelenspitze umfaßt die ganze Leib-Seele-Einheit in einem Status, der zugleich höchste Komplexität und virtuelle Vielfalt in sich birgt. So läßt sich der Seelengipfel verstehen als ein alles zusammenhaltender Punkt, der die Einheit des Subjektes mit sich (Selbstinnerlichkeit) gewährleistet, aber ebenso in der Phase der Diastole eine Selbstdistanz ermöglicht. Die Diastole ist gleichsam ein Zurücktreten von den eigenen Operationen und läßt damit dem Ich genügend Raum für eine freie Selbstverfügung. Mit anderen Worten: Die Person ist das, was sich im Zustand der geistigen Systole erfährt und in der Diastole ausgedrückt wird. Damit stellt sich aber die Frage, was die Dynamik der beiden Phasen steuert, da sich die Person nicht in ihnen verliert, sondern irgendwie über ihnen steht und sie umfängt. Das verweist einerseits auf den Zeitfaktor, was der Person in ihrer Leiblichkeit

---

[103] *L'Intuition créatrice* 276.
[104] Vgl. *L'Intuition créatrice* 241f.
[105] *L'Intuition créatrice* 397.
[106] *L'Intuition créatrice* 398.
[107] *L'Intuition créatrice* 279.
[108] *L'Intuition créatrice* 256.

Rechnung trägt, andererseits aber auf eine erweiterte metaphysische Bestimmung, nämlich die Sicht der Person als Akt, was wir im folgenden Abschnitt vertiefen.

Zusammenfassend läßt sich für den Moment sagen, daß im *apex animae* alle entscheidenden Momente der menschlichen Person zusammengehalten werden bzw. von ihm wie von einer gemeinsamen Wurzel oder Quelle ausgehen. In der *psychologischen* Ordnung gehören dazu alle Formen von Affektivität und Motivation, ob bewußt oder unbewußt, alle Fähigkeiten und Gaben, ebenso eine besondere Sensibilität wie auch Kreativität. Hinzu kommen auf *intellektuellem* Niveau die vielfältigen Möglichkeiten konnaturaler Erkenntnis sowie auf der Ebene der *praktischen* Vernunft im Zusammenwirken mit dem Willen die Möglichkeit zu schöpferischem Wirken. Auf *ontologischer* Ebene meint das die Subsistenz sowie die freie und kreative Ausübung des eigenen Existenzaktes, was auch die Verbindung mit allen Seienden und mit der subsistierenden Quelle allen Seins einschließt. Sie sind «alle gemeinsam vom aktivierenden Einströmen der ersten Ursache durchdrungen» und stehen dabei in der Spannung «zwischen dem sich verströmenden Sein und der Anziehungskraft des Nichts»[109].

Daraus ergibt sich eine Annäherung an die *religiöse* Ordnung, da poetische und mystische Erfahrung «beim Zentrum der Seele entstehen, in den entspringenden Quellen vor- oder überbegrifflicher Lebendigkeit des Geistes. Es ist darum nicht erstaunlich, daß beide ineinander verschlungen sind [...] und die poetische Erfahrung naturgemäß den Poeten im Ganzen für die Kontemplation und für die Verwechslung von allem anderen mit ihr empfänglich macht.» So ist die Poesie zwar geistige Nahrung, aber «sie sättigt nicht, sie vermehrt nur den Hunger im Menschen»[110], auf den der christliche Glaube eine Antwort bereithält, da er die Transzendenz der Poesie mit Gott als ihrer Quelle in Verbindung bringt[111]. Umgekehrt ist es darum verständlich, daß die mystische Erfahrung von Natur aus dazu tendiert, «das Schweigen der Liebe in poetische Ausdrucksformen überströmen zu lassen»[112]. Wie sich allerdings die Gegenwart der göttlichen Gnade in der Seele nach Maritain auswirkt, sehen wir im nächsten Kapitel.

Der *apex* ist darum mehr als ein «innerstes Zentrum oder ein geheimer Knoten, in dem die Potenzen der Seele verwurzelt sind»[113], wie Maritain in

---

[109] *L'Intuition créatrice* 259.
[110] *L'Intuition créatrice* 393.
[111] Vgl. *Poèmes et essais* 680: «La poésie est le fruit d'un contact de l'esprit avec la réalité en elle-même ineffable et avec sa source, que nous croyons être Dieu lui-même dans le mouvement d'amour qui le porte à créer des images de sa beauté.»
[112] *L'Intuition créatrice* 393.
[113] *Les Degrés* 852.

Les Degrés meinte. Er ist nicht nur der subsistierende Quellpunkt, über den die eigene Existenz in der Weise der Subsistenz empfangen wird, sondern er ist der Ort, an dem er als unmitteilbarer Existenzakt von der Person selbst ausgeübt wird. Ihm ist durch seine geistbegabte Seele eine besondere Selbstinnerlichkeit in Form des Wissens um seine Subjekthaftigkeit geschenkt, was seine Personalität ausmacht und ihn «Ich» sagen läßt. In der Seelenspitze kommt somit das unergründliche Mysterium des menschlichen Geistes zum Vorschein, insofern er eine einfache und unzusammengesetzte Entität bildet und zugleich über eine Reihe von Fakultäten, Vorgängen und einen unerschöpflichen inneren Reichtum verfügt. All dies macht ihn offen für das grenzenlose Universum, so daß in ihm durchaus «die Welt in einem Sandkorn» existieren kann. Zu Recht betonte Maritain bereits in *La Philosophie bergsonienne*: «Der Mensch ist das Komplexeste, was es auf Erden gibt.»[114] Wie der Mensch nun mit seiner Umwelt kommuniziert, ohne darin aufzugehen, sondern sich zugleich von ihr abhebt, das soll der nächste Paragraph vertiefen.

c) Der apex animae *als dynamischer Einheitsstifter ad extra*

Auf das Problem der Einheit in Verschiedenheit der Person in ihrer Seelenspitze wurde bereits hingewiesen. Im *apex* kommt es also zur geistigen Einheit des Geistes mit seinem Leib und mit der (die Intuition auslösenden) existierenden Sache, ohne daß sich dadurch alle Grenzen vermischen. So spricht Maritain in *L'Intuition créatrice* von der zweiten Phase, der Diastole, als der «vierten Dimension», in der sich der geistige Keim entfaltet und es zu einer «qualitativen Ausweitung»[115] kommt. Diese besondere Dimension des Geistes muß auch für den Träger der beiden geistigen Pole angenommen werden. Es braucht einen besonderen Status *ad extra*, der die Person als *suppositum* von den anderen Seienden oder Subjekten abhebt, so daß auch nach außen hin Einheit ohne völlige Einswerdung und Verschiedenheit ohne unüberwindbare Unterschiedenheit bestehen können.

Bereits in *Situation de la poésie* hob Maritain hervor, daß die poetische Erfahrung die existentielle Verbindung aller Seienden, die man als ein lebendiges Beziehungsgeflecht oder eine dynamische *Interkommunion* umschreiben könnte, gewissermaßen schlaglichtartig erfaßt. Dabei werden einzelne Aspekte oder Ausschnitte dieser transitiven wie intentionalen Verbindungen als existentielle *Interkommunikation* aufgenommen und künstlerisch dargestellt. Die poetische Erkenntnis ist die Frucht einer affektiven Konnaturalität, die das Selbst oder die Subjektivität als existentielles

---

[114] *La Philosophie bergsonienne* 403.
[115] *L'Intuition créatrice* 550.

Zentrum aktiviert und durchlässig macht für den einen oder anderen Strahl, der vom Sein und von seiner polyvalenten Gegenwart in den Existierenden und ihren vielfältigen Beziehungsebenen ausgeht. Beide Komponenten, das Selbst und die Sache, bestimmen darum das Kunstwerk und seine Poesie.[116]

L'Intuition créatrice hingegen macht deutlich, daß diese besondere Erkenntnis von der Seelenspitze ausgeht. Wie alle geschaffenen Dinge ist der Mensch nicht *causa sui*, sondern «er ist durchwirkt vom aktivierenden Einströmen der ersten Ursache»[117]. Diese vertikale und darum transzendente Beziehung ist auf natürlicher Ebene nur in der Nacht völliger Unbegrifflichkeit wahrnehmbar, wie das Beispiel der vormystischen Kontemplation der Bhakti-Tradition zeigte[118]. Doch auf horizontaler Ebene steht die menschliche Person vermittels ihres Zentrums mit anderen geschaffenen Subjekten gleichsam auf zwei Ebenen in regem und darstellbarem Austausch. Auf der naturhaften Seite empfängt sie ihr Sein und verkehrt mit ihrer Umwelt wie alle Seienden auf ontologischem Niveau in einer Unzahl von Akten und Kontakten, von Attraktionen und Repulsionen. Auf der anderen Seite ist sie aufgrund ihrer Geistbegabung in der Lage, «die geheimen Aspekte und die unendlich vielfältigen Bedeutungen dieser Dinge darzustellen, deren Sichtbarkeit eigentlich den Seinsozean verbirgt, welcher aber durch das geistige Vermögen des Menschen offenbar werden kann»[119].

> Les choses ne sont pas seulement ce qu'elles sont. Elles passent sans cesse au-delà d'elles-mêmes, et donnent plus que ce qu'elles ont, parce que de toutes parts elles sont parcourues par l'influx activant de la Cause Première. [...] Elle communiquent entres elles sous une infinité de modes et par une infinité d'actions et de contacts, de sympathies et de ruptures. Cette communication dans l'exister et dans le flux spirituel dont l'exister procède, [...] voilà peut-être en définitive ce que le poète reçoit et souffre, et saisit dans la nuit de son propre Soi.[120]

Am Beispiel des Dichters zeigt sich die zweifache Existenzordnung im Menschen und ihre innere Verbundenheit. Der Poet ist nicht nur ein Seiendes unter anderen, sondern aufgrund seiner Geistbegabung fähig, diese vorgängige Interkommunion zu verobjektivieren, also entitatives in intentiona-

---

[116] Vgl. *Situation de la poésie* 884: «Elle [l'expérience poétique] est ordonnée à dire le sujet, elle éveille la subjectivité à elle-même pour qu'elle se profère en tant même que transparente à quelque rayon de l'être et en acte de communication avec le monde, – si fuyant et léger, si petit que puisse être le rayon qui met ainsi le contact.»
[117] *L'Intuition créatrice* 259.
[118] Vgl. *Quatre essais* 176. 184. 191.
[119] Vgl. *L'Intuition créatrice* 145. Dies entspricht der Formulierung von Raïssa, die in *Poèmes et essais* (667) vom geistigen Strom, «dieser tiefen, zuverlässigen und unbegrifflichen Wirklichkeit» spricht, «die allen unseren gewöhnlichen Tätigkeiten zugrunde liegt».
[120] *L'Intuition créatrice* 259.

les Sein zu verwandeln. Dies geschieht freilich nicht auf deduktivbegriffliche, sondern auf intuitiv-existentielle Weise und involviert ihn in seiner Subjekthaftigkeit. Damit kommen zwei Phasen zum Vorschein, nämlich die der Begegnung mit der Sache und die der Umsetzung ins Kunstwerk. In der einen wird der Poet durch seine Seelenspitze völlig eins mit sich und der Sache im Sinne einer «intersubjektiven Interkommunion», in der anderen wird das, was in der Nacht des geistigen Vorbewußten geschieht, als Interkommunikation dargestellt und damit verobjektiviert.

Die Interkommunion aller Seienden läßt sich vorstellen wie ein sich verströmender und alles Sein umfassender *actus existentiae*. An diesem hat der Mensch als existierender teil (auf ontologischer Ebene), aber aufgrund seiner Geistbegabung oder Selbstinnerlichkeit kann er Zeichen dieser Existenzebene (wie z.B. Begegnungen mit anderen Objekten) aus dem Vorbewußten seines überphänomenalen Selbst[121] in sein Bewußtsein erheben (psychologische Ebene) und ihnen begrifflich-spekulativ wie auch praktisch-kreativ Ausdruck verleihen. Bereits in *Court traité* wies Maritain auf diese doppelte Stellung des Menschen hin, da er sich einerseits als Gleicher unter Gleichen, als ein Teil der Herde erfährt (ein *suppositum* unter anderen); andererseits nimmt er sich aber auch in seiner Subjekthaftigkeit und als Zentrum wahr (als eine Person, die «Ich» sagt), das von einer Welt von Objekten umgeben ist.[122]

Analog erlaubt die Erfahrung des Poeten auch, die Wirklichkeit des einzelnen Menschen als eines besonderen *actus existentiae* darzustellen. Er ist neben der ontologischen Verbundenheit zur Vergeistigung der Interkommunikation mit anderen Seienden fähig und vermag die daraus entstehenden kreativen Intuitionen in ein Kunstwerk zu übersetzen. Diesem Opus kommt deshalb ein besonderer geistiger Sinn, die Poesie, zu, da der Mensch mit allem, was zu seiner Leib-Seele-Einheit gehört, die Wirklichkeit gestalten und ihr Form und Sinn verleihen kann. Die Hauptursache dafür bildet die besondere Selbstverfügung des Menschen auf existentieller Ebene. Ausgehend von der Seelenspitze verfügt er über sich selbst und damit vor allem

---

[121] Vgl. *De Bergson* 52.
[122] Vgl. *Court traité* 77 wie auch *L'Intuition créatrice* 241*f.* Zur Bedeutung der bleibenden Selbstinnerlichkeit in der Erkenntnisbeziehung schreibt R. DENNEHY («Maritain's Theory of Subsistence» 571*f.*): «When I know anything, I enter into a subject-object relationship with that thing. In order to know an object I must simultaneously know myself as the subject who knows. If I did not have – in some profound sense not accessible to conceptual conscious knowledge – an awareness of myself as the unique knower of this object, I could not be said to know that object in the sense in which we apply the word to human knowledge. If I were not aware of myself as unique, knowledge would be no different from the operation of the tape recorder: a blind reception and response to impressions without any conscious subject.»

über die Überexistenz der geistigen Fakultäten, deren Operationen als *actus perfecti*[123] zu verstehen sind. Auf dieses existentielle Zentrum verwies uns auch die Untersuchung des moralischen Handelns, da das Tun des Menschen das Sein expandieren oder reduzieren kann, also die Interkommunikation der Seienden im Sinne einer wechselseitigen *Interaktion* zu beeinflussen vermag.[124] So kann er *als Person* mitwirken und in schöpferischen Akten nach außen tätig sein.

Damit läßt sich die poetische Erfahrung in zwei Richtungen deuten: Zum einen ist der Seelengipfel das Zentrum, aus dem das menschliche Kompositum seine Existenz und seine Einheit empfängt, insofern «die Personalität die Subsistenz der geistigen Seele darstellt, die der ganzen Ansammlung des menschlichen Seins mitgeteilt wird und sie in der Einheit hält»[125]. Zum anderen dient der *apex animae* als «Berührungspunkt» zwischen dem Selbst und der konkreten Wirklichkeit *ad extra*, d.h. er steht in Kontakt mit außermentalen Seienden oder transobjektiven Subjekten. Durch seine völlige Selbstinnerlichkeit kann der Poet in seinem vorbewußten Zentrum die Sache in ihrer individuellen Einzigartigkeit und existentiellen Fülle in sich aufnehmen und zu ihr werden. Es kommt zu einer Begegnung zweier Subjekte, unabhängig von ihrer Seinsstufe. Doch an diese Begegnung in der Seelenspitze schließt sich das geistige Zurücktreten und Zurücknehmen der Person an, wobei sie gleichsam von oben, von ihrer Seelenspitze aus, eine Art Blick auf das dynamische Leben ihrer Fakultäten richtet. Dieses notwendige geistige Zurücktreten beim Prozeß der Vergeistigung der kreativen Emotion führt allerdings unweigerlich zu einer Entpersönlichung des «Erfaßten».

> Nous avons affaire ici à un processus de relative **dépersonnalisation**. Mais nous n'avons plus une expression de la connaissance poétique et de l'émotion créatrice dans leur état pur et originel, comme l'est le sens poétique; nous avons un élan ou mouvement dans lequel l'émotion créatrice perdant son état originel, s'objective en quelque manière.[126]

Auf diese Weise wird «die poetische Erkenntnis von ihrem eigenen Zustand oder ihrem ursprünglichen Niveau, [...] auf eine objektivere und universellere Ebene gehoben [...] und von der fruchtbaren und schöpferischen Nacht der Subjektivität befreit»[127], damit aber auch von ihrer personal-existentiellen Weite. Dieses «Begreifen» der existentiellen Erfahrung ist unvermeidbar und gilt selbst für das Genie, das beständig in «dieser Nacht [des

---

[123] Vgl. *Questions de conscience* 681 und bereits auch *Réflexions sur l'intelligence* 65.
[124] Vgl. *Neuf leçons* 815.
[125] *L'Intuition créatrice* 278.
[126] *L'Intuition créatrice* 543.
[127] *L'Intuition créatrice* 543.

geistigen Vorbewußten] **wohnt** und niemals die Ufer dieser tiefen Wasser verläßt»[128]. Wie läßt sich eine solche «Versachlichung» allerdings verstehen, wenn es sich um eine interpersonale Begegnung handelt? Maritain hebt erneut hervor, daß die Personalität vor allem durch ihre Selbstinnerlichkeit charakterisiert ist, «zugleich aber Austausch in Erkenntnis und Liebe fordert». Diese innere aktive Überexistenz der Geistseele ist ausgerichtet auf den höchsten personalen Akt, nämlich auf die «Selbsthingabe, die mit der Liebe ineins fällt»[129]. Dabei kommt es zu einer besonderen Einheit. Wie wir gesehen haben, geht zwar die Begegnung mit anderen Subjekten von der Seelenspitze und damit vom Zentrum der Person aus, doch muß für gewöhnlich das geistig Empfangene objektiviert werden, um es erkennen zu können. Wenn nun die Selbsthingabe an eine geliebte Person auch deren Gegenliebe hervorruft, werden beide in eine besondere geistige Liebeseinheit erhoben, in welcher der andere in seiner *Subjekthaftigkeit* Aufnahme finden kann[130]. Wie ist dies möglich? Dies wird nun einsichtig durch die zweipolige Tätigkeit der Seelenspitze, von der aus nicht nur ein Empfangen, sondern auch ein intentionales Verschenken der unerschöpflichen Überexistenz in einer gemeinsamen geistigen Überexistenz ermöglicht wird[131], gleichsam ein Austausch der gegenseitigen Liebe *von Herz zu Herz*.

Doch wie wird sichergestellt, daß sich das Selbst nicht in der Überexistenz verliert, was bildet sozusagen den äußeren Rahmen für seine unverlierbare Einheit? In *Court traité* hatte Maritain hervorgehoben, daß die existierenden Subjekte, die miteinander in einem unerschöpflichen Austausch stehen, nicht nur Essenz und Existenz in sich verbinden, sondern mit der Subsistenz einen eigenen *substantialen Modus* erhalten. Für *L'Intuition créatrice* ist die geeinte Verschiedenheit im Menschen nur darum denkbar, weil sich seine Offenheit, besonders die des Poeten, nicht darin erschöpft, in der existentiellen Gemeinschaft mit anderen *supposita* zu stehen, sondern sich über sie erheben und sie vergeistigen zu können unter Beibehaltung oder gleichzeitiger Ausübung des eigenen Existenzaktes. Das wird möglich, weil «das schöpferische Selbst ein Subjekt im Sinne eines *Aktes* darstellt» und zugleich «seine Person *als Person* im Akt der geistigen Kommunikation»[132] mit den Dingen im Austausch steht. Was bedeutet dies?

---

[128] *L'Intuition créatrice* 263.
[129] *L'Intuition créatrice* 278*f.*
[130] Vgl. *Court traité* 85.
[131] Vgl. *Court traité* 55: «Cette perfection [...] consiste dans la plénitude et la délicatesse du dialogue et de l'union de personne à personne, [...] 'deux natures en un seul esprit et amour', en une seule surexistence spirituelle d'amour.»
[132] *L'Intuition créatrice* 279*f.* Dies klang schon in *Frontières de la poésie* (794) an, wo der Poet formaliter die schöpferische Emotion bestimmt. Dort heißt es: «C'est le soi de

Die Seelenspitze wird nicht nur hinsichtlich ihrer einheitsstiftenden Aufgabe betrachtet, welche die rezeptiven und kreativ-produktiven Seelenfakultäten verbindet, sondern neben den psychologischen werden in ihr die ontologischen wie auch die materiellen Aspekte zusammengehalten. Diese stehen nicht isoliert, sondern gehören einer Person, einer Leib-Seele-Einheit, einem Ich, das ein eigenes Universum bildet. Dieses verfügt nicht nur über eine besondere Dichte oder Tiefe, sondern stellt gewissermaßen eine individuelle, unauslotbare vierte Dimension dar, was nichts anderes meint als ihre Daseinsweise **als Akt**. Die ontologische Tragweite wird Maritain zwar erst zwei Jahre später ganz entfalten, aber erste Implikationen scheinen bereits jetzt auf. Dazu gehört der Zusammenhang von Freiheit und Notwendigkeit. Wird nämlich die Person als Akt verstanden, dann untersteht sie ihrer Essenz oder ihrem Naturgesetz und empfängt ihre Existenz und verfügt ebenso über sie. Sie steht in einer dynamischen Verbindung mit allen anderen *supposita* sowie mit der ersten Quelle allen Seins, was die Intuitionen des Philosophen und des Poeten zeigen. Sie ist aber zugleich in der Lage, sich über diese ontologische Interkommunikation zu erheben, analog zur Phase der Diastole. Sie ist befähigt, über das geistig Erfaßte wie über ihre eigene Existenz zu verfügen, sich also selbst zu bestimmen und zu entscheiden, wie sie sich diesen Faktoren und ihren Bestimmungen gegenüber verhält. Sie kann als Akt sowohl mit ihnen identisch sein, was die Einheit im *apex* betrifft, sich aber auch von ihnen distanzieren, da ihre spezifisch personale Überexistenz allein in ihrer Hand liegt. Gerade als Akt (nicht als *actus purus*!) impliziert sie Geschichtlichkeit, das heißt die freie und damit zeitbedingte Verfügung der eigenen Existenz, was zugleich eine besondere Offenheit oder Unbestimmtheit ausdrückt und wiederum auf das Selbst und seine Freiheit zurückverweist.

Anders als bei der rein rationalen oder logischen Erkenntnis geht es bei der poetischen Intuition letztlich nicht um das Erfassen einer Essenz, sondern um die Wahrnehmung der Existenz eines konkreten Seienden. Dieses wird in seiner unauslotbaren Wirklichkeit vom geistigen Vorbewußten der Subjektivität perzipiert. Dadurch, daß die unendliche Wirklichkeit, die in jedem einzelnen Existierenden enthalten ist, auf konnaturale Weise in der Seelenspitze aufgenommen werden kann, muß nicht von einem einzigen Bedeutungsinhalt gesprochen werden, sondern es kann sich die unendliche dynamische und lebendige Struktur aller Seienden, die von Sinn und Erkennbarkeit überfließt, offenbaren. Die Frage nach Einheit und Verschiedenheit, nach Endlichkeit und Unendlichkeit scheint uns hiermit fürs erste

---

l'artiste en tant que substance secrète et **personne en acte** de communication spirituelle qui est le contenu de cette émotion formatrice.»

ausreichend behandelt zu sein. Es bleibt noch die Frage der Unsterblichkeit des Menschen und seiner transnaturalen Aspirationen, die uns zum nächsten Paragraphen führt.

5. Das unvergängliche Selbst und der personale Ursprung allen Seins

Zusammen mit *L'Intuition créatrice* erscheint im Jahr 1953 noch ein weiteres Werk Maritains: *Approches de Dieu*. Darin legt er unter anderem nochmals seine erneuerte Sicht der Existenzintuition vor, die er bereits in *Raison et raisons* präsentierte.[133] Er stellt einen Bezug zwischen dieser Intuition und den Gottesbeweisen des heiligen Thomas her und versucht, ihre Bedeutung als «sechsten *Weg* zur Gotteserkenntnis» aufzuzeigen. Bereits in der Einleitung zu *Approches de Dieu* verweist er auf die lebendige und zugleich intelligible Struktur der Wirklichkeit, da der Existenz- wie auch der Seinsbegriff «aus sich wesentlich und von allem Anfang an ein analoger Begriff ist, und damit auf den Ungeschaffenen wie auf das Geschaffene gültig anwendbar ist». Somit läßt sich aufgrund der Existenzintuition (wie bei anderen vorphilosophischen Erfahrungen) auf Gott als höchstes Sein und höchstes Existieren hinweisen, ja «das Sein selbst kann nur in Beziehung auf die Existenz verstanden werden. Die Sätze 'Gott ist' und 'Gott existiert' sagen genau dasselbe aus.»[134]

Aus diesem Grund kann zwar «nicht Gott selbst, sondern das Zeugnis von ihm, das in seinen Spuren, in seinen Zeichen oder in seinen 'Spiegeln' hier unten enthalten ist», erfaßt werden. Dabei geht es nicht «um die Evidenz der göttlichen Existenz, wie sie in sich selbst ist», aber doch zumindest «um die Evidenz der Tatsache, daß die göttliche Existenz bejaht werden muß»[135]. Wenn darum der höchste Existenzakt das personale Sein Gottes ist, dann findet hiermit Maritains geschlossener Wurf, wie er ihn in *Court traité* vorgelegt hat, einen gewissen Abschluß, da er mit rein natürlichen Mitteln, also mit der Existenzintuition und logischer Deduktion, nicht nur den *actus existentiae*, sondern – wie die Untersuchung des menschlichen Selbst zeigt – seinen transzendenten und zugleich überpersonalen Ursprung erreichen läßt.[136] Darüber hinaus geben seine Ausführungen zu

---

[133] Vgl. *Raison et raisons* 356-358.
[134] *Approches de Dieu* 22.
[135] *Approches de Dieu* 20*f.*
[136] Für nähere Ausführungen vgl. u.a. J.M. MCDERMOTT, «Maritain on Two Infinities» 262-269; J. BOBICK, «The sixth Way», *MSM* 51 (1973/74) 91-116; S. KOWALCZYK, «La sixième voie de Maritain et la philosophie moderne de Dieu», in *Jacques Maritain – Philosophie dans la cité*, Hrsg. J.-L. Allard, Ottawa 1985, 73-83.

erkennen, wie er seinen Existentialismus in den Dienst eines kohärenten Personalismus stellt.

Verbunden mit seinen Ausführungen über die Gottesbeweise sind (die für uns interessanten) Reflexionen über die Seinsintuition auf das Denken. Ausgehend vom Denken kommt Maritain auf das geistige Zentrum des Menschen zu sprechen. Dabei setzt er das personale Sein des Menschen in Beziehung zu seinem transzendenten Ursprung, also zu Gott. Wenn darum der Intellekt über der Zeit steht, dann gilt das in gewisser Hinsicht auch für das Selbst – was darum nicht nur auf sein Ziel, sondern auch auf seine Quelle schauen läßt, nämlich das personale Leben Gottes. Untersuchen wir nun die einzelnen Schritte.

Bereits in *De Bergson* beschäftigte sich Maritain mit der «Wurzel aller mentalen Operationen», die zugleich «alle psychischen Operationen und Phänomene, die aus ihr hervorgehen, transzendiert». Schon dort kam er zum Schluß, daß dieses «überphänomenale Selbst [...], das fähig ist, seine eigene Existenz zu erkennen, über der Zeit steht»[137]. Freilich ging es in jenem Zusammenhang vor allem darum, daß der Mensch zu einer derartigen Einsicht nur durch konnaturale Erkenntnis gelangen kann und daß die mit dieser Einsicht verbundene Sehnsucht nach Unsterblichkeit zweierlei bedeutet. Denn für die Seele ist das Verlangen nach Unsterblichkeit konnatural, für die Leib-Seele-Einheit hingegen transnatural, das heißt, die Erfüllung liegt außerhalb der menschlichen Natur und kann nicht eingefordert werden.[138]

In *Approches de Dieu* hingegen richtet Maritain sein Augenmerk vor allem auf die Frage der Unsterblichkeit der Person in ihrer Ganzheit. Dazu geht er von einer intuitiven und spontanen Erfahrung aus, die mit der natürlichen Geistigkeit des Denkens zusammenhängt. Sobald nämlich «ein Mensch im Vollzug eines reinen, allein auf die Erkenntnis gerichteten Denkaktes steht [...], geschieht es, daß ihn folgende Intuition überkommt: Wie ist es möglich, daß das, was jetzt solcherart denkt, was jetzt solcherart im Vollzug der geistigen Erkenntniskraft steht [...], eines Tages nicht existiert hat? Dort, wo sich in mir jetzt Erkenntnis und Bewußtsein meines Denkens verwirklichen, soll eines Tages *Nichts* gewesen sein?» Damit findet sich der Mensch einem erlebten Widerspruch gegenüber, den er *in actu exercito* erkennt: «Es ist so, als ob ich mich in einem Zimmer befände, das ich keinen Augenblick verlassen habe, und nun sagt man mir, ich sei eben erst eingetreten.»[139] Die Erklärung dafür ist nun nicht im Zusammenhang mit der eigenen Entstehung zu suchen, da das denkende Subjekt auf der

---

[137] *De Bergson* 52f.
[138] Vgl. *De Bergson* 54.
[139] J. MARITAIN, *Approches de Dieu,* Œuvres Complètes Bd. X, 62.

anderen Seite genau weiß, daß es nicht seit Ewigkeit existiert, sondern einen zeitlichen Anfang hat. So gibt es nur einen Ausweg: Der eigene personale Denkakt verweist auf eine transzendente Personalität, die auf eminente Weise alle Perfektionen in sich verwirklicht und deren eigenes unendliches Sein der Existenz jedes anderen geistbegabten Subjektes vorausgeht und damit ewig ist. In diesem ewigen Sein muß die konkrete menschliche Natur vorausexistiert haben, bevor sie aus ihr hervorgegangen und in die zeitliche Existenz eingetreten ist.[140]

Diese intuitive Erfahrung läßt sich für Maritain auch philosophisch rechtfertigen, insofern er zeigt, daß das Denken wie der Geist über der Zeit steht (*intellectus supra tempus*). Zwar vollziehen sich die Operationen des Intellekts in der Zeit, aber sie sind nicht der Zeit unterworfen. Dies stellte Maritain schon in seinem allerersten Werk fest: «Durch den Intellekt, dessen Sein und Wirken immateriell sind und der die ewigen Wahrheiten erfaßt, erhebt sich der Mensch über Zeit und Materie [...] und nimmt in gewisser Weise schon in der Ewigkeit Platz.»[141] Ist nun allein der Intellekt einbezogen, handelt es sich also um die Folgen von Aspirationen einzelner Elemente der menschlichen Natur, oder geht es um den ganzen Menschen?

Maritain verweist darauf, daß der Mensch noch nicht in seiner Ganzheit Anteil an der Ewigkeit hat, aber zumindest seine geistigen Akte[142] zu einer Dauer gehören, die er als eine «unvollkommene Nachahmung der Ewigkeit oder eine Folge von Bruchstücken der Ewigkeit» bezeichnet. Nicht die Operationen, aber das Denken und seine Inhalte setzen sich gleichsam aus Momenten zusammen, die über der Zeit stehen. Sie sind in sich ohne Bewegung und Sukzession und gleichen «einem Aufleuchten der beständigen Existenz ohne Nacheinander»[143]. Diese «metahistorischen» Ereignisse nehmen zwar ihren Platz in der Geschichte ein, «aber sie gehen von einem Subjekt oder einer Person aus (*actiones sunt suppositorum*)»[144]. Das Denken wird von einem bestimmten *Selbst* aus Fleisch und Geist ausgeübt, das in der Zeit existiert und in ihr geboren wurde. Zugleich ist es aber ein Zentrum von geistiger Tätigkeit, das von der immateriellen Überexistenz der Akte des Intellekts leben kann und selbst nicht unter seinen Akten stehen oder der Zeit untergeordnet sein kann.

---

[140] Vgl. *Approches de Dieu* 63f.
[141] *La Philosophie bergsonienne* 403.
[142] Dazu gehört freilich auch die Liebe, vgl. *Questions de conscience* 698: «Déjà dans le plus humble amour humain, quand les yeux des amants se rencontrent leur âme quitte le temps.»
[143] *Approches de Dieu* 64.
[144] *Approches de Dieu* 65.

La pensée est exercée par un certain sujet, un certain *soi*, fait de chair et d'esprit. Ce soi existe dans le temps et est né dans le temps. Mais en tant même qu'il exerce l'opération spirituelle de la pensée, en tant même qu'il est centre d'activité spirituelle et capable de vivre ou d'exister de la surexistence immatérielle de l'acte d'intellection, lui aussi est supérieur au temps, comme la pensée elle-même, et échappe aux prises du temps.[145]

Wenn das *Selbst* nicht seine eigene Ursache sein kann, dann kann es sich bei seinem Beginn auch nicht um einen absoluten Neuanfang handeln. Und da nur der Geist neuen Geist hervorbringen kann, «ist das Selbst in der Zeit geboren, aber gerade insofern es denkend ist, ist es nicht aus der Zeit geboren, seine Geburt liegt oberhalb der Zeit, es hat sich selbst schon vorausexistiert in einer ersten Existenz [...], in der aber alles, was an Sein und Denken und Personalität in ihm ist, voller existierte als in ihm selbst»[146]. Dies schließt allerdings ein, daß die erste Existenz die unendliche Fülle des Seins ist, die in ihrer Wesenheit von der Mannigfaltigkeit alles Existierenden geschieden ist. Es *hat* nicht wie diese die Existenz, sondern *ist* der Akt selbst des durch sich bestehenden Existierens, Denkens und Seins, also das Urprinzip, aus dem alles entströmt und jedes Selbst hervorgeht.

Für die Frage nach der Präexistenz der menschlichen Person bedeutet dies, daß Maritain einen unmittelbaren Bezug zwischen dem geschaffenen Selbst des Menschen und dem ungeschaffenen Selbst Gottes herstellt, insofern das erstere im zweiten schon von Ewigkeit her als Teilhabe oder Ähnlichkeit existiert. Das bedeutet nicht, daß «das menschliche Selbst immer den Akt des Denkens in Gott vollzogen hat oder daß es ewig in Gott mit dem Akt des göttlichen Denkens mitarbeitet». Vielmehr ist damit ausgesagt, «daß das Geschöpf, das ich jetzt bin und das denkt, ewig in Gott sich selbst vorausexistierte als von Gott gedacht»[147]. Doch nicht nur das. Bereits vor seiner Existenz hatte das geschaffene Selbst Anteil am göttlich-personalen Leben, das ein ewiger Akt des Sich-selbst-Erkennens und Sich-selbst-Verschenkens ist. Darum üben die geistbegabten Subjekte, die oberhalb der Zeit wirken können, ähnlich wie das göttliche Selbst das Denken aus und können deswegen mit gutem Recht Abbilder Gottes genannt werden.

Les sujets pensants, les *soi* capables d'agir au-dessus du temps, qui se préexistent ainsi à eux-mêmes en Dieu comme toutes ces autres participations de l'essence divine [...] que sont les choses créées, sont dans tout l'ordre de la nature les plus élevées de ces choses, parce qu'ils sont des créatures ou purement spirituelles ou composées de matière et d'esprit, qui une fois qu'elles existent dans leur nature propre exercent la pensée à la

---

[145] *Approches de Dieu* 65.
[146] *Approches de Dieu* 66.
[147] *Approches de Dieu* 67.

ressemblance du Soi divin, et peuvent être appelées à cause de cela des 'images des Dieu'.[148]

In seinen Ausführungen benutzt Maritain weiterhin den Begriff des *Selbst*, den er in *L'Intuition créatrice* erstmals genau definiert[149] und dort vor allem mit der Seelenspitze in der Phase der Systole und damit mit der Person gleichsetzt[150]. Auf diese Weise führt Maritain seine Überlegungen aus *De Bergson* weiter und unterscheidet nun nicht mehr zwischen der Seele an sich und der Seele als Koprinzip und den jeweiligen kon- und transnaturalen Aspirationen, also den jeweiligen materiellen und geistigen Neigungen.

Vielmehr verweist Maritain (im Anschluß an die dynamische Einheit in Vielheit in der Seelenspitze) auf das Miteinander von «geistiger und zeitlicher»[151] Ordnung, die beide in der Person und ihrem Denken verbunden sind. Aus diesem Grund fragt er nicht in erster Linie nach der Erhöhung der Natur, sondern nach der Freilegung des Wesens der Person, die von Ewigkeit her «von einem überpersonalen (überpersonal im Bezug auf jede geschaffene Personalität) und göttlich personalen Leben lebte, von diesem Leben, das der ewige Akt der Erkenntnis des göttlichen Selbst ist, das sich selbst denkt»[152]. Entsprechend wird die Person als Akt verstanden, insofern sie als Gleichnis Gottes von ihm geschaffen wurde. Sie bildet ein eigenes Universum, das über seinen Operationen steht und über die geistige Überexistenz aller Fakultäten (wenn auch auf geschöpfliche Weise) verfügt. Nachdem diese bereits als *actus perfecti*[153] verstanden werden, ist das Zusammenwirken beider Ordnungen durch ein Potenz-Akt-Schema nur ungenügend ausgedrückt. Auch aus diesem Grund überarbeitet Maritain sein Subsistenzverständnis.

---

[148] *Approches de Dieu* 68.
[149] Vgl. *L'Intuition créatrice* 115: «Il me faut désigner à la fois la singularité et les profondeurs intérieures infinies de cet existant fait de chair, de sang et d'esprit, qu'est l'artiste, et je n'ai pour cela qu'un mot abstrait: le *Soi*.» Eine fast identische Umschreibung findet sich auch in *Approches de Dieu* (65): «La pensée est exercée par un certain sujet, un certain *soi*, fait de chair et d'esprit.»
[150] Vgl. *L'Intuition créatrice* 107.244.279.
[151] *Approches de Dieu* 64.
[152] *Approches de Dieu* 67f.
[153] Vgl. *Questions de conscience* 681: «L'activité immanente est [...] l'activité caractéristique de la vie et de l'esprit; ici l'agent a en lui-même sa propre perfection d'agent, il s'élève lui-même dans l'être, l'action immanente est une *qualité* auto-perfectionnante; l'acte de connaître et l'acte d'aimer, non seulement ils s'accomplissent au-dedans de l'âme, mais encore il sont pour l'âme comme une *surexistence* active [...]. C'est dire que de soi une telle action n'est pas un passage, mais une constance: *actus perfecti*, l'acte de ce qui déjà culmine dans l'être.»

6. Die Subsistenz als aktiver und autonomer Status

Am Beginn dieses Kapitels stand die Frage nach der Wirkweise des geistigen Zentrums. Die darauffolgenden Überlegungen haben gezeigt, daß der *apex animae* eine ganz besondere Einheit stiftet. Diese verbindet im *Selbst* nicht nur Leib und Seele, also Materie und Geist, sondern ebenso begriffliche Endlichkeit und existentielle Unendlichkeit, ja sogar Zeit und Ewigkeit. Aufgrund der Kritik von H. Diepen sieht sich Maritain allerdings veranlaßt, nochmals einige Präzisierungen zum Subsistenzbegriff deutlicher herauszustellen, worin sich auch der Wandel zeigt, den er innerhalb von gut 20 Jahren seit dem ersten Entwurf des *Annexe IV* zu *Les Degrés* vollzogen hat.[154] Diepen weist Maritain in einem Artikel aus dem Jahre 1950 nicht nur auf die *analoge* Bedeutung des Existenzaktes hin, sondern auch darauf, daß die Subsistenz als ein positiver Modus und nicht, so bisher Maritains Schwerpunkt, hinsichtlich der Unmitteilbarkeit im Sinne einer negativen Abgrenzung zu verstehen ist. Für Diepen ist darum die substantiale Essenz so zu verstehen, daß sie sich den Existenzakt zu eigen macht, wodurch sie die einzige individuelle Essenz wird, die das Formalprinzip des Existenzaktes darstellt.[155]

Maritains Antwort erfolgt erst vier Jahre später in der *Seconde Rédaction* des *Annexe IV* zu *Les Degrés* und zeigt deutlich, daß er Diepens Kritik akzeptiert hat.[156] Maritain reagiert recht geschickt, indem er sich nämlich aus der theologischen Kontroversdebatte zurückzieht (auch wenn er den Lösungsvorschlag von Diepen, der ebenfalls zwei *esse* in Christus annimmt, nur unter Vorbehalt teilt) und sich ausdrücklich auf rein philosophische Erwägungen beschränkt.[157] Jedoch ist er bemüht, der Anregung seines Kritikers gerecht zu werden und die Subsistenz nun als *positiven* Modus zu präsentieren. Er greift dazu auf Überlegungen in *Court traité* zurück, wo er bereits davon sprach, daß das Subjekt fähig sei, seinen Existenzakt *auszuüben*[158]. Für Maritain ist dies eine wichtige positive Aus-

---

[154] Vgl. dazu DENNEHY, «Maritain's Theory of Subsistence» 556*f.*
[155] Vgl. H. DIEPEN, «La critique du Baslisme» 290-329, bes. 304.
[156] Vgl. *Les Degrés*, Annexe IV 1040, Anm. 1. Die *Première Rédaction* dieses Anhangs aus dem Jahre 1932 wurde in der 6. Auflage von *Les Degrés* 1958 um eine *Seconde Rédaction* ergänzt, die erstmals 1954 in dem Artikel «Sur la notion de subsistance» (*RThom* 54 (1954) 242-256) veröffentlicht wurde.
[157] Vgl. *Les Degrés* 1041-1043.
[158] Vgl. *Court traité* 36, Anm. 13 sowie 66. Eher beiläufig kommt dies auch in *La Personne* (191) sowie in *L'Intuition créatrice* (279) zum Ausdruck. So trifft es zwar zu, daß der erste *Annexe* «nicht explizit» auf die positive Darstellung der Subsistenz einging und darum «offen war für die Kritik von Pater Diepen» (*Les Degrés* 1045), aber aufgrund der zahlrei-

VIII DIE LEBENDIGE STRUKTUR DES SEELENGRUNDES

sage, da sich darin die Subjekthaftigkeit und ihre Freiheit widerspiegeln. Dies nimmt er in der sechsten Auflage von *Les Degrés* wieder auf mit dem Hinweis, daß bereits in der Existenzintuition nicht einfach ein *esse* im Sinne einer Essenz wahrgenommen wird, sondern «ein *ausgeübter Akt*, ausgeübt durch die Sache oder das existierende Subjekt, ob nun als eine Tätigkeit, in der das Existierende selbst eingebunden ist, oder wie eine Energie, die es an den Tag legt». Damit wird die Existenz nicht einfach passiv empfangen, «als ob man durch das *esse* nichts als eingesetzte Essenzen außerhalb des Nichts hätte, vergleichbar mit an der Wand aufgehängten Bildern». Vielmehr wird die Existenz empfangen, um ausgeübt zu werden, «was eine zentrale Unterscheidung für die philosophische Theorie der Subsistenz darstellt»[159].

Mit diese Vorstellung von Subsistenz geht Maritain ausdrücklich über Kajetan hinaus, der sie nur als *terminus purus*, als Status der Unabhängigkeit verstand. Auch Maritain beschränkte sich darum in der ersten Fassung des *Annexe IV* auf die Aussage, daß es sich bei der Subsistenz um einen substantialen Modus handeln müsse.[160] Doch auf der Grundlage seiner systematischen Vertiefung des Existentialismus kann er nun den Aspekt des Selbstbesitzes positiv als *existentiellen Zustand* umschreiben. In ihm wird das *suppositum* oder *quod* zur Ausübung seiner eigenen (und nach wie vor unmitteilbaren) Existenz befähigt.[161] Diese Entfaltung zeigt einmal mehr die Verschiebung von Maritains Denken zum Existentialismus hin sowie

---

chen Belege ab 1946 wird auch einsichtig, daß besagte Kritik eher als ein weiterer Impuls denn als wesentliche Anregung für Maritains Korrektur zu verstehen ist.

[159] *Les Degrés* 1045. Es ist bedauerlich, daß P. NICKL in seinem Werk *Jacques Maritain. Eine Einführung in Leben und Werk*, nur dem ersten Teil seines Untertitels ganz gerecht wird. Aus den umfangreichen und teilweise mit kriminologischem Scharfsinn zusammengetragenen Einzelheiten setzt er zwar ein Mosaik zusammen, das eine gelungene und durchaus spannende Einführung in Maritains Leben bildet, das aber in der Beurteilung von Maritains philosophischem Schaffen (*ebd.* 115-159, also immerhin ein Drittel der Promotion!) recht fragmentarisch bleibt. Nickl scheint sich primär an C. FABRO zu orientieren, der Maritains Thomismus weder schätzte noch wirklich kannte, da er ihn in seinem Hauptwerk (*La nozione metafisica di participazione secondo S. Tommaso d'Aquino*, Milano 1939) nur zweimal (aus zweiter Quelle!) erwähnt und sich auch nicht scheut, Maritains Denken anläßlich seines 100. Geburtstages «zwischen der ontologistischen Position (und vielleicht der Rosminis) und der kantischen» anzusiedeln («Problematica del tomismo di scuola. Nel 100° anniversario della nascita di J. Maritain», *RFNS* 75 (1983) 194). Auffälliger noch als dieses eigenwillige Fahrwasser ist die Tatsache, daß Nickl zwar Maritains Umschwung in der zweiten Redaktion des *Annexe IV* zu *Les Degrés* als Faktum breit betont (129-136), es dann aber offensichtlich versäumt, auf den Inhalt von Maritains erweitertem Verständnis der Subsistenz überhaupt einzugehen.

[160] Vgl. *Les Degrés* 1034.
[161] Vgl. *Les Degrés* 1049, v.a. Anm. 14.

seine Perspektive, die den Menschen von seiner personal-existentiellen und weniger von seiner naturhaft-essentiellen Seite her sieht.

> Elle [l'essence] ne peut *recevoir* l'existence qu'à la condition d'être en même temps tirée de l'état de simple essence et placée dans un *état existentiel* qui fait d'elle un *quod* capable d'exercer l'existence. Cet *état* qui complète ou plutôt surcomplète l'essence – nullement dans la ligne de l'essence elle-même, mais par rapport à un ordre étranger, l'ordre existentiel – pour permettre à l'essence (désormais suppôt) d'*exercer* l'existence, c'est là la subsistance.[162]

Um «die Existenz auszuüben, braucht es etwas anderes als allein die Essenz, nämlich das *suppositum* oder die Person»[163]. Das heißt, daß die Essenz durch die Subsistenz vervollständigt und somit zum *suppositum* erhoben werden muß, damit die Existenz ausgeübt werden kann, denn *actiones sunt suppositorum*. Während Maritain in *L'Intuition créatrice* das Selbst des Poeten «Subjekt als *Akt*»[164] nennt, umschreibt er es jetzt mit der Formel des *existentiellen Status*. Subsistenz meint darum nicht mehr allein die Nichtmitteilbarkeit der Existenz, insofern sie ausschließt, daß die existierende und damit individuierte Essenz mit einer anderen Essenz kommuniziere oder daß sie die Existenz in Verbindung mit einer weiteren Essenz empfange. Vielmehr geht es um die «Erhebung der Essenz auf eine *neue* Stufe von Unmitteilbarkeit, welche die Einzigartigkeit»[165] oder die unverwechselbare Individualität in ihrem konkreten *existentiellen Status* ausmacht.

So kann Maritain die Subsistenz als eine «*neue metaphysische Dimension*» darstellen, als «eine positive Aktualisierung oder Perfektion, aber unter dem Titel eines *Zustandes* (insofern sich der 'Zustand' von der 'Natur' unterscheidet')»[166]. Diese *neue* metaphysische Dimension (in *Court traité* definiert als «Status des Subjektes oder des *suppositum*»[167], der sich von der einfachen Natur abhebt) versetzt die substantiale Natur von der essentiellen Ebene und deren Potentialität in die existentielle (und damit vollkommen individualisierte oder terminierte) Ordnung und konstituiert sie als ein «*Zentrum existentieller und operativer Tätigkeit*»[168]. In diesem Zustand kann das Subjekt oder *suppositum* sowohl sein eigenes substantiales *esse* als auch die diversen akzidentiellen *esse* seiner Fakultäten ausüben.

---

[162] *Les Degrés* 1047.
[163] *Les Degrés* 1045.
[164] *L'Intuition créatrice* 279.
[165] *Les Degrés* 1049.
[166] *Les Degrés* 1049.
[167] *Court traité* 68, Anm. 1.
[168] *Les Degrés* 1050.

Gerade weil das *esse* der Potenzen nicht selbst der Träger des Ganzen sein kann, sondern eines Subjekts bedarf (ansonsten würde sich in der konkreten Existenz der Existenzakt selbst ausüben), braucht es die besagte neue metaphysische Dimension.

Bildet das *suppositum* schließlich eine Person, dann bedeutet Maritains erneuertes Subsistenzverständnis im Sinne einer eigenen Dimension eine ganz besondere Perfektion, nämlich den **Status der aktiven und *autonomen* Ausübung** *der eigenen Existenz*. Autonom meint, daß sich die Person selbst umfaßt, als Ganzheit in jedem ihrer Teile vorhanden ist und damit sich selbst besitzt oder sich selbst innerlich ist. Der Zustand der Subsistenz verleiht dem Subjekt in der Person gewissermaßen im Sinne des *Selbst* ein einheitsstiftendes Zentrum von innen her, so daß seine Operationen nicht einfach nur zu ihm gehören, sondern Ausdruck seiner selbst sind und das Subjekt sagen lassen: *Ich* handle. Dennoch ist dieses Ich nicht mit den Fakultäten und Operationen identisch, sondern wahrt einen gewissen Abstand zu ihnen, was in *L'Intuition créatrice* mit der Phase der Diastole umschrieben wurde.[169]

> Quand le sujet ou suppôt est une **personne**, la subsistence [...] apporte avec elle une perfection positive plus haute, disons qu'elle est alors un **état d'exercice actif** *et autonome*, propre à un tout s'enveloppant lui-même (en ce sens que la totalité est dans chacune des parties), donc intérieur à lui-même et se possédant lui-même. Se possédant lui-même, un tel tout fait *siennes* en un sens éminent ou réduplicativement, l'existence et les opérations qu'il exerce. Elles ne sont pas seulement *de lui*, mais *à lui*, – à lui selon qu'elles font partie intégrante de la possession de soi par soi caractéristique de la personne.[170]

Zusammenfassend läßt sich sagen, daß die reine Kombination von Essenz, Existenz und *materia signata* nicht ausreicht, um den «Zustand der aktiven und autonomen Ausübung» zu erklären oder dem «Ich», das ich selbst bin und das mich «Ich» sagen läßt, Rechnung zu tragen. Zwar sorgt die Essenz dafür, daß ich ein Mensch bin, ein Glied der *species humana*; die konkrete Materie bewirkt, daß ich *dieser* Mensch bin, mit *diesem* konkreten Leib aus

---

[169] Anschaulich macht J. de FINANCE (*Essai sur l'agir humain* 208) die Bedeutung der Subsistenz für die Person: «La subsistance n'est pas une chose ou une nature. Elle fait que la nature soit la nature de quelqu'un et que, par conséquent, son activité soit l'activité de quelqu'un, une action au plein sens du mot, et non pas un événement qui ne serait l'événement de personne. Grâce à elle et quel que soit son statut métaphysique (mode réellement distinct ou simple aspect de l'acte existentiel), 'il y a de l'être, de la pensée, de l'action', devient 'je suis', 'je pense', 'j'agis'. Mais ce qu'on explique par là, ce n'est pas la détermination du choix (ceci plutôt que cela), c'est ce qu'il y a en lui d'actualité existentielle et de *mien*. Non pas que tel possible se réalise, mais que je fasse sortir le possible de son indétermination.»

[170] *Les Degrés* 1050.

Fleisch und Blut; meine Existenz (*esse*) wird der Tatsache gerecht, daß ich ein real existierender Mensch bin und die höchste Vollkommenheit, den Existenzakt ausübe. Doch was trägt der Tatsache Rechnung, daß ich «Ich», eine einzigartige und unmitteilbare Subjektivität bin? Nicht allein die Kombination von Essenz, Existenz und Materie, sondern ihre Erhöhung und Vervollkommnung durch den existentiellen Status der Subsistenz machen aus dem betreffenden Ganzen ein *suppositum*, das als neue Dimension in den Akt des Selbstbesitzes von innen her versetzt wird. Daraus ergeben sich weitere Konsequenzen für das Freiheitsverständnis.

In der Sicht der Person als existentiellem Status vereint Maritain nun alle wichtigen Aspekte, die er in seinen einzelnen Werken erarbeitet hat. Die Tatsache, daß die Person in der Lage ist, ihre Ziele selbst zu wählen, läßt sich dahingehend verstehen, daß sie frei über ihre Fähigkeit zur Überexistenz in Erkenntnis- und Liebesakten verfügen kann.[171] Die Frage nach der Vervollkommnung, die in *Neuf leçons* im Sinne eines echten Seinswachstums beantwortet wird, gewinnt nun durch die Vorstellung der freien Ausübung des Existenzaktes an Klarheit. Denn die Person übt ihr eigenes substantiales *esse* wie auch dessen Operationen und das ihnen zugehörige akzidentielle *esse* aus. Das heißt für die Fakultäten und die Operationen des Subjekts, daß sie nicht selbst über die ihnen eigene akzidentielle Existenz verfügen, sondern sie von der Subsistenz empfangen. Somit ist es bei jeder Tätigkeit das *suppositum*, das sowohl «sein eigenes substantiales *esse* als auch das akzidentielle *esse* ausübt». Damit werden letztlich die Operationen der Seelenkräfte vom *suppositum* «als Hauptursache und von der zugehörigen Fakultät als instrumentaler Ursache ausgeübt»[172]. Auf diese Weise kommt dem *suppositum* eine echte Wirkmacht über seine Operationen zu, ohne mit ihnen identisch zu sein.

Zur Erläuterung der inneren Verbindung zwischen dem Selbst und seinen Operationen wollen wir nochmals auf *L'Intuition créatrice* zurückgreifen, wo Maritain diese Weise der Ausübung der Existenz als ein Hin- und Herschwingen zwischen Seelenspitze und Gesamtseele präsentiert. Der Wechsel von Systole und Diastole ermöglicht im Kontext der poetischen Intuition die Entfaltung des geistigen Keimes oder einer Art Urmelodie, die sich in geistigen Schwingungen und Resonanzen ausbreitet und allmählich im Bewußtsein aufsteigt, umgekehrt aber auch auf die Seelenspitze zurück-

---

[171] Vgl. *Les Degrés* 1050: «Tous les traits que nous venons d'indiquer sont d'ordre ontologique, ils se rapportent aux profondeurs ontologiques de la subjectivité. Nous avons là le fondement ontologique des propriétés de la personne dans l'ordre moral, de la maîtrise qu'elle a de ses actions par le libre arbitre, de son aspiration à la liberté d'autonomie, et des droits qu'elle possède, – ceux-ci concernant des biens qui lui sont dus.»

[172] *Les Degrés* 1046.

wirkt. Diese Wechselwirkung finden wir auch im redigierten *Annexe IV*, wo Maritain von den geistigen Operationen spricht, die vom *suppositum* und damit von der Seelenspitze aus «emanieren und von ihr hervorgebracht werden vermittels ihrer aktiven Potenzen und Fakultäten». Da es sich aber «um völlig immanente Operationen wie Einsehen und Wollen handelt», lassen sich diese nicht einfach als «prädikative Aussagen» zu einem Subjekt einordnen. Vielmehr handelt es sich bei ihnen um «'Qualitäten' und Arten der Überexistenz, die mehr ausgeübt und gelebt als im eigentlichen Sinn produziert»[173] oder hervorgebracht werden. Wie läßt sich also die Verfügung des *Ich* über die geistige Überexistenz denken?

Durch Emanation aus dem Selbst oder der Personmitte wird eine Aktivierung von rein geistigen wie auch existentiellen Fakultäten bewirkt, die als solche das Siegel ihres *suppositum* tragen und das überphänomenale und überzeitliche Selbst in Raum und Zeit wirken lassen. So könnte man den Gedanken der «qualitativen Ausweitung» des Keimes der poetischen Intuition fortführen, insofern dieser hinsichtlich der immanenten Tätigkeit des Geistes eine vierte, nämlich qualitative Dimension bildet.[174] Wie dort die Ausweitung auf den geistigen Keim bezogen ist, geht es bei der Person als einer neuen metaphysischen Dimension um eine qualitative Seinsveränderung, über die allein sie verfügt und für die sie deshalb auch verantwortlich ist. Bereits in unseren Ausgangsüberlegungen hatte sich ja gezeigt, daß für Maritain Erkenntnis und Liebe nicht produktives oder quantitatives Wachstum, sondern die qualitative Bereicherung der betreffenden Fakultäten meint.[175] Jetzt freilich wird einsichtiger, daß dies von ihrem Träger oder dem Selbst ausgeht, das in sich ja schon vollkommen ist und seine Überexistenz verströmt oder emaniert, ohne sich darin zu verlieren. Was bedeutet dies für den Selbstand der Person und die autonome Ausübung ihrer Existenz?

Hinsichtlich des Zusammenhangs von intentionaler und naturhafter Existenz des *suppositum* können wir nun sagen, daß bezüglich der eigenen substantialen Existenz dem *suppositum* keine effiziente Wirkursache zukommt, da es sein *esse* weder hervorbringt noch dieses aus ihm emaniert. Vielmehr bringt die Formulierung der «aktiven Ausübung der eigenen Existenz» das Privileg und das Mysterium zum Ausdruck, das der Existenzakt darstellt. Denn für das *esse* meint die Ausübung der Existenz, daß es einerseits dem Tun des transzendenten *primus agens* entstammt und von ihm durchdrungen wird, andererseits von ihm befähigt wird, das *suppositum* zu aktuieren. Dies geschieht im Sinne einer «*ursprünglichen und absolut*

---

[173] *Les Degrés* 1052.
[174] Vgl. *L'Intuition créatrice* 550.
[175] S.o. 87-92.

primären Tätigkeit DES SUPPOSITUM SELBST in seiner Innerlichkeit und seiner substantiellen Tiefe». Handelt es sich dabei um eine Person, «ist die betreffende Aktivität auf eminente Weise die ihr eigene»[176].
Dabei kommt das Geheimnis der Freiheit zum Vorschein, denn wie de Finance zu recht bemerkt, «scheint die Bejahung der Freiheit einen Sachverhalt vorauszusetzen, der auf den ersten Blick der Vernunft zu widersprechen scheint: Daß eine Ursache ohne die geringste innere Veränderung verschiedene Wirkungen erzielen kann»[177]. Die Ursache ist nun nicht nur eine Fakultät, sondern die Person oder das Selbst, das zwar von der ersten Ursache im Sein gehalten wird, aber über seine Überexistenz frei verfügt. Damit entzieht sich das *suppositum* letztlich einer essentiellen Definition, da es sich um mehr als ein essentielles, nämlich um ein existentielles Zentrum handelt. Dieses *kann* einfach nicht in Begriffe gefaßt werden, will man nicht dem Irrtum des Essentialismus verfallen, den Maritain immer wieder als nicht der Wirklichkeit entsprechend brandmarkt.[178]

7. Zusammenfassung

Die Zeit von 1952 bis 1954 ist von einer Reihe von entscheidenden Präzisierungen geprägt, die Maritains Denken seinem Höhepunkt zuführen. Im Zentrum steht dabei die Frage nach der philosophischen Bestimmung der Person und ihrer Offenheit oder Freiheit unter Berücksichtigung ihrer (Notwendigkeit implizierenden) Natur und Nicht-Selbstursächlichkeit. Wir haben in den vorausgehenden Kapiteln bereits gesehen, daß Maritain immer mehr die Person und ihre einigende und einheitsstiftende Funktion hervorhebt. Er berücksichtigt zunehmend ihre Selbstinnerlichkeit und geht über

---

[176] *Les Degrés* 1052 (Hervorhebungen bei Maritain). Diese Konsequenzen werden nochmals etwas erhellt durch die Aussagen Maritains über die Kirche Christi, die er 1970 vorlegt. Dort schlägt er als moderne Alternative zum Subsistenzbegriff die Formel «freisetzende Aktuierung oder Aktbildung [actuation affranchissante]» vor. Darunter versteht er «die Aktuierung eines *creabile*, das auf diese Weise von der reinen Essenzordung befreit wird» und mit der Aufnahme in die Existenzordnung zur Essenz eines *suppositum* wird. Für die Person heißt dies nicht nur, daß sie sich selbst in der Hand hält, sondern als ein «moralisches *agens*» trifft sie freie Entscheidungen wie kein anderer und nimmt in der Welt ihren Platz mit einem unvergänglichen Antlitz und einem unauslöschlichen Schicksal ein» (*L'Église du Christ* 38f.).
[177] J. de FINANCE, «L'éclair de la liberté» 45.
[178] Vgl. *Court traité* 13f. sowie R. DENNEHY, «Maritain's Theory of Subsistence» 566: «But [...] what precisely is this existential center? Maritains's answer would appear to reside at this very point of discussion. Because the subject of action belongs to the existential order rather than to the essential, the reality conferred by subsistence cannot be described in terms of assignable properties; it is not a quidditative constituent of essence.»

die Fakultäten und die von ihnen ausgehenden Operationen, die er der Ebene der Natur zuschreibt, hinaus. Wie das vorliegende Kapitel zeigte, führt Maritain diese Entwicklung konsequent weiter, so daß sie sich in zwei Punkten zusammenfassen läßt:

Einerseits gibt es im Menschen ein Zentrum, das *alle Ordnungen*, die ihn betreffen, lebendig und beständig von innen her vereint. Dazu gehören die Ebenen von Essenz und Existenz, von Materie und Geist, von vorgängiger existentieller oder intersubjektiver Interkommunion sowie ihrer Verobjektivierung im Sinne der poetisch-kreativen Darstellung der Interkommunikation im Kunstwerk, kurz ein *suppositum* oder Individuum unter anderen wie auch ein einmaliges und unwiederholbares Personsein. Ebenso zählen dazu die Aspekte von Zeit und Ewigkeit, ja sogar von Mensch und Gott. Alles wird in der Seelenspitze dynamisch vereint und vergeistigt, so daß es dem alles umfassenden Selbst zu Gebote steht.

So kann andererseits diese dynamische oder zweipolige Sicht des Seelengrundes als eine eigene metaphysische Dimension verstanden werden, die der Person eine geeinte Verschiedenheit mit ihrer Natur ermöglicht. Diese beständig notwendige Möglichkeit alternierender Nähe und Distanz zwischen dem Selbst und seiner Natur wird gleichsam durch einen Status gewährleistet. Dieser bietet nicht nur einen Raum für die *Aktualisierung* von Potenzen, die ihrer Natur folgen, sondern gestattet auch die *verantwortliche Kanalisierung* der freien Überexistenz durch Erkenntnis- und Liebesakte, in denen die Person auf die ihr eigene Weise *ad extra* in Erscheinung tritt. Die freie Verfügung über den eigenen existentiellen Zustand äußert sich nicht allein in der Bestimmung von substantialem und akzidentiellem *esse*, sondern gerade in der Weise ihrer Aktivierung. Diese vollzieht sich nicht durch Hervorbringen, sondern eher im Sinne des Initiierens geistiger Akte oder der «Steuerung» der *actus perfecti*. Darin kommt das Geheimnis der personalen Freiheit zum Vorschein, insofern die Person über ihre personale Überexistenz frei verfügt. Diese Verfügung vergleicht Maritain mit der Emanation, da diese nicht bestimmten Gesetzen unterliegt oder Notwendigkeiten folgt. Emanation bedeutet nicht eine Veränderung im Sinne von Akt und Potenz, sondern eher Aktivierung oder Gestaltung der in der Überexistenz enthaltenen Virtualität. Dieser Vorgang der Emanation geht einzig von der Person aus, wodurch die darauf folgende (ob nun rein immanente oder auch transitive) Operation auf eminente Weise die ihr eigene ist, oder, wie Maritain es an anderer Stelle formuliert, das Siegel ihrer Einheit (oder Selbstinnerlichkeit, d.h. Personhaftigkeit) trägt.

Durch dieses Personverständnis ist Maritain auch in der Lage, im Menschen entitatives und intentionales Sein zu verbinden. Vermittels der geistig-dynamischen Tätigkeit der Seelenspitze wird alles, was in die geistigen

Fakultäten gelangt, Besitz der Person und bereichert sie nicht nur geistig, sondern vervollkommnet sie ontologisch *als Person*. Umgekehrt ist sie in der Lage, ausgehend von ihrem geistigen Zentrum, durch Interaktionen vor allem in moralischer Hinsicht zur Mitursache von echtem Seinswachstum (oder zur Hauptursache von Seinsminderung) werden zu können. Es geht also nicht nur um die geistige Perzeption von Werten, sondern um deren Inkarnation durch wert-volles Tun, dessen Charakteristikum sich nicht in seiner Faktizität erschöpft (existentielle oder entitative Ordnung), sondern sich vor allem durch seine moralische Qualität (intentionale Ebene) auszeichnet. Mit anderen Worten kommt durch diese innere Verbindung die Tragweite der Handlungsfreiheit der Person zum Vorschein. Darum stellt Maritain auch nicht mehr die Vervollkommnung der abstrakten Freiheit in den Vordergrund, sondern ihren Träger, das Selbst und die Personalität, in denen sich die Ausübung der Freiheit unmittelbar auswirkt. Daran anknüpfend geht es nicht mehr primär um die Frage nach der Erhöhung der Natur und das Befolgen ihrer intelligiblen Struktur, sondern um eine interpersonale Beziehung, die dem überintelligiblen Prinzip schöpferischer Liebe Raum gibt.

Die letzte Vollendung findet der Mensch darum nicht allein in der Bewahrung seiner Wahlfreiheit, denn allein in der Hingabe ihrer und seiner selbst tritt er in eine lebendige und die «Natur der Person» (also ihr Bedürfnis nach Interkommunikation in Erkenntnis und Liebe mit anderen Personen) übererfüllende Beziehung ein, weshalb auch die Umarmung zweier sich Liebender nach Unvergänglichkeit verlangt. Auch sie stellen gewissermaßen eine lebendige zweipolige Überexistenz dar, die unerschöpflich ist, da sie von der Systole oder der personalen Mitte beider ausgeht, die ihre Überexistenz an den anderen verschenkt und damit nicht verarmt, sondern im Gegenteil ein doppeltes «Wachstum» erfährt, nämlich durch das Tun des Guten wie auch durch den Empfang der Liebe des Gegenübers.

Damit verweist die Person als «Mysterium des Existenzaktes»[179] auf den überpersonalen subsistierenden Existenzakt, in dem sie aufgrund ihrer Gottesebenbildlichkeit eine Art Präexistenz geführt haben muß. In ihm herrschen völliger Selbstbesitz und totale Selbsthingabe, transzendente Einheit und alle Gegensätze einschließende und zugleich überhöhende dreipersonale Verschiedenheit. Theologisch gesehen wird die eine gemeinsame Natur auf drei verschiedene Weisen besessen einander gegenseitig zur Gabe gemacht.[180] Ob der Mensch an diesem Mysterium nun personalen oder nur

---

[179] *Les Degrés* 1052.
[180] Dies versucht Maritain mit den theologischen Begriffen von «relationalen Subsistenzen oder relationalen Personalitäten» (*Les Degrés* 684*f.*) bzw. «subsistierenden Relationen»

ontologischen Anteil hat, immer ermöglicht allein die transzendente Allursächlichkeit Gottes beide Daseinsformen. So wird der ganze Mensch von Gott im Sein gehalten, und dennoch wird die Tätigkeit der Seelenspitze nicht direkt beeinflußt, sondern bezeugt ohne jegliche Einschränkung die «originäre und absolut erste Tätigkeit des *suppositum* selbst in seiner Innerlichkeit und seiner substantiellen Tiefe»[181]. Darum sind die Handlungen einer Person auf eminente Weise die ihr eigenen, da sie nicht nur von ihr ausgeführt, sondern auch vom alles umfassenden Selbst ausgelöst sind.

So gelingt es Maritain letztlich, eine dynamische Sicht der Person von ihrem geistigen Zentrum her auch philosophisch zu begründen. Wichtige Impulse dafür erhielt er wohl durch das Werk von C.F. Kelly über den Geist der Liebe bei Franz von Sales, zu dem er 1951 das Vorwort schrieb.[182] Zwar war den Maritains seit ihrer Konversion der Bischof von Genf bekannt[183], so daß er hin und wieder von Jacques[184] erwähnt wird; ebenso verweist das Ehepaar Maritain in seinem letzten gemeinsamen spirituellen Werk aus dem Jahre 1959 auf den heiligen Franz.[185] Dennoch stehen die auffälligen Neuerungen, die in *L'Intuition créatrice* auftauchen, in einer beeindruckenden Übereinstimmung mit den Werken des heiligen Bischofs und deren Darstellung in dem Werk von Kelly. So finden wir Überlegungen zur Dualität der Liebe, die mit der abwechselnden Kon- und Detraktion des Herzens verglichen wird[186], wie auch zum Personalismus, der besonders durch personale Akte geistiger Überexistenz charakterisiert ist.[187] Darüber

---

(*La Personne* 204 im Anschluß an THOMAS VON AQUIN, *Summa Theologiae*, I^a, q. 29, a. 4) zum Ausdruck zu bringen.

[181] *Les Degrés* 1052 (ohne Maritains Hervorhebungen).

[182] Vgl. C.F. KELLY, *The Spirit of Love Based on the Teachings of St. François de Sales*, New York 1951, ix-x bzw. ŒC Bd. IX, 1030-1033.

[183] Vgl. *De la vie d'oraison* 40 u. 81 sowie *Carnet de notes* 180 u. 194; ebenso *Journal de Raïssa* 401 u. 443.

[184] Vgl. *Éléments de philosophie* 650, *Antimoderne* 1014, *Les Degrés* 839, *Dieu et la permission du mal* 27, *Le Paysan de la Garonne* 902, *De l'Église du Christ* 159, *Approches sans entraves* 926.

[185] Vgl. *Liturgie et contemplation*, ŒC Bd. XIV, 136.

[186] Vgl. C.F. KELLY, *The Spirit* 40: «The true spirit of love is to be found in the law of the two in one, the male and female, taking and giving, combined to form and virtue. [...] Communion or holy friendship immediately brings to our minds the idea of a two-way relationship, a love which is essentially mutual. [...] The reciprocal nature of Philia finds its likeness in the Divine Life Itself where there is a continuous twofold movement of [...] 'ever to give and ever to receive' [...] both movements being inseparable aspects of the same act, the **systole and diastole of the Divine Heart**.» Vgl. dazu *L'Intuition créatrice* 402f. bzw. *Journal de Raïssa* 302f.

[187] Vgl. C.F. KELLY, *The Spirit* 42f.: «St. François, it is true, may be called a *personalist* [...] in the traditional Christian meaning of the term [... which] looks upon the person as a relatively independent whole within the great whole of the universe. This tradition also finds

hinaus versteht Kelly die Seelenspitze als personales Zentrum[188], das in der Phase der Systole alle Seelenfakultäten in sich vereint[189] und in der Diastole diverse Fakultäten aktivieren kann.[190] Dieses Zentrum, das über der Zeit steht[191], umfaßt nicht nur die ganze Person; vielmehr verbindet es den Menschen auch mit Gott[192]. Eine genaue Untersuchung der Quellen Maritains zu *L'Intuition créatrice* wäre wohl eine durchaus lohnenswerte Arbeit, überschreitet aber unseren Rahmen. Doch sei zumindest auf M. Bergamo verwiesen, der nachweist, daß der Begriff der *Seelenspitze* ein neuer Schlüsselbegriff ist, den Franz von Sales in die Mystik einführt.[193] Dieser versteht darunter das Zentrum der Person, in der diese über ihre Freiheit und Liebe verfügt und variiert in seiner Begrifflichkeit zwischen Quelle, Spitze, Gipfel oder Zentrum von Seele, Geist oder Herz – Begriffe, die sich allesamt (und wohl nicht zufällig) auch bei Maritain finden.[194]

---

the principle and controlling Person whose 'pure and absolute *superexistence*' constitutes the center of universal manifestation.»Vgl. dazu *L'Intuition créatrice* 278*f.*

[188] Vgl. C.F. KELLY, *The Spirit* 48: «The principal part of man is the '**supreme point of the spirit**'; it is 'indivisible, immortal, which understands and wills freely, is capable of knowing and of loving, in which it resembles God'.» Vgl. dazu *L'Intuition créatrice* 115*f.*

[189] Vgl. C.F. KELLY, *The Spirit* 157: «It happens [...] that God imperceptibly infuses into the **depths of our hearts** a certain agreeable sweetness which gives testimony of His presence. [...] Then the soul closes around Him and **all** its **faculties collect themselves together** [...]. And note, this recollection is entirely made by love which [...] gathers together and lifts up the whole being towards Him.» Vgl. dazu *L'Intuition créatrice* 397*f.*

[190] Vgl. C.F. KELLY, *The Spirit* 172: «Sometimes the understanding and memory cooperate with the will; sometimes the will loves alone and even this at one time perceptible, at another time quite imperceptibly. 'Still, finally,' says St. François, 'there are times when the soul neither hears nor speaks to her beloved, nor yet feels any signs of His presence, but simply knows she is in the presence of her God.» Vgl. dazu *L'Intuition créatrice* 237-239.

[191] Vgl. C.F. KELLY, *The Spirit* 74: «Eternity is the realm of the spirit, that supreme point of the soul, and time is the realm of the psychic self.» Vgl. dazu *Approches de Dieu* 65.

[192] Vgl. C.F. KELLY, *The Spirit* 231: «All the parts which respond to the world of time and all that respond to eternity are combined, securely and tenderly held together and made one by 'the supreme point of the spirit which unites itself to God'. It is the unceasing, willed abiding of the three-in-one heart of man within the incomprehensible three-in-one Center of God.» Vgl. dazu *L'Intuition créatrice* 392-394. 561*f.*, *Approches de Dieu* 74 sowie *Poèmes et essais* 676.

[193] Vgl. M. BERGAMO, *L'anatomia dell'anima* (Milano 1991, 196): «Si può ben dire, dunque, che l'invenzione della teoria salesiana della struttura dell'anima, e più particolarmente l'elaborazione, ad opera di François de Sales, del concetto-chiave di *pointe de l'esprit*, determinarono una svolta grandiosa nella storia della topologia mistica.»

[194] Eine gelungene Übersicht der vielfältigen Formeln finden wir bei T. POLI (*Punta suprema dell'anima*, Diss. ad laur. Roma 1982, 46*f.* u. 65*f.*). Die tabellarische Übersicht (*ebd.* 70) zeigt deutlich, daß sich die meisten Begriffe in FRANÇOIS DE SALES, *Traité de l'Amour de Dieu* (Oeuvres Bd. I, Hrsg. A. Ravier, Paris 1969) finden und letztlich die personale Mitte als das Herz im übertragenen Sinn verstehen lassen, worauf wir am Ende des nächsten Kapitels noch zu sprechen kommen. Zur Synthese und Fortführung der Werke von

Damit sind wir beim letzten Kapitel angelangt, nämlich der Ausfaltung des dynamischen Personverständnisses auf weitere Bereiche, so u.a. auf das Mysterium des Herzens als Zentrum der Person und auf dessen vielfältige Tätigkeiten.

François de Sales über P. de Berulle, L. Lallement und besonders dessen Schüler J.-J. Surin vgl. M.J. BUCKLEY («Die französische Spiritualität des 17. Jahrhunderts: drei Vertreter», in *Geschichte der christlichen Spiritualität*, Würzburg 1997, Hrsg. L. Dupré – D.E. Saliers, 79-88). Daß das Ehepaar Maritain alle Autoren kannte und studierte, zeigen u.a. die Bibliographie am Ende von *De la vie d'oraison* (81), die emphatische Beschreibung der Entdeckung von *Le catéchisme spirituel* des J.-J. SURIN (Rennes – Paris 1657-1663) in *Les grandes Amitiés* (759-763) sowie der Hinweis auf dessen Einfluß auf ihre Konversion (R. MARITAIN, *Textes inédits. Récit de ma conversion*, Œ̃C Bd. XV, 833*f.*).

Kapitel IX: Die Person – offen und frei für Himmel und Erde

1. Einleitung

Das vorausgehende Kapitel hat gezeigt, daß der späte Maritain die Person primär von ihrer existentiellen Seite her versteht, nämlich als einen Akt oder Status. Dieser Zustand bringt zum Ausdruck, daß die Person ihre eigene Existenz aktiv und autonom auszuüben vermag. Dabei spielt die Seelenspitze eine entscheidende Rolle, da sie die Existenz empfängt, weitergibt und in ihr alle Fakultäten und deren Tätigkeiten von innen her geeint werden. So kann in der Phase ihrer geistigen Einheit (Systole) auch die konkrete Person mit ihrer Seele gleichsam verschmelzen und damit das subsistierende *suppositum* «Ich» sagen, ohne daß beide zusammenfallen. Die Phase der Diastole hingegen bringt die Distanz zwischen Person und Natur zum Vorschein, insofern auf der einen Seite das *Ich* oder das Selbst steht, während sich auf der anderen Seite die Seele und ihre Potenzen befinden. Distanz meint dabei, daß die Person unterschieden bleibt von ihrer Natur, also nicht in den Seelenfakultäten aufgeht, die tätig sind und entfalten, was sie zuvor vom *apex* empfangen haben.

So sollen in diesem Kapitel über die schöpferische Intuition hinaus das Wirken des Seelengrundes, näherhin seine besondere Offenheit und schöpferische Verwandlungskraft Gegenstand der Untersuchung bilden. Dabei wird auch der Bereich des Übernatürlichen betreten, da Maritain sein Seelenmodell auf die Erkenntnis des Gottmenschen überträgt. Damit wird das Verständnis des existentiellen Zentrums der Person und ihrer existentiellen Erkenntnis ausgeweitet, was sich zudem in einer weiteren Schwerpunktverschiebung der Existenzintuition niederschlägt. Favorisierte Maritain bislang eher die Priorität des Seinsbegriffs, so kommt für ihn nun die Begriffsbildung *nach* der Schau des *actus existentiae*. Darauf aufbauend überarbeitet er nochmals sein Verständnis von Intuition, Abstraktion und Urteil, insofern er den Denkvorgang weniger von seinen Elementen her betrachtet, sondern ihn als eine prozeßhafte Denk*bewegung* (analog zu seinem dynamischen Personverständnis) versteht. Das bedeutet, daß intuitives Urteil und rationale Denkfolgen einander abwechseln und ergänzen. Den Abschluß bildet die Frage, inwieweit Seelengrund und Herz bei Maritain die gleiche Realität des Menschen manifestieren, nämlich seine personale Mitte. Dieses beständig pulsierende Zentrum steht der Welt und ihrem Schöpfer, seiner eigenen Natur und deren Vervollkommnung so gegenüber, daß seine freien Einzelentscheidungen letztlich sein ewiges Schicksal bestimmen, also Liebesgemeinschaft mit seinem Schöpfer oder infernale

Einsamkeit bedeuten, in der seine wesenhafte Überexistenz ins Leere läuft.[1] Doch nun zurück zu *L'Intuition créatrice* und zur Eingangsthematik.

2. Das Seelenleben des Menschen und seine Entfaltung

a) Das Seelenparadies des Künstlers

Wie die Untersuchung der schöpferischen Intuition in *L'Intuition créatrice* verdeutlichte, besteht die innere Dynamik der Seele in einem beständigen Wechsel zwischen der sys- und diastolischen Phase. Entscheidend für die kreative Tätigkeit des Künstlers ist seine Fähigkeit, die existentielle Interkommunikation der Dinge vernehmen zu können. Dies ist nicht unmittelbar möglich, sondern nur in den vorbewußten Tiefen der eigenen Subjektivität. Sie wird darum im Kunstwerk verobjektiviert und manifestiert die Poesie, die in der Begegnung mit der Sache mitschwingt.

> S'il [le poète] entend les mots de passe et les secrets qui se balbutient dans les choses, s'il perçoit les réalités, les correspondances, les messages chiffrés qui sont au cœur de l'existence actuelle, s'il capte ce plus de choses au ciel et sur la terre que ne rêve notre philosophie, ce n'est pas qu'il connaisse tout cela au sens ordinaire du terme connaître. [...] Son intuition [...] naît dans l'inconscient spirituel et ne fructifie que dans l'œuvre.[2]

Mit der Entstehung und der Entfaltung der schöpferischen Intuition in der Seele haben wir uns bereits beschäftigt. Darum soll nun ein weiterer Aspekt, nämlich die besonderen Voraussetzungen des Poeten, vor allem die Sensibilität seiner Subjektivität und Seelenspitze, in den Blick genommen werden. Bei ihm ist im Gegensatz zu den anderen Menschen eine «größere Verfügbarkeit der Seele festzustellen». Die Seele bleibt gewissermaßen sich selbst gegenüber sensibler «und bewahrt eine Reserve an Geistigkeit, die nicht durch Tätigkeiten nach außen hin und durch die mühevolle Arbeit ihrer Fakultäten aufgebraucht wird». Dieser nicht in Anspruch genommene geistige Freiraum des Vorbewußten läßt sich durchaus «wie ein Seelenschlaf»[3] verstehen. Doch da es sich um eine geistige Wirklichkeit handelt, bleibt eine vitale Spannung und eine virtuelle Wachsamkeit stets erhalten.

---

[1] Vgl. M.D. TORRE, «The Freedoms of Man», in *The Freedom of Man*, Hrsg. M.D. Torre, Mishawaka 1989, 275: «The true drama of freedom is a drama of love. In governing His free creatures according to their fallible freedom, God gives them an awful opportunity: to love Him enough to offer up their own independence to Him [...]. The risk is that they will refuse Him their love. That is their privilege as free creatures.»

[2] *L'Intuition créatrice* 243*f.*

[3] *L'Intuition créatrice* 253.

Der wahre Poet, das Genie, verfügt neben diesem inneren Freiraum noch über ein weiteres Talent. Denn um die Schlüsselworte und die inneren Geheimnisse der Dinge, die Wechselbeziehungen und existentiellen Botschaften in ihrer Reinheit aufnehmen zu können, ist eine besondere Gabe vonnöten, nämlich die der «schöpferischen Unschuld». Maritain spricht damit nicht die moralische Unschuld an, sondern eine «Leichtigkeit und Transparenz der Seele»[4]. Dadurch wird dem Poeten eine Intuition zuteil, «die im unzugänglichen Seelengrund in einem außergewöhnlichen Maß an Tiefe ihre Gestalt annimmt»[5]. Diese schöpferische Unschuld des Seelengrundes meint ein Doppeltes: Zum einen wird damit auf die «völlige Einfachheit» und auf das «Vertrauen hinsichtlich der Dinge» verwiesen, durch das der Poet von Selbstzweifeln, Unsicherheit und rationalem Begreifen-Wollen verschont bleibt. So vermag er unbeschwert und frei «im Feuer eines völlig klaren Bewußtseins»[6] die poetische Inspiration zu empfangen und schöpferisch auszufalten. Zum anderen bezieht sich besagte Unschuld auf die «Vollständigkeit und Unbeschadetheit» der schöpferischen Emotion, ihre «ursprünglich bewahrte Reinheit»[7], die unverfälscht ins Kunstwerk eingeht und darin vom Publikum erfaßt werden kann.

Auf diese Weise wird es möglich, daß «einige innere Aspekte der unerschöpflichen Sinngehalte des unsichtbaren Universums des Seins» im Kunstwerk aufscheinen und ihre ganze Lebendigkeit bewahren. Denn während die kreative Emotion der mittelmäßigen Dichter relativ nahe an der Oberfläche ihrer Seele entsteht, steigen die großen Dichter bis zu den «tiefen Wassern der schöpferischen Nacht ihrer Seele hinab». Das Genie jedoch «**wohnt** in dieser Nacht und verläßt niemals die Ufer dieser tiefen Wasser»[8]. Mit anderen Worten: Das Genie verfügt nicht über eine vorübergehende, sondern über eine habituelle und beständige poetische Erfahrung, die sämtliche Seelenkräfte aktiviert und sie beständig formt. Sein geistiges Vorbewußtes steht darum nicht nur beständig im existentiellen Austausch mit der Wirklichkeit seines Selbst und des ihn anregenden Objekts, sondern gibt diese Kommunikation ohne Beeinträchtigung weiter. Welche Faktoren ermöglichen etwas Derartiges?

Maritain bezeichnet in diesem Zusammenhang das geistige Vorbewußte als das *physische* oder *irdische Seelenparadies*, das zur Natur des Menschen gehört und darum von der Erbsünde verschont blieb. Auch hierbei geht es ihm nicht um den moralischen Aspekt, sondern um den naturhaften

---

[4] *L'Intuition créatrice* 564.
[5] *L'Intuition créatrice* 555.
[6] *L'Intuition créatrice* 556.
[7] *L'Intuition créatrice* 558.
[8] *L'Intuition créatrice* 263.

Zustand besagter schöpferischer Unschuld. Diese meint eine gewisse ontologische Reinheit oder Leichtigkeit, mit der Wirklichkeit in Beziehung treten zu können und deren Schönheit und Wahrheit kreativ zu übersetzen. Dieser innere Seelenbereich kann damit die schöpferischen Intuitionen vermittels der «intellektuellen Ausrüstung» des Poeten derart aktivieren und sich dienstbar machen, daß ihre ganze Schönheit und geistige Melodie ins Kunstwerk übergeht.

> Ce lieu est le seul qui ne soit pas blessé, si je puis dire, par le vieux péché héréditaire qui blesse l'humaine nature. C'est une sorte de **paradis terrestre** – mais physique, non moral – caché en des profondeurs nocturnes. [...] Elles [les grandes profondeurs de l'âme] sont investies de la pureté ontologique de l'innocence créatrice, elles possèdent une pureté qui est la pureté poétique. C'est ainsi qu'un grand poète peut être corrompu, tandis que son intuition créatrice ne l'est jamais.[9]

Zunächst läßt sich darum festhalten, daß eine tiefe und reine Begegnung «zwischen der Natur und dem Herzen»[10] oder dem Seelenparadies des Dichters zur Bildung einer kreativen Emotion führt. Damit sich dieser Keim in der Diastole entfalten kann, ist in ihr wie in der Systole eine besondere Verfügbarkeit vonnöten. Dann kann die poetische Erfahrung unversehrt weitergegeben werden, da ihr der ganze Seelengrund zur Verfügung steht. So können «in die Seele eines Menschen alle Nöte seiner Zeit eintreten und durch die **schöpferische Unschuld** bewältigt werden: Das macht das Wunder der Poesie aus.» Sie ist damit fähig, alles Positive und Negative der Welt in ihrer Subjektivität zu ver*dichten* und die jeweilige Poesie ins Kunstwerk zu übertragen. Hat Maritain zuvor das Seelenparadies nur auf die poetische Intuition bezogen, so überträgt er es nun auch auf die moralische Ebene. Dabei wird zwar der naturhafte Zustand verlassen und die Gnadenordnung betreten, aber es ist derselbe vorbewußte Bereich der Seele, das Seelenparadies, das über die gleiche verwandelnde Kraft verfügt. Denn ebenso können «in die Seele eines Menschen alle Nöte seiner Zeit eintreten und durch die **Unschuld des Herzens** bewältigt werden: Das macht das Wunder der Heiligkeit aus.»[11]

Damit offenbart sich erneut in der schöpferischen Freiheit und Unschuld «das Schöpfer-Selbst, ein Subjekt *als Akt*, das von der Durchlässigkeit und dem Ausdehnungsbedürfnis der dem Geist eigenen Operationen bestimmt ist. Unter dieser Hinsicht gleicht das *Ich* der Poesie dem *Ich* des Heiligen, und wie er, wenngleich zu völlig anderen Zwecken, ist sie ein Subjekt, das

---

[9] *L'Intuition créatrice* 561*f.*
[10] *L'Intuition créatrice* 140.
[11] *L'Intuition créatrice* 584.

gibt.»[12] Ausgehend von der Idee des Subjekts als einem existentiellen Akt oder Status, führt Maritain den Gedanken weiter, daß das Selbst als subsistierendes Zentrum an der sich verströmenden Überexistenz der Welt auf differenzierte Weise teilhat. Das heißt, daß der Seelengrund seiner geistigen Natur *und* seiner Berufung entsprechend die existentielle Wirklichkeit der Dinge auf verschiedenen Ebenen aufnehmen und manifestieren kann: sei es in der Weise der besonderen Verfügbarkeit und Durchlässigkeit der Seele für die poetische Emotion und deren Entfaltung im Kunstwerk, sei es im Sinne der Selbsthingabe der Person in Liebe und durch die Verwandlung von Kreuz und Elend in Heiligkeit mit Hilfe der Gnade. Damit wird die Ebene der Natur überschritten und die der konkreten Person und ihrer Einmaligkeit im Sinne ihrer Persönlichkeit betreten, was der nächste Paragraph noch vertiefen wird.[13]

Mit anderen Worten bedeutet dies, daß in der vielfältigen Tätigkeit des geistigen Vorbewußten der personale und frei kreative Mittelpunkt des Subjekts sichtbar wird, welcher sich gerade in der poetischen Intuition als «Ich» erfährt. Es ist das Subjekt, das sich im begleitenden Bewußtsein als überphänomenales Selbst[14] wahrnimmt und das sich durch seine unbegriffliche Tätigkeit vor sich selbst offenbart. Da nämlich die diversen Intuitionen trotz ihrer verschiedenen Natur in den Quellen des vor- und übergrifflichen Lebens des Geistes, beim Zentrum der Seele also, entstehen, sind sie Ausdruck seines unverwechselbaren und einmaligen Ich. Während die Poesie auf das Kunstwerk und die Existenz des Einzelnen ausgerichtet ist, überschreitet die übernatürliche Mystik zugleich die geistigen Emotionen wie auch die menschlichen Grenzen der Subjektivität, da die Liebe die Seele mit Gott konnaturalisiert. Dies alles ist möglich, weil jeweils in einer Phase geistiger Kontraktion eine lebendige Begegnung zwischen cis- und transobjektivem Subjekt stattfindet, wodurch sich die Person in ihrer Subjekthaftigkeit als «Ich» (und nicht nur durch ihre Operationen) erfahren und diese zum Ausdruck bringen kann. Das gilt für den Künstler wie auch für den Mystiker, weshalb letzterem die Poesie ebenfalls sehr vertraut ist.

L'**expérience poétique** est dès le départ orientée vers l'expression, et elle a son terme dans une parole proférée, ou une œuvre produite; tandis que l'**expérience mystique** tend

---

[12] *L'Intuition créatrice* 279f.
[13] Vgl. *L'Intuition créatrice* 276f.: «Puisque l'intuition poétique naît dans ces recès, où l'intellect, l'imagination, toutes les puissances de l'âme souffrent dans l'unité quelque réalité du monde existant qui leur est apportée par une émotion intentionnelle, elle implique avant tout une certaine alerte réceptivité. Comme le mystique pâtit les choses divines, le poète est là pour pâtir les choses d'ici-bas. [...] Le degré de force créatrice de l'intuition poétique est proportionnel au degré de profondeur d'une telle passivité attentive.»
[14] *De Bergson* 52.

vers le silence et a son terme dans une fruition immanente de l'Absolu. Mais si différentes en nature qu'elles puissent être, l'expérience poétique et l'expérience mystique naissent l'une prés de l'autre, et près du centre de l'âme, dans les sources jaillissantes de la vitalité préconceptuelle ou supraconceptuelle de l'esprit. L'expérience mystique dispose naturellement le contemplatif à faire quelquefois surabonder le silence de l'amour en expression poétique.[15]

Doch nicht nur die primär existentiellen Erkenntnisweisen involvieren die Tiefen der Seele und das personale Zentrum. Auch die Erkenntnis durch intellektuelle Konnaturalität, allen voran die Metaphysik, bedarf besonderer Intuitionen als Ausgangspunkt. Dies war für Maritain freilich nicht immer selbstverständlich, wie vor allem im ersten Teil unserer Arbeit aufgezeigt wurde. Auch noch in einem Artikel aus dem Jahr 1951 betont er in aller Entschiedenheit, daß «die Metaphysik selbst nur durch begriffliche und rationale Erkenntnisweise vorgeht». Zwar setzt sie, «wie jede rationale Erkenntnis, die sinnenhafte Erfahrung voraus; und insofern es sich um die Metaphysik handelt, impliziert sie die intellektuelle Intuition des *ens in quantum ens*. Aber weder in dieser intellektuellen Intuition noch in der sinnenhaften Wahrnehmung hat es das geringste Element einer neigungshaften Erkenntnis.» Vielmehr ist sie, «auch in ihren ersten Intuitionen [...], rein objektiv»[16]. Maritain will also den objektiven Anspruch der Metaphysik um jeden Preis aufrechterhalten, selbst wenn nicht einsichtig wird, wie eine intellektuelle Schau ohne innere Beteiligung des Subjekts, also ohne jegliche affektive Regung, stattfinden kann, zumal er diesen Aspekt in *Sept leçons* in aller Deutlichkeit hervorhob[17] und die Metaphysik bereits 1938 als konnaturale Erkenntnis[18] einstufte.

Dies ändert sich, nachdem er in *L'Intuition créatrice* einräumt, daß sich intuitive und diskursive Verstandestätigkeit gegenseitig ergänzen, daß das Leben des Geistes also auf einer lebendigen und dynamischen Wechselbeziehung beruht. In ihr sind die verschiedenen Fakultäten, aber auch die voneinander unterschiedenen Essenz- und Existenzordnungen miteinander verbunden. Dazu zeigt Maritain die Kreativität des geistigen Vorbewußten auf, da es gerade auch für die begriffliche Aktivität von großer Bedeutung ist.

L'univers des concepts, des connexions logiques, du discursus rationnel et des délibérations de la raison, où l'activé de l'intelligence prend une forme définie et une configuration bien établie, est **précédé** par le travail caché d'une vie préconsciente immense et

---

[15] *L'Intuition créatrice* 392-394.
[16] *De la connaissance par connaturalité* 1001.
[17] Vgl. *Sept leçons* 574: «Dans un moment d'émotion décisive et comme de feu spirituel l'âme est en contact vivant, transverbérant, illuminateur, avec une réalité qu'elle touche et qui se saisit d'elle.»
[18] Vgl. *Situation de la poésie* 870f.

originelle. [...] Bien loin au-dessous de la surface ensoleillée peuplée de concepts, de jugements explicites, de paroles proférées et de résolutions et de mouvements de la volonté expressément formés, se trouvent les sources de la connaissance et de la créativité, de l'amour et des désirs suprasensibles, cachées dans la primordiale nuit transparente de la vitalité intime de l'âme.[19]

Damit räumt Maritain auch bei der metaphysischen Erkenntnis verschiedene Phasen ein. Zwar ist sie auf der Suche nach den Essenzen und ewigen Wahrheiten, wozu sie sich der abstrakten Erkenntnis bedient. Zudem will sie nicht genießen, sondern sich ihres Besitzes und spekulativer Betrachtung erfreuen.[20] Dennoch geht auch sie von der vorbewußten Tätigkeit des Seelengrundes aus, in dem gewissermaßen die Vorarbeit für die abstrakte Erkenntnis geleistet wird, selbst wenn die an der Vorbereitung beteiligte Subjektivität nicht in der objektiven Erkenntnis zum Vorschein kommt. Dieser Zusammenhang wird uns noch eingehender in der zweiten Hälfte dieses Kapitels beschäftigen.

Zusammenfassend kann man sagen, daß Maritain den Ursprung aller geistigen Tätigkeit in die Nähe der Seelenspitze rückt. Für ihn geht alle Erkenntnis von diesem Einheitspunkt aus und steigt in die verschiedenen Seelenfakultäten auf. Sie kann sich im Kunstwerk, in der mystischen Erfahrung oder in begrifflichen Einsichten manifestieren. Von der existentiellen Ordnung, also dem Akt des Selbst, geht damit alles aus und wird auch dort zusammengehalten. Damit ist die Tätigkeit der Gesamtseele oder der Seelenpotenzen erst der zweite Schritt, der auf die Einheit und den Selbstbesitz der Person selbst verweist, welcher sich in ihrer Seelenspitze vollzieht.[21]

Dabei zeigt sich auch, daß es eine innere Ausrichtung des *apex* auf die Quelle aller Existenz gibt, da beim genialen Poeten die Unversehrtheit der Seele als «physisches Paradies» einen privilegierten Zugang zur Wirklichkeit des Schöpfers bewahrt hat, also über eine natürliche Offenheit oder Struktur verfügt, die auch von einer übernatürlichen Erfüllung gestillt werden könnte. Diese innere objektive Verbindung gilt freilich für alle

---

[19] *L'Intuition créatrice* 220f.
[20] Vgl. *L'Intuition créatrice* 393f.: «La métaphysique aussi poursuit une proie spirituelle, mais la métaphysique est engagée dans la connaissance abstraite. [Elle ...] capte le spirituel dans une idée [... mais] ne jouit de ce qu'elle a capté. [...] La métaphysique donne la chasse aux essences, à l'acte même d'être, la poésie à tout éclair d'existence qui luit sur la route, et à tout reflet d'un ordre invisible.»
[21] Vgl. *Les Degrés* 1050: «Se possédant lui-même, un tel tout fait *siennes* en un sens éminent ou réduplicativement, l'existence et les opérations qu'il exerce. Elles ne sont pas seulement *de lui*; mais *à lui*, – à lui selon qu'elles font partie intégrante de la possession de soi par soi caractéristique de la personne.»

Menschen. Wie diese jeweils subjektiv erfahren werden kann, wollen wir nun ausführlicher betrachten.

b) Der eine Seelengrund und die vielen Berufungen

Analog zur Existenzintuition und ihrem Verweischarakter auf das überpersonale Sein, nimmt Maritain auch die Resultate anderer konnaturaler Erfahrungen in *Approches de Dieu* in seine Reflexionen zum Selbst auf. Dazu gehört die schöpferische Intuition, die zwar anders als die Philosophie «die unzähligen rätselvollen Verbindungen der Wesen untereinander»[22] schaut. Dennoch kommt in ihr neben der horizontalen auch die transzendental-vertikale Verbindung des «Existenzkreislaufs»[23] zum Vorschein, der sich nicht nur auf die ontologische Ebene der Überexistenz im Empfangen und Weiterschenken des Selbst beschränkt, sondern auch seine Quelle betrifft.

Nicht nur das Denken oder die Geistseele allein, sondern das Selbst steht an einer Art Schnittstelle, an der sich Zeit und Ewigkeit begegnen und zu deren charakteristischen Operationen die «metahistorischen» Ereignisse gehören, in denen die Unstofflichkeit des Geistes und damit seine Unabhängigkeit von der Zeit zum Ausdruck kommen. So bewahrheiten sich auch hier die Worte des Aquinaten, der die Seele als «eine Art Horizont und wie eine Grenze zwischen der körperlichen und der unkörperlichen Welt»[24] umschreibt. Unkörperlich heißt dabei freilich nicht unpersönlich. Denn für Maritain stellt die poetische Intuition, analog zur Existenzintuition, eine Art Gotteserfahrung *in actu exercito* dar, die zumindest eine potentielle Vorstufe für eine Glaubenserfahrung bildet. Die unbegriffliche Intuition des Poeten, die aus der Begegnung von Subjektivität mit der konkreten Wirklichkeit resultiert, richtet sich auf die Schaffung des Kunstwerks aus und stellt die geschaffene Schönheit in den Vordergrund. Diese ist aber nichts anderes als ein Spiegel Gottes, der subsistierenden Schönheit. Zudem verweist jede geschaffene Schönheit über sich hinaus und birgt etwas Unendliches in sich[25], trägt also bereits einen *Elan* in sich, der tiefer und verborgener ist als alles, was der Poet von sich selbst wissen kann.[26]

---

[22] *Approches de Dieu* 72.
[23] Vgl. dazu auch das Schaubild in *Approches de Dieu* 38.
[24] THOMAS VON AQUIN, *Summa contra Gentiles*, II, c. 68.
[25] Vgl. *L'Intuition créatrice* 220: «Parce qu'elle [l'intuition poétique] n'a pas d'objet conceptualisé, elle tend et s'étend à l'infini, elle tend vers toute la réalité, la réalité infinie qui est engagée dans tout existant singulier.»
[26] Vgl. *L'Intuition créatrice* 71*f*.: «Étant voué à la beauté créée qui est un miroir de Dieu, l'artiste ne tende pas du même coup, mais d'un élan plus profond et plus secret que tout ce qu'il peut savoir de lui-même, vers le principe de la beauté.»

IX DIE PERSON - OFFEN UND FREI FÜR HIMMEL UND ERDE 417

La connaissance, non pas rationnelle et conceptuelle, mais amoureuse et nostalgique, la connaissance par connaturalité que l'artiste a de la beauté dans son expérience est *en elle-même* [...] une démarche vers Dieu, une inclination spirituelle dans la direction de Dieu. [...] Éveillée dans l'inconscient de l'esprit, à la racine de toutes les puissance de l'âme, elle révèle au poète, dans l'obscure connaissance qui naît d'une émotion intuitive, tout ensemble sa propre subjectivité et les sens secrets des choses.[27]

Diese implizite Gotteserkenntnis verweist auf die innere Verbindung aller Seienden mit ihrer subsistierenden Quelle, die auf verschiedenen Ebenen mit ihr in lebendiger Beziehung stehen. Gerade aufgrund der möglichen essentiellen Unterscheidungen, die einen gewissen Abstand schaffen, kann darum die Freiheit des geistbegabten Geschöpfes aufrechterhalten werden, die objektiven Ebenen in eine subjektive interpersonale Relation zu verwandeln. Dazu verhilft ihr die innere Dynamik aller Seienden, wie die Untersuchung der Existenzintuition und des Naturgesetzes exemplarisch gezeigt haben.

In Anlehnung an *L'Intuition créatrice*[28] nimmt Maritain in *Approches de Dieu* die Vorstellung von der Seelenwurzel wieder auf und überträgt sie nun konsequent auf alle anderen bereits untersuchten Bereiche. Dazu gehört die mystische Erfahrung, die sich nun ganz klar im Seelengrund als dem Zentrum der Person vollzieht. Ob es sich also um die Erschütterung «der verborgenen Tiefen der **Subjektivität**» des Poeten, um die aus einer geistigen Sammlung stammende Leere der Yogis, «in der das **Selbst** unaussprechlich angerührt wird», oder um die Erfahrung des Heiligen handelt, die aus der Liebe stammt und «die **Seele** Gott angleicht»[29] – immer ist es der Seelengrund oder die Seelenspitze in der systolischen Phase. Dies wird klar sichtbar in Maritains Bezug auf die Erfahrung seiner Frau, die die poetische Erfahrung als «eine **Sammlung aller Kräfte der Seele**, aber eine friedvolle, ruhige, ganz entspannte Sammlung» beschreibt. In dieser Sammlung, in der die Seele «den Tod der Engel stirbt [...] scheint alles wie von außen geschenkt zu sein. In Wirklichkeit war alles schon da, im Schatten, verborgen im Geiste und im Blut, [...] nur wußten wir es nicht.»[30]

---

[27] *Approches de Dieu* 72f.
[28] Vgl. *L'Intuition créatrice* 237.
[29] *Approches de Dieu* 74.
[30] *Approches de Dieu* 73. Zum Stichwort «Tod der Engel» wird in *De la vie d'oraison* (29) auf den heiligen Bernhard verwiesen, der in seinem Hohenliedkommentar zu Vers 2,7 schreibt: «Doch könnte meine Seele in meinem Tod [im Sinne der mystischen Entrückung] nur, wenn man es so sagen kann, auch den Tod der Engel sterben, so daß sie aus der Erinnerung des Gegenwärtigen herauskommt und sich nicht nur von der Begierde nach niedrigen irdischen Gütern, sondern auch von ähnlichen Dingen freimacht. Dann könnte sie ein reines Leben mit denen führen, deren Reinheit der ihren ähnlich ist. Nur dieses seelische Entrücktsein oder doch vor allem dieses kann, wie ich denke, als Beschauung gelten.» (BERNHARD

Les poètes et les autres artistes, les grands inventeurs et les saints, puisent tous à la même source divine, mais avec des dispositions différentes, et selon des types essentiellement distincts de relation à cette source. Ils sont les uns et les autres des imitateurs de Dieu, mais les uns sont appelés tout particulièrement à augmenter le trésor humain de la beauté et de la science, ils sont les imitateurs du Dieu créateur; les autres sont tout particulièrement appelés à entrer dans le mystère de la Déité elle-même et à faire connaître [...] la Sainteté de Dieu [...]. La nature et la grâce ont des ouvriers qualifiés, et qui se portent mutuellement un secours mystérieux, pour l'ascension et la spiritualisation de l'humanité.[31]

So wird sichtbar, daß das menschliche Leben und seine vielfältigen Tätigkeiten aus seinem Seelengrund, aus dem Herzen genährt und wie aus einer Quelle gespeist werden und dabei der jeweiligen Berufung die notwendigen Anregungen verleiht, ob nun als Künstler oder Heiliger, als praktisch oder intellektuell Tätiger, als Freund oder als Feind Gottes.[32] Alle diese Formen entstammen der gleichen Quelle und sind füreinander offen, auch wenn der Übergang, besonders von der natürlichen zur übernatürlichen Ebene, einer besonderen Mithilfe beider Seiten – Gottes und des Menschen – bedarf. Aus diesem Grund hatte Maritain bereits auf die implizite Gotteserkenntnis in der künstlerischen Tätigkeit hingewiesen, die aber – analog zur bewußten moralischen Erstentscheidung eine Gotteserkenntnis *in actu exercito* darstellt. Die bewußte Ausrichtung auf Gott als dem *summum pulchrum* oder dem *summum bonum* wird zwar von einer inneren Dynamik begleitet und gefördert, läßt aber auch für die Antwort der menschlichen Freiheit genügend Freiraum. Wie kann sich diese dann entfalten?

Beide Formen machen die Seele bereit, sich nach Gott zu sehnen. Die poetische Erfahrung ist wie ein Aufbruch zu Gott und ein geistiges Hinneigen in die Richtung Gottes, ein dunkler Anbeginn der natürlichen Erkenntnis Gottes.[33] Allerdings weiß der Dichter nichts von den Bindungen, durch

---

VON CLAIRVAUX, Sermo 52, II.5, in *Predigten über das Hohe Lied*, Hrsg. G.B. Winkler, Sämtliche Werke Bd. 6, Innsbruck 1995, 199*f*.).

[31] *Poèmes et essais* 676.

[32] Bereits in *Poèmes et essais* wurde darauf aufmerksam gemacht, daß die der Systole entsprechende Phase, die «Einkehr der Seele in ihrer Quelle», alles verbindet, während erst die Diastole der individuellen Berufung (Poet, Heiliger u.a.) Rechnung trägt (vgl. 667*f*.). Dort heißt es weiter: «Dans cette extase naturelle où notre âme se retrempe pour ainsi dire à sa source, et dont elle sort renouvelée et **fortifiée pour la vocation** qui est la sienne – ou de poésie, ou de prière – les surréalistes [...] n'ont voulu chercher que les sources de la poésie, mais en chargeant la poésie des devoirs de la sainteté, sans les moyens de la sainteté, qui sont essentiellement don de soi.»

[33] Wie weit mag Raïssa Maritains übernatürliche Erkenntnis gereicht haben, da sie in erfrischender Klarheit formuliert (*Poèmes et essais* 680): «La poésie est le fruit d'un contact de l'esprit avec la réalité en elle-même ineffable et avec sa source, que nous croyons être Dieu lui-même dans le mouvement d'amour qui le porte à créer des images de sa beauté.»

welche die Poesie und die Schönheit notwendig an Gott anknüpfen, oder er weiß es nur so unklar, daß er in seiner eigenen menschlichen Entscheidung den über seine Erfahrung hinausgehenden Elan zurückweisen oder in seiner Bedeutsamkeit ablehnen kann. Er ist frei, im Spiegel stehenzubleiben und die allzu wirkliche göttliche Unermeßlichkeit, die dieser rätselhaft zurückwirft, auszuschlagen. So kommt es, daß manche Dichter zwar von der religiösen Natur der Dichtung überzeugt sind, aber doch kaum an Gott glauben oder ihn mit der Natur verwechseln. So schafft «der Appell der poetischen Erfahrung für gewöhnlich in der Seele einen Anruf zum Urgrund des Lichts des ungeschaffenen Seins hin». Dennoch kann der Künstler dem Lockruf «der Geier der Illusion und den Trugbildern von Wundern» erliegen. Nichtsdestoweniger «kann ein Poet Gott verwerfen und dennoch ein großer Poet sein»[34].

Diese implizite Gotteserkenntnis ist freilich eine «zerbrechliche und verletzliche Vorstufe der Gotteserkenntnis», während in der bewußten sittlichen Erstentscheidung «eine tatsächliche und formale Erkenntnis Gottes gegeben ist, auch wenn sie im Vorbewußten des Geistes stattfindet»[35]. So steht der Mensch hier noch radikaler vor der Entscheidung zwischen der Anerkennung der Transzendenz eines *bonum separatum* oder der Idealisierung des immanenten *bonum commune*. Entweder werden «das moralische Gut, die Pflicht und die Tugend fatalerweise zum Anspruch seiner [des Atheisten] eigenen Perfektion, die zum absoluten Zentrum wird [...] und verlieren somit ihre wahre Natur». Oder auf die erste bewußte Entscheidung folgen weitere in die gleiche Richtung, so daß sich der Mensch (selbst wenn es sich um einen Scheinatheisten handeln sollte) «instinktiv und unbewußt bereit findet, die Existenz jenes unsichtbaren Gutes, jenes *bonum separatum* wahrzunehmen, das er bereits aus dem natürlichen und selbständigen Spiel seiner Vernunft im Anblick der sichtbaren Dinge kennt» und ihn mit der Existenzintuition «auf der Ebene des bewußten Denkens [...] als Gott erkennt und ihn *anerkennt*»[36].

Diese Ausführungen machen sichtbar, daß in *Approches de Dieu* die Einsichten aus *L'Intuition créatrice* konsequent weitergeführt werden. Alles konzentriert sich nunmehr auf die Person und ihr existentielles Zentrum, das auf lebendige Weise mit seiner Umwelt in Verbindung und Austausch steht. Wie die Person als Existenzakt eine eigene Dimension mit «personalem Tiefgang» in Raum und Zeit hinein eröffnet, so steht sie mit der Wirklichkeit auf diversen Ebenen in Austausch, die letztlich immer wieder auf die Quelle allen Seins und den trinitarischen Ursprung aller

---

[34] *Approches de Dieu* 75.
[35] *Approches de Dieu* 81.
[36] *Approches de Dieu* 83f.

Liebe hindeuten. Es obliegt der Freiheit des Menschen, den darin innewohnenden Verweischarakter und die eingeborgene Dynamik aufzugreifen und sich zu eigen zu machen, mit anderen Worten sich auf die höchste Wirklichkeit als Person auszurichten und mit ihr in eine Freundschaftsbeziehung einzutreten. Nicht nur weil Gott Empfänger seiner Gaben suchte oder weil *bonum est diffusivum sui*, sondern weil Gott sich danach *sehnt*, uns lieben zu dürfen, wie Maritain mit Bezug auf Bergson ausdrücklich formuliert.[37] Daraus lassen sich noch weitere Implikationen ableiten.

c) Die Übermoral als inspirierende interpersonale Beziehung

Seine Reflexionen zum sittlichen Handeln aus der Freiheit der Liebe heraus faßt Maritain nochmals zusammen in seiner systematisch-historischen Abhandlung der Moralphilosophie, die unter dem Titel *La Philosophie morale* im Jahr 1960 erscheint und in die er die Sichtweise des katholischen Glaubens noch stärker als bisher einbindet. Dazu gehört auch die Auseinandersetzung mit seinem alten Lehrer Bergson, die Maritain schon 1959 vorgelegt hatte[38].

Ausgangspunkt sind die Überlegungen Bergsons, der die Quellen von Moral und Religion untersucht und zwischen einer geschlossenen und einer offenen Moral unterscheidet. Bei ersteren stellt die «soziale Forderung»[39] nichts als eine rein äußere Verpflichtung dar. Sie bedeutet «für die Seele das, was für den Leib die Schwerkraft ausmacht [...], und sichert die Gruppenzugehörigkeit, indem sie die individuellen Willen in eine einzige Richtung drängt»[40]. Zwar gibt es auch in der zweiten Moral «noch Verpflichtung, wenn man so will, aber die Verpflichtung ist jetzt die Kraft eines Sehnens oder eines Aufschwungs [aspiration ou élan ...]. Das vorwärtstreibende Prinzip greift jetzt direkt ein, nicht mehr durch Mechanismen» im Sinne von einem Druck, «der in jedem von uns durch ein System von Gewohnheiten vorgebildet ist».[41] Darum liegt «zwischen der ersten und zweiten Ethik die ganze Kluft zwischen Ruhe und Bewegung», weshalb allein die zweite der dynamischen und offenen Natur der Seele entspricht, der vor

---

[37] Vgl. *Approches de Dieu* (85), wo Maritain wörtlich seinen Lehrer Bergson zitiert (H. BERGSON, *Les Deux Sources de la Morale et de la Religion*, Alcan ²1932, 273): «Les mystiques sont unanimes à témoigner que *Dieu a besoin de nous*, comme nous avons besoin de Dieu. Pourquoi aurait-il besoin de nous, sinon *pour nous aimer*? Telle sera bien la conclusion du philosophe qui s'attache à l'expérience mystique. La Création lui apparaîtra comme une entreprise de Dieu pour **créer des créateurs**, pour s'adjoindre des êtres dignes de son amour.»
[38] Vgl. «Sur l'éthique bergsonienne», *RMM* 2 (1959) 141-160.
[39] H. BERGSON, *Les Deux Sources* 25.
[40] *Ebd.* 287.
[41] *Ebd.* 52.

allem die christliche Offenbarung gerecht wird, denn «die Ethik des Evangeliums ist wesentlich die der offenen Seele»[42].

Obwohl Maritain Bergsons Umschreibung der ersten Moral nicht zustimmt und sie für «völlig verfehlt»[43] hält, erscheinen ihm dessen Überlegungen zur zweiten umso brauchbarer. Sie entfalten «die Bedeutung dessen, was man die '**Übermoral**' im sittlichen Leben der Menschheit nennen kann»[44]. Demzufolge hält der Mensch zu Beginn seines moralischen Lebens an Normen und Vorschriften als der ersten Vermittlung des Willens ihres Urhebers vor allem in einer Haltung des Gehorsam fest. Mit Erreichen der Übermoral wird zwar weiterhin an ihnen als «dem Steuer festgehalten, aber wie durch einen Anderen gelenkt, und zwar besser, [...] da ihm die Liebe [...] freiwillig alles übergeben hat»[45]. Die Person hat damit eine höhere Ebene betreten, auf der das letzte *subjektive* Ziel, das *bonum generale*, mit dem *objektiven* und darum transzendenten höchsten Gut, dem *bonum absolutum*, zusammenfällt. Darin zeigt sich, daß die Moral wie auch das Sein nach oben hin offen ist, da sich nämlich «der Begriff des *bonum* in und für sich nicht mehr einfach auf eine *bonum honestum* bezieht, [...] sondern seinen höchsten Archetyp in einem subsistierenden Gut hat, das eine lebendige Personalität ist, – drei Personen in einer einzigen Natur, von denen eine sich inkarniert hat»[46]. Die Ebene der Übermoral meint also weder den Gehorsam, der einem abstrakten Prinzip geleistet wird, noch die Intensivierung eines weltimmanenten *bonum commune*. Vielmehr drückt sie eine lebendige und personale Teilhabe am Leben der Trinität aus, des letzten Ziels und Ursprungs von allem Sein und aller Liebe.[47]

L'âme a quitté le plan auquel se constitue le système de valeurs, de normes et de prescriptions qui sont propres à la morale [...]. L'âme n'est plus centrée dans ce monde proprement humain, dans ce monde de l'en-deçà de la Fin ultime, qui est le monde de la morale. Elle a passé à un niveau supérieur, celui de la vie dès maintenant commencée avec la Fin ultime elle-même, et des mutuelles relations d'amour avec elle. [...] Encore faut-il qu'elle sache en effet ce qu'il veut; elle le sait par la loi morale, par où Dieu lui fait signe, et [...] par l'inspiration qui guide ses pouvoirs de discernement pratique. La parfaite individualisation que Kierkegaard cherchait dans la relation entre Dieu et la subjectivité, c'est l'amour qui la procure.[48]

---

[42] *Ebd.* 55f.
[43] *La Philosophie morale* 988.
[44] *La Philosophie morale* 995.
[45] *La Philosophie morale* 1006.
[46] *La Philosophie morale* 373.
[47] Vgl. zum Verständnis der Moral als Tugendethik anstelle eines reinen Gesetzesgehorsams E. SCHOCKENHOFF, *Bonum hominis. Die anthropologischen und theologischen Grundlagen der Tugendethik des Thomas von Aquin* (Tübinger theologische Studien Bd. 28), Mainz 1987, bes. 573-585).
[48] *La Philosophie morale* 1005.

Damit wird das entscheidende Regulativ allen Handelns die Liebe, also eine existentielle Wirklichkeit. Aus ihr ergibt sich ein lebendiger Austausch in der Seele oder dem Herzen der beiden Partner, so daß sie das Gut des anderen über alles stellen. Das heißt, daß das allgemeine Gesetz nicht mehr ausreicht, sondern es einer beständig neuen Anregung bedarf. Während dies von Bergson als «Aspiration» bezeichnet wurde, meint Maritain, «daß er Inspiration hätte sagen sollen. Man lasse alles unnötige Gepränge beiseite, dessen gemeiner Gebrauch, ob es sich um Poesie oder Heiligkeit handeln möge, dieses Wort dümmlich herausgeputzt hat, da man sagen muß, daß diejenigen, welche zur Vollkommenheit des moralischen Lebens gelangen, notwendigerweise *Inspirierte* sind.»[49] Das heißt, die «Inspirierten» stehen ob ihrer Liebes- und Freundschaftsbeziehung mit Gott in einem unmittelbaren Kontakt. Diese Gemeinschaft zeigt sich gerade von der tiefsten Liebesbezeigung, dem stellvertretenden Leiden her. Denn in sich «ist das Leid ein Übel und wird es immer bleiben. Wie soll man es darum denen wünschen, die man liebt?» Doch gerade in einer solchen Situation scheint die schöpferische Freiheit und Größe der Liebe auf, da nichts das Leid ersehnenswert macht, außer einer «realen und praktischen Umwertung, die allein im Feuer einer bestehenden und absolut unmitteilbaren Liebe vorgenommen werden kann, zwischen dem Selbst eines Menschen und dem göttlichen Selbst. Derartiges bleibt ein versiegeltes Geheimnis, da es einzig für die individuelle Subjektivität gilt».[50]

Auch ein Kontakt, der zu solchen Taten der Liebe inspiriert, findet in der Seelenspitze im Sinne einer konnaturalen Anregung statt. Dafür finden wird in *L'Intuition créatrice* bereits genügend Verweise, da dort die kreative Intuition im *apex animae* den Menschen erreicht, ja daß die geistige Kontraktion oder Systole, die schweigende und natürliche Bündelung aller Seelenfakultäten, bereits die Inspiration *ist*.[51] Mit dieser Form der Anregung kommt nicht nur die Teilhabe an der subsistierenden Liebe und die Vervollkommnung der personalen Liebesfähigkeit zum Vorschein, sondern sie zeigt auch die Erhöhung der Wahlfreiheit selbst, in der die Person in Freiheit über sich verfügt, indem sie ihre Freiheit in Liebe und um der Liebe willen hingibt. Der Mensch, der unter der Inspiration des Geistes Gottes oder der «Herrschaft der Gaben des Geistes steht, hat den Selbstbesitz hingegeben und ist darum freier als je zuvor». Doch nur durch das «Überstehen einer Häutung, die schlimmer als der Tod ist», kann er schließlich «in die Autonomie-Freiheit eintreten, nach der wir alle verlangen»[52].

---

[49] *La Philosophie morale* 1001.
[50] *La Philosophie morale* 1039.
[51] Vgl. *L'Intuition créatrice* 254f. 399. 402f. wie auch *Poèmes et essais* 680f.
[52] *La Philosophie morale* 1001f.

Il [l'inspiré] n'est plus sous le régime de la loi; la loi ne courbe plus son vouloir. Il accomplit ce que la loi prescrit, et incomparablement mieux que ceux qui n'ont pas franchi le seuil de la vie inspirée, mais il l'accomplit en suivant l'attrait de son amour et l'instinct même de sa volonté, qui a cessé d'être à lui, n'est plus qu'à celui qu'il aime. Il ne fait plus que ce qu'il veut, ne voulant que ce que veut celui qu'il aime.[53]

Doch was will der geliebte göttliche Partner anderes als freie Akte der Liebe? Wonach sehnt er sich mehr als nach der Anerkennung und Annahme seiner wahren Natur[54], nämlich der subsistierenden Liebe? Denn nicht etwa durch einen Zwang, dem die Sklaven des Gesetzes unterliegen, sondern als freie Kinder und wahre Miterben der göttlichen Herrlichkeit dürfen die Freunde Gottes schon auf Erden an der göttlichen Freude und Freiheit, sich selbst zur Gabe zu machen, teilhaben.

Damit wird eine weitere Spannung angeschnitten, nämlich die Frage nach der schöpferischen Freiheit und «Neuheit» der Liebe. Zwar geht Maritain mit seinen Konklusionen nicht so weit, sondern hält die Distanz zwischen Schöpfer und Geschöpf immer aufrecht. Dennoch legen seine Aussagen derartige Folgerungen nahe. So sagt er selbst, daß im Zustand der Übermoral das moralische Gesetz nicht mehr als Joch, sondern als Botschaft verstanden wird, «die den Intellekt wissen läßt, wie man dem Geliebten gefallen kann. Indem er die Augen fest auf die Hände des Geliebten gerichtet hat, tut der Freund *das, was er will* – das was sie wollen.»[55] So könnte man sagen, daß mit dem Erreichen der überhöhten Freiheit die Ebene des äußerlichen Gehorsams verlassen wird. Es ist nicht «nötig», immer wieder nach neuen Ausdrucksformen der Liebe zu suchen, aber es entspricht der inneren Überexistenz und kreativen Freiheit der Person wie auch ihrer inneren Sehnsucht, immer wieder neu als Geliebter bestätigt zu werden. Die besagte Spannung zeigt sich deutlich auch in Johannes a Sancto Thoma, den Maritain anführt. So bedeutet die Wiedergeburt aus dem Heiligen Geist keine Abschaffung der Wahlfreiheit. «Was bliebe nämlich für ein Verdienst, wenn der Geist im Willen nicht inspirierend, [...] sondern zwingend auf ihn einwirken würde?» Und zugleich handeln aber nach seiner Auffassung die inspirierten Menschen «durch ihnen innewohnende Prinzipien, die vom Geist stammen und durch sie zu diesen Opera-

---

[53] *La Philosophie morale* 1002.
[54] Vgl. *Court traité* (85), wo sich Maritains Beschreibung der Liebesbeziehung auf die natürliche und auf die übernatürliche Ordnung beziehen kann: «Dans la mesure où nous l'aimons vraiment, [...] nous avons de l'être que nous aimons une obscure connaissance semblable à celle que nous avons de nous-mêmes, nous le connaissons dans sa subjectivité même [...] par l'expérience de l'union.»
[55] *La Philosophie morale* 1006.

tionen, [...] die die allgemeine menschliche Handlungsweise übersteigen, hinneigen»[56].

Die Größe echter Liebe besteht in ihrer Ungeschuldetheit, mit der sie auf ein konkretes Bedürfnis antwortet, einer Bitte zuvorkommt, bevor sie ausgesprochen wird, oder mehr gibt, als vernünftig wäre. Mag es sich dabei um einen Schluck Wasser oder um das eigene Leben, um gewährte Vergebung oder einen freiwilligen Verzicht, um Mit-leiden oder stellvertretendes Leiden oder andere Formen echter Nächstenliebe handeln – mit seinen Beispielen macht Maritain darauf aufmerksam, daß «das menschliche Leben bereits Frucht gebracht hat», wenn «die Macht einer maßlosen Liebe» eine auch noch so schlichte Geste erfüllt. Erst dadurch wird die Geste kostbar und wert-voll, da sie «wie von einem Hauch der ungeschaffenen Liebe»[57] umhüllt ist.

Zusammenfassend können wir nun festhalten, daß die Übermoral in sich höchste Freiheit und höchste Abhängigkeit vereint. Sie involviert den ganzen Menschen, der unter der Inspiration des Geistes in der Lage ist, das zu tun, was der Geliebte und er wollen, nämlich die gemeinsame Freundschaft zu leben. Dabei wird die Wahlfreiheit ganz von der Autonomiefreiheit in Dienst genommen, da der Mensch in seinem existentiellen Zentrum, seinem Herzen, von einem einzigen Ziel beseelt ist, nämlich der selbstlosen Liebe.

> Indépendance limitée, fragile et menacée, le drame de *la vie de l'homme* consistait à la rendre de plus en plus effective et vigoureuse en lui, et à passer par des morts à soi-même *pour conquérir sa liberté d'autonomie*, dans la mesure possible à une créature, – à une créature faite de chair et d'esprit, – et avec les restrictions dues à la condition humaine.[58]

In Bezug auf den Intellekt und den Willen der Person bedeutet dies, daß sie unter der Herrschaft der theologalen Tugenden stehen, die ihrerseits auf den bereits vorhandenen natürlichen Tugenden aufbauen. Diese werden vervollkommnet und erhalten eine beständige Ausrichtung (*gratia habitualis*), so daß sie sich immer mehr vertiefen und unter der beständigen Einwirkung der Inspiration und der Gaben des Heiligen Geistes stehen. Der Wille wird gleichsam von der sich verströmenden Überexistenz der Liebe überschwemmt. Dies geschieht nicht durch rationalen Appell an das Universum

---

[56] JEAN A SAINT-THOMAS, *Les Dons du Saint Esprit*, frz. Übers. R. Maritain, ŒC Bd. XIV, 224. Vgl. auch *La Philosophie morale* 1005: «Dans le régime de la morale l'âme est en rapport avec Dieu (avec Dieu comme Cause première) par l'intermédiaire de la loi, sous laquelle elle se trouve. Dans le régime de la supra-morale elle est en rapport direct et immédiat avec Dieu (avec Dieu comme Ami), et elle n'est plus sous la loi mais **en connivence avec elle.**»
[57] *La Philosophie morale* 1015.
[58] *La Philosophie morale* 496.

der moralischen Werte, sondern die Freiheit wird von innen her überhöht, analog zur Freiheit derer, die in der Anschauung Gottes stehen. Muß man darum sagen, daß es dem Menschen mit zunehmender personaler Gemeinschaft mit dem höchsten Gut umso leichter fällt, das konkret zu realisierende Gut zu erfassen, also die Regel zu beachten und den Übergang von der zerbrechlichen in eine unzerbrechliche göttliche Anregung zu ermöglichen? Oder wird nicht eher der furchtsame Blick von der Regel weg auf den Geliebten selbst gerichtet und somit alle Kreativität des Liebenden freigesetzt, die nichts anderes tun will als zu lieben?

Besteht nach Maritain die Freiheit der Autonomie oder des *Frohlockens* nicht gerade darin, daß der Mensch die Schönheit seiner Würde und Berufung erkennt und nicht müde wird, wie ein heiliger Franziskus alles, selbst Sünde, Leid und Tod, in ein Loblied zu verwandeln und Gottes Huld und barmherzige Liebe, die ihm als schwacher und bedürftiger Kreatur erwiesen wird, zu besingen?[59] So stellt sich aus der Erfahrung der Liebe heraus nochmals neu die Frage nach dem Wesen des Menschen.

d) Die personale Natur des Menschen

Mit dem Erlangen der *Übermoral*, wie sie Maritain in *La Philosophie morale* erläutert, wird eine dem Menschen gemäße Vollkommenheit auf psychologischer wie auf ontologischer Ebene erreicht, die seinem Wesen als Person wahrhaft entspricht. Sie geht über das äußere objektive Erfüllen des Gesetzes und der Moral hinaus und steht unter der Wirkung der göttlichen Liebe und Inspiration. Mit ihr handelt die Person aufgrund eines überintelligiblen Prinzips und läßt davon ihre schöpferische Freiheit und Liebesfähigkeit bestimmen.

Darin kommt nun Maritains Personalismus völlig zum Tragen, da sein Naturverständnis durch seinen Existentialismus auch zu einer erneuerten Wesensbestimmung der Person führt. Wie Teil A illustrierte, verstanden die Alten die Person und ihre Freiheit primär von ihrer Natur her. So wurde die Natur, nicht die Person, durch die Gnade erhöht. Ebenso ging es bei der

---

[59] Vgl. *La Philosophie morale* 1037-1039 sowie J. MARITAIN, *La Signification de l'athéisme contemporain*, ŒC Bd. IX, 456: «Représentons-nous saint François d'Assise quand il rejette ses vêtements et paraît nu devant son évêque. [...] Disons que c'est un simple refus. [...] Le mal est tel, que la seule chose qu'on ait sous la main pour y remédier [...] est de tout donner, tout abandonner [...] pour être libre d'être avec Dieu; c'est d'être totalement dépouillé et donné afin de se saisir du pouvoir de la croix, c'est de mourir pour ceux qu'il aime. C'est là un éclair d'intuition et de vouloir au-dessus de tout l'ordre de la moralité humaine. Une fois qu'une âme d'homme a été touchée au passage par cette aile brûlante elle devient partout étrangère. Elle peut tomber amoureuse des choses, jamais elle ne se reposera en elles.»

Vervollkommnung des Menschen um die Aktualisierung seiner Fakultäten, nicht um eine rechte Ausrichtung seiner personalen Überexistenz. In dieser Tradition steht auch der frühe Maritain, doch aufgrund seines Existentialismus entwickelt er diese Linie weiter und betont statt der essentiellen Natur immer mehr deren existentiellen Träger. Deutlich zeigt sich dieser Wandel bei Maritains Untersuchung der geschichtlichen Neuheit, die das Christentum darstellt. Für ihn wurde dabei der vorhandene Naturbegriff gewissermaßen geöffnet und für eine höhere Ordnung zugänglich gemacht, wobei diese Erhöhung nicht wie der Giebel zu einem Denkmal hinzukommt, sondern es wie von innen her durchdringt und aufblühen läßt.[60]

Was versteht nun der späte Maritain unter dem Naturbegriff? Grundsätzlich geht er davon aus, daß die Person «ein erster Umkehrpunkt ist, der aus der Natur herausragt und wo der Geist beginnt, zu sich selbst zurückzukehren. Aber er wird nur zu sich selbst zurückkehren, wenn er seine Personalität auf ein höheres Ganzes ausrichtet.»[61] Was er damit meint, wird an zwei Aspekten deutlich. Zum einen geht es nicht um die Erhöhung oder Aktualisierung einer Form, sondern um das Eintreten des Menschen in eine Freundschaftsbeziehung mit Gott, um «eine *Freundschaft* im eigentlichen und im stärksten und verrücktesten Wortsinn». Da also «eine *Liebe wie zwischen Freunden* zwischen Gott und dem Menschen möglich ist, bildet diese Freundschaftsliebe, die *caritas*, [...] die höchste aller Tugenden und den Schlußstein aller moralischen Gebäude»[62]. Durch diese Verbindung wird nicht nur ein Teil, sondern der *ganze Mensch* in die übernatürliche Ordnung erhoben und läßt ihn Anteil haben am Leben Gottes selbst.

> Dieu n'est plus fermé dans sa transcendance, il la communique. Entre lui et l'homme il peut y avoir, comme entre amis, amour de personne à personne, avec toute la folie qu'il peut comporter, amour comme entre le père et le fils, amour comme entre l'époux et l'épouse, l'amour de don plénier de l'un à l'autre que le *Cantique* annonçait, et auquel Dieu a cédé le premier quand il s'est incarné. Et les mystiques pourront dire en ce sens que Dieu, parce qu'il l'a ainsi voulu, a besoin de notre amour comme l'ami a besoin de l'amour de son ami, qui est un 'autre lui-même'.[63]

---

[60] Vgl. *La Philosophie morale* 377: «Le concept lui-même de nature subit dès lors un changement, il s'ouvre pour ainsi dire. La nature n'est pas close en elle-même, impénétrable à un ordre supérieur. Elle éclôt dans la grâce, elle est 'parfaite' ou achevée par la grâce, qui ne s'ajoute pas simplement à elle comme un fronton sur un monument, mais qui la pénètre en ses plus intimes profondeurs, et qui, tout en l'élevant à une vie et une activité d'une autre ordre, dont la nature n'est point capable par elle-même, en même temps la surélève dans son ordre et dans le domaine des ses propres activités.»
[61] *La Philosophie morale* 496.
[62] *La Philosophie morale* 380.
[63] *La Philosophie morale* 382.

Diese Berufung zur Gemeinschaft mit Gott haben wir bereits mehrfach angesprochen, neu ist allerdings, daß Maritain dabei nun auch hervorhebt, wie diese Gemeinschaft die ganze «menschliche Situation» umfaßt, d.h. die im Menschen unterscheidbaren Aspekte von menschlicher Natur und menschlicher Person. Die innere Erhöhung durch die Gnade geht nämlich mit dem Annehmen und Transzendieren der menschlichen Situation einher, die der Mensch nicht selbst leisten muß, sondern ihm gnadenhaft geschenkt wird. Dies betrifft erneut die Übermoral, in der die Person oder «die Seele nicht mehr auf die rein menschliche Welt ausgerichtet ist», sondern eine höhere Stufe erreicht hat, nämlich die der Freundschaftsliebe. Sie ist eine Beteiligung an der göttlichen Natur, eine Teilhabe an Gottes trinitarischem Leben. Es geht nicht um das Erreichen «eines diesseitigen letzten Zieles», sondern um «das schon begonnene Leben mit dem letzten Ziel selbst und der gegenseitigen Liebesbeziehung mit ihm»[64].

Auf der Stufe der Übermoral erreicht also nicht nur die Person, sondern auch die menschliche Natur ihre wahre Vollendung. Die entscheidende interpersonale Beziehung geht von der Person selbst, ihrem personalen Zentrum aus und involviert zugleich ihre ganze Natur. Weil sich die Person als solche angenommen und geliebt weiß, ist auch ihre Natur eingeschlossen, so daß alle Fakultäten mit der Person in eine gemeinsame Richtung, nämlich zum Geliebten hin, drängen und ziehen. So werden die inneren Dynamismen der Natur, also der Seelenfakultäten, eingesetzt für das Ziel, in dem die Person wie die Moral ihre Übererfüllung finden. Damit weitet sich «die Anziehungskraft des höchsten Punkts [der Seele] auf den Ozean des menschlichen Herzens aus, [...] um ihn zum Heroismus der wahren Freiheit zu erheben»[65]. Vom Selbst aus wird wie von einer personalen Quelle aus über die geistige Überexistenz aktiv verfügt. Insofern also in der Seelenspitze psychologische und ontologische Ebenen zusammenkommen und verbunden sind, kann man von einer *personalen Natur* des Menschen sprechen. Das, was die Person betrifft und erlebt, beeinflußt auch ihre Natur – und umgekehrt. Nicht die Veränderung der Fakultäten, sondern die Ausrichtung ihrer Operationen auf das sittlich Gute oder jeweils Bessere, machen darum ihre Größe aus. Die Erhöhung der Person impliziert folglich die Annahme der eigenen menschlichen Natur, ihrer Zerbrechlichkeit und Kontingenz, und zugleich die Ausrichtung der damit verbundenen Freiheit auf moralisch wert-volle Akte. Dieses Akzeptieren der menschlichen Situation geschieht «nicht als einfache Unterwerfung unter eine Notwendigkeit, sondern wird zu einer aktiven Zustimmung aus Liebe», welche die Abwen-

---

[64] *La Philosophie morale* 1005.
[65] *La Philosophie morale* 1002.

dung von der Sünde einschließt und im Gegenzug die Freundschaft mit Gott vertieft.

> Dans la *condition humaine* ainsi *transcendée* et acceptée tout à la fois, tout à vrai dire reste le même et tout est transfiguré. Si la grâce fait participer l'homme à la vie divine et si elle *surélève sa nature* dans l'ordre propre de celle-ci, cependant c'est une nature toujours blessée qui est ainsi surélevée, c'est un homme toujours dévoré de faiblesse qui a part à la vie éternelle et à l'amitié de Dieu. La condition humaine n'a pas changé [...] parce que le Verbe de Dieu l'a assumée telle qu'elle était. [...] Qu'importent désormais la contingence et la futilité métaphysique auxquelles notre existence est soumise, puisque le plus insignifiant de nos actes, s'il est vivifié par la charité, a une valeur éternelle?[66]

Gerade durch das Erlösungswerk Christi wurde die gefallene menschliche Natur nicht verändert, sondern mitsamt ihrem Träger virtuell in das göttliche Leben aufgenommen. Somit stehen ihr alle Möglichkeiten offen, in ihrer Schwachheit und Unvollkommenheit teilzuhaben am ewigen Leben und so in Gottes Freundschaft einzutreten. Damit ist sie nicht einfach äußerlich verändert, sondern sie wird in Dienst genommen, um das neue Leben «in der Umarmung des ewig Liebenden» auf eine Weise auszudrükken, die dem Wesen der Person entspricht. Wer sich dieser Umarmung geöffnet hat, die ihn mit Fesseln der Liebe, aber auch mit der der Schöpfung innewohnenden Dynamik anzieht, will in der Tat mit seinem ganzem Herzen, mit all seinen Seelenpotenzen und all ihren Kräften und Operationen dem Geliebten gehören und sich ihm schenken.[67] Jedoch ist es der Freiheit des Geschöpfes anheimgegeben, diese höchste personale Ordnung anzuerkennen oder sich mit weltimmanenten Gütern zu begnügen und ihren Verweischarakter zu ignorieren.[68]

So spielt in der Sphäre der Übermoral die Kontingenz der menschlichen Natur nurmehr eine sekundäre Rolle, da selbst der unbedeutendste Akt, sofern er durch die *caritas* belebt ist, Ewigkeitswert erlangen kann. Durch die Liebesverbindung mit Gott geht es nicht mehr darum, in welcher geschöpflichen Situation sich das Geschöpf befindet und was es tut, sondern nur, daß es dies *mit Liebe* bzw. *aus Liebe zum Anderen*, also in Verbindung mit der subsistierenden Liebe, tut. Darin erfüllt sich das Wort des heiligen Augustinus in seinem Vollsinn: «Dilige, et quod vis fac!»[69] Auf diese

---

[66] *La Philosophie morale* 1036.
[67] Vgl. die auch für diese Interpretation offene Formel in *Gen* 6,5, die von Herz, Seele und Kraft spricht.
[68] Zur Reichweite der natürlichen Vernunft und der natürlichen Gotteserkenntnis vgl. die Aussagen des I. Vatikanischen Konzils in der dogmatischen Konstitution *Dei Filius* (*DH* 3004).
[69] AUGUSTINUS, *In Epistolam ad Parthos Tractatus*, VII.8 bzw. *La Philosophie morale* 1005.

Weise wird «der Liebe die absolute Priorität eingeräumt». Ohne sie sind «Weisheit und Tugend hohl und ohne Wert für das ewige Leben». Umgekehrt sind deshalb alle Taten «nur wahrhaft gut durch die *caritas*, die sie belebt». Und darüber hinaus «bedeckt sie, wenn sie vorhanden ist, alle Mängel unserer Schwachheit». Sie verleiht allen Akte einen bleibenden Wert, weshalb für Maritain (in Anlehnung an den heiligen Johannes vom Kreuz) der Mensch am Abend seines Lebens nicht aufgrund seiner Werke, sondern in Bezug auf ihre innere Qualität, also «hinsichtlich der Liebe beurteilt werden wird»[70]. Wenn allerdings die Liebe weniger unter dem Aspekt der Ausführung von Normen, sondern in ihrer kreativen Freiheit gesehen wird, wenn also der Mensch durch die Übermoral nicht nur an der göttlichen Freiheit, sondern am göttlichen Leben teilhat, dann stellt sich für uns die Frage, wie hierbei Freiheit im Sinne von Unvorherbestimmtheit oder von Neuschöpfung verstanden werden kann.

Das heißt konkret: Wenn der Mensch als Erstursache für das *malum* zu betrachten ist, vollbringt er gewissermaßen etwas Neues. Läßt sich daraus der Umkehrschluß ziehen, daß der Mensch im Vollbringen des Guten zwar nicht Erstursache ist, dafür aber, wenn er aus selbstloser Liebe handelt, etwas Neues «schafft»? Hier macht sich einerseits das Problem der Verbindung von Zeit und Ewigkeit bemerkbar, das wir am Ende dieses Kapitels noch behandeln werden. Ebenso gilt aber auch der Tatsache Rechnung zu tragen, daß Christus die menschliche Situation erhöht, aber nicht verändert hat. Er hat sie in sich aufgenommen, ohne ihr jedoch Kontingenz und Freiheit zu nehmen. Vielmehr bietet er den Menschen, allen voran den Heiligen an, durch Leiden, «da es für sie Ausdruck ihrer Liebe und Mitwirkung am Werk des Vielgeliebten ist»[71], zu ergänzen, was an seinem eigenen Lieben noch unvollkommen ist. Worin besteht hierbei die Ergänzung des Geschöpfes, da die Überarbeitung der menschlichen Subsistenz Maritain auch zu der Aussage führte, daß durch sie eine «originäre und absolut erste Tätigkeit des *suppositum* selbst in seiner Innerlichkeit und seiner substantiellen Tiefe»[72] ermöglicht würde?

Mag die menschliche Tat wie auch eine mögliche Antwort noch so begrenzt sein, so stellt sich darüber hinaus aber die Frage nach der «Neuheit» der Erlösung in Gott selbst wie auch in der Schöpfungsordnung. Sicher kann es nicht darum gehen, von einer Veränderung im Sinne einer Vervollkommnung zu sprechen. Aber wenn die Liebe als gemeinsame Überexistenz verstanden wird, in der sich die Gegenüber unaufhörlich und in kreativer Freiheit ihre gegenseitige Liebe ausdrücken, kommt darin eine Dynamik

---

[70] *La Philosophie morale* 384.
[71] *La Philosophie morale* 1037.
[72] *Les Degrés* 1052 (ohne Maritains Hervorhebungen).

zum Vorschein, die auch das Element der Neuheit oder «Überraschung» einschließt, was W.L. Rossner darum «als ein Überströmen **ohne** Verbesserung»[73] bezeichnet. Wenn diese grundsätzlichen Fragen im Moment auch nur gestreift werden können, so werden sie uns in der Betrachtung des Seelenlebens Jesu im übernächsten Paragraphen wieder aufgenommen. Zuvor sollen noch einige weitere begriffliche Klärungen der Verbindung von Natur und Übernatur vorgenommen werden.

e) Der Seelenhimmel

Wir haben gesehen, daß Maritain in *L'Intuition créatrice* das Bild des physischen Paradieses einführt, um damit etwas von der Durchlässigkeit der Seele für die transzendente Wirklichkeit der Schönheit und der Poesie auszudrücken. Diese natürliche «schöpferische Unschuld» und Empfänglichkeit erstreckt sich freilich auf die gleichen Bereiche der Geistseele wie diejenigen, die bei der Erfahrung des Mystikers aktiviert werden. So stellt sich nun erneut die Frage, wie die Gnade im Seelengrund des Menschen wirken bzw. Gott in der übernatürlichen mystischen Erfahrung im menschlichen Herzen wohnen kann, ohne ihn zu erdrücken oder seiner Freiheit zu berauben.

Bereits in *Le Songe de Descartes* sprach Maritain davon, daß Seele und Leib in einer besonderen Verbindung und beständigem Austausch stehen. Darum läßt sich gerade die Affektivität nicht nur auf materielle oder neurologische Impulse und Instinkte reduzieren, sondern schließt auch die Welt *geistiger Empfindungen* und Gefühle ein. Der Mensch ist nicht «ein Engel, der eine Maschine bewohnt und sie vermittels der Epiphyse steuert», sondern er ist aufrichtiger Gemütsregungen fähig, die Seele wie Leib betreffen, weshalb die Liebe und ihre Fakultät, der Wille, «ihr eigenes Leben und ihre eigenen Gesetze im **Seelenhimmel** haben»[74]. Auch in *Trois Réformateurs* verwies Maritain auf diesen Bereich der Seele, insofern der Wille «durch seine beherrschende Indifferenz hinsichtlich jedes geschaffenen Gutes aus unserer Seele einen verschlossenen Himmel macht, den Gott allein bewegen kann»[75]. Dabei wurde eher der Sachverhalt angesprochen, daß die geistigen wie auch die materiellen Operationen des Menschen in seinem Inneren ihren Ausgangspunkt haben. In *La Philosophie morale* hingegen geht es vor allem darum, daß in diesem geistigen Zentrum, «im Seelenhimmel, wo der

---

[73] W.L. ROSSNER, «Love in the Thought of Jacques Maritain», in *The Man and His Achievement*, Hrsg. J. Evans, New York 1963, 254.
[74] J. MARITAIN, *Le Songe de Descartes*, ŒC Bd. V, 170.
[75] *Trois Réformateurs* 473.

Intellekt und der Wille sich gegenseitig umfassen»[76], alle geistigen Fakultäten über ihrer Spitze miteinander verbunden sind und dadurch in lebendigem Austausch stehen. Wozu aber diese Formel, die eigentlich nichts Neues zum Gedanken des *apex animae* hinzufügt?

Eine erste Antwort finden wir in Maritains Werk *De la grâce et de l'humanité de Jésus* aus dem Jahr 1967, das zwei überarbeiteten Vorträgen entspricht, die er in Toulouse im Frühling 1964 gehalten hatte und die sich mit dem geistigen Leben Jesu Christi beschäftigen. Dort stellt er das geistige Vorbewußtsein als «Zentrum der Gnade und Beginn des ewigen Lebens für den Menschen»[77] dar. Damit wird nun ausdrücklich auch das Wirken der Gnade in die Eigendynamik des Seelengrundes aufgenommen, von wo aus sie den ihr zukommenden Einfluß auf das Seelenleben und die von ihm ausgehenden Operationen ausübt. Doch erscheint hierbei das Wirken der Gnade ähnlich mechanisch wie bei Maritains Überlegungen zur göttlichen Anregung, die auf den Willen trifft. Kann die ungeschaffene Gnade als ein Faktor unter anderen auf das Seelenleben einwirken, oder ist nicht eher an eine interpersonale Begegnung zu denken, trotz aller göttlichen Transzendenz und unfaßbaren Größe?

Dies deutet sich in einem 1967 gehaltenen Vortrag an, posthum veröffentlicht in *Approches sans entraves*, worin Maritain über die menschliche Situation vor dem Sündenfall spekuliert. Er reflektiert nochmals über die innere Verbindung von menschlicher Natur und göttlicher Gnade. Nicht von ungefähr nimmt er den Begriff des Seelenhimmels wieder auf, der über den Menschen hinausweist und auf die göttliche Gegenwart im Menschen verweist. Wie versteht ihn Maritain vor dem Fall des Menschen in die Erbsünde?

> Par la justice originelle la nature humaine fonctionnait d'une manière parfaitement droite. [...] Ça ne veut pas dire que par la grâce la raison est achevée ou consommé en perfection *dans sa nature* elle-même; ça veut dire que la grâce crée dans le supra-

---

[76] *La Philosophie morale* 993.
[77] J. MARITAIN, *De la grâce et de l'humanité de Jésus*, ŒC Bd. XII, 1081, Anm. 1. Dazu passen seine im gleichen Zeitraum verfaßten Ausführungen zu authentischen Privatoffenbarungen. Zwar spricht er vom «unbewußten Teil des Geistes», doch kann dies wohl als begrifflicher Übergang zwischen dem «geistigen Vorbewußten» und dem «Seelenhimmel» gedeutet werden. Vgl. *Carnet de notes* 242-244: «Dieu se sert instrumentalement de ce qui est dans l'esprit du prophète. [...] En sorte que les mots entendus par le témoin d'ici-bas [...] résultent au-dedans de lui d'une activation divine exercée sur les facultés de son âme. Autrement dit [...] les mots qu'elle [une personne céleste] y produit elle-même par l'action divine usent instrumentalement des facultés humaines du messager. Alors on peut penser que des paroles venant du ciel [...] ont passé par l'instrumentalité des perspectives mentales typiques ou 'archétypiques', présentes dans l'**inconscient de l'esprit** du messager [...] tels qu'on a voulu d'en haut qu'ils nous arrivent.»

conscient de l'esprit un *ciel de l'âme*, un ciel surnaturel où siège la grâce elle-même, – c'est ce ciel de l'âme qui fait passer dans la conscience les vertus théologales (du moins quand elles s'épanouissent normalement), et qui par son rayonnement éclaire et fortifie la raison *dans son exercice* naturel.[78]

Zum einen wird damit die «Ausstrahlung» der göttlichen Gnaden auf die natürlichen Fakultäten und deren Stärkung und die Erhebung ihrer *natürlichen* Funktion sichtbar, was für den Willen die Verbindung von subjektivem und objektivem Gut und für den Intellekt ein klares Wissen um das richtige Handeln gemäß der Klugheit meint. Zum anderen läßt aber die Begrifflichkeit Maritains darauf schließen, daß er auch hier nicht ein unmittelbares Einwirken der Gnade auf ihre Fakultäten meint, sondern ihre Aktivierung von innen, ihrem personalen Zentrum her, in dessen Dienst sie stehen. Denn mit den gleichen Begriffen (geistiges Vorbewußtsein, Seelengrund) verwies er in *L'Intuition créatrice* darauf, daß nicht einzelne Seelenkräfte, sondern das Selbst und eine Sache in Beziehung treten. Dabei erläuterte er die verwandelnde Kraft, die beim Künstler bzw. beim Heiligen vom Seelenhimmel ausgeht und sich *ad extra* in Poesie oder Heiligkeit manifestiert. Zwar ist dabei die ideale von der realen Situation des Menschen zu unterscheiden, doch die Wirkweise der Gnade ist jeweils die gleiche. Ob vor oder nach dem Fall, das vorbewußte Seelenleben entfaltet sich durch die Schwingung zwischen dem *apex animae* und der *anima ordinaria*, ob nun hinsichtlich eines geistigen Keimes oder göttlicher Einwirkung.

Hier nun scheint uns, daß die Ausführungen zum Ausstrahlen vom Seelenhimmel oder der Seelenspitze auf die natürliche Funktionsweise der Fakultäten durch die Überlegungen zur kreativen Intuition und zur Übermoral ergänzt werden, die beide aus einer intersubjektiven Begegnung resultieren. Allerdings eröffnet letztere eine interpersonale Gemeinschaft mit der göttlichen Liebe, aus der heraus das Entscheidende bewirkt wird, nämlich eine Ausrichtung der inneren Fakultäten auf den geliebten göttlichen Freund und Bräutigam.[79] Die klassische Theologie, auf die Maritain verweist, sieht in der Ungeordnetheit der inneren Potenzen und Neigungen eine Folge der Erbsünde. Darum stehen sie in einer regellosen oder anarchistischen Beziehung zueinander und behindern und stören sich ohne die ordnende Hilfe der Gnade gegenseitig, so daß ein fruchtbares Miteinander auf das Gute hin nur begrenzt möglich ist. Dabei spielen die unteren Seelenkräfte eine große Rolle, da sie eine gewisse Unabhängigkeit erreicht haben und der Vernunft nicht mehr völlig untergeordnet sind, zumal auch

---

[78] J. MARITAIN, *Approches sans entraves. Réflexions sur la nature blessée*, ŒC Bd. XIII, 773.
[79] Vgl. *La Philosophie morale* 382.

die Vernunft selbst unter den Folgen der Ursünde leidet. Allerdings können sie durch die Unterstützung der Gnade eine bleibende habituelle Ausrichtung erfahren. So kann die einer Reihe von Faktoren unterliegende Wahlfreiheit durchaus erhöht und vervollkommnet werden und damit auf beständige (im Kontext der Heiligkeit durch mystische Gaben sogar auf erfahrbare) Weise auf das höchste Gut ausgerichtet bleiben.[80]

Neben diesen in sich berechtigten Unterscheidungen, welche die völlige Ungeschuldetheit der Gnade aufrechterhalten, finden wir bei Maritain aber auch personalistische Aussagen, sobald die Stufe der Übermoral erreicht wird, es also zu einer personalen Beziehung zu Gott als dem höchsten Gut kommt. Dabei erfüllt die Begegnung mit der überwältigenden Liebe Gottes und das Eintreten in eine Liebesgemeinschaft nicht nur die transnaturalen Aspirationen des Menschen, sondern lenkt auch alle Kreativität und Freiheit zur Überexistenz bis zur Selbsthingabe in seine Richtung. Unter dieser Hinsicht könnte man sagen, daß nicht mehr das Wirken der geschaffenen (und häufig abstrakt anmutenden) Gnade, sondern die für den irdischen Menschen mögliche Intuition Gottes und seiner unfaßbaren Liebe dazu führen, daß der Mensch mit allen Kräften und ihm zur Verfügung stehenden Mitteln auf diese Liebe antworten will. Aufgrund dieser Gemeinschaft und der beständig sich erneuernden Liebe wird das neutestamentliche Liebesgebot ins Herz eingepflanzt[81], indem es nämlich «die *amor caritatis* zuerst und vor allem auf Gott, ebenso aber auf alle, welche berufen sind, seine Freunde zu sein, also auf alle Menschen, ausrichtet», also «von ganzer Seele»[82] und mit allen Seelenkräften zu lieben. So kann man mit W.L. Rossner sagen, daß dadurch, «daß ich das göttliche Subjekt mehr als mich selbst liebe, ich mein eigenes Schicksal in Seinem Willen *will* und in Ihm und für Ihn alle Subjektivitäten umarme, die zu einem 'Wir' werden, das berufen ist, in Seinem Leben zu frohlocken»[83].

Diese Umarmung will nicht einen Ontologismus oder falschen Mystizismus fördern, sondern die Begegnung zweier freier Personen ausdrücken, die sich einander schenken und hingeben. Dies bedeutet, daß vom Schöpfer im Geschöpf alles darauf angelegt ist, sich seiner herabströmenden Bewe-

---

[80] Vgl. *Approches sans entraves* 772-776.
[81] Vgl. die alttestamentliche Verheißung des neuen lebendigen Herzens *Ez* 36,26*f.*, die in *Röm* 5,5 durch die Ausgießung der göttlichen Liebe durch den Heiligen Geist erfüllt und in *Gal* 4,6 mit folgenden Worten beschrieben wird: «Weil ihr aber Söhne seid, sandte Gott den Geist seines Sohnes in unser Herz, den Geist, der ruft: Abba, Vater.» Demzufolge ließe sich die Erneuerung des Herzens als die Frucht der bleibenden Gemeinschaft mit Gott im Heiligen Geist verstehen.
[82] *La Philosophie morale* 383.
[83] W.L. ROSSNER, «Love in the Thought of Jacques Maritain» 243.

gung zu öffnen[84] und seinerseits auf seine endliche, aber personale Weise zu antworten.[85] Mit anderen Worten steht der menschlichen Aspiration nach dem höchsten Gut die tiefe Sehnsucht Gottes gegenüber, den gefallenen Menschen zu erhöhen und an seinem Leben teilhaben zu lassen. Sobald sich darum die menschliche Person dieser Liebe öffnet, wird sie von innen her verwandelt und immer tiefer von der Sehnsucht durchdrungen, sich an diese Liebe zu verschenken, um ganz von ihr erfüllt und in Besitz genommen zu werden. Diese Verwandlung ist mit dem Licht vergleichbar, das wie durch ein Fenster in die Seele oder das Herz des Menschen eindringt, wenn ihm geöffnet wird, wie Maritain bereits 1963 feststellt. Sobald dies geschieht (und das obliegt einzig der betreffenden Person), erblüht alles darin zu neuem Leben und wird von einer Flut von Gaben des Himmels und Zeichen der göttlichen Liebe überschwemmt.

> C'est comme s'il y avait au sommet de l'âme une fenêtre vers le ciel, fenêtre dont il dépend de la liberté de l'âme d'ouvrir ou de fermer les vitres et les voltes. Tant que les volets sont fermés la lumière n'entre pas. Que par un acte libre de recours à Dieu l'âme ouvre la fenêtre et ses volets, la lumière se précipite, et avec elle une avalanche des dons du ciel qui faisaient pression pour pouvoir entrer.[86]

In der Öffnung für Gott kommt also das wahre Wesen der Person und ihres Seelenhimmels zum Vorschein. Alle ihre Lebensfreude und Kreativität, alle Schönheit und aller Reichtum, alle Liebens*würdig*keit und Liebes*fähig*keit treten unter dem Strahl der göttlichen Liebe ans Licht und führen zu einer besonderen Gemeinschaft, ob wir nun an die Umarmung oder an das Gastmahl nach erfolgreichem Anklopfen im Sinne von *Offb* 3,20 denken. Damit sind wir bei der Untersuchung der historischen Voraussetzung dieser «Herbergssuche» des Menschensohnes angelangt, nämlich seinem Erdenleben, näherhin seinem Seelenleben.

3. Der Menschensohn und sein Seelenleben

a) Das ens personale *Jesu*

Die Frage nach der Person und ihrer Selbstinnerlichkeit, nach der Einheit mit und der Distanz zu ihrer Natur in der Seelenspitze sowie nach der

---

[84] Vgl. *Raison et raisons* 366.
[85] Vgl. dazu auch die vier Stufen der Verbindung von Natur und Übernatur in *Le Péché de l'Ange* 1019-1029.
[86] J. MARITAIN, *Approches sans entraves. A propos de l'Église du Ciel*, ŒC Bd. XIII, 1073.

schöpferischen Freiheit der Liebe, die mit einer gewissen Neuheit wertvolle Liebesakte setzt, haben wir bereits mehrfach beleuchtet. Dabei wurden wir immer wieder auf den Übergang von natürlicher zu übernatürlicher Ordnung verwiesen. Diesen Übergang finden wir in eminenter Weise im Gottmenschen selbst vollzogen. Ein lebhaftes Interesse an der zugrunde liegenden Frage drängt deshalb Maritain, «sich in einen Bereich vorzuwagen, der nicht sein angestammter ist»[87] und seine erneuerte Sicht der Subsistenz im revidierten zweiten Anhang zu *Les Degrés* aus dem Jahr 1954 auch auf die Person Christi, den eigentlichen Auslöser der Subsistenzdiskussion, zu übertragen.

In sieben Punkten[88] faßt er dort in Anlehnung an den heiligen Thomas[89] nochmals zusammen, was es bedeutet, daß die Subsistenz Besitz und Ausübung der eigenen Existenz bedeutet. Damit setzt er sich von Diepen wie auch von Garrigou-Lagrange ab. Die Position des letztgenannten im Sinne eines Abschlusses der Natur durch einen Modus vertrat anfangs auch Maritain[90], ging dann aber dazu über, sie als substantialen Modus[91] und schließlich als existentialen Akt oder Status zu verstehen[92]. Das bedeutet konkret für den inkarnierten Logos, daß in ihm das göttliche *esse* und das menschliche *esse* im konkreten personalen *ens* des Jesus von Nazareth vereint sind. Das personale *ens* entspricht dem *suppositum* des ewigen Logos, für welches das menschliche *esse* nicht konstitutiv ist, sondern von ihm aufgenommen und souverän ausgeübt wird. Das menschliche *esse substantiale* kompromittiert die Einheit nicht, da es nicht akzidentiell hinzutritt, sondern hypostatisch aufgenommen wird, also in eine neue Beziehung mit dem konkreten *ens personale* eintritt.[93] Das heißt, daß das göttliche Wort

---

[87] *Les Degrés* 1053.
[88] Vgl. *Les Degrés* 1053-1057.
[89] Vgl. THOMAS VON AQUIN, *Summa Theologiae*, III^a, qq. 17-19.
[90] Vgl. *Éléments de philosophie* 217, Anm. 66: «Le sujet d'action [...] n'est autre chose que la nature substantielle *achevée par un **certain mode*** ('subsistance' ou 'personnalité') qui la *termine* comme un point termine une ligne (sans lui rien ajouter dans son ordre de nature), et qui la rend *absolument incommunicable*.»
[91] Vgl. *Les Degrés* 1034: «Toute essence (substantielle) finie (réellement distincte de l'existence) a besoin d'être terminée du côté de l'existence [...] par un **mode substantiel** qui est précisément la *subsistence*, et qui n'est pas un constituant quidditatif de l'essence, pas plus que le point qui termine la ligne n'est lui-même une étendue, un segment de ligne.»
[92] Vgl. *Les Degrés* 1049f.: «La subsistence constitue une dimension métaphysique nouvelle, une actuation ou une perfection positive, mais à titre d'*état* [...] ou de mode terminatif, [...] un **état d'exercice** actif *et autonome*.»
[93] Vgl. *Les Degrés* 1055: «On peut dire que par cet exister de la nature humaine, qu'il exerce et possède, qui est sien, le suppôt divin existe *humainement*. Mais de cet exister de la nature humaine il ne reçoit absolument rien pour exister purement et simplement, ou pour exister comme suppôt, pour exister personnellement. En d'autres termes l'exister créé de la

durch das menschliche *esse menschlich* existiert, im *ens personale*, was aber nicht für die personale Existenz des ewigen *esse* konstitutiv ist. Dennoch entsteht auf diese Weise eine neue Beziehung (*habitudo*), da das göttliche Wort nun nicht nur als *suppositum* der göttlichen, sondern auch der menschlichen Natur, also des konkreten Menschen, subsistiert.

Zwar ist dabei zu unterscheiden, daß die Beziehungen des menschlichen und des göttlichen *esse* zur ungeschaffenen Person nicht gleich sind, sondern ersteres eher einem zeitlichen und geschaffenen Echo des letzteren gleicht. So kann man einerseits sagen, daß im Gottmenschen die beiden *esse* seiner zwei Naturen vereint waren. Oder man geht andererseits von einem einzigen *esse* aus, da das *ens personale* das ewige *esse* Gottes ist, das durch seine menschliche Natur lebt und handelt. Hier erweist sich der Vorteil von Maritains erneuertem Subsistenzverständnis, insofern er es als eine eigene Dimension darstellt. Damit ist es möglich, daß die Subsistenz des Ewigen Wortes im konkreten *ens personale* eine eigene *Subsistenz* der menschlichen Natur überflüssig macht, da die geschaffene Natur erst durch die Subsistenz zum *suppositum* wird.

> La subsistance divine 'termine' la nature humaine et créée du Christ sans entrer en composition avec elle et jouer un rôle informant à son égard. Elle la termine en ce sens que cette nature humaine du Christ ne peut pas exister sans une subsistence qui l'assume et la possède et en vertu de laquelle un Tout préexistant fait d'elle une partie de lui-même [...]. Ainsi, d'une part, l'humanité, devenue nature et partie du suppôt divin et principe *quo* [...] devient pour l'*esse* éternel de ce suppôt le terme d'une nouvelle relation, en sorte que c'est de l'*esse* éternel (*esse personae*) qu'existe *iste homo*, [...] ce sujet divin qui a l'humanité. D'autre part, la nature humaine du Christ reçoit une existence humaine et créée (*esse naturae*) sans être elle-même rendue capable (par la subsistence, et à titre de suppôt) d'exercer cette existence.[94]

Wenn allerdings im konkreten *ens personale* beide Ordnungen verbunden werden, stehen sie dann in einer Verbindung oder gar in einem Austausch? Maritain wagt 1954 noch keine eigene Antwort, auch wenn er zwei Jahre zuvor über die vom Seelengipfel ausgehende geistige Tätigkeit in aller Ausführlichkeit gesprochen hatte und nun erneut den Begriff der «Seelenspitze» und damit der Bewegung von Diastole und Systole verwendet. Er geht davon aus, daß die *visio beatifica* absolut unaussprechlich und unmitteilbar im höchsten Teil der Seele aufstrahlt, ohne sich in Begriffen oder Ideen mitzuteilen. Dennoch wendet er sich an die Theologen mit der Anfrage, ob nicht «die höchste Evidenz, die Christus in seiner menschlichen Seele von

---

nature humaine est intégré ou 'attiré' comme cette nature elle-même à l'ENS *personale*, au tout subsistant.»

[94] *Les Degrés* 1058, Anm. 26.

seiner eigenen Göttlichkeit durch die beseligende Schau hatte, in die Erfahrung des *Selbst* des *homo viator* überging, wenigstens unter der Form von absoluter Sicherheit, auch wenn diese über- oder suprabewußt war sowie in Wissen und Begriffen weder ausgedrückt noch mitgeteilt werden konnte».
Und ebenso erwägt er, ob der Pilger Jesus nicht in seiner menschlichen Seele durch das eingegossene Wissen «in mitteilbarer und reflexiv bewußter Einsicht wußte, daß er der inkarnierte Logos war»[95].

Diese Thesen, die nur «die Positionen des heiligen Thomas fortführen und ganz nahe an den Texten der Evangelien bleiben»[96], beantwortet Maritain schließlich selbst. Er bemüht sich in der Tat, philosophische Spekulationen und neutestamentliche Aussagen zu verbinden, was ihn allerdings vor die Alternative stellt, zwischen dem Aquinaten und der Offenbarung wählen zu müssen. Maritain folgt nicht nur der göttlichen Autorität um ihrer selbst willen, sondern versucht auch, dies argumentativ in einem eigenen Werk zu begründen, dem wir uns nun ausführlich zuwenden wollen. Darin wird uns unter anderem die Frage begegnen, ob die Auswirkungen des göttlichen in das menschliche *esse* auch umgekehrt gedacht werden können, nachdem in der Seelenspitze eine geeinte Verschiedenheit herrscht.

b) Die wachsende Erkenntnis des Menschensohnes

Die Untersuchungen, die Maritain zum Seelengrund und dessen Wirkweise in *L'Intuition créatrice* anstellte, benutzt er auch in seinem Spätwerk *De la grâce et de l'humanité de Jésus*[97]. Dabei betrachtet er vor allem die Erkenntnis Jesu Christi, die ihm als wahrem Mensch und wahrem Gott zuteil wird und in seiner Seele zwar unterschieden, aber auch verbunden ist.

Das geistige Leben Jesu schließt für Maritain (im Gegensatz zum heiligen Thomas) die Möglichkeit eines echten Wachstums ein. Dazu beruft er sich auf *Lk* 2,52, der von Jesu Wachstum an Alter, Weisheit und Gnade spricht. Für Maritain ist damit nicht nur ein Wachstum der sichtbaren Wirkungen und Manifestationen der schon vorhandenen Gnadenfülle in Jesu Seele gemeint, sondern eine echte Steigerung.[98] Diese vollzieht sich in einer ununterbrochenen inneren Einheit auf einer aufsteigenden Linie und schließt einen Anfangs- und einen Endpunkt ein, die weder identisch noch rein akzidentiell unterschieden sind. Damit steht Maritain aber zugleich vor

---

[95] *Les Degrés* 1060.
[96] *Les Degrés* 1060.
[97] Maritain selbst verweist 1972 darauf, daß er seine philosophischen Überlegungen für die Theologie fruchtbar zu machen versuchte (*Approches sans entraves. Réflexions sur le savoir théologique*, ŒC Bd. XIII, 862f., Anm. 35).
[98] Vgl. *De la grâce* 1049-1051.

dem Problem, wie in der Person Jesu zwei «Wissensebenen» unvermischt und ungetrennt existieren können.

> La vie du Christ est un seul et unique mouvement, de l'alpha à l'oméga (et non pas, comme notre vie à nous, une succession de mouvements plus ou moins disloqués, d'époques qui sont chacune comme le renversement de l'époque précédente, et qui comportent un nouveau départ, parfois un nouveau commencement absolu). La vie du Christ est une trajectoire inouïe d'une parfaite unité, [...] comportant passage par des étapes, des périodes ou des phases diverses, *d'un point initial à un point final.*[99]

Zur Klärung besagter Frage übernimmt Maritain vom heiligen Thomas die Unterscheidung in zwei Seelenzustände Jesu, nämlich einerseits den des Pilgers oder *viator,* und andererseits den des Schauenden oder *comprehensor.*[100] Zwar geht auch der Aquinate von einem höheren und einem niedrigeren Seelenteil aus[101], untersucht ihre innere Verbundenheit aber nicht eingehender[102], weshalb er in Jesus als neugeborenem Kind ebenso wie in ihm als Erwachsenem die zweite göttliche Person als Vermittler aller Gnaden sehen muß und darum jegliches Wachstum an Gnade ausschließt.[103] Damit kann sich Maritain allerdings nicht einverstanden erklären.

Aus diesem Grund unterscheidet er sieben verschiedene Etappen[104], in denen sich das geistige Leben Jesu entwickelt und seine Erkenntnis als *viator* sich derjenigen des *comprehensor* bis zur Einswerdung annähert. Immer wieder hebt er dabei hervor, daß es sich bei Christus um einen *verus homo,* nicht aber um einen *purus homo* handelt.[105] Interessant ist dabei für uns die Frage, wie in der Seele Jesu die entsprechenden Erkenntnisweisen verbunden sind. In Anlehnung an *L'Intuition créatrice* unterscheidet Maritain weiterhin zwischen dem automatischen *Un*bewußten der Triebe und dem geistigen *Vor*bewußten des Intellekts.[106] Um der leichteren Verständlichkeit willen umschreibt er nun aber den gleichen Sachverhalt mit den

---

[99] *De la grâce* 1044f.
[100] Vgl. THOMAS VON AQUIN, *Summa Theologiae,* III[a], q. 11, a. 1 bzw. *De la grâce* 1125.
[101] Vgl. *ebd.* q. 9, a. 4 bzw. *De la grâce* 1084f.
[102] Wie Maritain einräumt, fehlte Thomas wohl auch das notwendige psychologische Instrumentarium (vgl. *De la grâce* 1081).
[103] Vgl. THOMAS VON AQUIN, *Summa Theologiae,* III[a], q. 7, a. 12 bzw. *De la grâce* 1096.
[104] Vgl. *De la grâce* 1048. Diese Etappen sind im einzelnen: Empfängnis und pränatales Leben Jesu; Kindheit; verborgenes Leben in Nazareth; öffentliches Leben und Verkündigung des Evangeliums; Leiden, Tod und Auferstehung; Ausübung der universalen Herrschaft durch den verherrlichten Herrn bis zum Jüngsten Gericht; universale Herrschaft über die neue verherrlichte Welt, durch die er «alles in allem» sein wird.
[105] Vgl. *De la grâce* 1082.
[106] Vgl. *L'Intuition créatrice* 217.

Begriffen *Unterbewußtes* und *geistiges Überbewußtes*.[107] Dabei bezieht sich letzteres nicht nur auf die natürliche Seite des Seelengrundes wie zum Beispiel den *intellectus agens*, sondern umfaßt auch dessen übernatürlichen Anteil, nämlich «den verborgenen Bereich, in dem sich kraft der übernatürlichen Gabe Gottes das Zentrum der Gnade und der Anfang des ewigen Lebens befindet»[108].

Das Überbewußtsein Jesu unterscheidet sich von dem der Menschen freilich dadurch, daß es «durch die seligmachende Schau vergöttlicht ist»[109]. Wie ist dies nun aber mit dem Zeugnis des Lukas zu vereinen, daß Jesus an Alter, Weisheit und Gnade zunahm? Maritain benutzt die von ihm eingeführten Unterscheidungen dazu, zwei Bereiche in der Seele Jesu auseinanderzuhalten. Neben der zum *viator* gehörenden «Welt des Bewußtseins» spricht er vom «vergöttlichten Überbewußten», das zu Christus als *comprehensor* gehört. Als transzendierende und einzig Jesus zukommende Welt bildet es ein Zentrum, «von dem aus der Heilige Geist seine Fülle über das ganze Sein Christi ausgießt»[110]. Zu diesem Überbewußtsein gehört freilich nicht nur die *visio beatifica*, sondern auch das Selbstbewußtsein Jesu als der zweiten Person der Trinität, des ewigen Wortes.[111] Dieses «himmlische» oder «sonnenhafte» Selbstbewußtsein umfaßt auch das «irdische» oder «dämmernde» Selbstbewußtsein des *viator*. Daraus leitet sich die Sündenlosigkeit Jesu ab, die ihm als zweiter göttlicher Person zukommt und die als das *suppositum* sowohl das operative wie auch das existentielle Prinzip verleiht.[112] Dahinter verbirgt sich ein weiteres noch zu betrachtendes Problem, insofern nämlich der göttliche Logos zugleich einen Teil wie auch das Ganze der Person Jesu bildet.

Somit kann man sagen, daß sich das Bewußtsein Jesu gleichzeitig in zwei unterschiedlichen Zuständen befindet, wobei die Welt des vergöttlichten Überbewußtseins für ihn als Pilger «eine Art völliges Unbewußtsein darstellt, freilich nicht in dem Sinn des Unterbewußtseins»[113]. Dem Status

---

[107] Den Begriff des Überbewußtseins scheint Maritain letztlich zu bevorzugen, wie seine Verwendung in *Le Paysan de la Garonne* erkennen läßt (vgl. *ebd.* 967, Anm. 120 sowie 968: «Elle [l'oraison du cœur] relève de ce supraconscient de l'esprit dont j'ai beaucoup parlé ailleurs.»). Vgl. auch *De l'Église du Christ* 174f., Anm. 23.

[108] *De la grâce* 1081, Anm. 1.

[109] *De la grâce* 1082.

[110] *De la grâce* 1087.

[111] Vgl. *De la grâce* 1088: «Le monde de la vision béatifique était pour lui une *conscience de soi* absolument supérieure, disons une supraconscience de soi; [...] elle ne montrait pas seulement à Jésus la sainte Trinité et sa propre divinité, elle ne pouvait pas ne pas lui montrer aussi [...] que sa propre Personne, le Verbe divin, était **le Soi** d'où procédaient tous les actes produits par ses facultés humaines.»

[112] Vgl. *De la grâce* 1090, Anm. 9.

[113] *De la grâce* 1089f.

des *comprehensor* läßt sich das vergöttlichte Überbewußtsein und dem Seelenzustand des *viator* die (auch das Unter- und das Vorbewußtsein umfassende) menschliche Welt des Bewußtseins zuordnen. Soweit hinsichtlich der Unterscheidungen. Doch auf welche Weise stehen beide miteinander in Verbindung, zumal es sich um die gleiche Natur und die gleichen Fakultäten in zwei unterschiedlichen Zuständen handelt?

Allgemein ist festzuhalten, daß die zur menschlichen Natur gehörende geistige Welt des *viator* seine echte Vervollkommnung ermöglicht, da sie sich in einer aufsteigenden Linie dem vergöttlichten Überbewußtsein wie einer horizontalen Geraden annähert. Die beiden Bereiche der Seele Christi, also die Welt des Bewußtseins und sein vergöttlichtes Überbewußtsein, berühren oder vereinen sich erst bei den letzten Worten Jesu am Kreuz, als Jesus in absolutem Wissen um sein Tun und in völliger Freiheit seine Seele in die Hände des Vaters empfiehlt. Maritain vergleicht diese Annäherung der beiden Bewußtseinsebenen mit dem seiner Meinung nach naiven, aber passenden Bild eines Riesen, dessen Kopf sich über der Wolkendecke befindet, während sein Körper darunter vom Regenschauer durchnäßt wird. Schließlich gelingt es dem Riesen jedoch, einen hohen Berg zu ersteigen, dessen Gipfel über den Wolken liegt. Dies gibt dem Riesen die Möglichkeit, neben dem Haupt auch den ganzen Körper ins Trockene zu bringen und das Blau des Himmels wie auch die wärmende Sonne zu genießen. Wenn darum anfangs auch nicht der ganze Körper an dieser Freude teilhaben konnte, so doch zumindest der Kopf, und dies in unverminderter Weise.[114]

> Dans l'*ici-bas* de l'âme du Christ – en d'autres termes dans le monde intérieur que le Christ a, comme tout homme, de par la nature humaine *dans l'état de voie* –, nous devons nous représenter une autre ligne droite, un *droite oblique,* qui à partir du bas (d'un 'bas' qui est déjà un sommet par rapport à toute pure créature), *monte* vers la droite horizontale, et signifie [...] ce progrès dont nous parle saint Luc [...]. Cette droite oblique monte, tout le temps de la vie terrestre du Christ, vers la droite horizontale, et finalement elle la rencontre [...] au moment où Jésus prononce sur la Croix sa sixième et sa septième paroles. A ce moment il est comme *viator* au même degré de grâce et de charité où il était, et restera comme *comprehensor*.[115]

Doch schon bevor das Bewußtsein des Pilgers den Zustand des Schauenden erreicht, stehen beide in gewissem Austausch miteinander. Wie sich diese Beziehung vorstellen läßt, beleuchtet der nächste Paragraph eingehender.

---

[114] Vgl. *De la grâce* 1101.
[115] *De la grâce* 1107.

c) Die Verbundenheit der Bewußtseinsebenen des Gottmenschen

Maritain geht in *De la grâce* von einer gewissen Kommunikation zwischen den vorbewußten Ebenen der Seele Jesu aus, da sie sich der gleichen Fakultäten und der gleichen Natur bedienen, auch wenn sie zum Zustand des *Pilgers* bzw. des *Schauenden* gehören. Darüber hinaus gilt es auch, eine gewisse Nichtmitteilbarkeit aufrechtzuerhalten, da das, was im Überbewußtsein oder dem «Seelenparadies» geschaut wird, kaum in die Welt des irdischen Bewußtseins oder des «Hier-Unten» der Seele Jesu bzw. in Begriffe übergehen kann. Denkbar ist bestenfalls eine allgemeine Einwirkung und Stärkung im Sinne einer Teilhabe am ungeschaffenen Licht. Diese drückt sich aus in der Teilhabe an der Evidenz der *visio beatifica*, an der *scientia infusa* und an deren souveränem innerem Frieden. Eine solche «Erleuchtung» führt im Hier-Unten der Seele Jesu zu einer inneren Einheit, einer demütigen, aber absoluten Sicherheit über seine Person, zu seiner Beständigkeit und Sündenlosigkeit sowie zu übermenschlichen Seelenkräften. Alle diese Auswirkungen des Seelenparadieses sind unbegrifflich und wirken wie ein belebendes Strahlen, das alle Fakultäten des irdischen Bewußtseins der Seele durchdringt und stärkt.[116]

> Il y avait aussi *une certaine incommunicabilité* entre eux, qui faisait que le *contenu* du ciel supraconscient de l'âme était retenu, ne pouvait pas passer dans le monde de la conscience, ou de l'ici-bas, sinon [...] par mode d'influx général, et de confortation, et de lumière participée. Bref il y avait comme une *cloison* entre le monde de la vision béatifique et celui des facultés conscientes, [...] un rayonnement vivifiant sur toutes les facultés.[117]

Für Maritain sind also diese beiden Bewußtseinsbereiche wie durch eine durchlässige Membran verbunden. Er vergleicht sie mit einer matten Milchglasscheibe, durch die man zwar die Sonne, die dahinter scheint, nicht erkennen kann, deren Wirkung man aber dennoch durch eine große Helligkeit und Wärme spüren kann. Gründe für diese relative Trennung sind zum einen die absolute Unmitteilbarkeit und Unausdrückbarkeit der beseligenden Anschauung in Begriffen, zum anderen die Nichtteilhabe Jesu an der Freude und Herrlichkeit der Seligen, da er sonst nicht leidensfähig gewesen wäre.[118]

Während anfangs Christus als Pilger auf die bewußte Teilhabe an der Schau der Seligen und die damit verbundene Freude aus *freiwilligem* Gehorsam dem Vater gegenüber verzichtete, theoretisch aber die Trennwand zwischen seinem irdischen und himmlischen Bewußtsein hätte überwinden

---

[116] Vgl. *De la grâce* 1092*f.*
[117] *De la grâce* 1091*f.*
[118] Vgl. *De la grâce* 1091*f.*, v.a. Anm. 14.

können, wurde diese in seiner Passion und Agonie zu einer völlig undurchlässigen Mauer. Sie war aufgrund seiner totalen *kénosis* seinem Zugriff als *viator* entzogen, so daß er die tiefste mystische Nacht und Gottverlassenheit erlebte und auf jegliche Tröstung verzichten mußte. Zwar waren die Einwirkungen und Einstrahlungen des Seelenhimmels stärker denn je, aber sie gelangten nicht mehr ins menschliche Bewußtsein Jesu.[119]

So ist also auf unbegriffliche Weise ein Austausch zwischen dem irdischen und dem himmlischen Teil der Seele Jesu und damit zwischen den unterschiedlich aktivierten Seelenkräften anzunehmen. Dies bedeutet allerdings, daß ein bestimmter *habitus* sich *gleichzeitig* in zwei verschiedenen Zuständen befindet und eine jeweils andere formale Wirkung ausübt, beispielsweise die vollkommene Weisheit des *comprehensor* und die sich im Wachstum befindende Weisheit des *viator*. Diese scheinbar inkompatiblen Gegensätze versucht Maritain mit dem Hinweis zu überwinden, daß die eingegossenen *habitus* wie Weisheit und Liebe, welche von der Schaffung der Seele Jesu an auf vollkommene Weise im Seelenhimmel Jesu existieren, nicht als solche ein Wachstum erfahren, sondern sich vielmehr *tiefer* im Subjekt verwurzeln. Insofern erfahren sie ein Wachstum ihres Wirkungsbereiches, indem sie sich auf immer mehr Dimensionen der Seele Jesu ausbreiten, was dem Zustand des endlichen und der Zeit unterworfenen *viator* entspricht. Entscheidend ist also mit anderen Worten nicht das Wachstum des *habitus* selbst, sondern das zunehmende *inesse* des *habitus* im Hier-Unten der Seele Jesu.

> Lorsqu'on dit que la grâce, la charité, la sagesse, grandissaient dans l'ici-bas de l'âme du Christ *viator*, on ne dit point que Dieu lui infusait là une grâce, une sagesse et une charité qui *en elles-mêmes eussent été de plus en plus grandes*. [...] Ce qu'on dit, c'est que ces mêmes habitus infus [...] *s'enracinaient de plus en plus profondément dans le sujet, selon la loi de croissance des habitus infus*, – c'est en ce sens-là qu'il *grandissaient*, – quand ils passaient dans l'ici-bas de l'âme. L'*esse* des habitus infus consiste en effet, comme dit saint Thomas, à *inesse*, et dépend ainsi de la condition du sujet qui les reçoit; dans un sujet *comprehensor* c'est un *inesse* libre des conditions de la terre [...]; dans un sujet *viator* c'est un *inesse* soumis aux conditions de la terre (donc un *inesse* fini dans le cas du Christ comme *viator*).[120]

---

[119] Vgl. *De la grâce* 1093f.: «Le monde immense [...] de la vision béatifique, disons donc que c'était le Paradis de l'âme du Christ, un monde d'où par conséquent la souffrance était absente, – mais qui était un monde *supraconscient*. Ce Paradis *était là* parce que le Christ était *comprehensor*. Il était *fermé* parce que le Christ était *viator*. A vrai dire, par cette partie de son âme Jésus était déjà au ciel, non sur la terre. [...] Et au moment de l'Agonie et de la Passion il ne peut plus y entrer, il en est repoussé par des barrières infranchissables, c'est pourquoi il se sent abandonné. Ç'a été le suprême exemplaire de la nuit de l'esprit des mystiques, la nuit absolument complète.»

[120] *De la grâce* 1109f.

Es geht also nicht um zwei widersprüchliche Zustände des jeweiligen *habitus* in der einen Seele Jesu, sondern um die Art und Weise, wie dieser die Seele durchdringt und sich in ihr entfaltet. Maritain erläutert diesen Zusammenhang anhand einiger Beispiele. Er erwähnt den heiligen Johannes vom Kreuz, der von der Reinigung der Fakultäten der Seele *für* die Tugenden und nicht der göttlichen Tugenden *an sich* spricht. Das hieße im Falle Jesu, daß die tiefere Verwurzelung der eingegossenen Tugenden in sein irdisches Bewußtsein dem Maß der wachsenden Anfeindungen und Ablehnung entsprach, da diese von ihm stets intensivere Liebesakte forderten.[121] Veranschaulichen läßt sich der Übergang auch mit einem Künstler und Professor, dessen *habitus* genial ist hinsichtlich des Übergangs von der schöpferischen Intuition zum Kunstwerk, also vom geistigen Vorbewußten ins kreative Bewußtsein, dessen reflexive Erklärung oder Beschreibung des erlebten Vorgangs seinen Studenten gegenüber aber etwas dürftig ausfällt. So kommt der eine künstlerische *habitus* auf qualitativ unterschiedliche Weise in den verschiedenen Seelenkräften zum Tragen.

Am deutlichsten wird das Gemeinte für Maritain am Beispiel von W.A. Mozart, in dessen Seelenhimmel wohl schon von frühester Kindheit an die Musik virtuell-keimhaft existierte.[122] Sie war von Anfang an dort vorhanden, aber seinem Bewußtsein unzugänglich. Nur durch zunehmendes Alter und Heranbildung seines musikalischen Talentes eröffnete sich ihm dieses innere Paradies, freilich nicht durch Reflexion, sondern durch sein künstlerisches Schaffen.[123] So konnte die Musik, diese göttliche Essenz, aus seinem Überbewußtsein die entfalteten Seelenfakultäten des jungen Mozart aktivieren, wobei das schöpferisch tätige Bewußtsein des Musikgenies beständig «in dieser Nacht [des Seelengrundes] wohnte und niemals die Ufer dieser tiefen Wasser»[124] verließ. Als Genie verfügte er über eine bleibende habituelle poetische Erfahrung, die von der überströmenden Seelenspitze her sämtliche Seelenkräfte aktivierte und sie beständig formte.

Während analog dazu im Seelenhimmel Jesu alles auf die Schau Gottes ausgerichtet ist und von ihr bestimmt wird, ist die menschliche Natur des *viator* auf die Vernunft zentriert, selbst wenn diese durch Gaben und Inspirationen des Heiligen Geistes bewegt werden sollte. Aus diesem Grund müssen auch die empfangenen Gnaden der Natur Jesu als Pilger entsprechen, was bedeutet, daß die Endlichkeit und Begrenztheit der menschlichen

---

[121] Vgl. *De la grâce* 1110, Anm. 23.
[122] Damit haben wir ein weiteres Beispiel für Maritains Beobachtung in *L'Intuition créatrice* (270), daß der geistige Keim bereits alles virtualiter in sich birgt. Das gilt umso mehr für den Künstler, der habituell aus den Tiefen seiner Seele schöpft.
[123] Vgl. *De la grâce* 1112f.
[124] *L'Intuition créatrice* 263.

Natur Jesu all das, was sie empfängt und was von ihr ausgeht, beeinflußt. Nur so ist es denkbar, von einer Bewegung im Sinne einer Niveauangleichung des jeweiligen *habitus* in zwei verschiedenen Zuständen zu sprechen. Dabei nähert sich die geistige Region des Bewußtseins Jesu als *viator* beständig ihrer Vervollkommnung an und reduziert den Unterschied auf asymptotische Weise. Dies gilt für die Weisheit ebenso wie für die Liebe, für die Gnaden wie für die Verdienste, die Jesus erwirbt und die allesamt bis zum letzten Moment seines Lebens anwachsen.[125]

> Il fallait donc que selon l'effet formel qu'elle produit dans l'âme, la grâce du Christ soit proportionnée, non plus à la vision, mais au fonctionnement de la nature humaine centré sur la raison, [...] en d'autres termes dans ce que nous avons appelé [...] l'ici-bas de l'âme du Christ. [...] La nature humaine imposait donc là, nécessairement, son mode fini et limité à tout ce qu'elle recevait comme à tout ce qui émanait d'elle, à tout ce qui pouvait lui survenir d'en-haut comme à tout ce qu'elle pouvait produire comme principe radical d'opération.[126]

Damit es zu einem solchen Wachstum kommen kann, unterwirft sich das Ewige Wort mit seiner göttlichen Natur den irdisch-endlichen Bedingungen, wozu auch die Einschränkung der Schau des eigenen Wesens gehört. Das stellt freilich kein größeres Problem dar, da der Zusammenhang von Zeit und Ewigkeit für das Selbstbewußtsein der zweiten göttlichen Person auch *während* der Inkarnation gilt, also für die unveränderliche Schau ihres Wesens im ewigen «Nun»[127]. Doch wie läßt sich dies im Hier-Unten der Seele Jesu denken?

d) Die scientia infusa *und das menschliche Bewußtsein Jesu*

Von Beginn seiner Existenz an steht das vergöttlichte Überbewußtsein der Seele Jesu in der Anschauung der Seligen, die ihm die Schau Gottes und das Selbstbewußtsein als Ewiges Wort vermitteln, wie Maritain in *De la grâce* betont. Damit verbunden ist auch die *eingegossene Erkenntnis*, die dem Wissen der Engel und der vom Leib getrennten Seelen entspricht, im Fall Christi aber noch tiefer und klarer ist. Dabei handelt es sich um einen *habitus*, der nicht ständig aktualisiert ist oder ausgeübt wird, sondern auf eine der Seele konnaturale Weise in Erscheinung tritt und im Zusammenwirken mit der Tätigkeit des Willens die *species infusae* in Operationen aktualisieren kann.[128]

---

[125] Vgl. *De la grâce* 1119.
[126] *De la grâce* 1113.
[127] Vgl. *Dieu et la permission* 78-80.
[128] Vgl. *De la grâce* 1122*f.*: «Dès la création de son âme, il [Jésus] a reçu aussi la *science infuse*, par des *species infusae*, des formes idéatives (intentionnelles) infuses (à la

Auch hierbei muß die *scientia infusa* unter zwei Aspekten in der Seele Jesu betrachtet werden, analog zu den eingegossenen Gaben des Heiligen Geistes. Um die Sphäre des Seelenhimmels, die alles Wissen umfaßt, der irdischen Seelensphäre zugänglich zu machen, bedarf es einer Unterwerfung des übernatürlichen Bereichs unter die Bedingungen der Konnaturalität der menschlichen Seele. Wie läßt sich aber denken, daß die überbegriffliche und unbegreifbare Wirklichkeit in endliche Begriffe verwandelt werden kann?

Auf dem Hintergrund des dynamischen Seelenmodells aus *L'Intuition créatrice* können auch im *apex animae* in der Person Jesu alle Ordnungen zusammengehalten werden, also auch die Unerschöpflichkeit des Existenzaktes und der Beziehung mit Gott. Darum verweist Maritain auf die Aufgabe des *intellectus agens*, der die verschiedenen Seelenbereiche in der Phase der Diastole aktiviert, welche dann in *species expressae* ins Bewußtsein aufsteigen. Während für die Scholastik die *visio beatifica* im *intellectus passivus* angesiedelt wurde, also die seligmachende Schau von der aktivierten Fakultät her gesehen wurde, hebt Maritains Sicht stärker die interpersonale Beziehung hervor. Dies gilt für die in Gottes Anschauung Stehenden wie auch für die Person Jesu. Mit anderen Worten werden im Falle Jesu die aus der *visio beatifica* stammenden *species infusae* in Form von «intuitionalen» oder ideativen Formen *nach* der Phase der Systole (welche vergöttlichtes Überbewußtsein wie auch geistiges Vorbewußtsein vereint) unter dem Licht des tätigen Intellekts im *intellectus passivus* empfangen und dort in *species expressae* verwandelt. Als solche tauchen sie aus dem Hier-Unten der Seele Jesu und aus dessen geistigem Vorbewußtsein auf. So werden die eingegossenen intuitionalen Formen durch Seelenfakultäten in der Phase der Diastole in Begriffe verwandelt. Dem auf diese konnaturale Weise gewonnenen Wissen kann sich der Intellekt nun bedienen, hinsichtlich sowohl des Gegenstandes der Verkündigung Jesu als auch der mit unerschütterlicher Gewißheit bezeugten (und vielen Wundern beglaubigten) göttlichen Mysterien.[129]

Wenn Maritain in diesem Zusammenhang von der Rolle des passiven Intellekts und des tätigen Intellekts sowie von der Übersetzung der verschiedenen unbewußten Wissensarten in endliche Begriffe spricht, dann erinnert dies stark an die schöpferische Tätigkeit des Künstlers. Dieser verfügt über geistige Keime, die sich in seinem geistigen Vorbewußten bilden

---

différence des concepts abstractivement formés sous la lumière de l'intellect agent): *species infusae* qu'on doit concevoir comme des déterminations internes passivement reçues de Dieu par l'intellect, et que celui-ci met en acte second (acte d'opération) quand il passe à l'exercice *ad imperium voluntatis*.»

[129] Vgl. *De la grâce* 1125-1127, v.a. Anm. 10.

und danach verlangen, sich durch den *intellectus agens* auf die ganzen Seelenkräfte auszubreiten, also auch ins Bewußtsein vorzudringen und durch den Intellekt ins Kunstwerk umgesetzt zu werden. Die daran beteiligten geistigen Keime sind allerdings nur als Ideen oder *species impressae* im weiteren Sinn zu verstehen, da sie nicht eine Frucht der Abstraktion sind, sondern Essenz und (intentionale) Existenz bereits in sich tragen. An diese Wirklichkeit scheint sich Maritain anzulehnen, wenn er hinsichtlich der Erkenntnis Jesu von den *species infusae* als intuitionalen oder ideativen Formen spricht.[130]

> Pour que le Christ comme viator puisse s'exprimer à lui-même, *se dire* à lui-même, dans sa conscience d'homme semblable à nous, [...] il fallait que cette science infuse ne se trouve pas seulement dans le paradis supraconscient de l'âme du Christ; il fallait aussi que, à mesure que se forme la sphère de la conscience ou de l'ici-bas de l'âme du Christ, sa science infuse s'exerce dans cette autre sphère, où elle soit soumise au régime *connaturel à l'âme humaine* et où, pour traduire en un lexique proprement humain ses formes idéatives infuses [...] elle puisse *user instrumentalement des concepts formés sous la lumière de l'intellect agent*.[131]

Im Hinblick auf das geistige Innenleben Jesu läßt sich also sagen, daß die Aktivität seines tätigen Intellekts nicht nur die Möglichkeit einer fruchtbaren Wechselbeziehung zwischen der irdischen und der göttlichen Sphäre der Seele Jesu sichert, sondern durch die «Verendlichung» des eingegossenen Wissens auch ein beständiges Vertiefen des Wissens Jesu bewirkt. So können mit zunehmender natürlicher Erkenntnis und Weisheit auch die *species impressae* auf immer tiefere und umfassendere Weise die Seelenpotenzen erfüllen. Dieses beständig anwachsende Wissen entspricht dabei jeweils den Anforderungen seiner aktuellen Mission.[132] Das Wissen im Hier-Unten seiner Seele bleibt also endlich-begrenzt bis vor seinem Tod, doch auch zuvor verkündet der irdische Jesus aufgrund der in Begriffe verwandelten *scientia infusa* in menschlichen Vergleichen und Parabeln konkret und anschaulich, was er innerlich als klare und evidente Wahrheit erfährt. Nur durch diese Verwandlung kann die geschaute (existentielle) Wirklichkeit durch Begriffe für das menschliche Bewußtsein Jesu wie auch für seine Zuhörerschaft faßbar werden.[133] Könnte man daraus aber nicht

---

[130] Vgl. *De la grâce* 1122f. sowie *L'Intuition créatrice* 240.
[131] *De la grâce* 1126f.
[132] Vgl. *De la grâce* 1128f.: «Il faut dire [...] que la science infuse ne s'est exercée dans la sphère de l'ici-bas de l'âme du Christ [...] qu'à mesure que cette sphère elle-même se formait [...] et n'a cessé de grandir pendant toute sa vie terrestre. Et à chaque moment de ce développement elle s'étendait à tout ce que Jésus avait besoin de savoir *à ce moment* (j'entends à cette époque de son progrès en âge et en sagesse).»
[133] Vgl. *De la grâce* 1127-1129.

auch folgern, daß das, was der *viator* von außen auf menschliche Weise dazulernte, über seine Seelenspitze den Ewigen Logos betraf? Nicht im Sinne, daß dadurch neues Wissen entstand, sondern etwas auf neue Weise hineingetragen wurde im Sinne eines (von der menschlichen Überexistenz ausgehenden) Überströmens *ohne* Verbesserung.[134]

Damit kommen zwei Implikationen zum Vorschein, nämlich der existentielle Ausgangspunkt für die konnaturale Erkenntnisweise Jesu sowie die damit verbundene personale Beziehung zu seinem Vater. Erstere meint die unbewußte existentielle Schau der göttlichen Wahrheiten. Das eingegossene Wissen fungiert als eine Art «Wechselstube», in der das «Gold» der Schau von Gottes Existenz und seiner inneren Mysterien in das «Kleingeld» der mitteilbaren und evidenten Erkenntnis umgetauscht wird. Das, was im Hier-Unten der Seele Jesu von der *visio beatifica* erfaßt wird, ist also nicht die Essenz der unbegrifflichen und unaussprechlichen göttlichen Dinge, sondern ihre Existenz auf eine der Seele des *viator* konnaturale und damit der menschlichen Natur angemessene Weise.

> Un *influx de lumière intellectuelle* provenant de la vision était communiqué à la science infuse du Christ [...] selon que la science infuse était l'*exchange agency* grâce à quoi l'or divin de la Vision était changé en la monnaie des *species* exprimables et communicables [...] et était rendu accessible aux hommes, par le moyen des concepts (*verba mentis*) en lesquels l'intellect du Christ proférait en lui ce qu'il voyait par cette science infuse. [...] Toute cette merveilleuse effusion de pensée humaine et de parole humaine transmettait un savoir divinement vrai, divinement certain et divinement infaillible, parce qu'elle exprimait une science infuse qui – tout en portant [...] non pas sur l'*essence*, vue par la seule vision, des mystères cachés en Dieu (*ce que ils sont en eux-mêmes*), mais seulement su *le fait que* ils sont – *participait* [...] à *l'évidence de la vision.*[135]

Der zweite Aspekt hingegen betont, daß durch die aus der beseligenden Schau stammende *scientia infusa* Gott auf instrumentale Weise unmittelbar in das Seelenleben seines Sohnes eingreift. Auf diese Weise erhält Jesus sowohl im Seelenparadies und vor allem im Hier-Unten der Seele das für seine Mission notwendige Wissen, das ihn durch die *species infusae* und die mit deren Erfassen verbundene innere Evidenz wie durch einen intellektuellen Lichtstrom leitet.[136] Heißt das nicht auch, daß aufgrund der persona-

---

[134] S.o. 430.
[135] *De la grâce* 1135*f*.
[136] Vgl. *De la grâce* 1133*f*.: «La connaissance due aux *species* infuses prises selon leur nature propre était de soi [...] une connaissance intellectuelle par évidence, mais de plus [...] cette connaissance était *réglée*, et *immédiatement* réglée, par la vision béatifique qui existait dans le ciel de l'âme du Christ. [...] Sa vision de Dieu [...] est la règle dont Dieu a *usé comme d'instrument* pour produire la science infuse, ses habitus et ses *species*, aussi bien *dans l'ici-bas* que *dans le paradis* de ce même intellect.»

len Liebesbeziehung mit seinem Vater der Sohn auf konnaturale Weise erkennt, womit er die Liebe des Vaters *als Mensch* erwidern kann, ob nun durch Worte oder Wunder, zurückgezogenes Gebet oder Gemeinschaft mit seinen Jüngern, bedingungslose Vergebung oder grenzenlosen Eifer, besonders für das Haus seines Vaters?[137]

Damit sind wir beim Selbstbewußtsein Jesu, das aus den bekannten zwei Quellen schöpft, nämlich aus der Selbstreflexion im Hier-Unten seiner Seele sowie aus dem eingegossenen Wissen, das der beseligenden Schau seines vergöttlichten Überbewußtseins entspringt. So vertieft Christus wohl bereits durch den irdischen Teil seiner Seele zunehmend das Wissen um seine eigene Existenz und Berufung, seine Sündenlosigkeit und seine Weisheit sowie um die besondere Beziehung zu seinem himmlischen Vater, die er gerade im Gebet immer wieder erlebt. Dazu kommt auf der anderen Seite sein eingegossenes Wissen, das eine völlig klare und rein intellektuelle Erkenntnis um seine Wirklichkeit als Sohn Gottes und inkarniertes Wort einschließt und das Wissen aus der eigenen Erfahrung erhellt und mit unüberbietbarer Evidenz versieht. Vor diesem Hintergrund stellt sich freilich auch die Frage, ob nicht auch eine Bewegung aus dem Hier-Unten zum Seelenparadies denkbar ist?

Die Entfaltung der Selbsterkenntnis Jesu geht wohl Hand in Hand mit seinem Selbstbewußtsein als Mensch und setzt ein, sobald er in der Lage ist, über sich selbst zu reflektieren. Nach Maritain ist darum wohl mit Recht anzunehmen, daß Jesus als Zwölfjähriger ein gereiftes und vollständiges Bewußtsein von sich und den göttlichen Dingen hat, woraus sich das Staunen der Gelehrten im Tempel und das befremdlich wirkende Verhalten Jesu seinen Eltern gegenüber erklären läßt (vgl. *Lk* 2,47-49).[138] Dies führt uns zur Frage nach dem Geheimnis der hypostatischen Union, nach dem inneren Zusammenhang der einen Person und der zwei Naturen Christi; während wir bisher vor allem der Frage nach der Verbindung der beiden Naturen nachgegangen sind, soll im folgenden Abschnitt der Blick auf die Person des Gottmenschen gerichtet werden.

---

[137] Entsprechend könnte auch im Menschen ein Einwirken oder eine Anregung Gottes aufgrund der Liebesbeziehung angenommen werden, die sein personales Zentrum betrifft und sich von dort aus auf die verschiedenen Fakultäten ausbreitet und deren Natur aktiviert, auch wenn sie dabei häufig auf den Widerstand der erbsündlichen Vorbelastung stößt, was nicht immer durch Akte der Vernunft oder des Willens gelöst werden kann.

[138] Vgl. *De la grâce* 1151-1153, v.a. 1152: «C'est sans le moindre étonnement, et d'une façon toute harmonieuse, fraîche et gracieuse, c'est avec tout le naturel, et l'admirable simplicité, et l'admirable gravité du petit être regardant l'être que l'Enfant Jésus a su qu'il était Dieu, et que cette conscience de sa divinité a pris en lui ses accroissements.»

e) Das Seelenleben des menschgewordenen Logos

Bislang wurden vor allem die verschiedenen Erkenntnisebenen Jesu betrachtet, ohne näher auf deren Träger, das *suppositum*, einzugehen. Mit den eingeführten Unterscheidungen soll nun aber auch der Frage nach der hypostatischen Union Jesu nachgegangen werden, wie sie Maritain in *De la grâce* vertritt. Wir haben bereits gesehen, daß dabei auf der einen Seite der göttliche Logos als unendliche Person betrachtet werden kann, die alles umfaßt. Auf der anderen Seite kann er auch als inkarnierter Logos betrachtet werden, der durch seine Subsistenz als *ens personale* die göttliche Natur (*esse divinum*) mit dem *esse humanum* einer geschaffenen Natur vereint. Für Maritain wie für Thomas können darum in Jesus zwei *esse* hinsichtlich der Natur, aber auch ein *ens personale*, das beide verbindet, angenommen werden. In welcher Beziehung aber stehen *ens personale* und *esse*?

> Dans l'ici-bas de l'âme du Christ la grâce que la Personne divine soutenait dans l'être et par où sa nature humaine assumée participait à la nature divine, était accordée ou adaptée non au mode de la Personne divine infinie mais à celui de la nature humaine finie, et était nécessairement *finie* comme cette nature humaine elle-même, – finie non seulement quant à son être entitatif mais aussi quant à l'effet formel produit par elle dans l'âme [...]. Cette grâce sous l'état de voie était finie dans son ordre, ou au-dessous du point de perfection suprême.[139]

Wie sich also zeigt, besteht das Hauptproblem darin, daß die Person des göttlichen Wortes einerseits alles umfaßt, andererseits aber hinter der hypostatischen Union zurücktritt und in der menschlichen Seele Jesu nur wie durch eine Trennwand aus dem geistigen Vorbewußten aufscheint. Mit anderen Worten: Die göttliche Person Christi bildet je nach Standpunkt sowohl einen Teil wie auch das Ganze der Person des *viator*, denn «*actiones sunt suppositorum*. Es ist [allgemein] im Fall von [geschaffenen] Personen das *suppositum*, das handelt oder wirkt, und ebenso ist es die Person, die ursprünglich auch als existierendes Subjekt die Gnade empfängt, welche ihre Natur vervollkommnet. Das heißt [allerdings] im Fall Christi und seiner ungeschaffenen Person, daß es die *göttliche Person* ist, welche die Gnade, die seine angenommene menschliche Natur vervollkommnet, im Sein erhält.»[140] Damit übt die zweite göttliche Person als die ungeschaffene Gnade auf die menschliche Person Jesu durch die Seelenspitze ihren Einfluß aus, was damit die Frucht einer Art von Begegnung ist und nicht ein bloßer Anstoß der einzelnen Fakultäten im Sinne einer «motion brisable».

---

[139] *De la grâce* 1114.
[140] *De la grâce* 1102.

Jesus als Pilger verfügt einerseits als *verus homo* über eine vollständige menschliche Natur, wozu die ganze Welt des Bewußtseins, also auch das Unter- und das Vorbewußtsein gehören. Freilich ist das Vorbewußtsein in besonderer Weise erhöht durch das vergöttlichte Überbewußtsein, in dem sich die ganze Fülle der zweiten göttlichen Person verbirgt und wozu die Welt der *visio beatifica* gehört.[141] Letztere zeigt ihm in seinem vergöttlichten Überbewußtsein, also nicht im *intellectus possibilis*, sondern in der Seelenspitze, «daß seine eigene Person, das göttliche Wort, das **Selbst** war, von dem alle Akte ausgingen, welche die menschlichen Fakultäten hervorbrachten und wohin [...] alles, was die äußere Welt sie spüren oder leiden ließ, **mündete**»[142]. Damit wird das *ens personale* zum Empfänger, selbst wenn es in seinem Wissen «all das umfaßte, was den Christus betraf [...] und was er menschlich in seinem irdischen Bewußtsein kannte»[143]. Zwar bildet für das Selbstbewußtsein des *viator* das sogenannte vergöttlichte *Über*bewußtsein «eine Art völligen *Un*bewußtseins, freilich nicht im Sinn des *Unter*bewußtseins»[144]. Dennoch spricht Maritain hier in aller Deutlichkeit auch davon, daß die göttliche Person die menschlichen Fakultäten nicht nur hervorbringt, sondern deren Tätigkeiten auch wieder vom inkarnierten Logos, also dem *ens personale*, aufgenommen werden und damit auch die göttliche Person betreffen. Damit werden gewissermaßen Zeit und Bewegung in Gottes Ewigkeit hineingetragen[145], was allerdings die Grenze von menschlichem Denken und Sprechen überschreitet und uns auf die Erfahrungen der Mystiker oder anthropomorphe Spekulationen verweist.

Festhalten läßt sich hingegen, daß durch die Menschwerdung das Ewige Wort eine vollständige menschliche Natur annimmt, wozu auch die Welt des Bewußtseins einschließlich Vor- und Unterbewußtsein gehört. Dies bedeutet ebenso, daß in der Seelenspitze die Person als solche tätig ist und dort in der Phase der Systole alles, auch ihre zwei Naturen umfaßt, also die Person *ist*. Dieses *ens personale* drückt sich in der Phase der Diastole aus, indem es sich in den Seelenfakultäten entfaltet und damit gewissermaßen auf Distanz zu seinen Operationen geht.

---

[141] Vgl. *De la grâce* 1055*f.*: «Elle [la vision béatifique] n'était pas la règle immédiate et le principe déterminant de tout l'agir du Christ et de toutes les opérations de son âme. C'est par l'instrumentalité des facultés de la nature humaine *dans l'état de voie*, – facultés surnaturellement 'achevées' ou 'parfaites' par la grâce sanctifiante et la charité et la science infuse, – que passait, en tant qu'il agissait *secundum quod homo*, et comme soumis au temps sur terre, toute l'activité du Verbe Incarné.»

[142] *De la grâce* 1088.

[143] *De la grâce* 1089.

[144] *De la grâce* 1090.

[145] Vgl. dazu das Ende dieses Kapitels 480-483.

In Anlehnung an das Konzil von Chalcedon[146] kann man darum sagen, daß das göttliche Wort nicht mit einer schon fertigen menschlichen Natur vereint wird, sondern diese durch völlige Neuschöpfung entsteht. Vielmehr wird die hypostatische Union zwischen den beiden Naturen durch die Subsistenz als die Basis der Personalität begründet, was bedeutet, daß diese Union von der Person des Logos personal verwirklicht wird. Dies wird ermöglicht, indem der Logos die menschliche Natur annimmt und im Annahmeakt zur Existenz bringt und individualisiert. Das Ewige Wort kann dabei eine Einheit bewirken, in welcher es in der menschlichen Natur subsistiert, ohne sie zu eliminieren, sondern sie zur höchsten Entfaltung ihrer geschöpflichen Dynamik führt. Dies zeigt sich besonders an der wachsenden Angleichung des Bewußtseins Jesu an die seligmachende Schau in seinem Überbewußtsein. Der Logos nimmt sich Jesu menschliche Seele so zu eigen, daß Jesus in seiner Selbsterfahrung und seinem irdischen Selbstbewußtsein allmählich zur höchsten Realisierung seiner geschaffenen menschlichen Natur gelangt.[147]

Diese Reflexionen können freilich nicht erklären, wie auf psychologischer Ebene Jesus sich selbst erfahren hat, zumal nach Maritains Modell sein göttliches Selbstbewußtsein im Dunkel des Überbewußtseins wirkte. Jedoch wird sichtbar, daß die Seelenspitze in der Tat *capax Dei* ist, da sich die zweite göttliche Person ihrer bedienen kann. Somit wird von göttlicher Seite her sichtbar, was wir an anderer Stelle im überphänomenalen Selbst gesehen haben, daß nämlich die Seelenspitze *über* der Zeit steht und als solche die Unendlichkeit Gottes in sich bergen kann. Daraus lassen sich freilich auch Rückschlüsse auf die *visio beatifica* ziehen, da Maritain nun weniger von der konzeptualistischen Seite her nach der geistigen Entität fragt, welche die Erkenntnis ermöglicht, sondern nach der existentiellen Voraussetzung, nämlich der Begegnung mit dem unfaßbaren Gott und seiner alles übersteigenden Liebe. Diese findet in der Seelenspitze statt, von wo aus dann im Sinne konnaturaler Erkenntnis die entsprechenden Fakultäten aktiviert werden. Allerdings kann sich Maritain angesichts der Probleme sowohl der Veränderbarkeit Gottes als auch der zweiten göttlichen Person im Sinne einer Bewegung von der menschlichen zur göttlichen Natur nicht zu einer letzten stringenten Position durchringen. So lenkt er den Blick auf den *intellectus illuminans*, der Systole und Diastole verbindet und der sich auf die essentielle wie auch auf die existentielle Ordnung bezieht. Doch da er zu den Seelenfakultäten gehört, müssen im *apex animae* Aktivität und Passivität, Zeit und Ewigkeit, Natur und Übernatur, Ruhe und Bewegung,

---

[146] Vgl. *DH* 302f.
[147] Vgl. G.L. MÜLLER, *Katholische Dogmatik*, Freiburg – Basel – Wien 1995, 347.

Geist und Materie, Natur und Person vereint und auch differenziert werden, je nach Aktivierung der jeweiligen Seelenkräfte.

Diese vielfältigen Pole existieren im *apex animae* nicht nur als geeinte Verschiedenheit, sondern lassen sich auch auf eine existentielle interpersonale Beziehung übertragen. In einer solchen Gemeinschaft sind die beiden Personen von ihrer Seelenspitze aus gleichsam wie zwei «Pole» miteinander verbunden. Beide Partner sind sowohl durch die gemeinsame Überexistenz in Liebe geeint als auch durch ihren unvergänglichen Selbstand unterschieden. Dabei kann das Selbst durch seine Verfügung über die geistige Überexistenz immer wieder auf neue personale Weise die Liebe aufstrahlen lassen. So können die einzelnen Fakultäten aktiviert und das in der Liebesgemeinschaft Vollzogene im Licht des tätigen Intellekts objektiviert werden. An diese Reflexionen gleicht Maritain nun auch seine Vorstellung von der Existenzintuition an. Räumte er anfangs dem Begriff eine gewisse Priorität ein, so war Maritain in seiner dritten Phase eher unentschieden hinsichtlich der Rolle von Urteil und Begriff. Nun aber, gegen Ende seiner philosophischen Laufbahn, hält er an einer existentiellen Erfahrung fest, in der die existentielle Anschauung *vor der* konzeptuellen Tätigkeit stattfindet, womit das Urteil in den Vordergrund rückt. Dabei stellt sich erneut die Frage, wie es zu einer solchen Einsicht kommen kann.

4. Die Person und ihr geistiges Leben – Grundzüge einer existentiellen Epistemologie

a) Der univoke Seinsbegriff als Voraussetzung der Seinsintuition

Maritains Überlegungen zum Seelengrund und dessen existentieller Tätigkeit wirken sich auch auf seine Epistemologie aus. Während er weiterhin an der Schau des Existenzaktes als *conditio sine qua non* für den Metaphysiker festhält, ändert er seine Vorstellung hinsichtlich der Bildung des Seinsbegriffs. Im dritten Kapitel von *Réflexions sur la nature blessée*, das nicht von ungefähr den Untertitel *Pour une épistémologie existentielle (I)* trägt und einen Vortrag aus dem Jahr 1967 wiedergibt, zeigt sich die gelungene Integration der existentiellen Wende, die Maritain in verschiedenen Stufen vollzogen hat. Einen wichtigen Schritt haben wir bereits im siebten Kapitel im Zusammenhang mit der Existenzintuition untersucht, bei der er von einer wechselseitigen Priorität der Bildung des Seinsbegriffs und der Intuition des Existenzaktes ausging. Denn für ein Existenzurteil braucht es einerseits den (abstraktiven) Seinsbegriff, hingegen ist andererseits für die Bildung des Seinsbegriffs ein Existenzurteil vonnöten.[148]

Nun aber berücksichtigt Maritain noch stärker sein personalistisches Seelenmodell und den zugrunde liegenden Existentialismus. Dazu nimmt er wieder einen zweifachen Existenzbegriff[149] an und unterscheidet die Existenzintuition von einem begrifflichen Ausgangspunkt. Bisher ging er davon aus, daß die intellektuelle Intuition durch eine abstraktive und begriffsbildende Erkenntnis vermittelt würde. Er plädiert für eine Schau, in der nicht nur die Essenz erfaßt wird, sondern wie im Urteil eine Einsicht verliehen wird, die sich auf Essenz *und* Existenz eines Subjektes bezieht. Dies hat nichts mit dem sonst üblichen Erfassen eines Attributes bei der ersten abstraktiven Operation des Geistes zu tun, das dann in der zweiten Operation in einer kopulativen Verbindung durch das Verb «ist» zu dem bereits erfaßten Objekt zurückverbunden wird. Vielmehr wird im Fall der Existenzintuition die Seinsweise (*esse*) des betreffenden Subjekts selbst in ihrer Realität geschaut, und dieses Geschaute wird im Anschluß daran mit dem Begriff des Seins, des Existierens oder des *esse* ausgedrückt.

> Dans le cas unique dont je parle, celui de l'intuition intellectuelle de l'être, l'idée ou concept (d'existence) ne précède pas le jugement (d'existence), elle vient *après* lui et provient de lui. [...] En effet, il n'applique pas un attribut à un sujet, c'est le sujet lui-même qu'il affirme ou pose dans l'esprit, dans le réel extra-mental; et porter cet **acte judicatif**, en le *pensant* vraiment, c'est pour l'intelligence **saisir intuitivement**, ou *voir*, au sein de l'intimité spirituelle de sa propre opération, **l'être**, l'exister, l'*esse* extra-mental de ce sujet, voilà l'intuition de l'être. [...] En d'autres termes, dans le cas (unique) de l'intuition de l'être, *le concept, ce concept* de l'*esse*, formé *après* que j'ai *vu* celui-ci, est *second* par rapport au *jugement* d'existence où et par où, en le prononçant en elle, mon intelligence a *vu* l'*esse*; ce concept est dû à une *reprise réflective* de la simple appréhension sur l'acte judicatif en question.[150]

Allerdings ergeben sich aus diesem Verständnis der Seinsintuition eine Reihe neuer Fragen. Denn nun bildet der Geist erst *nach* diesem Moment der Anschauung des Seins von dem, was er geschaut hat, eine Idee oder einen Begriff, der für weitere Denkfolgen zur Verfügung steht. Doch wie kann der Intellekt ohne Begriff zu einem Urteil kommen? Schränkt Maritain dabei die Notwendigkeit des Begriffes ein, oder führt er eine neue Form von intellektueller Erkenntnis ein? Offensichtlich versucht Maritain die Beschaffenheit der geistigen Entität oder der geistigen Keime stärker zu berücksichtigen, da sie mehr als eine klar umgrenzte *species expressa* darstellen und, entsprechend der Struktur der Seelenspitze, Essenz- und

---

[148] S.o. 289-295.
[149] Vgl. *Court traité* 32-34.
[150] *Réflexions sur la nature blessée* 787f.

Existenzordnung in sich vereinen, wie gerade die poetische Intuition zeigt. Doch wird damit nicht auch grundsätzlich die Vorgehensweise des Intellekts mit Hilfe von Urteilen, die durch Begriffe vermittelt sind, in Frage gestellt?

Maritain verweist zunächst darauf, daß dem geschauten (zweiten) Seinsbegriff ein anderer (erster) gegenübersteht, der durch Abstraktion *vor* dem Aufblitzen der Seinsintuition zustande gekommen ist. Obwohl dieser mit dem gleichen Wort bezeichnet wird, spiegelt er eine andere Wirklichkeit wider. Er spielt für die Seinsintuition selbst keinerlei Rolle, da er sie nicht auslöst und das Sein nur als Essenz oder abstrakte Idee, nicht aber in seiner inneren lebendigen Wirklichkeit meint. Er bezieht sich auf das *Dasein* und nicht auf das geschaute *Sein*.[151] Diese Unterscheidung erinnert an das *vage Sein*, das er bereits in *Sept leçons* erwähnt.[152] Mit ihm kennzeichnet er ein vorwissenschaftliches Seinsverständnis, das nicht den inneren Reichtum des Seins kennt, sondern sich eines allgemeinen Seinsbegriffs für den Sprachgebrauch bedient.[153]

Maritain geht davon aus, daß der Intellekt sich des Seinsbegriffs, den er bereits *vor* der intellektuellen Existenzintuition durch Abstraktion gebildet hatte, bedient, um *nach* der Intuition seine Anschauung begrifflich auszudrücken. Der erste Begriff des vagen Seins bezieht sich also nur auf das *Dasein* einer Sache. Dabei handelt es sich um einen univoken Begriff, der auf kopulative Weise das *Dasein* einer Sache selbst oder eines ihrer Prädikate beinhaltet. Der zweite Seinsbegriff hingegen schaut das *Sein* oder den Existenzakt als solchen in seiner Fülle. Beide, Dasein wie Sein, können sich auf die Existenz beziehen, doch nur der zweite Existenzbegriff, der auf intuitive Weise entsteht, erfaßt die lebendige Wirklichkeit des Seins.

Wie Maritain selbst betont, ist die Seinsintuition eine eidetische Intuition, die das Geschaute in eine Idee münden läßt. Es wurde bereits verdeutlicht, wie es bei der Abstraktion einerseits zur Vergeistigung des außer-

---

[151] Vgl. *Réflexions sur la nature blessée* 789f.: «Et il y a un autre concept de l'existence (notre premier concept d'existence), qui est formé dans l'esprit *avant* que l'intuition de l'être ait jailli en lui, je veux dire au plan du premier degré d'abstraction, qui est celui auquel la pensée de l'homme se meut d'ordinaire et se meut d'abord. Cet autre concept d'existence est d'origine abstractive, non judicative, et il précède, oui, l'intuition de l'être; mais un tel concept ne joue aucun rôle dans l'intuition de l'être, et n'en fait nullement partie intégrante. Il lui reste parfaitement étranger.»

[152] Vgl. *Sept leçons* 559: «Nous pouvons dire *être vague*, comme masquant et enveloppant le concept métaphysique de l'être. Ce concept est là mais il n'est pas dégagé, [...] et ainsi cet être vague du sens commun permet d'user sans le savoir encore et d'user bien de la notion métaphysique d'être [...]. Nous sommes donc ici devant un état imparfait de la connaissance, et nous sommes en même temps en présence de l'espèce de philosophie qui lui convient.»

[153] Vgl. *Réflexions sur la nature blessée* 790.

mentalen Seienden kommt, nämlich durch den Übergang der Essenz des Objekts in die intentionale Seinsweise des Subjekts. Andererseits wird dabei die Essenz nicht verändert, sondern sie bestimmt den Intellekt, so daß er sich ihr nicht nur anpaßt, sondern zu ihr *wird*. Dies ist allerdings bei der Seinsintuition nicht notwendig, da der Intellekt nicht erst eine Essenz abstrahieren und dann deren konkrete Existenz als Objekt erfassen muß. Vielmehr wird die Seinsintuition durch die direkte Einsicht ausgelöst, die nicht durch Begriffe vermittelt ist, was zur Folge hat, daß der Existenzakt die den Intellekt bestimmende Wahrnehmung bildet in der Begegnung mit außermentalen Seienden. Wenn darum das Sein als solches in einem Begriff ausgedrückt wird, kann es sich nur um eine analoge Idee handeln, die alle Wirklichkeit, die existiert oder existieren kann, umfaßt.

Dieser «grenzenlose Horizont»[154] kann vom Philosophen mit dem Seinsbegriff umschrieben werden, ist also nicht eine rein anti-intellektuelle Schau im Sinne Bergsons und ebensowenig ein reines Konstrukt im Sinne eines *ens rationis*. Bei der Existenz handelt es sich eben gerade *nicht* um einen imaginären Denkgegenstand (wie Husserl im Rückgriff auf die *epoché* des Pyrrhon behauptet[155]), der das Objekt, das der Intellekt wahrnimmt, von der Sache trennt, welche außerhalb des Geistes steht und deren Existenz man schlichtweg einklammert. Das hieße nämlich nichts anderes, als daß man das Sein nur denkt, indem man es als Gedachtes denkt, nicht aber als außermental existierendes und als solches erfaßtes oder erfaßbares Sein. Das bedeutete aber, der Herrschaft des Wahrscheinlichen und Willkürlichen zu verfallen und die Subjektivität zum alleinigen Maßstab der Wirklichkeit zu erheben.[156] Maritain hingegen betont, daß der erkennende Geist in einem urteilenden Akt – *indem er ihn denkt* – das Sein und die Existenz des transobjektiven Subjektes erfaßt. Darum hält Maritain an zwei Seinsbegriffen fest, auch wenn sein kritischer Freund Gilson zeitweilig überhaupt die Existenz eines Seinsbegriffs ablehnt.[157]

---

[154] *Réflexions sur la nature blessée* 796.
[155] Vgl. E. HUSSERL, *Ideen zu einer reinen Phänomenologie und phänomenologischen Philosophie*, (Husserliana Bd. 3), Hrsg. W. Biemler, Bd. 1, Haag 1950, 67-69.
[156] Vgl. *Le Paysan de la Garonne* 808*f*.
[157] Vgl. *Réflexions sur la nature blessée* 789. Hatte E. GILSON in *Being and Some Philosophers* (Toronto 1949, 190-215) einen Seinsbegriff völlig verworfen, so gab er in der zweiten Auflage (Toronto 1951, 221-227) der überzeugenden Kritik von L.-M. REGIS («Gilson's 'Being and Some Philosophers'», *MSM* 28 (1951) 111-125) statt. Zum unterschiedlichen und teilweise mißverständlichen Gebrauch von *esse* und *ens* bei Gilson und Maritain vgl. J.F.X. KNASAS, «Gilson vs. Maritain: The Start of Thomistic Metaphysics», in *The Future of Thomism*, Hrsg. D.W. Hudson – D.W. Moran, Mishawaka 1992, 169-184, bes. 176*f.*

Maritain bezeichnet also das Existieren als «ein Intelligibles, [...] ja sogar als Intelligibles par excellence»[158]. Doch wie kann dies zugleich ein Überintelligibles sein, bzw. wie kann es geistig erfaßt werden?

b) Der judikative Akt und die Systole

Im Unterschied zu *Court traité*, wo Maritain noch sechs Stufen der Erkenntnisbewegung unterschieden hatte[159], nimmt er in *Réflexions sur la nature blessée* nur noch drei Momente an. Damit soll jeglichem ontologistischen Mißverständnis vorgebeugt und der menschlichen Realität (im Gegensatz zu derjenigen der Engel) entsprochen werden. Diese drei Stufen bestehen in der sinnlichen Wahrnehmung des Daseins der Dinge, der von der Existenz des erkennenden Subjekts abhängigen Denkbewegung sowie in der Schau des Seins (*esse*).

Der erste Schritt bewegt sich auf der Ebene der sinnlichen Wahrnehmung und bringt zusammen mit den Phantasmata, die beispielsweise die Farbe einer Rose enthalten können, auch das Existieren der Rose in den Intellekt. Der Akt des Existierens wird nicht durch eine eigene *species* vermittelt, sondern ist in der intentionalen Aktion notwendig enthalten, die auf die Sinne beim Empfangen der *species* der Farbe dieser Rose ausgeübt wird. Voraussetzung dafür ist die Tatsache, daß die Rose wie auch der Erkennende *sind*.

Auf der zweiten Stufe bemächtigt sich der Intellekt der sinnlichen Wahrnehmung und erfaßt nicht nur die Farbe der Rose, sondern ebenso die Operation, *diese Rose zu sehen*. Auf diese Weise wird mit der *Farbe* auch das *Existieren* der Rose in der intentionellen Aktion perzipiert. Jedoch ist das Existieren der Rose noch implizit in den unverbundenen Akten «ich *sehe* (die Rose)», und «*die Rose*» vorhanden. Daraus ergibt sich, daß an diesem Punkt im Bewußtsein durch das Wissen um das *Dasein* der Rose das Wissen um das eigene *Sehen* präsent ist. Das dazugehörende *verbum mentale* drückt an dieser Stelle einfach aus, daß die Sache, die ich sehe, *da ist*, bewegt sich also noch auf der ersten Stufe der Abstraktion; hingegen ist es noch nicht zum Urteil gekommen, daß diese Rose *ist*. Das Existieren ist auf dieser Stufe schon auf geistige Weise verfügbar, jedoch nur potentiell bzw. virtuell in einem anderen Intelligiblen enthalten. Es *kann* vom Intellekt geschaut werden, ist ihm aber noch verborgen. Ein derartiges Urteil ist freilich nur möglich, weil es einen konkret existierenden Erkennenden gibt, der «*Ich bin*» sagen kann.

---

[158] *Réflexions sur la nature blessée* 791.
[159] Vgl. *Court traité* 35f., Anm. 13.

Von der Erkenntnis «Diese Rose ist *da*» geht der Intellekt im Fall der Existenzintuition «auf wunderbare Weise durch ein besonderes Geschenk der Natur»[160] auf ein höheres Niveau über, nämlich die dritte Stufe. Diese ist einem Moment natürlicher Kontemplation vergleichbar, in dem sich das Denken von der Abstraktion freimacht. In diesem Augenblick leuchtet der Blitz der Seinsintuition schlagartig auf, und das *Existieren* der Rose, das vorher geistig in Potenz im Intellekt gegenwärtig war, allerdings noch implizit und blind, wird geistig aktuell und explizit erfaßt. Dabei geht es nicht um eine vorher schon erkannte *species* oder *intentio intellecta*, sondern um eine neue *intentio intelligens*. Die findet im Urteil statt, erfaßt das *Existieren* der Rose geistig explizit und sieht es damit zugleich ein.[161]

> Alors l'éclair de l'intuition de l'être jaillit tout à coup, et l'*exister* de la rose, [...] se dévoile comme objet maintenant explicitement saisi, *spiritualisé en acte* et rendu proportionné en acte à l'intelligence, – non par une *species* ou une *intentio intellecta* quelconque, mais par une *intentio intelligens*, je veux dire par un acte – acte judicatif cette fois – qui, posant dans l'esprit la rose comme posée en elle-même hors de l'esprit, porte du même coup l'exister de la rose à l'état de spiritualité en acte, et du même coup le fait *voir*. C'est l'**acte judicatif** lui-même affirmant l'exister de la rose hors de l'esprit qui le rend, au-dedans de l'esprit, visible à l'intelligence et vu par elle dans l'instant où elle dit: cette rose *est*, cette rose *existe*, avec toute la plénitude de sens (métaphysique) **du mot être** ou *exister*.[162]

In diesem neuen Urteilsakt sieht der Intellekt im selben Moment, in dem er das Dasein oder das Existieren der Rose schaut, die Fülle des metaphysischen Sinns des Wortes *Sein* oder *Existieren*. Maritain unterscheidet diese Schau von der aus einem gewöhnlichen Urteil stammenden *intentio intellecta*. Letztere bezieht sich z.B. auch auf den durch eine Abstraktion gebildeten Seinsbegriff, der in einem Urteil schon zu einer (univoken) Idee gekommen ist, die zu einer bestimmten Einsicht führte (*intentio intellecta*) und welche für neue Konklusionen zur Verfügung steht. Diese Idee ist vergleichbar «einer Art Leinwand, auf der sich das Intelligible abbildet, das durch den Intellekt empfangen wurde und wodurch die sinnenhafte Helligkeit ebenso festgelegt wird, da der Blick des Intellekts sich auf das ihm eigene Objekt, das Intelligible, fixiert»[163].

Die Existenzintuition hingegen ist keine Konklusion, sondern eine lebendige Begegnung, wozu Maritain den Begriff der *intentio intelligens* einführt. Damit drückt er die besondere Einsicht aus, die nicht von einem bereits vorher erfaßten Begriff (*intentio **intellecta*** vermittels der *species*

---

[160] *Réflexions sur la nature blessée* 794.
[161] Vgl. *Réflexions sur la nature blessée* 791-794.
[162] *Réflexions sur la nature blessée* 795.
[163] *Réflexions sur la nature blessée* 781.

impressa) zustande kommt[164], sondern in der lebendigen und schöpferischen Tiefe des Subjekts selbst (*intentio **intelligens***) entsteht. So kann diese «natürliche Kontemplation [...] auf überbewußte Weise beim Kind vor jeder abstraktiven Operation stattfinden, mehr oder weniger unbewußt beim Poeten und bewußt beim werdenden Philosophen»[165]. Demnach vollzieht sich hierbei das, was wir bei der schöpferischen Intuition bereits untersucht haben. Es geht nicht allein um eine Denkbewegung innerhalb der Fakultät des Intellekts, sondern um ein Geschehen im Inneren des Geistes, in der Tiefe oder der Spitze der Seele. Dort entsteht in der Phase der Systole aus einer lebendigen Begegnung mit einem konkreten Seienden nicht nur eine abstraktive, sondern ebenso eine intuitive oder konnaturale Einsicht. Die näheren Zusammenhänge haben wir bereits untersucht. Allerdings ist darauf hinzuweisen, daß Maritain nun stärker die Phase der Systole in die Seelentätigkeit einbindet, also den passiv-empfangenden wie auch den aktiv-verwandelnden Aspekt hervorhebt.[166]

Auch hier hält Maritain implizit an einem geistigen Keim fest, da das *esse* mit der Sinneswahrnehmung erfaßt wird. Damit dessen potentielle Gegenwart auch aktuell geschaut wird, bedarf es eines besonderen Geschenkes der Natur, in dem, analog zur Erfahrung des Dichters, die unfaßbare Wirklichkeit der Existenz, die von den Dingen besessen wird, zugänglich wird.

> C'est à l'occasion de quelque **réalité individuelle** saisie dans sa pure singularité que l'intuition intellectuelle de l'être se produit ainsi. Mais en même temps et du même coup (car en voyant que cette rose *est*, je vois du même coup que hors de mon esprit *sont* aussi, chacune à sa manière, toute la foule des autres choses), c'est l'être dans le mystère de son **horizon sans limites**, et de l'irréductible diversité avec laquelle il pose devant nous tout existant, qui est découvert à l'intelligence.[167]

Hier geht Maritain noch einen Schritt weiter als in *L'Intuition créatrice*. Dort arbeitet er das Entstehen der poetischen Intuition in der Seelenspitze heraus und betrachtete vor allem deren Emanation in die Seelenfakultäten.

---

[164] Vgl. *Réflexions sur la nature blessée* 790*f.*: «Consécutif à l'intuition de l'être [...] l'*esse* ou l'exister [...] n'a pas été tiré des phantasmes par l'opération abstractive, à la manière de tous les autres objets de concept.»

[165] *Réflexions sur la nature blessée* 795.

[166] Vergleichbares sagt Maritain auch hinsichtlich der Einsicht in das Naturgesetz, wo die konnaturale Erkenntnis des Gewissensurteils nicht nur das objektive Sollen, sondern auch das subjektive Können berücksichtigt. Das heißt, daß die Person in ihren vorbewußten Tiefen in gewisser Freiheit als *mensura mensurans* über ihr konkretes Handeln entscheidet, das wiederum als *mensura mensurata* unter dem Anspruch der normalen Funktionsweise der Natur, also dem Willen des Schöpfers, steht. Vgl. dazu *Quelques remarques* 955.

[167] *Réflexions sur la nature blessée* 796.

Nun aber scheint er ebenso auf die geistige «Vorarbeit», d.h. die Bewegung von den Seelenfakultäten in die Seelenspitze, einzugehen. Nur so ist es denkbar, daß aus der Wahrnehmung, die von den Sinnen aus das geistige Zentrum erreicht, unvermittelt auch die Existenz selbst aufstrahlen kann, die vorher potentiell vorhanden war.

Darüber hinaus hält Maritain nun nicht mehr an der Priorität der abstrahierenden Begriffsbildung fest, sondern geht von einer existentiellen Erfahrung mit der außermentalen Wirklichkeit aus. Da diese aus einem geistigen Keim aufstrahlt, scheint es ihm offensichtlich angemessener, von einem *judikativen Akt* zu sprechen, der für den Poeten ebenso wie für den Metaphysiker gilt. In beiden Fällen geht es um eine unmittelbare Erfahrung, die nicht durch Deduktion, sondern durch Intuition zu einer Einsicht führt, die einem Urteil gleicht. Ob diese Einsicht von einem Baum, von einer Rose oder dem Lächeln eines geliebten Menschen ausgelöst wird, ist dabei sekundär. Primär geht es darum, daß es im Intellekt des Erkennenden zu einer Schau kommt, die aus der unmittelbaren Begegnung mit dem außermental Seienden resultiert.

Damit wird deutlich, daß die Erkenntnis von den Fakultäten aus das einigende Zentrum, die Person selbst erreicht, was erneut bestätigt, daß im Selbst des Erkennenden eine direkte Verbindung mit Gott, dem Sein und der konkreten Sache besteht, also Endliches und Unendliches, Intelligibles und Überintelligibles verbunden sind. Von dieser Spitze aus werden dann, je nach Berufung und *habitus* (ob metaphysischer, künstlerischer, moralischer oder anderer Art), auf spekulative oder praktische Weise die betreffenden Fakultäten aktiviert, so daß das Geschaute in einem Begriff, einem Kunstwerk oder einer moralischen Entscheidung ausgedrückt und dann auf rationale Weise weiter entfaltet werden kann. Hatte Maritain in *Les Degrés* eine derartige Einsicht nur für begrifflich formulierbare Prinzipien und ihre innere Evidenz angenommen, so gilt dies nun auch für die überbegriffliche Wirklichkeit des Seins, die in der systolischen Phase unmittelbar ins Bewußtsein aufsteigt und geschaut wird. Darauf verweist Maritain in *Le Paysan de la Garonne*, wo er auf das *Existenzurteil* abhebt, das einer vorbewußten Aktualisierung entspricht. Diese hat den Wert eines nicht formulierten Urteils, das erst nach der Intuition in einem Begriff ausgedrückt wird.[168]

Zur Veranschaulichung dieser Seinsintuition gibt Maritain die Erfahrung seiner Frau Raïssa wieder, der mehrfach die Erfahrung der Wirklichkeit

---

[168] Vgl. *Le Paysan de la Garonne* 851: «C'est dans un jugement (ou dans une actuation préconsciente ayant valeur de jugement non formulé), et dans un jugement d'existence, que l'intuition intellectuelle de l'être se produit. Le concept philosophique de l'*actus essendi*, de l'acte d'être, ne viendra qu'après.»

ihres eigenen Seins (ihres Existenzaktes) zuteil wurde. Dabei offenbarte sich das Sein als ein tiefes und erstes Prinzip, durch das sie außerhalb des Nichts gestellt wurde und das ihr zugleich das Wissen um ein metaphysisches Absolutes schenkte[169], das also einen privilegierten Selbstand (das Ich und die anderen) wie auch eine innere Verbindung (ich bin – die anderen sind) manifestierte.

Diese unmittelbare Anschauung bestätigt indirekt einmal mehr die Rolle der Seelenspitze, die als geistiges Zentrum oder Knoten nicht nur die Seelenkräfte in sich vereint, sondern den Punkt im Subjekt bildet, in dem es mit sich selbst eins ist. In ihm wird die eigene Existenz empfangen und ausgeübt, aber ebenso alles in einer völligen geistigen Einheit und Einfachheit miteinander vereint. Nur so ist es denkbar, daß in der *intentio intelligens*, einer innermentalen Anschauung also, der Geist selbst kreativ wird und sich nicht nur das Denken als Gedachtes reflektiert, sondern zu besonderen Intuitionen poetischer wie auch metaphysischer Art fähig ist. Wie an verschiedenen Stellen angeklungen ist, findet sich im *apex animae* eine Art Schnittstelle oder geistiges Einheitszentrum, welches die verschiedenen Dimensionen miteinander verbindet. Dadurch kann es in einem lebendigen und dynamischen Kontakt mit der Wirklichkeit des Seins auch zu einem existentiellen Urteil kommen, das unmittelbar aus der vorbewußten Sphäre ins Bewußtsein aufsteigt, ob es sich nun um den eigenen Existenzakt oder die Begegnung mit einem konkreten *ens* handelt.

Damit hat Maritain nun alle Formen konnaturaler Erkenntnis, die er noch 1951 in seinem Artikel *De la connaissance par connaturalité* unterschied, harmonisch miteinander verbunden. Denn dort betonte er einerseits den völlig objektiv-rationalen Charakter der Metaphysik, setzte ihn jedoch klar von der konnaturalen, poetischen, moralischen und mystischen Erkenntnis ab; andererseits hielt er unerbittlich am notwendigen Geschenk der Seinsintuition fest.[170] Wie kommt es zu diesem Wandel? Grund ist wohl die Klarstellung, daß sich konnaturale Erkenntnis nicht einfach im geistigen Vorbewußten und damit im außerrationalen Bereich des Geistes abspielt. Vielmehr bedeutet Erkenntnis eine Konnaturalisierung oder Wesensangleichung an das absolute Zentrum, in dem alle Fakultäten, aber ebenso die Person und ihre Natur, miteinander eins werden. Wie darum alle immanenten oder entitativen Operationen vom Selbst ausgehen, so werden sie auch in ihm vereint. Ob dies in der Seinsintuition in Form der *intentio*

---

[169] Vgl. *Réflexions sur la nature blessée* 796: «Il m'est parfois arrivé, a écrit Raïssa, d'expérimenter par une intuition subite la réalité de mon être, du principe profond, premier, qui me pose hors du néant. Intuition puissante, dont la violence parfois m'effrayait, et qui la première m'a donné la connaissance d'un absolu métaphysique.»

[170] Vgl. *De la connaissance par connaturalité* 1001.

intelligens des Philosophen oder in der kreativen Emotion des Poeten geschieht, in der moralischen Erfahrung oder der göttlichen Anregung zum Guten durch das geistige Überbewußtsein als dem Sitz der Gnade, immer geht es dabei um die lebendige zweipolige Tätigkeit des Seelengrundes, der auf essentielle wie auch auf existentielle Weise umsetzen kann, was ihn erfüllt. Mit anderen Worten finden wir im Seelengrund selbst eine der Seinsanalogie entsprechende Struktur vor, die unter dem Aspekt der erkennbaren Essenz, ebenso aber auch hinsichtlich ihrer unerschöpflichen Existenz betrachtet werden kann. Diese Einheit in Verschiedenheit wird zusammengehalten durch den existentialen Status der Subsistenz, die wie eine eigene Dimension das *suppositum* umgibt.

Abschließend sei darum mit A. Krapiec bemerkt, daß «das von Maritain in die klassische thomistische Epistemologie neu eingeführte Element im 'existentiellen Urteil' [besteht], das feststellt, daß der konkrete Akt der Existenz kein reflexiver, sondern ein spontaner Akt ist. Es kann daher leichter mit einem Urteil verglichen werden, das die Sinne mit Bezug auf die konkret existierenden Dinge abgeben, als mit einem reflexiven Urteil, das ganz anders ist. Deshalb ist das existentielle Urteil eine spezifische Intuition der Existenz, eine Intuition, die für den Seinsbegriff konstitutiv ist.»[171] Wie darum das existentielle Urteil der Seinsintuition auf das Erkennen einer konkreten Sache folgt, so ist es auch wieder Ausgangspunkt für die rationale Entfaltung des Geschauten. Darum ist die Bildung des Seinsbegriffs nur der erste Schritt einer diskursiven Tätigkeit, die dem Metaphysiker aufgetragen ist.

c) Geistiger Fortschritt und flexibler Intellekt

Die Überlegungen zur Existenzintuition, die durch einen judikativen Akt entsteht, vertieft Maritain nochmals drei Jahre später, nämlich in einem weiteren Artikel *Pour une épistémologie existentielle (IV)* mit dem Titel *Pas de savoir sans intuitivité* aus dem Jahre 1970. Dabei führt er in gewisser Weise die Überlegungen zur Intuition zum Abschluß, die er bereits fast 60 Jahre zuvor in *Philosophie bergsonienne*, seinem ersten Werk, begonnen hatte.

Um seinem erklärten Ziel, nämlich einer existentiellen Epistemologie, gerecht zu werden, beleuchtet er nochmals die Bedeutung von Intuition und Abstraktion. Doch geht sein Blick mittlerweile tiefer und richtet sich vor allem auf die dazugehörenden Fakultäten und das sie dynamisch verbindende Zentrum. Wie in ihr das Selbst und seine Fakultäten zusammenspielen, haben wir bereits gesehen. Doch damit es im menschlichen Geist zu

---

[171] A. KRAPIEC, *Teoria Analogii Bytu*, Lublin 1969, 92.

einem echten Wissen und einem beständigen Fortschritt und Wachstum kommen kann, «dürfen die intuitive Tätigkeit des Verstandes und die diskursive Tätigkeit der Vernunft nicht aufhören, sich gegenseitig unter verschiedenen Hinsichten zu kontrollieren»[172]. Es geht nicht mehr allein um das Zusammenwirken von Intuition und Abstraktion, sondern um die dynamische Verbindung zweier Seelenpotenzen, die auf zwei unterschiedlichen Ebenen agieren und sich dennoch gegenseitig beeinflussen und befruchten. Dies ist nur denkbar durch die beständige Wechselbeziehung von *apex animae* und *anima ordinaria*. So emanieren aus einer vorgängigen Einheit und einer immer wieder erneuerten Einheitsstiftung verschiedene Bewegungen, die nicht zugleich intuitiv *und* abstraktiv sein müssen, sondern alternierend und je nach Bedarf Intuition und Abstraktion privilegieren. Was heißt das konkret?

Maritain spricht nicht mehr von «intuitiver Abstraktion», um beide Momente der Erkenntnis gleichzeitig zu berücksichtigen, sondern unterscheidet im menschlichen Intellekt die intuitive von der schwerpunktmäßig abstrahierenden diskursiven Tätigkeit. Letztere kommt der *ratio* oder der Vernunft zu und verbindet mit Hilfe von Denkfolgen zwei Begriffe unter dem Licht der ersten Prinzipien miteinander. Das Ergebnis sind Schlußfolgerungen, die durch logische Verbindungen entstehen. Dazu braucht es Begriffe und Essenzen, die miteinander in Beziehung gesetzt werden können. Zu dieser diskursiven kommt die intuitive Tätigkeit des *intellectus* oder des Verstandes, der nicht durch Denkfolgen, sondern unmittelbar zu Einsichten gelangt und so auf intuitive Weise in den Dingen liest.

> L'**intelligence humaine** [...] est esprit, et certes il lui faut raisonner, mais c'est *un intellect* qui raisonne. En tant même qu'**intellect**, elle est capable de saisie intuitive: en devenant la chose *intentionaliter* elle la voit, ou 'lit en elle ' (*intelligere*, c'est *intus legere*); et en tant même que **raison**, elle avance par un discursus qui assemble entre eux des concepts pour faire passer à travers eux l'évidence des premiers principes.[173]

Diese unmittelbare Erkenntnis oder Intuition vollzieht sich auf unterschiedliche Weise und kommt vor allem in drei Bereichen zum Vorschein, nämlich in der intuitiven Sinneswahrnehmung, in der schöpferischen Intuition des Poeten sowie in der rein intellektuellen Intuition. Sie alle führen zu «**intuitiven Urteilen**» oder direkten Einsichten, entsprechen also dem, was Maritain zuvor mit dem «judikativen Akt» hinsichtlich der Seinsintuition umschreibt. In ihr «'schaut' der Verstand, ohne Begriffe untereinander zu

---

[172] J. MARITAIN, *Approches sans entraves. Pas de Savoir sans Intuitivité*, ŒC Bd. XIII, 938.

[173] *Pas de Savoir* 931.

verbinden, und besitzt damit direkten Zugriff auf die Realität». Der Begriff der «intuitiven Urteile» hingegen macht sichtbar, daß «alle logischen Verknüpfungen bestimmen und **unmittelbar** einen prädikativen mit einem subjekthaften Begriff verknüpfen und zudem über die rein begriffliche Ordnung hinausgehen»[174]. So ermöglicht eine abwechselnd intuitive und abstraktive Tätigkeit des Intellekts einen echten Erkenntnisfortschritt, welcher der Raum-Zeit-Situation des Menschen gerecht wird. Doch Maritain überträgt sein dynamisches Seelenmodell nicht nur auf einzelne Urteile und Konklusionen, sondern er betrachtet ebenso die Eigendynamik des kreativen Erkenntnisvorgangs.

Zu recht betonte Maritain von Anfang an, daß ohne die Hilfe von Begriffen keine Erkenntnis möglich ist[175]. Doch nun unterstreicht er ebenso, daß das *verbum mentale* eine gewisse Lebendigkeit bewahrt, also mehr in sich enthält, als durch die *species expressa* erfaßt wird. Denn «ist es [das *verbum mentale*] erst einmal in unserem Geist gespeichert, wird es für immer diese Art von Intuitivität bewahren, die ihm eigen ist»[176]. Einerseits wird der geistige Keim der außermentalen Wirklichkeit in seiner (essentiellen und existentiellen) Struktur, d.h. in seinem *esse*, auf intentionale Weise von der Systole aufgenommen. Er bewahrt auch dann, wenn er in der Diastole entfaltet wird, seine untrennbare Einheit von Essenz und Existenz, analog zum Seinsbegriff. So kann zu gegebener Zeit ein Aspekt aufscheinen, ohne den anderen völlig auszuschließen, und somit je nach Bedarf seinen Beitrag zu intuitiven Ideen oder abstrakten Konklusionen leisten. Die Notwendigkeit beider Seiten zeigt sich vor allem im Bereich der Wissenschaft, deren Fortschritte nicht allein durch logische Schlußfolgerungen entstehen. Vielmehr geschieht dies häufig durch die vorbewußte Tätigkeit in der Systole, deren schöpferische Tätigkeit schon vorher vorhandene *verba mentalia* neu verbindet und aus ihnen unmittelbar, also ohne diskursive Tätigkeit eine Art Funke oder ein neues Bild aufleuchten läßt. Durch dessen

---

[174] *Pas de Savoir* 932. Vgl. dazu auch *Le Paysan de la Garonne* 851: «Et une telle descente jusqu'au fond de l'âme, c'est **une chose *donnée*, sans doute, non *œuvrée*,** – donnée par la grâce naturelle de la nature intellectuelle.»

[175] Vgl. *La Philosophie bergsonienne* 502: «Il n'y a pas d'intuition intellectuelle sans concepts et sans conceptualisation.» Und noch deutlicher in *Sept leçons* 615: «Refuser l'abstraction est refuser la situation humaine.»

[176] *Pas de Savoir* 933. Für Maritain wird die Bestimmung der *species impressa* «durch die Tätigkeit des *Intellectus illuminans* in einer *species expressa* oder Idee, einem Begriff oder *verbum mentale*» ausgedrückt, was einen abstraktiven Vorgang darstellt, der bereits Intuitivität einschließt». Dennoch bewahrt dieser geistige Keim, den Maritain als Konzept umschreibt, «ein gewisses Element an Intuitivität». Andererseits fügt er auch hinzu, «daß das *verbum mentis* [...] dem spontan oder *natürlicherweise* gebildeten Begriff entspricht» (*ebd.* 932*f.*), weshalb wir die über einen Rest an Intuitivität verfügende geistige Entität mit *verbum mentale* im Sinne der Vorstufe für die *species expressa* umschreiben.

Hilfe kann der Intellekt eine neue Behauptung aufstellen, die zwar alles Bisherige in Frage stellt, dafür aber auf das Ausgangsproblem eine befriedigendere Antwort zu geben weiß. Mit diesen Überlegungen integriert Maritain konsequent die Erkenntnisvorgänge spekulativer wie praktischer Art in sein dynamisches Seelenmodell, insofern das *verbum mentale* in sich einen existentiellen Rest bewahrt, der die vitalen Erkenntnisvorgänge immer wieder neu und stets anders befruchten kann. Umgekehrt hebt er auch deutlicher als bisher die *vorbereitende* Funktion der Diastole hervor, die den *ganzen* Geist betrifft. Sie integriert nicht nur die geistigen Keime, sondern auch bewußte Fragen und Reflexionen, die analog zu den *species impressae* das Denken prägen. Denn der Wissenschaftler, der nach einer neuen oder passenderen Lösung sucht, «bewahrt in seinem Kopf alles, was er bereits weiß und für richtig hält, und konzentriert sein Denken auf das Gesamt der Fakten. Er betrachtet sie, ohne klar zu sehen, und die ihm wie Rätsel erscheinen, zu denen es den Schlüssel zu finden gilt.»[177]

> **Toutes les données** de fait ainsi considérées jouent, me semble-t-il, à l'égard de l'intellect agent ou illuminateur logé **dans le supraconscient** de l'esprit, **un rôle analogue** en quelque façon à celui **de la *species impressa*** reçue de l'imagination, sous l'action de l'intellect agent, par la faculté de connaissance intellectuelle (*intellectus possibilis*, selon le vocabulaire des anciens). [...] Ce que je pense, c'est que sous l'action de l'intellect illuminateur il arrive que du simple rapprochement de certains de ces faits, et *sans nul processus rationnel ou discursif*, jaillissent, à la manière d'une étincelle, d'abord dans l'imagination créatrice une image nouvelle vers laquelle l'esprit se tournera, puis dans l'intelligence une *assertion* nouvelle qui changera tout le système d'idées accepté jusqu'alors.[178]

Anders gesagt gehen Fragestellungen aus dem Bewußtsein oder der *imaginatio* ebenso wie die in der *ratio* und der *memoria* präsenten Ideen in die Tätigkeit der Systole ein und werden dort kreativ durch den *intellectus agens* neu miteinander verbunden. So kann es durchaus zu einem Gedankenblitz kommen, der den Anfang eines neuen Lösungswegs darstellt. Freilich bleibt diese auf intuitive Weise aufgetauchte neue Behauptung eine Hypothese, solange nicht ein wissenschaftlich-diskursiver Beweis sie bestätigt oder verwirft. Doch wird gerade daran deutlich, daß es im Überbewußten zu einem Geistesblitz in Gestalt eines unmittelbaren oder intuitiven Urteils kommen kann, das alles andere als eine Konklusion ist. Damit zeigt sich die kreative Eigentätigkeit des Intellekts, der bestimmte Zusammenhänge schlagartig freilegen und in einem judikativen Akt über den Ver-

---

[177] *Pas de Savoir* 936.
[178] *Pas de Savoir* 936f.

stand ins Bewußtsein dringen lassen kann. Wie wird nun die Regelung all dieser Operationen gewährleistet?

d) Das Zueinander von intuitiver und diskursiver Geistestätigkeit
Maritain unterscheidet in seinem Artikel *Pas de Savoir sans intuitivité* nicht nur die diskursive und intuitive Seite des Intellekts, sondern er macht auch deutlich, wie beide sich wechselseitig ergänzen. Er veranschaulicht dies mit dem Beispiel der Erforschung eines neues Landstrichs, welche sowohl auf die «intuitive» Vorgehensweise bei der Ersterkundung durch die Vorhut wie auch auf die deskriptive und logisch zuverlässige Arbeit der Kartographen angewiesen ist. Zuerst werden also Pioniere ausgesandt, um in einer ersten Erkundungsmission die geographischen Gegebenheiten zu erforschen und Aufzeichnungen anzufertigen. Diese bleiben nur eine vorläufige Bestandsaufnahme und werden in der Folge durch weitere Erkundungszüge ergänzt und verbessert. Wenn die ersten Skizzen der Pioniere auch beschränkt bleiben, bilden sie doch eine unverzichtbare Orientierung für die folgenden Fachleute, die bereits von den ersten Informationen ausgehen und nach der Groberforschung genaue Karten erstellen können. Was nun der erste Stoßtrupp mehr intuitiv erforscht und vorläufig festgehalten hat, wird durch das Team der Kartographen vertieft, bestätigt oder auch korrigiert. Aber auf jeden Fall braucht es beide Gruppen, um die Situation einschätzen und erfassen zu können.

Analoges gilt für den Fortschritt in der Wissenschaft, der auf der Anwendung bestimmter Prinzipien beruht, die aber immer wieder durch neue Intuitionen erweitert und ergänzt werden müssen. So läßt sich grundsätzlich sagen, daß die Intuitivität des Intellekts durch die Vernunft in dem Sinne kontrolliert wird, daß er für die korrekte und zutreffende Begriffsbildung sowie für die Stringenz der logischen Beziehungen sorgt. Die Vernunft und ihre diskursive Tätigkeit hingegen werden vom intuitiven Intellekt dahingehend ergänzt, daß dieser die einzuschlagende Richtung und die Erforschung des «geistigen Geländes» beeinflußt, gerade wo Neuland betreten oder festgefahrene Denkmuster überwunden werden sollen. Aus diesem Grund braucht es sowohl die rationale wie auch die intuitive Tätigkeit des Geistes. Das bedeutet für die Metaphysik, daß eine völlig abstrakte Epistemologie allzu häufig den Teil vergißt, der bei der Entstehung einer Wissenschaft auf der Intuitivität beruht. Hingegen «verdankt sich eine existentielle Epistemologie der Tatsache, daß sie der Intuitivität wie auch der Vernunft Rechnung trägt»[179].

---

[179] *Pas de Savoir* 939.

L'intuitivité de l'intellect est contrôlée par la raison [...] sous le rapport de la conceptualisation juste ou correcte [...]; et le discursus de la raison est contrôlé par l'intuitivité de l'intellect [...] sous le rapport des changements de direction auxquels, en poursuivant sa route, le discursus rationnel est obligé [...]. C'est en ce sens que doit s'entendre, à mon avis, la loi énoncée par saint Thomas: *Discursus rationis semper incipit ab intellectu et terminatur ad intellectum.* [...] Disons que le discursus de la raison commence toujours [...] à quelque chose d'intuitivement vu par l'intellect (soit dans une conclusion précédemment établie, soit dans un jugement d'intuitivité rationnellement contrôlé) et s'achève toujours à quelque chose d'intuitivement vu par l'intellect (dans une conclusion correctement établie).[180]

Die gegenseitige Wechselwirkung von intuitiver und diskursiver Tätigkeit des Geistes verweist auch deshalb auf den Seelengrund, da sie für Maritain «ein Paradox darstellt, auf dem für gewöhnlich nicht genügend beharrt wird»[181]. So bezieht sich die intuitive Schau auf die existentielle Ebene, während die Vernunft mit Begriffen und Essenzen zur Schlußfolgerung gelangt. Ob dabei nun der rationale Diskurs von einem intuitiven Urteil oder einer vorausgehenden Konklusion ausgeht – immer ist eine Intuition sein Anfangspunkt, wie er auch mit einer Intuition im Sinne der zweiten Operation des Geistes, nämlich der Urteilsbildung, abschließt.

Dabei kann die auslösende Intuition oder die Schau der «existentiellen Wahrheit [...] durch eine sinnliche Wahrnehmung, durch eine beliebige konnaturale Erkenntnis, sei sie auch noch unbewußt (wie innerhalb der Theologie durch eine Vorgabe des Glaubens oder einen Schrifttext)» entstehen. Diese tritt dann häufig in Konflikt mit dem bisherigen Gedankengebäude, nicht selten aufgrund eines von der Vernunft vernachlässigten Aspektes. Ein solche Spannung wird sich nun weniger durch diskursive Tätigkeit als durch die Intuitivität des Geistes bemerkbar machen und zu einem kategorischen *Nein* führen. Dabei gibt es «keinerlei logischen Anteil; es handelt sich um eine intuitive Weigerung, ein intuitives Urteil», das von der Vernunft zu kontrollieren ist und ihm somit «eine Art von *Anprobe* dieser Konklusion durch die konkrete existentielle Wirklichkeit ermöglicht»[182]. Das Paradox besteht darum in der Tatsache, daß ein «intuitives Urteil [...] die Vernunft zwingt, der existentiellen Wahrheit Rechnung zu tragen», und daß somit die diskursive oder begriffliche Reflexion eine andere Richtung nimmt. Dieses Paradox kann nur aufgehoben werden durch eine Aufnahme beider Ordnungen in eine Existenzweise, die beide Formen

---

[180] *Pas de Savoir* 940*f.*
[181] *Pas de Savoir* 937.
[182] *Pas de Savoir* 942*f.*

in sich birgt und sie von innen her vereinen kann, also durch die abwechselnd sys- und diastolische Tätigkeit der Seelenspitze.[183]

Zusammenfassend läßt sich sagen, daß für Maritain gegen Ende seiner philosophischen Laufbahn nicht mehr so sehr das Bemühen im Vordergrund steht, die intelligible Struktur der Wirklichkeit und ihre objektive Erkennbarkeit darzulegen. Darauf richtete er sein Interesse vor allem bis Anfang der dreißiger Jahre, wozu er besonders den objektiven und damit unterscheidenden Aspekt zwischen cis- und transsubjektivem Subjekt vermittels der Essenzen hervorhob. Nach einer Zeit des Übergangs kristallisiert sich seine Position heraus, die vor allem auf die innere Verbindung der Essenz- und Existenzebene abhebt. Er versteht die Wirklichkeit und entsprechend auch den Menschen als lebendigen *actus existentiae* und legt damit die Grundlage für eine dynamische Sicht der Person, die in geeinter Verschiedenheit mit ihrer Natur frei über sich selbst verfügt. Das bedeutet, daß in der Phase der Systole alles, was die Seelenfakultäten in sich bergen, ob nun bewußt oder unterbewußt, auf geheimnisvolle weil kreative Weise vereint wird und zu neuen Einsichten (*intentiones intelligentes*) führt. Diese neuen Intuitionen tragen in sich bereits einen Elan zur Ausweitung und leuchten dann in der Phase der Diastole auf. Da dieser Phase der Expansion immer wieder die Konnaturalisierung mit dem personalen Zentrum, dem Selbst, vorausgeht oder ihr folgt, werden die *verba mentalia* je nach Dispositionen oder *habitus* der betreffenden Person auf intellektuelle oder affektive, auf essentielle oder existentielle Weise wahrgenommen. So führen sie zu spekulativer oder zu praktischer, das heißt zu poetischer, mystischer oder sittlicher Erkenntnis. Darin zeigt sich einmal mehr die Größe des Menschen und seine schöpferische Freiheit, aber auch seine unverwechselbare Einmaligkeit, da er auf immer neue, fast spielerische Weise die Wirklichkeit in seinem Herzen verwandelt.

Damit sind wir bei unserem vorletzten Abschnitt, der nachweist, daß Maritains dynamisches Seelenmodell eigentlich das umschreibt, was gerade in der Heiligen Schrift mit dem *Herzen* ausgedrückt wird. Auch Maritain versteht darunter den geistigen und geistlichen Mittelpunkt des Menschen, das Zentrum der Affekte und Triebe, von Wille und Verstand, von Intuition und Kalkül, den Ort, wo Gnade und Freiheit, Person und Natur, Materie und Geist, Endlichkeit und Unendlichkeit etc. verbunden sind. Maritains

---

[183] Was für die intuitive und diskursive Tätigkeit des Intellekts gilt, kann wohl auch auf die anderen Bereiche und Fakultäten der Seele übertragen werden, die sich zum einen gegenseitig befruchten und bereichern. Zum anderen wechseln sich in der Seele Momente innerer Einheit mit solchen der Verschiedenheit und Differenzierung organisch ab, wie das Bild der Herztätigkeit bei der schöpferischen Intuition in *L'Intuition créatrice* (402f.) zeigt.

wandelndes Verständnis des Herzens soll nun im Licht des bisher Erarbeiteten untersucht werden.

5. Das Herz als Mitte der Person

a) Das Herz – Zentrum des Menschen

Die bisherigen Ausführungen zum Seelengrund bzw. zum unbewußten Bereich der menschlichen Seele haben uns die dynamische und vielfältige Wirkweise der Fakultäten des menschlichen Geistes vor Augen geführt. Dieser Abschnitt soll nun aufzeigen, daß für Maritain der Seelengrund als Zentrum der Person dem entspricht, was im übertragenen und vor allem biblischen Sinn mit dem Herzen umschrieben wird.[184] Dabei bestätigen sich erneut die Phasen Maritains hinsichtlich seines Personverständnisses.

In seinem ersten Werk überträgt er die Beziehung zwischen Intellekt und Wille auf das Begriffspaar Geist und Herz. Damit wird mit dem Begriff des Herzens wohl eine noch tiefere Schicht angesprochen, in der Liebe und Sehnsucht verbunden sind.[185] Besonders deutlich kommt Maritains konzeptualistische Sicht und die unmittelbare Wechselbeziehung der Seelenpotenzen in *Réflexions sur l'intelligence* zum Ausdruck, da die Aspirationen des Herzens in einen Diskurs aufsteigen, sich also in Begriffen bemerkbar machen müssen, um so ihre Wirkung entfalten zu können.[186] Dabei geht es erneut um die Schwierigkeit, daß diese naturhafte Erkenntnis Gottes einer «eingeborenen Neigung entstammt, welche der Wille selbst ist

---

[184] Vgl. dazu den bereits erwähnten Aufsatz von Maritains Zeitgenossen B. VYŠESLAVCEV («Il Cuore» 19-80), den Maritain als Exilrussen in Paris 1929, dem Erscheinungsjahr besagten Essais, bei N. Berdiaeff kennenlernte (vgl. *Carnet de notes* 327 [unter dem mißverständlichen Namen Wisseschlavsky] sowie *Cahiers de la Quinzaine* (9ᵉ cahier de la 20ᵉ série 1930) 53). Ähnlich wie Maritain schreibt auch B. VYŠESLAVCEV («Il Cuore» 35): «Il cuore [...] è più profondo e, per così dire, più centrale di ogni altro centro psicologico della coscienza. Il cuore è il centro, non solo della coscienza, ma anche di ciò che non è conoscibile, non solo dell'anima, ma anche dello spirito, non solo dello spirito, ma anche del corpo, non solo di ciò che è afferrabile con l'intelletto, ma anche di ciò che è inafferrabile; in una parola: esso è il **centro assoluto**.»

[185] Vgl. *La Philosophie bergsonienne* 269f.: «Dès qu'il y a amour, l'empreinte de ce qui est aimé est en quelque sorte dans la volonté de celui qui aime, non à titre d'image ou de similitude, mais à titre d'élan ou d'impulsion. [...] Dans tous ces cas, où il s'agit d'ailleurs de *reconnaître* et non de connaître, la vérité surgit dans l'intelligence sous l'aiguillon de l'amour et l'on peut dire alors que l'esprit est enseigné par le **cœur**.»

[186] Vgl. *Réflexions sur l'intelligence* 137: «Certes, on trouve dans l'ordre moral et dans les **aspirations du cœur** de quoi monter à une connaissance naturelle de Dieu parfaitement ferme et probante. Mais alors ces aspirations sont la matière de quelque raisonnement, aussi implicite, aussi rudimentaire qu'on voudra dans l'usage de sens commun.»

[...] und aufgrund derer wir notwendig das höchste Gut erstreben»[187]. Wie kann darum die Freiheit des Menschen gewahrt werden, wenn vom Willen nicht nur das Erstreben, sondern auch eine Form von Erkenntnis des höchsten Gutes ausgeht? Muß darum nicht zwischen *liberum arbitrium* und Willen unterschieden werden? Und sind beide nicht nur im Herzen, sondern *vom* Herzen verbunden?

Indirekt wird diese Frage in *Les Degrés* positiv beantwortet, da nicht einmal die Engel die Geheimnisse des Herzens erkennen. Sein verborgenes Innenleben bezieht sich vor allem auf das, was die einzigartige und individuelle Personalität ausmacht, nämlich ihre moralische und freie Tätigkeit, also das Streben oder Wollen, in dem der Geist über sich selbst verfügt. Dem entspricht im gleichen Werk der Gedanke, daß mit dem Herzen ein eigenes Universum, nämlich die Welt des Geistes und seiner Freiheit betreten wird.[188] Damit sind alle Elemente im Herzen vereint, nämlich die Berücksichtigung der intelligiblen Struktur des Handelns, das Wille und Intellekt einbezieht und letztlich von der Person ausgeht. Darin deutet sich bereits an, daß das Herz nicht nur eine «Verlängerung» des Willens, sondern eher die Basis des Geistes darstellt. Wie entfaltet Maritain dies nach seiner Hinwendung zum Existentialismus?

In *Frontières de la poésie* zeigt sich, daß im Herzen verschiedene Anregungen wirken, die auch von ihm geordnet werden müssen. Dabei können gewisse Grundhaltungen, die vor allem der inneren Einheit dienen und damit den Vollkommenheitsgrad der Personalität bestimmen, erworben werden und wachsen.[189] Diese Selbstherrschaft und Selbstbestimmung wird sichtbar in *Questions de conscience*, in denen das Herz als Anfangs- und Endpunkt der Liebe beschrieben wird. So gehen einerseits aus dem Herzen, also den Tiefen des Geistes, die immanenten Akte hervor[190]; andererseits vollzieht sich in ihm die Kontemplation oder konnaturale Schau Gottes, die nicht nur Intellekt und Wille umfaßt, sondern das Subjekt zu eigenen Akten

---

[187] *Réflexions sur l'intelligence* 134f.
[188] Vgl. *Les Degrés* 722f.: «A cet ordre [spirituel] se rattache ce qui est au recès le plus caché de la personnalité, l'activité morale et libre, et plus généralement volontaire, selon que par elle un esprit se contient lui-même: comme telle elle n'est pas une partie de cet univers (c'est pourquoi les anges ne savent pas naturellement les **secrets des cœurs**). [...] Mais ce monde des esprits et de la liberté [...] est de soi le sommet de la nature [...] en tant même qu'autre que Dieu.»
[189] Vgl. *Frontières de la poésie* 793: «Quand le **cœur** n'est pas *riche lui-même de constellations puissantes*, quand il n'est pas un univers à lui seul capable de tenir tête à l'univers, alors les ravages de l'esprit seront purement destructeurs et dévorants, il n'y aura rien d'autre que la destruction.»
[190] Vgl. *Question de conscience* 685: «Une activité essentiellement humaine, non seulement elle a été pensée et voulue avant d'être exercée, elle est née dans le **cœur** avant de passer au-dehors, et elle procède ainsi nécessairement d'un acte immanent.»

der Liebe motiviert.[191] Bestätigt wird dieser Gedanke in *Humanisme intégral*, insofern im Herzen «das Geheimnis der unsichtbaren Beziehungen zwischen göttlicher und menschlicher Personalität»[192] angesiedelt und es darum als Zentrum der Person und ihrer Freiheit betrachtet wird. Wenn also «das menschliche Herz immer im Bangen um die Glückseligkeit leiden wird», dann ist es nicht nur das Zentrum der Liebe. Vielmehr zeigt sich darin, daß es neben der Geistseele auch die innerpersonalen Auseinandersetzungen umfaßt und damit den Seelengrund meint, in dem die verschiedenen Neigungen und Tendenzen des Menschen einander beeinflussen.[193]

In *Situation de la poésie* unterscheidet Maritain nochmals zwischen der Seele als geistiger Fakultät und deren vielfältigen Tätigkeiten, die nicht immer dem Bewußtsein zugänglich sind. Zugleich betont er erneut, daß das Zentrum der Seele und all ihrer Fakultäten im Herzen liegt.[194] Allerdings zeigt sich auch Maritains Schwierigkeit, sich von seinen konzeptualistischen Vorstellungen zu lösen. Dies wird deutlich sichtbar in *De Bergson*, wo er besonders auf die Möglichkeit des Subjektes eingeht, sich selbst hinzugeben. Dabei wird zwar der gesamte Seelengrund tätig, aber die Kontemplation Gottes scheint vom Intellekt auszugehen und sich von dort aus ins Herz zu ergießen. Handelt es sich nun um eine Kontemplation, bei der die im Willen stattfindende Erfahrung von Gottes Liebe den Intellekt aktiviert (*amor transit in conditionem objecti*)? Oder meint Maritain eine doppelte Bewegung, die von Wille und Intellekt stammt und dann mit dem Herzen den ganzen Menschen und alle seine Fakultäten zur konkreten Aktion motiviert? Letzteres scheint uns einleuchtend (und entspricht Maritains weiterer Entwicklung), da auf diese Weise die Ausrichtung der eigenen Überexistenz in Liebe vom ganzen Menschen ausgeht und er damit sich selbst bzw. sein Herz verschenken kann.[195]

---

[191] Vgl. *Question de conscience* 711: «La contemplation des saints ne passe pas seulement dans le **cœur** par l'amour [...] parce qu'elle ne s'arrête pas dans l'intellect et parce qu'elle est l'œuvre de l'amour en acte [...] et elle passe aussi dans l'action, en vertu de la générosité même et de l'abondance de l'amour, qui est don de soi. L'action procède alors de la surabondance de la contemplation [...] qui demande de soi à déborder d'un **cœur uni à Dieu**, et qui sans cela reste vaine.»

[192] Vgl. *Humanisme intégral* 432: «L'Évangile a profondément changé cela en intériorisant dans le **cœur** de l'homme, dans *le secrète des relations invisibles entre la personnalité divine et la personnalité humaine*, la vie morale et la vie de sainteté.»

[193] Vgl. *Humanisme intégral* 359: «S'il est vrai que le **cœur** de l'homme souffrira toujours de l'angoisse de la béatitude, ce n'est pas parce que l'homme serait condamné à stagner toujours ici-bas dans une vie étroite et misérable, c'est parce que la vie la plus large et la plus abondante sera toujours quelque chose de petit, comparée aux dimensions de son **cœur**.»

[194] Vgl. *Situation de la poésie* 887: «L'âme dort mais son **cœur** veille, laissez-la dormir.»

[195] Vgl. *De Bergson* 168f.: «C'est la contemplation des saints, qui ne s'arrête pas dans l'intelligence mais passe dans le **cœur** et y surabonde. [...] Et parce que l'amour est essen-

Eine erste Klärung im Sinne einer doppelten Funktion des Herzens findet sich in *Les Droits de l'homme*, wo es einerseits als lebendiger Träger des Naturgesetzes bezeichnet wird und sich damit offenbar auf die Natur bezieht. Andererseits erscheint das Herz aber auch als ein Bereich, welcher zwar dem Bewußtsein entzogen ist, in dem aber die Person als solche tätig ist.[196] Damit wird das geistige und moralische Leben «auf die Ebene des Herzens» gegründet, das aber letztlich nicht nur die Seelenfakultäten, sondern auch das Zentrum der Personalität umfaßt, in dem sie Ich sagt. Nur so ist es möglich, daß sich in ihm «das Geheimnis der unsichtbaren Beziehungen zwischen göttlicher und menschlicher Personalität»[197], also von Subjekt zu Subjekt, vollzieht, wie er in *Raison et raisons* bemerkt. Diese explizit personalistische Sicht bestätigt auch *Court traité*, worin er sich mit dem moralischen Maßstab der Heiligen befaßt. Dieser wird nicht durch logische Schlußfolgerungen rational abgeleitet, sondern die Heiligen handeln aufgrund der inneren Anregung, die sie in den Tiefen ihrer unmitteilbaren Subjektivität empfangen. So verhielt es sich auch mit Abraham, der in seinem Herzen Gottes Aufforderung zum Gehorsam klar vernahm.[198]

In *La loi naturelle* verweist Maritain darauf, daß das Naturgesetz «nicht aus dem Herzen der Menschen entfernt werden kann». Gerade weil es noch unvollkommen bekannt ist, bezieht sich auch das verhärtete Herz, von dem das Evangelium spricht, «auf die natürliche Ordnung und ersetzt besser den Begriff der Roheit und Grobheit des menschlichen Wesens, [...] die etwas Natürliches und an sich nichts Schuldhaftes ist»[199]. Insofern meint das Herz sowohl die ganze Person und ihre innere Ordnung, ihr Naturgesetz, aber auch ihr verborgenes Zentrum, in dem sie ihre Entscheidungen fällt und wo deren Konsequenzen sich auswirken. Dies wird in *L'Intuition créatrice* gut sichtbar.

> Dans l'intuition poétique la réalité objective et la subjectivité, le monde et le **tout de l'âme**, coexistent inséparablement. Alors le sens et la sensation sont ramenés au **cœur**, le

---

tiellement surabondance et don de soi, cette contemplation demande à surabonder en action [...] en telle sorte que l'homme communique avec les autres hommes dans la même communication d'amour qui l'unit à l'Amour subsistant.»

[196] Vgl. *Les Droits de l'homme* 659: «Elle [la loi naturelle] est *écrite*, dit-on, *dans le cœur* de l'homme. Oui, mais dans des profondeurs cachées, aussi *cachées* à nous que *notre propre cœur*.»

[197] *Raison et raisons* 374.

[198] Vgl. *Court traité* 60*f.*: «Ils [les saints] ont une autre mesure [...] par l'impulsion intérieure qu'ils reçoivent de l'Esprit de Dieu dans les profondeurs de leur incommunicable subjectivité, et qui va, au-delà de la mesure de la raison, à un bien supérieur. [...] Abraham atteint **en plein cœur** par l'ordre personnel de Dieu [...]: Tu adoreras Dieu incompréhensible et tu lui obéiras.»

[199] *La loi naturelle* 194.

sang à l'esprit, la passion à l'intuition. Et de par l'actuation vitale quoique non conceptuelle de l'intelligence, toutes les puissances de l'âme sont actuées ainsi par la **racine**.[200]

So wird das Gesamt der Seele, werden alle Tätigkeiten und Bereiche, welche das materielle Individuum und die geistbegabte Person betreffen, im Herzen vereint. In ihm bündeln sich wie in einer Wurzel alle Faktoren, wenn sie in der Phase der Systole von innen her geeint werden. Da die Person nicht eine getrennte und in sich geschlossene Realität darstellt, sondern mit ihrer Umgebung in vielfältiger Weise kommuniziert, ist es möglich, daß diese mit «gewissen inneren Aspekten das Herz der schöpferischen Subjektivität»[201] und damit die Person selbst berührt. Dies führt zur Bildung einer Schwingung oder Resonanz, die vom Herzen als dem Zentrum der Seele aufgenommen wird und von dort aus auf die anderen Seelenfakultäten übergeht und sie aktiviert.[202] So wird das Herz zum Ausdruck des schöpferischen Selbst und der Selbstinnerlichkeit, von dem aus die für den Geist typischen Akte der Überexistenz ihren Ausgang nehmen. Letztere sind freilich auch vom Wesen des individuellen Herzens geprägt.

> Le **Soi créateur** de l'artiste est sa personne *en tant que personne*, en acte de communication spirituelle, non sa personne en tant qu'individu matériel ou ego centré sur lui-même. [Ainsi ...] la poésie dit toujours *je*. 'Mon **cœur** a proféré une bonne parole', chantait David [...]. Son *je* est la **profondeur substantielle** de la subjectivité vivante et aimante, c'est le Soir créateur.[203]

Ob es sich also um einen Heiligen oder Poeten, um ein Kind oder einen Metaphysiker handelt, immer spiegelt sich seine besondere Prägung in seinem Herzen wider bzw. geht von ihm aus.[204] Wenn darum das Herz die Person und ihre Berufung, ihre Größe und ihre Einmaligkeit darstellt, dann kann man durchaus sagen, daß sich in ihm das Schicksal der Welt entscheidet. Doch mit dem Eintritt in die Ewigkeit ist auch dieses Ringen vorüber, da die Seligen in den Bewegungen ihres Herzens nicht mehr den Konflikt zwischen dem Ungeschaffenen und dem Geschaffenen bestehen müssen,

---

[200] *L'Intuition créatrice* 256.
[201] *L'Intuition créatrice* 140.
[202] Vgl. *L'Intuition créatrice* 472: «Une sorte d'ébranlement musical, de chant informulé, sans mots ni sons, absolument inaudible à l'oreille, audible seulement au **cœur**, voilà le premier signe qui fait reconnaître la présence de l'expérience poétique à l'**intérieur de l'âme.**»
[203] *L'Intuition créatrice* 279f.
[204] Vgl. *L'Intuition créatrice* 584: «Toutes les détresses du temps peuvent entrer dans l'âme d'un homme et être maîtrisées par l'innocence créatrice – c'est le miracle de la poésie. Et elles peuvent entrer dans l'âme de l'homme et être maîtrisées par l'**innocence du cœur** – c'est le miracle de la sainteté.»

sondern die Erfüllung aller geheimen Sehnsüchte und Aspirationen erfahren.[205] Allerdings ist diese Hoffnung nicht Frucht menschlicher Vernunft, sondern Geschenk der göttlichen Offenbarung, wie es in *La Philosophie morale* zum Ausdruck kommt. So dienen die moralischen Normen nur dazu, die Ebene der Übermoral zu erreichen, auf der das Herz oder die Person von Liebe erfüllt wird und aufgrund dieser Erfahrung die eigene Überexistenz in Liebe verschenken will.[206] So wird alle innere Energie freigesetzt durch ein beständiges Hin und Her von Geben und Nehmen, Sich-Verschenken und Sich-Empfangen. Hierin kommt nun klar zum Vorschein, daß Herz und Seelengrund das Gleiche meinen, nämlich alles, was die Person charakterisiert, ob nun in der Phase der völligen Einheit oder der Expansion des Erfahrenen. Zugleich hat darin aber auch die personale Freiheit ihren Platz, da im Selbst oder dem Ich erfaßt wird, was das Herz erfüllt. Und von diesem höchsten Punkt der Seele aus wird darüber entschieden, welchen seiner Neigungen Raum und Gehör geschenkt wird, ob nun dem Heroismus oder zwar pathetisch anmutenden, ansonsten aber ziellosen und in blinder Leidenschaft sich nutzlos verschwendenden Aktivitäten.

> La philosophie morale [...] ne peut pas ignorer ce en quoi consiste précisément la perfection de la vie morale, et **le point suprême** dont *l'attraction s'exerce sur* **l'océan du cœur humain** soit pour l'élever vers l'héroïsme de la liberté véritable soit pour en gaspiller l'énergie en raz de marée pathétiquement vains.[207]

Den passenden Maßstab dafür kann die christliche Offenbarung anbieten, da durch das Geschenk der Erlösung das absolute und objektive Gut für den Menschen erreichbar wurde.[208] Dabei wurde in seinem Herzen gewissermaßen ein Fenster nach oben geöffnet bzw. ihm gezeigt, daß die Strahlen der göttlichen Gnade nur darauf warten, das menschliche Herz beleben und erheben zu können.[209] Diese Sicht der Ausübung der Freiheit in den Tiefen

---

[205] Vgl. *Le péché* 992: «Et c'est dans cet amour absolument nécessaire de Dieu par-dessus tout que prenant forme tous ses actes de désir et de vouloir, de sorte que la possibilité même d'une tension ou d'un conflit quelconque entre l'Incréé et le créé dans les **mouvements de son cœur** est absolument abolie.»

[206] Vgl. *La Philosophie morale* 385: «La contemplation chrétienne [...] passe dans le cœur, pour aimer, parce qu'elle-même procède de l'amour. Et pour la même raison elle ne s'arrête pas dans un accomplissement 'théorétique', mais surabonde en action.»

[207] *La Philosophie moral* 1002.

[208] Vgl. *La Philosophie morale* 387: «L'espérance évangélique a marqué pour toujours les profondeurs de l'humanité. La *sainteté a transfiguré* le **cœur de l'homme**, non seulement chez les saints mais chez tous les pécheurs qu'un rayon d'elle atteint.»

[209] Vgl. *Approches sans entraves* 1073: «C'est comme s'il y avait au sommet de l'âme une fenêtre vers le ciel [...]. Que par un acte libre de recours à Dieu l'âme ouvre la fenêtre et ses volets, la lumière se précipite, et avec elle une avalanche des dons du ciel.»

des Herzens wiederholt Maritain auch in *Dieu et la permission du mal*, wo vom Herzen der Übergang vom Plan zur Tat, vom praktischen Urteil zum Tun ausgeht.[210]

Umgekehrt ist freilich nicht nur allgemein mit der Inkarnation das Reich Gottes angebrochen, sondern mit der Eingliederung in die Kirche wird jedes Herz auf besondere Weise mit der Gnade ausgestattet, durch die es in eine neue Beziehung zum Spender aller Gnaden tritt. Dies meint nicht nur ein unauslöschliches Prägemal, sondern die Öffnung des Seelenhimmels für eine besondere Präsenz des Göttlichen im Menschen, die zu einer personalen Beziehung wachsen kann und soll. So werden im Herzen des Menschen gleichsam Himmel und Erde verbunden, was subjektiv auf einer Freundschaftsbeziehung zwischen Mensch und Gott beruht und was sich objektiv in den theologalen Tugenden ausdrückt.[211] Die lebendige Liebesverbindung erstreckt sich gewissermaßen auf alle Bereiche der Seele und richtet in der Phase der Diastole alles auf diese Liebe aus. Somit umfaßt das Herz auch den übernatürlichen Aspekt des Menschen, nämlich «den verborgenen Bereich, in dem sich kraft der übernatürlichen Gabe Gottes das Zentrum der Gnade und der Anfang des ewigen Lebens befindet»[212].

Diese Zitatensammlung zeigt nochmals sozusagen in einer Art Zeitraffer die Entwicklung Maritains auf. So veranschaulicht das Bild des Herzens plastisch, was mit den abstrakten Begriffen von Seelenspitze und Seelengrund, von Zentrum der Person und Sitz der Freiheit gemeint ist. Auf die Tragweite dieser Kompatibilität soll darum nun ausführlich eingegangen werden, um die Neuheit von Maritains Personverständnis noch weiter zu erhellen.

b) Das Herz des Menschen – für die Liebe geschaffen

Wie sich im vorausgehenden Abschnitt gezeigt hat, meint in Maritains Denken die Seelenspitze oder der geistige Einheitspunkt des Menschen das, was bereits in der Heiligen Schrift mit dem Bild des Herzens oder «dem im Her-

---

[210] Vgl. *Dieu et la permission* 68: «Qu'en est-il [...] de *l'exécution* de l'acte libre, passant des **recès du cœur** dans le tissu des interactions du monde et de l'histoire de la création? [...] Car si de soi un mauvais dessein nourri dans le **cœur** d'un homme demande à s'extérioriser en mauvaise action, [...] les moyens ne lui [Dieu] manquent pas [...] d'empêcher cette mauvaise action.»

[211] Vgl. *Approches sans entraves* 773: «La grâce crée dans le supra-conscient de l'esprit un *ciel de l'âme*, un ciel surnaturel où siège la grâce elle-même, – c'est ce ciel de l'âme qui fait passer dans la conscience les vertus théologales (du moins quand elles s'épanouissent normalement), et qui par son rayonnement éclaire et fortifie la raison *dans son exercice naturel*.»

[212] *De la grâce* 1081, Anm. 1.

zen verborgenen Menschen»[213] ausgedrückt wird. Im Herzen vollziehen sich für Maritain alle Operationen und Überlegungen, welche die Person als Person ausmachen. Im Herzen verfügt die Person frei über ihre Natur und übt ihre geistige Überexistenz aus. Dort entfalten auch alle unbewußten Einflüsse, alle Triebe und geheimen Wünsche ihre Wirkung, alles wird dort lebendig und kreativ zusammengehalten.

Wenn darum die Person auf interpersonalen Austausch in Erkenntnis und Liebe angelegt ist, dann muß diese Wesensbestimmung letztlich vom Herzen ausgehen.[214] Das menschliche Herz, die Person, «fordert das Recht ein, geliebt zu werden». Doch dieses Verlangen kann letztlich «allein in Gott»[215], der subsistierenden Liebe, gestillt werden. Diese transnaturale Aspiration kommt unserer Auffassung nach auch in Maritains Begriffen von Seelenhimmel und Seelenparadies zum Ausdruck. Sie drücken die Offenheit des menschlichen Herzens für die übernatürliche Wirklichkeit ebenso aus wie die ontologische oder natürliche Verbindung zwischen Schöpfer und Geschöpf, welche sich ebenfalls im Seelengrund oder dem Herzen vollzieht. Nicht von ungefähr vergleicht darum Maritain schon in *Les Degrés* die Seele mit einem Glasfenster, «in dem das Licht von Natur aus weilt. Gestärkt durch die Gnade, entfernt sie jegliches Hindernis und alle Befleckung, jeden Schleier des Kreatürlichen, und durch die Teilhabe wird sie zu Licht»[216]. Damit verweist Maritain nicht nur auf die besondere Transparenz des personalen Zentrums des Menschen, sondern ebenso auf dessen Disposition, an Gottes Leben teilhaben und mit ihm in eine interpersonale Beziehung treten zu können, eben zu Gott durch Teilhabe zu werden.

Das heißt letztlich nichts anderes, als daß «die Liebe zu Gott immer eine Liebe von Person zu Person ist, und unsere Liebe zu Gott geht **von unserem Herzen zu dem seinen**, der uns in unserer Einzigartigkeit zuerst geliebt hat». Wer darum weiß, steht vor der unfaßbaren Einladung dieser Liebe, die es nicht zu verdienen, sondern zu beantworten gilt. Dabei «steht jeder allein vor Gott, um ihn zu lieben, ihn auf Erden kontemplativ zu betrachten und ihn im Himmel zu schauen»[217]. So ist das Herz für eine

---

[213] 1 *Petr* 3,4. Vgl. zur Verwendung und zur Theologie des Begriffes «Herz» in der Bibel B. VYŠESLAVCEV, «Il cuore» 20-27.

[214] Dies läßt sich an weiteren Texten Maritains veranschaulichen, die in diesem Paragraphen thematisch, nicht historisch angeordnet sind.

[215] *Pour la justice* 722.

[216] *Les Degrés* 904.

[217] *Liturgie et contemplation* 144 bzw. *Le Paysan de la Garonne* 964 [*ebd.* wird in der Anm. 107 unzutreffenderweise auf den zweiten statt auf den dritten Teil des erstgenannten Werkes verwiesen]. Vgl. dazu auch O. LACOMBE, *Jacques Maritain* 93: «L'intersubjectivité parfaite passe par le cœur, par l'esprit de Dieu qui connaît chaque personne et toutes les per-

«wahre **Vergöttlichung** des Menschen» angelegt, bei der «die transnaturalen Aspirationen übernatürlich erfüllt werden». Denn was ist die Gnade anderes «als eine formale Teilhabe an der göttlichen Natur, mit anderen Worten ein von Gott empfangenes und zu Gott machendes Leben»[218]? Dabei werden im menschlichen Herzen eben nicht nur natürliche und übernatürliche Ordnung verbunden. Denn Vergöttlichung heißt, daß das moralische Handeln nicht allein der Vernunft oder universalen Normen folgt, sondern daß die Person die Liebe (*caritas*) zum Handlungsprinzip erhebt.[219] Es werden nicht einfach moralische Normen ausgeführt, sondern die Person erreicht die Ebene der Übermoral, bei der sittliches Handeln Ausdruck interpersonaler Liebe und das Tun des Guten Zeichen größter Freiheit ist, da sich Personen in Liebe begegnen.

> Oui, l'homme est appelé à devenir dieu, mais par une participation de grâce à la nature d'un Dieu transcendant, personnel, et libre. [...] Et pendant sa vie terrestre elle-même il peut aussi – déjà – **devenir Dieu par participation**, du fait de l'union d'amour avec Dieu. Ainsi c'est avec la sainteté que la parfaite liberté d'autonomie coïncide.[220]

So erfüllt das Herz eine einheitsstiftende Funktion nach außen hin, insofern seine Offenheit für die natürliche und übernatürliche Interkommunikation einer Durchlässigkeit gleicht, die seinem inneren Wesen, nämlich Austausch mit seinesgleichen in Erkenntnis und Liebe zu fordern, entspricht. Ebenso kommt darin die Aufgabe des Herzens als absolutes Zentrum der Person zum Tragen, insofern es von innen her alles in der Phase der Systole eint, was die konkrete menschliche Person charakterisiert und ihre Einmaligkeit, ihren unverwechselbaren Existenzakt ausmacht.[221]

Ontologisch gesehen übt darum die Person im Herzen ihre Selbstverfügung aus. Zwar ist die Person nicht Ursache ihrer selbst, jedoch bestimmt sie über das Ziel, von dem sie sich anziehen läßt. Im Herzen kommt gewis-

---

sonnes comme sujets, 'dans toute la profondeur et dans tous les recès de la subjectivité', tandis que lui-même se révèle par la foi et la charité comme sujet.»
[218] *Principes* 202.
[219] Vgl. *Court traité* 55: «Saint Thomas enseigne que la perfection consiste dans l'amour de charité, et que chacun est tenu de tendre vers la perfection de l'amour, selon sa condition et pour autant qu'il est en lui, [...] jusqu'à la transfiguration qui, comme dira saint Jean de la Croix, fait de l'homme un dieu par participation.»
[220] *Du régime temporel* 351.
[221] Vgl. dazu bereits MAKARIUS DER ÄGYPTER, *Geistliche Homilien XV*, 20 (Bibliothek der Kirchenväter, dt. Übers. D. Stiefenhofer, München 1913, 131*f.*): «Das Herz gebietet und herrscht über den ganzen leiblichen Organismus. Und sobald die Gnade die Weideplätze des Herzens inne hat, herrscht sie über alle Glieder und Gedanken. Denn dort (= im Herzen) sind der Verstand, alle Gedanken der Seele und ihre Erwartung. Darum durchdringt auch die Gnade alle Glieder des Leibes.»

IX DIE PERSON - OFFEN UND FREI FÜR HIMMEL UND ERDE

sermaßen eine doppelte Bewegung zusammen, nämlich eine absteigende, die von der göttlichen Fülle, gleichsam vom Herzen Gottes, ausgeht und die den Menschen zur Antwort einlädt. Auf diese Bewegung kann der Mensch eine aufsteigende oder zu Gott zurückführende Antwort geben, nämlich durch die Hingabe seiner selbst unter Einsatz all seiner Energie.

> Le dynamisme spirituel [..] implique un double mouvement: un **mouvement de descente**, le mouvement par lequel la divine plénitude, la source première de l'existence descend dans la réalité humaine pour la pénétrer et la vivifier, car Dieu infuse en chaque créature la bonté et l'amabilité en même temps que l'être, et il a la *première* initiative en chaque activité bonne; et un **mouvement d'ascension** qui est la **réponse de l'homme**, par lequel la réalité humaine prend la *seconde* initiative, et s'active elle-même vers le déploiement de ses énergies et vers Dieu.[222]

Diese doppelte Bewegung eröffnet nicht nur eine dynamische Sicht der Wirklichkeit. Vielmehr läßt sie Gott und Mensch sich wie zwei Protagonisten auf der Bühne der Geschichte bewegen. Dabei «gleicht der göttliche Plan nicht einer vorgefertigten Theaterszene, bei der alle freien Subjekte nur Rollen innehaben und Ausführende sind»[223]. Vielmehr verfügen beide in ihrer je eigenen Freiheit auf kreative und unableitbare Weise über sich selbst. Die Gnade belebt und «aktiviert dabei das Geschöpf in seinen Tiefen», also dem Herzen, so daß es «schließlich zur Tätigkeit schlechthin gelangt, zur Tätigkeit der Liebe, der Kontemplation und der Überfülle, aber ebenso, um moralischer und asketischer, praktischer und kämpferischer Betätigung nachzugehen»[224]. Gott hingegen hat sich nicht gescheut, seinen Sohn für das Heil der Welt hinzugeben, und so seine unsagbare Liebe zum Menschen offenbart. Damit ist der Mensch eingeladen, seine Liebe zu Gott ebenfalls zu «inkarnieren» in der ihm eigenen Wirklichkeit von Raum und Zeit. Die zentrale Stellung des Christusereignisses kann dabei nur im Glauben angenommen werden. Die Implikationen hinsichtlich der Liebe Gottes sollen darum im nächsten Abschnitt deutlicher erhellt werden. Damit kann dann auch die geheimnisvolle Auswirkung der Heilsgeschichte auf den Gang der Welt erläutert werden, worauf der letzte Paragraph eingehen wird.

---

[222] *Raison et raisons* 366f.
[223] *Court traité* 113.
[224] *Science et Sagesse* 34.

c) Das göttliche Herz – Realsymbol[225] der Liebe

Das Herz drückt par excellence das Wesen der Person aus, insofern sie geschaffen ist, um zu lieben. Damit ist das Herz mehr als ein Organ oder ein Zeichen für die Einheit des Menschen, es ist vor allem «ein Symbol der Liebe, ein Realsymbol im vollen Sinn des Wortes», wie B. Vyšeslavcev festhält. Dies gilt umso mehr für den Menschen schlechthin, für Jesus Christus. Im Kult seines Herzens «sind das leibliche und das geistliche Element verbunden». Wie nämlich «im Menschen Leib und Seele vereint sind, der Leib aber der Seele unterworfen ist und die Seele herrscht, so herrscht auch der geistliche und symbolische Sinn des Herzens vor»[226].

Diese Verbindung von göttlicher und menschlicher Wirklichkeit im Herzen des Menschensohnes heißt aber auch, daß er in sich Gottheit und Menschheit vereint. Haben wir die Person Jesu bisher vor allem hinsichtlich ihres Seelenlebens unter gnoseologischen und anthropologischen Aspekten betrachtet, so soll nun auch die theologische Komponente hervorgehoben werden. Um diesen Hintergrund zu erhellen, sei auf L. Lies verwiesen, der die theologischen Grundlagen der Herz-Jesu-Frömmigkeit herausgearbeitet hat. Er macht deutlich, daß «man mit diesem 'menschlichen' Symbol des 'Herz Jesu' zugleich den einen Christus als wahren Gott und wahren Menschen nennt, weil man die personale Mitte des Sohnes Gottes meint, der Mensch geworden ist»[227]. Auf der Grundlage des Konzils von Chalcedon und vor allem des dritten Konzils von Konstantinopel[228] bringt darum das Herz Jesu nicht nur die Mitte, sondern auch die besondere Einheit der Person Jesu Christi zum Ausdruck, «in der Gottheit und Menschheit, göttlicher Wille und menschlicher Wille unvermischt und ungetrennt zu ihrer einen wechselseitigen Tätigkeit zusammenkommen»[229], also in einem gemeinsamen personalen Zentrum geeint sind.

> Herz Jesu ist also Symbol für die in der einen Person des Sohnes Gottes unvermischt zusammengefaßte eine göttliche und menschliche Liebe. [So ...] wird das Herz zum Symbol dafür, wie der ewige Sohn Gottes als Person die Mitte seines Menschseins ist. Die perso-

---

[225] Maritain definiert das Symbol «als ein *Zeichen-Bild*, ('Bild' und 'Bedeutung' zugleich): etwas Sinnliches bedeutet einen Gegenstand aufgrund einer vorausgesetzten *Analogie*beziehung» (*Quatre essais* 104). Die theologische Diskussion um den Begriff «Realsymbol» wurde wohl durch K. Rahner neu belebt, insofern er «wirklich echte Symbole ('Realsymbol') von bloß arbiträr festgelegten 'Zeichen', 'Signalen' und 'Chiffren' ('Vertretungssymbol')» unterscheidet («Zur Theologie des Symbols», in *Schriften zur Theologie*, Bd. 4, Einsiedeln – Zürich – Köln 1960, 279).
[226] B. Vyšeslavcev, «Il cuore» 47*f.*
[227] L. Lies, *Gottes Herz für die Menschen*, Innsbruck – Wien 1996, 21.
[228] Vgl. *DH* 558.
[229] L. Lies, *Gottes Herz* 22.

nale Mitte des Menschen Jesus ist der Sohn Gottes. Jesus findet seine Mitte, indem er sich von diesem Sohn Gottes her und auf diesen Sohn Gottes hin versteht und dieser Sohn Gottes ist.[230]

Damit macht das Herz-Jesu-Symbol als «die Mitte der personalen Einheit von Gott und Mensch» anschaulich deutlich, «daß der Sohn Gottes als Personmitte einer menschlichen Wirklichkeit Raum und Personalität geben kann, wie es dieser Jesus Christus ist»[231]. Darüber hinaus können weitere Konsequenzen für den christlichen Personbegriff abgeleitet werden; denn die Wirklichkeit, die Begriffe wie Herz Jesu und hypostatische Union ausdrücken, legen Grundsätzliches über das personale Verhältnis von Gott und Mensch dar.

Es [das Herz-Jesu-Symbol] sagt erstens, daß Gott in der Mitte des Menschen wohnen kann, ohne diese Mitte zu besetzen oder zu zerstören. [...] Zweitens sagt Herz Jesu, daß wir Menschen mutatis mutandis wie der Mensch Jesus letztlich nur auf die Personalität Gottes hin und in ihr unsere eigene Personalität finden, was nun bedeutet, daß Gott in sich für den Menschen Platz hat. Herz Jesu ist also Symbol für personale Einheit und die bleibende Verschiedenheit von Gott und Mensch in Christus. Herz Jesu zeigt hier die Primärstruktur der rechten Ordnung und so der schlechthinnigen Gerechtigkeit zwischen Gott und Mensch an.[232]

Vor diesem Hintergrund ist das Herz Jesu ein Realsymbol, das nicht nur etwas über die Wirklichkeit des Gottmenschen, sondern auch über das Verhältnis zwischen Gott und Mensch und deren besondere Gemeinschaft in der Kirche aussagt. Darum kann Lies sagen, daß «Gott ein Herz für uns hat, indem er uns, die Vielen, in das Herz Jesu, d.h. in die Mitte seines menschgewordenen Sohnes hineinnimmt und im Heiligen Geist alle an sich zieht und so Kirche bildet. Gott, der Vater, hat ein Herz für uns, insofern er uns im Herzen Jesu an sein eigenes Herz zieht und wir so im dreifaltigen Gott als Kirche geborgen sind.»[233] Das Verständnis des auf Gemeinschaft angelegten Wesens *jeder* Person führt darum nicht nur zu einer personalistischen Sicht von Gemeinschaft und Kirche, sondern ist im innertrinitarischen Leben selbst grundgelegt.

Herz Jesu besagt insofern eine dreifache Offenheit Gottes, die in Gottes dreipersonaler Liebe begründet ist. Im Herzen Jesu, in der Mitte der menschgewordenen Person des Sohnes Gottes zu sein, bedeutet, daß die dreifaltige Liebe Gottes offen ist für uns. Mit 'Herz Jesu' zeigen die drei Personen an, daß sie nicht nur untereinander und in Liebe füreinander offen sind und sich selbst gegenseitig Raum und Stimme geben; sie zeigen

---

[230] *Ebd.*
[231] *Ebd.* 24.
[232] *Ebd.* 25.
[233] *Ebd.* 33.

auch an, daß sie für die Gemeinschaft der Menschen offen sind und sie bergen: Kirche.[234]

Zwar gehen diese Überlegungen über Maritains Aussagen hinaus, doch stehen sie durchaus mit seinem Personverständnis in Einklang. Damit bilden sie einen brauchbaren Hintergrund für eine weiterführende Überlegung. Wie kann man sich nämlich neben der Möglichkeit der Teilhabe des Menschen am göttlichen Leben die Teilnahme Gottes am menschlichen Schicksal vorstellen? Maritain formuliert seine Reflexionen zur Leidensfähigkeit Gottes sehr zurückhaltend, indem er die Frage nach der Person Jesu und ihrer Mittlerrolle stellt. Er verweist in einem Vortrag von 1968 zunächst darauf, daß Gottes inkarnierter Sohn «keinen Kranken sehen konnte, ohne ihn schleunigst zu heilen, da **für sein Herz** diese Armseligkeit der Kreatur unerträglich war»[235]. Wie stand Gott selbst dazu?

Die Inkarnation des ewigen Logos ist nicht nur ein unüberbietbarer Einschnitt in die Heilsgeschichte und die Erlösungsordnung, sondern läßt auch gewisse Rückschlüsse auf Gottes Wesen zu. Während im Alten Testament grundsätzlich auf Gottes Eifer für sein Volk und auf seine Gemütsregungen, die von väterlicher und mütterlicher Liebe bis hin zu Eifersucht und Rachsucht reichen, verwiesen wird, kommt es im Neuen Testament zur explizit trinitarischen Selbstoffenbarung Gottes. Gerade Aussagen wie *Joh* 12,45 und *Joh* 14,9 sind dabei von besonderer theologischer Tragweite. Denn auf dem Hintergrund der Aussage Jesu «wer mich sieht, sieht den Vater», stellt sich nicht allein die Frage nach der Gemeinschaft zwischen Vater und Sohn, sondern auch nach der Weise, wie der Vater an allem Anteil nimmt, was der Sohn tut und dessen Herzen erfüllt. So fragt sich Maritain:

> La miséricorde humaine de Jésus n'était-elle pas l'image vivante et pleinement véridique ne nous montrant pas seulement que ce que Jésus *fait*, le Père le *fait* aussi, mais que tout ce qui *est* dans le cœur de Jésus sous mode humain – en particulier sa merveilleuse compassion – *est* aussi dans le Père sous mode divin?[236]

Zwecks einer differenzierten Betrachtung der Frage nach der Leidensfähigkeit Gottes beschränkt Maritain seine Überlegungen auf die Natur des Mitleids, wozu er sich vor allem auf die Aussagen des Aquinaten stützt.[237] Er hält grundsätzlich daran fest, daß «Gott Mitleid ist, wie er Liebe ist und weil er Liebe ist». Gerade deshalb ist wohl anzunehmen, daß die Barmher-

---

[234] *Ebd.*
[235] *Approches sans entraves* 845.
[236] *Approches sans entraves* 841.
[237] Vgl. THOMAS VON AQUIN, *Summa Theologiae*, I^a, q. 21, aa. 3-4 bzw. *Approches sans entraves* 841.

zigkeit «in Gott existiert gemäß dem, was sie *ist*, und nicht nur gemäß dem, was sie *bewirkt*, also im Zustand der Vollkommenheit, *für den es keinen Namen gibt*»[238]. Heißt das also, daß es in Gott eine Art von Anteilnahme am Schicksal der Welt im Sinn von Veränderung gibt?

Maritain verweist darauf, daß die Seligkeit Gottes in seinem eigenen Sein besteht. Diese wäre völlig unverändert, wenn Gott kein Geschöpf erschaffen hätte. Das freilich muß Gott nicht daran hindern, daß er sich von Ewigkeit her dafür entschieden hat, andere Seiende zu schaffen, «von denen er (im metaphorischen Sinn) Freuden 'empfängt'»[239]. Dabei kann es sich um das Wohlgefallen handeln, das Gott beim Anblick der Güte erfüllt, die er in die Schöpfung hineingelegt hat[240], oder um die Freude über die Liebe und Treue, mit denen sich ihm viele Geschöpfe, die mit einer unsterblichen Seele begabt sind, freiwillig hingeben. Doch die größte Freude überkommt ihn wohl im Hinblick auf die Umkehr eines Sünders.[241] Alle diese «Freuden Gottes erscheinen uns als Seligkeit im Sinne eines 'Mehr' [surplus], sind aber in Wirklichkeit kein 'Mehr' und fügen absolut nichts zur Seligkeit Gottes hinzu»[242]. Wie lassen sie sich dann verstehen, was läßt sich daraus für Gottes Mitleid ableiten?

Jedes Mal, wenn ein Geschöpf eine Sünde begeht, enthält es Gott gleichsam ein «Mehr» an Freude vor, das ihm geschuldet wäre. Doch bevor Gott nun diese Übel in ein noch größeres Gut verwandelt, erhebt er es über alles andere durch seine Zustimmung und läßt es geschehen. «Indem er eine derartige *privatio* akzeptiert (die in keinster Weise sein Sein, sondern allein die Beziehung der Kreatur zu ihm betrifft), nimmt er sie in die Hand und erhebt sie wie ein Siegeszeichen, womit er die göttlich reine Größe der siegreichen Zulassung bezeugt»[243], während die menschliche Zulassung nichts anderes als eine Niederlage darstellt. Heißt das, daß Gott vom Übel in keinster Weise betroffen ist und über allem steht? Maritain kommt zur Ansicht, daß es einen inneren Zusammenhang zwischen Gottes Ja zur Schöpfung und

---

[238] *Approches sans entraves* 842.
[239] *Approches sans entraves* 845. Hierbei gilt es auch zu unterscheiden zwischen der Freiheit Gottes, die sich auf sein Wesen und seine Vollkommenheit bezieht, und der von der Schöpfungs- und Erlösungsordnung *virtuell determinierten* Freiheit Gottes. Die Schöpfung bedeutet keine Einschränkung von Gottes Freiheit, sondern ist Ausdruck seiner Größe und Güte sowie seiner Liebe konvenient. Vgl. *Approches sans entraves* (851, Anm. 23): «Le fait de ne pas créer, autrement dit, de s'abstenir de produire un bien qui n'augmente en absolument rien le Bien, mais qui est un bien de plus dans l'existence, aurait été pour Dieu [...] une sorte de renoncement à quelque chose qui *convient* à sa bonté.»
[240] Vgl. *Gen* 1,10-31.
[241] Vgl. *Lk* 15,7; *Mt* 18,13.
[242] *Approches sans entraves* 846.
[243] *Approches sans entraves* 846.

Gottes Interesse an deren Schicksal, vor allem des Menschen, gibt. Mit anderen Worten ist es Gottes ewiger und freier Wille, daß er sich vom Zustand seiner Geschöpfe betreffen lassen *will* und sie nicht sich selbst überläßt. Was also der Schöpfung widerfährt, findet seine Entsprechung auch in den Tiefen Gottes.

> Ce que le péché 'fait' à Dieu, c'est quelque chose qui touche aux profondeurs de Dieu, non en lui faisant subir quelque effet qui serait produit par la créature, mais en faisant passer celle-ci, dans sa relation à Dieu, du côté de la perfection innommée, éternel exemplaire en lui de ce que la douleur est en nous. [...] C'est une trahison de l'amour qui **'blesse au cœur'** (je parle métaphoriquement) l'Amour subsistant – , autrement dit par laquelle [...] nous nous rendons responsables des privations de ce qui lui est dû par nous.[244]

Wie Maritain 1972 in einem Vortrag ergänzt, kann man das Mitleiden Gottes deshalb durchaus im Sinne eines «virtuellen Leidens» verstehen.[245] Gott nimmt auf seine Weise Anteil am Lauf der Dinge, so daß seine virtuelle Vollkommenheit formaliter immer wieder neu deren Freud und Leid mitlebt; dies entspricht (so könnte man ergänzen) der von ihm ausgehenden *creatio continua*. Gerade dem Menschen steht Gott nicht gleichgültig gegenüber, was das Geheimnis der Inkarnation erkennen läßt. Nach Maritain «war sie nötig, damit durch die menschliche Natur, die der Logos angenommen hat, das aktuelle Leid eine göttliche Person **trifft**. Seligzupreisende Leiden des Erlösers, die **Leiden Gottes** waren, wie auch sein Tod der Tod Gottes war.»[246] Darüber hinaus verweisen die Leiden des Menschensohnes nicht nur auf einen besonderen Adel richtig verstandener und getragener Schmerzen, sondern auch auf «die geheimnisvolle Vervollkommnung der Kreatur im Leiden»[247]. Dabei kommt einerseits zum Vorschein, daß «die Passion Jesu in seinen Freunden, die er beruft, am Erlösungswerk mitzuwirken, bis zum Ende der Welt andauert»[248], da die Berufung des Christen auch darin besteht, zu ergänzen, was an den Leiden Christi noch fehlt (vgl. *Kol* 1,24). Zum anderen zeigt sich dabei auch ein Gott, zu dessen Wesen ein freiwillig gewähltes Mitleid gehört. Selbst wenn dieses «nur metaphorisch ausgedrückt werden kann, ist es die *'com-passio'*, durch die er uns **in sein**

---

[244] *Approches sans entraves* 849.
[245] Bereits 1951 fragte Maritain angesichts der Erscheinungen einer *weinenden* Gottesmutter in La Salette, ob man nicht «von einem *virtuellem Schmerz* in Jesus und Maria» sprechen könne, nachdem auch alles Gute und Schöne der Schöpfung «in Gott auf virtuale und überragende Weise zu finden ist» (J. MARITAIN, «Larmes de lumière», *Marie* 5 (1951) 55).
[246] J. MARITAIN, *Approches sans entraves. En suivant des petits sentiers*, ŒC Bd. XIII, 1096. Zur Differenz von virtuell und potentiell s.u. 509-512.
[247] *Approches sans entraves* 854 unter Bezug auf *Les Grandes Amitiés* 791.
[248] *Approches sans entraves* 856.

Herz aufnimmt und sich dort unsere Armseligkeit 'zu eigen macht'». Dieses Mitleid ist letztlich nicht nur der Grund dafür, daß er «seinen Sohn gesandt hat, *factus homo*, um für uns zu leiden und zu sterben», sondern daß auch dort, wo das Übel überhand nimmt, «die Gnade Christi und seiner Werke im Verborgenen der Herzen auf unsagbare Weise überströmen»[249].

So kommt mit dem Realsymbol des Herzens nicht nur die menschliche Liebesfähigkeit, sondern auch das göttliche Herz als Ursprung und Quelle aller Liebe in den Blick. Gott will den Menschen an seiner ewigen Liebe teilhaben lassen, doch ebenso will er die Freiheit seines geschaffenen Ebenbildes nicht einschränken. Vielmehr nimmt er auf göttliche Weise an der Geschichte Anteil, die damit als Heilsgeschichte einen tiefen Sinn und ein ewiges Ziel hat.

6. Freiheit in der Umarmung des ewig Liebenden – Gott und das Geheimnis der Welt

Die vorausgehenden Erwägungen zum menschlichen Herzen finden bereits eine erste Synthese in *Pour une philosophie de l'histoire*, Maritains geschichtsphilosophischem Werk aus dem Jahr 1957. Darin sieht er das Menschenherz als den Mittelpunkt der Geschichte, da von diesem personalfreien und dynamisch-offenen Zentrum aus das Geschick der Welt bestimmt wird, welches alle Formen von wahrer und falscher Liebe kennt. Letztlich geht es dabei nicht nur um ein endloses Abenteuer, sondern um das Wesen menschlicher Existenz, um die Berufung des Menschen, dessen Größe und letzte Wahrheit mit dem Anbrechen des Reiches Gottes offenbar wurden. In der Auseinandersetzung mit diesem entscheidet sich das Schicksal des Menschen, das nur zwei Möglichkeiten offenläßt, nämlich ein immanentes oder ein transzendentes Heilsmodell, für oder wider Gott.[250] Entscheidet man sich für das Modell, das die Wirklichkeit als eine göttliche Schöpfung interpretiert, dann wird damit zugleich die Ebene der Übernatur oder des Glaubens betreten.

Das heißt auf der einen Seite, daß Gott als das transzendente Zentrum der Wirklichkeit und der Geschichte verstanden wird, wie Maritain bereits 1942 erklärt. Gott umfängt gleichsam alles und hält es im Sein, und ebenso bildet er das letzte, weil ewige Ziel. Er ist die höchste Form von in Liebe geeinter Verschiedenheit dreier Personen wie auch der Ermöglichungsgrund

---

[249] *Approches sans entraves* 855f.
[250] Vgl. J. MARITAIN, *Pour une philosophie de l'histoire*, ŒC Bd. X, 730.

jeder zwischenmenschlichen Liebesbeziehung.[251] Darum ist es auch denkbar, daß keine menschliche Liebestat sich im Nichts verlieren wird. Auch «die flüchtige Bewegung einer innig geliebten Hand, die nur einen Augenblick lang währt und dann unwiederbringbar verschwindet», wird «über der Zeit aufbewahrt», im «Gedächtnis der Engel»[252], und geht somit in die Ewigkeit ein.[253] Auf der anderen Seite bedeutet dies für den Menschen, daß er als Gegenüber Gottes in einer besonderen Situation steht, die ihn zum Mittelpunkt von horizontalen wie vertikalen Bewegungen macht. Doch ist der Mensch nicht nur Empfänger, sondern von ihm können gute, schlechte oder rein innerweltlich gute Aktionen ausgehen, was Maritain in *Pour une philosophie de l'histoire* mit einem eigenen Schema ausdrückt.[254] Darin wird das Herz in drei Einflußbereiche unterteilt, in denen die Größe der menschlichen Freiheit zum Ausdruck kommt. Allerdings verlangt der Mensch letztlich nach ewiger Erfüllung und Teilhabe an Gottes Leben, da die Offenheit seines Herzens «auf ein letztes übernatürliches Ziel der Welt und eine metahistorische Erfüllung des Heils der Menschheit»[255] ausgerichtet ist.

> Il y a des actions [...] qui viennent de la grâce et de la charité, et qui directement accroissent le bien du monde. Et il y a des actions [...] qui viennent d'un cœur séparé de la grâce et de la charité, et qui directement accroissent le capital du mal dans le monde [...]. Mais [...] il y a aussi des actions qui sont bonnes (dans l'ordre naturel, s'entend) et qui sont accomplies par des pécheurs; elles ne sont d'aucune valeur pour la vie éternelle, mais elle ont une valeur pour le monde [...]. De telles actions peuvent coopérer d'une manière ou d'une autre à l'accroissement du bien dans le monde.[256]

Der menschlichen Aspiration nach Vollendung steht umgekehrt die Sehnsucht Gottes gegenüber, geistbegabte Geschöpfe in seine Liebesgemein-

---

[251] Vgl. *Les Droits de l'homme* 640: «En définitive c'est 'dans l'attrait commun' exercé par une centre transcendant, qui est Esprit et Personne, et en qui les hommes peuvent réellement s'aimer les uns les autres, que le développement de l'humanité, ainsi animé et surélevé dans l'ordre lui-même de l'histoire temporelle, trouve sa loi suprême.»

[252] *L'Intuition créatrice* 258.

[253] Vgl. dazu auch Maritains Brief an Ch. Journet vom 18.8.1966 (*CJM* 29 (1994) 49*f*.), in dem er schreibt: «A mon avis, c'est une offense à ce qu'il y a de meilleur en nous, *une blessure métaphysique intolérable* de penser qu'un sourire, un regard, une parole merveilleuse des êtres que nous aimons [...] soit aboli pour toujours. [...] Alors ce n'est pas notre blessure métaphysique qui est en jeu mais Dieu lui-même. Il y a sacrilège et blasphème, à imaginer que Dieu a tiré les choses de rien pour finalement les anéantir et les ramener au rien. [...] Il faut donc que ce soit *notre monde lui-même* qui, après la résurrection des corps se trouve glorifié.»

[254] Vgl. *Pour une philosophie de l'histoire* 720.

[255] Vgl. *Pour une philosophie de l'histoire* 738.

[256] *Pour une philosophie de l'histoire* 731*f*.

schaft aufzunehmen und sich selbst mitteilen zu können. Dabei handelt es sich um ein interpersonales Geschehen, das auf der Freiheit des anderen gründet und ihm die Möglichkeit lassen muß, sich in Freiheit gegen das Liebesangebot des anderen entscheiden zu können. Dennoch sind beide Freiheiten nicht von der gleichen Art, da Gott einerseits alles umfaßt und alles seiner Allmacht untersteht. Andererseits ist es ihm gerade deshalb auch möglich, Geschöpfe nach seinem Bild und Gleichnis zu schaffen. Sie können in ihrer Freiheit seine Liebe annehmen und beantworten, und in gewisser Weise macht er sich von ihrer Liebe abhängig.[257] So stehen sich letztlich geschaffene und ungeschaffene Freiheit gegenüber, die sich im Mysterium der göttlichen Vorsehung begegnen. Es geht nach Maritain «um die Beziehung zwischen der transzendenten schöpferischen Ewigkeit Gottes und den **freien Geschöpfen**, die ihren frei gewählten Initiativen folgen und zugleich **von Seinem Ratschluß** umarmt werden»[258] und von seiner Liebe gehalten sind, wie er bereits in *L'Intuition créatrice* bemerkt.

Dieses Bild der Umarmung benutzt Maritain auch an anderer Stelle[259], um die Verbindung von Zeit und Ewigkeit in der Personalität Gottes aufzuzeigen. So weist er bereits in *Court traité* darauf hin, daß Gottes Ratschluß nicht mit einer Art Drehbuch zu verwechseln ist, in dem bereits alles fertig vorliegt und nur auf seine Ausführung durch die Darsteller wartet. Vielmehr «wird alles unter der ewigen und unveränderlichen Leitung des allmächtigen Spielleiters improvisiert»[260]. Aus diesem Grund ist «jeder Augenblick der Zeit der göttlichen Gegenwart präsent, aber nicht nur, insofern sie von ihm gekannt wird, sondern 'physisch' und in seinem Sein selbst»[261]. Darum ist die Ewigkeit nicht «eine Art von Zeit, die der Zeit vorausgeht, sondern ein unvergänglicher Augenblick, der unteilbar alle Zeitfolgen **umarmt**, die [...] vom göttlichen Wissen in ihrer Gegenwärtigkeit [présentialité] geschaut werden». Deshalb ist vorsehen oder «voraussehen ein uneigentlicher Begriff, [...] da jeder zeitliche Augenblick seiner Ewigkeit präsent ist»[262]. Doch in dieser Umarmung von Zeit und Ewigkeit geht es nicht einfach um eine nächsthöhere Dimension, die alles umfaßt, sondern

---

[257] Vgl. *La Philosophie morale* 382: «Et les mystiques pourront dire en ce sens que Dieu, parce qu'il l'a ainsi voulu, a besoin de notre amour comme l'ami a besoin de l'amour de son ami, qui est un 'autre lui-même'.»
[258] *L'Intuition créatrice* 274.
[259] Vgl. auch *Approches sans entraves* 850: «Toute la succession du temps est embrassée dans l'Instant divin de l'éternité.»
[260] *Court traité* 113.
[261] *Court traité* 88.
[262] *Court traité* 111. Dabei «ruht die Zeit in der Ewigkeit wie ein Goldstück, das von einer Hand **umfaßt** wird», wie Maritain schon früher formulierte (J. MARITAIN, *Le Docteur angélique*, ŒC Bd. IV, 27).

um den freien Schöpfer, der «die sich vollziehende Geschichte durch den ewigen Augenblick **umarmt**, der in beständig frischer Ursprünglichkeit die Unvorhersehbarkeit der freien Akte sieht [...] und die Geschichte auf von ihm gewollte Ziele hinführt»[263]. Worin bestehen nun aber diese Ziele?

In seiner Geschichtsphilosophie führt Maritain die Fragen aus *Court traité* weiter[264] und vertieft vor allem seine personale Sichtweise. Denn im letzten geht es nicht um die Vervollkommnung der Natur selbst, sondern um eine interpersonale Beziehung, um die Geschichte der Überschneidung und Vermischung, des Erstrebens und Bekämpfens von geschaffener und ungeschaffener Freiheit. Gottes Wille und Größe besteht nun gerade darin, den Menschen zum Tun des Guten zu befähigen und ebenso das von ihm vollbrachte Übel in ein noch größeres Gut zu verwandeln. So kommt Maritain zu der Aussage, daß die Geschichte «gleichsam in jedem Augenblick neu erfunden wird»[265], da die menschliche Freiheit befähigt ist, Gottes Werk durch schlechte Taten zu vermindern. Gott hingegen ist in der Lage, selbst die Fülle dieser Zerstörungen mit einer Überfülle von schöpferischer Liebe zu noch größerer Herrlichkeit und Güte zu führen. Darunter ist freilich nicht eine Art von beständigen Reparaturen oder nachträglichen Ergänzungen zu verstehen. Vielmehr kommt darin die innere Wechselwirkung und -beziehung von Zeit und Ewigkeit zum Ausdruck, von gefallener Menschheit und der Heilsordnung in Jesus Christus sowie deren Angelegtsein für eine interpersonale Beziehung zwischen Schöpfer und Geschöpf.

Daraus ergeben sich nun zwei Aspekte: Einerseits sind die Schöpfung und ihre Geschichtlichkeit gleichsam das Spielfeld oder die Bühne für das Wirken von göttlicher und menschlicher Freiheit, denn «die Gnade und die Natur sind nicht zwei verschlossene, sondern zwei füreinander durchlässige Welten, die in gegenseitigem Austausch stehen»[266]. Damit ist andererseits die Freiheit des Menschen gewährleistet, da Gott zwar Sünden und Fehler seiner Geschöpfe zuläßt, damit aber die Macht seiner Liebe nicht gemindert

---

[263] *Court traité* 113. Vgl. dazu auch die poetische Darstellung von Raïssa in *Poèmes et essais. Procession*, 560*f.*: «Je suis à toi je suis à toi – mais que suis-je? / Je ne veux me connaître qu'en ta lumière qui vivifie. / Hâte-toi d'imprimer ta Face sur mon visage / Afin que je ne sois pas trouvée informe en ta présence / Quand tu me jugeras dans ta clémence / Pour l'éternité.»

[264] Vgl. *Pour une philosophie de l'histoire* 712-715, wo ganze Passagen aus *Court traité* 111-116 übernommen werden.

[265] Vgl. *Pour une philosophie de l'histoire* 714: «Elle [l'histoire] est comme inventée à chaque instant du temps par les initiatives accordées ou désaccordées de ces deux libertés, l'une dans le temps, l'autre hors du temps [...]. Et la gloire divine est de faire un ouvrage d'autant plus beau qu'elle laisse l'autre liberté le défaire davantage, parce que de l'abondance des destructions elle seule peut tirer une surabondance d'être.»

[266] *Dieu et la permission* 95.

wird. Allem nihilisierendem Tun des Menschen zum Trotz bleibt die Offenheit des Irdischen für das Ewige bestehen und kann sich dem Gehaltensein durch seinen Schöpfer nicht entziehen. Gerade weil der Mensch in seiner Schwachheit von Gottes Liebe wie von einer ewigen Umarmung umgeben ist, kann er sich ihr mit all seinen Schwächen anvertrauen und sich vorbehaltlos an sie verschenken.

In diesem Spannungsfeld von geschichtlich-immanenter und transzendenter Freiheit erweist sich Gottes Liebe in ihrer wahren Größe, da sie selbst das Übel in Gutes zu verwandeln vermag. Deshalb nimmt Maritain ein beständiges Wachstum des Guten auf übernatürlicher Ebene an und sieht darin die Grundlage für die Tugend christlicher Hoffnung. Denn die Überlappung des Bösen durch das Gute (mit allen notwendigen Einschränkungen) stellt die Geschichte des Menschengeschlechtes dar.[267] Darum ist «hier unten aufgrund der Gegenwart des Bösen alles vom Anfang bis zum Ende der Zeiten in einer unablässigen Umgestaltung»[268].

> Si réels que soient les risques, beaucoup plus réelle encore est la force de la main qui les fait surmonter par la création et répare les dommages encourus par celle-ci. Si profonds que soient les abîmes, si grands les écroulements et les désastres, plus sublimes sont les hauteurs et les biens où l'être créé sera transféré. [...] Et plus les dieux d'en bas font pulluler l'horreur et le mal, plus les saints dans leur amour, achevant en leur corps ce qui manque aux souffrances du Christ, font surabonder la magnificence du bien.[269]

Wie groß darum auch alle Risiken und Gefahren sein mögen, daß Gottes Liebe zurückgewiesen und verschmäht wird, stets werden ihre «Mißerfolge» durch die Macht seiner Liebe und Fürsorge in ein höheres Gut verwandelt, weshalb Gottes Barmherzigkeit selbst denen, die für Gewalt und Verbrechen verantwortlich sind, die Gnade der Reue und Umkehr anbietet, und sei es im letzten Augenblick ihres Lebens. Für die Freunde Gottes hingegen bedeutet dies, daß in der Tat alles, was sie tun, ihnen zum Besten gereicht, gerade wenn sie Verfolgung und Armut erleiden.[270] Sie werden darum «in die Herrlichkeit eintreten, die Gott denen, die ihn lieben, bereitet hat, und was seine Absicht war, als er die Welt schuf, diese Welt, in der das Übel zugelassen wird»[271]. Doch diese Erfüllung ist nicht nur auf das Eschaton begrenzt, sondern beginnt bereits hier unten. Ob wir nun an all die

---

[267] Vgl. *Dieu et la permission* 95: «Nous avons le *devoir* d'*espérer* pour l'histoire temporelle des hommes. [...] Et cette espèce de chevauchement du bien sur le mal, et du mal sur le bien, et plus encore [...] du bien sur le mal, eh bien, c'est cela l'histoire du genre humain.»
[268] *Dieu et la permission* 92.
[269] *Dieu et la permission* 92.
[270] Vgl. *Dieu et la permission* 94.
[271] *Dieu et la permission* 93.

denken, die mit ihrem Leid ergänzen, was an dem Leiden Christi noch fehlt, oder an die Erfahrung derer, die ihre Freude allein darin finden, alles, was sie tun, in und mit Liebe zu tun.

Ein sakramentales Angeld der Ewigkeit und Zeichen der verwandelnden Liebeskraft Gottes ist die Eucharistie, wie Maritain in einem Vortrag 1965 erläutert. In ihr strahlt die eschatologische Vollendung der Schöpfung bereits auf, in der Gott alles in allem sein wird.[272] In der Eucharistie wird «das Opfer von Kalvaria, durch die Vermittlung seiner 'physischen' Gegenwart in der göttlichen Ewigkeit, auf wunderbare Weise selbst in einem Augenblick unserer Zeit gegenwärtig, nämlich jedes Mal, wenn eine Messe gefeiert wird»[273]. Dabei werden durch die Verwandlung von Brot und Wein «der verherrlichte Christus und sein Kreuzesopfer real gegenwärtig»[274], da der, der zur Rechten seines Vater thront, «nicht aufhört, sein einmaliges blutiges Opfer auf unblutige Weise darzubringen» und das Kreuzesopfer «unveränderlich der göttlichen Ewigkeit gegenwärtig ist». Auf Erden hingegen wird das Opfer durch die Messe fortgesetzt, indem «Christus sich des Priesters bedient und durch ihn am Altar handelt»[275]. Die Gläubigen vereinigen sich dabei freilich nicht nur mit der Hingabe des Sohnes an den Vater, sondern durch «die heilige Wirklichkeit der *agapé*», also den Empfang der Eucharistie «werden sie hineingenommen in das wahrhaft menschlich-göttliche Leben, werden gereinigt und gestärkt». So «gehen in ihre Adern die Gnade und das Blut über, die **aus seinem Herzen** hervorströmen». Dabei werden

---

[272] Der Glaube an die eschatologische Vollendung legt den Gedanken an eine notwendige Offenheit der «noch in Geburtswehen liegenden Schöpfung» (vgl. *Röm* 8,22) nahe, was mit dem Begriff der *sakramentalen Struktur* zum Ausdruck gebracht wird. Zur besonderen Rolle, die dabei Christus einnimmt, bemerkt J.M. MCDERMOTT («Jesus: Parable or Sacrament of God? (I)», *Greg.* 78 (1997) 496): «This personal unity in diversity with a finite sign as manifested in the Eucharist and in Jesus' humanity encourages us to call the underlying structure 'sacramental', identifying the central mystery of Christianity: in and through a finite sign the infinite God makes Himself present in a call for the total response of love, and upon that response depends one's eternal salvation or damnation.» Im Hinblick auf die Eucharistie hieße dies dann konkret («Jesus: Parable or Sacrament of God? (II)», *Greg.* 79 (1998) 562*f.*, Anm. 47): «One might also ask whether Christ's personal presence [in the Eucharist] might be understood so: insofar as all realities are open to God, God can assume them into their higher reality of the resurrected Christ, present through His Spirit in the Church; so the bread and wine lose their inherent 'substantiality' by being united to Christ who supplies the 'form' penetrating the lower realities that now have been integrated into His reality in order to express His presence. As His body once expressed the Love that He is, so also the eucharistic species serve to express that same love; since His humanity has been totally integrated into His person over His death and resurrection, that humanity, body and soul, is present and, as the higher 'substance', subsumes the bread and wine into its own 'substantial' reality.»

[273] J. MARITAIN, *Approches sans entraves. Le sacrifice de la messe*, ŒC Bd. XIII, 999.
[274] *Approches sans entraves* 1018.
[275] *Approches sans entraves* 1004, Anm. 6.

sie «durch Ihn und in Ihm auf geheimnisvolle Weise miteinander verbunden, so daß die Einheit des *corpus mysticum* jedes Mal inniger und tiefer wird»[276].

In seinem Spätwerk *Le Paysan de la Garonne* von 1966 nimmt Maritain einen weiteren Aspekt hinzu. So verweist er nicht nur auf die reale Verbindung von Himmel und Erde in der Eucharistie, sondern auch auf deren Fortsetzung in der Kontemplation.

> A la messe le ciel vient sur la terre; Jésus, aux paroles du prêtre, y est soudain sous des voiles pour y perpétuer mystérieusement son unique Sacrifice, et sa présence parmi nous dans le Saint Sacrement. [...] Dans la contemplation un homme qui est un *soi*, un univers à lui-même, est uni à Jésus dans une union d'amour de personne à Personne, et il joint dans la nuit de la foi la Fin pour laquelle lui-même et tout l'univers ont été créés. Dans la contemplation le ciel commence sur la terre (car la contemplation continuera au ciel, tandis que la Messe n'y continuera pas).[277]

So wird durch die Kontemplation das fortgeführt, was in der Eucharistie beginnt, nämlich die Verbindung von Himmel und Erde, von Zeit und Ewigkeit, von geschaffener und ungeschaffener Freiheit. Der Gläubige lebt dabei in einer gemeinsamen Überexistenz von Liebe im Austausch mit Gott. Wir könnten vielleicht sagen, daß auch dabei die interpersonale Gemeinschaft hin- und herpulsiert und sich die Phasen von Systole und Diastole nicht im Herzen des einzelnen, sondern zwischen Liebendem und Geliebtem vollziehen, mit anderen Worten sich vom einen zum anderen in einem beständigem Sich-Verschenken und Sich-Empfangen abwechseln. Hierin findet der Mensch seine Erfüllung, «denn er ist zu dem Ziel geschaffen, in der Ewigkeit Gott zu schauen und mit ihm in Liebe auf Erden vereint zu sein». Er ist vom Faktum der Inkarnation und dem Anruf des göttlichen Wortes zur Entscheidung herausgefordert, da Christus «sein Leben für jeden Einzelnen gegeben hat, als ob dieser Einzelne allein auf der Welt wäre. Es ist die Pflicht jedes Einzelnen, in dem Maß, wie er weiß, was Gott für ihn getan hat, auf eine solche Liebe durch die vollkommene Hingabe seiner selbst in Liebe zu antworten.»[278]

Was Freiheit in der Umarmung des ewig Liebenden auf Erden letztlich bedeuten kann, verdeutlicht uns ein Zitat des seligen Heinrich Seuse, des bekannten Mystikers von Konstanz, auf das auch Jacques und Raïssa verweisen.[279] Seuse, der von sich in der dritten Person spricht, schildert diese mystische Erfahrung der göttlichen Umarmung mit folgenden Worten:

---

[276] *Approches sans entraves* 1039.
[277] *Le Paysan de la Garonne* 963f.
[278] *Le Paysan de la Garonne* 964.
[279] Vgl. *Liturgie et contemplation* 144, Anm. 1.

> Eines Tages war ihm [Seuse], wie wenn das Herz des (himmlischen) Vaters in geistlicher Weise irgendwie – er konnte es nicht in Worte fassen – ohne eine Scheidewand sich zärtlich an sein Herz neige und dies ebenso gegenüber dem väterlichen voll Begier sich aufgetan habe. Ihn dünkte, das väterliche Herz, die ewige Weisheit, rede voll der Liebe und ohne (jegliches) Bild zu seinem Herzen. Er hub an und sprach voll des geistigen Jubels: 'Nun denn, du Liebe voll der Freude, so öffne ich dir mein Herz und in der schlichten Unverhülltheit alles Geschaffenen umfange ich deine Gottheit ohne Bild und Form. [...] Auch die größte Liebe eines in der Zeitlichkeit Liebenden zu seinem Lieb liegt in deren getrennter Unterscheidung. Du aber, alles Liebens unergründliche Fülle, du verfließest in das Herz des Liebenden, gießest dich aus in der Seele Wesen, du unverhülltes All im All, derart, daß auch kein einziger Teil des Geliebten draußen bleibt und nicht liebevoll mit dem Lieb vereinigt würde.[280]

Zusammenfassend können wir wohl sagen, daß das Geheimnis der Welt letztlich in ihrer intelligiblen Struktur besteht, die offen ist für das überintelligible interpersonale Geschehen der Liebe. Gott nimmt die von ihm geschaffene Wirklichkeit ernst, die durch Raum und Zeit, durch Geist und Materie bestimmt ist. Er gibt dem Menschen die Freiheit, sich auf einer übernatürlich-personalen Ebene für ihn zu entscheiden. Dabei hilft diesem neben seiner transzendentalen Aspiration als Person nicht nur die Verkündigung des Evangeliums, sondern auch das Wirken der Gnade. Denn wie der Mensch ein geschichtliches Wesen ist, so ist auch Gott in die Geschichte eingetreten. Er hat ihr in seinem Sohn einen historischen Neuanfang und in dessen Herzen einen bleibenden Zugang zum Ursprung und Ziel aller Liebe geschenkt.

7. Zusammenfassung

In seiner letzten Schaffensphase, also der Zeit von 1953 bis 1973, tritt in aller Deutlichkeit Maritains Bemühen hervor, eine existentielle Epistemologie[281] zu schaffen, die dem Anspruch des Thomismus als eines *kritischen Realismus* gerecht wird und die zugleich das Fundament für einen kohärenten Personalismus bildet. Nur insofern die Erkenntnisordnung und ihre Kategorien sich mit dem Modell des erkennenden Subjektes vereinbaren lassen, kann sich die Metaphysik als Wissenschaft des *ens in quantum ens* bezeichnen. Mit anderen Worten: Allein wenn der Philosoph ein System vorlegt, mit dem er die Wirklichkeit als solche zuverlässig erfaßt, und wenn seine Vorstellungen sich auch an der Realität verifizieren lassen, kann er

---

[280] Heinrich Seuse, *Deutsche mystische Schriften. Das Leben des seligen Heinrich Seuse*, 50. Kap., Hrsg. u. dt. Übers. G. Hofmann, Düsseldorf 1966, 180*f.*
[281] Nicht zuletzt drückt sich das in dem gemeinsamen Untertitel *Pour une épistémologie existentielle* der mehr als 200 Seiten umfassenden Kapitel XI-XIV der *Approches sans entraves*, ŒC Bd. XIII, aus.

den Anspruch erheben, einen existentiellen Realismus zu vertreten. Dies wird besonders deutlich an der unabdingbaren Kompatibilität zwischen dem Erkenntnis*vorgang* und der Erkenntnis*ordnung* der menschlichen Person. Das heißt, nur wenn die Epistemologie auch auf die Anthropologie übertragen werden kann, kann von einer echten Metaphysik und nicht nur von Gedankenspielen, wie sie beispielsweise der Idealismus oder der subjektivistische Existentialismus betreiben, die Rede sein.

Aus diesem Grund hält Maritain unbeirrbar am Seinsbegriff fest; ist nämlich das Sein als die alles umfassende Kategorie begrifflich erfaßbar, dann ist dies auch für alle Seienden möglich. Allerdings können wir wohl mit Haggerty sagen, daß letztlich die Frage nach der Priorität von Begriff oder Urteil sekundär ist angesichts der Fähigkeit des Intellekts, die Wirklichkeit in der existentiellen Ordnung erreichen zu können. Bedeutender ist die Feststellung, daß die Intelligibilität des Seins auf einer Schlußfolgerung beruht, die auf den Intellekt gegründet ist, der zur entscheidenden Einsicht gelangt, daß «die Existenz existiert». Aus diesem Grund kann darum die Intelligibilität nicht nur mit dem Erfassen von Essenzen gleichgesetzt werden. «Vielmehr stammt die Intelligibilität der essentiellen Ordnung und damit die Rolle des Begriffes bei der Erkenntnis von seiner Verbindung zum tatsächlich Seienden in der existentiellen Ordnung.»[282]

Die existentielle Epistemologie bildet damit die unverzichtbare Voraussetzung für eine realitätsbezogene Sicht der Person. Wenn nämlich durch den Seinsbegriff Essenz- und Existenzordnung unterschieden und zusammengehalten werden können, muß es im Menschen selbst einen Punkt geben, der die beiden Ordnungen in ihrer Verschiedenheit zusammenhält. Dort übt die menschliche Person ihre Existenz aus, eine Existenz, die ihrer Essenz die tiefste Wirklichkeit schenkt. Damit sind wir nicht nur bei der Frage nach der Erkennbarkeit, sondern auch nach einer lebendigen geeinten Verschiedenheit. Dies ermöglicht die Seelenspitze, die potentiell in beide Richtungen verweisen kann, analog zur Polarität, die in der Seinsintuition erfaßt wird. Die umfassendere Wirklichkeit ist damit die existierende, die geeinte Verschiedenheit *ist*. Da beide Aspekte nicht einfach wie Akt und Potenz aufeinander bezogen sind, sondern in einem Akt oder Status so existieren, kann der Aspekt der Selbstinnerlichkeit (Systole) betrachtet werden. Ebenso kann der Blick auf alle möglichen Differenzierungen oder essentiellen Unterscheidungen (Diastole) gerichtet werden.

Dabei erweist einmal mehr die Subsistenz ihre Bedeutung, da sie eine neue Dimension eröffnet, mit der keine essentielle, sondern eine *qualitative* Bestimmung der menschlichen Person ausgesagt ist. Wenn nämlich die Per-

---

[282] D. HAGGERTY, *Jacques Maritain* 66f.

son als ein existentieller Akt oder ein aktiver Status verstanden wird, heißt das, daß sie sich ihrer Natur bedient und sich als «Selbst» oder als «Ich» erfährt. Dies wird möglich durch den Einheitspunkt, die Seelenspitze, von dem aus die Geistseele nicht nur die Existenz vermittelt, sondern sie auch in freier und personaler Weise ausübt. Die Person kann aufgrund ihres Selbstandes über ihre Natur und damit über sich selbst verfügen. Sie ist frei, nach den Regeln und Normen zu handeln, die ihre Natur und ihr Gewissen ihr vorlegen. Dadurch bestimmt sie über sich selbst und macht sich ein bestimmtes Gut als ihr Ziel zu eigen. In einer christlichen Grundhaltung besteht die wahre Vervollkommnung der Freiheit oder der höchste Selbstand in der völligen Selbsthingabe aus Liebe. Dazu ist der Mensch freilich nicht alleine fähig, da ihn weder seine natürlichen Anlagen noch seine natürliche Erkenntnis dieses transnaturale oder transzendente Ziel erreichen lassen.

So zeigen die Überlegungen zum Seelenhimmel, daß auch göttliche Gnaden oder die Gegenwart Gottes nicht nur die Seelenfakultäten betreffen, sondern auf die Person in ihrem Zentrum im Sinne einer konnaturalen Begegnung einwirken und von dort aus ihre Natur erhöhen. Dies wird einsichtig beim vergöttlichten Überbewußtsein des Menschensohnes, dessen Teilhabe an der *visio beatifica* sich nicht nur im Intellekt vollzieht, sondern zu einem persönlichen Erkennen in seiner Seelenspitze führt und damit die *ganze* Person des *viator* betrifft. Maritain unterscheidet dabei geschickt zwischen dem geistigen Vorbewußtsein des Menschensohnes, in dem sich das Selbstbewußtsein und die Gottesschau des göttlichen Logos auf *un*bewußte Weise vollzieht. Von dort aus kann das göttliche (analog zu anderen konnaturalen Erkenntnisweisen) das menschliche Selbstbewußtsein durch die dynamische Tätigkeit des Seelengrundes erreichen, da dieser die ganze Person umfaßt. Mit anderen Worten: Im Selbstbewußtsein Jesu als *viator* kann durchaus auf existentielle Weise seine göttliche Wirklichkeit zum Vorschein kommen, ohne daß dadurch seine geschöpflichen Grenzen übergangen werden.

Damit kann letztlich die Person umschrieben werden als ein subsistierendes Zentrum, in dem das Subjekt «Ich» sagt und in Freiheit über sich verfügt. Es ist ein Universum in sich, das zugleich offen und freigebig ist und aufgrund seiner geistigen Natur danach verlangt, sich in Akten immaterieller Überexistenz mitzuteilen und zu empfangen. Diese Offenheit bezieht sich auch auf den übernatürlichen Bereich und macht sich in der menschlichen Person in einer besonderen Aspiration, dem Verlangen nach höchstem Glück und nach Unsterblichkeit bemerkbar. Zugleich findet die Befähigung zur geistigen Überexistenz ihre letzte Erfüllung in der Liebe, in der sich die Person selbst hingibt und zugleich empfängt; sie bildet gewissermaßen einen personalen Raum, in dem zwei Personen ihre Verschiedenheit bewahren und doch eine wunderbare Einheit erfahren. Deren Urbild ist die *circumincessio* der göttlichen Personen, an welcher der Mensch durch gnadenhafte Erhebung ebenfalls Anteil erhalten kann. Dabei ist nicht mehr das Befolgen von Gesetzen, sondern die gemeinsame Liebe das Handlungsprinzip. Die Liebe ist keine irrationale Motivation, sondern ein überintelligibles Prinzip, das die ganze Person involviert und auf sie eine Anziehungskraft ausübt, die Maritain mit dem Begriff der Übermoral umschreibt.

Die Kraft der Liebe macht auch das Bild des Herzens anschaulich, das den lebendigen Seelengrund und damit die Person mit allem, was zu ihr gehört, umfaßt. Zugleich ist es das Symbol der Liebe schlechthin, das über sich hinausweist auf eine echte Liebesgemeinschaft in geeinter Verschiedenheit. Ausdruck und Realsymbol der Sehnsucht Gottes nach der Liebe seines geschöpflichen Ebenbildes ist das geöffnete Herz Jesu, das nicht nur die Personmitte des Gottmenschen, sondern auch die Einheit in Verschiedenheit von göttlicher und menschlicher Natur umfaßt. In diesem Herzen zeigt sich ebenso Gottes Leidenschaft für die Welt, die sich nicht auf ein ohnmächtiges Mitleiden mit der Welt beschränkt, sondern seinen absoluten Heilswillen immer wieder neu manifestiert. In diesem Herzen hat sich Gottes Heilsplan, hat sich die Wahrheit der göttlichen Liebe auf unüberbietbare Weise inkarniert, was Maritain bereits 1926 in die beschwörenden Worte kleidet: «Sicher ist jedenfalls, daß uns eine Zeit bevorsteht, in der jede Hoffnung enttäuscht werden wird, die auf etwas Geringeres als das Herz Jesu gegründet ist.»[283]

---

[283] *Frontières de la poésie* 710.

Kapitel X: Konklusion und Ausblick

1. Versuch einer Zusammenschau von Maritains Personverständnis

a) Epistemologie und Ontologie

An diesem abschließenden Punkt unserer Arbeit sei nochmals Maritains Werdegang als Ganzes in den Blick genommen. Dabei zeigt sich, daß sein Personverständnis einen beachtlichen Wandel vollzogen hat. Wir haben in Teil A gesehen, wie er anfangs die Person als Handlungssubjekt versteht und sie vor allem von ihrer Natur her betrachtet. Dies führt ihn dazu, ihre geistigen Fakultäten in den Mittelpunkt zu stellen, also vom Wollen und Erkennen aus den Menschen zu bestimmen. Damit gelingt es ihm zwar, den Thomismus im Sinne eines kritischen Realismus zu bestätigen, jedoch hinsichtlich der Person kommt er über ein konzeptualistisches Verständnis nicht hinaus. Wie Teil B gezeigt hat, erfährt diese Sichtweise jedoch durch eine gezielte Untersuchung nicht-rationaler oder existentieller Einsichten eine beträchtliche Erweiterung, so daß Maritain schließlich auch die Person, das Selbst, ausdrücklich zum Gegenstand seiner Untersuchungen macht. Dabei kommen eine Reihe personalistischer Aspekte ins Spiel, die er vor allem auch für Politik und Staatswesen fruchtbar zu machen versucht (vgl. seine vorbereitenden Werke, die der UN-Erklärung der Menschenrechte als Grundlage dienten). In dieser Phase macht sich noch stark der Einfluß seiner neuscholastischen Meister bemerkbar, was sich u.a. in seinem Ringen um eine stringente Bestimmung von göttlicher und menschlicher Freiheit zeigt. Beide Ordnungen sind offen füreinander und aufeinander angelegt, aber dennoch können sie eine Verbindung in Form einer Liebesgemeinschaft nicht einfordern. Maritain spricht zwar bereits in dieser Phase von den Bedürfnissen, welche die Person betreffen, nämlich Austausch in Erkenntnis und Liebe, aber noch ist sein Denken stark von einem Natur-Übernatur-Schema bestimmt. Zugleich erkennt er zunehmend, daß die Natur nicht ausreicht, um die menschliche Wirklichkeit zu erklären.

So entfaltet er den Hintergrund interpersonaler Liebe, welche eine besonders interessante Form von geeinter Verschiedenheit darstellt. Diese auf die höchste personale Wirklichkeit ausgerichtete Sicht prägt das Denken des späten Maritain, wie Teil C dargelegt hat. Hier kommt nun die Frage nach der «Qualität» von Austausch in Erkenntnis und Liebe vollends zum Tragen. Denn was charakterisiert die «Lebensqualität» eines Menschen, was macht menschliches Leben wert-voll? Mit anderen Worten versteht Maritain in dieser Phase den Menschen nicht nur von der Potentialität seiner Natur und seiner Fakultäten aus, sondern erhellt die Bedeutung der Personalität, die von Selbstinnerlichkeit und der freien Selbstverfügung über ihre (auf Verströmen angelegte) Überexistenz geprägt ist. Auf dieser Ebene *verlangt* die Person danach, mit Ihresgleichen in Verbindung zu treten und in einen lebendigen Austausch von Erkenntnis und Liebe einzutreten. Dieser Beziehungsebene kommt daher eine fundamentale Bedeutung für die Person zu.

Letztlich hat der Gang unserer Untersuchung erwiesen, daß Maritains Versuch, den Menschen und seine Freiheit zu bestimmen, wesentlich bestimmt ist durch die Frage nach Selbstand und Austausch der Seienden, nach Einheit und Vielheit, nach dem univoken und polyvalenten Seinsbegriff – kurzum nach der Analogie des Seins. Sie bildet gewissermaßen die Matrix oder den roten Faden im Denken Maritains, das immer wieder unterscheidet, um zu vereinen.[1] Die Phasen seines Denkens zeigen, wie er von der Epistemologie und Ontologie her (unter dem Primat der Wahrheit) allmählich zu einer Anthropologie gelangt, die den Vorrang der Person betont und damit unter dem Primat der Freiheit und der Liebe steht. So könnte man Maritains Entwicklung wohl durchaus als Evolution von der *analogia entis* hin zur *analogia amoris* beschreiben. Wenn nämlich der Mensch geschaffen ist, um zu lieben, dann ist zu klären, welche Form von Selbstverfügung anzunehmen ist, damit es zu einer interpersonalen Gemeinschaft kommen kann. Grundsätzlich ist es möglich, dabei stärker auf das Unterscheidende oder auf das Einende zu schauen. Maritain selbst gelangt vom ersten zum zweiten, indem er die höchste Analogie in der interpersonalen Liebe verwirklicht sieht, da diese dynamische Einheit *notwendig* eine Verschiedenheit der Liebenden impliziert. So war Maritains Blick hinsichtlich der Bestimmung des Menschen im Gefolge der thomistischen Tradition zunächst stärker auf das Unterscheidende gerichtet, was der Titel seines Hauptwerkes jener Zeit (*Les Degrés du Savoir*) exemplarisch belegt. Die klare Unterscheidung der einzelnen Erkenntnis- oder Abstraktionsstufen überträgt er auf die Beziehung zwischen Mensch und Gott und drückt sie klassisch mit dem Verhältnis von Natur und Gnade aus. Ähnlich umschreibt er den Menschen durch eine Reihe bipolarer Kategorien wie Individualität und Personalität, Materie und Geist sowie Intellekt und Wille

---

[1] Wie J.F. ANDERSON überzeugend darlegt («The Role of Analogy in Maritain's Thought», in *The Man and His Achievement*, Hrsg. J. Evans, New York 1963, 88-110), kann von einer umfassenden Präsenz des Analogiegedankens in Maritains Denken ausgegangen werden, da er ihn auf alle Bereiche anwendet. Dazu gehören Metaphysik, Epistemologie, Naturphilosophie, Moral, sozio-politische Philosophie, Kunst und Ästhetik wie auch Religion.

und deren Operationen, während er sich zum einenden personalen Zentrum selbst kaum äußert.

Nach und nach nimmt er jedoch die Bedeutung interpersonaler Gemeinschaft stärker in den Blick. Die Bedeutung des schöpferischen *fiat* und die moralische Freiheit, die in der Übermoral ihre wahre Erfüllung findet, lassen ihn u.a. erkennen, daß die Liebe gleichsam die Verschiedenheit fordert, um sie zu einer je neuen Einheit zu führen. Beeindruckend ist dabei sein Bemühen, besagte drei Bereiche, nämlich Gnoseologie, Ontologie sowie (theologische) Anthropologie miteinander zu verbinden und damit die Weisheitsdimension der Philosophie wiederherzustellen.[2] Maritains Denken erreicht so allmählich eine immer tiefere Kompatibilität dieser drei Bereiche, die im folgenden nochmals eigens dargestellt werden sollen, wobei sich aufgrund der komplexen Thematik Überschneidungen und Wiederholungen nicht völlig vermeiden lassen. In einem zweiten Paragraphen folgen neben einer Würdigung, welche die Gesamtsicht auf Maritains Werk anhand seines Analogieverständnisses weiter entfaltet, einige weiterführende Erwägungen.

Die drei untersuchten (der insgesamt vier) Phasen[3] haben gezeigt, daß Maritain sich anfangs kaum für den Menschen, sondern für die Erkenntnisbeziehung zwischen Subjekt und Objekt interessiert. Er erarbeitet in seiner zweiten Phase eine Epistemologie, die in der Tradition des kritischen Realismus steht und eine objektive Erkennbarkeit der Wirklichkeit gewährleistet. Dabei betrachtet er die Wirklichkeit primär von ihrer intelligiblen oder essentiellen Seite her. Das hat Folgen für seinen analogen, aber abstrakten Seinsbegriff wie auch für die Vorstellung des Menschen, der als *suppositum* verstanden wird. Nach und nach wird diese Unausgewogenheit in seiner dritten Phase durch eine stärkere Berücksichtigung der konnaturalen Erkenntnisweisen, also letztlich der Existenzordnung, ausgeglichen. Dies schlägt sich in seinem Seinsbegriff nieder, insofern er aus der Existenzintuition und nicht mehr aus der Abstraktion resultiert, wie auch in seiner Sicht des Menschen, den er als ein Selbst definiert, das über sich und seine Natur verfügt.

Auf diesem Hintergrund verändert Maritain auch seine metaphysische Sicht der Person, insofern Konnaturalisierung nicht nur die Aktivierung geistiger Fakultäten meint, sondern auf ein besonderes Zentrum verweist, worauf die nächsten Paragraphen noch näher eingehen werden. Dies hat

---

[2] S.o. 6.
[3] Zur Erinnerung: Die erste (vorthomistische) Periode umfaßt den frühen Maritain bis zu seiner Begegnung mit dem Denken des heiligen Thomas, also die Zeit von 1882 bis 1910, die zweite die Zeit von 1911 bis 1933, die dritte reicht von 1934 bis 1946 und die vierte von 1947 bis zu seinem Tod 1973.

wiederum Konsequenzen für seine Ontologie, deren Grundfrage sich auf das Zueinander von intelligibler Struktur (Essenzordnung) im dynamischen Dasein der Seienden (Existenzordnung) richtet. Maritain weiß, daß es hierbei prinzipiell um das Problem der Erkennbarkeit der Wirklichkeit geht. So hält er konsequent an einem Seinsbegriff fest, da nur dann alles, was ist oder sein kann, auch begrifflich umschrieben werden kann, wenn dies mit dem Sein als der alles umfassenden Wirklichkeit möglich ist. Doch indem er den konnaturalen Erkenntnisweisen gerecht zu werden versucht, entfaltet er auch den «Gehalt» des Seinsbegriffs weiter. Ging es ihm dabei in seiner zweiten Phase um die selbstevidente Einsicht in die ersten Prinzipien, so sprach er auch von einem analogen Seinsbegriff und untersuchte ihn vor allem von seiner abstrakten Seite her. Dem entsprach eine Erkenntnisordnung, welche die drei Stufen der Formalabstraktion klar gegeneinander abgrenzte und für jede Ebene ein eigenes Formalobjekt, eine eigene Methode forderte. Seit den dreißiger Jahren hingegen sieht er zunehmend die Einheit von Essenz und Existenz im Sein, so daß er nicht mehr allein die Essenz als Garant der Intelligibilität, sondern auch die Existenz als Bedingung der Möglichkeit der Erkenntnis betrachtet. Er richtet den Blick nicht mehr allein auf die Selbstevidenz der ersten Prinzipien, sondern auf die Intuition des alles umfassenden Seins, das viel mehr als nur Prinzipien in sich birgt.

So bezeichnet er in seiner dritten Phase diese Schau nicht mehr als Seins-, sondern als Existenzintuition, da er das Sein als dynamischen Existenzakt versteht und nicht nur unter der Hinsicht objektiver Erkennbarkeit der Realität betrachtet. An diesem Punkt macht sich erneut die epistemologische Problematik bemerkbar, wie sich nämlich die besondere Einsicht der Existenzintuition in einer intuitiven Abstraktion vollziehen kann, wie also Intuition, Abstraktion und Urteil verbunden sind. Hierin haben wir eine weitere Grundlinie des maritainschen Denken vor uns, da er anfangs von einer intuitiven Abstraktion, am Ende aber von einem judikativen Akt bzw. einem intuitiven Urteil spricht, die das eigentümliche dieser Einsicht andeuten wollen. Auf der einen Seite möchte er nicht dem Intuitionismus verfallen, da sonst jede Erkenntnis wie bei den Engeln unfehlbar wäre und sich in einem Schlag vollzöge, und auf der anderen Seite will er eine absolut zuverlässige Grundlage für eine realistische Erkenntnistheorie schaffen.

Damit sind wir auf die Frage nach der Vorgehensweise des Intellekts verwiesen, insofern er auf die Erkenntnis angelegt ist, auf die Bildung einer geistigen Ähnlichkeit, die von der Sinneswahrnehmung herrührt und schließlich vom erkennenden Intellekt in Besitz genommen wird (Übergang vom *intelligibile in actu* zum *intellectum in actu*). Hier nun steht Maritain an der Schwelle eines neuen Personverständnisses, da er durch die

Berücksichtigung der konnaturalen Erkenntnisweisen und der Existenzordnung auch seine Vorstellung des Subjekts ändert. Dies betrachtet er in seiner konzeptualistischen Phase als *suppositum*, das als intelligible Substanz alle Fakultäten in sich vereint. Er bestimmte es durch seine Fähigkeit, *in se* oder *per se* zu existieren, während Gott allein *a se* existiert, da in ihm Existenz und Essenz zusammenfallen, er also reiner Akt ist. Der Mensch hingegen verfügt über einen Wesenskern, der als intelligibles Prinzip seine innere Einheit und Identität gewährleistet. Wird dieser Wesenskern als Substanz gedacht, kann er sich nur vermittels seiner Akzidentien verändern, was im Hinblick auf interpersonale Beziehungen unbefriedigend bleibt und stets einen Kritikpunkt an der scholastischen Tradition bildete. In Bezug auf den Menschen ist dieses intelligible Prinzip nämlich eine Geistseele, die der *materia prima* Form und Existenz verleiht. Dabei sind Essenz und Existenz allerdings nicht zu trennen, sondern nur zu unterscheiden, da sie zwei verschiedenen Ordnungen angehören, die sich gegenseitig bestimmen. So kann die Seele aufgrund ihrer Unabhängigkeit entweder als das Ganze oder aber als ein Teil des konkreten *ens* verstanden werden, da sie in ihrem Selbstvollzug auf die Fakultäten und damit auf die körperlichen Sinne angewiesen ist, weshalb für Thomas und auch Maritain die *anima separata* keine vollständige Person ist.[4] Auch hierin spiegelt sich die Problematik wider, daß sich die scholastische Tradition nur wenig mit der eigentlichen Wirklichkeit der Person beschäftigte und sie als geistige Einzelheit primär von ihrer Intelligibilität, nicht aber von ihrer ontologischen Struktur her betrachtete. So kristallisiert sich auch bei Maritain nur allmählich eine klarere Reflexion darüber heraus, was die innere Einheit und Freiheit dessen ausmacht, das um sich selbst als Subjekt weiß und «Ich» sagen kann.

Daß die Wechselbeziehung von Essenz- und Existenzordnung in enger Verbindung mit dem Subsistenzverständnis steht, sieht Maritain von Anfang an. Doch erst durch eine stärkere Berücksichtigung der Existenzordnung kann er auch die Subsistenz positiv umschreiben. Dies heißt, daß er in seiner vierten Phase die Subsistenz als autonomen Existenzakt versteht, der von der Person *ausgeübt* wird. Hatte Maritain zuvor schon die Wirklichkeit überhaupt als *actus existentiae* dargestellt, so stellt er nun auch die Person dahingehend dar, daß in ihr die Essenz nicht nur mit der Existenz verbunden ist, sondern diese Verbindung einem Subjekt zukommt, dem damit eine unergründliche Tiefe und Handlungsfreiheit verliehen wird. Auf diese Weise empfängt das geistbegabte Subjekt nicht nur seine Existenz, sondern kann auch über sie verfügen. Diese Ausübung ist aber mehr als nur ein

---

[4] Vgl. *De l'Église du Christ* 39, Anm. 5: «Privées de leur corps, sans lequel la nature humaine n'est pas complète, les âmes séparées ne sont pas, ontologiquement, des personnes. Mais elles gardent leur personnalité morale.»

Vollzug der Fakultäten. Sie hat mit Freiheit und Unableitbarkeit ebenso wie mit Kreativität und moralischer Verantwortung zu tun, worauf der nächste Paragraph eingehen wird. Letztlich geht es dabei um den Selbstvollzug des Subjektes, das mehr ist die Summe aller seiner Fakultäten und Operationen, sondern sie wie eine eigene Ordnung überragt. Mit anderen Worten konstituiert die Person als *suppositum* eine eigene Ordnung, ist also mehr als nur ein einheitsstiftendes «Darunterliegendes». Vielmehr erlaubt ihr ihre Subjekthaftigkeit, sich gewissermaßen von oben her ihrer Natur zu bedienen und sich durch sie auszudrücken. Dabei nun versucht Maritain, die Freiheit nicht mehr von der Natur des Menschen her als Potenz seiner geistigen Fakultäten, sondern als Ausübung der aktiven Überexistenz durch die Person zu verstehen. Sein Seelenmodell, das der übernächste Paragraph nochmals erläutern wird, macht anschaulich, daß die menschliche Person als eigener Mikrokosmos zu verstehen ist. Dieser verfügt über sich selbst und ist fähig, seine eigenen Ziele zu wählen und damit Ursprung freier und unableitbarer Initiativen zu sein.

Auch hierbei macht sich bemerkbar, daß der Mensch nicht Ursache seiner selbst ist. Vielmehr ist er auch in seiner Personhaftigkeit ein Abbild Gottes als der Personalität schlechthin. Dadurch, daß Maritain einen analogen Personbegriff verwendet, gelten für Gott und Mensch ähnliche Maßstäbe. Das bedeutet, daß auch die geschaffene Person ihre wahre Vollendung in der Liebesgemeinschaft findet, die günstigenfalls die Gemeinschaft mit ihresgleichen auf horizontaler Ebene wie auch die Teilhabe an Gottes interpersonalem Leben und damit die vertikale Dimension umfaßt. Da aber die Liebe auf personaler Freiheit beruht, hat der Mensch aufgrund der ihm eigenen Selbstverfügung auch die Möglichkeit, seine Freiheit, d.h. den ihm anvertrauten Umgang mit seiner geistigen Überexistenz, auf das *malum* auszurichten und damit «das Nichts zu tun». Seinsmindernde Akte fallen also auf ihn zurück und reduzieren seine «Qualität» als Person, gerade auch in moralischer Hinsicht. Denn seine Geschöpflichkeit bedeutet, daß er zwar gegen die göttliche (Natur-)Ordnung verstoßen kann, nicht aber über sie zu bestimmen hat, sondern ihr als *mensura mensurata* untersteht. Dies führt uns zu dem Paradox, daß Gott als Schöpfer einerseits alles umfaßt, andererseits aber dem Geschöpf die Möglichkeit läßt, ihn als höchstes Gut und als Quelle allen Seins nicht anzuerkennen. Aus diesem Grund muß zumindest eine innere Anlage oder potentielle Bezogenheit im Menschen vorhanden sein, an die er in Freiheit anknüpfen kann. Ebenso muß es eine Form von inneren Neigungen oder Einsichten geben, welche die menschliche Person nicht zwingen, sondern ihr eine moralische Gewißheit oder plausible Gründe vermitteln, sich auf Gott hin auszurichten. Damit sind wir bei den Fragen zur Anthropologie angelangt, die in einem eigenen Abschnitt behandelt werden sollen.

b) Anthropologie

Die Frage nach der Grundausrichtung des Menschen auf Gott lenkt unseren Blick auf das menschliche Strebevermögen wie auch auf den verantwortlichen und freien Umgang mit dieser Tendenz. Dabei geht es Maritain anfangs um die Frage nach der Natur des Willens und seiner Wirkweise. Auch hierbei lassen sich eine Reihe von Spannungsfeldern ausmachen. Dazu gehört auf der einen Seite die Selbstbestimmung des Menschen durch seinen Willen, während auf der anderen Seite der Wille durch seine Natur notwendig auf das Gute ausgerichtet ist. Wie kann also eine Fakultät einerseits eine innere Neigung haben, das Gute zu erstreben, andererseits aber wiederum über diese Neigung verfügen und selbst bestimmen, worin dieses Gut im Einzelfall besteht? Im Gefolge der scholastischen Tradition sieht Maritain zu Beginn seiner philosophischen Laufbahn den Willen auf das *bonum in communi* notwendig ausgerichtet, während ihn das *bonum concretum* aufgrund von dessen (geschöpflicher) Unvollkommenheit nicht notwendig anzieht. So gibt es eine Wahlfreiheit gegenüber einem unvollkommenen Gut, insofern sich das *liberum arbitrium* davon anziehen lassen kann oder es ablehnt. Wie aber kann der Wille seine «Entscheidung» begründen? Maritain spricht von einer gegenseitigen Kausalität mit dem Intellekt, die zu einem abschließenden Urteil führt. Denn obwohl in gewisser Weise der Wille blind ist, geht von ihm das letzte Urteil für ein konkretes Gut aus. Handelt er darum irrational? Maritain verweist diesbezüglich in seiner ersten Lebenshälfte auf das *liberum arbitrium*, auf die «Fakultät der Entscheidungsfreiheit», ohne allerdings näher zu spezifizieren, wie diese aktiviert wird oder mit dem Subjekt verbunden ist, wie sie sich also selbst ihr Ziel vorgibt, das sie schließlich auch erstrebt.

Diesen Sachverhalt vertieft Maritain erst ab den vierziger Jahren, indem er die Struktur des Subjektes differenzierter betrachtet. Er richtet den Blick auf den Seelengrund, von dem wie von einem Zentrum aus alle Entscheidungen gefällt werden. Dabei kommt dem Willen eine existentielle Wirkfähigkeit zu, während ihm der Intellekt das konkrete Gut abstrakt vermittelt und ihm damit einen formalen Grund für dieses oder jenes Gut liefert, das Handeln also intelligibel macht. Entstand vorher der Eindruck, daß beide Fakultäten abschließend zu einem Urteil kommen, sieht Maritain nun, daß sie nur von einem Mittelpunkt her geeint sein können, der beide Fakultäten umfaßt. Diese Vorstellung verweist auf die Wurzel aller Seelenfakultäten, die nach Bedarf die eine oder andere Seelenpotenz aktiviert, wie Maritain in seiner vierten Phase veranschaulicht. An diese Sicht des Menschen knüpft auch Maritains erweiterte Definition der Subsistenz an. Sie besagt, daß im Subjekt die essentielle und die existentielle Ordnung nicht nur verbunden sind, sondern ihm einen autonomen Status verleihen, durch den es «Ich» sagen und über sich selbst verfügen kann. Damit geht auch die eigene Freiheitsordnung der Autonomiefreiheit einher, die auf der Wahlfreiheit gründet, sich aber auf den Selbstand und die Selbstverfügung des geistbegabten Subjekts bezieht. Mit anderen Worten bestimmt darin die menschliche Person über ihre Entfaltung *als Person*, indem sie sich auf ein bestimmtes Gut ausrichten kann, das sie durch ihre einzelnen Entscheidungen zu erreichen und zu besitzen versucht.

Hierbei nun werden eine Reihe von Problemen sichtbar, deren inhärente Spannungen sich auch in Maritains Denken niederschlagen. Einerseits geht das moralische *fiat* von der Person aus, die frei über sich verfügt. Andererseits wird die Person durch ihre Leib-Seele-Einheit, also auch von ihrer Natur her, bestimmt. Maritain nun möchte die Ungeschuldetheit der Übernatur oder der Gnade aufrechterhalten, weshalb er nur im Willen eine Neigung zum absoluten Gut annimmt. Er möchte nicht für ein *desiderium naturale videndi Deum* in der Person selbst eintreten, da dies den Anspruch auf Erfüllung erheben könnte. Diese Problematik versucht er zu lösen, indem er nur im Willen eine Neigung annimmt, die damit seiner Natur zukommt und die Freiheit der Person bewahrt. Für Maritain macht sich die Neigung des Willens in der Person durch eine transzendente Aspiration bemerkbar, aufgrund welcher der Mensch mehr als rein immanente Güter ersehnt.

Doch wie kann es im Menschen eine Anziehungskraft geben, ohne daß diese das ganze Subjekt betrifft und involviert? Und wie kann der Mensch die Möglichkeit haben, diese Anziehungskraft wahrzunehmen und ihr dennoch Widerstand zu leisten? Umgekehrt läßt sich auch fragen, worin seine Freiheit besteht, wenn er sein Gut nur in Gott findet, und er über eine innere Struktur verfügt, die ihn ebenfalls darauf hinweist bzw. in diese Richtung drängt, er letztlich also nur dieser «natürlichen Funktionsweise» seiner Freiheit folgen muß. Dazu kommt die Überlegung, auf welches Gut nun der Wille ausgerichtet ist. Wenn das *bonum in communi* als Abstraktion zu verstehen ist, wie kann es der Wille erkennen und sich für es entscheiden, da er auf ein konkretes Gut ausgerichtet ist, das zur Existenzordnung gehört? Wenn dieses mit Gott gleichgesetzt wird, dann ist die Unterscheidung zwischen Natur und Übernatur hinfällig, da der Wille notwendig auf Gott ausgerichtet wäre. Ebensowenig kann der Wille auf ein konkretes Gut bezogen sein, da es ansonsten keine Wahlfreiheit gäbe.

Auch in diesem Kontext macht sich Maritains existentialistische Epistemologie allmählich positiv bemerkbar. Er umgeht in seiner vierten Phase eine abstrakte Erkenntnis des Naturgesetzes, die eine Tätigkeit des Intellekts beanspruchen würde, indem er das Erfassen des Naturgesetzes in die Reihe der nicht-rationalen Einsichten aufnimmt, wie sie etwa bei der Poesie und der Mystik auftreten. So stellt er die moralische Erkenntnis in eine Linie mit der affektiven Erkenntnis durch Konnaturalität, die darum zunächst nicht zu einer rationalen Einsicht führt, sondern sich mit einer gewissen Neigung bemerkbar macht, die intuitiv erfaßt wird. Dabei wird nicht nur eine Fakultät, sondern die ganze Person von ihrem Zentrum, ihrer Seelenspitze her, einbezogen. In dieser sind Person und Natur zwar verbunden, aber für ein konkretes Wollen und Ausführen ist es der Person möglich, sich nochmals über ihre Natur und damit auch über das Gewissensurteil, das objektives Sollen und subjektives Können verbindet, zu erheben. Somit bleibt die letzte Entscheidung dem Selbst, also der Person, überlassen, insofern sie wie ein Punkt über ihre Natur hinausragt und damit in der Lage ist, diese konnaturalen Anregungen anzunehmen oder abzulehnen. Um die Freiheit der Person zu gewährleisten, spricht Maritain auch nicht von starren Gesetzen, die einer Abstraktion und damit einer Operation des Intellekts bedürften, sondern von flexiblen Entwürfen, die auf einen Sachverhalt hinweisen und so zu gewissen Verhaltensweisen animieren.

Damit kommt erneut eine wichtige Wechselwirkung zum Vorschein. Denn auf der einen Seite implizieren diese Entwürfe eine gewisse Kreativität der Person, die Bedürfnisse der konkreten Situation zu erkennen und darauf zu reagieren, wie z.B. die Selbstwahrnehmung «Hunger!» zu einer angemessenen Form der Nahrungssuche und -aufnahme führen kann. Ebenso kann die Feststellung «Vorsicht! Trauriger Mensch!» Reaktionen der Anteilnahme, besonderer Sensibilität oder auch der Distanz auslösen. Auf der anderen Seite hinterläßt das Handeln des Menschen nicht nur in sittlicher Hinsicht seine Spuren. Während die Wahlfreiheit oder die Operationen der Natur einfach auf die Betätigung einzelner Fakultäten verweisen, so wird die Rückwirkung (z.B. die Heranbildung besonderer Fähigkeiten oder die Schärfung mitmenschlicher Sensibilität) nicht nur auf die Fakultät im Sinne der Herausbildung eines *habitus* bezogen, sondern führt auch zu einer Prägung des Subjekts selbst. Das Tun des Menschen stellt folglich nicht eine zusammenhanglose Aneinanderreihung von Fakten dar, sondern ist Ausdruck seiner Personalität. Ebenso hinterläßt das Handeln seine Spuren in der Person selbst. Mit anderen Worten kann das menschliche Subjekt nicht nur freie und unableitbare Ereignisse in die Welt einführen, sondern wird auch umgekehrt von ihnen bestimmt. Diese Rückwirkung ist freilich kein Produkt des Zufalls, sondern folgt den Anforderungen einer Struktur, die nicht vom Menschen, sondern von seinem Schöpfer ausgeht.

Hierbei zeigt sich noch ein weiteres Wechselverhältnis, das uns stärker das Wesen der Person vor Augen führt. Wenn nämlich die menschliche Person nicht Ursache und Ziel ihrer Freiheit ist, sondern sie mit dem Naturgesetz als einer Art von Appellen konfrontiert wird, dann können nicht nur die kreative Reaktion oder die bleibenden Folgen, sondern auch die Beziehung zu dem, von dem der Appell ausgeht, betrachtet werden. Das Tun des Guten macht nicht nur gut, sondern führt auch zu einer wachsenden Vertrautheit mit der Quelle aller Güte, was Maritain (im Gefolge von Bergson) mit Übermoral umschreibt. Freiheit ist dabei nicht als völlige Selbstverfügung zu verstehen, sondern als Möglichkeit, der inneren Struktur der Freiheit freiwilligen Gehorsam zu leisten. Ob dies nun aus Gründen der Angst oder der Vernunft, des eigenen Vorteils oder der Religion geschieht – das Ziel besteht darin, schließlich mit Hilfe des christlichen Glaubens und der Gnade den Autor des Naturgesetzes als subsistierende Liebe zu erkennen und anzunehmen. So hängt es gewissermaßen vom Menschen ab, in sich das Naturgesetz zu «existentialisieren», und ebenso wird er dabei feststellen, daß mit dieser Form von Unterordnung seine Personalität wie auch seine Freiheit ihre wahre Vollendung erreichen.

Dabei ist freilich zu berücksichtigen, daß die *caritas*, das Fundament der Übermoral, über das allgemeine Naturgesetz hinausgehen und sich universaler rationaler Rechtfertigung entziehen kann. Derartige moralische Akte bleiben dabei dennoch gewissen Prinzipien untergeordnet (so kann sexueller Mißbrauch von Kindern nie gerechtfertigt werden) und kann damit nie amoralisch sein. Im letzten ist daran festzuhalten, daß das Naturgesetz und seine Erkenntnis im ewigen Gesetz gründet, «das in sich nur von Gott und von denen, die ihn in seinem Wesen schauen, gekannt wird»[5]. So begründet Gott, das ewige Gesetz, nicht nur das objektive Naturgesetz, sondern ebenso die konkreten existentiellen Situationen und vermag sie gerecht zu beurteilen. Dem Menschen hingegen bleibt die Herausforderung, immer wieder neu nach Gottes Willen zu suchen – manchmal auch gegen alle irdische Weisheit.

Auch in diesem Kontext hat Maritains Denken einen Umbruch erlebt. Denn in seiner zweiten Phase war seine Vorstellung stark vom Partizipationsgedanken bestimmt, also einer Teilhabe der menschlichen Freiheit an der göttlichen Freiheit und der Schau Gottes als des *summum bonum*, in welcher Intellekt und Wille ihre Erfüllung finden. In seiner vierten Phase hingegen lassen sich zwei Linien ausmachen: Die eine führt das Kausalitätsdenken weiter, insofern Maritain an Gottes absoluter und transzendenter Erstursache allen Seins festhält und ihn als Zentrum sieht, von dem alles ausgeht. So wird auch das Tun des Guten als eine von Gott ausgehende Anregung verstanden, über die der Mensch in seiner Freiheit entscheiden kann.

---

[5] *Quelques remarques* 964.

Entweder hält er still und verharrt in seiner Offenheit, so daß die göttliche *motio* die vorgesehene Frucht bringt, oder aber er greift ein und schränkt damit das von Gott vorgesehene Gut ein bzw. macht es zunichte. Allerdings betont er die göttliche Allursächlichkeit so stark, daß er der menschlichen Freiheit und Kontingenz nicht genügend Spielraum läßt. So beschränkt sich die Mitwirkung des Menschen auf ein Nicht-Handeln und ein Stillhalten unter der Gnade. Dabei vermittelt der Wille die göttliche Vervollkommnung, da er von Gott berührt und bewegt wird, wodurch auch die konkrete Tat gut wird.

Die zweite Linie in Maritains Denken sieht im moralischen Handeln deutlicher die interpersonale Beziehung zwischen Mensch und Gott, die auf Erden mit der Übermoral im Sinne einer Freundschaftsbeziehung anfängt und schließlich in der Anschauung Gottes ihre bleibende Vollendung findet. Wenn nämlich das Wesen der Person in Formen der Interkommunikation von Erkenntnis und Liebe besteht, dann kann auch das Eintreten in die Ewigkeit nicht nur eine passive Teilhabe sein. Eher wird es einer Aktivierung aller Potentiale gleichen, die dem Menschen zur Verfügung stehen und ihn so Gott lieben lassen, wie Gott sich selbst liebt, was die Erfahrung der Mystiker zu bestätigen scheint.

Hinter diesen beiden Linien steht letztlich eine Bipolarität, die wohl eine der spannungsreichsten Grundfragen von Maritains Denken darstellt, nämlich die Frage nach göttlicher und menschlicher Wirkursächlichkeit. Während er einerseits von einer naturhaften Anziehungskraft ausgeht und den freien und verantwortlichen Umgang des Menschen damit betrachtet, sieht er andererseits diese Problematik auch auf interpersonaler Ebene. Maritain spricht mehrfach vom schöpferischen *fiat*, das aus der Tiefe des Menschen aufsteigt und in der Lage ist, einzigartige Akte zu setzen. Diese sind Frucht der völlig unableitbaren Initiative der Person. In ihnen ist das Selbst des Menschen vollkommen frei und unvorhersehbar tätig, ob nun künstlerisch, moralisch oder allgemein kreativ. Diese schöpferische Freiheit des Menschen wird gerade auch bei der moralischen Erstentscheidung für das Gute sichtbar, insofern das Geschöpf darin eine Art Fundamentaloption trifft, die in ihm eine bleibende Wirkung hinterläßt. Wie kann hierbei eine reine Passivität des Menschen gedacht werden, wenn es doch um seine eigene Initiative geht? Kann sich die Anregung zum Guten auf der gleichen Ebene bewegen wie die «Entscheidung» des Menschen, sie anzunehmen oder abzulehnen? Muß nicht auch hierbei ein naturhaftes Zusammenwirken zwischen Gott und Mensch von einer personalen Initiative unterschieden werden?

Grundsätzlich stellt sich dabei die Frage nach der menschlichen Freiheit nicht nur von ihrer inneren Struktur, sondern von ihrer Unvorhersehbarkeit her. Besonders deutlich wird dies bei Maritains Betrachtung der Sünde der gefallenen Engel, die genau wußten, was ihnen bevorstand, die aber dennoch das Böse bevorzugten, weil sie es *wollten*. Ähnliches gilt auch für den Menschen, der in seiner innersten Mitte, in der Tiefe seines Herzens, über sein Schicksal entscheidet. Meint Ausübung seiner eigenen Existenz nicht auch eine Form von Selbstbestimmung, die der göttlichen Anregung gegenüber mehr als nur ein passives Geschehenlassen bedeutet? Kann nicht die unerschöpfliche Tiefe der Person auch eine Form von Ursprünglichkeit aufweisen, die sich nicht nur auf die Entscheidung für Gut oder Böse, sondern auch auf deren «Gestaltung» bezieht? Überträgt Maritain seine ontologischen Vorstellungen in der eben erwähnten ersten Linie nicht zu sehr auf die anthropologische Ebene? Deutet nicht die Rede des späten Maritain vom virtuellen Leid in Gott auf etwas hin, das dem Menschen nicht nur die Möglichkeit zugesteht, das «Nichts» zu tun, sondern auch eine besondere Form der «Wert-schöpfung»? Sicher wird durch die Verbindung von Zeit und Ewigkeit, von menschlicher Kontingenz und göttlicher Transzendenz, die Sprache an die Grenzen ihrer Ausdrucksfähigkeit geführt. Meint aber personale Freiheit nicht nur die Abwesenheit von Notwendigkeit oder Zwang, sondern auch die freie Verfügung über den Mikrokosmos des eigenen Ich?

Primär scheint Maritain an einer intelligiblen Struktur allen moralischen Tuns festhalten zu wollen, um aber gleichzeitig zuzugeben, daß jeder sittliche Fall einmalig ist und darum nicht einfach einem allgemeinen oder universalen Naturgesetz folgt, sondern von Gott als dem ewigen und existentiellen Gesetz her seine letzte Beurteilung erhält. So spricht Maritain einerseits von einem «Durchlassen» der göttlichen Anregung, was die konkrete Anregung Gottes zum Guten nicht nur etwas mechanistisch erscheinen läßt, sondern auch die Kreativität menschlicher Liebe einzuschränken scheint. Dies zeigt auch Maritains Sündenverständnis als Nichtbeachtung der Regel, das seinen konzeptualistischen Zug bis zum Schluß nicht verliert. Demnach gibt es für jede moralische Situation eine erkennbare Regel, und somit weißt der Mensch eigentlich, was er zu tun und was er zu lassen hat. Ist die Sünde dann nur ein Nicht-Beachten, ein «Nicht-Wahrhaben-Wollen» der Regel?

Auf der anderen Seite betont Maritain nämlich nicht weniger deutlich, daß auch Übermoral über eine überintelligible Struktur verfügt. Zwar folgt sie nicht rein rationalen Gründen, weshalb moralisches Handeln nicht von allgemeinen Prinzipien abgeleitet werden kann. Vielmehr schreibt er dem menschlichen Herzen eine besondere Ursächlichkeit zu, dessen Beweggründe häufig nicht rational einsichtig und auch von Gott nicht steuerbar sind. Allerdings wird durch die verbindende Freundschaftsbeziehung das Gut des anderen über das eigene Wohl gestellt. Könnte man darum nicht auch von einer «kreativen Verfügungsgewalt» des menschlichen Herzens ausgehen, insofern Maritain auch zwischen dem Gewissensurteil und der konkreten Entscheidung der Person unterscheidet? Wäre dabei die Handlungsfreiheit der Person nicht dahingehend denkbar, daß sie aus «dem Strom der göttlichen Anregungen» und der Befähigung zum Guten eine konkrete Initiative auswählt und damit mitgestaltet? Wäre nicht auch eine ontologische Befähigung oder Anregung zum Guten denkbar, aus deren Überfülle der Mensch in seinem Herzen die eine oder andere konkrete Möglichkeit «gestaltet» und schließlich durchführt, wobei sein Tun von der Überintelligibilität der Liebe bestimmt sein kann, deren «Logik» letztlich diejenige Gottes ist?

Diese Grundfragen menschlicher Freiheit und ihrer inneren Struktur verweisen uns auf das Mysterium der Person, deren Zentrum über die ganze geschaffene Wirklichkeit hinausragt und mehr wert ist als die gesamte untermenschliche Schöpfung. Von besonderer Originalität ist Maritains Erarbeitung eines dynamischen Seelenmodells, das im folgenden Abschnitt zusammen mit einigen Antwortversuchen zu den eben genannten Fragen präsentiert werden soll.

c) Das Personverständnis

Eine der zentralen und originellsten geistigen Neuerungen Maritains besteht zweifelsohne in der Erhellung des inneren Einheitspunktes der Person, des *apex animae*. In dessen Bestimmung scheint uns auch Maritains Personverständnis am deutlichsten sichtbar zu werden, da es der Fülle der oben angedeuteten Paradoxa eine dynamische und zugleich harmonische Wechselbeziehung ermöglicht. So läßt sich die Seelenspitze in der Phase der Systole als die *absolute Einheit* und Einfachheit der Person von innen her umschreiben. In ihr ist die Selbstinnerlichkeit des Geistes auf eine Weise gegeben, in der das Subjekt «Ich» sagt und dabei um sich selbst in seiner Leib-Seele-Einheit weiß, d.h. sich als Person erfährt; so kann es in der Phase der Diastole eine gewisse Distanz zu sich einnehmen und erlebt sich als geeinte *Verschiedenheit.*

Wie sich allerdings gezeigt hat, betrachtet Maritain erst in seiner letzten Phase den Menschen (von einigen Ausnahmen abgesehen) kohärent von der Seite der Person und ihrer Freiheit her, war diese stringent personalistische Sicht doch die Frucht einer langen und vielschichtigen Entwicklung. So folgt er anfangs vor allem der scholastischen Tradition, die den Menschen von seiner Natur her bestimmt. Dabei wird der Geist mit seinen Operationen als *actus perfecti* gesehen, da er in sich schon eine Vollkommenheit darstellt. Die Person kommt dabei aber nur als einende Subsistenz in den Blick, als *suppositum*, in dem alles zusammengehalten wird. Die Freiheit des Subjekts wird von den Fakultäten her verstanden, deren Tätigkeit nach dem Potenz-Akt-Modell zu erklären versucht wird. Zwar kann dabei die Unterscheidung von Natur und Übernatur aufrecht erhalten werden, aber als schwierig gestaltet sich der Zusammenhang von Wille und seinem Träger, dem *liberum arbitrium*, wie auch die Erklärung von interpersonalen Beziehungen, die nur rein akzidentiell zur Natur hinzukommen, nicht aber als Ausdruck der Person selbst fungieren können.

Schließlich gelingt es Maritain in seiner dritten Phase, das Wesen der Person deutlicher herauszuarbeiten, insofern es auf Austausch in Erkenntnis und Liebe angelegt ist und nach interpersonalen Beziehungen *verlangt*. Damit ist es schon für eine gewisse Bewegung wie auch für eine (qualitative) Veränderung offen. Zwar hält Maritain nach wie vor an der Natur als Prinzip der Aktivität von Wissen und Wollen fest. Doch wie er schon zuvor von der Überexistenz des Geistes spricht, so weist er auch darauf hin, daß die menschliche Natur «genaugenommen eine in Bewegung befindliche Natur ist, die Natur eines fleischlichen Wesens, das nach dem Bild Gottes gemacht ist»[6]. Wie aber kann diese Veränderung gedacht werden? Wenn nämlich die Person nur als *suppositum*, als Darunterliegendes verstanden wird, ist sie nicht mehr als ein substantialer Einheitspunkt, der zur gleichen Ordnung der Potenzen gehört. Wenn die Person aber über ihre Fakultäten hinausragt, wie ist sie mit ihnen verbunden?

Hier tritt die brillante Idee zutage, die Maritains Seelenmodell enthält, das er in seiner vierten Phase präsentiert. Wie nämlich die Subsistenz weder in der Essenz- noch in der Existenzordnung besteht, sondern einen Akt zum Ausdruck bringt, in dem beide nicht nur verbunden, sondern Komponenten eines selbständigen Subjekts mit einer intelligiblen und kreativen Tiefe werden, so ist auch die Person als autonomer Akt mehr als die Summe ihrer Fakultäten und deren Potentialität. Vielmehr überragt die Person gewissermaßen diese beiden Ordnungen und bildet eine «*neue metaphysische Dimension*», ein «*Zentrum existentieller und operativer Tätigkeit*»[7]. Diese neue Ordnung ist nicht ein substantialer Modus, sondern eine eigene selbständige Ordnung, ein neues Universum, ein unverfügbarer Mikrokosmos in sich. Von dessen Zentrum aus wird die eigene Existenz ausgeübt, wird das Potential der Fakultäten gelenkt und damit auch das eigene Wesen als Person gelebt. So könnte man die Seelenspitze wohl als den Ort umschreiben, an dem die menschliche Person ihre kreative Verfügungsgewalt über ihre Potentiale in geeinter Verschiedenheit ausübt. Das heißt, daß die Person von ihrer Seelenspitze her alle Ebenen gestaltet oder «verwaltet», die ihre

---

[6] *Humanisme intégral* 358.
[7] *Les Degrés* 1049f.

Wirklichkeit bestimmen (dazu gehört die ontologische, die leibliche wie auch die seelische Ordnung), sich selbst aber auch von diesen her erfährt: Geist und Materie, Essenz und Existenz, Freiheit (der Person) und Notwendigkeit (der Natur), Wille und Intellekt, Ruhe und Bewegung, Identität und Veränderung, Gnade und Natur bestimmen die Wirklichkeit des Menschen und sind in seinem Selbst dynamisch miteinander verbunden.

Wie anders könnte Maritain sonst sagen, daß das Privileg wie auch das Mysterium der Person darin besteht, daß ihr Tun aus der intimen Innerlichkeit ihres Herzens und ihrer substantiellen Tiefe auf ursprüngliche und absolut primäre Weise hervorgeht? Eben darum ist ihre Tätigkeit auf eminente Weise die ihr eigene und damit eine personale, weshalb sie auch zur sittlichen Ordnung gehört. Nur weil das Tun der Person nicht nur *von ihr* wie von einer beliebigen Ursache abstammt, sondern einzig und allein *aus ihr*, aus ihrem Herzen, hervorgeht und damit einzigartige und unnachahmliche Züge besitzt, trägt sie auch die moralische Verantwortung dafür.[8] Mit anderen Worten bedeutet die Person als neue metaphysische Dimension nicht nur eine besondere Weise der Selbstbestimmung, sondern als «*agens morale* trifft sie freie Entscheidungen wie kein anderer und nimmt in der Welt ihren Platz mit einem unvergänglichen Antlitz und einem unauslöschlichen Schicksal ein, ist also ein Universum für sich»[9].

Unter dieser Hinsicht erscheint das Zentrum, die Seelenspitze, als Seelengrund oder als «grundloser Grund», dessen Tätigkeit unableitbar ist und darum nicht erklärt, sondern nur konstatiert werden kann.[10] Dafür macht Maritains Seelenmodell den Übergang oder das Hin und Her zwischen *apex animae* und *anima ordinaria* umso anschaulicher. Durch die beiden Pole von Seelenspitze und Gesamtseele entsteht Bewegung und Dynamik, und der Mensch überträgt formaliter auf seine Leib-Seele-Einheit, was in der Seelenspitze schon keimhaft (virtuell) enthalten ist. So kann die individuelle Person durch die Fakultäten der Ordinärseele und gemäß ihrer menschlichen Natur (im Sinne ihrer Abhängigkeit von Zeit, Materie, Endlichkeit und

---

[8] Vgl. *Les Degrés* 1050-1052.
[9] *L'Église du Christ* 39. Und Maritain fügt noch hinzu (*ebd.*): «Aus diesem Grund ist jedes menschliche Wesen, und sei es noch so armselig, eine Person vor den anderen Menschen und vor Gott und besitzt die Würde einer Person.»
[10] Deshalb spricht J. de FINANCE («L'éclair de la liberté» 44) zutreffend vom «Aufblitzen der Freiheit», da jede freie Entscheidung gleichsam die Nacht der Natur erhellt. Dabei obliegt es der Person, in welches unwiederbringlich-einzigartige Lichtspiel sie die konkrete Situation tauchen möchte: «**L'éclair de la liberté illumine** alors la profondeur du sujet et, d'une façon encore voilée, **le Centre d'où procède la force** qui l'attire vers le haut. Toute fois, tant que ce centre n'a pas manifesté à découvert son vrai visage, il reste encore au sujet la possibilité de choisir un autre type de liberté.»

Vergänglichkeit) entsprechend Neues vollbringen[11], worin sich wiederum die Person ausdrückt. Auch hierbei bleibt die geeinte Verschiedenheit erhalten, da es im Subjekt selbst nur zu einer Art «Verlagerung» oder Entfaltung dessen kommt, was in seiner Seelenspitze schon enthalten war. Freilich wird damit auch die freie Ausübung der personalen Existenz *ad extra* ermöglicht, in der sich darum das Subjekt als solches und nicht nur einzelne Fakultäten ausdrücken. So können sich die Operationen auf einer allgemein schöpferischen wie auch auf moralischer Ebene entfalten, für die das Subjekt die Verantwortung trägt.

Diese Selbstverfügung der Person vollzieht sich nicht nach dem Akt-Potenz-Schema, sondern in der Weise der Emanation, die mehr gelebt und ausgeübt als produziert wird.[12] Wie Maritain schon von Anfang an betont, führt die geistige Tätigkeit nicht zu einer materiellen, sondern einer intentionalen «Veränderung» des Subjekts, welche der Kategorie der Qualität zugeordnet wird. Wenn darum die Geistseele schon von ihrer Natur her Neigung und Bewegung impliziert, sich also von einem Akt der Vollkommenheit zum nächsten bewegt, dann geht es dabei offensichtlich nicht nur um das ungeordnete Überströmen des Geistes, sondern ebenso um die «Gestaltung» der geistigen Überexistenz, um die schöpferisch-freie und unableitbare Verfügungsgewalt über die eigene personale Existenz.

Maritain hat die Implikationen seines Seelenmodells nicht völlig entfaltet. Aber vielleicht kann in diesem Kontext der Verweis auf seine Unterscheidung zwischen virtuell und formell die Richtung einer möglichen Vertiefung anzeigen. So werden im herkömmlichen Sinn das Subjekt und sein Tun durch eine Substanz-Akzidens-Unterscheidung oder Potenz-Akt-Modell dargestellt. Dabei wird die Substanz vor allem von ihrer Unveränderlichkeit her gesehen, um die Identität des Subjekts bei sich vollziehender Entwicklung zu gewährleisten. Veränderungen werden darum den Seelenpotenzen zugeschrieben, die sich aber auf die subsistierende Substanz nur akzidentiell beziehen. Wenn nun das Subjekt in seiner Ganzheit betrachtet wird, kann man einerseits von qualitativer Veränderung sprechen, die das Gesamt von Substanz und Akzidens betrifft. Wie aber kann die Unterscheidung zwischen dem Einheitspunkt und seinen Fakultäten aufrechterhalten bleiben, während sich ihre Wechselwirkung auf *beide* bezieht? Mit Maritains Vorstellung der Emanation aus der Seelenspitze in die Gesamtseele könnte man von einem Übergang ausgehen, bei dem beispielsweise der geistige Keim einer poetischen Intuition vom Zustand einer virtuellen in den einer formalen Existenzweise eintritt. Dabei wird die

---

[11] Vgl. *Court traité* 56.
[12] Vgl. *Les Degrés* 1052.

Überexistenz des Geistes nicht wie eine Potenz verändert, sondern ihre überströmende Natur verleiht einer virtuellen Möglichkeit formal Ausdruck.

> *Virtuellement* (réellement-virtuellement) s'oppose à *formellement* (réellement-formellement). 'Virtuellement' veut dire beaucoup plus que 'potentiellement', et contient 'implicitement', mais en y ajoutant l'idée de tendance. – Un grain de blé est virtuellement en épi. Un étranger qui a tous ses amours et ses biens en France est virtuellement un Français, il ne l'est formellement que quand il a changé ses papiers. Un homme qui sait que le Serviteur de Yahvé sauvera Israël croit virtuellement à l'Incarnation du Verbe, elle ne lui a pas été révélée, elle n'illumine pas sa pensée.[13]

Analog dazu könnte auch die Anregung Gottes zum Guten nicht nur als Handeln aufgrund einer konnatural oder existentiell erkannten Regel verstanden werden, sondern auch als formales «Freisetzen» einer möglichen Handlung aus einer virtuellen Vielfalt, die von Gott ermöglicht wird. Mit anderen Worten: Wenn die menschliche Wirklichkeit als autonomer Existenzakt verstanden wird, dann heißt freie Selbstverfügung nicht nur die Suche nach der *einen* richtigen Regel oder rationalen Handlungsnorm, sondern eher die Gestaltung einer Handlungskonstellation, die von der Überintelligibilität der Liebe bestimmt wird. Dabei wird nach Möglichkeit ein subjektives *und* objektives Gut erreicht, so daß mögliche Spannungen zwischen der persönlichen Freiheit und dem naturhaften Drang überwunden werden, zumal das Gut des Geliebten über dem eigenen Gut steht. Dazu kann das Naturrecht keine detaillierten Vorschriften bilden, und dazu kann die Gnade auch nur unterstützen und inspirieren[14]. Das konkrete Wollen und die Durchführung hingegen obliegen einzig und allein der Person, worin in der Tat die Größe der geschaffenen Freiheit aufblitzt.[15] Umgekehrt kann natürlich auch gesagt werden, daß alle formalen Möglichkeiten, für die sich der Mensch entscheiden kann, virtuell in Gott «vorhanden» sind und er von Ewigkeit her um sie weiß. Insofern trägt die Entscheidung des Menschen hinsichtlich des Übergangs von virtuell zu formell durchaus etwas Neues in Gott hinein, das jedoch nicht der Aktualisierung einer Potenz

---

[13] *Approches sans entraves* 783, Anm. 25.

[14] Vgl. *La Philosophie morale* 1002: «Il [l'inspiré] n'est plus sous le régime de la loi; la lois ne courbe plus son vouloir. Il accomplit ce que la loi prescrit, et incomparablement mieux que ceux qui n'ont pas franchi le seuil de la vie inspirée, mais il l'accomplit en suivant l'attrait de son amour et l'instinct même de sa volonté, qui a cessé d'être à lui, n'est plus qu'à celui qu'il aime.»

[15] Selbst wenn freilich auch der Fall denkbar ist, in dem Gott sich mit solcher Wucht offenbart, daß das Geschöpf nurmehr das Verlangen hat, den göttlichen Willen zu erfüllen. Dies gilt vor allem für Bekehrungserlebnisse, die aber dann häufig die unwiderstehliche Macht der Liebe Gottes offenbaren.

gleicht. Indem Maritain von der «Idee der Tendenz» spricht, will er sowohl daran festhalten, daß Gott sich nicht verändert (er ist als *actus purus* absolut vollkommen), als auch ausdrücken, daß Gott durch Schöpfung und Inkarnation über sich hinausgeht und dadurch der Aspekt des Neuen einbezogen werden muß.

Vor diesem Hintergrund läßt sich das moralisches Handeln als ein «Mehr» verstehen, das Gottes Seligkeit theoretisch nicht vergrößert oder vermindert, praktisch aber zur Freiheit der von ihm gewollten Schöpfungs- und Erlösungsordnung gehört. Und in dieser Ordnung vermag das Geschöpf als Person Ursache freier Initiativen zu sein, die selbst auf Gott einen Einfluß ausüben. Aus diesem Grund betrifft die Heilsgeschichte nicht nur die Wirklichkeit des Menschen, sondern auch das Leben Gottes. Umgekehrt kann auch das Böse als Mangel des Guten verstanden werden, für das der Mensch die Verantwortung trägt, das ihm aber nicht notwendig die «Handlungsfähigkeit» entzieht, sondern eher Gottes Heilshandeln zur Folge hat, da er die Sünde in ein noch größeres Gut verwandelt. Oder anders ausgedrückt: Der konkrete Mensch wird nicht nur ontologisch im Dasein «gehalten», sondern die Tatsache, daß er ein personaler, d.h. autonomer Existenzakt ist, eröffnet dem Menschen einen «Handlungsspielraum» auf moralischer Ebene. Die Anregungen Gottes beziehen sich zwar auf beide Ordnungen (Natur und Person), sind aber von einer gleichen Überfülle wie der Existenzakt selbst, so daß ihr «Einströmen» bei sündhaftem oder fehlerhaftem Verhalten des Subjekts durchaus geschmälert, nicht aber zum Versiegen gebracht werden kann. Eher noch stehen sich göttliche und menschliche Kreativität gegenüber, in welcher der Schöpfer stets die Oberhand behält.

Dieser komplizierte Sachverhalt läßt sich noch von einer anderen Seite her erhellen. Denn wenn mit der Ebene der Moral eine eigene Ordnung erreicht wird, dann gilt es auch, ein naturhaftes von einem personalen Freiheitsverständnis zu unterscheiden. Wir haben gesehen, daß einerseits geistige Vollzüge wie Erkenntnis und Liebe als Qualitäten auf das Subjekt bezogen werden. Ebenso wurde untersucht, wie Maritain sittliches Handeln als Ausdruck der schöpferischen Freiheit des Menschen versteht, was wir als Akt moralischer Wertschätzung und Wert-schöpfung bezeichnet haben. Auf welche Ebene aber beziehen sich die Kategorien von Wert und Qualität? Kann es hierbei um die Ebene der Natur gehen, oder müssen sie sich nicht auf die Person beziehen? Hier gilt es, wohl noch weitere Implikationen zu entfalten. Denn kann nicht etwas für die Ebene der Natur nur akzidentiell sein, was für den Bereich des Moralischen wesentlich sein kann? So stellt sich nicht nur die Frage nach den Motiven, die menschliches

Handeln bestimmen, sondern auch nach dem objektiven Wert sittlicher Handlungen.

Während also für die Ebene der Natur die Begleitumstände reine Akzidentien sind, können sie für die moralische Qualität des Aktes durchaus eine entscheidende Bedeutung haben (man denke an die Tötung eines Menschen aus Notwehr oder aus Berechnung; die Folgen für den Betroffenen sind die gleichen, wie auch die Wirkursächlichkeit für den Täter gleich ist). Darum kann im Extremfall ein Gut der Natur (Selbsterhaltungstrieb) durchaus einem Gut der Person (Glaubenszeugnis als Märtyrer) untergeordnet werden. Zwar wird darum ein sittlicher Akt dem Gut der Natur nicht widersprechen, doch sind beide Ebenen zu unterscheiden, da die moralische Güte nur von einer Handlung ausgesagt wird, die vom freien Willen und damit von einer Person ausgeht. Während darum das naturhaft Gute oder Schlechte sich auf die Aktualisierung einer Natur hinsichtlich des ihr eingeschriebenen Natur- oder Wesensgesetzes bezieht, ist das moralische Gut Ausdruck einer personalen (Willens-)Entscheidung, gehört damit also zu einer anderen Ordnung. Aus diesem Grund stehen sie zwar in einer inneren Verbindung, können aber nicht voneinander abgeleitet werden.

Unter dieser Rücksicht erscheint auch Maritains Unterscheidung von Wahlfreiheit und Freiheit der Autonomie in ihrer fundamentalen Tragweite. Für ihn ist das Erringen der Personalität untrennbar mit dem Erlangen der Freiheit verbunden. Denn während Operationen auf der Ebene der Natur ihrem Naturgesetz folgen und Fehler der Aktualisierung auf das aktive Prinzip zurückgeführt werden, gibt es für das Tun des Menschen einen besonderen Handlungsspielraum. Darum entspricht die Ordnung der Natur einer normalen Funktionsweise, die mit einem Schaubild der Algebra verglichen werden kann. Zwar folgt auch die Entfaltung des Menschen einer vorgegebenen Funktionsgleichung, doch durch seine Freiheit und Geistbegabung ist er in der Lage, die Parameter der Gleichung zu beeinflussen und damit den Verlauf der Kurve mitzubestimmen. Wenn deshalb die konkrete Person auf freie und kreative Weise ihre Existenz ausübt, folgt sie nicht einem vorgegebenen Plan, denn «die menschlichen Situationen sind etwas Existentielles. Weder sie noch die ihnen angemessene Regulation ist im voraus in der Essenz des Menschen enthalten.»[16] Eine besondere Unterstützung für die personale Freiheit, eine Art Entscheidungshilfe, bildet dazu die Übermoral, die Kreativität und Selbstand, Intelligibilität und Freiheit miteinander vereint.

---

[16] *L'Homme et l'État* 580.

d) Geeinte Verschiedenheit – die Liebe als lebendige und allumfassende Wirklichkeit

Im Laufe unserer Arbeit hat sich herauskristallisiert, daß die Bestimmung der Person eng verknüpft ist mit der Bestimmung ihrer Freiheit. Die Freiheit hingegen ist der Ermöglichungsgrund für interpersonale Liebe. Wie nämlich die menschliche Person nicht Ursache ihrer selbst ist, so findet sie auch die wahre Erfüllung ihrer Freiheit nicht in sich, sondern außerhalb ihrer selbst. Das Wesen der Person besteht darum letztlich in ihrer Offenheit für die Liebe. Das bedeutet, Liebe empfangen oder Liebe schenken zu können. Letzteres meint, in Freiheit so über sich verfügen zu können, daß nicht mehr das eigene Ich, sondern die Liebe zum anderen das Hauptmotiv des eigenen Handelns bildet. Wenn die Person also geschaffen ist, um zu lieben, dann heißt Liebe ein Heraustreten aus sich selbst in eine Form von Gemeinschaft, in der geeinte Verschiedenheit herrscht. Diese paradoxe Formel deutet ein Zweifaches an: Auf der einen Seite steht eine dynamische Sicht der menschlichen Situation, die darum nicht erschöpfend beschrieben, sondern am ehesten durch eine Reihe bipolarer Aussagen dargestellt werden kann. Diese können nicht als Definition verstanden werden, sondern stellen die Realität des Menschen immer nur schlaglichtartig oder ausschnittsweise dar.

Auf der anderen Seite geht es um die unüberbietbare Hilfe der christlichen Offenbarung, in der sich der Urgrund allen Seins als dreipersönlicher Gott manifestiert hat. So läßt sich der Urgrund allen Seins in seinem Selbstvollzug nicht als eine einzelne Person denken, da die Liebe eine interpersonale Wirklichkeit ist. Gewissermaßen wäre darum *eine einzelne* Person gar keine Person, sondern Gott als die subsistierende Liebe impliziert eine dreipersönliche Natur, wie es etwa die klassische Formel der subsistierenden Relationen zum Ausdruck bringt. So kann der Vater nicht ohne Sohn gedacht werden und beide nicht ohne den Heiligen Geist als subsistierendem Liebesband oder als personalem «Wir». Analog beinhaltet auch eine menschliche Liebesgemeinschaft stets drei Aspekte, nämlich den Selbstbesitz, die Selbsthingabe und ein kontinuierliches Hin und Her, ein beständiges Fließen, in dem die beiden Partner ungetrennt und unvermischt im Austausch stehen. Auf diese Weise kann die Wirklichkeit der menschlichen Person sowohl von ihrem Fundament, von ihrem Ziel wie auch von der alles vereinenden Realität, von der Liebe aus, betrachtet werden.

Vor diesem Hintergrund zeigt sich die Kreativität von Maritains Personalismus, insofern er sich darum bemüht, Person, Freiheit und Liebe kohärent miteinander zu verbinden. Die Problematik von göttlicher Anregung und menschlicher Mitwirkung wurde bereits mehrfach erwähnt. Ebenso wurde die Frage nach der Beziehung von Gott und Mensch, nach der Erhöhung der Natur durch die Gnade erörtert. Auch seine Sicht der Person, die über der Natur steht, braucht nicht mehr eigens angeführt zu werden. Erhellend ist seine Wesensbestimmung des Menschen, die er 1943 dreiteilig formuliert. So betrachtet er den Menschen in seiner geschichtlichen Situation, in der von der Erbsünde belasteten Wirklichkeit sowie in seiner höchsten Vollendung, nämlich der Teilhabe am göttlichen Leben.

A notre question: 'qu'est-ce que l'homme?', nous pouvons donc donner en réponse l'idée grecque, juive et chrétienne de l'homme: l'homme est un animal doué de raison dont la suprême dignité est dans l'intelligence; et l'homme est un individu libre en relation personnelle avec Dieu, dont la suprême 'justice' ou droiture est d'obéir volontairement à la loi de Dieu; et l'homme est une créature pécheresse et blessée appelée à la vie divine et à la liberté de la grâce, et dont la perfection suprême consiste dans l'amour.[17]

Die Tatsache, daß die höchste Seinsweise des Menschen in der Selbsthingabe aus Liebe besteht, läßt sich von zwei verschiedenen Seiten aus beleuchten, nämlich entweder von ihrer transzendenten Quelle, von Gott aus, oder durch eine Sichtweise, die von unten ausgeht und bei der Situation des Menschen ansetzt. Letztere zeigt, daß die innerste Natur des Menschen wie bei jedem Seienden danach drängt, sich zu verströmen und der dem Sein innewohnenden Dynamik Raum zu geben. Aufgrund seiner Geistbegabung bedeutet dies für den Menschen, daß er nicht nur über eine unbegrenzte Aufnahmefähigkeit verfügt, sondern sich selbst mitteilen kann, ohne sich darin zu erschöpfen. Sein Wollen und Erkennen sind Operationen eines *actus perfecti*, so daß nicht nur das (intentionale) Empfangen, sondern auch das Hingeben, d.h. das Wollen und Vollbringen eines Gutes um einer anderen Person willen, zu seinem eigenen geistigen oder qualitativen Wachstum beitragen. Darum ist, wie Maritain mehrfach betont, aufs Ganze gesehen die höchste Existenzform die der Gabe. Denn aufgrund der geistigen Überexistenz wird die Gabe gleichsam verdoppelt, da sie den Gebenden, insofern er Gutes tut, wie auch den Empfänger des Guten, vervollkommnet und damit zum «Seinswachstum» beider beiträgt.

Diese auf die Geistnatur bezogene Vervollkommnung gilt auch für das Wesen der Person, die nach Austausch in Erkenntnis und Liebe verlangt. Die selbstlose Liebe (*amor amicitiae*) des Liebenden findet im Wohl des Geliebten ihre wahre Erfüllung, so daß der Liebende sogar bereit ist, dafür sich selbst und sein Leben hinzugeben. Auch hierin zeigt sich das Paradox der Liebe, da der Liebende sich zwar zu verlieren scheint, sich aber gerade dadurch neu aus der Hand dessen empfängt, der seine Liebe erwidert. Allein eine solche interpersonale Liebe kann auf Erden die abstrahierende

---

[17] *Pour une philosophie de l'éducation* 776.

und damit Objektivierung schaffende Tätigkeit des Intellekts für eine gewisse Zeit zurückstellen und somit beiden Partnern ermöglichen, sich als Subjekte einander zu schenken und sich vom anderen zu empfangen.[18] Sie geht vom unnachahmlichen Selbst, vom Herzen, aus, in welchem die Person nicht nur über sich verfügt, sondern auch sich selbst dem anderen zuwendet, sich selbst auf ihn ausrichtet und ihm sein Herz öffnet, um ihm Aufnahme zu gewähren und ihn als Subjekt, als liebens-werte Person in seiner Einzigartigkeit zu bestätigen.[19]

Nicht die Gegenübersetzung und Aufhebung der Partner in eine neue Synthese ist darum das Ziel, sondern die Bewahrung der Einheit in Verschiedenheit. Somit bedarf die Liebe einer personalen Dualität, damit beide die gemeinsame, je neu als Gabe besessene Liebesüberexistenz erfüllen und sie ihr Wesen als Person zu verwirklichen vermögen. Maritain selbst spricht in diesem Zusammenhang ausdrücklich vom Paradox, das der Liebe als höchster interpersonaler Wirklichkeit zu eigen ist: Auf der einen Seite fordert sie eine ontologisch unzerstörbare Dualität zweier Personen, und auf der anderen Seite verlangt und schafft sie auf die ihr eigene Weise eine tiefe und lebendige Einheit, die sich nicht erschöpft, sondern aus der geistigen Überexistenz jedes ihrer «Pole» auf personal-kreative Weise gespeist wird.

> C'est là le paradoxe propre de l'amour: il exige d'une part la dualité ontologiquement imbrisable des personnes, et d'autre part il demande, et *à sa manière* accomplit l'unité sans faille, l'unité effectivement consommée de ces mêmes personnes ('en un seul esprit et amour' dira saint Jean de la Croix).[20]

Aus diesem Grund wird auch einsichtig, warum die höchste Seinsweise des Menschen in der Selbsthingabe aus Liebe besteht. Denn nicht nur seine innerste existentielle Natur drängt gleichsam danach, sich zu verströmen, sondern auch das Wesen seiner Person verlangt nach Austausch in Erkenntnis und Liebe. So haben wir im Fall der interpersonalen Liebe eine Situation, in der das *bonum* von Natur und Person zusammenfallen. Dies gilt in besonderer Weise für die gegenseitige Ergänzung von Mann und Frau, da sie «auf verschiedene Weise die Qualitäten dieser [gemeinsamen mensch-

---

[18] Vgl. *Court traité* 85: «Et par l'amour enfin est brisée cette impossibilité de connaître autrui sinon comme objet. [...] Nous avons de l'être que nous aimons une obscure connaissance semblable à celle que nous avons de nous-mêmes, nous le connaissons dans sa subjectivité même [...] par l'expérience de l'union. Et lui-même [...] peut, inquiet encore, se reposer un moment dans le nid de la connaissance que nous avons de lui *comme sujet*.»

[19] Vgl. *Amour et amitié* 703: «Dans l'amour [...] la personne ou subjectivité se donne elle-même *directement, à découvert ou à nu*, sans se cacher sous les espèces d'aucun autre don moins absolument total, elle se donne tout entière du premier coup en donnant ou communiquant à l'aimé, en extasiant en lui ce qu'elle *est*.»

[20] *Amour et amitié* 706f.

lichen] Natur teilen, insofern das, was der eine zuviel hat, das kompensiert, was dem anderen mangelt, und insofern das *menschliche Wesen [être humain]* nicht vollständig verwirklicht ist außer in *Mann und Frau zusammen genommen*»[21].

Unserer Auffassung nach kommt die Größe wie auch die geeinte Verschiedenheit der Liebe am deutlichsten in einer liebevollen Umarmung zum Ausdruck. Sie macht sichtbar, daß die höchste Freiheit der Person in ihrer Selbsthingabe in Liebe an eine andere Person gipfelt. In der Umarmung wird der geliebte Partner weder krampfhaft festgehalten noch ein Beisammensein mit ihm erzwungen. Vielmehr ist der menschliche Gestus Zeichen der wahren Vervollkommnung der personalen Aspirationen im Menschen und Ausdruck einer vielschichtigen aktuellen geistigen Liebesverbindung, die durch die körperliche Nähe immerhin annähernd ausgedrückt wird. Dabei wird nicht umarmt, um festzuhalten, sondern um dem anderen Halt zu geben, nicht um zu nehmen, sondern um zu schenken, nicht um etwas auszutauschen, sondern um sich selbst hinzugeben und die Gabe zu vervielfachen. Diese Zwei-Einheit formuliert Marco Rupnik folgendermaßen:

> Denken wir an die Liebe, kommt uns eine dynamische und relationale Wirklichkeit in den Sinn, gleichsam wie eine universale Umarmung, die alles miteinander vereint, was existiert. Die Liebe ist das Existierende *par excellence*. Sie schließt nichts aus, aber alles ein. Zugleich jedoch macht sich die Liebe zerbrechlich, demütig, als ob sie abwesend wäre. Sie umarmt, ohne zu fesseln, sie vereint, ohne Zwang auszuüben. Die Liebe liebt, aber der Geliebte kann darüber hinweggehen, und trotz der Gleichgültigkeit wird die Liebe nicht zerstört. Zur Liebe gehört intrinsisch die Freiheit. Die Liebe ist eine derart radikale Anerkennung des Anderen, daß sie ihn auch frei läßt, wenn er sich der Liebe gegenüber verweigert.[22]

Jede konkrete Gestaltung zwischenmenschlicher Liebe ist darum nicht aus der Naturordnung ableitbar oder gar notwendig. Vielmehr entstammt sie der besonderen Freiheit des Herzens. Doch gerade wegen dieser Unverfügbarkeit kommt ihr ein schöpferischer Charakter zu, insofern sie den anderen in seiner stets in Frage gestellten Subjekthaftigkeit bestätigt und ihm ein Wachstum seiner Personalität, seines Personseins ermöglicht. Dabei wird das Handeln beider nicht durch ein rationales Gesetz, sondern durch die überrationale Kreativität der Liebe bestimmt. Wie bei der Übermoral wird das gesamte Sein des Liebenden auf den Geliebten ausgerichtet, um immer wieder neue Zeichen und Erweise der Liebe zu ersinnen. Dabei trägt das Ganze einen spielerischen Charakter, da es nicht um die Befolgung einer

---

[21] J. MARITAIN, *Approches sans entraves. Faisons-lui une aide semblable à lui*, ŒC Bd. XIII, 685.
[22] M.I. RUPNIK, *Adamo e il suo costato*, Roma 1996, 18.

notwendigen Regel geht, sondern um den freien und dennoch alles einfordernden Anspruch der Liebe selbst.

Gleichzeitig erhebt die interpersonale Liebe den Menschen über sich hinaus. So hat Maritain immer wieder darauf verwiesen, daß nicht nur die Ewigkeit die Zeit umfängt, sondern auch umgekehrt die menschliche Situation gleichsam in die Ewigkeit hineinragt. So spricht er anfangs davon vor allem im Hinblick auf den Intellekt (*intellectus supra tempus*) oder bezieht sich auf die mystische Erfahrung, die vor allem den Willen involviert.[23] Dann verweist er aber auch auf das überphänomenale Selbst, das aufgrund seiner Geisthaftigkeit ein eigenes Universum bildet und über der Raum-Zeit-Ordnung steht und darum instinktiv um seine Unsterblichkeit weiß. So kommt Maritain schließlich zur Aussage, daß auch die zwischenmenschliche Liebe den Menschen über sich hinaushebt. Damit nehmen beide bereits in der Ewigkeit Platz, wenn auch auf vorläufige Weise. Dies kann durch einen zärtlichen Blick[24] ebenso geschehen wie durch Werke der Liebe im Sinne des Evangeliums[25]. Letztlich ist darum jede wahre menschliche Liebe nicht nur Abbild der ewigen und subsistierenden Liebe, sondern eine echte Verbindung mit dem Ursprung jeder Liebe. Diese Konsequenz kommt deutlich bei C.L. Caltagirone zum Ausdruck, für die «wir in den aufrichtigen Freundschaften am Geheimnis der interpersonalen Gemeinschaft teilhaben; [in ihnen ...] sind unsere Seelen nicht mehr einsam, die Personen vereinen sich, die zwei werden eins, und die Gemeinschaft wird eine reale Teilhabe am wahren Leben der Trinität»[26].

Damit ist die zweite mögliche Sichtweise der Liebe angedeutet, nämlich die von oben oder ihrem göttlichen Ursprung her. Dabei geht es nicht nur um die Erhöhung der Natur durch die Gnade, sondern auch um eine interpersonale Beziehung, die sich gleichsam zwischen zwei Polen abspielt und damit beiden Seiten eine gewisse Ursächlichkeit zuerkennt. Maritains personalistische Sicht macht dabei deutlich, daß die Liebe etwas anderes ist als nur ein Ausdruck geistiger Überexistenz.

L'essence de l'amour est dans la communication de soi, avec plénitude d'allégresse et de délices dans la possession du bien-aimé. L'essence de l'amitié est dans la bienveillance allant jusqu'au sacrifice de soi-même à l'ami. Dieu nous aime d'amitié en subvenant à toutes nos nécessités, et en mourant pour nous sur la Croix. Dieu nous aime d'amour en

---

[23] Vgl. *De Bergson* 91.
[24] Vgl. *Questions de conscience* 698: «L'amour quant il tient ce qu'il aime est lui aussi une activité terminale et un repos actif et un fruit de l'esprit. Déjà dans le plus humble amour humain, quand les yeux des amants se rencontrent leur âme quitte le temps, et dans ces longs regards l'amour se nourrit moins de connaissance et de beauté que de lui-même.»
[25] Vgl. *La Philosophie morale* 1015.
[26] C.L. CALTAGIRONE, *L'amicizia come sacramento*, Milano ³1994, 40.

nous faisant participer à sa nature par la grâce – en faisant de l'âme sanctifiée sa demeure.[27]

Wenn Maritain auch gewisse uneindeutige Formulierungen eines Angelus Silesius ablehnt[28], so nur, um noch deutlicher zu formulieren, daß Gott «nicht nur darum bittet, daß wir ihm unser Herz schenken». Ebenso «könnte man in der Tat sagen, daß er sich zum Ziel gesetzt hat, unser Herz in Besitz zu nehmen: *Praebe mihi cor tuum*. [...] Besteht darin nicht so etwas wie eine metaphysische Notwendigkeit? Die ungeschaffene Liebe, die sich über die Schöpfung ergießt, bleibt Liebe, und infolgedessen ist sie nicht zufrieden, wenn nicht auf ihr Verströmen [expansion] ein anderes Verströmen antwortet, welches die Vereinigung möglich macht.»[29]

2. Würdigung und Ausblick

Wenn wir nun auf das Gesamt von Maritains geistiger Entwicklung schauen, können wir (wie bereits angedeutet) auch an seinem Analogieverständnis die Grundlinie seines Denkens ablesen. Maritains erklärtes Ausgangsprinzip ist bereits von Anfang an die Unterscheidung, um von da aus zur Einheit zu gelangen. Die eben erwähnten Spannungen machen deutlich, daß er dabei immer wieder versucht, mit Hilfe der Analogie das Ganze im Blick zu behalten. So umschreibt er in *Art et Scolastique* die *analogia entis* dahingehend, daß das Sein nicht nur die allgemeinste Wirklichkeit darstellt, sondern wie die anderen Transzendentalien «wesenhaft analog ist, das heißt, daß es unter verschiedener Hinsicht, *sub diversa ratione*, von den unterschiedlichen Subjekten ausgesagt wird: so *existiert* jede Seinsordnung auf die ihr eigene Weise, ist *gut* auf ihre Weise und ist auf ihre Weise *schön*». Dabei existieren in Gott alle Vollkommenheiten auf eminente Weise «im reinen und unendlichen Zustand. Er ist ihr souveränes *analogatum*»[30]. Aus diesem Grund kommt der natürlichen Seinsordnung ein gewisser Verweischarakter zu, indem sie eine erste Ursache, ein subsistierendes Sein fordert. Das erste Sein kann jedoch nur dann näher erkannt werden, wenn es von sich selbst Kunde gibt. Darauf verweist Maritain 1929 im Hinblick auf die Offenbarung, die sich menschlicher Begriffe bedient, die aber andererseits durch Jesus Christus selbst vermittelt wurde.

---

[27] *Amour et amitié* 702.
[28] Vgl. *Les Degrés* 867-870, Anm. 69.
[29] *Amour et amitié* 711 unter Verwendung eines Zitats aus *Journal de Raïssa* 221.
[30] J. MARITAIN, *Art et scolastique*, ŒC Bd. I, 648.

Grâce à cette merveille naturelle de force et de légèreté qu'est l'intellection analogique, jetée d'un bord à l'autre, et qui rend notre connaissance capable de l'infini, le concept, divinement élaboré dans la formule dogmatique, tient sans le limiter et fait descendre en nous, en miroir et en énigme, mais aussi en toute vérité, le mystère même de la Déité, qui se prononce elle-même éternellement dans le Verbe incréé, et s'est racontée dans le temps et en langage humain par le Verbe incarné.[31]

Damit kommt dem Analogiedenken nicht mehr allein ein Verweischarakter zu. Vielmehr besteht die Berufung des Menschen nun darin, die Analogie des Geschaffenen in seiner letzten Bedeutung zu erkennen, nämlich als Ausdruck der subsistierenden Liebe. Denn «wenn auch die Spekulation in sich gut ist und, wie die Kunst, um ihrer selbst willen betrieben wird, so ist weder die eine noch die andere das letzte Ziel für den, der denkt oder [schöpferisch] wirkt. Er muß sie vielmehr an den Ursprung schlechthin anbinden, 'der Himmel und Erde umfängt' und der sich Liebe und *caritas* nennt.» Aus diesem Grund «ist es für uns hier unten besser, ihn zu lieben als ihn zu kennen»[32]. Alle Unterscheidungen und Distinktionen und alle Freiheit münden darum in das Ziel, in eine tiefere Gemeinschaft mit dem Ursprung allen Seins einzutreten und ihn zu lieben.

Folge der Offenbarung ist deshalb auch ein Analogieverständnis, das klarer als eine rein natürliche Analogie die Vorstellung einer Einheit in Verschiedenheit ermöglicht, da letztlich alles in einem Gott gründet, der geeinte Verschiedenheit *ist*. Damit wird das Denken vor einer falschen Alternative bewahrt, die sich zwischen einer äquivoken Philosophie, die Wahrheit, Recht und Prinzipien für menschliches Handeln der Beliebigkeit unterwirft, und einer univoken Philosophie, die besagte Prinzipien immer und für jeden gleich anwendet, bewegt. «Die wahre Lösung findet sich darum in der Philosophie der Analogie, deren Prinzipien sich nicht verändern [...]. Aber sie werden auf wesentlich verschiedene Weisen angewendet, die nie einem einzigen Konzept entsprechen, [sondern ...] zu rationalen Werturteilen führen, die sich in der Form und Bedeutung der intelligiblen Konstellationen unterscheiden»[33]. Auf diesem Hintergrund erhält die Geschichte selbst einen besonderen Wert, da ihre Offenheit dem Menschen die Möglichkeit läßt, sich *für* das Gut und damit *für* die subsistierende Liebe zu entscheiden. Voraussetzung ist dabei eine Freiheit, die Maritain mit dem Begriff der Ambivalenz umschreibt und die sein ganzes Denken durchzieht.[34]

---

[31] *La Philosophie bergsonienne* 20*f.*
[32] *La Philosophie bergsonienne* 16.
[33] *Humanisme intégral* 449.
[34] Vgl. *Du régime temporel* 395*f.*; *Humanisme intégral* 415-418; *Pour une philosophie de l'histoire* 656-663; *Le Paysan de la Garonne* 705-711.

Diese Mehrdeutigkeit bedeutet, daß Welt und Geschichte unter dreierlei Einfluß stehen. So ist die Welt «ein geschlossenes Feld, das Gott aufgrund der Schöpfung gehört. Es kommt dem Teufel aufgrund der Sünde und durch seine Eroberung zu, und ebenso gehört es Christus aufgrund seines Sieges über den ersten Eroberer [den Tod] durch seine Passion.»[35] Darum ist die Welt gerettet und zur Hoffnung befreit. Sie ist auf dem Weg zum Reich Gottes, auch wenn sie noch im Kampf liegt und unter verschiedenen Einflüssen steht. Zeichen der vollzogenen Erlösung ist darum die heilige Kirche, in der Gottes Heilswirken bis zu seiner Wiederkunft fortgeführt wird. Durch die Menschwerdung Christi «ist die Welt bereits geheiligt, um so mehr als sie nicht *nur* die Welt ist, sondern in das Universum der Inkarnation aufgenommen ist»[36]. So steht die Welt unter einem doppelten Einfluß, von denen der eine nach oben und der andere nach unten zieht.

> Du point de vue de l'histoire du royaume de la grâce [...] deux mouvements immanents se croisent à chaque point de l'évolution de l'humanité et affectent chacun des ses moments. L'un de ces mouvements tire vers le haut (vers le salut final) tout ce qui dans l'humanité participe à la vie divine du royaume de la grâce ou de l'Église [...] et suit l'attraction du Christ, chef du genre humain. L'autre mouvement tire vers le bas (vers la perdition finale) tout ce qui dans l'humanité appartient au Prince de ce monde. [...] Le chrétien sait que constamment contrarié et constamment masqué, le travail de l'esprit s'accomplit malgré tout, tandis que l'histoire avance et qu'ainsi de chute en chute, mais aussi de gain obscur en gain obscur, le temps marche vers la résurrection.[37]

Im Licht unserer Ausführungen zum Personalismus und zur Liebe, die geeinte Verschiedenheit fordert, erscheint nicht nur das Faktum der Ambivalenz der Geschichte in einem neuen Licht. Es geht letztlich nicht nur um die Freiheit des Menschen gegenüber Gott, sondern um die Bedingungen der Möglichkeit, göttliche wie auch menschliche Liebe sichtbar zu machen. Wenn darum Maritains anfängliche Seinsanalogie unterscheidet, um zu vereinen, so kann man wohl umgekehrt vom späten Maritain sagen, daß er in der Liebe die letzte Wirklichkeit sieht, aus der heraus unterschieden und in die zurück erneut vereint wird. Die in der Liebesverbindung Stehenden können und wollen immer wieder persönliche und einmalige Zeichen setzen, wodurch sie sich vom anderen unterscheiden und gleichsam aus dem Meer der gemeinsamen Liebe auftauchen. Dies geschieht jedoch nur, um die vorgängige Liebe neu auszusagen und um dadurch wieder neu und noch tiefer in die Liebeseinheit einzutauchen. Dabei bleibt die Unterscheidung wie auch die Vieldeutigkeit der Natur erhalten, erhält aber von einer höhe-

---

[35] *Humanisme intégral* 415.
[36] *Humanisme intégral* 416.
[37] *Pour une philosophie de l'histoire* 650f.

ren, personalen Warte aus eine klarere Interpretation. Deutlich wird dies am Beispiel der Umarmung, da beide Partner durch konkrete Gesten die eigene Liebe verdeutlichen. Sichtbar wird dies an Jesus Christus, der nicht nur die Beziehung zwischen Gott und Mensch erneuert hat, sondern gleichsam als lebendige Analogie den Weg gewiesen hat, der dem Menschen offensteht.[38] Ursprung und bestes Abbild dieser Sichtweise ist die göttliche Wirklichkeit selbst hinsichtlich der Perichorese.

So kann man sagen, daß Maritains Ringen um einen kritischen Realismus ihn zu einer existentialistischen Philosophie führt, die nicht nur seine Epistemologie und Ontologie verändert, sondern sich auch auf seine Anthropologie auswirkt. Dadurch, daß er die Person in den Mittelpunkt stellt (und mit ihr schließlich die höchste Wirklichkeit des Menschen, die Liebe), richtet sich seine analoge Sichtweise nicht mehr primär auf das Unterscheidende, sondern auf die verbindende Ebene, eben auf die Liebe. Sie macht es möglich, gewissermaßen alles von oben her zu betrachten, wodurch das letzte Ziel von Zeit und Ewigkeit nicht in der Aufhebung aller Gegensätze, sondern in ihrer ewigen Fortdauer besteht. Da alles Unterscheidende stets schon von der Umarmung des ewig Liebenden umfangen ist, liegt seine tiefere Bedeutung darin, daß es im Sinne einer *analogia amoris* als mögliches Zeichen der Liebe dient.

Daraus ergibt sich noch ein weiterer Aspekt der Liebe. Sie hört niemals auf, wie der heilige Paulus schreibt (vgl. 1 *Kor* 13,8.13), und sie ist ewig neu. Sie birgt immer den Charakter der ersehnten, aber auch der nicht beanspruchbaren Überraschung in sich. So bemerkt auch von Balthasar im Hinblick auf die göttliche Liebe, daß in ihr «ein Analogon zu dem, was in menschlicher Liebe das belebende Moment der Überraschung ist, aus der göttlichen nicht auszuschließen [ist]. Darum ist die Kommunion der drei Personen immer 'Kommunion der Überraschung.' 'Gott liebt trotz seines Allwissens so, daß er sich durch den Geliebten immer übertreffen und überraschen läßt.'»[39]

> Der göttliche Selbstbesitz [...] ist ein Sichschenken, das durch nichts als sich selbst motiviert sein kann, somit grundlose Liebe, in der Freiheit und Notwendigkeit zusammenfallen, aber auch Identität [...] und Anderssein (da sonst der Liebende doch nur sich selbst lieben würde) eins sein müssen. Doch diese Differenz kann – auch in der gänzlichen gegenseitigen Hingabe – nicht das Letzte sein; sie muß sich, ohne sich aufzuheben,

---

[38] S.o. 449-452. Dort wurde deutlich, daß es nach Maritain in Jesus Christus nicht nur eine Erfahrung und Erkenntnis der materiellen Wirklichkeit gibt, sondern in seinem *apex* ebenso das Gold der göttlichen Realität wie in einer Wechselstube in *species impressa* übersetzt und damit begrifflich ausgedrückt wird. Damit sind in seiner Person Göttliches und Menschliches, Endliches und Unendliches verbunden.

[39] H.U. v. BALTHASAR, *Theodramatik*, Bd. 4, Einsiedeln 1983, 69f.

in eine neue Identität von schenkender und empfangender Liebe übersteigen, die den Liebenden als das stets neue Wunder ihrer gegenseitigen Liebe erscheinen muß; deshalb ist in Gott 'ewige staunende Bewunderung und Bejahung des gegenseitigen Andersseins im Einssein' und 'ewige Neuheit in vollkommener überzeitlicher Stete'.[40]

Auf diesem Hintergrund wird auch die Frage nach der *visio beatifica* in ein neues Licht getaucht. Wie Manfred Hauke herausarbeitet, stellt sich auch in diesem Kontext die Frage nach der Möglichkeit von Ruhe und höchster Erfüllung. Allerdings scheint es für Hauke nur zwei Alternativen zu geben, nämlich eine statische oder eine evolutive; er plädiert für erstere. Diese «spricht zwar nachdrücklich vom dreifaltigen Leben und vom inneren Tätigsein Gottes, schließt aber eine 'Bewegung' im Sinne des Übergangs von der Möglichkeit in die Wirklichkeit aus. In Gott gibt es keine Möglichkeit, die nicht immer schon Wirklichkeit wäre.»[41] So verweist Hauke auf die Gottesschau als Ziel und Vollendung der irdischen Pilgerschaft, weshalb die endgültige Seligkeit auch Vollendetsein verlangt. Bei diesen Ausführungen fällt jedoch auf, daß keine personale Kategorie in Betracht gezogen wird, sondern nur auf den Unterschied von Schöpfer und Geschöpf verwiesen wird.

> Der bleibende seinsmäßige Unterschied zwischen dem endlichen Menschen und dem unendlichen Gott ist mit einer Teilhabe des Geschöpfs an der Ewigkeit vereinbar. [...] Was in der Inkarnation geschehen ist, eine Verbindung des Unendlichen mit dem Endlichen, gilt in analoger Weise auch für die Begnadung des Menschen und für seine Verherrlichung. Das endlich Seiende ist von dem absoluten Sein Gottes erwirkt und getragen, so daß zwischen göttlicher Ursache und geschöpflicher Wirkung eine seinsmäßige Entsprechung herrscht.[42]

So kann man durchaus mit Hauke Ruhe und Bewegung, Aktivität und Beständigkeit miteinander verschränken, zumal «die Schönheit Gottes, ewig alt und ewig neu, stets ein faszinierender Gegenstand nie endender Bewunderung bleibt»[43]. Doch kann damit die interpersonale Wirklichkeit, selbst zwischen Schöpfer und Geschöpf, angemessen ausgedrückt werden? Sicher reicht die Ewigkeit nicht, um Gottes Wesen zu durchschauen oder die Unerschöpflichkeit von Gottes Wesen auszuloten. Doch könnte unter der Gottesschau nicht auch eine Art von ewiger Fortsetzung der Liebesgeschichte personaler Freiheiten verstanden werden, die sich in völliger Freiheit (dies gilt vor allem für den Menschen) aneinander verschenken, wobei die geschaf-

---

[40] *Ebd.* 72.
[41] M. HAUKE, «Unaufhörliches Neuwerden oder restlose Erfüllung?», *FKTh* 7 (1991) 188.
[42] *Ebd.* 194.
[43] *Ebd.* 195.

fene Person auf ihre Weise all ihre Überexistenz freisetzt, um Gott in der Gemeinschaft der Heiligen Dank, Lobpreis und Anbetung darzubringen? Hierzu könnten die Überlegungen der orthodoxen Tradition hinsichtlich der himmlischen Liturgie sicher interessante weiterführende Ergänzungen bieten.[44] Darin käme noch deutlicher zum Ausdruck, daß interpersonale Liebe immer etwas Freies und Ungeschuldetes, ebenso aber auch etwas Neues und Unvorhersehbares beinhaltet.

Dabei wird auch deutlich, daß die interpersonale Liebe nicht als reines Gefühl oder ein irrationales Phänomen zu verstehen ist. Vielmehr verfügt sie über eine vernünftige, wenn auch überintelligible Struktur, wie Maritain eindrücklich darstellt. Jedoch ist sie mehr als nur die Frucht einer ausgeübten Existenz, die Operation eines *actus perfecti*. Denn es gilt, auch ihre schöpferische Seite zu berücksichtigen, da sie allein den Menschen wahrhaft zur Person heranreifen läßt. Ziel ist nicht allein eine Aktualisierung aller Potenzen, sondern auch eine Form von zweckfreier Gemeinschaft, die den Geliebten in seinem Personsein anerkennt, unabhängig von seinen Qualitäten und Gaben. Schon als Person ist er aller Liebe wert, und die moralische Freiheit des Menschen ist in der Lage, diesen Wert immer wieder neu auszudrücken. Doch diese prinzipielle Liebens*würdig*keit bleibt abstrakt, solange sie nicht konkrete Formen annimmt, d.h. in einer konkreten oder existentiellen Situation aufscheint. Darum weist de Finance mit Recht darauf hin, daß der Wert «sich *vollständig* nur aktualisiert in einem Wollen und einer Liebe, wie sich das Wahre als Wahres nur in einem Gedanken aktualisiert»[45]. Niemand kann diese Form der Anerkennung einfordern oder beanspruchen, immer ist sie geschenkt und Ausdruck einer eigens gewollten Zuwendung, eben eines liebenden Herzens.

Auf den Kontext einer angemessenen Sicht interpersonaler Wirklichkeit bezieht sich auch Th. Kobusch, der eine erneuerte Metaphysik, nämlich eine Metaphysik der Freiheit fordert. Wenn Person, Liebe und Freiheit untrennbar miteinander verbunden sind, dann wäre es wünschenswert, Wesen und Struktur des Menschen von seiner Freiheit und Selbstverfügung her zu betrachten. Darum bezeichnet Kobusch «das moralisch Gute oder Böse als die Art der Beziehung zwischen einer Freiheit und anderen»[46]. Mit Maritain könnte darum die Überexistenz des Geistes als «Potential» einer interpersonalen Gemeinschaft gedacht werden, die es zu gestalten gilt.

---

[44] Vgl. dazu die tiefen Ausführungen von J. CORBON, *Liturgie de Source* (Paris 1980), der die irdische nicht nur als Abbild der himmlischen Liturgie versteht, sondern auch die Synergie von Gott und Mensch und deren personalen Charakter in den Blick nimmt. Zum orthodoxen Selbstverständnis vgl. P. EVDOKIMOV, *L'Ortodossia*, Bologna ³1981, 131-138.
[45] J. de FINANCE, *Esistenza e libertà* 149.
[46] Th. KOBUSCH, *Die Entdeckung der Person* 45.

Damit könnte auch die Freiheit als «intersubjektive Realität» oder als «Form der Selbstmitteilung»[47] verstanden werden, die nicht nur akzidentiell auf das Subjekt bezogen ist. Auf diesem Hintergrund kann auch die Geschichte als Geschichte der Freiheit von Gott und Mensch verstanden werden. Dabei ist die Freiheit des anderen nicht als Eingrenzung, sondern als Bereicherung zu sehen, in gewissem Maße sogar für Gott.[48]

R.F. Harvenek siedelt die Frage nach einer neuen personalen Metaphysik auf dem Hintergrund an, ob die Sicht der Wirklichkeit als Substanz und Akzidens, wie sie von der klassischen Metaphysik vertreten wird, ausreicht, um die personale Ordnung angemessen auszudrücken.

> Something like Aquinas's theory of person and relation in the Trinity seems necessary on the human level also. The interpersonalism of MacMurray and Buber and Marcel seems to call for a relational notion of person. Karol Wojtyla has been calling for a reading of anthropology along the lines of the phenomenology of Max Scheler. These moves seem to require at least an adjustment of the concepts of substance, individual and person.[49]

Deutlicher als Kobusch verweist Harvenek auf den Kontext der Erkenntnistheorie, was ja unseren Ausgangspunkt bildete. Harvenek betrachtet dabei «den Akt, in dem jemand einem anderen etwas sagt». Zwar ist bereits bei Aristoteles der Bezug zur Rede vorhanden, aber er macht keinen Gebrauch von dieser Theorie. Darum ist noch stärker zu berücksichtigen, daß Sprechen und interpersonale Kommunikation «nicht eine klassische zweiteilige Erkenntnisbeziehung zwischen Subjekt und Objekt ist, sondern ein dreiteiliger Vorgang, so daß Erkennen also heißt, jemandem etwas zu erklären (zu interpretieren)»[50]. Besonders einsichtig wird diese Sichtweise, wenn es um Ausdrucksformen der Liebe geht, bei denen nicht der Gestus selbst, sondern der damit intendierte Wert das Entscheidende bildet. Diese Freiheit, Zeichen der Wert-schätzung anzunehmen und selbst zu setzen, charakterisiert letztlich die Person.

Wir könnten den Menschen darum bestimmen als ein Wesen, das fähig ist, Liebe zu empfangen wie auch Liebe zu schenken. Diese ist mehr als die Aktualisierung einer Potenz, sondern betrifft eine Beziehung zu einem anderen auf der Ebene seiner Subjekthaftigkeit, in seinem unverwechselbaren Du-Sein. Ermöglichungsgrund dafür ist die Freiheit, aus der echte Liebe entstammt. Diese Ungeschuldetheit macht den Liebenden zu einer Art von

---

[47] *Ebd.* 164.
[48] Vgl. dazu u.a. H.U. v. BALTHASAR, *Theodramatik*, Bd. 2.2, Einsiedeln 1978, 143-145. 182-185; Bd. 3, Einsiedeln 1980, 230f. 294-296.
[49] HARVENEK, R.F., «Discussion of McCool, From Unity to Pluralism», in *The Future of Thomism*, Hrsg. D.W. Hudson – D.W. Moran, Mishawaka 1992, 80.
[50] *Ebd.*

Quelle oder einem Ursprung, in der er sich selbst eröffnen und sich selbst verschenken, seine einzigartige und unverwechselbare Liebesfähigkeit realisieren kann. Diese erschöpft sich nicht, sondern vielmehr erfüllt die Freude über die Gabe beide, den Liebenden wie den Geliebten. Dabei geht es nicht um eine *creatio ex nihilo*, sondern eher um den intentionalen Wert, der vom Liebenden in eine Geste «hineingelegt» wird und worin dessen Freiheit und auch seine schöpferische «Macht» zum Ausdruck kommt.

Aus dem bisher Gesagten ergeben sich eine Reihe von Perspektiven, welche die Berechtigung der thomistischen Philosophie bestätigen, ebenso aber deutlich machen, daß ein neues Durchdenken der menschlichen Wirklichkeit von oben her angesagt ist. Denn die Liebe, welche die Freiheit als Voraussetzung hat, hält von oben her die Spannungen zusammen, welche die *analogia entis* von unten her deutlich macht. Neben der eben schon angedeuteten Frage nach einer Neubestimmung des relationalen Personverständnisses, das personale Freiheit *und* Geschichtlichkeit einbezieht, ist freilich auch die erkenntnistheoretische Frage zu berücksichtigen, da letztlich nur eine realistische Sicht der Wirklichkeit der Wahrheitsfähigkeit des Menschen gerecht wird.

So kann Maritains Denken, das alles andere als das eines Neuscholastikers ist[51], aufgrund seiner Selbständigkeit und Kreativität auch weitere Generationen an Schülern des heiligen Thomas inspirieren, auf neue Fragen angemessene Antworten zu suchen. Maritain und einige seiner thomistischen Mitstreiter beschreiben 1949, also vor genau 50 Jahren, in einer Art von programmatischem Manifest ihr Selbstverständnis mit folgenden Worten:

> Nous ne voudrions être que les serviteurs inutiles par lesquels elle [la raison humaine] poursuivra, à l'égard des grandes cultures orientales et des mondes nouveaux en gestation, ce travail d'assimilation créatrice qui révélera à ces systèmes et à ces grands mouvements humains leur signification la plus authentique, pour eux mêmes et pour l'humanité tout entière.[52]

Jacques Maritain weiß, daß er mit all seinem geistigen Ringen und Forschen nicht nach einem unbestimmten abstrakten Absoluten sucht, sondern

---

[51] Vgl. *Court traité* 13: «Je ne suis pas un néo-thomiste, à tout prendre j'aimerais mieux être un paléo-thomiste; je suis, j'espère être un thomiste. Et voilà plus de trente ans que je constat combien il est malaisé d'obtenier de nos contemporains qu'ils confondent pas les facultés d'invention des philosophes avec celles des artistes des grandes maisons de couture.»
[52] J. MARITAIN (u.a.), *Sagesse*, ŒC Bd. IX, 1149*f.*

versteht sich mit seinen beiden Gefährtinnen als *Pilger des Absoluten*[53], die auf die himmlische Vollendung hin unterwegs sind.[54] In dieser Gewißheit «läßt der Mensch Gott in ihm vollbringen, was er will, und er läßt sich binden, weil er liebt. Er ist frei, weil er liebt.» In dieser Freiheit «verliert darum alles seinen Geschmack, was nicht mit Liebe gewürzt ist»[55].

Die Entdeckung dieser Liebe und Freiheit kann durchaus einhergehen mit der tiefen Erfahrung, daß geeinte Verschiedenheit die Voraussetzung der Gemeinschaft mit Gott darstellt. Der große süddeutsche Dichter Eduard Mörike (1804-1875) goß anno 1846 im nordbadischen Bad Mergentheim diese tiefe Einsicht in die Form des wunderschönen Gedichts *Neue Liebe*[56], das den Abschluß unserer Untersuchungen bilden soll:

Kann auch ein Mensch des andern auf der Erde
Ganz, wie er möchte, sein?
– In langer Nacht bedacht' ich mirs und mußte sagen, nein!

So kann ich niemands heißen auf der Erde,
Und niemand wäre mein?
– Aus Finsternissen hell in mir aufzückt ein Freudenschein:

Sollt ich mit Gott nicht können sein,
So wie ich möchte, mein und dein?
Was hielte mich, daß ichs nicht heute werde?

Ein süßes Schrecken geht durch mein Gebein!
Mich wundert, daß es mir ein Wunder wollte sein,
Gott selbst zu eigen haben auf der Erde!

---

[53] Vgl. dazu die Hommage der Maritains an ihren Paten mit dem Werk J. AND R. MARITAIN (Hrsg.), *Léon Bloy – Pilgrim of the Absolute*, New York 1947. Dort heißt es u.a. (*ebd.* 350): «Nothing is true save what is Absolute.»

[54] Noch 1924 klingen in Maritain die Worte wieder, die er knapp 20 Jahre zuvor von seinem Lehrer Bergson gehört hatte (*Réflexions sur l'intelligence* 363): «'Dans l'absolu nous sommes, nous circulons et nous vivons', écrivait en 1907 [...] M. Bergson.»

[55] *Primauté du spirituel* 898*f.*

[56] E. MÖRIKE, *Gedichte. Neue Liebe*, aus *Sämtliche Werke*, Hrsg. H.G. Göpfert, München 1954, 124*f.*

Bibliographie

1. Primärliteratur

a) Verwendete maritainsche Schriften in ihrer Erscheinungsreihenfolge[1]

1909 – Récit de ma conversion (*Textes inédits*, ŒC XV 827-837)
1910 – La Science moderne et la Raison (*Antimoderne*, ŒC II 939-971)
1914 – L'esprit de la philosophie moderne (ŒC I)
1914 – La Philosophie bergsonienne (ŒC I)
1914/15 – Le rôle de l'Allemagne dans la philosophie moderne (ŒC I)
1920 – Art et scolastique (ŒC I)
1920 – Éléments de philosophie (ŒC II)
1921 – Théonas (ŒC II)
1922 – Antimoderne (ŒC II)
1922 – Le Songe de Descartes (ŒC V)
1923 – La semaine thomiste à Rome (ŒC II)
1923 – Une heure avec MM. Jacques Maritain et Henri Massis (ŒC II)
1924 – Réflexions sur l'intelligence (ŒC III)
1925 – De la vie d'oraison (ŒC XIV)
1925 – Trois Réformateurs (ŒC III)
1926 – Frontières de la poésie (ŒC V)
1926 – Réponse à Jean Cocteau (ŒC III)
1927 – Le sens de la condamnation (ŒC III)
1927 – Primauté du spirituel (ŒC III)
1929 – Clairvoyance de Rome (ŒC III)
1930 – De la pensée catholique et de sa mission (ŒC IV)
1930 – Le Docteur angélique (ŒC IV)
1930 – Les Dons du Saint-Esprit (ŒC XIV)
1930 – Religion et culture (ŒC IV)

---

[1] Falls nicht anders vermerkt beziehen sich die Angaben auf JACQUES ET RAÏSSA MARITAIN, *Œuvres Complètes*, Band I-XV, Fribourg – Paris 1981-1995.

1932 – Les Degrés du Savoir (ŒC IV)
1933 – Du régime temporel et de la liberté (ŒC V)
1934 – Réflexions sur la personne humaine et la philosophie de la culture (ŒC VI)
1934 – Sept leçons sur l'être (ŒC V)
1935 – Lettre sur l'Indépendance (ŒC VI)
1935 – Science et Sagesse (ŒC VI)
1935 – Sens et non-sens de la poésie (*Poèmes et essais*, ŒC XV 659-681)
1936 – A propos de la «Lettre sur l'Indépendance» (ŒC VI)
1936 – Du savoir moral (ŒC VI)
1936 – Humanisme intégral (ŒC VI)
1936 – Questions de conscience (ŒC VI)
1938 – Situation de la poésie (ŒC VI)
1939 – Confession de Foi (*Le Philosophe dans la cité*, ŒC XI 27-43)
1939 – L'Idée thomiste de la Liberté (*De Bergson à Thomas d'Aquin*, ŒC VIII 71-93)
1939 – Quatre essais sur l'esprit dans sa condition charnelle (ŒC VII)
1939 – Idées eschatologiques (*Approches sans entraves*, ŒC XIII 441-478)
1940 – La conquête de la liberté (*Principes d'une politique humaniste*, ŒC VIII 183-206)
1941 – L'Humanisme de saint Thomas (*De Bergson à Thomas d'Aquin*, ŒC VIII 153-174)
1941 – L'immortalité du Soi (*De Bergson à Thomas d'Aquin*, ŒC VIII 45-70)
1941 – Les Grandes Amitiés (ŒC XIV)
1941 – La conquête de la liberté (*Messages*, ŒC Vol. VIII 397-399)
1942 – Crise de civilisation (*Pour la justice*, ŒC Vol. VIII 709-729)
1942 – Les Droits de l'homme et la loi naturelle (ŒC VII)
1942 – Saint Thomas et le problème du Mal (*De Bergson à Thomas d'Aquin*, ŒC VIII 127-151)
1942 – Spontanéité et Indépendance (*De Bergson à Thomas d'Aquin*, ŒC VIII 95-115)
1943 – Christianisme et démocratie (ŒC VII)
1943 – Pour une philosophie de l'éducation (ŒC VII)
1944 – De Bergson à Thomas d'Aquin (ŒC VIII)
1944 – Principes d'une politique humaniste (ŒC VIII)
1945 – La dialectique immanente du premier acte de liberté (*Raison et raisons*, ŒC IX 323-351)
1946 – Une nouvelle approche de Dieu (*Raison et raisons*, ŒC IX 353-375)

1947 – Court traité de l'existence et de l'existant (ŒC IX)
1947 – La Personne et le bien commun (ŒC IX)
1947 – Raison et raisons (ŒC IX)
1949 – La Signification de l'athéisme contemporain (ŒC IX)
1949 – Sagesse (ŒC IX)
1950 – La loi naturelle ou loi non écrite (Hrsg. G. Brazzola, Fribourg 1986)
1951 – Larmes de lumière (*Marie* 5 (1951) 55)
1951 – De la connaissance par connaturalité (ŒC IX)
1951 – L'Homme et l'État (ŒC IX)
1951 – Neuf leçons sur la philosophie morale (ŒC IX)
1952 – Quelques remarques sur la loi naturelle (ŒC X)
1953 – Approches de Dieu (ŒC X)
1953 – L'Intuition créatrice dans l'art et dans la poésie (ŒC X)
1956 – Le Péché de l'Ange (ŒC X)
1957 – Pour une philosophie de l'histoire (ŒC X)
1959 – Liturgie et contemplation (ŒC XIV)
1960 – La Philosophie morale (ŒC XI)
1961 – À l'Edith Stein Guild (ŒC XII)
1962 – Journal de Raïssa (ŒC XV)
1963 – Amour et Amitié (*Approches sans entraves*, ŒC XIII 701-750)
1963 – Dieu et la permission du mal (ŒC XII)
1963 – A propos de l'Église du Ciel (*Approches sans entraves*, ŒC XIII 1045-1077)
1964 – Carnet de notes (ŒC XII)
1965 – Le sacrifice de la messe (*Approches sans entraves*, ŒC XIII 995-1044)
1966 – Le Paysan de la Garonne (ŒC XII)
1967 – De la grâce et de l'humanité de Jésus (ŒC XII)
1967 – Faisons-lui une aide semblable à lui (*Approches sans entraves*, ŒC XIII 679-700)
1967 – Réflexions sur la nature blessée (*Approches sans entraves*, ŒC XIII 767-822)
1968 – Poèmes et essais (ŒC XV)
1968 – Réflexions sur le savoir théologique (*Approches sans entraves*, ŒC XIII 823-869)
1970 – De l'Église du Christ (ŒC XIII)

1970 – Pas de savoir sans intuitivité (*Approches sans entraves*, ŒC XIII 931-994)
1972 – En suivant des petits sentiers (*Approches sans entraves*, ŒC XIII 1079-1111)

b) Briefwechsel

BENDICK, J. – Huning, H.A., (Hrsg.), *Peter Wust. Briefe von und nach Frankreich*, Münster 1967.

MAMIE, P. – COTTIER, G., (Hrsg.), *Correspondance Journet – Maritain*, 1920-1939, Bd. 1-2, Fribourg – Paris 1995-1997.

MOUGEL, R., (Hrsg.), «Correspondance Jacques Maritain – Henry Bars», *Cahiers Jacques Maritain* 24 (1992) 13-60.

PIRIOU, J.-P., (Hrsg.), *Une grande amitié. Julien Green et Jacques Maritain*, Correspondance 1926-1972, Paris 1979.

PROUVOST, G., (Hrsg.), *Étienne Gilson – Jacques Maritain. Deux Approches de l'être*, Correspondance 1923-1971, Paris 1991.

2. Sekundärliteratur

AGAZZI, A., «Il contributo di Maritain alla fondazione del personalismo pedagogico», in *Jacques Maritain – Verità, ideologia, educazione*, AA. VV., Milano 1977, 125-146.
ALDRICH, L., *The Development of Jacques Maritain's Epistemology of the Natural Law*, Diss. ad laur. Roma 1992.
ALLARD, J.-L. – GERMAIN, P., *Répertoire bibliographique sur la vie et l'œuvre de Jacques et de Raïssa Maritain*, Ottawa 1994.
ALMEIDA SAMPAIO, L.F. de, *L'Intuition dans la philosophie de Jacques Maritain*, Paris 1963.
ANDERSON, J.F., «The Role of Analogy in Maritain's Thought», in *The Man and His Achievement*, Hrsg. J. Evans, New York 1963, 88-110.
ARISTOTELES, *Die Nikomachische Ethik*, Hrsg. u. dt. Übers. O. Gigon, München – Zürich [2]1972.
ARRAJ, J., *Mysticism, Metaphysics and Maritain*, Chiloquin (USA) 1993.
AUBERT, R., *Aspects divers du néo-thomisme sous le pontificat de Léon XIII*, Roma 1961.
AUGUSTINUS, *Enchiridion*, Bibliothek der Kirchenväter Bd. 8, dt. Übers. S. Mitterer, München 1925.
———, *In Epistolam ad Parthos Tractatus*, Hrsg. Città Nuova, Roma 1968.
BALTHASAR, H.U. v., *Das Herz der Welt*, Zürich 1945.
———, *Theodramatik*, Bd. 4, Einsiedeln 1983.
BARRÉ, J.-L., *Jacques et Raïssa Maritain. Les mendiants du ciel*, Paris 1996.
BARS, H., «Sur le rôle de Bergson dans l'itinéraire philosophique de Jacques Maritain», in *Jacques Maritain et ses contemporains*, Hrsg. B. Hubert – Y. Floucat, Paris 1991, 167-198.
BAUER, H.L., *Schöpferische Erkenntnis. Die Ästhetik Jacques Maritains*, München – Salzburg 1968.
BERGAMO, M., *L'anatomia dell'anima*, Milano 1991.
BERGSON, H., «Introduction à la Métaphysique», *Revue de Métaphysique et de Moral* 11 (1903) 1-36.
———, *La Perception du Changement*, London 1911.
———, *Les Deux Sources de la Morale et de la Religion*, Alcan [2]1932.
———, *L'Énergie spirituelle*, Genève 1946.
BERNHARD VON CLAIRVAUX, *Predigten über das Hohe Lied*, Hrsg. u. dt. Übers. G.B. Winkler, Sämtliche Werke Bd. 6, Innsbruck 1995.
BLAKE, W., *Auguries of Innocence*, in *The Oxford Book of English Mystical Verse*, Hrsg. D. Nicholson – A. Lee, Oxford [2]1932, 105.
BLANCHET, C., «La spiritualité de Jacques et Raïssa Maritain», *Cahiers Jacques Maritain* 30 (1995) 45-56.
BLOY, L., *La Femme Pauvre*, Bd. 1-2, Paris [3]1949-1950.
BOBICK, J., «The sixth Way», *The Modern Schoolman* 51 (1973/74) 91-116.

BOSSHARD, S.N. – HÖVER, G. – SCHULTE, R. – WALDENFELS, H., *Beginn, Personalität und Würde des Menschen*, Hrsg. G. Rager, München ²1998.
BUCKLEY, M.J., «Die französische Spiritualität des 17. Jahrhunderts: drei Vertreter», in *Geschichte der christlichen Spiritualität*, Würzburg 1997, Hrsg. L. Dupré – D.E. Saliers, 53-92.
CAJETAN, «Commentaria in Summa Theologiae», in *S. Thomae Aquinatis Opera Omnia*, Hrsg. Ordo Praedicatorum, Bd. 4-12, Roma 1888-1906.
CALIFANO, J.J., «Maritain's Philosophy of the Person and the Individual», *Notes et Documents* 12 (1978) 19-22.
CALTAGIRONE, C.L., *L'amicizia come sacramento*, Milano ³1994.
CASPANI, A.M., «Per un'epistemologia integrale: La conoscenza per connaturalità in Jacques Maritain», *Doctor Communis* 35 (1982) 39-67.
CAVALCOLI, G., «Il problema del 'preconscio' in Maritain», *Divus Thomas* 97 (1994) 71-107.
CHENAUX, Ph., *Paul VI et Maritain*, Roma – Brescia 1994.
—————, «L'influence de Jacques Maritain en Allemagne», in *Jacques Maritain en Europe*, Hrsg. B. Hubert, Paris 1996, 87-112.
CHUNG IN-SANG, P., *La Persona umana in Jacques Maritain*, Diss. ad laur. Roma 1988.
CLARK, M.T., «What Maritain Meant by 'Abstractive Intuition'», in *Jacques Maritain – Philosophe dans la cité*, Hrsg. J.L. Allard, Ottawa 1985, 85-92.
CORBON, J., *Liturgie de Source*, Paris 1980.
CORETH, E., (Hrsg.), *Metaphysik in un-metaphysischer Zeit*, Düsseldorf 1989.
—————, *Grundriß der Metaphysik*, Innsbruck – Wien 1994.
COZZI, A., *La centralità di Cristo nella teologia di L. Billot*, Milano 1999.
CROTEAU, J., *Les fondements thomistes du personnalisme de Maritain*, Ottawa 1955.
DALBIEZ, R., *La Méthode psychanalytique et la doctrine freudienne*, Paris 1936.
DALY, M.F., *Natural Knowledge of God in the Philosophy of Jacques Maritain*, Roma 1966.
DANESE, A., (Hrsg.), *La questione personalista. Mounier e Maritain nel dibattito per un nuovo umanesimo*, Roma 1986.
DANTE ALIGHIERI, *Die göttliche Komödie*, dt. Übers. W.G. Hertz, Darmstadt ³1990.
DENNEHY, R., «Maritain's Theory of Subsistence», *The Thomist* 39 (1975) 542-573.
DIEPEN, H., «La critique du Baslisme selon saint Thomas d'Aquin», *Revue Thomiste* 50 (1950) 290-329.
DOERING, B., *Jacques Maritain and the French Catholic Intellectuals*, London 1983.
—————, «Maritain and America – Friendships», in *Understanding Maritain: Philosopher and Friend*, Hrsg. D.W. Hudson – M.J. Mancini, Macon 1987, 27-55.
EVDOKIMOV, P., *L'Ortodossia*, Bologna ³1981.
FABRO, C., *La nozione metafisica di participazione secondo S. Tommaso d'Aquino*, Milano 1939.

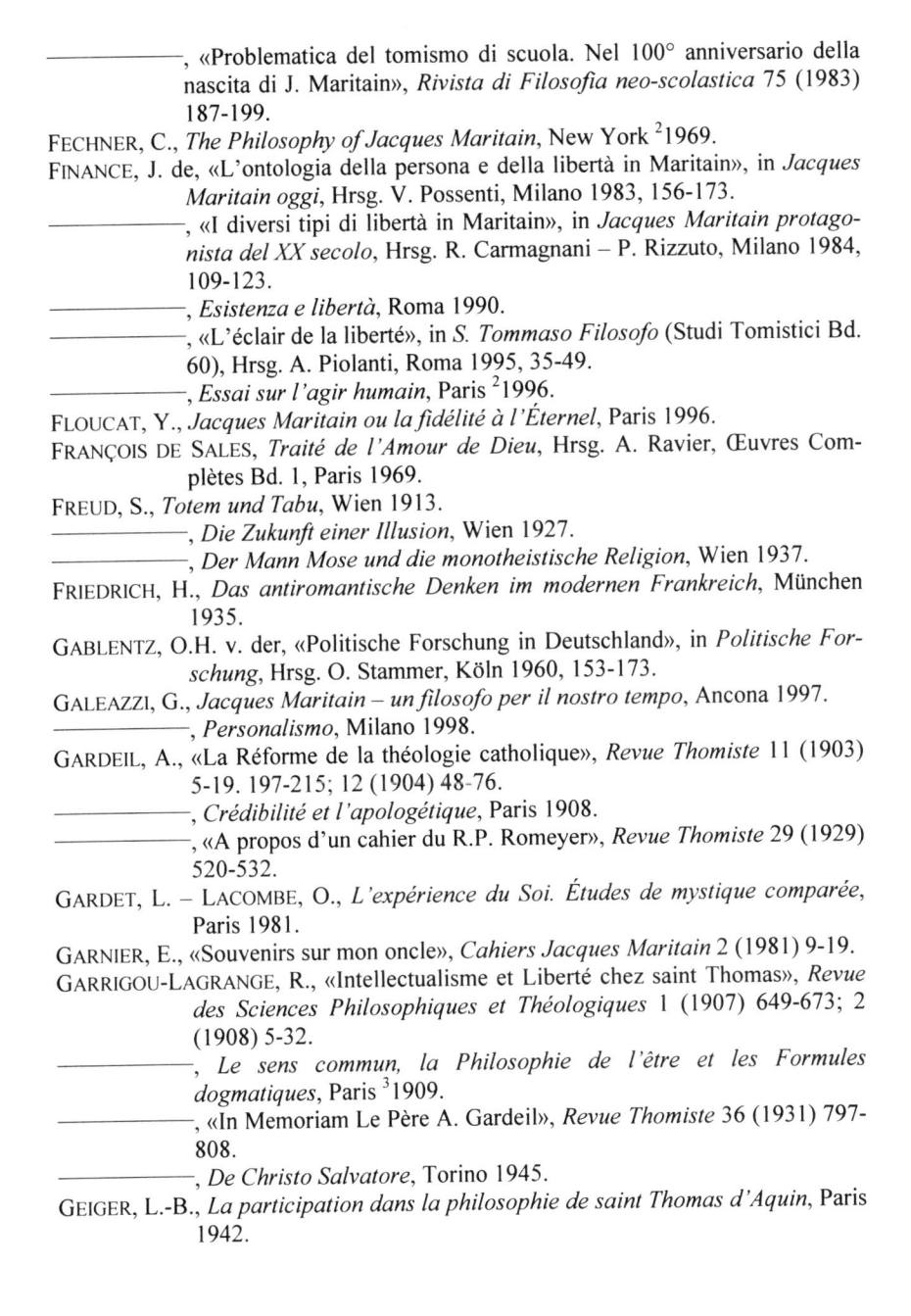

—————, «Problematica del tomismo di scuola. Nel 100° anniversario della nascita di J. Maritain», *Rivista di Filosofia neo-scolastica* 75 (1983) 187-199.
FECHNER, C., *The Philosophy of Jacques Maritain*, New York ²1969.
FINANCE, J. de, «L'ontologia della persona e della libertà in Maritain», in *Jacques Maritain oggi*, Hrsg. V. Possenti, Milano 1983, 156-173.
—————, «I diversi tipi di libertà in Maritain», in *Jacques Maritain protagonista del XX secolo*, Hrsg. R. Carmagnani – P. Rizzuto, Milano 1984, 109-123.
—————, *Esistenza e libertà*, Roma 1990.
—————, «L'éclair de la liberté», in *S. Tommaso Filosofo* (Studi Tomistici Bd. 60), Hrsg. A. Piolanti, Roma 1995, 35-49.
—————, *Essai sur l'agir humain*, Paris ²1996.
FLOUCAT, Y., *Jacques Maritain ou la fidélité à l'Éternel*, Paris 1996.
FRANÇOIS DE SALES, *Traité de l'Amour de Dieu*, Hrsg. A. Ravier, Œuvres Complètes Bd. 1, Paris 1969.
FREUD, S., *Totem und Tabu*, Wien 1913.
—————, *Die Zukunft einer Illusion*, Wien 1927.
—————, *Der Mann Mose und die monotheistische Religion*, Wien 1937.
FRIEDRICH, H., *Das antiromantische Denken im modernen Frankreich*, München 1935.
GABLENTZ, O.H. v. der, «Politische Forschung in Deutschland», in *Politische Forschung*, Hrsg. O. Stammer, Köln 1960, 153-173.
GALEAZZI, G., *Jacques Maritain – un filosofo per il nostro tempo*, Ancona 1997.
—————, *Personalismo*, Milano 1998.
GARDEIL, A., «La Réforme de la théologie catholique», *Revue Thomiste* 11 (1903) 5-19. 197-215; 12 (1904) 48-76.
—————, *Crédibilité et l'apologétique*, Paris 1908.
—————, «A propos d'un cahier du R.P. Romeyer», *Revue Thomiste* 29 (1929) 520-532.
GARDET, L. – LACOMBE, O., *L'expérience du Soi. Études de mystique comparée*, Paris 1981.
GARNIER, E., «Souvenirs sur mon oncle», *Cahiers Jacques Maritain* 2 (1981) 9-19.
GARRIGOU-LAGRANGE, R., «Intellectualisme et Liberté chez saint Thomas», *Revue des Sciences Philosophiques et Théologiques* 1 (1907) 649-673; 2 (1908) 5-32.
—————, *Le sens commun, la Philosophie de l'être et les Formules dogmatiques*, Paris ³1909.
—————, «In Memoriam Le Père A. Gardeil», *Revue Thomiste* 36 (1931) 797-808.
—————, *De Christo Salvatore*, Torino 1945.
GEIGER, L.-B., *La participation dans la philosophie de saint Thomas d'Aquin*, Paris 1942.

GENDREAU, B.A., «The Integral Humanism of Jacques Maritain and the Personalism of John Paul II», in *Jacques Maritain – Philosophe dans la cité*, Hrsg. J.-L. Allard, Ottawa 1985, 43-52.
GILSON, E., *Being and Some Philosophers*, Toronto 1949.
GÖRRES, A., «Freud, Sigmund», in *Lexikon für Theologie und Kirche*, Hrsg. J. Höfer – K. Rahner, Bd. 4, Freiburg ²1960, Sp. 359-361.
GREEN, J., *Journal 1928-1958*, Paris 1961.
GREENBURG, R. M., *The Epistemological Consequenes of Jacques Maritain's Metaphysical Personalism*, Diss. ad. laur. New York 1984.
GRESHAKE, G., *Der dreieine Gott. Eine trinitarische Theologie*, Freiburg – Basel – Wien 1997.
HAGGERTY, D.F., *Jacques Maritain and the Notion of Connaturality*, 1995.
HARVENEK, R.F., «Discussion of McCool, From Unity to Pluralism», in *The Future of Thomism*, Hrsg. D.W. Hudson – D.W. Moran, Mishawaka 1992, 77-81.
HAUKE, M., «Unaufhörliches Neuwerden oder restlose Erfüllung?», *Forum Katholische Theologie* 7 (1991) 175-195.
HEIDEGGER, M., *Sein und Zeit*, Gesamtausgabe Bd. 2, Frankfurt 1977.
HILPERT, K., *Die Menschenrechte*, Düsseldorf 1991.
HÖFFE, O., «Rechtsethik als Metaphysik?», in *Der Begriff der Politik. Bedingungen und Gründe politischen Handelns*, Hrsg. V. Gerhardt, Stuttgart 1990, 123-144.
HONNEFELDER, L., «Der Streit um die Person in der Ethik», *Philosophisches Jahrbuch* 100 (1993) 246-265.
HUBERT, B. – VIOTTO, P., «Bibliographie sur Jacques et Raïssa Maritain», *Notes et Documents* 49/50 (1997) 14-63.
HÜRTEN, H., «Der Einfluß Jacques Maritains auf das politische Denken in Deutschland», *Jahrbuch für christliche Sozialwissenschaften* 26 (1985) 25-39.
HUSSERL, E., *Ideen zu einer reinen Phänomenologie und phänomenologischen Philosophie*, (Husserliana Bd. 3), Hrsg. W. Biemler, Bd. 1, Haag 1950.
INCIARTE, F., «Jacques Maritain im politikphilosophischen und -theologischen Kontext Deutschlands», *Giornale di Metafisica* 4 (1982) 475-485.
JEAN-PAUL (RICHTER), *Ein Lebensroman in Briefen*, Hrsg. E. Hartung, Leipzig 1925.
JOANNES A SANCTO THOMA, *Cursus philosophicus thomisticus naturalis Philosophiae*, Hrsg. B. Reiser, Bd. 1-3, Turin 1929.
―――, *Cursus theologicus in Summam theologicam D. Thomae*, Hrsg. L. Vivès, Bd. 1-10, Roma 1883-1886.
―――, (JEAN DE SAINT-THOMAS), *Les Dons du Saint-Esprit*, frz. Übers. R. Maritain, in *Jacques et Raïssa Maritain. Œuvres Complètes*, Bd. XIV, Fribourg – Paris 1993, 217-481.
JOHANNES PAUL I., «Angelus-Ansprache vom 10.9.1978», *L'Osservatore Romano* (21.9.1978) 5.

JOHANNES PAUL II, *Enzyklika Fides et ratio*, Hrsg. u. dt. Übers. Sekretariat der Deutschen Bischofskonferenz (Verlautbarungen des Apostolischen Stuhls 135), Bonn 1998.
JOHANNES VOM KREUZ, *Geistlicher Gesang*, Übers. P. Aloysius ab Immac. Conceptione, Darmstadt [5]1987.
JOHN, H.J., *The Thomist Spectrum*, New York 1963.
KELLY, C.F., *The Spirit of Love Based on the Teachings of St. François de Sales*, New York 1951.
KIERKEGAARD, S., *Furcht und Zittern*, dt. Übers. E. Hirsch, Düsseldorf – Köln 1950.
KLEUTGEN, J., *Theologie der Vorzeit*, Bd. 1-4, Münster 1853-1870.
———, *Philosophie der Vorzeit*, Bd. 1-2, Innsbruck [2]1878.
KNASAS, J.F.X., (Hrsg.), *Jacques Maritain – The Man and His Metaphysics*, Indiana 1988.
———, «Gilson vs. Maritain: The Start of Thomistic Metaphysics», in *The Future of Thomism*, Hrsg. D.W. Hudson – D.W. Moran, Mishawaka 1992, 169-184.
KOBUSCH, Th., *Die Entdeckung der Person*, Freiburg – Basel – Wien 1993.
KONERSMANN, R., *Person*, Stuttgart 1991.
KOWALCZYK, S., «La sixième voie de Maritain et la philosophie moderne de Dieu», in *Jacques Maritain – Philosophie dans la cité*, Hrsg. J.-L. Allard, Ottawa 1985, 73-83.
KRAPIEC, A., *Teoria Analogii Bytu*, Lublin 1969.
KÜHNHARDT, L., *Die Universalität der Menschenrechte*, München 1987.
LABOURDETTE, M. – NICOLAS, M., «L'Analogie de la vérité et l'unité de la science théologique», *Revue Thomiste* 47 (1947) 423-466.
LACOMBE, O., «Jacques Maritain Metaphysician», *The New Scholasticism* 46 (1972) 18-31.
———, *Jacques Maritain. La générosité de l'intelligence*, Paris 1991.
LIBERATORE, M., *Della conoscenza intellettuale*, Bd. 2, Napoli 1858.
———, *Istituzioni di etica e diritto naturale*, Torino 1865.
LIES, L., *Gottes Herz für die Menschen*, Innsbruck – Wien 1996.
LORENZINI, M., *L'uomo in quanto persona. L'antropologia di Jacques Maritain*, Bologna 1990.
LOTZ, J.B., «Existenzphilosophie», in *Philosophisches Wörterbuch*, Hrsg. W. Brugger, Freiburg – Basel – Wien [14]1988, 104-107.
LUBAC, H. de, *Lettres de monsieur Étienne Gilson adressées au P. Henri de Lubac et commentées par celui-ci*, Paris 1989.
MAIER, H., *Kirche und Demokratie*, Freiburg 1979.
MAKARIUS DER ÄGYPTER, *Geistliche Homilien*, Bibliothek der Kirchenväter, dt. Übers. D. Stiefenhofer, München 1913.
MARCEL, G., *Être et avoir*, Paris 1935.
MARTINI, C.M., *Ritorno al Padre di tutti*, Milano 1998.
MASSIS, H., *Maurras en notre temps*, Paris 1961.
MAURIAC, F., «L'Orage sur la Coupole», *Le Figaro* (21.9.1944) 1.

MAURRAS, Ch., *Œuvres capitales. Essais politiques*, Paris 1973.
MCCOOL, G., *From Unity to Pluralism*, New York 1989.
MCDERMOTT, «Maritain on Two Infinities: God and Matter», *International Philosophical Quaterly* 28 (1988) 257-269.
———, «Maritain: Natural Science, Philosophy and Theology», *Studia Universitatis S. Thomae in Urbe* 31 (1989) 227-244.
———, «Metaphysical Conundrums at the Root of Moral Disagreement», *Gregorianum* 71 (1990) 729.
———, (Hrsg.), *The Thought of Pope John Paul II*, Roma 1993.
———, «The Neo-Scholastic Analysis of Freedom», *International Philosophical Quaterly* 34 (1994) 149-165.
———, «Jesus: Parable or Sacrament of God?», *Gregorianum* 78 (1997) 477-499; 79 (1998) 543-564.
MCGINN, B., *The Foundations of Mysticism. Origins to the Fifth Century*, Bd. 1, New York 1991, dt. Übers. C. Maaß, *Die Mystik im Abendland*, Bd. 1, Freiburg – Basel – Wien 1994 [vgl. unter «Philosophische Ansätze der modernen Mystikforschung»– J. Maritain, 433-440].
MELVILLE, H., *Moby Dick*, New York 1926.
MOSSO, S., *Fede, storia e morale. Saggio sulla filosofia morale di Jacques Maritain*, Milano 1979.
MOUGEL, R., «Expérience philosophique, spiritualité et poésie chez Raïssa Maritain», in *Simone Weil e Raïssa Maritain*, Hrsg. M. Zito – R. Laurenti, Napoli 1993, 115-136.
MÜLLER, L., *Katholische Dogmatik*, Freiburg – Basel – Wien 1995.
MÜLLER, M., *Sein und Geist*, Tübingen 1940.
NICHOLS, A., «Maritain, Jacques», in *Theologische Realenzyklopädie*, Hrsg. G. Müller, Bd. 22, Berlin 1992, 162-164.
NICKL, P., *Jacques Maritain. Eine Einführung in Leben und Werk*, Paderborn 1992.
NICOLAS, J.-H., «L'Intuition de l'être et le premier principe», *Revue Thomiste* 47 (1947) 113-134.
———, «La permission du péché», *Revue Thomiste* 60 (1960) 5-37. 185-206. 509-546.
OMANCINI, R., «Maritain e la crisi dell'Action Française», in *Il pensiero politico di Jacques Maritain*, Hrsg. G. Galeazzi, Milano 1974, 179-188.
ORLANDI, L., «La società delle persone umane nel pensiero di J. Maritain», *Studia Patavina* 3 (1956) 242-283.
OTT, L., *Grundriß der Dogmatik*, Freiburg 1952.
OWENS, J., «Knowing Existence», *The Review of Metaphysics* 29 (1976) 670-690.
PAUL VI, «Regina-Coeli-Ansprache vom 29.4.1973», in *Jacques Maritain oggi*, Hrsg. V. Possenti, Milano 1983, 25.
PAVAN, A. – MILANO, A., *Persona e Personalismi*, Milano 1987.
PELLEGRINO, U., «Intuizione, ragione e mistero in Jacques Maritain», in *Jacques Maritain oggi*, Hrsg. V. Possenti, Milano 1983, 547-559.
PIEPER, J., *lieben – hoffen – glauben*, München 1986.
POLI, T., *Punta suprema dell'anima*, Diss. ad laur. Roma 1982.

POSSENTI, V., «La vita preconscia dello spirito nella filosofia della persona di J. Maritain», in *Jacques Maritain oggi*, Hrsg. V. Possenti, Milano 1983, 228-242.
────────, *Una filosofia per la transizione*, Milano 1984.
────────, *Dio e il Male*, Torino 1995.
────────,«Identität der Metaphysik und Seinsvergessenheit», *Forum Katholische Theologie* 12 (1996) 81-101.
PROUVOST, G., *Catholicité de l'intelligence métaphysique. La philosophie dans la foi selon Jacques Maritain*, Paris 1991.
────────, «Les deux Maritain. Situation politique de thomisme de Jacques Maritain», in *Jacques Maritain e la filosofia dell'essere*, Hrsg. V. Possenti, Venezia 1996, 141-156.
────────, Thomas d'Aquin et les thomismes, Paris 1996.
PUJO, M., Comment Rome s'est trompée, Paris 1929.
RAHNER, K., «Zur Theologie des Symbols», in *Schriften zur Theologie*, Bd. 4, Einsiedeln – Zürich – Köln 1960, 275-311.
RATZINGER, J. KARDINAL, *Wahrheit, Werte, Macht*, Frankfurt a.M. 1999.
RAZZOTTI, B., «Un maestro discusso ma influente», *Per la Filosofia* 44 (1998) 13-26.
REGIS, L.-M., «Gilson's 'Being and Some Philosophers'», *The Modern Schoolman* 28 (1951) 111-125.
REICHEL, A., *Jacques Maritain. Versuch über die Struktur seines Weltbildes*, Delft 1954.
REITER, J., *Intuition und Transzendenz,* München 1967.
RIEFSTAHL, H., «Jacques Maritain zum 5. Jahrestag seines Todes», *Zeitschrift für philosophische Forschung* 32 (1978) 103-108.
RIET, G. van, *Épistémologie thomiste*, Louvain 1946.
RIGOBELLO, A., «L'intuizione intellettuale in Jacques Maritain», *Giornale di Metafisica* 4 (1982) 433-441.
────────, «Jacques Maritain», in *Christliche Philosophie im katholischen Denken des 19. und 20. Jahrhunderts*, Hrsg. E. Coreth u.a., Bd. 2, Graz – Wien – Köln 1988, 493-518.
RIOUX, B., «L'intuition de l'être chez Maritain», in *Jacques Maritain. The Man and His Metaphysics*, Hrsg. J.F.X. Knasas, Mishawaka 1988, 93-102.
ROCHENBACH, M., *Katholisches Frankreich. Maritain – Führer des Thomismus*, München-Gladbach 1926.
ROSSNER, W.L., «Love in the Thought of Jacques Maritain», in *The Man and His Achievement*, Hrsg. J. Evans, New York 1963, 237-258.
ROUSSELOT, P., «Amour spirituel et synthèse aperceptive», *Revue de Philosophie* 16 (1910) 225-240.
ROY, L., «Maritain and Aquinas on Transcendent Experiences», *The Thomist* 54 (1990) 655-672.
RUPNIK, M.I., *Adamo e il suo costato*, Roma 1996.

SANTINELLO, G., «Esistenzialismo», in *Dizionario Enciclopedico di Filosofia*, Hrsg. Centro di studi filosofici di Gallarate, Bd. 3, Firenze 1982, Sp. 227-237.
SCHÄFER, Th., *Die erkenntnistheoretische Kontroverse Kleutgen-Günther*, Paderborn 1961.
SCHELER, M., *Der Formalismus in der Ethik und die materielle Wertethik*, Halle ³1927.
SCHMIDINGER, H.M., «Scholastik und Neuscholastik – Geschichte zweier Begriffe», in *Christliche Philosophie im katholischen Denken des 19. und 20. Jahrhunderts*, Hrsg. E. Coreth u.a., Bd. 2, Graz – Wien – Köln 1988, 23-53.
———, «Scholastik», in *Historisches Wörterbuch der Philosophie*, Hrsg. J. Ritter – K. Gründer, Bd. 8, Basel 1992, Sp. 1332-1342.
———, «Thomismus», in *Historisches Wörterbuch der Philosophie*, Hrsg. J. Ritter – K. Gründer, Bd. 10, Basel 1998, Sp. 1184-1187.
SCHOCKENHOFF, E., *Bonum hominis. Die anthropologischen und theologischen Grundlagen der Tugendethik des Thomas von Aquin* (Tübinger theologische Studien Bd. 28), Mainz 1987.
SCHÖNBERGER, R., «Maritain, Jacques», in *Lexikon für Theologie und Kirche*, Hrsg. W. Kasper u.a., Bd. 6, Freiburg – Basel – Rom – Wien ³1997, Sp. 1386.
SCHWERTNER, S.M., *Abkürzungsverzeichnis der Theologischen Realenzyklopädie*, Berlin – New York ²1994.
SCOLA, A., *L'alba della dignità umana. La fondazione dei diritti umani nella dottrina di Jacques Maritain*, Milano 1982.
SEUSE, H., *Deutsche mystische Schriften. Das Leben des seligen Heinrich Seuse*, 50. Kap., Hrsg. u. dt. Übers. G. Hofmann, Düsseldorf 1966, 180*f*.
SEYDOUX, R., «Jacques Maritain à Mexico», *Cahiers Jacques Maritain* 10 (1984) 25-28.
SIMON, Y., *Freedom of Choice*, New York 1968.
SMITH, B.W., *Jacques Maritain, Antimodern or Ultramodern?*, New York 1976.
SÖHNGEN, G., «Neuscholastik», in *Lexikon für Theologie und Kirche*, Hrsg. J. Höfer – K. Rahner, Bd. 7, Freiburg ²1962, Sp. 923-926.
SPAEMANN, R., *Personen*, Stuttgart 1996.
STEFANINI, L., «Personalismo» in *Dizionario Enciclopedico di Filosofia*, Hrsg. Centro di studi filosofici di Gallarate, Bd. 6, Firenze 1982, Sp. 449-468.
STEIN, E., «Briefe an Jacques Maritain», *Cahiers Jacques Maritain* 25 (1992) 34-40.
———, *Endliches und ewiges Sein. Versuch eines Aufstiegs zum Sinn des Seins*, Salzburg 1936.
SURIN, J.-J., *Le catéchisme spirituel*, Rennes – Paris 1657-1663.
THOMAS VON AQUIN, *Opera omnia*, Hrsg. R. Busa, Bd. 1-7, Stuttgart 1980.

TORRE, M.D., «The Freedoms of Man and Their Relation to God», in *Freedom in the Modern World: Jacques Maritain, Yves R. Simon, Mortimer J. Adler*, Hrsg. M.D. Torre, Mishawaka 1989, 263-276.

TRAPANI, J.G., «Fondations of Maritain's Notion of the Artists 'Self'», in *Jacques Maritain. The Man and His Metaphysics*, Hrsg. J.F.X. Knasas, Mishawaka 1988, 171-178.

UNITED NATIONS, (Hrsg.), *The International Bill of Human Rights*, United Nations – Department of Public Information, New York 1985.

VENTIMIGLIA, G., *Differenza e contraddizione. Il problema dell'essere in Tommaso d'Aquino*, Milano 1997.

VIOTTO, P., *Per una filosofia dell'educazione secondo J. Maritain*, Milano 1985.

————, «Democrazia e educazione in Maritain», *Itinerari* 36 (1997) 101-137.

VRIES, J. de, «Vernunft» in *Philosophisches Wörterbuch*, Hrsg. W. Brugger, Freiburg – Basel – Wien ^{14}1988, 433*f.*

VYŠESLAVCEV, B., «Il Cuore nella mistica cristiana e indiana», in *L'intelligenza spirituale del sentimento*, ital. Übers. u. Hrsg. Centro Aletti, Roma 1994, 19-80.

WALTER, P., «Die neuscholastische Philosophie im deutschsprachigen Raum», in *Christliche Philosophie im katholischen Denken des 19. und 20. Jahrhunderts*, Hrsg. E. Coreth u.a., Bd. 2, Graz – Wien – Köln 1988, 131-194.

Personenregister

ABELE, Theodor 20
ADENAUER, Konrad 24
AGAZZI, Aldo 120
ALDRICH, Louis 7, 151
ALINSKY, Saul 48
ALLARD, Jean-Louis 7
ALMEIDA SAMPAIO, Laura F. de 157
ANDERSON, James F. 496
ANGELUS SILESIUS 519
ARAGON, Louis 43
ARISTOTELES 85, 108, 153, 525
ARRAJ, James 157
AUBERT, Robert 27, 30
AUGUSTINUS, Aurelius 32, 236, 251, 428

BAIUS, Michael 126
BAÑJEZ, Dominicus 28, 52, 137, 247, 249, 253
BALTHASAR, Hans Urs von VI, 21, 24, 522, 523, 525
BARRÉ, Jean-Luc 34, 35, 39, 42, 43, 45, 47, 48
BARS, Henry 52
BAUER, Hans Ludwig 187, 362, 363
BERGAMO, Mimo 406
BERGSON, Henri 10, 36-38, 51-60, 65, 93-96, 104, 105, 108, 139, 145, 150, 151, 164, 170, 264, 335, 420-422, 455, 504, 527
BERNANOS, Georges 42
BERNHARD VON CLAIRVAUX 417
BERULLE, Pierre de 407
BILLOT, Louis 30
BLAKE, William 371
BLANCHET, Charles 159
BLONDEL, Maurice 124
BLOY, Léon 36, 527
BOBICK, Joseph 391
BOETHIUS, Anicius M.S. 31, 117

BORNE, Étienne 21
BOSSHARD, Stefan N. 3
BUBER, Martin 22, 525
BUCKLEY, Michael J. 407

CAJETAN 52, 77, 80, 90, 101, 111, 137, 157, 248, 249, 397
CALIFANO, Joseph J. 121
CALTAGIRONE, Carmen L. 518
CASPANI, Andrea M. 172
CAVALCOLI, Giovanni 265, 358, 361
CHARDIN, Teilhard de 19
CHENAUX, Philippe 20, 24, 48
CHUNG IN-SANG, Peter 7
CLARK, Mary T. 66, 67, 69, 79
CLAUDEL, Paul 48, 170
CLÉRISSAC, Humbert 39, 40, 92
COCTEAU, Jean 48, 137
CORBON, Jean 524
CORETH, Emmerich 2, 26
COZZI, Alberto 30
CROTEAU, Jacques 120

DALBIEZ, Roland 196
DALY, Mary F. 157
DANESE, Attilio 284
DANTE ALIGHIERI 8
DENNEHY, Raymond 108, 387, 396, 402
DESCARTES, René 55, 93
DIEPEN, Hermann 110, 116, 396, 435
DOERING, Bernard E. 34, 48
DRIESCH, Hans 20
DUNS SCOTUS 52

EINSTEIN, Albert 46, 85
EVDOKIMOV, Paul 524

FABRO, Cornelio 397
FAVRE, Geneviève 34

FAVRE, Jules 34, 44
FECHNER, Charles A. 31
FINANCE, Joseph de 31, 130, 132, 206, 208, 216, 217, 231, 233, 254, 399, 402, 509, 524
FLOUCAT, Yves 361
FOUCAULD, Charles de 46
FRANÇOIS DE SALES 405-407
FRANZ VON ASSISI 47, 425
FREUD, Sigmund 183, 195, 196, 197, 198, 216, 359
FRIEDRICH, Hubert 24

GABLENTZ, Otto H. von der 22
GALEAZZI, Giancarlo 5, 284
GARDEIL, Ambroise 30, 51, 175
GARDET, Louis 361
GARNIER, Eveline 47
GARRIGOU-LAGRANGE, Reginald 30, 42, 51, 52, 93, 96, 97, 111, 119, 137, 212, 435
GASPERI, Alcide de 24
GAULLE, Charles de 45
GEIGER, Louis-Bertrand 285, 292, 293
GENDREAU, Bernard A. 5
GERMAIN, Pierre 7
GIDE, André 43
GILSON, Étienne 19, 31, 38, 52, 93, 455
GÖRRES, Albert 195
GRABMANN, Martin 20, 30
GREEN, Julien 43, 47
GREENBURG, Robert M. 7, 52
GRESHAKE, Gisbert 220
GROTIUS, Hugo de 340
GUARDINI, Romano 20, 22
GÜNTHER, Anton 31

HAECKER, Theodor 20
HAGGERTY, Donald F. 7, 25, 312, 491
HARVENEK, Robert F. 525
HAUKE, Manfred 523
HEIDEGGER, Martin 144, 150, 264, 361
HEISENBERG, Werner 85
HERMES, Georg 31
HERWEGEN, Ildefons 20

HILDEBRAND, Dietrich von 20
HILPERT, Konrad 1
HÖVER, Gerhard 3
HÖFFE, Otmar 2
HONNEFELDER, Ludger 2
HUBERT, Bernard 7
HÜRTEN, Heinz 19, 22, 23
HUSSERL, Edmund 461

INCIARTE, Fernando 19, 22

JEAN-PAUL (RICHTER) 160, 302
JOANNES A SANCTO THOMA 89, 137, 157, 174, 249, 377, 423, 424
JOHANNES PAUL I., Papst 9
JOHANNES PAUL II., Papst 5-7, 16, 53, 525
JOHANNES VOM KREUZ 130, 193, 429, 443, 482, 516
JOHN, Helen J. 284
JOURNET, Charles 42, 158, 484

KANT, Immanuel 53, 55, 144, 361
KELLY, Carl F. 405, 406
KIERKEGAARD, Sören 264, 342, 343, 351, 421
KLEUTGEN, Joseph, 27-29, 51, 52, 111
KNASAS, John F.X. 455
KOBUSCH, Theo 2, 18, 524, 525
KONERSMANN, Ralf 224
KOWALCZYK, Stanislaw 391
KRAPIEC, Albert M. 461
KÜHNHARDT, Ludger 1, 45, 46

LABOURDETTE, Michel 30
LACOMBE, Olivier 92, 157, 361, 475
LALLEMENT, Louis 407
LEIBNIZ, Wilhelm G. 274
LEO XIII., Papst 26
LIBERATORE, Matteo 27-29, 33
LIES, Lothar 478-480
LONERGAN, Bernard 31
LORENZINI, Mirella 120
LOTZ, Johannes B. 265
LUBAC, Henri de 19, 38

MAIER, Hans 19
MAKARIUS DER ÄGYPTER 476
MARCEL, Gabriel 150, 162, 525
MARÉCHAL, Joseph 31
MARITAIN, Raïssa 21, 35, 37-40, 45, 46, 48, 160, 162, 178, 183, 229, 266, 307, 351, 358, 368, 386, 405, 407, 418, 459, 460, 486, 489, 527
MARTINI, Carlo M. 9
MASSIS, Henri 39
MAURIAC, François 19
MAURRAS, Charles 39, 41, 178
McCOOL, Gerald 26, 27, 29, 30-33
McDERMOTT, John M. 5, 77, 87, 147, 253, 265, 335, 391, 488
McGINN, Bernard 93
MELVILLE, Hermann 366
MOLINA, Luis 250, 253, 255
MÖRIKE, Eduard 527
MOSSO, Sebastiano 8, 39, 41, 42
MOUGEL, René 21, 161, 162
MOUNIER, Emmanuel 284
MOZART, Wolfgang Amadeus 443
MÜLLER, Gerhard L. 451
MÜLLER, Max 64

NEF, John U. 45
NICHOLS, Aidan 52
NICKL, Peter 19, 39, 40, 48, 397
NICOLAS, Jean-Hervé 157, 251, 292
NICOLAS, Marie-Joseph 30
NIETZSCHE, Friedrich 133, 264
NIZAN, Paul 43

OMANCINI, Renato 39
OPPENHEIMER, Robert 46
ORLANDI, Luigi 120
OTT, Ludwig 32
OUMANÇOFF, Vera 35, 36, 38, 45, 46, 527
OWENS, Joseph 157

PASCAL, Blaise 276
PAUL VI., Papst 47, 48
PELLEGRINO, Ubaldo 157

PETERSON, Erik 20
PIEPER, Josef 9, 19
PIUS XI., Papst 41
POLI, Tullio 406
PLANCK, Max 85
PLATON 360, 362, 368
PLATZ, Hermann 20
POSSENTI, Vittorio 120, 144, 145, 196, 256, 257, 284
PROUVOST, Géry 2, 26, 38, 40-42, 52
PRZYWARA, Erich 20, 31
PSICHARI, Ernest 34, 158
PUJO, Maurice 42

RAHNER, Karl 24, 31, 478
RATZINGER, Joseph 1
RAZZOTTI, Bernardo 52
REGIS, Louis-Marie 455
REICHEL, Alexander 21
REITER, Joseph 157
RENAN, Ernest 34
RENOUVIER, Charles 284
RIEFSTAHL, Hermann 19
RIET, Georges van 30, 51, 93
RIGOBELLO, Armando 17, 157
ROCHENBACH, Martin 20
ROSSNER, William L. 430, 433
ROUSSELOT, Pierre 31, 181
ROY, Louis 125
RUPNIK, Marko I. 517

SANTINELLO, Giovanni 264
SARTRE, Jean Paul 264
SCHÄFER, Theo 28
SCHEEBEN, Matthias J. 30
SCHELER, Max 22, 319, 525
SCHMIDINGER, Heinrich 25, 26
SCHOCKENHOFF, Eberhard 421
SCHÖNBERGER, Rolf 20
SCHRÖDINGER, Erwin 85
SCHULTE, Raphael 3
SCHWARZ, Balduin 20, 21
SCHWERTNER, Siegfried M. 16
SCOLA, Angelo 46
SEUSE, Heinrich 489, 490

SEYDOUX, Roger 45
SIMON, Yves 45, 213
SÖHNGEN, Gottlieb 17
SOKRATES 101
SPAEMANN, Robert 231, 330, 337
STEFANINI, Luigi 284
STEIN, Edith 21
SUAREZ, Francisco 30, 32
SURIN, Jean-Joseph 407

THOMAS VON AQUIN 10, 23, 26, 29-33, 37, 38, 61, 73, 80, 89, 97, 99, 107-109, 117, 118, 128, 130, 131, 137, 145, 155, 157, 174, 197, 204, 215, 220, 221, 229, 235, 236, 238, 242, 243, 245, 248, 249, 255, 257, 260, 261, 264, 283, 285, 293-297, 299, 300, 309, 311, 333, 337, 339, 359, 373, 374, 391, 405, 416, 435, 437, 438, 442, 466, 480, 499, 525
TORRE, Michael D. 410
TRAPANI, John G. 364

VENTIMIGLIA, Giovanni 31
VIOTTO, Piero 7, 225, 312
VRIES, Joseph de 15
VYŠESLAVCEV, Boris 9, 468, 475, 478

WALTER, Peter 24, 28
WALDENFELS, Hans 2
WUST, Peter 20

Benedikt Ritzlers umfangreiche Untersuchung erschließt die werkgenetische Entwicklung von Jacques Maritains Personbegriff. Auf differenzierte Weise wird der Zusammenhang von Maritains Leben und Werk dargestellt. Daraus leitet der Autor eine originelle Unterteilung von Maritains Denken in vier Stufen ab, wobei er zugleich die innere Verschränkung von Ontologie, Gnoseologie und Anthropologie erhellt. Demzufolge konzentriert sich Maritain nach einer Phase geistigen Suchens vor allem auf die Erneuerung der scholastischen Erkenntnistheorie, deren konzeptualistische Engführung er allmählich mit Hilfe eines metaphysischen Existentialismus zu überwinden versucht. So findet er schließlich zu einem kohärenten Personalismus, d. h. er stellt die Person und die ihr eigene Freiheitsordnung in den Mittelpunkt seiner Überlegungen.

Die vorliegende Arbeit ist bislang die erste ihrer Art im gesamten deutschsprachigen Raum. Sie erschließt einen Denker, der den Menschen von seiner Freiheit und nicht mehr von seiner (metaphysischen) Natur her zu bestimmen versucht. Darüber hinaus macht sie deutlich, wie sich Theologie und Philosophie auf dem gemeinsamen Terrain der Anthropologie gegenseitig ergänzen und befruchten.

Benedikt Ritzler wurde 1967 in Bad Mergentheim geboren. Von 1987 bis 1989 studierte er Theologie und Philosophie in Freiburg i. Br., um dann sein Studium an der Päpstlichen Universität Gregoriana in Rom fortzusetzen. 1993 wurde er zum Priester geweiht, 1995 erlangte er das Lizentiat in Dogmatik und 1999 das Doktorat in Theologie mit der vorliegenden Dissertation. Gegenwärtig ist er als Kaplan in seiner Heimatdiözese Freiburg tätig.